幼儿园音乐教育研究丛书

Music

从模仿到创造

幼儿园音乐教学能力提升导学手册（上册）

主　编　许卓娅
副主编　郭　敏　谈亦文　周　洁
　　　　陈静奋　耿　涛

南京师范大学出版社

图书在版编目(CIP)数据

从模仿到创造：幼儿园音乐教学能力提升导学手册. 上册 / 许卓娅主编. —南京：南京师范大学出版社，2021.9

(幼儿园音乐教育研究丛书)

ISBN 978-7-5651-4915-3

Ⅰ. ①从… Ⅱ. ①许… Ⅲ. ①音乐课—学前教育—教学参考资料 Ⅳ. ①G613.5

中国版本图书馆 CIP 数据核字(2021)第 190038 号

书 名	从模仿到创造——幼儿园音乐教学能力提升导学手册(上册)
丛 书 名	幼儿园音乐教育研究丛书
主 编	许卓娅
丛书策划	吴曼丽 徐益民
责任编辑	彭艳梅
出版发行	南京师范大学出版社
地 址	江苏省南京市玄武区后宰门西村 9 号(邮编:210016)
电 话	(025)83598919(总编办) 83598412(营销部) 83598312(邮购部)
网 址	http://press.njnu.edu.cn
电子信箱	nspzbb@njnu.edu.cn
照 排	南京凯建文化发展有限公司
印 刷	兴化印刷有限责任公司
开 本	787 毫米×1092 毫米 1/16
印 张	22.75
字 数	374 千
版 次	2021 年 9 月第 1 版 2021 年 9 月第 1 次印刷
书 号	ISBN 978-7-5651-4915-3
定 价	138.00 元(全两册)
出 版 人	张志刚

序 言

一、课程简介

（一）幼儿园音乐教学骨干教师分级培训课程的发展

“中国早期儿童音乐舞蹈发展与教育研究中心”成立于1997年，至今已经20多年了。这是一个致力于为中国广大幼儿教育工作者提供音乐教育教学研究信息交流平台的民间学术机构。

它的前身可以追溯到40多年前南京师范学院学前教育专业的著名教授、中国现代学前教育奠基人陈鹤琴先生的嫡传弟子汪爱丽先生与她在南京不同幼儿园工作的几位知己好友共同建立的“南京市幼儿园音乐教学研究小组”。

20世纪80年代末，汪爱丽先生光荣退休。她唯一的嫡传弟子许卓娅承接了研究小组的工作，并于1997年成立了这个中心。该中心一直挂靠在南京师范大学教育科学学院。

从1998年开始，中心一直承接中国学前教育研究会主办的“全国幼儿园音乐舞蹈教育改革观摩研讨大会”。至2018年为止，大会已持续成功举办了11届（按规定每两年一届，2007年特别在大连市增开了一届“南北对话大会”）。

在1997年之前，音乐教学研究小组的信息交流仅限于小组内部，参与分享的人员仅限于小组骨干成员及其所在的5—6所幼儿园。在2013年之前，因相关专业人员自我提升的需求日益强烈，小组骨干成员逐步增加至10位，每年参与交流的幼儿园也越来越多，每年一次的对外交流大会甚至有300—400人参加。

参会人员的经验的差异越来越大，要求分层交流的呼声越来越高。于是中心在2013年开设了“分级培训课程”，并在2016年创建了“昱里加油站”微信公众号学习交流平台。开展这两项工作的目的，都是给真正需要学习提高的幼教工作者提供相互分享和自我提升的机会。

在此,我们之所以简要地回顾这7年来课程建设的过程,以及目前课程的具体执行简况,就是希望有意愿的同行能够了解我们研究和推广工作的心得,同时也欢迎有意愿的同行参与到我们的学术研究和课程建设的过程中来。

(二)课程内容简介

1. 静态课程一。(重要基础课程,基本内容稳定)

(1)音乐教学活动的设计与实施。

(2)幼儿园常见音乐教学阻碍问题的诊断、预防与治疗。

(3)任务分析理论在幼儿园音乐教学中的应用。

(4)幼儿园音乐教学目标撰写基本规范。

(5)幼儿园“有效教研”的组织与领导。

(6)“使能目标阶梯”的设计与撰写技巧。

2. 静态课程二。

(1)游戏化“歌、舞、乐”优秀教学活动现场观摩体验。(3天15个“歌、舞、乐”教学活动。每一年所有的活动都是全新的精选原创活动)

(2)“克隆课”“微调课”“原创课”的研讨与实践。

3. 动态课程。

(1)入门班:基础课题讲座。

(2)导师班:前沿课题研究。

(每年根据研究进展和实际需要进行动态调整,具体内容基本不同)

4. 补习课程。(2019年根据学员要求开设)

(1)论文选题与撰写常见问题诊断与调整。

(2)“克隆课”常见问题诊断与调整。

(3)园本教研常见问题诊断与调整。

(4)园本教研计划制订。

5. 课程学习管理基本条例。

(1)入门班自由报名。报名时须提供用人单位推荐信和能力、人品认定书面材料(加盖公章)。

(2) 入门以上各班，通过考试者方可报名。一般不接受旁听，也不接受越级报名。

(3) 参加学习期间须按时报到，每日上课不得迟到、早退，特殊情况可以请假，但须报批。

(4) 已经通过考试允许升班人员，如遇特殊情况不能准时入学，经请假批准可保留一年学籍。

(5) 已经通过考试允许升班人员，在下一年报到参训时，才能拿到上一级的认证证书。

(6) 参训人员须认真参与所有学习活动，与同学互学互助，为课程建设贡献聪明才智。

(7) 借班上课人员可以与提供幼儿的幼儿园沟通上课所需的正常协助，但须尊重幼儿园的工作规范，尊重幼儿园的教师和幼儿。不得随意进入班级观察、拍摄，干扰幼儿园正常工作；不得在借班时挑选幼儿；不得提前进班“铺垫”知识、技能；不得向幼儿园有关人员赠送礼物；不得在活动中给幼儿提供食物作为奖励。

6. 课程框架总览。

表 1　课程框架总览

级别	课程内容	自我培训	认证内容
入门级（第一级）	初步了解游戏化教学的基本实施流程和简单的相关理论	自行在岗进行为期一年的模仿课设计练习	模仿课教学视频 1 个。模仿课实践心得体会 1 篇
基础级（第二级）	进一步明晰游戏化教学的基本实施流程，了解简单的相关理论	自行在岗进行为期一年的模仿课设计练习（鼓励微调）	模仿课教学视频 1 个（鼓励微调）。模仿课实录评析 1 篇
巩固级（第三级）	掌握游戏化教学的基本实施流程，了解较深的相关理论	自行在岗进行为期一年的微调（替换）课设计练习	微调（替换）课教学视频 1 个。微调（替换）课实录评析 1 篇
提高级（第四级）	深入内化游戏化教学设计、组织策略，了解更深的相关理论	自行在岗进行为期一年的原创课设计练习	原创课教学视频 1 个。原创详案解析 1 篇
超越级（第五级）	初步学习、了解组织团队进行园本教研活动的相关理论和操作流程、方法	自行在岗进行为期一年的园本教研活动组织练习	教研活动组织过程视频 1 个。主题教研活动方案 1 个

续表

级别	课程内容	自我培训	认证内容
导师一级（第六级）	进一步掌握园本教研组织的理论和方法	自行在岗进行为期一年的园本教研活动组织练习	教研活动组织过程视频1个。一学期主题教研方案1个，教研论文1篇
导师二级（第七级）	初步了解教师培训工作坊的组织理论、流程与方法	自行在岗进行为期一年的主题工作坊练习	主题工作坊视频1个。主题工作坊方案1个
导师三级（第八级）	初步了解园本教科研工作流程、方法和教科研论文（报告）撰写规范	自行在岗进行为期一年的微小集体音乐教学问题研究的练习	科研论文（报告）1篇

导师班是一种应高级学员要求开设课程的班级。六年级及以上统称为导师班，按照参与层次分为一班、二班……数字越大，表示参与层次越高。导师班学员可根据层次水平参与教学，进行实习和课题研究。

补习班也是一种应学员要求开设课程的班级，主要为了帮助部分“自学不得要领”、需要小班教学或个别教学来解决“学习障碍”问题的学员。

二、本教材导读

本教材是根据新手教师的专业情况而特别设计的“自学导学”手册。

本教材第一章，主要介绍了新手教师入门学习的“ADRE”四阶段有效自我提升的“学习模式”。本教材第二章，主要介绍了游戏化集体音乐活动的基本操作模式及主要操作原则。以上两章内容，学习者可以在第一阶段的学习过程中，在需要时反复阅读，逐步提高理解和应用的水平。

根据学习心理学“程序性知识”习得规律，本教材重点安排的是以下四个阶段的学习内容。

第一阶段是“模仿阶段”。这是整个教材的重中之重！这一阶段的学习内容主要体现在教材的第三、第四和第五章。第三章提供了9个歌唱教学活动案例，第四章提供了9个律动教学活动案例，第五章提供了9个奏乐教学活动案例，这27个活动案例配有相应教学视频和详细的原创教案解析。新手教师通过反复观看教学视频，反复阅读教案，反复模仿、实践教案中教师的教学行为，以及在教学团队支持下进行反思、总结等，从而在主动的“做中学”过程中了解、理解并逐步掌握音乐教学活动设计、实施的基本原理。

需要特别告知的是：这27个教学视频都是从近十年积累的上百个优秀教学视频中精选出来的。在选择的过程中，以“新手教师能学习胜任的难度”为第一标准，我们组织了全国43所幼儿园中上百名有各种层次经验且熟悉这些教学视频的教师，进行了4轮投票，之后又组织了拥有丰富教师培训经验的高校和一线专家进行了反复论证。目的就是尽力保证新手教师通过观看视频能够比较迅速地进入顺利操作的状态。

教材中提供了27个教学活动案例，其中，我们针对新手教师在模仿课实践中可能会碰到的问题进行了详细的分析，并提供了问题解决的若干具体方案和策略。这些教学智慧结晶，不仅来自27名原创教师个人和他们背后的团队，而且来自全国40多名拥有相关“模仿教学”实践经验、撰写56篇实录评析的教师。这些实录评析总计超过了24万字，我们没有将所有文字收录在教材中，而是组织团队反复提炼了其中的精华，并将这些精华融汇到教师的原创教案解析中。因此，我们希望读者能够珍惜这些来之不易的“宝贵经验”。

在完成第一阶段学习和练习任务后，我们在第六章专门安排了“教学目标和撰写规范”的内容，在第七章安排了第一和第二级课程考核的要求、方法等内容，为第一和第二级的学习者提供了非常具体的完成作业的范例。根据我们团队成员三四十年来所获得的各种类型的师资培训经验和所掌握的学习心理学原理、原则，这些助学的策略，都是“一个都不能少”的。

第二阶段是“替换阶段”。这是一个转折性的阶段。第一阶段基础内容掌握得扎实，第二阶段中“教学能力有效提升”的效果才有保障。在当今推进幼儿园课程游戏化的大背景下，游戏化的集体音乐教学活动也自然成为研究、实践和培训的重中之重。为了帮助读者在学习他人的教学设计方案和微调他人的教学设计方案时，能够更好地辨认其中的游戏元素及其所产生的教学促进作用，能从学会应用逐步达到灵活应用，我们特别安排了第八章学习内容，对各种经典传统游戏在集体音乐教学活动中的应用，进行了归类和举例分析。然后学习第九章“替换”的内容。

在替换阶段，读者需要在了解、理解他人基本完善的原创活动的基础上，对现成的教案进行局部的“替换性调整”。

第三阶段是“重组阶段”，这一阶段需要在大量积累的前提下，将各种教学设计思路进行融合与整理，并体现在自己的活动设计中。

第四阶段是“创造阶段”，在对优质活动案例进行理解、分析、应用之后，教师对活动设计的原理和教学过程更加清晰了，能够“以不变应万变”地设计出富有创意的新活动。

事实上，这四个阶段之间的关系不是绝对割裂的，而是相互重叠、逐渐变化的，特别是第二、三、四阶段之间。进入“替换阶段”后，本就需要借用从其他作品中拆解出来的材料和思路，哪怕是非常细小的一个元素。被替换掉的部分越多，替换时选用的材料或思路越细小，实际上就越倾向于接近“重组”的状态了。

待到“替换阶段”的积累达到一定的丰厚程度，重组策略的使用达到一定的熟练程度，在看似“并非刻意的重组”中，创意便可能随时喷涌而出了。

所以，在第九章我们专门安排了由易到难的替换练习：先从比较容易进入的“曲调不变，替换歌词，替换动作”入手，进行举例和练习；再进入有点难度的“替换队形，替换故事”的练习；最后才进入比较困难的“替换游戏和音乐”的练习。

在第十章，我们将拆拼和创造紧密地安排在一起，为教师提供练习的思路。这样过渡起来会更加自然流畅。

我们在第十二章提供了第三到第八级课程考核作业及参考范例。这些明晰的作业要求和范例，也是我们近 8 年来课程建设和教学经验总结的精华：在没有教师面对面指导的自学条件下，先从“模仿”别人的作业开始，再逐步把自己独特的心得“替换”进去。这种考核设计安排与本教材的学习进阶策略有“异曲同工”之妙。

在第十一章，我们安排了幼儿园教研的组织与领导方面的内容。这是我们在课程中给第五和第六级学员安排的学习内容。为此，我们专门邀请了南京师范大学幼儿园的周洁园长为主笔。她在这方面将给读者提供非常丰富且有效的实践经验。

作为一种“福利”，我们还在各章中循序渐进地提供了各种相关小知识和小策略。提高教学质量和让幼儿愉快学习、健康成长的关键小细节处理小窍门尽在其中，相信读者一定会喜欢。

综上所述，我们这本教材，不仅仅是新手教师和在集体音乐教学方面不太擅长的教师自学的入门“宝典”，而且还为已经比较成熟的、能承担“师傅”责任的教师所借鉴使用。当然，师范院校的教学法教师也一定可以从中获益良多。

最后，祝福读者阅读愉快，收获满满。

许卓娅

2020 年 6 月 1 日

目　录

第一章

“ADRE”概述

第一节　幼儿园教师音乐教学能力提升的“ADRE”学习模式

一、“ADRE”学习模式产生的背景与内涵

近几年，我所在的高校承接了不少“国培”“省培”项目，培训的对象多数是乡村幼儿园教师、转岗教师、新手教师等。这些教师有一些共同的问题，如专业能力较弱、对幼儿园活动的组织完全不懂等。针对这些问题，培训单位有责任去研究如何有效培训这些教师。在与这些教师接触的过程中我们发现，给他们讲太多的理论和先进的教育理念，对其实践的帮助作用并不显著，因为他们在实践中无法很好地应用这些理论和理念。而给他们现成的教学案例模仿，他们的教学成效却显著提高了。于是，就有了新手教师“模仿学习”的实践与探索。当我们在教师培训中进行“模仿学习”时，其他同行提出疑问：“教师的创造性如何体现？”“教学是需要智慧的，怎么能按照一个模子印？”……这些质疑是有价值的。它促使我们进一步思考如何更大程度地拓展教师教学设计与组织的思路，让一个“模子”变成“多个模子”，甚至让教师具有创新的教学设计思路。

刚开始探索如何拓展教学设计思路时，我们团队尝试过多种方式，如只给音乐，让教师通过想象创设情境、设计活动思路；给一半原创思路，剩下的教师自己设计；给一个情境，让大家各自找主题设计……这些实践探索得到的反馈就是“太难了”“我们基础差，做不了这么高大上的”……在研究其他优质教学活动案例的时候，我们发现了一些共性的地方，就是这些案例多少都有相似、相近、相联系的地方。如2016年全国音乐年会上南京市第一幼儿园团队的原创活动“快乐拉面”和湖南绿城育华幼儿园的原创活动“香香飞饼”、2014年全国音乐年会上南京市第一幼儿园的原创活动“熊出没”和山东威海市高区第一幼儿园的原创活动“蜜蜂斗强哥”，这些原创活动案例要么有相似的情境，要么有相似的游戏，要么有相同的音乐等。于是，我们带着团队尝试使用“替换”策略来设计教学活动，结果教师们不但积极性高，而且都能够完成任务。在后续的持续探索中，逐渐形成了“ADRE”教师专业成长学习模式。

“ADRE”是由“accumulation（积累）”“decomposition（拆分）”“recombination（重

组)”“establishment(创建)”的大写首字母构成,每个阶段代表着学习的不同阶段和层次,具有循序渐进性、连续性的特征。

“积累(accumulation)”阶段也称“模仿”阶段,主要的学习策略是模仿优质教学活动案例,并反复实操,在做中反思。“模仿课”的学习本质不是追求“形似”,而是追求“神似”,要理解活动设计背后的原理,明白原创活动设计的内涵。该阶段要积累大量模仿他人优质教学活动案例的学习经验,积累的不仅是不同的教学设计方案,还有其他教师的教学技巧、方法、师幼互动的形式等。这是后续学习的重要基础。

“拆分(decomposition)”阶段也称“替换”阶段,主要策略就是“替换”,即在原创活动的基础上,保留原创活动的基本设计结构,对原有教学内容进行替换。一般来讲,先从替换故事情境开始。活动设计框架和游戏设计作为活动的一个“架子”,而故事换成其他的,类似“旧壶装新酒”。这样不至于让教师在“空地盖楼”。这一阶段在“模仿”阶段的基础上,进一步理解活动设计原理,在活动设计结构稳定的前提下,形式不变,内容改变,让教师的学习有“支架”。

“重组(recombination)”阶段的学习是将多个原创教学活动的设计思路进行拼接,重组成新的活动设计,其实质就是“打碎—重组”。

“创建(establishment)”阶段是指当积累到一定程度时,不论从活动设计还是教学的组织与实施都可以应对自如,这个时候就可以“删除原有模式”,创建新的“模式”,也就是形成自己独特的、个性化的教学风格。因而,此阶段也称“创造阶段”。

二、为什么新手教师要“模仿学习”

近年来,在《国家中长期教育改革发展规划纲要(2010—2020)》《国务院关于当前发展学前教育的若干意见》等文件的指导下,各地学前教育蓬勃发展,学前教育资源不断丰富。十年间,中国学前教育的发展成绩斐然。在学前教育资源不断丰富的同时,幼儿园师资需求也不断增加,很多新、改、扩建园所需要大量的教师。因此,各地师资呈现的发展趋势是新入职教师、非学前专业背景教师等涌入学前教育领域。这些教师进入幼儿园工作面临的最重要问题就是如何顺利从新手教师过渡到成熟教师并有效完成幼儿园教育教学工作。因此,对新手教师的研究成为近几年教师专业发展的重要话题之一。记得十年多年前我刚参加工作时被安排的第一个工作任务是去听老教师的课，并做好详细的听课笔记，期末有专门的督导检查听课记录和听课情况。十多年之后，这种“传帮带”的师徒制学习模式至今仍在各行各业盛行。“传帮带”的师徒制学习模式其实质就是让新手教师通过听课、看课、反思等方式积累教学经验，了解教学基本要素，顺利将所学知识转化为真实教育情境中可用的教学策略。事实上，如何将理论性知识转为为实践性知识不仅仅是新手教师面临的困难，很多师范生在实习期间经常会说“我们学的这些理论好像在幼儿园不好用啊”“感觉很难把所学的理论用到教学中”……教育理论知识是一种“陈述性知识”，主要反映教育的原理、概念、原则等，反映该教育现象发生的状态、原因等。它体现的是一种“是什么”的知识。而实践性知识更多的是策略性知识，主要反映教学基本过程、如何操作，应该运用怎样的策略和方法，并将其转化为一种教学活动方式。要真正掌握教学技能，不仅要掌握理论知识，还要掌握操作性知识，更要通过实际操作，获得动觉经验，以保证教学过程的流畅性。[①] 因此，新手教师如何快速“上手”，需要有具体可行的支持性策略。

那么新手教师如何将掌握的教育理论知识转化为具体的教学技能呢？这需要从教学技能本身的学习特征来分析。教学技能更多地体现为心智技能，该类技能的形成需要经过“认知阶段—联结阶段—自动化阶段”。新手教师的教学技能习得主要集中在前两个阶段。在认知阶段，要了解问题的结构，即问题的起始状态、要达到的目标状态、从起始状态到目标状态所需要的步骤，从而形成最初的问题表征。[②] 在此阶段，新手教师应该习得幼儿园教学的基本原理，教学设计基本结构等。联结阶段主要表现在把某一领域的描述性知识“编辑”为程序性知识。知识的编辑是建立在使一系列的条件与行动能快速、流畅执行的一种程序性表征过程。在此阶段，新手教师应该了解教学过程的操作流程，并通过练习逐渐摆脱对陈述性知识的提示依赖。随着不断练习数量的增加，学习者对解决问题的法则的言语复述逐渐减少，而能够直接再认出某一法则的可适用性。[③] 那么，如何有效实现这一知识的转化并获

① 冯忠良，伍新春，姚梅林，王健敏. 教育心理学（第二版）[M]. 北京：人民教育出版社，2010：400.

② 冯忠良，伍新春，姚梅林，王健敏. 教育心理学（第二版）[M]. 北京：人民教育出版社，2010：411.

③ 冯忠良，伍新春，姚梅林，王健敏. 教育心理学（第二版）[M]. 北京：人民教育出版社，2010：411.

得专业成长呢？新手教师通过模仿学习获得优秀教师的教学经验是有效实现专业成长的途径之一。

为何要通过模仿学习让新手教师获得专业成长呢？加布里埃尔·塔尔德从广义的角度上界定模仿，认为“一切社会现象里的一切社会的、非生命的、非物质的现象，都是由模仿产生的”。① 新手教师处在理论性知识向实践性知识转换的过程中，需要从其他有经验的教师那里获得德性引领和专业能力提升方面的经验。以音乐教学为例，首先音乐活动的学习是一种操作性动作技能的学习，而教学技能属于心智技能，心智技能的习得有三个阶段，第一阶段是原型定向。原型是指最典型的样例的设想，即外化了的实践模式、物质化了的心智活动方式或操作活动程序。这一阶段是让学习者通过模仿了解教学的基本要素、具体要求，目的是让学习者习得操作性知识，即程序性知识。原型定向的具体要求：了解活动的结构、各动作要素、动作执行顺序，发挥学习者主动性和独立性。第二阶段是原型操作，也就是实践模式。要把构成所有动作系列按照一定的顺序做出来，不能遗漏或缺失。只有在展开的活动中不断实践，学习者才能确切地了解活动的结构，才能在头脑中建立起完备的动作映象，同时能够获得正确动觉经验及确保活动方式的稳定性。第三阶段是原型内化，即对实践行为进行内部调控的过程。新手教师在实践一段时间之后，可以通过大脑内部进行信息处理，类似过电影一般，能够快速、熟练地对榜样课例进行信息处理。②

（一）新手教师模仿学习的基本前提——学习的心向

在学习力的理论研究中，英国学者迈克杰屈克（B. J. McGettrick，2002）参照分子DNA 双螺旋结构模型，提出了学习的结构模型。该模型有两条学习链：一条学习链代表学习意愿，具体反映学习态度、情感、动机和价值观等内容；另一条学习链代表试图获得的学习结果，具体包括所学的知识、技能等。两条学习链之间的相互作用就是学习。③ 两条学习链相互作用学习者才能有学习力，而代表学习意愿的学习链对学习者学习心向的形成有着助推作用。

---

① 崔友兴. 教学模仿论[D]. 重庆：西南大学，2017.

② 冯忠良，伍新春，姚梅林，王健敏. 教育心理学（第二版）[M]. 北京：人民教育出版社，2010：444.

③ 赵慧臣. 构建学习力：信息时代教师培训的新视角[J]. 现代教育技术，2010(5).

学习心向形成的内在机制如何？哪些因素会影响学习心向的形成？需要明确的是，新手教师之所以模仿榜样课例，其目的不是单纯的模仿、机械的模仿，而是更好地理解并运用教学设计原理。因此，新手教师的模仿学习需要建立在对学习材料“有意义”理解的基础之上，换句话说，就是要在新手教师的“最近发展区”内学习心向才有可能形成。本文中所指的“学习心向”是一种心理的准备状态，是一种学习的倾向性，是指学习者具有主动的学习意识，并积极地将要学习的新材料与自己原有认知结构中的相关概念进行建构的一种倾向性。学习心向的形成对新手教师参与学习具有积极影响。

学习心向的形成包括两个层面的意思，其一是指学习者对已有知识结构进行建构的一种积极状态，即学习的意愿。这个层面的意思包括学习者对学习材料的积极倾向性，在已有知识结构的基础上，能够与新知识相互作用建构新经验的过程，主要表现在对该领域教学原理和基本教学思路的认同，并愿意接受新经验。其二是学习意识上的倾向性呈积极的状态，即学习的主动性。这个层面的意思包括学习者能够通过意志努力克服一定困难并达成目标的积极状态。对于新手教师来讲，形成学习心向至关重要。在幼儿园音乐教学模仿学习中，一方面要认同榜样活动的设计观念和教学思路，另一方面要有基本的幼儿园音乐教学基本理论、方法的支撑才能有效开展“模仿”活动。

（二）新手教师模仿学习的基本阶段

所谓新手教师是指师范生或刚刚进入某教学领域的教师。新手教师教学行为的基本特征是对教学基本原理有认知，但还未内化并在实践中运用。因此，新手教师面临的最大挑战就是如何将“死”知识转化为“活”经验。如何有效转化？首先要分析教学技能这类知识的学习特征。教学技能具有程序性、操作性、实践性特征。因此，习得教学技能有三个重要的关键点，一是习得教学基本概念、原理，二是熟悉教学基本流程，三是进行实践操作并反馈。具体通过以下三个阶段来实现。

1. 了解教学活动设计基本知识与原理。

在加强某种教学技能练习时，不能一味地强调“埋头苦练”，需要告诉学习者基本的知识与原理，让学习者的学习建立在理解的基础之上。一般情况，针对初次模仿音乐教学活动的新手教师，要给他们讲解基本的设计原理，例如，韵律教学、歌唱教学的基本流程，让新手教师在观看榜样课例时能够明确每个教学步骤设计的原理，并了解每个教学环节应解决的重难点问题，为后期进一步理解原理奠定基础。这一阶段的评价方式是考查新手教师复述、记忆知识要点的情况。如果在此阶段没有识记概念性知识，就无法在实践时将之转化为具体的动作表征。

2. 模仿榜样教学课例进行实践。

知识习得的过程需要具备两个要素，一是熟悉知识，二是巩固知识。这两个要素都离不开实践与练习。根据榜样课例进行实践，其目的是将所学习的教学活动设计基本知识和原理进行实践操作。这一环节中不但要关注“量”，而且要关注“质”。关注“量”则是指要模仿一定数量的优质活动，一般情况建议一个学期至少要模仿8节不同年龄段的活动。关注“质”有两个层面的含义，其一是模仿课例必须是优质活动。何为优质活动？对于新手教师来说，就是那些原活动设计团队为研究型团队并持续进行该领域的教学研究、活动设计结构比较清晰且符合学习者学习基本规律的活动。不建议选择开放性太大的活动。其二是模仿的时候要与榜样课例中的教学环节和师幼互动基本流程一模一样，以保证新手教师对基本原理结构性的认知，为后期理解教学设计做铺垫。模仿的实质是将头脑中形成的定向映象以外显的实际动作表现出来，模仿需要以认知为基础。通过模仿把“知”转化为“行”，将头脑中各种认识与实际的活动表现形式联系起来。① 在第一阶段中了解基本理论和原理的基础上进行实践，是将抽象知识转化为动觉经验的有效手段，是通过实践建立相关概念、原理之间的联系，不断通过练习和操作发现概念、原理的运用过程。该阶段评价的主要标准是是否与榜样课例的基本流程相匹配，并能够对照教学基本原理、步骤，以进一步加强概念与具体教学实践的结合。

3. 通过教研活动实现学习反馈。

反馈是对学习者学习效果反映的重要方式。反馈来自两个方面，一是操作者自身的感觉系统提供的感觉反馈。二是外部反馈，即操作者自身以外的人和事给予的反馈，有时也称结果知识。并非每次练习后都要进行外部反馈，有研究表明，在几次

① 冯忠良，伍新春，姚梅林，王健敏. 教育心理学（第二版）[M]. 北京：人民教育出版社，2010：425.

练习后给予某种总结性、简要的反馈信息是非常有效的。[①] 详细的外部反馈有助于学习。初学阶段外部反馈的作用较大，因为个体尚未建立准确的动觉感受，不能获得内部反馈信息。学习的中后期个体具备必要的动觉体验后可以强调内部反馈的作用。

对于新手教师而言，一种反馈形式是通过观摩其他教师的示范活动和参与课例研讨的方式进行，另一种是自己进行课后反思。两者相比，显然通过团队集体智慧形成的反馈信息相对具体、全面，新手教师既可以通过观看他人教学活动并进行课例研讨形成间接的“替代强化”而获得反馈，也可以通过自己执教并进行课例研讨而获得直接的反馈进行学习。这两种学习方式都通过园本教研的方式得以实现。有研究表明：幼儿园教师更习惯于运用反思实践和观摩仿效等策略实现专业成长，对知识的转化与实际应用和批判质疑等策略的掌握和运用较为欠缺。[②] 因此，对新手教师来说，更应该多通过案例研习的方式促进其专业成长。

（三）新手教师模仿学习的基本策略

新手教师在“积累阶段”的学习策略是观察模仿学习，通过模仿优质榜样课例积累教学经验，通过观察榜样行为及强化结果而习得新教学技能。观看榜样课例并模仿其本质就是学习者进行信息加工的过程。

1. 复述策略——反复观看榜样课例，做到胸有成竹。

复述策略是学习的基本策略，人类大多数知识的学习都是通过复述达到理解、记忆的状态。所谓复述策略是指将学习材料多次重复。新手教师模仿榜样课例必须多次反复观看，并记录教学语言、教学环节等重要信息，要把整个活动的基本环节烂熟于心，做到胸有成竹。这个过程绝非看一次榜样课例就能够实现的。必须专注于榜样课例的每一个教学环节、教学流程。新手教师在此阶段处理信息的能力有限，无暇顾及榜样的细节教学行为，因此只能模仿基本的教学环节和流程。

2. 练习策略——通过多次练习，做到游刃有余。

教学技能就是需要多加练习才能掌握，音乐教学技能更是需要大量练习才能掌

---

① 冯忠良，伍新春，姚梅林，王健敏. 教育心理学（第二版）[M]. 北京：人民教育出版社，2010：432.

② 海鹰，刘天娥. 幼儿园教师自主学习发展水平及其特征分析[J]. 教育学报，2018(3).

握。幼儿园音乐教学中包含音乐基本技能、教学技能等动作技能的学习，需要大量的练习来掌握，例如唱歌、韵律动作、预令、乐器使用等，都是需要运用身体部位来完成，需要通过不断练习才能达到组织活动时的游刃有余。练习次数越多，教学过程越流畅、完整。认知经验要转化为实践行为，需要一定数量的练习才可以接近榜样行为。新手教师在此阶段的学习要关注教学的细节行为，并能够运用在实操过程中。

3. 精加工策略——理解设计内涵，做到了如指掌。

经过一段时间的练习和实践，需要对课程设计原理进行深入理解，这一阶段的目的是对所学知识进行有意义的加工，并进行归纳、总结，对练习过的动作形式形成视觉形象或语义编码，与理论知识相联结，形成经验性知识。新手教师此阶段的学习需要结合实践理性思考，并明确每一环节的设计与幼儿学习与发展有何关系。当认知结构中积累较多的关于教学设计的信息模块，在此阶段可以进行反思与质疑，并能够说明理由。

综上所述，教师专业能力是教师对教学活动的组织与实施形成一种稳定的并能够主动调控的行为特征。教师专业能力的提升依赖知识和技能的掌握水平，因此，必须把教师专业能力的提升建立在掌握大量的、丰富的教学实践经验的基础之上。要想成为专家型教师，必须储备大量的该专业领域的信息模块，才能有效解决问题，才能以不变应万变解决鲜活的教育问题。

三、建构主义理论背景下“替换学习”的理论内涵与实践意义

（一）理论内涵

皮亚杰在早年的理论中就把“平衡”作为解释学习的机制。他认为，任何结构都不能与建构相分离。人是一种不断发展的有机体，“平衡”是一种动态的过程，它包括有机体内部两种相反倾向的自我调节，即同化与顺应。同化是指自身逻辑结构或经验进行组织，是一种自我肯定的倾向。[①] 在教师专业发展过程中，基于原来相关理论储备和教学经验，当新的学习内容进入认知结构时，这些“似曾相识”的知识结构将其直接纳入认知体系，扩充已有认知结构。人类的认知结构在“同化”的过程中，需要扩充已有认知结构，为建构新的知识做准备与铺垫。因此，模仿学习阶段其实

① 高文，徐斌艳，吴刚. 建构主义教育研究［M］. 北京：教育科学出版社，2008：7.

质就是建构教师认知体系中的相关教学经验，为教师在新的知识点增长时做好建构的保障。

当新的学习内容到来时，也会因与之前所积累的经验不同而产生认知冲突。有机体需要调动已有知识结构中的内容去“平衡”此冲突，当已有知识结构的储备足以解决冲突达到“平衡”，那么，教师的专业成长发生了。例如，新手教师积累大量优质教学活动后，会形成自己的经验体系，对新的课例会有思考。在这种情况下，学习者需要调整自己的已有认知结构，以适应新的刺激，这个过程就是顺应。新手教师在“顺应”的过程中会经历反思、整合，会结合已有的认知经验去适应新的刺激。要想建构新的知识增长点，已有认知结构中的相关经验越丰富，越有助于建构。在“替换”这一阶段，所谓的“新刺激”就是对当前所面对幼儿的已有经验、文化背景等的适应。因此，要在原有活动设计的基础上做一些改变，以适应当前幼儿的经验。此时，教师在模仿学习阶段所积累的教学经验就起到非常重要的作用。教师会在“前人”教学经验的基础上进行整合，对现有实际情况进行分析、思考，会找到一种比较适宜的方式进行重组，进而形成“新”的活动。

建构主义视野下人类获取知识的过程大致是主体生活的共同体中，主体中共享的符号系统，即语言；主体头脑中建构的知识；主体借助符号系统与其他主体进行的交往；知识获得的公共性；共同体中的主体继续交往；新的主体又被建构与传达。[①]我们认为，教师专业学习经历如下过程：在本专业内的话语体系中建构教学知识与技能；对基本的教学原理达成共识并建构到认知体系中；在反思中建构新的知识体系。

综上所述，建构主义认为，人类的知识只是对客观世界的一种解释，它不是最终的答案，更不是终极真理，而是会随着人类社会的发展和科学技术的进步不断被新知识和新理论所超越、所取代[②]。新手教师所模仿的优质教学活动作为“已有知识经验”是认知的基础，认知基础越扎实，自主建构的可能性就越大。

（二）实践意义

建构主义突出知识结构的重要性。知识与技能是不可分离的，没有脱离知识的技能，也没有离开技能的知识[③]。从教师实践的角度出发，教学基本原理即知识，教

---

① 高文，徐斌艳，吴刚. 建构主义教育研究［M］. 北京：教育科学出版社，2008：20.

② 高文，徐斌艳，吴刚. 建构主义教育研究［M］. 北京：教育科学出版社，2008：26.

③ 高文，徐斌艳，吴刚. 建构主义教育研究［M］. 北京：教育科学出版社，2008：77.

学的策略、方式、手段等即技能。在教学活动设计中,理解教学基本原理和教学技能都是必不可少的两个要素。教师在学习时首先要知道“是什么”,其次要知道“为什么”,最后要知道“怎么做”。这些都是建立在对已有知识经验逐级建构的基础之上。模仿学习的初级阶段就是解决教师学习中“是什么”的问题;模仿学习一段时间之后,要对原活动进行分析、解读,就是解决教师学习中“为什么”的问题。而“替换”阶段的学习是解决“怎么做”的问题。每个环节都有需要解决的核心问题,每个环节的核心问题解决好了,教师的学习状态自然也会越来越充满创造性。

“替换”与“重组”是教师在实践中需要经历的两个阶段,每个阶段的知识建构都会给教师专业成长带来显著的效果。每个人都通过接受新经验的进入,并综合进已经理解的事物中,为新的事物赋予新的意义①。教师在教学中富有创造性、主动性和主体性,同样需要经验的累积和在学习共同体中知识经验的融合。

四、认知理论背景下“创新教学思路”的理论内涵与实践意义

(一)理论内涵

思维通常被认为是对世界的某些方面进行心理表征,并对这些表征进行转换,从而产生有利于达到目标的新表征的过程。在这一过程中,我们能够对心理表征进行转换,并能够对思考本身进行反思。问题解决包含了我们达到某个目标的过程中,为了克服重重障碍而运用的各种认知过程②。对于新手教师来说,学习的目的最终是要解决教育教学实践中遇到的各类问题。对各类问题的解决越得心应手,说明专业成长的“效果”越显著。从认知心理学的视角分析,“问题”包含三个部分,目标状态(你想要达到的问题被解决的状态);起始状态(你在面对需要解决的问题时所处的状态);为了从起始状态达到目标状态所进行的活动(你能够进行的活动)③。解决问题的过程是思维活动的过程,需要类比、归纳、演绎等高级思维的参与。例如在对新手与专家解决问题的研究中,专家对本领域知识的组织上与新手截然不同。

---

① [美]布鲁克斯(Brooks,J. G.),布鲁克斯(Brooks,M. G.). 建构主义课堂教学案例[M]. 范玮,译. 北京:中国轻工业出版社,2005:2.

② [美]爱德华·E. 史密斯,斯蒂芬·M. 科斯林. 认知心理学:心智与脑[M]. 王乃弋,罗跃嘉,等译. 北京:教育科学出版社,2017:448.

③ [美]爱德华·E. 史密斯,斯蒂芬·M. 科斯林. 认知心理学:心智与脑[M]. 王乃弋,罗跃嘉,等译. 北京:教育科学出版社,2017:450.

新手往往根据问题的表面特征来组织概念，而专家更倾向于根据内在的抽象原则来组织他们的知识。想要达到较准确地解决实践中的问题，势必对新手教师知识量的储备要求更高。

（二）实践意义

认知理论背景下教师“创新教学思路”的实践，其实质就是根据教育情境中存在的教育问题，结合幼儿年龄特征和发展水平，能够较快地反应，并做出最适宜的解决方案。在教学设计这一思路上，当教师们需要设计新教学活动时，首先会提出问题：“我应该怎么设计才能让孩子喜欢呢？”接着会联想到：“我之前有没有遇到过类似的活动设计？”“我是否可以借鉴？”类似这种思考问题的方式是“类比”。在实践中，专家为何能快速且准确地解决问题，就是因为专家拥有更多本领域内的知识。一旦新问题进入，已有的“知识细胞”被快速激活，每个“细胞”都被调动起来，同时，与新问题相似或相近的知识结构会逐渐被整合而形成新的方案。

总之，教师“创新教学思路”具有开放性、发散性的特征，只要在教育原则的范围内，就可以创造新事物，建立新的联系。我们期待的状态就是教师可以随时开发现有的教学资源，并为教学所用，能够真正达到“教必有法，教无定法，贵在得法”的状态。

第二节 “ADRE”学习模式的实施路径

《国家中长期教育改革和发展规划纲要(2010—2020)》中指出,要重视教师队伍的建设和师资力量的总体提升。2010 年以来,“国培计划”作为国家级师资培训项目,如火如荼地开展着。2012 年,我所在的高校承接了“国培计划”项目而因此接触了大量的乡村幼儿园教师。刚开始制订培训计划时,按照骨干教师要求设置了课程,但真正授课时发现,乡村幼儿园教师专业能力普遍很弱,而且那个时候还有大量转岗教师、非学前教育专业背景的教师,在培训过程中就好比是婴儿学步一般要“扶着”他们往前走。与其说是“骨干教师”培训,不如说是“新手教师”入职培训。类似这样的乡村幼儿园教师培训不能只讲宏观的理论,而要从“做”开始。2014 年我在南京访学,跟随许卓娅教授学习,从她那里更加明确了师资培训的基本理念,那就是“从做中学”“从学中反思”。从南京访学回来后,正好海南省教育厅将乡村学前教育对口帮扶项目交给我们,这让我再次接触到乡村幼儿园教师。因为之前有过乡村幼儿园教师培训经验,同时,在自我专业成长的道路上也有了些许经验,我在设计培训方案时,结合了许卓娅教授的师资培训理念和南京培训的经验,设计了三个不同等级的幼儿园新手教师音乐教学专项培训计划,组建了“音乐工作坊”教研团队。经过了四年的实践探索,在和团队共同成长的过程中总结了新手教师培训的“ADRE”学习模式。

一、积累阶段

回顾我个人的专业成长经历,新手教师在初期阶段就是借鉴、学习大量的优质教学活动。在学习借鉴的过程中,光看和听是起不到实质性作用的,重要的是“做”。因此,新手教师必须通过模仿优质教学活动视频学习经验,并且在幼儿园实践中不断地进行实操。而这一阶段的目的就是积累大量的教学经验、教学素材、教学设计思路。乡村幼儿园教师的学前教育理论基础比较薄弱,如果只讲理论,到实践中去是起不到“应用”效果的。因此,我们采用“工作坊”的形式进行培训,边讲解边练习边反馈。在这一阶段的师资培训中,模仿课例的视频由我提供。因为他们在该领域的知识储备相对较少，对优质模仿对象的界定是模糊的，甚至根本不清楚什么是好的模仿对象。初学者一般会选择南京师范大学幼儿园原创的音乐活动，该幼儿园是许卓娅教授的基地园，音乐教学研究已经进行了三十多年，又在许卓娅教授的直接指导之下，该幼儿园教师对教学设计的原理、幼儿学习心理、学科特征的把握都是比较科学严谨的。而且，对新手教师较多的园所，需要从最基础的内容开始实践。南京师范大学幼儿园设计的活动其基本结构清晰，对幼儿学习与发展的引导具有阶段性、连续性和循序渐进的特点。教师教学设计比较严谨，没有过多开放性的教学环节，对于新手教师来说，不仅可以有效模仿，而且可以分析其活动设计内涵。一般来说，先从韵律活动开始模仿，一学期推荐 8 节韵律活动让新手教师模仿。模仿教学案例不仅仅是实操，还需要记录一些文本材料。在我带的团队中，一方面所有模仿的新课必须实录（依次记录视频中的教学互动全过程）。另一方面，要分析每个教学环节要解决的核心问题。在模仿的过程中，不仅要整理出自己能够理解的设计环节，还要写出自己不清楚的设计环节，以便在教研活动时进行研讨。每人每学期至少实践 20 次，包括自己练习、找同伴观摩等多种实践方式。

积累阶段主要的学习策略是模仿课练习，反复实操，在“做中反思”。模仿课练习的本质不仅追求“形似”，更要追求“神似”，要理解活动设计背后的原理，明白原创活动设计的内涵。在这个过程中，园本教研团队的作用是不可估量的，新手教师在园本教研活动中展示活动，教研团队观摩后从不同角度提出具有针对性的建议。在这个过程中，执教教师在一定程度上可以厘清活动环节，并获得一定的支持性策略来优化活动，而团队成员也可以通过教研活动的碰撞获得优秀经验和新的思路。

对于新手教师来说，积累阶段重要且漫长，毕竟“万事开头难”！我所带的团队用了两三年时间做积累的工作。因乡村教师基础薄弱，对这类音乐教学活动的组织与实施完全感到陌生，部分教师或许一年、两年就会有成效，但个别教师可能需要更长的时间。

积累阶段学习“三步曲”：认知—练习—反馈。

1. 认知。

人类的学习产生于身体的知觉和行动，要对学习材料进行加工，首先要通过感官系统处理信息。认知的过程是由多通道感知觉系统处理学习信息，并对学习信息进行加工的过程。“模仿”是通过观察、记录观察对象的动作、语言、所在情境中的行为等信息，处理相关信息，并在一定程度上表现出与其相似的行为。这个环节学习的关键是对信息的处理要准确、要理解到位，因此，在这个环节的学习中，我们运用了实录、记忆基本教学原理的策略。梳理原创教学环节的目的是清晰记录原教学案例的设计流程。每个教学环节都有其重点要解决的学习问题，这是学习者理解教学设计的重要一环，只有清楚每个教学环节要做什么，才能理解每个教学步骤的意义，理解执教教师以怎样的方式进行处理。这种记录和学习是有效积累教学设计思路和教学技能技巧的手段之一。

表 1－1　模仿课实录笔记

活动名称：　　　　　　　　执教教师：　　　　　　　　单位名称：

班级：

原创活动教学环节	重点解决的问题

2. 练习。

教学行为是借助语言、动作、行为将其教育观念表现出来的一种外显行为。教师的教育观念具有观念性、内隐性的特征，只有通过具体的教学行为才能表现出来，并与学习者互动。因此，在观摩并记录原创教学活动之后，要将其具体教学行为表现出来，呈现出外显的教学状态，这就是一种对教学技能的练习。对于初学者，刚开始将所观察到的动作联系起来，仍处在对整体动作的认知阶段，甚至有不熟练、不连贯等现象出现，需要练习者增强其对动作的控制作用。因此，要通过大量的实践与练习才能完全习得该教学技能。在实践中，幼儿园组建音乐教研团队，和新手教师共同成长，效果会很显著。教研团队定期举行教研活动，学习者有机会定期展示自己的学习成果，并得到团队的反馈，学习效果更佳。

本环节的学习中，需要通过练习既达到“形似”，又达到“神似”。“神似”的基本原则是通过反思找到自己的不足，不断提升自己。因此，在此部分的学习中，增加了了解“自己困惑的问题”环节，明确自己的问题，通过团队反馈、自己查找相关资料等学习途径获得答案，并在实践中再次验证。对于观摩的教师来说，观摩本身也是一种学习，在观摩的过程中，提出疑问，将问题反馈到团队中共同讨论，进行思想碰撞。

表 1－2　模仿课反思笔记（执教者）

活动名称：　　　　执教教师：　　　　单位名称：

班级：

原创活动教学环节	重点解决的问题	自己困惑的问题

表 1-3　模仿课观摩记录(观摩者)

活动名称：　　　　　　　　执教教师：　　　　　　　　单位名称：

班级：

教学环节	原创活动重点解决的问题	实际解决的教学问题	
		优点	改进策略

3. 反馈。

反馈的目的是让学习者了解自己的学习活动进展情况，以及学习所取得成果的状态。1923年，布克和诺凡尔将124名大学生分为甲乙两组，要求他们以最快的速度完成同样的练习。在前50次练习中，甲组学生知道每次的学习成绩，并对错误进行了分析，乙组只练习不给予反馈。后25次，将两组的实验条件对换，结果显示，甲组在前50次练习中成绩高于乙组，乙组在后25次练习中成绩高于甲组。该研究充分表明了结果反馈的重要作用①。在该学习过程中的反馈包括两种，一种是“外源性反馈”，即通过其他参与观摩活动的同行、同事进行的反馈；另一种是“自我反馈”，这种反馈是学习者通过自己的感觉通道和已有经验，可以独立察觉到教学问题，并进行思考、调整策略的反馈。例如，有的教师课后察觉到在某一环节中幼儿的学习状态未达到预期的教学目标。这两种反馈对于学习者都很重要。不论是“外源

① 皮连生. 学与教的心理学[M]. 上海：华东师范大学出版社，2009：291.

性反馈”还是“自我反馈”，其目的是让学习者建立“觉错能力”，对自己的教学过程形成自我监控的状态。

表 1-4　自我反思笔记

活动名称：　　　　　　　执教教师：　　　　　　　单位名称：
班级：

教学环节	已经解决的教学问题	还未解决的教学问题	如何改进

二、拆分阶段

经过一段时间的模仿课积累，教师有了一定的教学经验，同时也积累了一些活动设计思路。所有的学习必须建立在知识“建构”的基础之上，循环往复、螺旋式上升。在模仿课活动设计的基础上如何进一步拓展思路，让新活动与原创活动有所不同？如何给教师在现有基础上搭建“脚手架”？该阶段在原有学习基础上进一步进行了实践。

拆分阶段学习“三步曲”：理解—替换—实践。

1. 理解。

任何学习都建立在“理解”的基础之上。在原教学活动基础上进行调整、改变代表着学习者在模仿学习经验的基础上再次呈现学习信息。在原有活动设计结构的基础上进行内容上的变化，代表着学习者在主动建构。也就是说再次描述活动设计过程时，运用其他不同的方式呈现出来，这是学习者表征学习的过程，也是深度学习的重要一环。新知识的建构必须来源于已有知识，对这一教学观的合理引申就是教师需要关注学习者在学习给定主题时随之带来的不完整理解、错误观念和对概念的天真解释。① 受已有知识经验的影响，每个人的视角都带着自身的文化烙印，对一些已经达成共识的知识与技能需要通过澄清来说明其基本原理，免得因误解其中的含义而造成错误的实操。新手教师所学习的优质教学活动案例在某一阶段的教学法研究中是达成共识的，需要给新手教师分析其背后的原理，以便于这个原理的传递与应用。

2. 替换。

所谓“替换”，即在原创活动的基础上，保留原创活动的基本设计结构，抽掉原有教学内容，将自己的教学设计内容填充进去。“替换”策略的运用原则是“从局部到整体”。一般来说，先从替换故事情境开始。活动设计框架和游戏设计作为活动的一个“架子”，而故事换成其他的，类似“旧壶装新酒”。这样不至于让教师“空地盖楼”。通过尝试运用“打碎—替换”的方式微调活动，一方面保留了原创团队较为严谨的设计结构，不至于出现“天马行空”的设计；另一方面让新手教师结合自己的经验加入新的想法。

如何“替换”？我们在实践过程中总结了一些心得体会。

在2016年幼儿园创意戏剧年会上，南京师范大学幼儿园展示了一节原创打击乐活动“猪八戒娶媳妇”。我们团队的老师非常喜欢，学习回来后各园先后模仿了该活动。因之前有了较长一段时间的“模仿课”实践，所以老师的展示都能够抓住活动本身的核心问题。那么，接下来的教研要做什么呢？我们做了进一步的尝试，保留了该活动设计的整体框架，包括游戏和基本动作结构，只对故事进行了替换。老师搜集了当地黎族民间故事并进行了优化，对《猪八戒娶媳妇》中的故事情境进行分析，提取了该故事中重要的几个线索，一是双角色，二是找人游戏。双角色中不论是对立关系还是平行关系都可以玩“找人”游戏。老师用一周的时间搜集了黎族各类民间故事，如《鹿回头》《螺之歌》《三月三》《哥妹情深》《绣面的传

---

① ［美］约翰·D. 布兰思福特，等. 人是如何学习的：大脑、心理、经验及学校［M］. 程可拉，孙亚玲，王旭卿，译. 上海：华东师范大学出版社，2013：10.

说》《捕鱼谣》等。刚开始，老师并不知道如何“替换”，故事也多为爱情主题，“塞”进去的故事毫无逻辑可言。为此，我们专门开展了一次研讨活动，认真分析了《猪八戒娶媳妇》的故事梗概和与动作相匹配的主要情节。在该活动整体框架的基础上，保留“找人”游戏，故事情节需要以双角色为载体引入“找”的逻辑主线。经过研讨，我们保留了既能体现民族文化特色，又能够靠近原创活动的故事主线，去掉了有鲜明爱情色彩的故事，优化《鹿回头》《螺之歌》《三月三》的故事逻辑线。例如《鹿回头》的故事梗概是追鹿人把鹿追到天边，看到有一群鹿，通过传递游戏找到他喜欢的那头鹿，如果找对的话，鹿就变成美丽的仙女；《螺之歌》故事梗概是阿哥阿妹去捡螺，阿哥通过“传递游戏”找到阿妹，然后把自己捡到的螺给阿妹，最后看看谁的螺最多。（原故事中是阿哥相中哪位阿妹就会把螺给她，螺最多的阿妹最有可能找到喜欢的阿哥）

对活动“猪八戒娶媳妇”的分析：

（1）选材来源于经典传统故事。

（2）双角色，AB 段交替进行，C 段合。

（3）动作设计依托于故事情境。

（4）乐器为铃鼓和串铃。铃鼓为皮质类乐器，符合猪八戒角色特征，串铃为金属类，符合新娘角色特征。（象征性）

（5）游戏设计：听音源游戏。

表 1-5　替换故事

	原创活动	替换活动 1 “鹿回头”	替换活动 2 “捡螺歌”	替换活动 3 “三色饭”
故事情境	猪八戒要娶媳妇，新娘化妆（照镜子—抹粉），猪八戒走出门迎亲	有个仙女化妆成一头小鹿到人间游玩，看见一个猎人阿黑要用箭射她，她连忙逃跑，阿黑穷追不舍，最后追到了吗？请仔细看一看	很久以前有一群阿哥阿妹在什运河边捡螺，他们一边捡螺，一边唱山歌。河边好热闹呀，不一会儿，阿哥捡到的螺越来越多，然后把螺送给了喜欢的阿妹。阿妹心里可高兴了，最后他们手拉手高高兴兴地回家去了	今天我家里来了一些客人，他们想吃三色饭，可是我一个人忙不过来，你们愿意帮我一起做三色饭吗？

续表

	原创活动	替换活动 1 “鹿回头”	替换活动 2 “捡螺歌”	替换活动 3 “三色饭”
动作设计	新娘：照镜子—抹粉，看一看 猪八戒：走走走，看一看 传递：听（右手抚右耳做“听”的动作） 找新娘（向右方传递，两拍一传） （尾奏）新娘新娘在哪里？新娘可能就是她（继续传递，在最后一个字“她”上停止传递）	仙女：照镜子—抹粉，看一看，变小鹿 阿黑：走走走，看一看，发现小鹿 仙女：被发现了，怎么办？藏起来 阿黑：看一看，找一找，在哪里？ 传递：听—找小鹿，小鹿就是它	阿妹：提箩筐—去捡螺，走一走，看一看 阿哥：走走走，去捡螺 仙女：捡到捡不到，一起比一比 阿哥：捡到捡不到，一会就知道 传递：听—捡螺啦（传箩筐），河螺河螺在哪里，河螺河螺就是它	走走走—摘藤叶，看一看—捣黄姜，瞧一瞧—摘枫叶 淘米淘米要煮饭，阿哥阿妹来帮忙 蒸饭了——三色饭就是它
游戏玩法	传递游戏：传递“化妆棒”，音乐结束时落在哪儿，哪位就是“新娘” 听音源游戏：“新娘”藏好“化妆棒”，让幼儿找，通过仔细听串铃的响声找到“新娘”	传递游戏：传递“化妆棒”，音乐结束时落在哪儿，哪位就是“小鹿” 听音源游戏：“小鹿”藏好“化妆棒”，让幼儿找，通过串铃的响声找到“小鹿”	传递游戏：传递自制的箩筐铃（有铃铛在上面）。音乐结束时落在哪儿，哪位就可以去点击图片“捡螺”	传递游戏：传递自制的竹筒铃。音乐结束时落在哪儿，哪位就可以去点击图片，看看三色饭是否做好
音乐	《猪八戒娶媳妇》，AB结构	不变	不变	不变
乐器	串铃：当作“化妆棒”。 铃鼓：当作猪八戒娶媳妇的道具	不变	自制箩筐铃和串铃棒	自制槟榔鼓、竹筒铃

故事梗概基本厘清后，在故事情节的基础上做了基本动作创编。因活动设计原框架和游戏不变，因此，对动作的微调也不是难点。老师除了替换故事，还替换了乐器，根据铃鼓和串铃的发声特点，利用本地自然资源设计制作了类似的乐器，如用槟榔叶自制槟榔鼓、用竹篓自制箩筐铃、用竹筒制作成竹筒铃等。老师展示自己替换的活动时显得格外积极，从她们的笑容中可以看到“能做到”的学习任务给她们带来的乐趣。

根据替换的策略，其中一所乡村幼儿园在日常教研时就带领老师运用这一策略，以下是他们尝试替换的一个活动。

表 1-6　替换活动

原创活动:中班奏乐“聪明的一休”(河北省军区第一幼儿园) 替换活动:中班奏乐“小熊的果酱” 执教老师:吴鑫(琼中县什运镇中心幼儿园)		
	原创活动	替换活动
故事情境	我是聪明的一休,今天将军又来为难我了,让我在一个时辰之内把所有的蒜都捣好。而且要求味道鲜美。好多蒜呀,那我们一起捣蒜吧	秋天到了,熊奶奶要在冬天来临前做很多果酱分给邻居们,小熊帮奶奶做果酱。请仔细看小熊是怎么做果酱的
动作设计	想办法—开始捣蒜—磨一磨—嘿嘿—准备收集了—传—收—继续捣蒜—磨一磨—耶	准备出发—走—看一看—继续走—看一看—摘水果—洗水果—压一压—搅一搅—做好了
游戏玩法	传递游戏	不变
音乐	主题曲《聪明的一休》,AB 结构	不变
乐器	捣蒜罐	自制竹“铃鼓”

以上几个活动是依据替换策略的实施路径进行的案头工作,将替换思路呈现出来,准备接下来的教学实践。

这一阶段的学习目的是让学习者更好地理解设计原理,当学习者在尝试对所学内容用另一种方式呈现时,这就是一个“理解”的过程。这一阶段的学习任务是通过替换原创中的某些内容或环节,在不改变主要设计思路和教学环节的前提下,学会建构教学设计的基本结构。学习者的理解出现在他们将要学习的新知识与原有知识建立联系时。因此,先从相似或相近的问题情境开始做调整,替换策略正是在原创活动基本不变的情况下,对较为简单的故事情境进行调整,并将替换后的教学活动根据师幼互动流程与任务分析原理运用于自己的教学实践中。接着,再替换不同情境下的教学内容,尝试脱离原创活动的故事结构,形成新的游戏设计思路。这一阶段的基本原则是在遵循原创的基础上,根据幼儿经验合理地替换原创中的某些教学内容或教学环节,替换后的教学活动既遵循原教学活动的思路,同时也有了自己的再理解、再生产和再创造。

3. 实践。

依据上述替换思路,从结构与设计框架来说,几乎未做调整,只在故事情境上做了变化,动作根据故事情境做了改变。经过团队教研活动时的动作练习,也能够随乐。但在整体上关于故事的逻辑和游戏的逻辑略显粗糙,且不严谨。在此阶段的学习中,我们虽然意识到了这个问题,但是未经学习者通过实践自己发现的问题,是无法激起学习者的共识的。因此,研讨结束后开始布置试教、教研公开活动。这是替换思路得以呈现的过程,也是教师思路的显性化的过程。

实践过程包括“完成教案—整理师幼互动流程—试教—小组反馈—再调整完善—教研活动展示—反思后再调整”。这个过程是验证“替换”思路是否在教学中顺利实施的基本流程。学习者不仅要关注自己是否清晰教学流程,同时也要关注幼儿学习时的反馈,是否符合幼儿学习发展水平。团队成员也要及时向执教者反馈问题,以便执教者及时调整。

三、重组阶段

经历了前两个阶段之后,教师对音乐活动设计的基本原理有了些许了解,而且积累了不少活动设计方式。这一阶段的学习是将多个原创教学活动的设计思路进行拼接,重组成新的活动设计,其实质就是“打碎—重组”。

重组阶段学习“三步曲”:分析—分类—整合。

这一阶段的学习——“见多识广”非常重要。这几年,我在每个节假日都会给团队成员布置观看当前最新的优质音乐教学活动视频,有的教学视频是需要写教学分析的,有的教学视频是需要看并从中学习好的点子的,有的教学视频是学习教学设计环节的。除了看教学视频之外,还经常参与一些其他幼儿园的教研活动,参与国内权威的音乐教学研讨会。重组阶段的学习重点在于不断将已有的知识经验进行组合,以适应当前教学设计的要求。重新组合的前提是要分析教学对象的特征、教学内容的难易程度、教学方式的适宜性等问题。从而结合具体问题,在大脑中调度适宜的方式去解决教学设计的问题。

1. 分析。

(1) 分析游戏设计的基本特征。

南京师范大学许卓娅教授对全世界民间传统游戏进行了研究并归纳总结,大体将其分为“体能游戏—智能游戏,模仿游戏—创新游戏,竞争游戏—合作游戏”,包括情境表演游戏、领袖模仿游戏、输赢竞争游戏、控制游戏、传递游戏、身体接触游戏、队形变换游戏、猜谜游戏、玩影子游戏、玩东西游戏等等。

同类游戏在不同情境下有不同的玩法,规则、游戏者的角色都可以做适当的调整。如输赢竞争游戏可以是追逃游戏,也可以是反向追逐跑游戏;比大游戏中,可以是石头、剪刀、布,也可以是老虎、棒子、鸡。游戏的形式可以多变,通过游戏需要达到的学习与发展的目的也多种多样。有的游戏可以锻炼幼儿的应变能力、控制能力、协调能力等;有的游戏可以让幼儿与他人和谐相处,培养幼儿的社会交往能力。我们所设计的活动需要培养幼儿哪方面的能力或品质,是在设计游戏之前要考虑的。

(2) 分析故事情境与游戏之间的逻辑关系。

情境的设置是帮助幼儿理解音乐结构和情感意义的重要前提,游戏的设计是激发幼儿学习主动性的源泉,可以通过游戏让幼儿感受到挑战与成功,并持续激发其学习的动机。在幼儿期,其思维发展水平还处在具体形象阶段,贯穿始终的情境有助于幼儿投入学习,激发其创造力和想象力。情境和游戏之间是一条密不可分的逻辑主线,活动设计的逻辑主线有助于帮助幼儿厘清问题情境,更好地应用所学知识与技能去解决问题。随着新时代教育改革的推进,对知识如何才能更好地应用这一话题经常在各类教学论题中谈起,不论幼儿还是成人,对所学知识在生活情境中的应用,才是学习的真正落脚点。因此,情境与游戏的逻辑主线对幼儿主动建构学习是有意义的。

(3) 分析音乐风格、结构与故事、动作之间的关系。

艺术教育是要通过“感受与欣赏”“表现与创造”来进行审美的。音乐是听觉的艺术,倾听是感受音乐的主要方式。艺术活动中充分的“感受与欣赏”尤为重要,它是学习者“表现与创造”的基础。只有反复品味艺术作品,才能激起内心的感动,从而产生情感的共鸣,让人“情不自禁”地抒发表达自己的情感。这个时候就是“表现与创造”被激发出来的时候。多少艺术大师在创作之前,感受过山川河流、欣赏过绝世佳作、感悟到艺术作品的灵魂,只有感情不断被激发,才会有更多有创意的想法。因为音乐的抽象性,对于低龄儿童来说,需要再次被“解释”才能保证其“感受与欣赏”的良好状态,才能激发其内心的情感。对于处在具体形象思维水平的幼儿,故事情境的创设是最贴近其生活的,而动作的设计是进一步解释故事的媒介,通过故事与动作的设计,很好地把音乐要表达的情感连接起来。在学习优秀教学活动案例时,要关注原教学设计是如何将这几个要素巧妙融合,帮助幼儿建构具体直观的音乐形象的。

2. 分类。

分类是在理解的基础上,进一步将所学知识信息按照特征、模式进行归类的过程。分类的目的是让知识信息更加类目化、归属化。这是让学习者通过学习进一步发现活动设计规律和原理的过程,是“理解”过程中的运用和呈现部分。

团队老师完成替换的工作任务之后,在活动的拓展方面几乎停滞不前。之后,在许卓娅教授团队的支持下,我们现场观摩了南京“一幼”的教研活动。这一次的观摩学习对他们的“重组”练习具有重要意义。例如“捡螺歌”受到南京“一幼”原创韵律活动“疯狂原始人”设计思路的启发,渗透了数学中的形状、大小内容,通过给线索,让幼儿找到相匹配的图片后进行竞赛跑游戏,整个活动的趣味性和游戏性都增强了。“三色饭”受到河北省军区第一幼儿园奏乐活动“聪明的一休”和南京师范大学幼儿园奏乐活动“桂花酿”的启发,在乐器使用上做了合作尝试,双人合作时一人用竹子去敲、刮另一人的槟榔鼓,发出不同于木质类乐器的音效。“鹿回头”加入了“猪八戒娶媳妇”“三打白骨精”的设计思路,组合为圈上追逃游戏。

表 1-7　重组后的活动设计

	原创活动	替换活动 1 “鹿回头”	替换活动 2 “捡螺歌”	替换活动 3 “三色饭”
故事情境	猪八戒要娶媳妇,新娘先化妆(照镜子—抹粉),猪八戒走出门迎亲	有个仙女化妆成一头小鹿到人间游玩,看见一个猎人阿黑要用箭射她,她连忙逃跑,阿黑有一面“魔镜”可以帮助他找到小鹿。请仔细看一看,阿黑是怎么找小鹿的?	很久以前有一群阿哥阿妹在什运河边捡螺,他们一边捡螺,一边唱山歌。河边好热闹呀,不一会儿,阿哥捡到的螺越来越多,然后把螺送给了喜欢的阿妹。阿妹心里可高兴了,最后他们手拉手高高兴兴地回家去了	今天我家里来了一些客人,他们想吃三色饭,可是我一个人忙不过来,你们愿意帮我一起做三色饭吗?

续表

	原创活动	替换活动 1 “鹿回头”	替换活动 2 “捡螺歌”	替换活动 3 “三色饭”
动作设计	新娘：照镜子—抹粉，看一看 猪八戒：走走走，看一看 传递：听（右手抚右耳做“听”的动作） 找新娘（向右方传递，两拍一传） （尾奏）新娘新娘在哪里？新娘可能就是她（继续传递，在最后一个字“她”上停止）	仙女：照镜子—抹粉，看一看，变小鹿 阿黑：走走走，看一看，发现小鹿 仙女：被发现了，怎么办？藏起来 阿黑：看一看，找一找，在哪里？ 找小鹿（阿黑随机在两人中间丢下魔镜）	阿妹：提箩筐—去捡螺，走一走，看一看 阿黑：走走走，去捡螺 阿妹：捡到捡不到，一起比一比 阿哥：捡到捡不到，一会就知道 传递：听—捡螺啦（传箩筐），河螺河螺在哪里，河螺河螺就是它	走，找一找 摘藤叶、摘枫叶、捣黄姜 淘米了、染色了、蒸饭了 加椰浆 蒸好了，真香啊
游戏玩法	传递游戏：传递“化妆棒”，音乐结束时落在哪儿，哪位就是“新娘” 听音源游戏：“新娘”藏好“化妆棒”，让幼儿找，通过仔细听串铃的响声找到“新娘”	单圈，阿黑丢魔镜到两只“小鹿”中间，两只“小鹿”分别反向跑，回到中间则获胜。魔镜让小鹿变成仙女原形，获胜者在中间做一个仙女造型	阿哥和阿妹分两列，完成基本动作之后到目的地捡螺，捡到的螺分别匹配放在不同形状的箩筐内，哪一队捡的螺最多则获胜	玩乐器：双人互动，合作完成做三色饭的过程
音乐	《猪八戒娶媳妇》，AB 结构	黎族民间音乐《跳竹竿》	黎族民间音乐《捡螺歌》	《海岛苗家三月三》
乐器	串铃：当作“化妆棒” 铃鼓：当作猪八戒娶媳妇的道具	自制魔镜道具	自制箩筐铃和串铃棒	自制槟榔鼓、竹筒铃

3. 整合。

在学习其他优质教学活动案例的同时，理解设计理念，分析设计思路，根据自己活动的目标和自己班上幼儿的学习与发展水平进行定位。提供以下一些思考方向供大家参考。

（1）以游戏为维度的活动整合思路。

在前述内容中，学习者可以从众多优质教学视频中研究各类游戏的特点，关注游戏设计和幼儿学习与发展的关系，找到相应的相似之处，结合自己的教育观和教学需要，根据自己班级幼儿现有发展水平，选择其中一类游戏，将其“植入”之前所

“替换”的活动中。

（2）以绘本故事为维度的活动整合思路。

幼儿园的教学活动不是孤立存在的，它一定与幼儿园主题活动紧密结合，与幼儿园日常教育活动的整体开展是分不开的。因此，幼儿园音乐活动可以和日常教育活动紧密结合，例如绘本故事，通过音乐活动可以让幼儿在倾听、理解故事的基础上，充分地表达表现。将绘本故事情境设计到音乐活动中，从教学设计者的角度仍然要考虑故事的结构、动作的结构和音乐乐段三者之间的匹配关系。有两种思路可供参考，其一是根据选好的音乐来确定故事情境，例如AB结构的音乐，故事情境A和故事情境B是不同的内容，两者之间有事件冲突关系；ABC结构的音乐，要分开故事情境A、B、C，三者之间也是要有事件的冲突关系。对角色的选择可以是单角色，也可以是双角色。动作的设计与故事情境紧密匹配，动作基本上以模仿为主。在设计故事、动作的同时也要考虑选择一个与其相匹配的、适宜的游戏。

（3）以动画片为维度的活动整合思路。

动画片是幼儿非常喜欢看的，很多故事情节成为幼儿之间分享交流的重要话题。因此可以将动画片中的典型情节设计到音乐活动中，进一步拓展幼儿对角色的认知。动画片的设计思路与绘本是相似的，仍然要充分考虑所选音乐、故事情境和动作三者的匹配关系，同时考虑游戏的适宜性和合理性。

综上所述，对重组阶段的学习者来说，组合前人不同的思路有时候是比较生硬的，甚至在整个活动设计出来时仍然是“青涩的”“粗糙的”，还未细致地考虑幼儿学习经验的连续性、教学活动设计的逻辑性。因此，团队在园本教研时所讨论的话题需要更加聚焦，一方面要关注活动设计的合理性、逻辑性、适宜性，另一方面还要关注幼儿的学习与发展情况。这一阶段的教研活动是帮助教师建立科学的活动设计体系，分析每个环节的设计对幼儿学习与发展的意义，从而引导教师达到更合理的活动设计状态。例如，“有效提问的支持性策略”是我们其中一个学期教研活动的核心话题，根据这个核心话题最后总结出了“情境性”“逻辑性”“精确性”“启发性”四个特征，每个特征下面有具体的策略支撑。团队成员通过课例展示、评课、反思等逐渐对一些教学经验进行理性分析、抽象概括、总结归纳。

借鉴他人的思路本就是学习的重要途径，“站在巨人的肩膀上”可以让我们少走弯路，创造出更多的成果。

四、创造阶段

创造阶段是在前面几个阶段的学习与积累的基础上，学习者主动建构的阶段。这一阶段需要建立主动建构的意义，是学习者主动结合已有知识经验，根据教学现场中真实存在的教学问题进行科学设计的过程。这一阶段是将所学内容进行运用的一个阶段，但与前期的积累和理性的分析、归纳是分不开的。教师主体性、创造性、主动性也在这一阶段充分发挥，每位教师都表现出独有的教学智慧，设计出富有创造性的教学活动设计，能轻松自如地驾驭教育教学活动，能根据幼儿发展水平与其有效互动。这也是我们理想中的幼儿园教师。

记得在学习"合唱指挥"这门课时，要求教师必须按照书上的划拍图式进行练习，不能划错一个拍、做错一个动作，所有动作与指令全部都是规定性的。可是教师给我们合唱团排练时却并未看到书上规范的拍点，在我们看来完全是"乱划"，甚至"随性而划"。随着不断深入学习，后来才知道初学者必须建构规范的拍子、拍点的结构，并练习到烂熟于心。当熟练了拍子的使用章法，就可以根据音乐的情感整体把握乐曲结构。看似"随性"，实则"功力深厚"。虽说"指挥"技能的学习与教学法的学习有所不同，但我认为其学习本质是相同的，对拍点烂熟于心的目的是先掌握理论中"约定俗成"的规定性动作，才能在拍子基本结构不变的前提下发挥个性。而个性动作之所以被大家能理解，就是因为有"约定俗成"的规定性动作作为基础。确实如此，即便在教学领域，那些"功力深厚"的资深教师，上课时看似轻松、随意，并且没有那么多"规定性"的要求，但是他早已把教学法运用到"胸有成竹"的境界了，所有突发的问题都会被迎刃而解。从理论上讲，人们在学习的过程中，当知识积累到一定量时，新的知识进入认知结构中是很容易连接到其他相似相通的地方，就好比读过一本书的人和读过 100 本书的人相比，显然后者能够更快更精确地处理文字信息。专家的认知结构中储备了大量的信息，信息与信息之间的连接也比较紧密，只要遇到新的问题情境，他们可以在较短的时间内进行处理，并且准确率较高。为何"高手教师"貌似不用"规定性"要求，即"高结构"的活动设计？而对新手教师为何要求那么规范？就是因为新手教师认知结构中的相关信息量储备不足，需要通过

“高结构”的活动设计积累经验和不断内化教学设计原理，这些“高结构”的活动设计就是给新手教师“量”的积累的重要途径。当积累到一定程度，不论从活动设计还是教学的组织与实施都可以应对自如，那个时候就可以“删除原有模式”，创建新的“模式”，也就是形成自己独特的、个性化的教学风格。

我们的团队新手教师较多，且多数是乡村教师，其专业能力较弱，因此，建构其知识结构的过程相对漫长，尤其是第四阶段。我省的示范性幼儿园团队才刚开始摸索前行，在活动设计思路上需要大量借鉴他人经验。对于乡村教师就更不用说了，他们更需要储备大量相关经验。

以上就是“ADRE”学习模式在园本教研和培训中的实践与探索。其实，许卓娅教授在师资培训中多次强调的基本理念也是“从模仿到创造”，只因海南省教师的基础薄弱，我们在实践过程中将其细化，就形成了阶段性的“ADRE”学习模式。目前，我们与南京市团队共同探索，对每个阶段都进行细化，建构可供教师学习与参考的具体支持性策略。

第三节　根据替换策略设计的活动案例

替换的前提是需要建构优质教学活动的基本结构和设计框架，目的就是帮助新手教师梳理在当前教育理念下比较适宜幼儿学习与发展的教学设计方案。替换的目的是在新手教师所建构的已有教学设计理念的基础上，逐步迁移到其他不同活动设计中的一种策略，而非终极目标。新手教师应该具备以下几个条件，才能完成替换任务。第一，自己独立组织与实施了一定数量的优质音乐教学活动。这是教师在替换过程中建构基本教学设计框架的基础，形成活动组织与实施的一种"惯性"思维。这种所谓的"惯性"思维主要是让新手教师对所组织活动的基本流程烂熟于心，在活动开展过程中不需要考虑其他要素，只需要关注新活动的学习内容与幼儿互动时的状态。第二，要对进行替换的活动做深入分析，其目的是了解教学活动设计背后的基本原理。不论在"模仿学习"阶段还是在"替换学习"阶段，对于学习者来说都是建立在理解教学设计原理的基础之上。第三，原活动设计的逻辑关系要清晰，不能为了替换而替换。例如，最开始的替换是将故事情境换掉，故事情境换掉的前提是要分析原活动的故事设计框架、前后的逻辑关系、与后面游戏的关系、情境中人与事的逻辑关系等，如果不清楚逻辑关系，在组织与实施环节会经常因逻辑问题而导致幼儿学习经验的断裂。

以下案例是我们在做替换实践时的思路，梳理此思路不是因为最终活动设计得有多完美，而是让老师看到从"模仿"到"替换"再到"重组"是一个在教学设计原理的基础上，不断反思、完善的过程。原活动设计给了我们一个很好的"支架"，而后期的替换思路就来源于我们认知结构中所积累的相关教学案例和教学经验。

一、活动案例：大班奏乐"三色饭"

表 1－8　"三色饭"第一轮替换思路

	原创活动	第一轮替换活动	反思
故事情境	猪八戒要娶媳妇，新娘先化妆（照镜子—抹粉），猪八戒走出门迎亲	苗家阿妹和阿哥要做三色饭了，让我们一起看看他们是怎么做三色饭的吧	故事中双角色设计与制作"三色饭"之间的逻辑关系比较牵强

续表

	原创活动	第一轮替换活动	反思
动作设计	新娘:照镜子—抹粉,看一看 猪八戒:走走走,看一看 传递:听(右手抚右耳做"听"的动作) 找新娘(向右方传递,两拍一传) (尾奏)新娘新娘在哪里?新娘可能就是她(继续传递,在最后一个字"她"上停止)	阿妹:看一看—捣黄姜,瞧一瞧—摘枫叶 阿哥:走走走—摘藤叶,淘米淘米要煮饭,阿妹阿妹来帮忙 传递:听—蒸饭了,三色饭就是它	故事中的双角色与传递游戏之间的逻辑关系比较牵强
游戏玩法	传递游戏:传递"化妆棒",音乐结束时落在哪儿,哪位就是"新娘" 听音源游戏:"新娘"藏好"化妆棒",让幼儿找,通过仔细听串铃的响声找到"新娘"	传递游戏:传递自制串铃棒。音乐结束时落在哪儿,哪位就可以去点击图片,看看三色饭是否做好	游戏的挑战与激励性不够。图片中的三色饭是否可以激发幼儿不断游戏的兴趣并未体现
音乐	《猪八戒娶媳妇》,AB 结构	《猪八戒娶媳妇》,AB 结构	音乐不符合故事中的民族特色
乐器	串铃:当作"化妆棒"。 铃鼓:当作猪八戒娶媳妇的道具	串铃棒:当作采集工具 铃鼓:当作煮饭锅	乐器搭配可以,是否可以有更好的配器?

表 1－9　"三色饭"第二轮替换思路

	第一轮替换活动	第二轮替换活动	反思
故事情境	苗家阿妹和阿哥要做三色饭了,让我们一起看看他们是怎么做三色饭的吧	今天我家里来了一些客人,他们想吃三色饭,可是我一个人忙不过来,你们愿意和我一起做三色饭吗?	故事中包含了"任务",可以激发幼儿兴趣。再增加具有民族特点的情境会更好
动作设计	阿妹:看一看—捣黄姜,瞧一瞧—摘枫叶 阿哥:走走走—摘藤叶,淘米淘米要煮饭,阿妹阿妹来帮忙 传递:听—蒸饭了,三色饭就是它	阿哥:走,找一找 摘藤叶、摘枫叶、捣黄姜 阿妹:淘米了、染色了、蒸饭了 双人:加椰浆,蒸好了,真香啊	两个角色之间在乐器使用上的互动性不强,合奏的音效体现不突出
游戏玩法	传递游戏:传递自制串铃棒。音乐结束时落在哪儿,哪位就可以去点击图片,看看三色饭是否做好	玩乐器:双人互动,合作完成做三色饭的过程	如何双人互动在教学过程中需要明确
音乐	《猪八戒娶媳妇》,AB 结构	《海岛苗家三月三》,ABCD 结构	《海岛苗家三月三》,ABCD 结构
乐器	串铃棒:当作采集工具 铃鼓:当作煮饭锅	自制槟榔鼓、竹筒铃	用槟榔叶做的槟榔鼓,其声音很清脆,竹筒铃中装入了米粒,沙沙声比较鲜明

表 1－10 “三色饭”最终的活动结构

	原创活动	替换后的“三色饭”
故事情境	猪八戒要娶媳妇，新娘先化妆（照镜子一抹粉），猪八戒走出门迎亲	每年的农历三月三，苗族人民都会制作一种有三种颜色的米饭，用来招待远道而来的朋友，这种米饭颜色鲜艳，清香可口，我们来看看（出示一张有三色饭的 PPT）！今天有一些客人老师要来我家做客，他们想吃三色饭，你们愿意和我一起做饭吗？我们一起来学做三色饭的本领吧
动作设计	新娘：照镜子一抹粉，看一看 猪八戒：走走走，看一看 传递：听（右手抚右耳做“听”的动作） 找新娘（向右方传递，两拍一传） （尾奏）新娘新娘在哪里？新娘可能就是她（继续传递，在最后一个字“她”上停止）	走、找一找 摘藤叶、摘枫叶、捣黄姜 淘米了、染色了、蒸饭了 加椰浆 蒸好了，真香啊
游戏玩法	传递游戏：传递“化妆棒”，在音乐结束时落在哪儿，哪位就是“新娘” 听音源游戏：“新娘”藏好“化妆棒”，让幼儿找，通过仔细听串铃的响声找到“新娘”	玩乐器：双人互动、合作完成做三色饭的过程（男孩子拿槟榔鼓，女孩子的摘、捣、淘等动作是通过敲、刮槟榔鼓完成。让幼儿充分感知两种乐器合奏后发出的音效。熟练后交换角色和乐器）
音乐	《猪八戒娶媳妇》，AB 结构	《海岛苗家三月三》，ABCD 结构
乐器	串铃：当作化妆棒 铃鼓：当作八戒娶媳妇的道具	自制槟榔鼓、竹筒铃

［乐曲］

海岛苗家三月三

张文虎、胡晓 曲

教师语令：　准　备　出　发　走

动作说明：　拍手

配器说明：　左手拿槟榔鼓或竹筒铃拍手

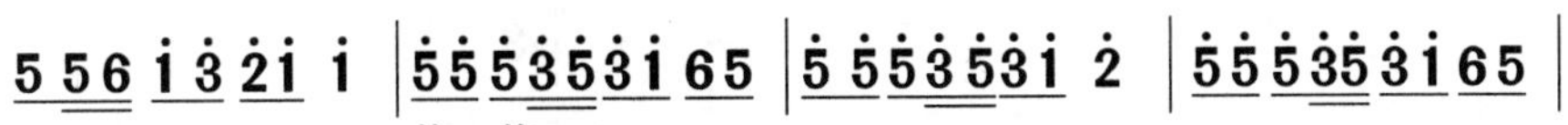

教师语令：　找一找

动作说明：　双手放在眉前做“看”的动作

配器说明：　双手拿槟榔鼓或竹筒铃在前

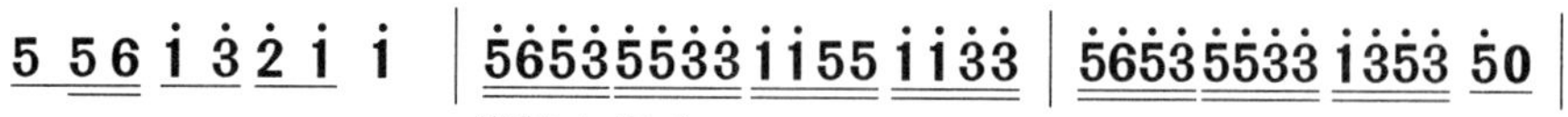

教师语令：摘藤叶/枫叶

动作说明：右手举起做“摘”的动作

配器说明：左手拿起槟榔鼓，右手举起随乐敲击鼓面；左手拿竹筒铃举起随乐敲击鼓面

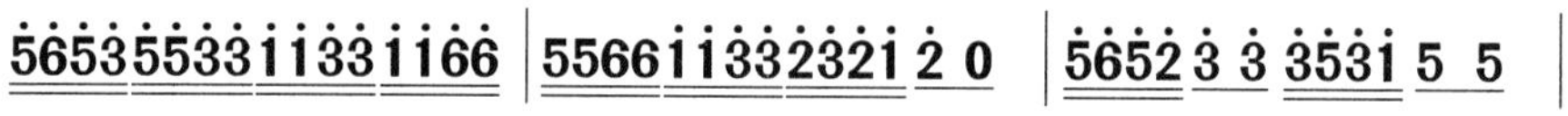

教师语令：捣黄姜

动作说明：左手手心向上，右手握拳在左手上做“捣”的动作

配器说明：左手拿槟榔鼓，右手随乐敲击鼓面；左手拿竹筒铃在鼓面上上下下滑动

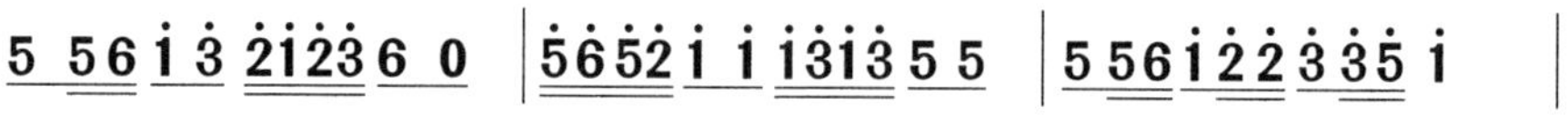

教师语令：

动作说明：

配器说明：

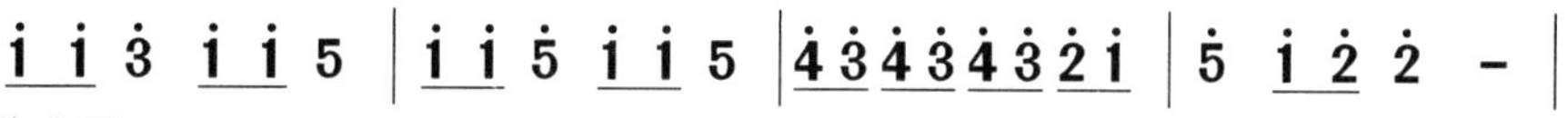

教师语令：淘米了

动作说明：双手握拳至胸前顺时针平移画圈

配器说明：双手拿槟榔鼓或竹筒铃在胸前顺时针平移画圈

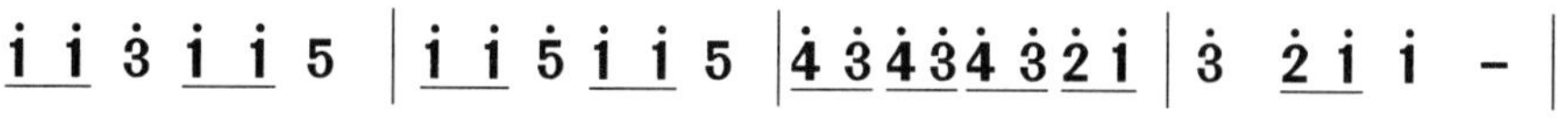

教师语令：染色了

动作说明：双手握拳至胸前逆时针平移画圈

配器说明：双手拿槟榔鼓或竹筒铃至胸前上下随乐抖动

教师语令：蒸饭了　　加速度

动作说明：双手握拳至胸前上下随乐抖动　　同左（动作加快）

配器说明：双手拿槟榔鼓或竹筒铃至胸前上下随乐抖动　　同左（动作加快）

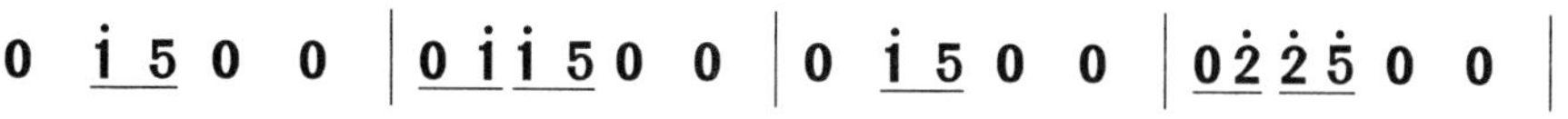

教师语令：

动作说明：

配器说明：

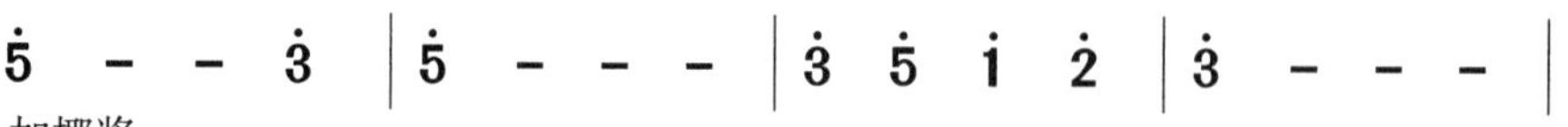

教师语令：加椰浆

动作说明：右手放到左手手心做“搅拌”的动作

配器说明：左手拿槟榔鼓，右手随乐敲击鼓面；左手拿槟榔鼓，右手拿竹筒铃随乐敲击鼓面

2̇ 1̇ 1̇ 6 | 5 6 1̇ 3̇5̇ | 2̇ - - 1̇ | 1̇ - - - ‖

教师语令：　　　　　　　　　　　　　　　　真香呀

动作说明：　　　　　　　　　　　　　　　　双手捧起做“闻”的动作

配器说明：　　　　　　　　　　　　　　　　双手捧起槟榔鼓、竹筒铃

活动分析

每个民族都有其独特的文化及生活习俗。苗族是海南省第二大少数民族。海南省苗族拥有独特的民族技艺,“三色饭”是海南省苗族最具代表的饮食文化之一。根据制作“三色饭”的流程设计相应的情境性动作,再加入用本土自然物自制的乐器,让幼儿了解苗族人民的传统饮食文化,在音乐中体验劳动的快乐。

【使能目标阶梯】

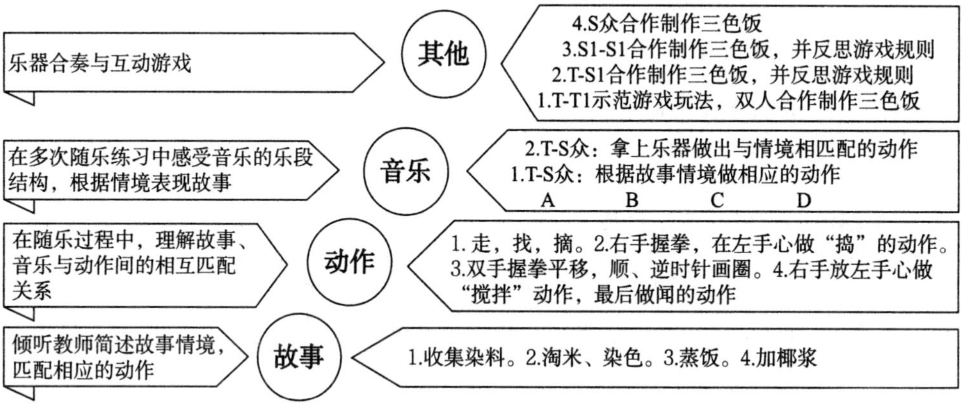

【教育活动设计】

活动目标

1. 感受具有民族风格的音乐。根据相应的故事情境,用动作和乐器随乐表现制作三色饭的过程。

2. 在图谱的提示和教师的启发下,随乐合作完成制作三色饭的过程;探索乐器相互配合时发出的音效。

3. 与同伴合作制作三色饭时要相互配合,体验制作三色饭的过程和劳动的喜悦。

活动准备

1. 物质准备。

(1) 槟榔鼓、竹筒铃、碰铃。

(2) 关于三色饭的 PPT。(P1 三色饭,P2 黄色饭,P3 黄、红色饭,P4 黄、红、黑三色饭,P5 三份三色饭,P6 许多份三色饭)

2. 经验准备:知道什么是三色饭,有用过串铃和铃鼓的相关经验。

3. 空间准备:男、女插空围坐成半圆形。

活动过程

1. 故事。

出示图片,情境导入。

师:每年农历的三月三,苗族人民都会制作一种有三种颜色的米饭,用来招待远道而来的朋友,这种米饭颜色鲜艳,清香可口,我们来看看(出示第一张 PPT)! 今天有一些客人老师要来我家做客,他们想吃三色饭,你们愿意和我一起做饭吗? 我们一起来学做三色饭的本领吧!

2. 动作。

[教师第一遍随乐示范动作]

教师完整示范动作,幼儿学习制作三色饭的基本动作。

师:刚刚我做三色饭的时候做了什么动作? 我先做了什么动作? 接着又做了什么动作? 请仔细看!

3. 音乐。

[教师第二遍随乐示范动作]

(1) 教师再次示范动作,帮助幼儿厘清动作顺序并理解动作的作用。

师:我第一个动作做了什么? 第二个动作呢? 这些动作有什么作用呢?

[教师第三遍随乐示范动作]

(2) 师幼随乐完整地做动作。

师:我们在做三色饭的时候一定要按照步骤来做,我们一起来做三色饭吧!

4. 其他。

[第四遍随乐动作]

(1) 加入槟榔鼓,探索匹配动作。

师:我们煮好的饭没有东西装,该怎么办呢? 哈哈! 这里有个槟榔鼓,我们可以请它来帮忙吗? 除了装饭,槟榔鼓还能帮我们做什么呢? 我们一起来试试!

[第五遍随乐动作]

(2) 加入槟榔鼓,随乐演奏。

师:你们在使用槟榔鼓的时候遇到了什么困难? 老师是在说什么话的时候把槟榔鼓拿起来的?

[第六遍随乐动作]

(3) 播放音乐,集体演奏。

师:看! (出示第二张 PPT)这是什么? 这是我们刚刚做好的饭,我们做的三色饭和苗族人们做的三色饭一样吗? 为什么只有黄颜色的饭呢? 我们这里有个苗族的小姐姐,我们问问她为什么会这样。

师(配班):全都做成黄色的饭了,说明你们摘的叶子不够多。我这里有个“神器”,用它可以摘到更多的叶子,染出漂亮的颜色,你们想看看我是怎么使用“神器”的吗? 请你们仔细看!

[第七遍随乐动作]

(4) 加入竹筒铃和槟榔鼓,教师示范,共同合乐演奏。

师:苗族小姐姐在捣黄姜的时候怎么使用“神器”的? 染色和蒸饭的时候呢? 我们来试试!

(5) 加入竹筒铃和槟榔鼓,师幼共同演奏。

[第八遍随乐动作]

① 教师加入竹筒铃,幼儿加入槟榔鼓,师幼共同演奏。

师:(出示第三张 PPT)这次我们做出了两种颜色的饭,说明这个“神器”挺有用的,你们在使用神器的时候遇到了什么困难? 我想请一个小朋友来和我合作。

② 教师加入竹筒铃,请一名幼儿加入槟榔鼓,师幼共同演奏。

师:我们合作得怎么样啊? 下面老师请大家一起来合作吧!

[第九遍随乐动作]

③ 教师加入槟榔鼓,幼儿加入竹筒铃,师幼共同演奏。

师:(出示第四张 PPT)哇！这次我们把三种颜色的饭都做出来了。苗族小姐姐的“神器”果然厉害,可是才一份够不够我们吃啊？我们一起来分组,做出更多的三色饭。

[第十遍随乐动作]

(6) 幼儿两两合作,共同演奏。

① 女生用竹筒铃,男生用槟榔鼓,合作演奏。

师:(出示第五张 PPT)你们在做三色饭的过程中遇到什么困难了吗？我用一个碰铃来加入你们,我们一起来做更多的三色饭。

② 男生用竹筒铃,女生用槟榔鼓,合作演奏。

师(配班):(出示第六张 PPT)小朋友们真能干,做出这么多的三色饭,我们的客人老师满意吗?

(7) 结束。

与客人老师共同品尝苗族人民的三色饭。

原创:海南省琼中县幼儿园　张玲玲

二、活动案例:大班奏乐“捡螺歌”

表 1-11 “捡螺歌”第一轮替换思路

	原创活动	第一轮替换活动	反思
故事情境	猪八戒要娶媳妇,新娘先化妆(照镜子—抹粉),猪八戒走出门迎亲	很久以前有一群阿哥阿妹在什运河边捡螺,他们一边捡螺,一边唱山歌。河边好热闹呀,不一会儿,阿哥捡到的螺越来越多,然后把螺送给了喜欢的阿妹。阿妹心里可高兴了,最后他们手拉手高高兴兴地回家去了	这是黎族民间故事的最初版本,蕴含着爱情色彩。男孩子捡的螺多就可以娶到心爱的女孩子。根据幼儿的经验,可以保留男孩和女孩这两个角色,但要淡化爱情的情节
动作设计	新娘:照镜子—抹粉,看一看 猪八戒:走走走,看一看 传递:听(右手抚右耳做“听”的动作) 找新娘(向右方传递,两拍一传)(尾奏)新娘新娘在哪里？新娘可能就是她(继续传递,在最后一个字“她”上停止传递)	阿妹:提箩筐—去捡螺,走一走,看一看 阿哥:走走走,去捡螺 阿妹:捡到捡不到,一起比一比 阿哥:捡到捡不到,一会就知道 传递:听—捡螺啦(传箩筐),河螺河螺在哪里,河螺河螺就是它	根据情境设计动作,但是角色之间的情境主线不明确。捡到螺要干什么？交代得不是很清楚

续表

	原创活动	第一轮替换活动	反思
游戏玩法	传递游戏:传递“化妆棒”,音乐结束时落在哪里,哪位就是“新娘” 听音源游戏:“新娘”藏好“化妆棒”,让幼儿找,通过仔细听串铃的响声找到“新娘”	传递游戏:传递自制的箩筐铃(有铃铛在上面)。音乐结束时落在哪里,哪位就可以去点击图片“捡螺”	角色与游戏之间的关系有些牵强。例如拿到铃铛的为何要去点击图片,图片能给幼儿怎样的游戏性体验?
音乐	《猪八戒娶媳妇》,AB 结构	《猪八戒娶媳妇》,AB 结构	音乐未体现黎族民间音乐的特色
乐器	串铃:当作“化妆棒” 铃鼓:当作猪八戒娶媳妇的道具	自制箩筐铃和串铃棒	串铃棒的情境性作用不强

表 1-12 “捡螺歌”第二轮替换思路

	第一轮替换活动	第二轮替换活动	反思
故事情境	很久以前有一群阿哥阿妹在什运河边捡螺,他们一边捡螺,一边唱山歌。河边好热闹呀,不一会儿,阿哥捡到的螺越来越多,然后把螺送给了喜欢的阿妹。阿妹心里可高兴了,最后他们手拉手高高兴兴地回家去了	什运河有一群阿哥阿妹在捡螺。他们光着脚在河里捡螺,我们也跟着他们一起捡螺吧	故事简洁,包含了“任务”,能够激发幼儿的兴趣
动作设计	阿妹:提箩筐,去捡螺,走一走,看一看 阿黑:走走走,去捡螺 阿妹:捡到捡不到,一起比一比 阿黑:捡到捡不到,一会就知道 传递:听一捡螺啦(传箩筐),河螺河螺在哪里,河螺河螺就是它	阿妹:光脚丫一捡螺,走一走,看一看 阿哥:走走走,去捡螺 阿妹:捡到捡不到,一起比一比 阿哥:捡到捡不到,一会就知道 竞争游戏:捡螺啦,加油加油,加油加油,欧耶	动作设计符合情境。游戏为竞争性游戏,需要在空间位置上有所考虑,方便幼儿起身跑
游戏玩法	传递游戏:传递自制的箩筐铃(有铃铛在上面)。在音乐结束时落在哪里,哪位就可以去点击图片“捡螺”	竞争游戏:完成基本动作之后,阿哥和阿妹分成两列,跑到对面目的地捡螺,哪一队捡的螺最多则获胜	竞争游戏符合该故事情境,在逻辑上也可行
音乐	《猪八戒娶媳妇》,AB 结构	黎族民间音乐《捡螺歌》,ABC 结构	乐曲具有黎族特色,音乐风格也符合该情境
乐器	自制箩筐铃和串铃棒	自制箩筐铃和簸箕铃	都是金属类乐曲,在配器上没有亮点

表 1－13 “捡螺歌”最终的活动结构

	原创活动	替换后的“捡螺歌”
故事情境	猪八戒要娶媳妇,新娘先化妆(照镜子—抹粉),猪八戒走出门迎亲	今天黎族村寨又来了一批客人,我们要给这批客人准备一份特色美食——河螺。可是,没有螺了,我们一起走到小河边,光着脚丫,走走看看,掏一掏沙子,摸一摸石头,发现有好多螺。我们一起去捡螺吧,请小朋友们仔细看,捡螺的时候都做了哪些动作?
动作设计	新娘:照镜子—抹粉,看一看 猪八戒:走走走,看一看 传递:听(右手抚右耳做“听”的动作) 找新娘(向右方传递,两拍一传) (尾奏)新娘新娘在哪里?新娘可能就是她(继续传递,在最后一个字“她”上停止)	(白扣出发捡螺)光脚丫捡螺,光脚丫捡螺,光脚丫捡螺,光脚丫,看一看,看一看 (趴满出发了)走走走走走走走,看一看。 (趴满说话了)沙子里有螺,快来快来捡,沙子里有螺,快来快来捡 (白扣说话了)石头里有螺,快来快来捡,石头里有螺,快来快来捡 (一起说)捡螺咯,加油加油,加油加油,欧耶
游戏玩法	传递游戏:传递“化妆棒”,在音乐结束时落在哪里,哪位就是“新娘” 听音源游戏:“新娘”藏好“化妆棒”,让幼儿找,通过仔细听串铃的响声找到“新娘”	白扣和趴满分两列(白扣和趴满是黎语,白扣是女孩子,趴满是男孩子),完成基本动作之后,在听到“捡螺咯”的语令时同时出发到目的地捡螺,捡到的螺分别匹配放在不同形状的箩筐内,哪一队捡到的螺最多则获胜
音乐	《猪八戒娶媳妇》AB 结构	黎族民间音乐《捡螺歌》,ABC 结构
乐器	串铃:当作化妆棒 铃鼓:当作猪八戒娶亲的道具	自制箩筐铃和簸箕铃

【乐曲】

捡螺歌(黎族方言)

五指山番毛村王玉良　创作
莫　柯　编配
何丕杰　记谱

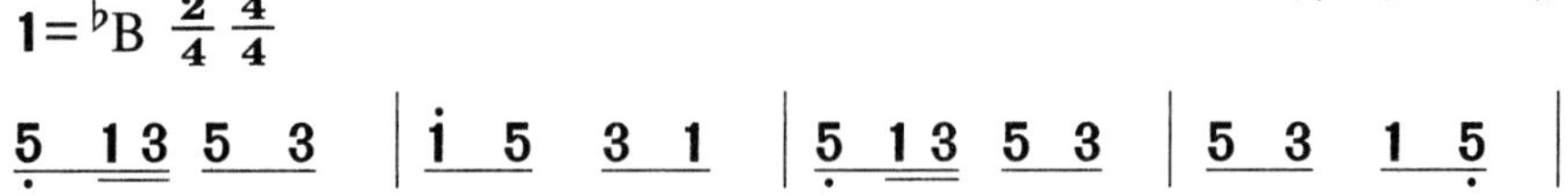

教师语令:　白　扣出发　捡　螺
动作说明:
配器说明:

3 3 3 5 6 5 6 i | 5 6 5 3 5 5 | 3 2 3 5 3 5 3 1 | 2 3 2 1 2 2 |

教师语令：光脚　丫　捡　螺　光脚　丫　捡　螺

动作说明：双脚踏步两下　双手拍打膝盖

配器说明：手拿竹篓，双脚踏步两下　双手拿竹篓拍打膝盖

6 1 2 3 2 3 2 1 | 2 1 1 6 1 1 | 6 1 2 5 2 1 1 6 | 5 5 5 6 5 |

教师语令：光脚　丫　捡　螺　光　脚　丫　看　一　看

动作说明：双手拍打左边大腿

配器说明：双手拿竹篓拍打左边大腿

1 2 5 1 | 2 2 3 2 1 6 | 1 5 1 2 1 | 6 - |

教师语令：看　一　看　趴　满　出　发　了

动作说明：双手拍打右边大腿

配器说明：双手拿竹篓拍打右边大腿

3 3 3 5 6 5 6 i | 5 6 5 3 5 5 | 3 2 3 5 3 5 3 1 | 2 3 2 1 2 2 |

教师语令：走　走　走　走

动作说明：拍手

配器说明：拿簸箕拍一下

6 1 2 3 2 3 2 1 | 2 1 1 6 1 1 | 6 1 2 5 2 1 1 6 | 5 5 5 6 5 |

教师语令：走　走　走　看　一　看

动作说明：左手叉腰，右手抬高做摇摆动作

配器说明：左手叉腰，右手拿簸箕抬高摇响

1 2 5 1 | 2 2 3 2 1 6 | 1 5 1 2 1 | 6 - |

教师语令：趴　满　说　话　了

4/4 3 - 1 - | 6 - 2 - | 6 - 1 - | 5 6 5 5 |

教师语令：沙子里有螺　快来快来捡　沙子里有螺　快来快来捡（白扣说话了）

动作说明：双手伸出去再收回来　双手上下摆动

配器说明：双手拿簸箕伸出去再收回来　双手拿簸箕上下摆动

3 - 5 - | 3 1 2 - | 6 - 2 6 1 | 1 6 5 5 |

教师语令：石头上有螺　快来快来捡　石头上有螺　快来快来捡

动作说明：双手拍打双腿　双手伸出去收回来

配器说明：双手拿竹篓拍打双腿　双手拿簸箕上下摆动

6 6 5 0 0 | 2/4 5 1 3 5 3 | i 5 3 1 | 5 1 3 5 3 | 5 3 1 5 |

教师语令：捡 螺 咯　加　油　加　油　加　油　加　油

动作说明：双手放在嘴巴前　拍手

配器说明：双手拿竹篓放嘴巴前　左手拿竹篓或簸箕拍手

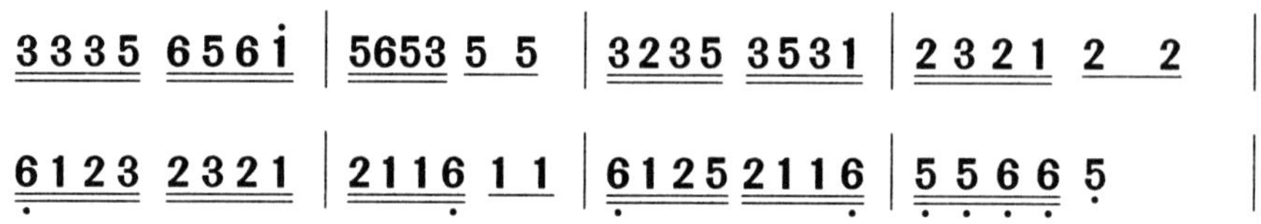

教师语令：欧　耶

动作说明：双手做胜利的动作

配器说明：双手拿竹篓或簸箕举高

【使能目标阶梯】

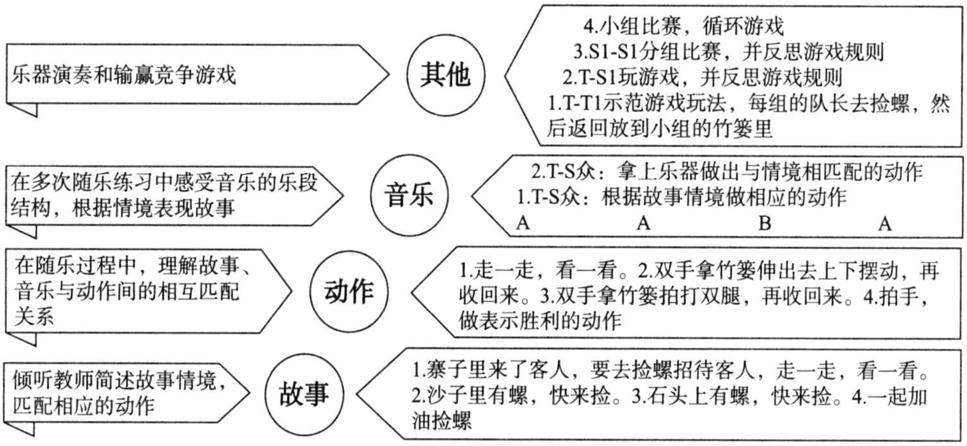

【教育活动设计】

活动目标

1. 熟悉音乐旋律，感受具有黎族风情的音乐作品。根据捡螺的故事情境，有节奏地随乐做出相应的动作。

2. 通过观察学习的方法熟练掌握韵律动作，并在“看一看”“走走走”的情境中有至少两种不同动作的表现；在游戏中反思如何才能快速捡到所需要的螺，赢得比赛；通过情境中的动作表现使乐器并发出“顿响”和“散响”的音效。

3. 乐器使用时能关注其他幼儿，并能和谐演奏；在游戏竞争中能够有集体意识，客观分析胜负的原因，并优化团队策略。

活动准备

1. 物质准备：音乐剪辑主部，即相同的乐段共重复3次（纯音乐），《捡螺歌》音乐，PPT，竹篓，簸箕，各种颜色螺的图片若干张。

2. 经验准备：已经初步熟悉旋律，有赛跑比拼经验。

3. 空间准备：座位呈半圆形摆放。（前方有足够空间）

活动过程

1. 故事。

故事导入，引出活动。

师：小朋友们，你们好！我是吴老师，是来自黎族村寨的一名黎族姑娘，在我们村呀，把男孩叫作趴满，把女孩叫白扣。男孩子叫什么呢？我们一起说。女孩子叫什么呢？我们一起说。

幼：男孩子叫趴满。女孩子叫白扣。

师：今天黎族村寨又来了一批客人，我们要给这批客人准备一份特色美食——河螺。可是，没有螺了，我们一起走到小河边，光着脚丫，走走看看，掏一掏沙子，摸一摸石头，发现有好多螺。我们一起去捡螺吧，请小朋友们仔细看，捡螺的时候都做了哪些动作？

2. 动作。

［教师第一遍随乐示范动作］

师幼共同从故事情节中提炼动作。

师：老师捡螺的时候做了什么动作呢？

幼：看一看，走走走。

3. 音乐。

（1）教师带领幼儿坐在座位上完整随乐做律动。

［教师第二遍随乐示范动作］

师：趴满捡螺的时候说了什么？

幼：沙子里有螺。

师：白扣捡螺的时候说了什么？

幼：石头上有螺。

（2）分角色练习动作。

[教师第三遍随乐示范动作]

师:是不是这样呢？我们再验证一次。

师:捡螺的时候好像不太开心,都没有说话了。白扣在哪里呀？打个招呼(女孩子招手)。趴满在哪里呢？打个招呼(男孩子招手)。这次捡螺要开心一点,边捡边说(引导幼儿说出男孩子和女孩子的语令与动作)。

[教师第四遍随乐练习]

(3)站位练习动作,教师示范游戏玩法。

师:捡螺的时候坐着捡看不到更多的螺,我们站起来捡会在河里看到更多的螺。

师:注意仔细听,听听老师在音乐结束时喊了什么话,做了什么动作。

4. 其他。

[教师第五遍随乐练习]

（1）T-T1 示范游戏玩法。

师:刚才你们听到老师喊出什么话的时候就开始捡螺比赛?

幼:捡螺咯!

(单独练习,检验幼儿是否可以做到)

[教师第六遍随乐练习]

（2）T1-S1 玩游戏,教师带领幼儿玩游戏。

师:小朋友,来的客人这么多,这些螺是不够吃的,我们要再努力捡更多的螺给客人们吃。

幼:好。

师:黎族村寨的村主任说两个队比赛,看看能不能捡到更多的螺。白扣、趴满,你们愿意比赛捡螺吗?

幼:愿意。

[教师第七遍随乐练习]

（3）分组进行游戏。

师:老师现在是白扣的捡螺人,你们趴满派出一名捡螺人来和我比赛,看一看谁捡得多?

（游戏规则：分成两组来比赛捡螺，男孩一组，女孩一组。请每组选出一个“捡螺人”来比赛捡螺）

［教师第八遍随乐练习］

（4）跟随音乐进行游戏，S1-S2进行捡螺比赛。

师：现在每组排在第一位的就是这一轮的“捡螺人”，看哪组捡得多。好的，我们出发去捡螺吧！

（根据练习情况反馈游戏规则是否被遵守，应该如何做才最好）

［教师第九遍随乐练习］

（5）增加游戏的难度——匹配与竹篓底部相同形状的螺。

师：刚才我们捡了各种各样的螺，这一次我要增加难度啦！请小朋友们仔细听，看一看，你们自己竹篓底部和簸箕底部有什么不一样？

幼：有不同的形状。

师：你们一会儿去捡螺时，请你捡跟自己拿着的竹篓或簸箕底部形状一样的螺，别捡错啦！那么每组派一名组员当捡螺人进行捡螺比赛吧！

引导幼儿说出螺的具体形状、大小等。

［教师第十和第十一遍随乐练习］

（6）集体进行比赛。

师：老师发现你们很厉害哦！捡螺的速度很快！这一次我们要集体比赛捡螺啦！现在你们两个小组进行比赛，看哪组小朋友捡到的螺最多。记住哦，要捡跟自己用具底部形状一样的螺，别捡错啦！

（反馈游戏中存在的问题，并思考如何完善）

（7）结束活动。

师：现在，一起来看看我们捡到了多少螺。（播放图片）哇！我们捡到这么多螺啦！那我们赶紧把螺带回去，炒河螺给客人吃吧！（播放音乐出场）

原创：海南省琼中县什运镇中心幼儿园　吴　鑫

本章执笔人：海南师范大学　郭　敏

第二章

音乐活动的基本流程

第一节　游戏化音乐活动方案的总流程

一、总流程简述

学前儿童游戏化音乐活动方案总流程来源于大量经典优秀课例的共性分析、设计整合，此整合也在大量的后期课例设计审核验证中，得到了充分、可落实、可实践、可操作的证实，即游戏化音乐活动方案设计一般可遵循总流程——“故事→动作→音乐→其他”（见图 2－1）。

图 2－1

二、总流程的具体操作步骤简述

学前儿童游戏化音乐活动方案总流程适用于歌唱、韵律和奏乐活动的设计。一般来说，相较传统教学伊始的情境营造，游戏化音乐活动方案的故事内容显得更为具体，且更具可操作性和可发展性。但故事内容应该仅仅包含必须表现的情节，应尽量避免繁复的修辞和装饰，必要时可为突出重点、亮点情节添加少量情绪化的渲染。一般讲故事的时间建议在 30 秒至 1 分钟内，但必要时可适度延长。

学前儿童的动作是他们认识事物和表达对事物认识的最主要和最重要的媒介，“动作”在每个不同活动中都有其具体的特点指向：歌唱活动中的动作主要指向学前儿童倾听“教师范唱”内容，韵律活动中的动作主要指向学前儿童理解动作表征的内涵，奏乐活动中的动作主要指向学前儿童习得演奏乐器的方式。

音乐是教学目标主体之一，同时围绕故事和动作集合既能保障学前儿童在音乐中的审美愉悦感，又能产生整体审美流畅性。但单纯机械的反复和重复会消耗和损失活动原本的趣味性，也会打击和损耗学前儿童学习的动机。因此，逐层累加的更适宜更高级的挑战可以循序渐进地激发学前儿童参与活动的兴趣和热情，“故事—动作—音乐”的集合在整体的反复中由陌生走向熟悉，音乐的感受与欣赏也在不断的重复中愈加深刻。

表 2－1　各种活动总流程的具体操作步骤简述

活动类型	故事	动作	音乐	其他
歌唱活动	够用的故事	倾听	匹配故事和动作的音乐	更适宜更高级的挑战
韵律活动		表征		
奏乐活动		演奏		

三、总流程的具体操作步骤阐述

结合大量前辈教师长期工作实践和相关教育科学研究成果，学前儿童集体音乐活动设计的总流程分布可以表现为下面的图例（见图 2－2）。从集体教学单位时间轴来看，首先由音乐转化出的故事贯穿活动始终。其次，动作的切入不仅要考虑到音乐活动的需要，同时也要呈现学前儿童的学习方式和特点。再者故事和动作在音乐中达到三者统一，最后在“其他”的累加中更深入地在音乐中进行感受与欣赏、表现与创造，用身体动作来表现音乐。在整个时间轴的发展中，学习品质的培养渗透在每个环节中。

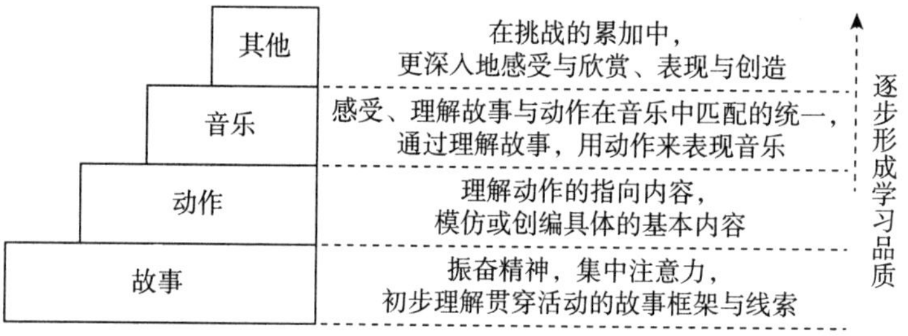

图 2－2

（一）故事

1. 完整的故事和局部的故事。

故事的内容筛选要与学前儿童的理解和音乐的段落契合。联系上文，教师讲述故事的时间建议控制在 30 秒到 1 分钟，讲故事时教师也可以考虑同步播放背景音乐或进行图片投影。有的故事教师可以根据结构内容完整讲述，帮助学前儿童初步建立对贯穿活动的故事框架和线索的理解。

而有的故事若在一开始时就完整讲述，会损失掉故事发展中隐含的“惊喜”，如大班韵律活动“山狗和臭鼬”的故事内容为：“山狗遵照了臭鼬大王的指示要带小动物们到森林深处去‘寻宝’,小动物们都特别高兴,可是,在路上会遇到蜜蜂、狗熊和臭鼬大王,小动物们要快速做出反应(遇到蜜蜂就要跑回家、遇到狗熊就变木头人、遇到臭鼬就慢慢倒地装死)来保护自己……”此活动的“惊喜”感来源于不确定的出现对象,若教师一开始就把故事一股脑儿地讲完了,那么在活动过程中,不仅会损失动物逐一出现的“紧张和刺激”感,也会影响整个活动的流畅性和渐进性,同时由于学前儿童提早知道了结局,部分学前儿童会将过多注意力放在故事结尾处而忽略了集体教育中的其他部分。因此在讲故事的时候,教师将后续的“惊喜”作为一个“包袱”,将故事更改为局部讲述:“山狗遵照了臭鼬大王的指示要带小动物们到森林深处去‘寻宝’,小动物们都特别高兴,可是,在路上也许会遇到很多危险,会遇到什么事情呢? 让我们去发现吧!”这样的局部故事讲述设计有的可能偏重于引起幼儿对教师后期动作与合乐的有意注意,从而更好更主动地理解故事的全部内容,而有的则遵循“不确定结果直接激发好奇心与好胜心”的规律。局部故事的选择主要先从故事属性和游戏属性来考虑,同时还要考虑后续故事出现的渐进性是否与后续流程和学前儿童的学习相匹配。

2. 教师讲的故事和幼儿讲的故事。

故事内容的讲述者可以是教师,也可以是幼儿,前提是幼儿对故事已具有一定的经验。同时,也可以是教师和幼儿一起讲述故事,幼儿讲述“已知”的内容,教师讲述“未知”或“创新”的部分。

一般来说,歌唱活动中的故事可以根据歌词内容转化出相应的故事语言,韵律活动和奏乐活动中的故事可以是教师根据音乐风格与色彩及学前儿童经验与偏好转化而出的故事内容,无论是完整的故事讲述或是局部的故事讲述,都包含了教师在前期的大量思考和智慧。故事环节不仅具有振奋精神、集中注意力的作用,同时还有为后期动作和音乐做铺垫的作用,教师在设计故事时可以考虑加入相关动作的描述及音乐色彩的渲染等,以帮助幼儿后期更好地理解动作和欣赏音乐做准备。

(二)动作

1. 歌唱活动指向的动作——倾听。

有研究者通过实证研究表明,学习一般难度新歌时,幼儿至少倾听 5 遍才能初步形成稳定的听觉表象,而学习难度稍高的新歌,幼儿倾听遍数则需更多。学习新歌时，幼儿倾听遍数若低于5遍，将使他们在理解和记忆歌词和旋律时产生困难，从而影响学习效率。

进行新歌教学时，教师可以利用各种鲜活的形式激发幼儿的学习兴趣，使幼儿的注意力保持高度集中，多多倾听教师的范唱（范唱遍数可根据歌曲的难易程度以及本班幼儿的水平稍做调整），以确保幼儿获取充分的输入量，从而保证幼儿对歌曲能进行充分的感知。

2. 韵律活动指向的动作——表征。

幼儿对音乐的认识具有“动作思维”特点，教师需要向幼儿展示由故事“翻译”而来的表现故事的动作，或是引导幼儿创编动作来“翻译”故事中的某一个部分，这些动作都是对相应的故事内容的具体表征。通过动作表征的内涵，让幼儿在运动的过程中进一步理解故事的内容、情绪、结构等，同时这些也隐含着后续合乐中音乐的节奏、力度、速度等。需要说明的是，此环节的动作力求简单、“够用”，不要复杂。若是幼儿创编的动作，教师选择或微调其一作为基本动作。

3. 奏乐活动指向的动作——演奏。

同上，幼儿对音乐的认识具有“动作思维”的特点，教师向幼儿展示由故事“翻译”而出的表现故事的动作，或是引导幼儿创编动作来“翻译”故事中的某一个部分，这些动作都是相应的故事内容的具体表征。

而与上述不同的是，这些动作除了具有对故事内容的表征外，教师同时应考虑动作与乐器演奏或探索的关系，这些动作是不是徒手演奏的动作，抑或是这些动作能否转化或迁移到演奏动作中去。

（三）音乐

1. 歌唱活动。

教师范唱部分可以用两种方式进行，一种为“理性在前”的教师范唱，即以有意注意为主，理解歌词大意，关注和记忆歌词顺序及内容后进行游戏；另一种为“感性在前”的教师范唱，即以无意注意为主，在学习游戏中感受歌曲内容，待熟悉游戏玩法后集体澄清歌词顺序及内容，再进行整体游戏。

在“理性在前”的设计中，教师在每次范唱前建议将问题前置，即让幼儿明确在教师此次范唱时需关注的内容——“听什么”，在范唱完毕后邀请个别幼儿或集体回答相应的内容,随后再进行下一次的范唱问题前置,以此帮助幼儿逐渐养成良好的倾听习惯。

在“感性在前”的设计中,教师应有意识地培养幼儿的反思能力,给幼儿表达自己“听到了什么”和“不清楚什么”的机会,从而引导幼儿思考如何解决歌唱学习中遇到的问题,可以“向谁求助”及“如何澄清和记忆”等。

在歌唱活动的音乐部分,不建议使用多媒体播放歌唱作品,因成品音频中过多技术的渲染会影响幼儿倾听时的注意力分配。建议在歌唱活动初期,教师范唱的第1—3遍,教师采用清唱的方式(控制歌曲的速度,注意咬字吐字),给幼儿提供清晰的歌曲旋律和歌词内容;在中后期加入“伴奏”时,要淡化传统“钢琴伴奏”概念,给予明晰的主旋律即可;在活动即将结束前,幼儿基本学会了歌曲后,“钢琴伴奏”可以适度追求优美和华丽。

2. 韵律活动和奏乐活动。

教师邀请幼儿通过观察模仿学习或探究创造学习随乐做基本动作,通过感受、欣赏与用动作表现音乐,帮助幼儿建立稳定的形象动作与抽象音乐的联系,从而进一步感受音乐的节奏、结构、曲式、情绪和色彩等。

此环节建议教师循序进行3—4遍,音乐是完整呈现的。幼儿在完整感受与欣赏音乐的过程中,用简单的基本动作与故事内容集合在一起,既保证了幼儿的审美流畅性,又帮助幼儿形成初步的合乐动力定型后再累加新的难度和挑战。

(四)其他

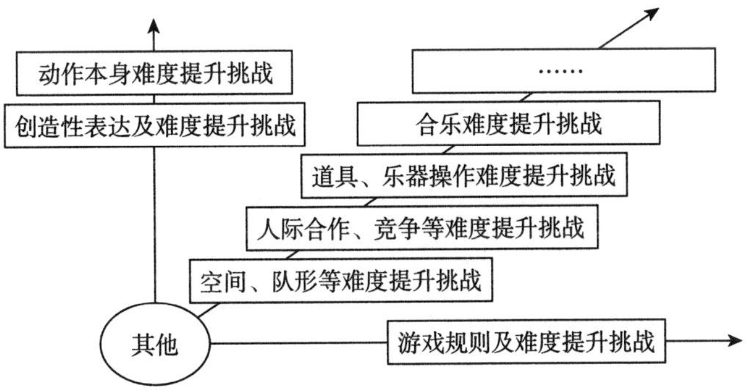

图2-3

根据幼儿的年龄特点和前期“故事—动作—音乐”的学习负载量来确定挑战内

容和难度的选择。一般来说，每增加一个挑战，教师需要考虑面对这个挑战时，幼儿是否需要具有某些经验，而就此经验而言，教师需要考虑：这个经验是本次活动前已具有的？是在本次活动一开始就获得的，还是在本次活动中间教授的？是在“其他”环节开始要练习的？除此之外，教师还需考虑所增加的挑战对幼儿的整体合乐学习是一种激励还是一种负担。挑战的选择与设计也应是循序渐进的，且是为幼儿发展和活动本身服务的。

总流程具体操作中的每个环节都以幼儿的需要为主，同时贯彻五点内容的实施：

1. 关注幼儿学习与发展的整体性。
2. 尊重幼儿的个体差异。
3. 理解幼儿学习方式和特点。
4. 重视培养学习品质。
5. 重视培养社会性品质。

第二节　游戏化音乐活动方案的分流程

一、活动方案分流程之“空间安排”的设计

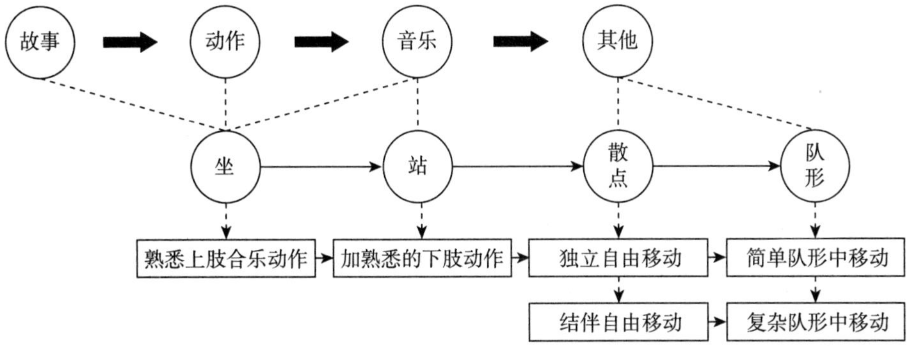

图 2－4

在幼儿园音乐活动中，一般情况下多半采用半圆形或圆形的座位空间安排，以保证每个幼儿都能看到教师及同伴的示范或创造性表达，同时也保证教师能够在此两种座位安排中观察、了解到全体幼儿的学习情况。

在学习新的教学内容时，一般情况下需要从相对比较稳定的体位状态逐步根据需要进入相对不太稳定的体位状态。一般建议教师在帮助幼儿初步理解合乐动作与故事的关系时，坐在座位上仅做上肢动作随乐律动，一些在设计中的独立下肢动作可以用上肢动作来代替，一些在设计中的上下肢联合动作可以暂时忽略下肢动作，而仅做上肢动作或一边做上肢动作一边配以语言描述，这样做主要是为了避免下肢在与地面碰撞时产生的互动或声响干扰幼儿的情绪和状态，同时帮助幼儿较为专注地观察、模仿、合乐动作并理解它们与故事的关系。一些地方的教师只要一涉及音乐活动，无论类型都让幼儿坐在地上或垫子上，其实若非必要，还是建议教师和幼儿一起坐在椅子上来学习，这样相对来说舒适许多。

一般坐在座位上随乐律动 2—3 遍后，教师可以邀请幼儿站在自己的座位前进行随乐律动。基于坐在座位上初步形成的动力定型，下肢动作的累加可以通过辨别异同和单独练习进行，特别要提醒教师注意的是，下肢动作的加入容易造成部分幼儿的快速兴奋，他们可能会非常用力或非常快速地探索下肢与地面的关系而忽略音乐

的色彩与速度，此时教师无须怒目批评指正，但需要思考如何用故事的内容帮助他们快速沉着冷静且保持注意力集中。当幼儿理解和熟悉单一下肢动作或是上下肢联合动作在随乐律动的匹配后，教师带领幼儿站在座位前随乐律动，一些在设计中移动或奔跑的部分用原地踏步或原地小跑步代替，这样做是为了避免幼儿因空间变化而造成过度兴奋和相互干扰，同时帮助幼儿集中观察、思考、记忆与再现整体随乐内容。

散点的加入要根据具体活动设计而定，但基本可以参考的内容为：(1) 先原地，后移动；(2) 先独立，后结伴。

队形的加入也是一样的，要参照具体活动设计，但基本可以参考的内容为：(1) 先不变队形，后变队形；(2) 先不换伴，后换伴；(3) 先一队移动、一队原地不移动，再交换，后同时移动；(4) 先直线(已熟悉的简单队形)移动，后曲线(不熟悉的复杂队形)移动。

在活动设计中一些教师会默认散点移动比队形移动要简单一些，其实不尽然，也有特殊情况，如“散点找伴”要比“双圈找伴”难，常常有人会在规定时间落单，找不到朋友。因此，在空间设计难度渐进中，我们还是需要具体问题具体分析的。

也建议教师在歌唱活动和奏乐活动中，不仅仅是让幼儿坐在座位上学习歌唱和演奏，而是在设计中遵循“动静交替”的原则，可以在“坐”中站起来和动起来。

二、活动方案分流程之“合作安排”的设计

教师不但是幼儿学习活动的组织者、引导者，更是活动的支持者、合作者。“合作”可以在一日生活中，也可以在单一活动中，更可以在具体游戏中。幼儿园生活中的“合作”无处不在，有教师(在图、表中以 T 表示)与教师间的、教师与幼儿(在图、表中以 S 表示)间的，幼儿与幼儿间的。

在师幼合作的教学流程中，一般教师应在“故事—动作—音乐”的环节中保证幼儿初步熟悉音乐和基本熟悉合乐动作后才进入“其他”，即挑战环节。在挑战环节中可以设置具体的“合作”游戏，让幼儿直接体验游戏的快乐，在游戏中成长。当然，不是所有活动都有具体的“合作”游戏，那么，集体在音乐中一起歌唱、律动或奏乐，也能看成一种“合作”。下述文字主要以教师和幼儿间的“合作”为主，当然文字所不及的还有集体与声音、动作、音乐、空间、环境、道具、乐器等的互动合作。

（一）歌唱活动

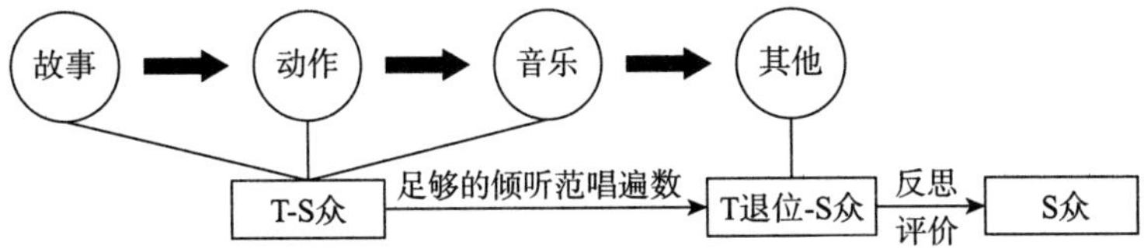

图 2－5

在歌唱活动的初期，教师范唱，幼儿倾听，在足够的范唱遍数（较复杂的歌曲范唱遍数可多于 5 遍，参考大班歌唱活动“捏面人”和大班歌唱活动“先有啥”）中，教师可以通过策略性的提问帮助幼儿梳理歌词内容和顺序，也可以在游戏中帮助幼儿形成初步的听觉表象。在足够的倾听后，教师一定要愿意退位且努力退位，给予幼儿集体歌唱的机会。若幼儿未形成基本反思评价能力时，在幼儿集体独立演唱歌曲后，教师可以引导幼儿反思、评价和解决问题。这是幼儿学习反思、评价学习阶段性成果、学习如何更进一步优化学习内容的一个重要过程。特别需要提到的一点是，歌唱活动中必备反思评价环节。

幼儿初次接触反思评价时，可能会显得盲目或不知所措，教师可以参照下图（见图 2－6，图中文字为建议的教师语言或行为，箭头上的文字为幼儿的反馈或动作）帮助幼儿逐步从教师引领进入到集体反思评价阶段。

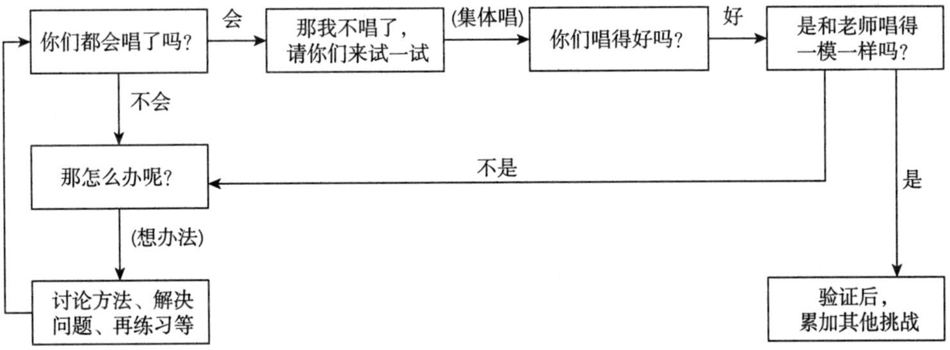

图 2－6

除了上述对于学习结果的反思评价外，反思的内容还能聚焦在演唱时的面部表情、肢体动作、嗓音动作、歌声中的速度、力度、音色等。反思评价环节可以帮助幼儿发现和积累在学习时遇到问题的各种可能，同时也帮助幼儿积累解决问题的方法，从而能在反思评价后更清晰、从容、自信地演唱歌曲。

（二）韵律活动

1. 单角色动作设计。

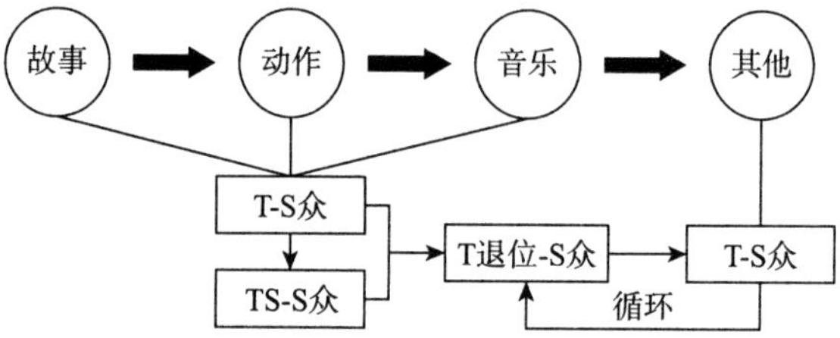

图 2－7

单角色动作设计的韵律活动，在“故事—动作—音乐”环节中，教师作为动作发起者，幼儿作为动作反应者。

在基本设计的变式练习中，若有幼儿有能力且有意愿成为动作发起者，教师可以邀请这个（或这些）幼儿一起担任动作发起者；若没有，可以忽略其环节。

当幼儿通过观察模仿学习初步掌握“故事—动作—音乐”的统一时，教师愿意并努力适度退位（退语言、动作等），以了解和检验幼儿当下的学习情况。若出现问题时，教师可以选择自然引入到反思评价环节（聚焦在问题发现与解决）；若没有出现问题，教师自然进入“其他”环节的挑战累加中，随后再进入教师适度退位—幼儿律动再增加适度挑战的循环中，帮助幼儿在循序渐进的设计与教师逐渐退位、活动难度累加的过程中，舒适地在音乐中集体律动和游戏。

2. 双角色动作设计。

（1）双角色相同动作。

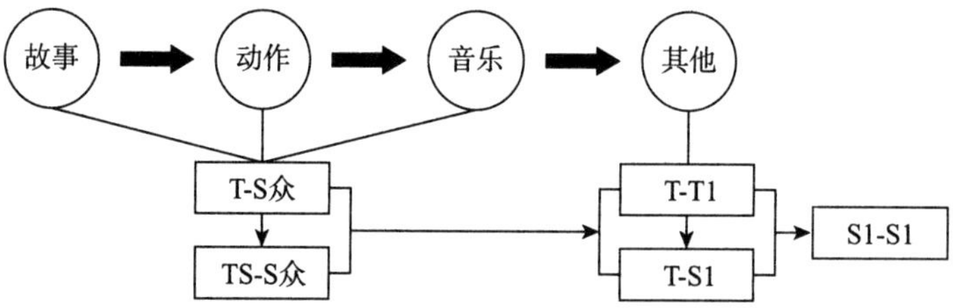

图 2－8

双角色相同动作设计的韵律活动，在学习基本动作时可参考单角色动作设计的内容。当双角色开始合作时，教师在示范的环节需考虑幼儿的年龄特点和现有能力，若幼儿有能力可以直接和教师示范时，可以省略两位教师的示范。特别要说明的是，和教师一同示范的幼儿必须是动作掌握方面和能力方面都比较好的，这样才能避免因示范时出现的“未知”而造成后期幼儿间的合作困难。

最理想的合作流程应该是：教师和教师合作示范完后，教师邀请一名幼儿进行合作示范，随后再邀请一对相对发展较好的幼儿进行合作示范。如有时间，还可再请一对发展较弱的幼儿进行合作示范，随后集体一对一合作律动，同时还可以换伴合作律动。但从课时总量负载和集体参与保证上分析，上述理论建议还需在实践中根据活动的具体设计和幼儿的已有经验和现场反馈灵活取舍，一些非绝对必要环节可以通过部分非合乐练习来取代。

（2）双角色不同动作。

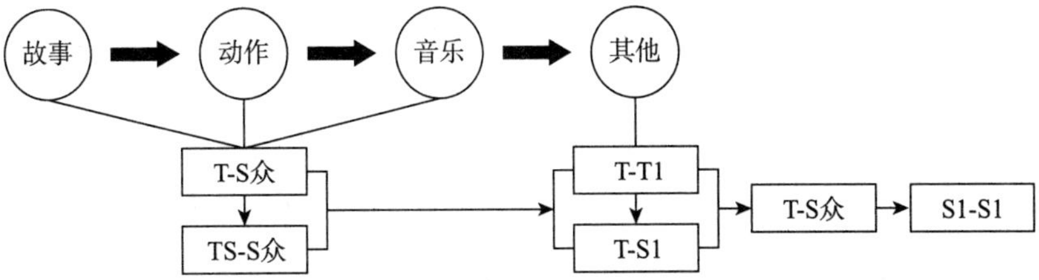

图 2－9

双角色不同动作设计的韵律活动中，首先应从其一角色入手，万不可双角色混合，一旦形成动力定型，到后期合作时再想阻断，又需花较多无谓的时间来练习。

其一角色的基本动作仍可参考单角色动作设计的内容。不同的是，此处的教师与教师间的示范是不能被省略的。在教师间的示范前需引起集体幼儿辨别异同的有意注意，其后教师与幼儿间的示范，幼儿做已习得角色的动作，教师做新角色的动作，以帮助集体幼儿澄清或验证之前辨别异同的结果。

当初步建立对新角色的认识后，教师与集体幼儿一同练习新角色合乐动作，待集体熟悉后，教师可判断是否需要再次循环教师与一名幼儿的示范，幼儿做新角色动作的合作练习，或是教师面对集体幼儿，集体幼儿做新角色动作的合作练习。随后，可进入一对一合作。

双角色不同动作设计的韵律活动中，特别重要的是需要分别熟悉两个角色后，才能进入双角色互动合作。若活动设计时,双角色在活动中的设计是交替出现的,那么在学习某一角色时,在另一角色出现的部分,可用定格动作取代(同时教师可以加入部分引导语)。面对活动中出现的问题,教师也可适度加入反思评价环节,帮助幼儿发现问题和解决问题。

(三)奏乐活动

奏乐活动中单乐器演奏或多乐器同时演奏设计可以大体参考单角色设计的韵律活动内容,不同的是,当熟悉基本动作并加入乐器后,教师需要给幼儿提供学习如何演奏乐器的机会,可以通过经验唤醒、演奏探索等方式进行,随后在个别面对集体进行演奏方式的交流后,再集体合乐演奏。通常,在教师或幼儿示范或交流时,建议集体幼儿手上不拿乐器,而将乐器放置于椅子下方,避免声响干扰影响幼儿的注意力。

多乐器非同时演奏的设计可参考双角色不同动作设计的韵律活动内容,一定要在演奏前通过示范或图谱等方式,让每一名幼儿都理解和记住合作的具体流程与方式,一定要让每一名幼儿都有充分的机会通过操作来理解和记忆。

奏乐活动与歌唱活动和韵律活动完全不一样的地方在于,活动中,教师可以设计幼儿自行拿取乐器环节,活动后,教师必须设计幼儿自行归放乐器环节。

三、活动方案分流程之“动作难度提升”的设计

动作难度提升方面的内容涉及太多方面,很难用简练方式陈述清楚,笔者努力在此内容中根据团队所研究的内容进行适当整理。

动作种类可分为单一动作、复合交替动作(单一方向、两侧轮流)、连续动作、双边动作、对称动作、非对称动作等(见图 2-10)。

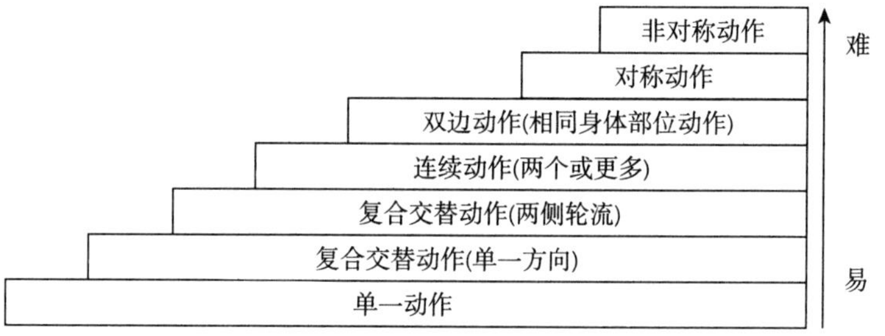

图 2-10

一般来说，动作可以分为上肢动作、下肢动作和上下肢联合动作。这三者结合上图来看，上肢动作比下肢动作简单，而下肢动作要比上下肢联合动作简单，因此，非位移动作要比位移动作简单。

同时在动作设计时需考虑“动作模型”的编排，那么，何为“动作模型”呢？即一个以上的动作元素根据某种规律组织起来，能循环的整体结构。在设计动作模型时，我们需要考虑以下几点。

1. “动作模型”的规模。

模型中包含的拍数越多，动作规模越大，难度越大。

2. 动作的种类及繁复程度。

（1）在一个模型里，不同动作的种类越多，难度越大。

（2）在一个模型里，动作的繁复程度越高，难度越大。

3. 动作的速率。

（1）每一个动作的绝对时值越短，难度越大。

（2）不同动作之间转换的频率（即不同动作重复几次后转换）越高，难度越大。

4. 遗传与文化的影响。

（1）生理遗传，如走、跑、跳难度递增，这与人的生理条件与遗传因素有关。

（2）文化遗传，如同样是抖肩、翻转眼睛的动作，蒙古族、维吾尔族幼儿比汉族幼儿更容易掌握。

四、活动方案分流程之“先分层后分段”的设计

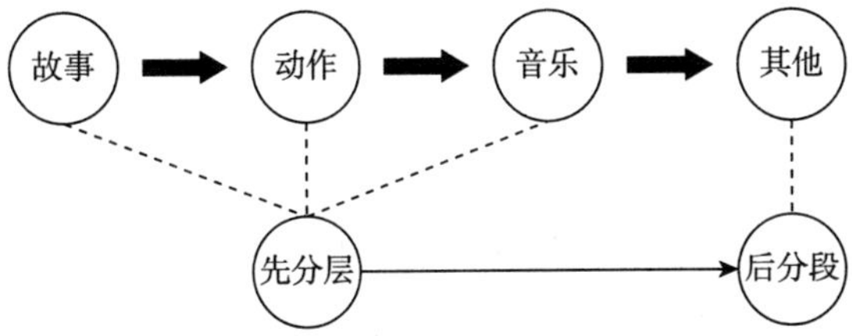

图 2－11

（一）先分层

在课前设计时，教师一般会对教学内容和目标进行选择和梳理。一整段音乐会

分成若干乐段并填入不同的动作任务或游戏任务。有的教师会选择“先分段”的方式进行教学，一段一段分开教授，在最后的部分组合在一起。这样的做法有几点值得商榷。

1. 分段（音乐）任务教学损失了音乐的审美整体性和流畅性。

2. 分段（音乐）任务教学不能保证子任务学习的平衡性，对新的子任务的记忆容易混淆对旧任务的认知。

3. 分段（音乐）任务教学在子任务间的衔接处易出现不顺畅感。

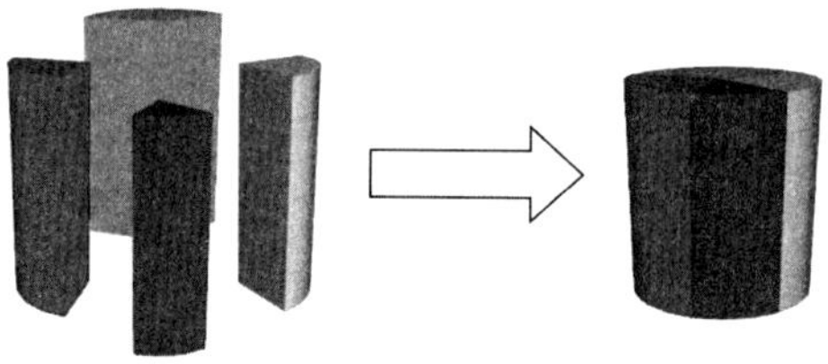

课前设计　　　　整合初始层

图 2－12

在上文中，我们提到，为了既保证幼儿的审美流畅性，又帮助幼儿形成初步的合乐动力定型后再累加新的难度和挑战，故事、动作与音乐应成为一个整体出现。“先分层”指在具体故事内容理解的基础上，完整合乐做简单动作（有利于帮助幼儿学习后续所要求掌握的复杂动作或进行队形变化等的“正迁移”设计），或是倾听教师范唱一般在总流程的“故事—动作—音乐”部分完成。这样做的目的是既不会破坏音乐和故事的完整印象，又不会破坏音乐的整体性和动作表现的审美流畅感，同时还能降低幼儿在音乐段落与段落、乐句与乐句、表现情节与动作之间转换衔接的难度。一开始的教学设计层次，我们称为“初始层”，就好比绘画一开始的大致轮廓、建筑一开始的地基结构。

（二）后分段

在上述所说的初始层完成后，“后分段”再将一个一个具体局部进行细致化的设计，一般在“其他”部分完成。上述提及：在课前设计中，整体音乐会被分成多个乐段。这里需注意的是，不要在每个部分都设置过于复杂和高级的要求，新内容可能只增加在某一段或某两段中。

图 2－13

在单一课时的教学中，由于在“故事—动作—音乐”部分已经经过了较大的努力，初步掌握了共同基本结构后，幼儿注意力已经逐渐进入“半衰”状态。同时，单位教学时间也已过半甚至更多，因此后面新增的细致化挑战不宜过多，一般建议小班新增 1—2 个小任务或 1 个大任务、中班新增 2—3 个小任务或 1. 5 个大任务、大班新增 3—4 个小任务或 2 个大任务。每个任务内容的难度都应该是较小的“近迁移”。复习活动中，精细化设计可以是有一定难度的新挑战。但每次独立复习教学活动的重点挑战段落一般也不宜过多。

1. 小班韵律活动“小鸭子”。

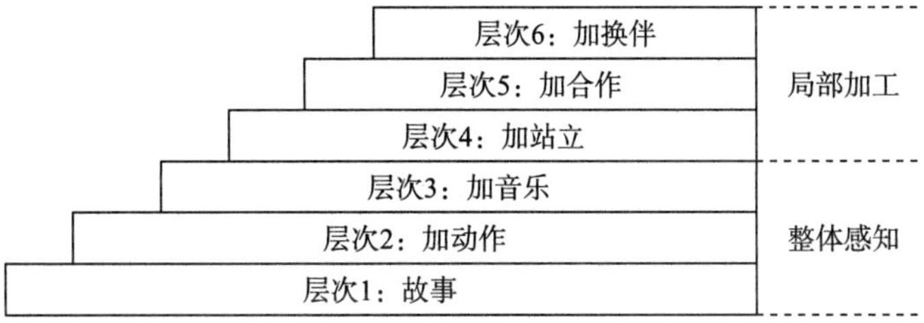

图 2－14

2. 中班奏乐活动“小矮人挖宝藏”。

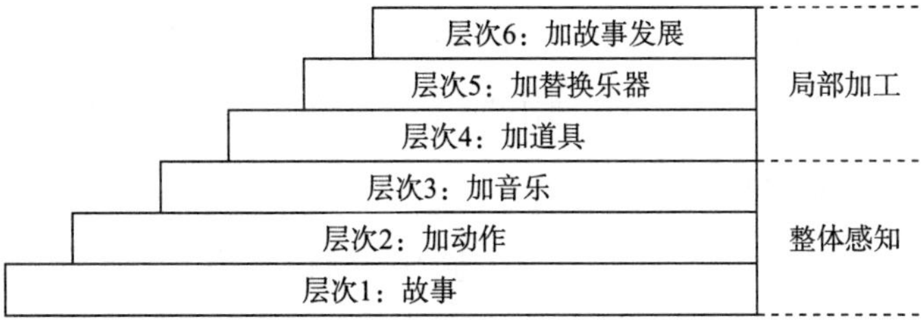

图 2－15

3. 大班歌唱活动“小云朵”。

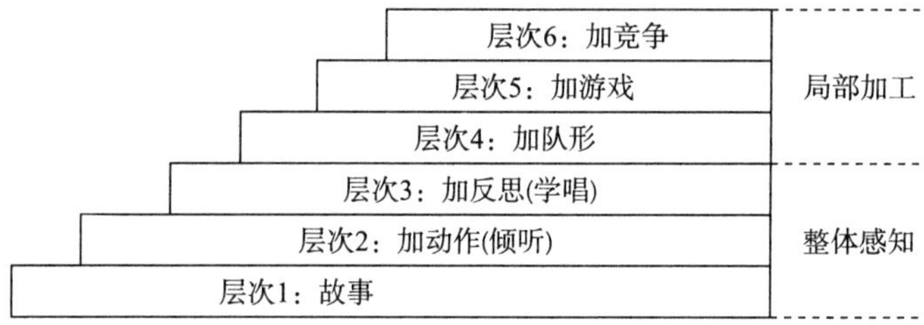

图 2－16

五、活动方案分流程之“时间安排”的设计

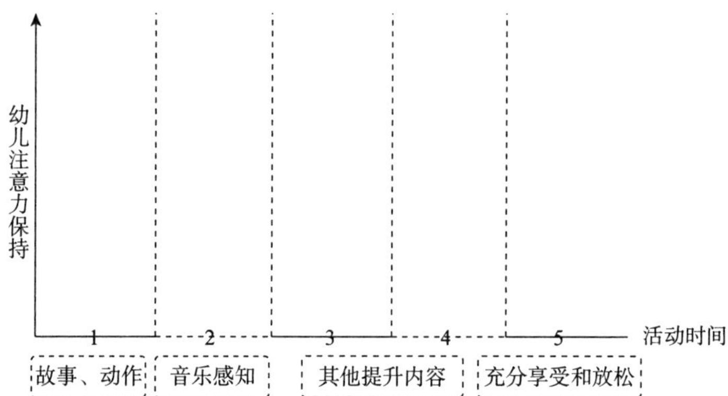

图 2－17

若把单位教学活动时间按 5 份(见图 2－17)来平均划分,我们可以分别得到各年龄段 1/5 时间:小班 3 分钟、中班 4—5 分钟、大班 6 分钟。

在心理学、教育学等理论支持下,结合实际教学现场我们可以了解到:一般在活动时间第一个 1/5 内,活动尚处于启动状态,幼儿在生理和心理上仍处于待被唤醒状态,教师需要通过有效的导入,充分调动幼儿学习的积极性和注意力。在此时间内,教师可以通过“够用”的故事和动作的提取,让幼儿在故事的理解和动作的学习或创编中,振奋精神、集中注意力。

第二个和第三个 1/5 时,幼儿学习注意力逐渐集中并达到高峰状态,教师一般会抓住此关键时间,解决活动中的重难点问题,同时也会解决学习内容的认知以及知识技能的初步掌握和练习。一般从第二个 1/5 开始,集体进入音乐感知环节,3—4 遍后可累加其他部分。

第四个和第五个 1/5 时，幼儿注意力保持的生理和心理水平逐渐下降，当然，下降的速度与个体差异和活动设计有关。当适度的“其他”挑战累加后，幼儿集体进入享受和放松环节，在音乐中充分表现和创造。在最后 1/5 的部分，建议教师不要再提出新的学习任务或新的问题、要求，以保证幼儿在轻松、愉快、安全的氛围下结束活动。若有未解决的问题，可延至下一个活动课时中解决。

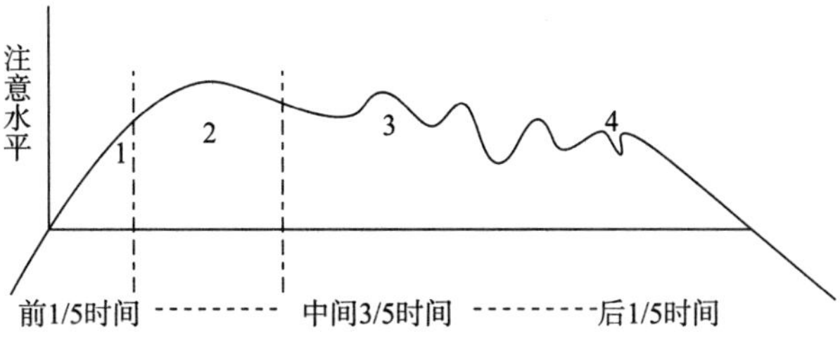

图 2－18

在“时间安排”分流程中，教师还需遵循“程度把握”原则，通过关注幼儿的即时现状来调控感性与理性、动与静、激发与安抚、独立与合作间的动态平衡。这个平衡没有标准的数值，动态的走向也是依据活动设计和师幼互动而各不相同，因而此“程度把握”原则需教师针对幼儿的现状和活动的设计进行调整，以此来保证幼儿在各个时间段的学习状态与学习负荷是相对适度和适宜的。

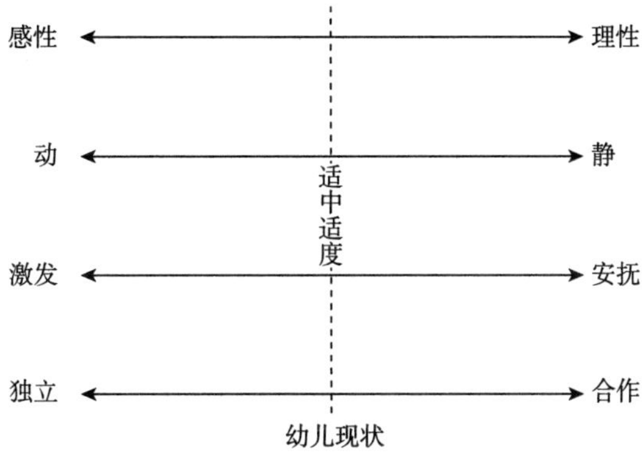

图 2－19

例如，前文总流程中提到的关于“山狗和臭鼬”的故事，这是一个大班韵律活动，在活动开始的第一个和第二个 1/5 时间，教师要通过故事的内容调动幼儿参与活动的专注性和积极性，让幼儿独立地理解故事和动作，在观察模仿教师合乐动作的过程中逐渐熟悉故事、动作与音乐的匹配。在整个过程中，教师需要一直观察幼儿在活动中的表现并实时进行各种调整：在引导幼儿拒绝山狗的邀请时，若幼儿过于羞涩或紧张，教师需要提供若干词句进行练习；若幼儿过于兴奋而沉浸在语词互动中，教师需要通过故事情境来帮助幼儿控制情绪。在整个故事活动中，当幼儿对故事语词中部分词出现理解困难时，教师需要抽出语词进行讲解和澄清。当进入第三个1/5，幼儿集体初步掌握了合乐基本内容时，教师引导幼儿明确“静”和“动”的部分，并根据后续可能出现的“危险”帮助幼儿进行情绪调控，既要调动幼儿愿意位移“寻宝”的愿望，又要干预因过于激动而造成的不合乐的情况。同时，要保证幼儿在集体合乐时能够明确这是一个“集体任务”，在合作时除了“保护自己”也要“保护他人”，因此活动中不碰撞、活动后仔细听，反应后快速回位、不争抢椅子等都是要逐渐通过教师外控转化为幼儿理解能力中的内控。这些都需要在不同的细节处理和问题解决中完成……进入到第四个1/5中后部时，幼儿集体已对游戏三个不同结果“马蜂来了、狗熊来了和臭鼬来了”比较了解了，但作为不确定结果的游戏，仍然是非常刺激幼儿的参与神经的，于是乎，在剩余的时间里，当面对三个不同结果的反应时，教师需要以眼神表情、幼儿示范、行为监控（对部分幼儿进行空间逼近和直接与其一同律动）作为策略，帮助幼儿自行调整内心波动和高涨情绪，始终努力保证幼儿在活动的各环节中都能处于一个相对舒适和稳定的状态，从而更好地参与到活动的感受与欣赏、表现与创造中。

本章执笔人：东部战区总医院第一幼儿园　陈静奋

第三章

模仿——歌唱

第一节　小班歌唱

一、活动案例:小班歌唱“妈妈我要亲亲你”

【乐曲】

妈妈我要亲亲你

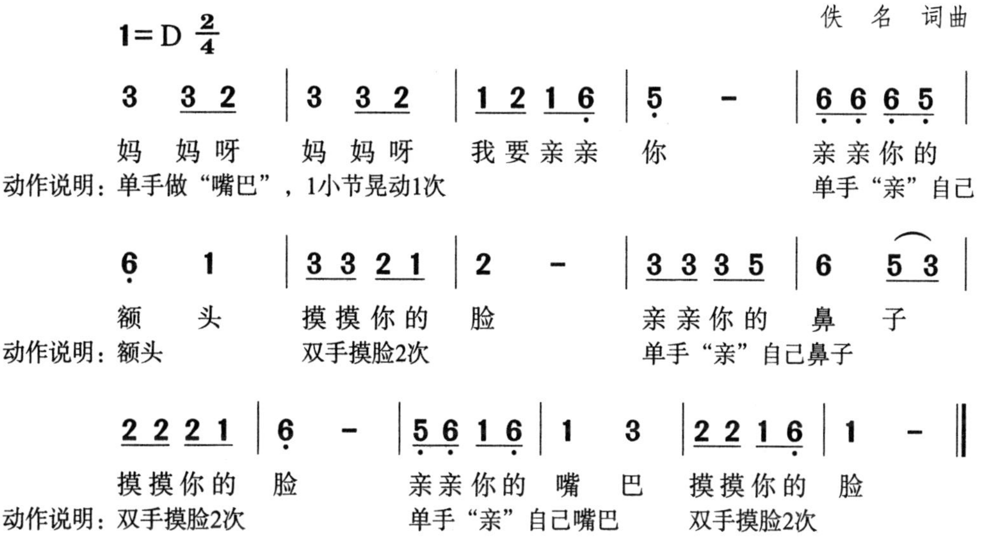

音乐结构:一段体。

动作建议:参见乐曲。

游戏玩法:

1. 幼儿面对“妈妈”的图片,边听教师范唱,边根据歌词内容在自己的面部做单手“亲亲”和双手“摸摸”的动作。

2. 幼儿尝试和教师一起演唱歌曲,根据歌词内容在自己的面部做相应的动作;当教师走到幼儿面前时,幼儿可以根据当下的歌词内容轻轻地在教师面部用手做“亲亲”或“摸摸”的动作。

3. 幼儿代表完成教师提供的拼图,幼儿集体将拼图内容(小猫、小熊)替换歌曲中“妈妈”的歌词部分,集体尝试边做动作边演唱歌曲。

4. 幼儿两两间或幼儿和客人老师间进行歌词创编及集体演唱活动。

【使能目标阶梯】

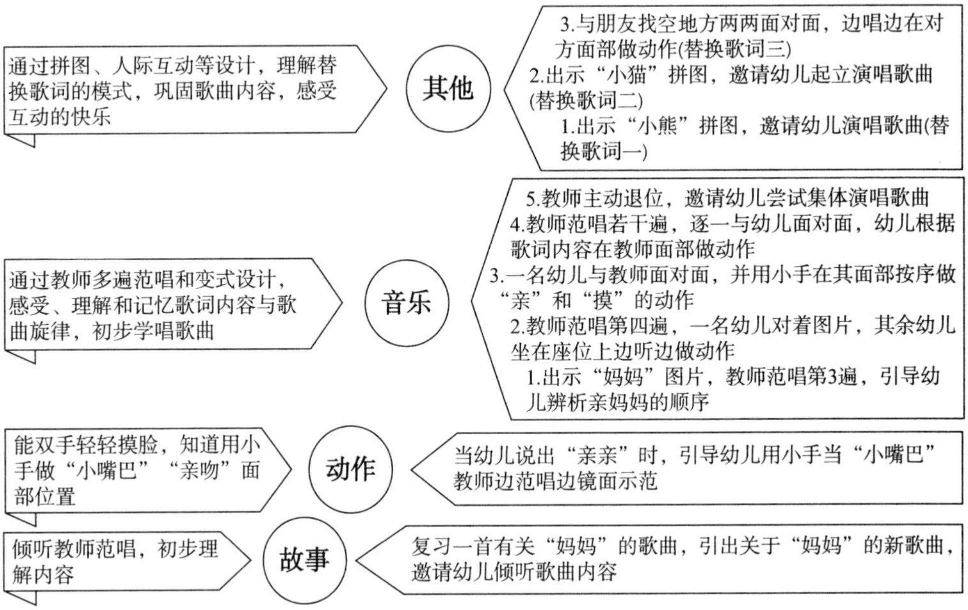

【教育活动设计】

活动目标

1. 熟悉旋律，理解歌词，用自然的声音学唱歌曲。

2. 通过“拼图”智力游戏，尝试用拼出的动物名称，即“小猫”“小熊”进行歌词替换。

3. 在“亲亲”“摸摸”教师和同伴的过程中体验互动的快乐。

活动准备

1. 物质准备。

(1) 钢琴、黑板。

(2) 图 3-1(“妈妈”图片)、图 3-2(“小熊”拼图)、图 3-3(“小猫”拼图)。(图片背后附磁贴条)

图 3－1　　**图 3－2**　　**图 3－3**

2. 经验准备。

幼儿已会唱关于“妈妈”的歌曲。如《世上只有妈妈好》《我的好妈妈》《我上幼儿园》等。(若不会,可用其他歌曲代替)

3. 空间准备:保证教师有自如移动且半蹲时可以和每个幼儿面对面的空间。

活动过程

1. 故事。

(1) 复习歌曲,振奋精神,集中注意力。

师:小朋友们,你们知道什么歌曲是唱给妈妈听的吗?

幼:《世上只有妈妈好》。

师:你们会唱吗?

幼:会!

师:那你们能唱给我听听吗?

幼:(集体演唱)

(2) 引入新歌,引起幼儿的有意注意。

师:今天,老师这里也有一首唱给妈妈的歌,请你们来听一听歌里唱了什么。

[教师第一遍范唱,不做动作]

2. 动作。

(1) 引导幼儿回忆歌词内容。

师:你听到歌里都唱了什么?

幼 1:亲亲。

师:他听到了“亲亲”,还有吗?

幼 2:嘴巴。

（2）引导幼儿用右手做“嘴巴”状。

师：她听到了“嘴巴”。这次我们用小手做嘴巴，亲亲妈妈。再听一听，歌里还唱了哪些内容？“小嘴巴”准备！（教师采用镜面示范的方法，用左手做“嘴巴”的动作，幼儿观察模仿学习）

[教师第二遍范唱，边唱边做动作]

（困惑与思考：在教师第二遍范唱的时候就加动作，是否会干扰幼儿听辨歌词？

这一处理是考虑到幼儿的年龄特点和学习特点。由于小班幼儿的思维发展水平尚处在直觉行动思维阶段，边听歌曲边做动作，可以帮助幼儿更直观地感受和理解歌词的内容，有助于维持幼儿的有意注意及记忆。）

3. 音乐。

（1）引导幼儿再次回忆歌词内容。

师：歌里还唱了什么？

幼：亲亲你的嘴巴，摸摸你的脸。

师：说得真完整！摸摸脸怎么做呢？

幼：（幼儿摸摸自己的脸。教师可以引导幼儿用双手轻轻摸脸）

师：除了“亲亲你的嘴巴”，还亲了哪里？

幼：鼻子！

幼：额头！

师：你们知道哪里是额头吗？

幼：（部分幼儿指自己的额头）

（2）出示“妈妈”图片，辨析歌词的内容和顺序。

师：对啦！今天啊，我请来了一位妈妈！（黑板上出示“妈妈”图片），我要边唱歌，边亲这位妈妈。你们看一看，我先亲了妈妈哪里，再亲了哪里，最后亲了哪里？“小嘴巴”（举起左手，表示“小嘴巴”）准备！

[教师第三遍范唱，边唱边对图片做相应的“单手亲亲，双手摸摸”的动作，幼儿坐在座位上做动作]

师：我先亲了妈妈的……

幼：额头。

师:我先亲了妈妈的额头,再摸摸她的脸,然后我亲了……

幼:鼻子!

师:还……(做“摸脸”的动作暗示幼儿)

幼:摸摸脸。(部分幼儿做摸脸的动作)

师:最后呢?

幼:亲亲嘴巴,摸摸脸!

师:我们亲妈妈的顺序是从……往……(用动作暗示)

幼:从上往下!

(3) 邀请一名幼儿上前演示“亲妈妈”的动作,巩固对歌曲的理解和记忆。

师:对的! 哪个小朋友愿意上来亲亲妈妈呢? 好,请你来! 其余小朋友,“小嘴巴”准备!

(请一个幼儿上前重复教师刚才的动作,仍是教师演唱歌曲,其余幼儿坐在座位上做动作)

[教师第四遍范唱,幼儿坐在座位上做动作]

[困惑与思考:如果举手的幼儿很多,怎么办? 如何公平地选择上去演示的幼儿?

若举手的幼儿很多,教师可以直接邀请某幼儿,并告知其他幼儿,因为他刚才做动作的时候特别认真(或回答问题最积极等),所以请他上来。如此做,也是潜在激励幼儿更好地倾听与学习的一种策略。或者,教师可以利用“点兵点将”(边唱歌曲中的最后一乐句边“点兵点将”)等游戏挑选出某名幼儿。如此做,既让幼儿获得倾听歌曲的机会,又凸显了公平性。]

(4) 师幼接触式互动,进一步感受、理解和记忆歌曲内容。

师:刚才他(被邀请与图片互动的幼儿)亲亲妈妈和摸摸妈妈的动作做得对吗?

幼:对!

师:(面对被邀请的幼儿)现在我是你的妈妈,你要怎么亲亲我? 摸摸我?

幼:(想用嘴巴亲教师)

师:咦? 刚才我们是用什么来做“小嘴巴”的呀?

幼:小手。

师:亲亲我好吗?

幼:(举起小手“亲亲”教师的脸)

师:先亲哪里呢? 顺序知道吗?

幼:嗯!(用小手逐一“亲亲”教师的额头、鼻子和嘴巴)

师:那摸摸脸呢? 用两只手哦!

幼:(轻轻摸摸教师的脸)

(5) 多遍范唱,帮助幼儿稳定听觉表象。

师:谢谢你!(请幼儿回座位)我现在是大家的“妈妈”,你们会亲亲我,摸摸我吗?

幼:会!

(教师和全体幼儿进行接触式互动:教师走到每名幼儿面前,让幼儿根据歌词用手在其脸上做出相应的动作,部分幼儿开始唱歌)

[教师第五遍范唱]

(困惑与思考:如果班级幼儿人数较多,则在接触式互动环节,会出现幼儿等待时间过长或互动后无所事事等现象。对此,教师有何应对策略?

分析歌曲可知:该歌曲共有四个乐句,其中第二、第三、第四个乐句,均是按照前半句“亲亲你的……”后半句“摸摸你的脸”这样的句式结构设计歌词的。倘若前半句、后半句分别和一名幼儿互动,则教师在第二,第三,第四个乐句,可以获得 2×3 次和幼儿接触互动的机会,即可以和六名幼儿互动。如果班额数较大,教师可以调整每次与幼儿互动的人数,如每次与两名幼儿互动,这样每唱一遍歌曲便可以和十二名幼儿进行接触。如此,教师唱 3—4 遍就可以使每名幼儿获得与教师互动的机会了。如果班额数更大,教师还可以邀请配班教师一起和幼儿互动,从而减少幼儿等待的时间。此外,为了避免幼儿无所事事,在幼儿等待的时间里,教师可以邀请幼儿轻轻跟唱,如“会唱的小朋友轻轻地和‘妈妈’一起唱歌哦”! 所以上述的 N 遍是根据班额数和幼儿的学习情况来定的。)

师:小朋友们对“妈妈”好温柔呀! 谢谢你们! 今天啊,妈妈还给你们准备了一个玩具……对了,这首歌会唱了吗?

幼:会!

师:那唱一遍给“妈妈”听吧!

幼:（幼儿尝试集体唱歌,教师退位）

［幼儿第一遍集体演唱歌曲］

（若幼儿集体能基本完整随钢琴伴奏演唱歌曲,教师就继续下一个环节。若出现忘词或其他问题时,教师应引导幼儿针对具体问题进行反思,待问题澄清后再集体演唱歌曲）

4. 其他。

（1）歌词替换1:“妈妈”替换成“小熊”。

师:今天妈妈带来了拼图,谁想来拼一拼？请你！刚刚唱歌的时候你的表情很好看！

幼:（拼拼图）

（困惑与思考:此环节为什么要设计拼图游戏？倘若教师直接出示动物形象图片,引导幼儿将动物名称替换原歌词中的“妈妈”,教学效果是否会更好？

教师直接出示动物图片,并引导幼儿用替换词的方法编填新歌词,这确实是一种可行的方法。但本环节插入拼图游戏的意义不仅仅在于解决歌词创编的问题,还在于利用幼儿对拼图的好奇心,激发幼儿继续将注意力投入到后续活动中去。因为,在活动进展已经过半的情况下,幼儿的情绪已渐渐低落。此时,拼图作为一种新任务,可以起到再次提升幼儿学习积极性的作用。另外,教师是考虑在邀请幼儿进行拼图的过程中,能潜移默化地“植入”关于歌唱的某些要求,如“我请刚刚轻轻地用好听的声音唱歌的小朋友”或是“我请××小朋友是因为她刚刚不仅边唱歌边做动作,还一边唱歌一边微笑呢”等。）

幼:小熊！

师:原来是小熊,小熊也想听我们唱歌,我们唱给小熊听也唱《妈妈我要亲亲你》吗？那要怎么唱呢？

幼:小熊呀小熊呀,我要亲亲你！

师:好,我们试一试！“小嘴巴”准备！

［幼儿第二遍集体演唱歌曲］

（2）歌词替换2:“小熊”替换成“小猫”。

师:刚刚只有两块拼图,现在谁敢挑战三块拼图？请你！

幼:(拼拼图)

幼:小猫!

师:那你们会唱歌给小猫听吗?

幼:会!

师:轻轻起立,眼睛看着小猫,唱给小猫听哦!“小嘴巴”准备!

[幼儿第三遍集体演唱歌曲]

(3) 歌词替换3:“小熊”替换成“朋友”。

师:现在你们看看旁边是谁?是朋友!和你的朋友拉着手,找个空的地方,面对面站好,我们要唱歌咯!“小嘴巴”准备!亲亲朋友,摸摸朋友哦!

[幼儿第四遍集体演唱歌曲]

(困惑与思考:倘若幼儿不能顺利地将“小熊”替换成“朋友”并唱出来,教师该怎么办?如何避免小班幼儿在结伴过程中发生争抢或落单的情况?怎样确保幼儿在与同伴互动时,始终处于既高兴又安全的状态?

小班幼儿可能对“朋友”一词有些许陌生,因而有可能无法顺利地将“朋友”一词填入歌曲中并唱出。为此,教师可以采用“第一句由教师领唱,后续由幼儿共同演唱”的方式解决这一教学问题。

为了避免小班幼儿在结伴过程中发生争抢或落单的情况,教师可以在活动开始前,就请幼儿结对就座,提前将结伴的问题解决。

在互动方面,因幼儿之前已具备与教师互动的经验,因而幼儿很容易便能将此经验迁移到与同伴互动的情境中。但为了避免出现幼儿过度兴奋的情况,同时也考虑到安全的问题,教师可以在幼儿站立结伴表演之前,先坐着面对同伴,并轻轻地在对方面部做相应的动作。练习的时候速度要放慢,切勿快速切换而引起幼儿过度兴奋。练习完后再起身与同伴进行两两互动。如果班上有特别兴奋的幼儿,教师要站在他们的旁边,近距离“监控和协助”。)

(4) 活动尾声。

师:小朋友们,我们今天学了一首新的歌曲,回去唱给妈妈听哦!再想一想,如果要唱给爸爸、外婆或者其他人听,我们该怎么唱呢?

【设计意图解析】

1. 音乐。

《妈妈我要亲亲你》是一首轻快活泼、朗朗上口的儿童歌曲，内容适合小班幼儿学习和演唱。

2. 故事。

由复习歌曲导入活动，再引出新歌曲，借用歌曲本身的歌词呈现“故事”，引导幼儿在初次倾听歌曲时关注歌词内容。

3. 动作。

用手做“嘴巴”，根据歌词内容逐一亲吻各部位。亲吻面部不仅是动作表征，也是整个活动中人与教具、人与人之间的互动串联。

4. 游戏。

人际互动游戏和智力拼图游戏。

【新手教师模仿难点及解决建议】

1. 新手教师认为该歌曲音区跨度太大，调高也不适合小班幼儿。对此，应怎么办？

解决方案：一般来讲，选择歌曲的音域应该控制在适度范围之内。但倘若所选歌曲中，仅仅是偶尔出现个别音超出范围，则该首歌曲也还是可以考虑的。此外，幼儿的基础水平和能力也不完全一样，对歌曲的选择也不能太过机械。笔者建议教师在课前先组织幼儿集体演唱已经掌握的歌曲，根据幼儿的情况来判定这首歌曲是否适合本班幼儿演唱。

也有教师认为将此歌曲定为 D 调不合适，不利于幼儿演唱，建议降为 C 调。对此，我们做如下分析：该歌曲中，6 音只出现了一次，而 $\underset{\cdot}{5}$ 音出现了三次，$\underset{\cdot}{6}$ 音出现了九次。很明显，低音出现的频率高。依据就“多”不就“少”的原则，笔者认为将此歌定为 D 调更合适。

2. 新手教师总是“纠结”于幼儿记不住歌词,怎么办?

解决方案:首先我们需要判断教师“纠结”的时间点,若是在第一遍范唱后教师就开始“纠结”,那是完全没有必要的。因为对小班幼儿来说,仅仅听一遍就要他们记住全部或绝大部分歌词,这个期待是不切实际的。事实上,幼儿完全可以通过后续的动作参与和游戏参与,不断获得倾听歌曲、理解歌词的机会,并最终记住歌词。

若是教师多遍范唱后,大部分幼儿还是记不住歌词,则教师需要思考如下几个问题:第一,是否有部分歌词内容脱离了幼儿的生活经验?比如,某些地区的幼儿因方言习惯,从未接触过“额头”二字。对此,教师需要先让幼儿习得这个新名词,并能和身体部位进行匹配,然后再让幼儿学唱歌曲。第二,教师范唱的速度是否过快,或咬字吐字不够清晰,以至于造成幼儿听觉表象的模糊?倘如此,则教师应予以调整。第三,是不是幼儿演唱习惯的问题?因为,有时候不一定是幼儿记不住歌词,而是其经验和习惯使然。比如,幼儿习惯和教师一起唱。遇到这样的情况,教师可以酌情和幼儿一起唱开头几个字,随后逐渐退位。

原创解析:东部战区总医院第一幼儿园　陈静奋

二、活动案例:小班歌唱“数豆豆”

【乐曲】

数　豆　豆

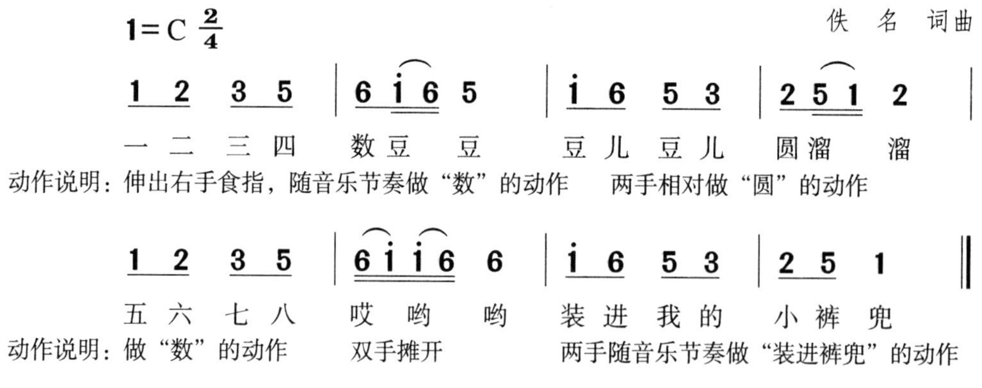

音乐结构:一段体结构。

动作建议:参见乐曲。

游戏玩法:

1. 游戏 “数豆豆”。

在初步熟悉歌曲内容之后,带幼儿完整跟唱歌曲时,教师可以和幼儿一起伸出右手食指(做点数的动作),教师从第一个幼儿开始随着音乐节拍边唱歌边一下一下轻轻“点”幼儿的头顶。歌曲唱到最后一句“装进我的小裤兜”,教师张开手臂“装”(拥抱该幼儿或邻近的几个幼儿)幼儿,再要求大家一起数一数“装了几个豆豆”。熟练后再轮流邀请个别幼儿“点数豆豆”。

2. 游戏 “豆豆钻兜兜”。(类似传统的“网小鱼”和“伦敦桥”游戏)

请两名配班教师手拉手搭成“小桥”的样子而变一个大“兜兜”,主班教师变成“豆豆”,并和所有“小豆豆们”(幼儿变成小豆豆)拉着衣服变成一长串“豆豆”,大家一起边唱歌边跟着节奏踏着节拍从大“兜兜”下面钻过,唱到歌曲最后一句,两名配班教师放下手“装豆豆”,最后幼儿一起数一数一共“装”了几个“豆豆”。

【使能目标阶梯】

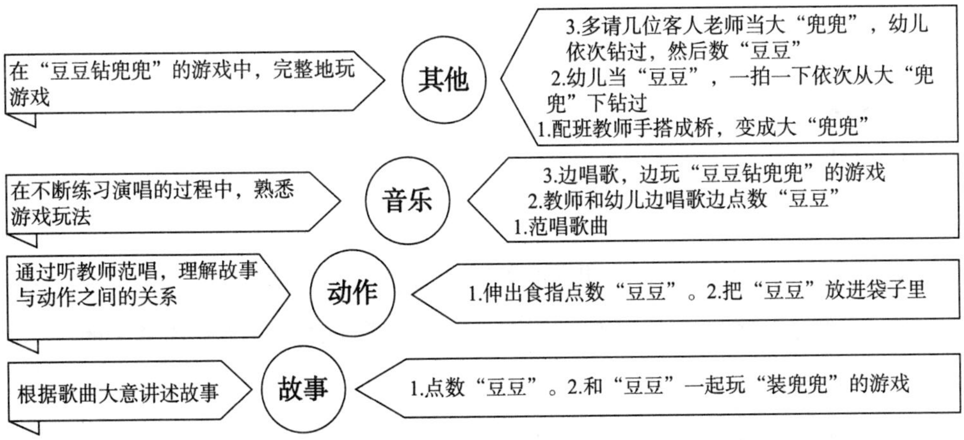

【教育活动设计】

活动目标

1. 感受歌曲旋律和节奏，初步学会演唱歌曲。

2. 通过教师引导和游戏过程，理解和记忆歌词的内容。

3. 愿意遵守游戏规则，努力按节奏行走，不挤、不拽同伴，体验共同游戏的快乐。

活动准备

1. 物质准备。

（1）盘子一个、“豆豆”若干、透明袋子几个。

（2）钢琴、歌曲录音。

2. 经验准备。

（1）幼儿已有从1数到6的点数经验。

（2）会玩游戏“网小鱼”。

3. 空间准备。

（1）围坐成大的半圆形。

（2）座位前面空出足够全体幼儿游戏的空间。

活动过程

1. 故事

游戏导入：数豆豆。

教师出示一个浅浅的盘子，里面有若干颜色鲜亮、大小适中的豆豆。

师：小朋友们，今天老师带来了许多豆豆，你们看一看，豆豆是什么样子的？

幼：五颜六色的、圆圆的。

（困惑与思考：为何要和幼儿强调“不能吃”豆豆？

低年龄的幼儿对于吃糖豆豆很感兴趣，因此在活动前先交代清楚这是用来玩的豆豆，游戏结束后会有干净的糖豆豆分给大家，既告诉幼儿这个豆豆不干净不能吃，又减轻了幼儿对糖豆豆的牵挂心理，使得后面的活动能正常进行，教师考虑得很周到。）

2. 动作。

引导幼儿观察教师的示范，初步了解“数豆豆”的游戏方式。

师：这么多圆溜溜的豆豆，好想和他们玩游戏呀！怎么和这么多的豆豆玩游戏呢？请你们仔细看，认真听。

[教师第一遍范唱，唱完后抓几个豆豆放进裤兜]

师：豆豆装到哪里呢？

幼：装到裤兜里了。

师：我装了几个豆豆？

幼：两个、四个、五个……

（教师从裤兜里拿出豆豆，放在透明袋子里，和幼儿一起数一数，看究竟装了几个豆豆）

（困惑与思考：为什么教师没有跟着伴奏唱歌，而是清唱？幼儿一眼就看到并报出了豆豆的个数，为什么教师还要再数一遍呢？

清唱是为了让幼儿能更清楚地辨别歌词，尤其是歌曲中的“圆溜溜”“小裤兜”发音相近，不太好辨别；同时清唱可以根据实际情况随时调整歌曲的力度、速度，以适应幼儿的能力。手口一致点数是小班幼儿要具备的能力，教育要面向全体幼儿，虽然有部分幼儿能报出总数，同时也是帮助幼儿形成一个好的学习习惯。）

3. 音乐。

（1）引导幼儿回忆教师示范的动作，初步梳理歌词的内容。

师：老师刚才是怎么数豆豆的？

幼：一、二、三、四……

师：哦！我是伸出手指来一个一个数豆豆的，我们一起来！伸出手指！

幼：（伸出手指）

师：（一边唱歌一边做动作）一二三四数豆豆，豆儿豆儿圆溜溜（唱）。那我们一起接着数！（伸出手指）

幼：（伸出手指）

师：（一边唱歌一边做动作）五六七八哎哟哟，装进我的小裤兜（唱）。

[教师第二遍范唱]

（2）教师多遍范唱，逐一邀请幼儿上前玩游戏。

师：你们都有小裤兜吗？

幼：（翻看自己的裤子）有！

师：我想请一个小朋友上来和我们一起数豆豆，在我唱到最后一句“装进我的……（唱）”。

幼：小裤兜！

师：对！在我唱到最后一句“装进我的小裤兜（唱）”时把豆豆装到裤兜里，让我们猜猜到底有几个豆豆。谁愿意来？好！请你吧！（邀请幼儿上前）我们一起伸出手指来数豆豆啦！

[教师第三遍范唱，歌曲结束后请幼儿集体猜测，再把豆豆放进透明袋子中后集体点数]

（困惑与思考：此环节中是否需要引导被邀请来玩游戏的幼儿一同唱歌？

不需要，只需要引导被邀请来玩游戏的幼儿和教师一起随乐做动作。在这个环节中，幼儿仅倾听了两遍，直接邀请幼儿一起演唱歌曲，从梯级角度来说，跨级太多，对幼儿来说难以实现）

（此环节建议做3—4次，即教师范唱5—6遍）

4. 其他。

（1）游戏变式一：邀请幼儿边和教师一起唱歌边游戏，跟钢琴伴奏唱歌并玩“数豆豆”游戏。

师：现在，你们变成各种各样的“豆豆”，一、二、三，变！

幼：（变造型）

师：有可爱的“豆豆”、爱笑的“豆豆”、高高的“豆豆”……（走到一个幼儿前）你是什么样子的“豆豆”？

幼：我是嘟嘴的“豆豆”。

师：老师是一个大“兜兜”，我们一起唱歌一起玩游戏吧！（教师走到幼儿面前，和幼儿一起伸出食指，从第一个幼儿开始随着音乐节拍边唱歌边一个一个“点”幼儿，歌曲唱到最后一句“装进我的小裤兜”，教师张开手臂“装”幼儿，大家一起数一数“装了几个豆豆”）

[幼儿和教师共同演唱歌曲第一遍]

(接下来请一个幼儿在圈内一下一下“点豆豆”“装豆豆”“数豆豆”,教师在旁给予必要的支持。此环节可以重复2—3遍,教师在歌曲演唱中逐渐退位)

(2) 游戏变式二:豆豆钻兜兜。

① 请两名配班教师手拉手搭成“小桥”的样子而变成一个大“兜兜”,主班教师变成“豆豆”,并和所有“小豆豆们”(幼儿变成小豆豆)拉着衣服变成一长串“豆豆”(一个拉着一个的衣服),大家一起边唱歌边用小脚一下一下踏着节拍从大“兜兜”下面钻过,唱到歌曲最后一句“装进我的小裤兜”,两名配班教师放下手“装豆豆”(手拉手“套住”正好从下面走过的幼儿),最后大家一起数一数装了几个“豆豆”。

② 请客人老师当大“兜兜”,可以多请几个大“兜兜”,所有幼儿和客人老师一起边唱歌边玩“豆豆钻兜兜”游戏。

5. 延伸。

结束活动:跳个“豆豆舞”。

播放歌曲音乐,客人老师和幼儿一起跟着音乐边唱歌边跳“豆豆舞”,结束活动。

(播放歌曲原唱,幼儿在跟唱的同时,教师可引导幼儿加入动作表现歌曲内容,在间奏部分教师可通过“豆豆拉拉手”“豆豆转个圈”等提示,让幼儿互相配合拉拉手、转个圈等,最后一句可互相抱一抱,进一步欣赏歌曲、感受歌曲、表现歌曲)

(困惑与思考:为什么要用“豆豆舞”作为结束部分呢?

其实“豆豆舞”的环节可以省略,继续玩“豆豆钻兜兜”的游戏,把被大“兜兜”装的“豆豆”数量增加,让更多的幼儿可以参与其中。)

【设计意图解析】

1. 音乐。

这是一首旋律简单明快、歌词朗朗上口的歌曲。歌曲内容贴近幼儿生活,以幼儿喜欢的“数豆豆”游戏贯穿始终,是一首非常适合小班幼儿的音乐作品。歌曲一共四个乐句,第一乐句和第三乐句前半句都是唱数数字,“一二三四”“五六七八”,对于小班上学期的幼儿来说,基本可以做到这几个数字的点数,同时,这也能将音乐活动与数学活动进行很好的结合。

2. 故事。

圆圆的、五颜六色的豆豆是幼儿最喜欢的东西了，正好这首歌曲内容也和豆豆有关，教师用圆圆的、五颜六色的豆豆做教具，当拿出豆豆的时候，所有幼儿的目光都被这些五颜六色的豆豆吸引了，这时告诉幼儿："这些豆豆是和小朋友做游戏的。"

3. 动作。

手部动作——唱歌的时候，伸出食指，边唱边一下一下做"点豆豆"的动作，这个动作主要让幼儿感受歌曲的节拍。

脚步动作——在离开座位玩游戏的时候，双脚要一下一下跟着音乐节拍走，这个动作可以帮助幼儿在感受歌曲节拍的同时控制好唱歌的速度。

4. 游戏。

这首歌曲的旋律和内容还是相对较为简单的，为了避免枯燥地跟唱，将幼儿最喜欢的传统游戏"点豆豆"进行了改编，融入歌曲的练习当中。传统游戏是幼儿最喜欢也最熟悉的游戏，游戏是为了幼儿巩固、熟悉所学歌曲，因此，游戏的难度不宜过大，且游戏必须是幼儿熟悉的，很快就能玩起来的。这个活动将幼儿熟悉的内容和新授的内容放在一起，动静交替，对新授的内容提高难度，对熟悉的内容进行了巩固。所以，我先请幼儿当各种各样的豆豆，有的幼儿变成"圆豆豆"，有的变成"玉米豆豆"，还有的变成"小兔豆豆"。这个活动不但激发了幼儿的兴趣，而且发展了幼儿的想象力，培养了幼儿的创造力和表现力。教师当"大兜兜"，在钢琴伴奏下和幼儿一起唱歌，教师一下一下"点豆豆"（幼儿），唱到最后一句的时候，教师张开双臂抱住几个幼儿，大家一起数一数装了几个"豆豆"。加入钢琴伴奏之后，完整地演唱歌曲，同时教师随着音乐节拍用动作来表现歌曲，以培养幼儿的节奏感。教师示范了玩法之后请幼儿来"点豆豆"，将游戏主动权交给幼儿，让幼儿边唱歌边玩游戏。他们唱得主动，玩得开心，有的怕被"兜"住，还往旁边躲，有的还故意要被"兜"住，现场氛围很热烈、愉快。

接下来将"网小鱼"的游戏改编成"豆豆钻兜兜"，这一游戏让幼儿都动起来，在基本掌握了歌曲的基础上，让他们边唱歌边玩游戏。幼儿一个个拉着衣服从客人老师搭的“兜兜”下钻过去，所有幼儿都在边唱歌边游戏，唱到最后一句“装进我的小裤兜”时，幼儿都很紧张地看谁会被兜住。客人老师有时“装”进一个幼儿，有时“装”进好几个幼儿，大家一起数“装”了几个“豆豆”。还有一遍唱到最后时，幼儿都故意停下来以便不被“装”到，结果客人老师一个都没有“装”到，大家哈哈大笑，都说“没有”，幼儿很有成就感。现场气氛很活跃。

最后跟着歌曲原唱一起唱歌，跳一个“豆豆舞”。幼儿在欣赏歌曲的同时演唱歌曲，通过歌曲的原唱感受音乐的完整性和美感。幼儿根据歌词创编动作，找伙伴拉手、唱歌、唱到最后一句互相抱一抱。在音乐活动中发展了幼儿的创造力、培养了幼儿的音乐表现力，同时促进了幼儿社会性以及合作意识的发展。

【新手教师模仿难点及解决建议】

1. 新手教师在第一遍清唱时掌握不好音准怎么办？

解决方案：整首歌曲的旋律还是比较简单的，但对于新手教师来说，跟着钢琴伴奏或许较容易，清唱起来有的教师可能会掌握不好音高及音准。音准比较好的教师，可以在唱歌之前先给一个伴奏，或者给单音，以确定音高位置。音准不好的教师，建议用钢琴伴奏，伴奏音量可以适当放小，教师能听到即可。范唱时一定要放慢速度，并且吐字清晰，让幼儿能听清歌词。

2. 在活动中幼儿的注意力总是在“豆豆”上怎么办？

解决方案：小班幼儿很容易被新鲜事物吸引，“豆豆”出现会引发幼儿兴趣。所以，在活动刚开始的时候，要适时出现“豆豆”，并在情境中引导幼儿倾听歌曲、观察游戏玩法。例如，在活动的导入游戏和歌曲演唱环节需要使用“豆豆”，该环节进行的时间不可过长，请2—3名幼儿和“豆豆”玩游戏即可，然后告诉幼儿“请豆豆休息一会儿”便收起“豆豆”，并尽快进入下一个游戏，将幼儿的注意力转移。

3. 只有个别幼儿出声唱歌，多数幼儿很小声或不出声怎么办？

解决方案：教师可以在活动前就用“这是一些喜欢唱歌、也喜欢听大家唱歌的豆豆”引导幼儿 。活动中同样用语言 “豆豆喜欢唱歌的小朋友”“小朋友们都变成爱唱歌的小豆豆了”等进行巧妙提示，以此鼓励幼儿唱歌，千万不要特别要求幼儿“大声唱”，一方面现场既容易造成走音，另一方面又容易养成“喊歌”的不良习惯。第一次歌唱活动，重在让幼儿乐于参与活动、愿意听歌、跟唱就行。即便没有大声跟唱，他们在活动中感受歌曲的旋律，在游戏中会自然而然地将歌曲融入脑海里，并在之后的游戏中，随着对歌曲的熟悉，会慢慢由“愿意唱”到“自然唱”。

原创解析：中国人民解放军空军军医大学幼儿园　张　娜

三、活动案例：小班歌唱“公鸡头母鸡头”

【乐曲】

公鸡头母鸡头

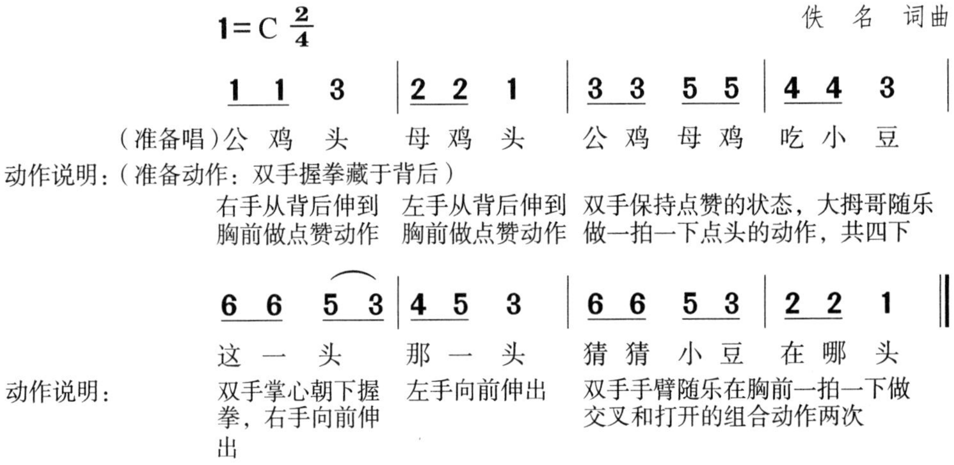

音乐结构：两个大乐句，共八小节。

动作建议：参见乐曲。

游戏玩法：

幼儿两两结伴，一名幼儿负责藏小豆，另一名幼儿负责猜小豆。游戏开始后，两人边唱歌边做动作，歌曲演唱结束后，猜小豆的幼儿开始猜小豆藏在同伴的哪只手里。如若猜对，则由猜对的幼儿拿着小豆去喂鸡；如若猜错，则由藏小豆的幼儿拿着小豆去喂鸡。

【使能目标阶梯】

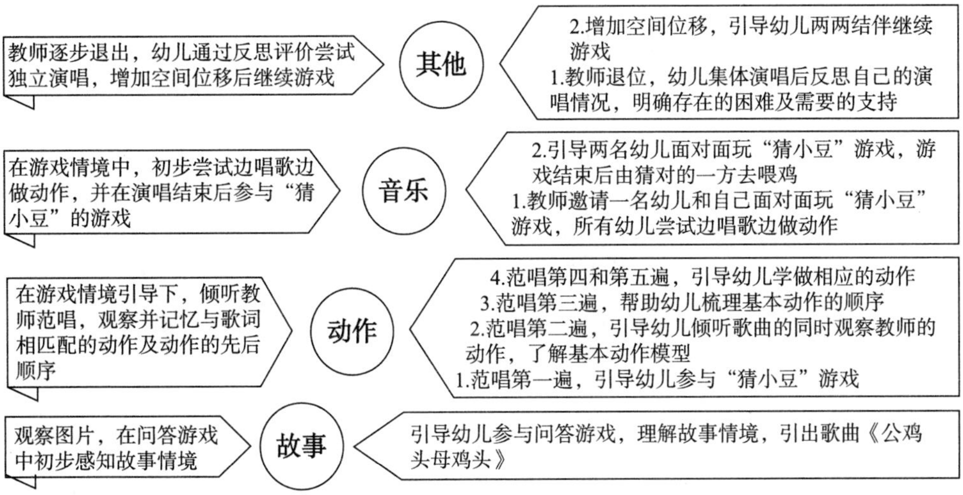

【教育活动设计】

活动目标

1. 在“快闪”游戏中倾听歌曲，感受歌曲欢快、活泼的旋律，记忆歌词顺序并学唱歌曲。

2. 在“喂鸡”情境引导下，尝试边唱歌曲边与同伴共同玩“猜小豆”游戏。通过标记线索暗示，理解游戏规则，由猜测成功者喂鸡。

3. 愿意遵守游戏规则，体验伴随“猜小豆”游戏结果所带来的不同情绪，初步养成面对猜错时的坦然心态，并感受帮助他人的乐趣。

活动准备

1. 物质准备。

(1) 教具：两个比较大的透明饮料瓶子，瓶口分别装饰成公鸡的头和母鸡的头，留有小口做嘴巴，可容幼儿将小豆从小口放进瓶子里。足够大的“眼泪滴”装饰在公鸡头和母鸡头眼睛的下方（可移除），录制公鸡头和母鸡头哭诉和表达感谢的音频，小贴画若干，“猜小豆”游戏的幻灯片（制作幻灯片图片参考图3－4）。

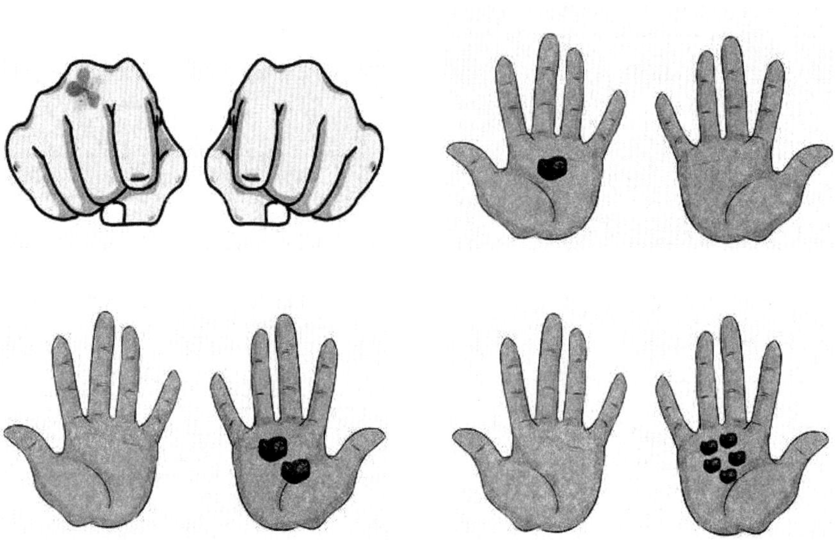

图 3－4

（2）学具：若干体形比较大的豆子或其他类似物品。（如芸豆、蚕豆或彩色串珠）

2. 经验准备。

（1）了解公鸡和母鸡的形象特征及区别。

（2）玩过猜拳游戏。

3. 空间准备：全体幼儿围坐成大的半圆形。

活动过程

1. 故事。

教师出示教具，以问答的形式导入情境。

师：小朋友们仔细看，公鸡头和母鸡头怎么啦？

幼：它们哭了。

师：为什么会哭呢？

幼：找不到家了、肚子饿了、摔跤了……

（教师播放提前录制的关于歌词内容的语音，引导幼儿倾听）

（困惑与思考：为什么要用播放录音的方式引出故事情境？

用播放录音的方式引出公鸡头、母鸡头的故事情境，更易吸引幼儿的注意，激发幼儿倾听的积极性。需要注意的是，教师在录制此段语音时要关注情境中公鸡头和母鸡头的情绪，声音要有一定的起伏。）

师:我们听一听它们怎么说。原来,公鸡头和母鸡头肚子饿了。它们还说了什么?

幼:它们喜欢吃小豆。

师:小豆藏在哪里呢?请你仔细听一听歌里是怎么唱的。

2. 动作。

(1) 出示幻灯片,引导幼儿参与“猜小豆”游戏。

师:小豆藏在哪一头呢?仔细看哦。

[教师第一遍范唱,唱完后操作幻灯片]

师:在哪一头呢,谁发现了?

(教师操作幻灯片闪图,使小豆在其中一只手闪现3秒钟,请一名举手的幼儿回答自己看到的答案)

幼:在有小贴画的手里。

(困惑与思考:为什么要用小贴画?针对两种不同的猜测结果,教师分别应该做何反应?

小贴画作为一种标志物,承载两个功能:一方面,它易于被低年龄段的幼儿发现并以此为猜谜线索,形成正迁移,为后面流畅地参与猜谜游戏打下基础;另一方面,也便于教师和同伴清晰地验证幼儿猜测结果的准确性。

当幼儿猜出小豆藏在有小贴画的这只手时,教师应及时强化幼儿猜对后的感受;当幼儿未猜出小豆藏在哪儿时,教师不要急于出示小豆,可以顺应其他幼儿的猜测并用激励性的口吻问“真的在有小贴画的这只手吗?我们一起来看一看”。通过激励性的提问,激发幼儿参与验证活动的积极性。)

师:谢谢你帮公鸡头和母鸡头找到了小豆。

(困惑与思考:在倾听环节就加入游戏会不会分散幼儿的注意力?

让小班幼儿在游戏过程中自然倾听和感知歌曲,并通过观察教师的随乐动作理解和记忆歌词,这样的倾听方法称为之“无意注意倾听法”。这是一种自然学唱歌曲的方法,尤其符合小班幼儿的年龄特点和学习特点。一般说来,只要加入的游戏具有吸引力,设计的过程也较为合理,是不会分散幼儿注意力的。比如“猜小豆”游戏,幼儿在倾听过程中,不仅不会分散注意力,反而还会因为期待猜测的结果而使注意力更为集中。)

（2）帮助幼儿梳理基本动作模型。

师：一颗小豆不够吃，我们去帮它们找更多的小豆吧！请你仔细看哦，唱歌的时候我都做了哪些动作？

（问题前置，引发幼儿关注教师演唱时所做的动作）

[教师第二遍范唱，唱完后操作幻灯片]

师：这一次，小豆会藏在哪一头呢？仔细看哦。

（教师操作幻灯片闪图，使2颗小豆在其中一只手闪现2秒钟，请一名举手的幼儿回答自己看到的答案）

幼：在有小贴画的手里。

师：我们一起看看他猜得对不对。有小贴画的手里有没有小豆？

幼：没有，在没有小贴画的那只手里。

师：你们一起数3、2、1。哇，真的在没有小贴画的这只手里。咦，你们有没有看到，我唱歌的时候做了哪些动作？

幼：手藏起来的动作，还有伸大拇哥的动作。

师：双手握拳藏在身体后面的动作，还有双手在胸前点赞的动作，我们一起学一学这两个动作。

师：还有谁看到了不一样的动作？

幼：小手握拳，像奥特曼的动作。

师：哦，双手掌心朝下，握成拳头，在胸前做交叉和打开的动作。我们跟他学一学。

[困惑与思考：教师请幼儿回忆动作时，倘若幼儿回答正确，教师应如何给予反馈？

教师要用准确的语言描述相应的动作。如当幼儿做了双手在胸前点赞的动作时，教师应引导其他幼儿观察并尝试跟学此动作，同时尽量用描述性的语言表述此动作的状态，切忌用“这样、那样”等不明确的词语来描述动作。以此引导幼儿感知动作与相应语言之间的对应关系，同时借助教师语言中表达的动作特征，为后期幼儿动作创编提供线索。如当听到教师用描述性语言讲“双手在胸前点赞”后，幼儿随之就可能创编并描述出“双手在膝盖（脸蛋旁……）点赞”的动作。此外，教师用准确的语言描述动作也可为幼儿自主使用语言和语言概括能力的提高提供高级榜样。]

师:你们观察得很仔细,很快就发现了我唱歌时做的动作。

(3) 帮助幼儿梳理基本动作的顺序。

师:公鸡头和母鸡头饿坏了,三颗小豆肯定不够它们吃的。我们继续帮它们找小豆。这一次,请你们仔细看,我先做了什么动作,后做了什么动作?

[教师第三遍范唱]

师:小豆藏在哪一头?

(教师操作幻灯片中闪图,使许多颗小豆在其中一只手闪现一秒钟,请一名举手的幼儿回答自己看到的答案)

师:我们一起看一看他猜得对不对。

师:恭喜你,找到了这么多小豆。我刚才先做了什么动作,后做了什么动作?

幼:先把手藏起来,然后大拇哥往前伸,变成拳头交叉。

师:你观察得很仔细,我们一起为他点赞。

(4) 引导幼儿学做相应动作。

师:公鸡头和母鸡头等急了,我们得赶紧把找到的小豆喂给它们吃。

(教师把手藏在屏幕后面操作幻灯片,屏幕上的一颗小豆消失的同时,手里出现一颗实物小豆)

师:哈哈,我拿到了一颗小豆,它会藏在哪只手里呢?我想邀请你们和我一起做动作,准备好了吗?

[教师第四遍范唱]

师:谁愿意来猜一猜?

(教师走到一名举手的幼儿面前,蹲下后与其对视并将双手伸到他面前,请他猜猜小豆在哪头)

师:恭喜你猜对了!这次由你来喂鸡,你想把小豆喂给谁?

幼:母鸡头。

师:好的,请你把小豆喂进母鸡头的嘴巴里吧!

(在幼儿将小豆喂给母鸡头的同时,教师将母鸡头脸上的眼泪滴取下,放进桌子下面的小篓子里；如若幼儿想喂给公鸡头，在幼儿将小豆喂给公鸡头的同时，教师要将公鸡头脸上的眼泪滴取下，放进桌子下面的小篓子里）

师：母鸡头好开心啊，它擦干了眼泪说“谢谢你为我找到了小豆”。你要对母鸡头说什么？

幼：不客气。

师：真有礼貌。

（困惑与思考：为什么此处要引导幼儿学说礼貌用语？

此处教师引导幼儿学说礼貌用语，即在得到别人的帮助时，要说“谢谢”，别人对我们说“谢谢”时，我们要以“不客气”给予回应。如此设计抓住了教育契机，自然渗透了礼仪教育。这一点新手教师往往容易忽略。）

（5）继续引导幼儿学做动作和熟悉游戏规则。

师：母鸡头吃到小豆了，公鸡头说“我也想吃”。我再来拿一颗小豆。

师：会藏在我的哪只手里呢？请你们跟我一起做动作哦。

[教师第五遍范唱]

师：谁愿意来猜一猜？

师：有点遗憾，没猜对。

师：没关系，下次猜对了就可以喂鸡了。

（如若本轮游戏幼儿猜对了，则由猜对的幼儿去投喂，喂给谁吃由幼儿自己决定。如若幼儿也选择喂给公鸡头，在幼儿喂完小豆的同时，教师要将公鸡头脸上的眼泪滴取下，放进桌子下面的小篓子里，并抓住契机，表扬幼儿愿意呵护同样需要获得帮助的公鸡头）

3. 音乐。

（1）在游戏情境中引导幼儿学唱歌曲。

师：这一次，我来请一个小朋友和我面对面玩“猜小豆”的游戏，其他小朋友帮我们做动作。

师：你想藏小豆还是猜小豆？

幼：藏小豆。

（教师将选择的权利还给幼儿。若幼儿选择藏的话，教师就和他一起从屏幕中

拿一颗小豆出来，请他把小豆藏在其中一只手里做准备；若幼儿选择猜的话，教师就自己拿出一颗小豆并快速藏好小豆做准备）

（困惑与思考：教师在和一名幼儿互动游戏时，如何关照其他幼儿的学习状况？

教师在和一名幼儿面对面游戏时，仍需分配一部分注意资源给其他幼儿，必要时用眼神或表情来示意个别幼儿投入活动中来。新手教师在开展模仿课时，注意力容易分配不过来，往往只关注正在与自己发生互动的某一名或几名幼儿，而忽视了活动中的其他幼儿，这是新手教师需要在实践中努力修炼的技能。）

[**幼儿第一遍跟唱**]

师：我猜藏在有小贴画的这只手。

幼：猜对啦。

师：那应该谁去喂鸡？

幼：老师喂。

师：他说得对吗？

（教师身体转向全体幼儿，在询问其他幼儿的同时也是在帮助集体强化游戏的规则）

（2）引导两名幼儿面对面游戏，内化游戏规则。

师：请你去找一个好朋友和他面对面玩“猜小豆”游戏。你们商量一下谁来藏，谁来猜。其他小朋友，我们一起边做动作边唱歌。

[**幼儿第二遍跟唱**]

师：猜一猜，在哪头？谁去喂鸡？

幼：猜对的去喂。

师：原来你们都知道游戏怎么玩啦，太厉害了。

4. 其他。

（1）引导幼儿对歌曲的学习情况进行反思。

师：这首歌你们会唱了吗？每一句都会？每一句都跟我唱得一模一样？

师：这一次我不唱了，听你们唱，需要我用口型或动作来帮助你们吗？需要口型？动作？还是都需要？

[**幼儿第三遍跟唱**]

（困惑与思考：为什么教师要在反思环节提如此细致的问题？

① 这个环节的设置旨在帮助幼儿对自己当下的歌唱情况有一个清晰的认知，而非一定要把这首歌学会。

② 教师希望通过细致的追问，引导幼儿学会对自己当下的学习状况做一个实事求是和细致的认知。幼儿对自己的认知越细致，他对自己想要获得支持的判断就越准确。

③ 小班幼儿的年龄特点决定了他们不可能一下子做到正确反思。所以，教师在引导幼儿初次尝试反思时，要以细致的问题一步一步地帮助他们，让他们有清晰的思路去回忆自己到底哪里有问题，哪里需要教师的支持以及需要教师以何种方式提供支持，只有这样，才有可能保证反思的有效性。）

（2）在情境中鼓励幼儿两两结伴边唱歌边游戏。

师：公鸡头和母鸡头说“我们的肚子还没吃饱呢”，需要大家找更多的小豆。我们先请男生藏，女生来猜。请拿到小豆的男生轻轻起立，站在自己的椅子前面，所有的女生轻轻起立，转身和你旁边的男生面对面。

[幼儿第四遍跟唱]

（此环节，教师应开始尝试逐步退出。退出的流程建议如下：先退声音，保留动作和口型；再退动作，保留口型；最后全部退出，让幼儿尝试自主地边歌唱边做动作）

师：猜对了吗？谁去喂鸡？

幼：猜对的去喂。

师：请猜对的小朋友去投喂，没猜对的小朋友轻轻坐下。

（此处，教师应有意识地分批请幼儿去投喂和回座位，还有必要提前将公鸡头和母鸡头分开一段距离摆放，消除推挤、碰撞等安全隐患）

师：下面，我们请女生藏，男生来猜。

[幼儿第五遍跟唱]

师：快去喂鸡吧！

师：公鸡头和母鸡头都吃饱了，我们来听听它们怎么说。

（教师引导幼儿倾听提前录制好的音频。录音的内容应该是积极向上，充满正能量的。如表达对幼儿的感谢、表扬幼儿愿意助人为乐的品质以及表达盼望着下次

再和他们相见的美好憧憬）

师：我们和公鸡头、母鸡头说再见吧！下次我们再一起玩游戏。

【设计意图解析】

1. 音乐。

这是一首根据童谣改编的叙事型歌曲，歌曲的旋律清晰，歌词内容是非常好的游戏素材，符合小班幼儿的年龄特点。

2. 故事。

故事的情境立足于歌词内容，易使幼儿产生积极、帮助他人的情感，并在情境中感受、理解歌词内容，提高参与互动的积极性。

3. 动作。

本活动中，教师运用了无意注意的游戏动作方式引导幼儿感知和倾听歌曲，符合小班幼儿的年龄特点。如此设计源于：

(1) 这首歌曲的结构清晰，旋律简单，歌词内容通俗易懂，幼儿容易记忆；

(2) 游戏“猜小豆”是在歌曲演唱结束后再进行的猜测游戏，幼儿在等待猜测结果前，已顺带完成了倾听任务，并通过观察教师的随乐动作理解和记住了歌词。

4. 游戏。

活动中的游戏“猜小豆”属猜谜游戏，因其猜测结果的不确定性而深受幼儿的喜爱，幼儿参与活动的积极性和主动性较高。而且，此游戏的情境即是歌曲的内容，这为幼儿更好地理解和记忆歌词起到了促进作用。

【新手教师模仿难点及解决建议】

1. 新手教师应如何把握范唱速度？

解决方案：范唱速度的总原则是慢速。尤其是面对小班幼儿，教师范唱的速度要更慢，这样才便于幼儿更好地听清歌曲内容和旋律。对于本首歌曲来说，最后一句“猜猜小豆在哪头”是一个富有神秘感的结尾，教师可以适当调控自己的范唱速度，用再慢一点的演唱速度来表现该乐句所传达的情感，渲染结果的不确定性。

2. 新手教师如何能在范唱的同时把相应的动作做到位？

解决方案：第一，教师在组织活动前务必确保自己对歌曲与动作匹配的熟练度，这样才能确保开展活动时动作示范的准确性；第二，本首歌曲中的动作设计遵循了一句歌词一个动作的原则，包括两拍一下的转换频率以及歌唱结束后定格的造型即"猜小豆"游戏的状态，均符合小班幼儿的认知水平，幼儿比较容易掌握。但教师在做示范时，仍需注意以下三点：

（1）动作要稳定，减少不必要的身体晃动对已有动作造成的干扰；

（2）动作的幅度要适宜。如教师在做手从背后向前伸出的动作时，手臂尽量不要伸得太直。因为本歌曲的结构短小精悍，而动作的幅度和歌曲旋律的长短是相匹配的，动作幅度过大容易影响下一个动作的开始；

（3）歌曲演唱结束后的最后一个动作至少要定格三秒，给歌曲一种结束感。当然，当幼儿参与做动作后，教师也要引导幼儿在最后定格动作。

3. 新手教师因教学实践经验不足，在实施模仿活动的过程中，容易因紧张而生搬流程，忽略使用语言时语调的轻慢缓急和抑扬顿挫，难以吸引幼儿的注意力，对此应怎么办？

解决方案：新手教师在实施模仿活动前，对活动的流程要做到百分之百的熟悉，必要时最好达到百分之三百的熟练，这样，在执教过程中才有可能克服紧张，不会因回忆活动流程而分散太多的注意力，同时，也才会有精力关注语言的轻慢缓急和抑扬顿挫。

原创解析：安徽省军区机关幼儿园　陈晓烨

实录评析：南京师范大学幼儿园　邱　敏

第二节　中班歌唱

一、活动案例:中班歌唱“猪小弟变干净了”

【乐曲】

猪小弟变干净了

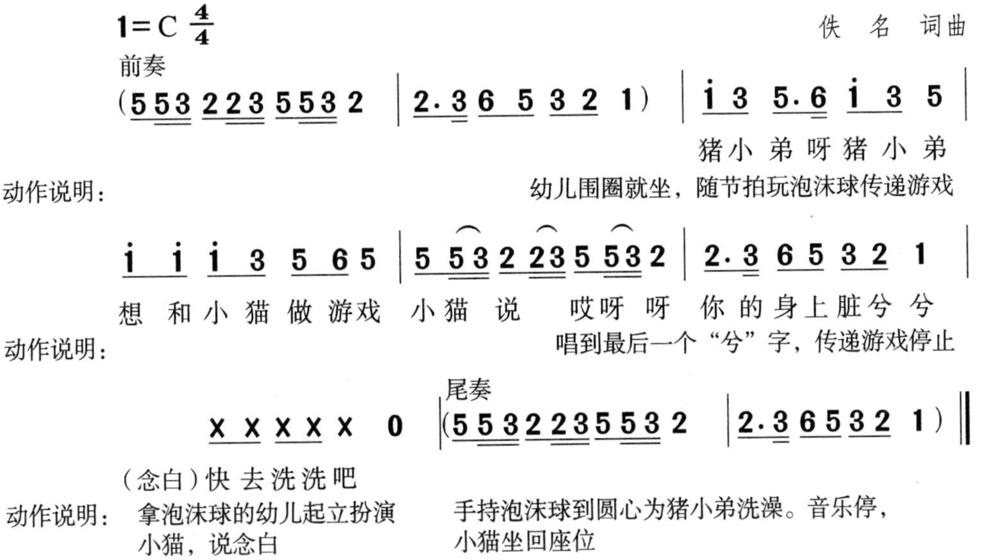

音乐结构:前奏+四个乐句+念白+尾奏。

动作建议:参见乐曲。

游戏玩法如下。

1. 传递游戏(点兵点将):幼儿围坐成一圈,教师手拿泡沫球,按节奏在幼儿间传递,当歌曲演唱到最后一句“你的身上脏兮兮”的“兮”字时,泡沫球停在谁的手上,谁就当小猫,然后站起来大声念出念白“快去洗洗吧”并在音乐尾奏处,手持泡沫球为猪小弟(教具)洗澡。音乐停,小猫坐回座位。

2. 传递游戏(击鼓传花):幼儿围坐成一圈,边唱歌曲边根据歌曲节拍按逆时针顺序传递手中的泡沫球。当歌曲演唱到最后一句“你的身上脏兮兮”的“兮”字时,泡沫球停在谁的手上,谁就当小猫,然后站起来大声念出念白“快去洗洗吧”并在音乐尾奏处，手持泡沫球为猪小弟(教具)洗澡。音乐停，小猫坐回座位。

3. 猜音源游戏：幼儿围坐成一圈，请一个幼儿扮演猪小弟，并设想自己身上某部位脏兮兮，然后蒙上眼罩，站在圆心。其余幼儿边唱歌曲边根据歌曲节拍按照逆时针顺序传递手中的泡沫球。当歌曲演唱到最后一句“你的身上脏兮兮”的“兮”字时，泡沫球停在谁的手上，谁就当小猫，然后站起来大声念出念白“快去洗洗吧”，猪小弟根据小猫念白时的嗓音特点，猜出谁是刚才帮他洗澡的小猫，并大声说出名字。猜出后请猪小弟用自己的方式向小猫表示感谢。

【使能目标阶梯】

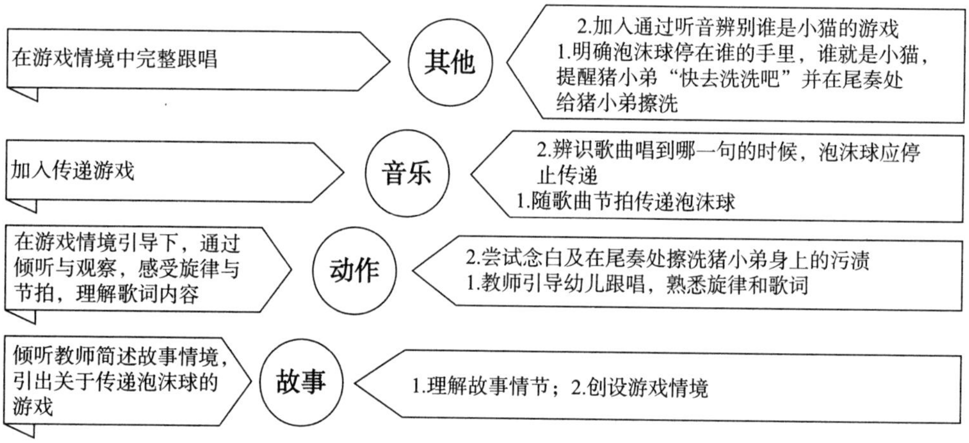

【教育活动设计】

活动目标

1. 在帮助猪小弟变干净的情境中学唱歌曲，努力唱出歌词与旋律，并能在演唱后大声念出念白。

2. 运用“传递游戏”“猜音源游戏”梳理歌词内容，并帮助猪小弟变干净。

3. 在做猪小弟并玩“猜音源游戏”时努力找到帮助自己变干净的小猫，找到后知道感谢同伴的帮助；做小猫时愿意帮助猪小弟变干净，体验帮助猪小弟变干净的快乐。

活动准备

1. 物质准备。

（1）歌曲《猪小弟变干净了》。

（2）猪小弟眼罩、泡沫球。

（3）猪小弟形象板、白板笔。

2. 经验准备：幼儿有击鼓传花、猜音源游戏的体验。

3. 空间准备：幼儿有圆圈围坐经验。

活动过程

1. 故事。

情境导入，让幼儿初步感知歌曲。

师：看看我的朋友猪小弟，它爱干净吗？从哪里看出来的？

（注意：引导幼儿观察猪小弟不讲卫生的形象，引出歌词内容"你的身上脏兮兮"）

师：今天早上沈老师来看中一班的小朋友们，立马就喜欢上你们了，知道我为什么喜欢你们吗？你们每个人呀，脸上都是干干净净的，头发整整齐齐的，衣服也清清爽爽的。

幼1：可是我头发都乱了。

师：那我帮你梳理好。你们多爱干净，多爱整洁呀，最喜欢你们了。可是呀，我今天带来一个好朋友，看一看，它是不是爱干净呢？（教师拿出贴在小椅子上的道具猪小弟）猪小弟，快出来！它是谁呀？

幼：小猪。

师：猪小弟。跟猪小弟打个招呼吧！

幼：猪小弟，你好。

师：呀，你们看，它干净吗？

幼1：不干净。

师：从哪里看出来的？

幼1：脏兮兮的。

师：所以你要提醒它干吗？

幼2:洗澡。

师:快去洗洗吧!(对着猪小弟道具说)你会和它说吗?

幼3:快去洗洗吧!(双手贴在嘴边做呼喊状)

师:你会提醒它吗?

幼4:快去洗洗吧!(双手贴在嘴边做呼喊状)

幼5:你的身上多脏呀,快去洗洗吧!

师:你的身上多脏呀,我们告诉它"你的身上脏兮兮",所以你要提醒它"快去洗洗吧"。你们提醒它,真是猪小弟的好朋友。(一名幼儿主动站起来)你也想来提醒它,是吧?

幼6:快去洗洗吧!

师:你的声音真好听。快去洗洗吧!哎呀,猪小弟呀,脏兮兮的。可是,它这个样子就想出去找朋友玩了,你觉得朋友会喜欢它吗?

幼:不喜欢。太脏了。

师:那我们来听听看,朋友会怎么说,好吗?

幼:好。

[**教师清唱第一遍**]

(注意:在尾奏处一起帮猪小弟洗澡,猪小弟形象板上的污渍是用白板笔画上去的,因此一擦就能擦干净。结束后,鼓励幼儿大声念出念白"快去洗洗吧",并请个别幼儿上来把猪小弟身上的污渍擦干净。教师哼唱尾奏音乐,帮幼儿的擦洗动作合上音乐的节拍)

师:刚才它找谁玩了呀?

幼:小猫。

师:小猫是它的好朋友,可是,小猫看到它身上脏兮兮的,小猫跟它玩了吗?

幼:没有。

师:小猫怎么提醒它的?一起说说看。(教师双手贴在嘴边做呼喊状)

幼:快去洗澡吧/快去洗洗吧!

师:是快去洗洗吧,还是快去洗澡吧?

幼:快去洗澡吧/快去洗洗吧!

师：快去洗洗吧！有时候说的是洗澡，有时候说的是洗脸。好，那我看看哦，刚才我看到有一个小朋友，丁丁是吧，刚才丁丁说的时候特别棒。丁丁，给你一个泡沫球，这是一个洗澡球，你来帮它洗洗好吗？（教师拿出一个泡沫球）找到一个脏地方哦。

（教师清唱旋律，幼儿拿泡沫球给猪小弟洗洗）

师：看看，丁丁有没有把它洗干净呀？

幼：没有。

师：（教师拿起猪小弟道具）刚才上面很脏很脏的地方，现在有没有变干净呀？

幼：变干净了。

师：谢谢丁丁。

（困惑与思考：教师如何与幼儿进行有效的互动？

教师在教学中首先自己要投入情境中，在情境中与幼儿交流互动。备课时提前将和幼儿互动设计好，像视频中教师的提问和互动都是针对"快去洗洗吧"这句歌词，在互动的时候从第一个提问"哪里脏兮兮"开始，教师并不是只针对一个幼儿进行互动，而是邀请了6个幼儿进行互动，互动的问题都是围绕着让幼儿学会说"快去洗洗吧"。在提问后教师会故意做一些停顿，等待幼儿来回答，让幼儿积极参与。）

2. 动作。

教师引导幼儿跟唱，熟悉旋律和歌词。

师：还有谁愿意帮它洗呀？（幼儿纷纷举手说"我"）好，待会儿看看谁是它的好朋友。我们来听音乐。

［教师第一遍跟琴范唱，幼儿第一遍观察和游戏］

（注意：在教师示范的过程中，节拍要准确且稳定，可适当强化节拍感的表现，让幼儿感知泡沫球传递时一下一下、不快也不慢的状态。游戏中，及时引导幼儿用自己的方式，如点头、摇晃身体等外在动作来强化内心对节拍的感受，做到随节拍"不快也不慢"地传递）

师：我听到小宝的声音了，小宝快来帮它洗洗吧！（教师清唱旋律，幼儿拿泡沫球给猪小弟洗洗）哇，小宝帮它洗干净了，谢谢你。还有谁会像小宝这样提醒猪小弟了？（幼儿纷纷举手说“我”），那我们再试试看。

［教师第二遍跟琴范唱，幼儿开始跟唱，结束后邀请一名幼儿上来，教师清唱旋律，幼儿帮猪小弟洗干净］

师：你是不是学音乐的呀？

幼：是的。

师；在学什么呀？这么有节奏感哦，你会跟着音乐的节奏一下一下地（教师边清唱边跟着节奏做擦的动作）帮它洗澡，是吧！谢谢你。哎呀，猪小弟呀，你现在都变干净啦，你先出去玩一会儿吧，（教师收起道具）我们再来听听音乐。

［教师第三遍跟琴范唱，幼儿继续跟唱］

师：我看到你们都是它的好朋友，都来提醒它。我们仔细听听看。（邀请一名幼儿上来，教师清唱旋律，幼儿帮猪小弟洗干净）谢谢你。

3. 音乐。

玩泡沫球传递游戏，感受歌曲节拍。

师：好，现在猪小弟又要出去玩了，这次谁来呢？我们让泡沫球来选择，好吗？你们来听一听，这个泡沫球在唱到哪一句的哪一个字的时候就停下来了，仔细听一听。

幼：好。

［教师第四遍跟琴范唱，玩点兵点将游戏］

师：唱到哪一句的哪一个字时停下来的？

幼：脏兮兮。

师：唱“你的身上脏兮兮”，唱到最后一个“兮”就停住不动了，泡沫球现在停在了谁的手里？

幼：×××。

师：那么谁是小猫？

幼：×××。

师：好，要考考你咯，小猫拿到泡沫球后应该对猪小弟说什么？（教师双手贴在嘴边做呼喊状提示幼儿）这句话应该怎么说？我们一起说好不好？

幼：快去洗洗吧！

师:刚才是大家帮你的,现在你是小猫,要听到你的声音,你一个人来说一说。

幼:快去洗澡吧!

师:是洗洗还是洗澡?

幼:洗洗。

师:请你再说一遍。

幼:快去洗洗吧!

(教师清唱旋律,幼儿帮猪小弟洗干净)

师:音乐停了还动吗?音乐停了,动作马上就要停,是吧!好,刚才泡沫球在唱到哪一个词的时候就停下来不动啦?

幼:脏兮兮。

师:脏兮兮就停下来了,停在谁的手里谁就是——

幼:小猫。

师:小猫要赶快说一句——

幼:快去洗洗吧!

师:然后来帮它洗洗,对吗?

幼:对!

(注意:在游戏的过程中,要遵循幼儿的学习规律,从随节拍传递泡沫球,了解游戏玩法后,再增加游戏挑战性,引导幼儿辨识停止传递的信号,并能通过泡沫球停在谁的手里,来明确谁负责扮演小猫,完成念白和擦洗动作)

师:哎哟,真能干,现在沈老师又要请你们看看泡沫球了,看看它在传的时候是怎么传的?好吗?

幼:好!

[教师第五遍跟琴范唱,玩点兵点将游戏]

(幼儿发现泡沫球找到了小伙伴,有的幼儿比较兴奋,叫着伙伴的名字)

师:×××,你需要别人提醒你吗?不需要,你说。

幼:快去洗洗吧!

(教师清唱旋律,幼儿帮猪小弟洗干净)

师:谢谢,谢谢×××。看看,猪小弟这回变干净了吗?

幼:干净了!

(困惑与思考:在游戏环节教师该如何示范从而让幼儿理解游戏规则并学会游戏?

在进入新游戏时,幼儿需要知道和理解游戏的规则,在这个活动中,教师不仅要让幼儿理解和遵守游戏规则,还要在游戏中让幼儿倾听歌词和旋律。视频中,教师先进行提问:是怎么传的。让幼儿有意识地关注游戏的玩法,传递游戏是幼儿喜欢的游戏,但也是容易让幼儿兴奋的游戏,在这一环节教师的主要任务是让幼儿熟悉歌词和旋律,这需要相对稳定的状态进行学习,所以教师非常巧妙地选择了自己拿着泡沫球传递,这样既让幼儿感受到游戏的快乐,同时也能较为稳定地完成对歌词和旋律的熟悉。)

4. 其他。

幼儿扮演猪小弟,猜猜谁来帮助了呢?(叠加猜音源游戏)

师:好干净呀!这次请谁来做猪小弟呢?

(幼儿都积极举手想参与游戏,并且说“我来”,教师选择了一名安静举手的小女孩)

师:老师知道你们很想玩。谁能说出刚才泡沫球是怎么传的?(一幼儿举起手做一下一下的动作)是一下一下地传,我的手一下一下地传,是吧?一下一下往后传。是快快地传还是慢慢地传?

幼:慢慢传。

师:椅子不能动,椅子动的话待会猪小弟不和你做朋友咯。

师:是很慢很慢还是很快很快?

幼:很慢很慢。

师:不快也不慢地传,好不好?那我们试试看。现在你来做猪小弟,你觉得你身上哪个地方脏呢?我知道你是爱干净的,现在我们要假装一个地方脏了,你觉得哪里脏兮兮呢?

幼:衣服。

师:衣服这个地方脏兮兮,待会儿会有小猫来帮你洗洗,好不好?她是谁呢?

师:要让你来听一听,猜一猜。我们来传咯。

（教师和幼儿一起跟琴演唱，玩传递游戏，泡沫球在教师手上）

师：猜猜看，刚才是哪只小猫来帮你洗洗的呢？（多个幼儿在说不同同伴的名字）

幼：×××。

师：猜对了吗？

幼：没有。

师：猪小弟呀，刚才没听仔细，没有猜到。如果下次再让你来猜的话，你有什么办法能猜对呀？

幼1：让别人帮忙。

师：如果不请别人帮忙。有什么办法？

幼2：自己猜。

师：自己猜怎么样才能猜对呀？

幼3：要听听她的声音。

师：哦，要仔细听她的声音。是吗？还有吗？还有什么好办法？

幼4：小猫说的时候声音大一点。

师：她刚才说了，小猫念的时候声音大一点就能听出来了。好，谢谢你。这次请你好不好？（教师请了一个男孩来做猪小弟）

师：我先要问你，你假装身上哪里脏兮兮？（幼儿指了指衣服）也是这个地方脏兮兮呀，那待会儿小猫会来帮你哦。刚才沈老师拿着这个泡沫球在传，我好累啊！这次你们自己来传好不好？能不能传过去呀？

幼：可以。

（教师和幼儿一起跟琴演唱，玩传递游戏，泡沫球在幼儿间传递）

师：你猜是谁呀？

幼：×××。

师：有没有猜对？

幼：猜对了。

师：猜对了我们应该怎么样？（教师做鼓掌的动作，幼儿鼓掌）我不知道这个小朋友叫什么名字哦，我也不知道有没有猜对，所以你们要用掌声来提示我。刚才是谁帮你洗澡的?

幼:×××。

师:你去谢谢她噢。

幼:谢谢!

师:你应该怎么说?

幼:不用谢。

(困惑与思考:用什么样的速度玩传递游戏比较合适?

在这个活动中,最开始是教师拿着泡沫球传递,后面会由幼儿自主地进行传递,所以在传递时速度不宜过快,一般来说一句较短的歌词,可传递一次,如果一句歌词较长,可一句传递两次,在学习阶段的游戏环节一定要简单、稳定,后面幼儿学会歌曲了再进行游戏时可加快速度,增加难度,增加游戏的乐趣。)

循环游戏,游戏中及时帮助幼儿提升游戏策略。

(教师发现一个幼儿在刚才游戏时偷偷躲起来,没有参与)

师:你现在出来啦,真可惜,刚才本来要轮到你来做猪小弟,你刚刚消失了一会,现在只能让你休息一会儿。(幼儿坐在椅子上并移动到角落)你真的准备待在那儿吗?(教师将这个幼儿劝回圆圈处,让幼儿去给道具猪小弟涂色,使它变脏)

师:该轮到谁啦?

幼:我。

师:好,你来猜(教师邀请一个男孩来做猪小弟玩游戏)。

[教师和幼儿一起跟琴演唱,玩传递游戏,泡沫球在幼儿间传递]

师:他是谁?

幼:×××。

师:猜对了吗?

幼:猜对了!(边鼓掌边说)

师:你应该对他说什么?怎么说的呀?

幼:谢谢!

师:沈老师问你,刚才一起玩游戏开心吗?

幼:开心。

师:你刚刚坐在这里管猪小弟的时候,泡沫球马上就找到你了,是不是? 跑到那么远的地方去,它就不去找你了,是吧? 还想玩这个游戏吗?

幼:还想。

师:待会儿沈老师把这个游戏和猪小弟给你们带回去,和其他小朋友一起来玩,好吗?

幼:好!

师:那么沈老师不在了,没有办法帮你们唱歌了,谁来唱呀? 你们会唱了吗? 跟客人老师说再见。

幼:再见!

(困惑与思考:遇到比较调皮的幼儿,教师应该怎么处理?

视频中的这个男孩从活动一开始就处在比较兴奋的状态,一开始教师就发现了这一点,特意让这个幼儿紧挨着自己坐,便于教师管控这个较活跃的男孩。快结束时,这个男孩再次离开集体的圆圈队形,躲在角落,教师这时停下游戏,严肃地询问他,是不是不想玩游戏了,让幼儿知道破坏集体游戏的后果。在让幼儿回到游戏中时,教师给他布置一个任务,让道具猪小弟变脏,通过布置任务让他能够较为稳定地参与到游戏中,最后教师又巧妙地让这个男孩被选中,并且在结束的时候特别告诉他,因为他管好了猪小弟所以被选中了,让他知道管理好自己才有可能玩到游戏。这一系列的做法看似简单从容,实际上和上课教师多年的教学经验是分不开的,既要保持活动的流畅性,又要针对个别幼儿的个别行为进行集体教育。)

【设计意图解析】

1. 音乐。

这是一首旋律节奏鲜明、乐句工整、节拍稳定,非常适合幼儿在唱游中感受稳定拍感的歌曲。其中“快去洗洗吧”的念白充满乐趣和关爱,能促进同伴间的交往互动。

2. 故事。

猪小弟想去找朋友小猫、小猴、小兔和小象一起玩，可是朋友们看见他却急忙跑回了家，因为猪小弟身上脏兮兮，于是小动物们就一起帮猪小弟洗澡，猪小弟就变干净了。

3. 动作。

在这个音乐游戏中，主要是让幼儿在和同伴互动传递泡沫球的歌曲情境中感受稳定拍感。

4. 游戏。

幼儿围坐成一圈，请一个幼儿扮演猪小弟，并设想自己身上某部位脏兮兮，然后蒙上眼罩，站在圆心中。其余幼儿边唱歌曲边根据歌曲节拍，按照逆时针顺序传递手中的泡沫球，当歌曲演唱到最后一句"你的身上脏兮兮"的"兮"字时，泡沫球停在谁的手上，谁就当小猫，站起来大声念出念白"快去洗洗吧"并在音乐尾奏处，手持泡沫球到圆心中为猪小弟洗澡。音乐停，小猫坐回座位。猪小弟根据小猫念白时的嗓音特点，猜谁是刚才帮他洗澡的小猫，并大声说出名字。猜出后请猪小弟用自己的方式对小猫表示感谢。

[新手教师模仿难点及解决建议]

1. 教师如何练习好清唱歌曲？

解决方案：跟琴伴奏练唱，练唱到熟练后再弹奏第一个音并找到音准后开始清唱，清唱的过程中弹每一句的第一个音和最后一个音验证音准，逐步过渡到无伴奏清唱。教师无伴奏清唱有利于幼儿倾听歌词，教师跟琴范唱有利于幼儿感知旋律和歌曲的结构。

2. 歌词及念白"快去洗洗吧"的导入问题。

解决方案：教师可以将歌词内容融入到故事情境中讲给幼儿听。如"猪小弟呀猪小弟，想和小猫做游戏，小猫说，哎呀呀，你的身上脏兮兮。快去洗洗吧！小猫拿起泡沫球，帮助猪小弟洗干净。"结束后教师还可以提问：(1) 猪小弟想和谁玩游戏啊？(2) 小猫看见猪小弟说了什么？(3) 小猫让猪小弟快去洗洗吧还是快去洗澡吧？利用这三个问题帮助幼儿了解歌词和念白。

3. 传递游戏的层次性问题。

解决方案：教师在示范传递泡沫球的时候，适当强化“一下一下”的传递动作，传递的速度放慢，一句歌词传递一次，并给予幼儿有效的观察任务，观察教师传递泡沫球的时候是怎么做的，引导幼儿用自己的方式，如点头、摇晃身体等外在动作来强化内心对节拍的感受，做到随节拍“不快也不慢”地传递。在传递游戏环节，教师先拿泡沫球进行“点兵点将”式传递，教师退出后找一个幼儿继续“点兵点将”式传递，待幼儿熟练后再将泡沫球交给幼儿进行“击鼓传花”式传递，如果幼儿没有传递游戏经验，就一句歌词传递一次，如果幼儿有传递游戏经验可以升级到一句歌词传递两次。

4. 幼儿玩了游戏就不唱歌怎么办？

解决方案：游戏开始之初，可以以教师演唱为主，幼儿反复倾听、感受歌曲，直到幼儿对歌曲和游戏玩法较为熟悉后，幼儿可以逐渐自己边唱边游戏。不硬性要求在第一课时幼儿就边唱歌边游戏。

5. 扮作小猫的幼儿的念白和动作总是会滞后怎么办？

解决方案：建议此游戏以钢琴伴奏为好，在念白处，教师可以给出相应的节奏型，来支持幼儿有节奏地念白。同时，在幼儿离开座位走到猪小弟身边开始擦洗时，教师可以根据幼儿的动作放慢伴奏速度，以确保幼儿的动作能合乐合拍。游戏反复进行后，随着幼儿对游戏规则的明确，幼儿念白和动作滞后的现象均会不断消失。

[集体提出的完善建议]

1. 中班幼儿按照节奏、节拍传递比较困难。教师适当暗示是可以的。但适当暗示无效时，只要要求或暗示：传出的幼儿慢慢传，轻轻放到同伴手里；接受的幼儿认真接，拿好，不要把泡沫球掉到地上。太过强调节奏，容易抑制幼儿的愉快情绪。

2. 建议将“快去洗洗吧”改成“快来，让我帮你洗洗吧”，这样更凸显出互相帮助的意味和情趣。

3. 建议扮演猪小弟的幼儿和扮演小猫的幼儿在“清洗”完毕后，教师可以引导、鼓励他们使用各种自己喜欢的方式进行交流，如触摸、拥抱、握手，或做任何示意友好、感谢的表情或动作，让幼儿说他们自己喜欢的话。

原创解析：杭州市西湖区学前教育指导中心　沈颖洁

二、活动案例：中班歌唱“调皮的小鞋子”

【乐曲】

调皮的小鞋子

绿城育华幼儿园音乐组团队改编　词

鲍贤琨　曲

$1={}^{\flat}B\ \frac{2}{4}$

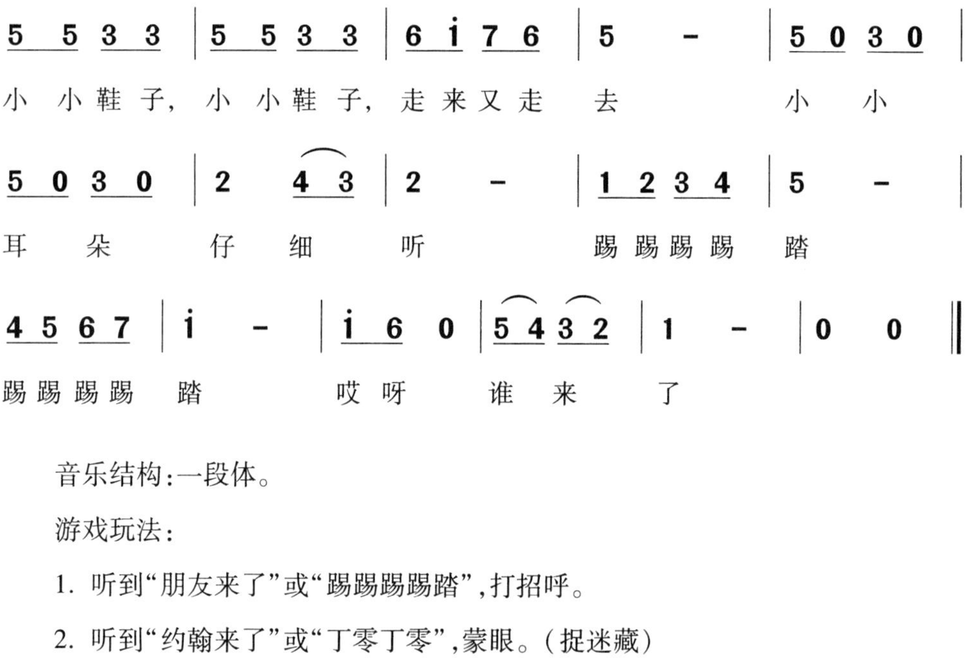

音乐结构：一段体。

游戏玩法：

1. 听到“朋友来了”或“踢踢踢踢踏”，打招呼。

2. 听到“约翰来了”或“丁零丁零”，蒙眼。（捉迷藏）

3. 听到“爷爷来了”或“咳咳咳”，做“鞋子”造型保持不动。

【使能目标阶梯】

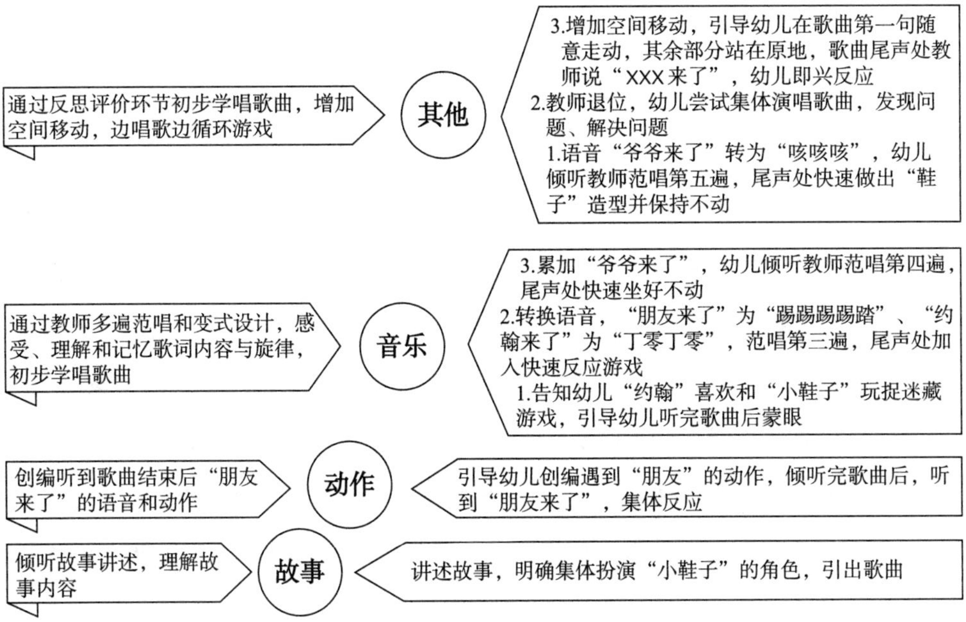

【教育活动设计】

活动目标

1. 在游戏过程中，初步学会唱歌曲，并边唱歌边游戏。

2. 借助角色和信号之间的对应关系，尝试在歌曲结尾处，对出现的角色作出快速正确的行动反应。

3. 努力辨别信号，快速作出正确反应，听到代表爷爷的信号快速上位时，冷静看清楚要坐的位置，跑动时注意动作幅度，避免撞到同伴。在进行歌表演时注意控制歌声的音量并保持动作始终处于谨慎的适当控制状态；快速上位后迅速安静；上位后保持坐姿不动，至少四秒钟——因为不想吵醒爷爷，也不想让爷爷担心。

活动准备

1. 物质准备：钢琴。

2. 经验准备：有玩“木头人”游戏的造型经验。

3. 空间准备：全体幼儿坐成一个半圆形，前方要有较大的场地以供幼儿后期散点移动。

活动过程

1. 故事。

师:小鞋子们,你们好。我来自我介绍一下,我是米格爷爷鞋匠铺的鞋教官。

幼:教官好!

师:首先,欢迎大家来到米格爷爷的鞋匠铺。我作为鞋匠铺的教官,要把鞋匠铺的一些规矩和注意事项告诉大家。我们鞋匠铺的老板就是米格爷爷,米格爷爷很爱我们,我们也很爱他。

(困惑与思考:为什么幼儿要坐成半圆形,而不能席地而坐?教师设计故事,讲述故事有什么需要特别注意的地方?

长时间的席地而坐不仅不舒适,还会成为幼儿“不稳定”“不专注”的诱因。坐成半圆形主要是为了让幼儿都能看到教师且在活动后期可以在座位前做空间移动及快速入座。

教师需要有进入鞋教官角色的意识和状态,当然这个教官并没有一个死板的模板,教师可以在活动前先思考自己是个什么个性与风格的教官,并在讲故事环节乃至整个活动中保持这个角色的状态。)

2. 动作。

介绍“游戏 1”的规则及相应的反应动作,倾听歌曲后游戏。

师:每天晚上到了 12 点,我们都可以跳出我们的鞋架,自由活动,但是呢,能不能让其他人知道?

幼:不能!

师:小鞋子们,我们出去玩的时候会碰到三个人,第一个是朋友,朋友来了我们应该和它打个招呼,打招呼的时候我们说什么?

幼:哈啰!

师:我来看看你们会不会和朋友说“哈啰”,待会我的歌声结束我会说“朋友来了”,你们就一起和朋友打个招呼说“哈啰”哦!

幼:好!

[教师第一遍范唱,唱完后说“朋友来了”]

幼:哈啰!

(困惑与思考:此活动是从游戏开始的,如果幼儿学完歌曲后再进行游戏,整个活动的效果是不是会更好?

学完歌曲后再玩游戏是"理性在前、游戏在后"的活动设计,而本活动采用的是"游戏在前、反思在后"的设计,两者的侧重点不同。本活动在前期倾听部分,以幼儿的无意注意为主,后期以培养或激发幼儿的反思能力为主,从效果来看,教学目标都是可以达成的。)

3. 音乐。

(1) 累加"游戏 2"规则及相应的反应动作,倾听歌曲后游戏。

师:第二个出现的是约翰,我们特别喜欢和约翰玩捉迷藏的游戏,所以当约翰来的时候我们用双手把眼睛蒙起来,和约翰玩捉迷藏的游戏。你们来试一试!

幼:好!

[教师第二遍范唱,唱完后说"约翰来了"]

幼:(双手蒙眼睛)

师:非常好。

(2) 增加游戏难度一,讨论将语令转化为语音进行游戏。

师:刚才我们说到的鞋子朋友和约翰在出来的时候可是不会主动说话的,我们需要通过他们发出的声音来判断他们是谁,你们可以吗?

幼:可以。

师:好。鞋子朋友走起路来会发出什么声音?歌里是怎么唱的?

幼:踢踢踢踢踏!

师:那如果出现"踢踢踢踢踏"的声音就表示谁来了?

幼:鞋子朋友!

师:那你们应该怎么做?

幼:和它打招呼说"哈啰"!

师:那我们来试一试!"踢踢踢踢踏"……

幼:(稍迟疑)哈啰!

师:不错。约翰的身上会有一个铃铛,他走起路来铃铛会发出什么声音?

幼:丁零丁零。

师:如果出现“丁零丁零”的声音,表示谁来了,应该怎么做?

幼:约翰来了,蒙上眼睛和他捉迷藏。

师:我们来试一试!丁零丁零……

幼:(蒙上眼睛躲起来)

师:那这次我要考考你们了。

[教师第三遍范唱,唱完后随机说出语令]

(困惑与思考:幼儿刚开始听语音做反应时,很可能出现无法判断或判断失误的情况。对此,教师该如何给予支持?

教师引导幼儿倾听两个“新”语音进行快速反应的环节,既是教师和幼儿再次明确游戏规则的环节,也是为后续累加游戏的内容和难度打基础的环节。当教师唱完歌曲随机说完语令后,如果发现大部分幼儿出现迟疑或反应错误的情况,教师可以做小幅度的动作进行提醒,接着重复该语令进行一次强化练习,然后再切换到另一个语令中去。总之,只有当幼儿能对语音做出快速、正确的反应时,才有可能在后续游戏中避免出现过度紧张、不自信或故意乱做的现象。)

(3) 累加“游戏3”规则及相应的反应动作,倾听歌曲后游戏。

师:我们鞋子都是米格爷爷亲手做出来的哟!米格爷爷每天做鞋子非常辛苦,他不知道我们鞋子会在他睡觉的时候出来玩游戏。如果米格爷爷发现我们鞋子不在鞋柜里了,会认为我们被偷走了,他会很伤心很伤心的。我们不能让辛劳的米格爷爷伤心,所以如果米格爷爷来看我们,我们一定要快速回到座位上坐好,一动不动,让米格爷爷知道我们都安全地待在鞋柜里,好吗?

幼:好!

[教师第四遍范唱,唱完后说“爷爷来了”]

幼:(坐好不动不发出声音)

师:鞋子们真的都很爱米格爷爷,真的是一动不动!

4. 其他。

(1) 引导幼儿创编“鞋子”的不同造型。

师:米格爷爷在做鞋子时是不会把我们都做得一模一样的。比如说,我以前是一只什么鞋子(做奥特曼造型),我是一只奥特曼鞋子。那你是什么鞋子呢?

幼:黑猫警长!

师:请你来给我们展示下黑猫警长鞋子是什么样的。(教师模仿幼儿造型)

幼:超人!

师:请你来给我们展示下超人鞋子是什么样的?(教师模仿幼儿造型)

师:你们都想好自己是什么鞋子了吗?

幼:想好了!

师:好,待会我打一个响指,你们就都变,好吗?

幼:好!

师:(打响指)

幼:(各种造型)

(2) 增加游戏难度二,将“爷爷来了”转化为“咳咳咳”。

师:米格爷爷最近有点咳嗽,他总是“咳咳咳”,当他来看我们的时候,你们在鞋柜里不能动哦,不能吓到他。

[教师第五遍范唱,唱完后发出“咳咳咳”的声音]

师:一个、两个、三个……很好,大家都开始知道爷爷来了要在鞋柜里做造型,并且保持不动。这样玩真开心!我们一起唱歌可以吗?

幼:可以!

[幼儿第一遍跟唱]

(3) 教师退位,幼儿集体演唱歌曲,唱完后进行反思评价。

师:想不想站起来玩这个游戏?

幼:想!

师:但是我们在玩游戏的时候都要会唱这首歌。你们会唱吗?可以自己唱吗?

幼:会!

师:真的吗?每一句都会吗?

幼:我不会!

师:哪里不会?

幼:都不会。

幼:一起唱才会。

师:这是一个好办法,先一起唱一次,再看看哪里有困难吧!

[幼儿第二遍跟唱]

(根据幼儿演唱的情况,教师引导幼儿发现自己的困难,表达出来,并寻求教师或同伴的帮助。在解决难点后,集体完整演唱歌曲)

[幼儿第三遍跟唱]

(困惑与思考:幼儿如果都说自己会唱这首歌曲,教师可以怎么做?

这是针对前期无意注意学习成效的歌唱反思环节。如果幼儿都说自己会唱这首歌曲,教师可以追问:是不是全部都会?和老师唱的一模一样吗?然后建议幼儿试着唱一遍,以便对照检查是否一模一样。倘若幼儿发现了困难所在,可启发其寻求教师或同伴的帮助,再集体练习不会唱的部分,最后完整地演唱歌曲。)

(4)集体循环游戏。

师:你们都会唱歌了,这一次,你们自己来唱歌,唱完以后,你们根据我的“提示”(语音)作出反应。你们有信心吗?

幼:有!

师:开始咯……

[幼儿第四到第N遍演唱]

【设计意图解析】

1. 音乐。

歌曲《调皮的小鞋子》改编自《兔子和狼》。这是一首叙事性歌曲,情节简单,富有游戏性。幼儿可以在边玩边唱的过程中,自然学会演唱这首歌曲。

2. 故事。

教师以“鞋教官”的身份讲述故事,既拉近了和幼儿的距离,又交代了故事中的人物、地点、事件等,为幼儿理解歌词、想象游戏情境做了铺垫。

3. 动作。

理解并学习游戏规则,倾听歌曲和歌曲后的语音,做出相应的反应。

4. 游戏。

本活动嵌入了快速反应游戏。此类游戏锻炼了幼儿快速对未知信号即“语音”进行辨识并作出正确反应的能力。

［新手教师模仿难点及解决建议］

1. 随着游戏要素的增加，幼儿很可能会出现过度兴奋的状态。对此，新手教师该怎么做?

解决方案:幼儿在游戏中过于兴奋，大致有几种可能，一是由于非常期待教师的语令而导致的激动。若是这样，教师可以在歌曲唱完后，稍稍停顿几秒，先观察幼儿的表情和体态，待幼儿稍平静后再做“语令”提示。二是由于教师在“谁来了”及语令提示中过度用表情、眼神、音量等“煽动”幼儿的情绪。若是这样，教师就需要控制自己的状态，以保证幼儿学习和游戏的流畅性。三是由于在互动过程中，某些幼儿极其大声地打招呼或蒙眼时偷看发出的声音或做造型时不静止等，且在练习的时候并未得到情境性的“纠正”，而造成其他幼儿的“模仿”和“跟风”。若是这样，环节中对游戏规则的强化及练习就非常重要了。

2. 在循环游戏时，幼儿很可能会过于期待教师的语令而忽略集体唱歌。对此，新手教师该怎么办?

解决方案:既然是游戏就一定是有规则的。本活动中暗含的规则是幼儿集体唱歌，歌曲唱完后根据教师发出的语令进行即兴反应。由于快速反应游戏本身具有一定的刺激性，幼儿很可能会因为过于期待教师的语令而忘记演唱歌曲。此时，新手教师应该“忍住”，即不发声(一旦教师“忍不住”就会“破功”)，要让幼儿自己来提醒你“怎么没有声音啊”。这时，教师再引导幼儿思考其中的原因，让幼儿意识到，因为“没有唱歌”，所以“没有声音，玩不成游戏”的因果关系。如此处理，可自然激发幼儿主动学习的动机，将“教师要我唱”顺利转为“自己主动要求唱”。总之，只要幼儿不唱歌，后面的游戏就不能继续。

原创解析:长沙绿城育华幼儿园　陈相江

三、活动案例：中班歌唱“小雨点的歌”

【乐曲】

小雨点的歌

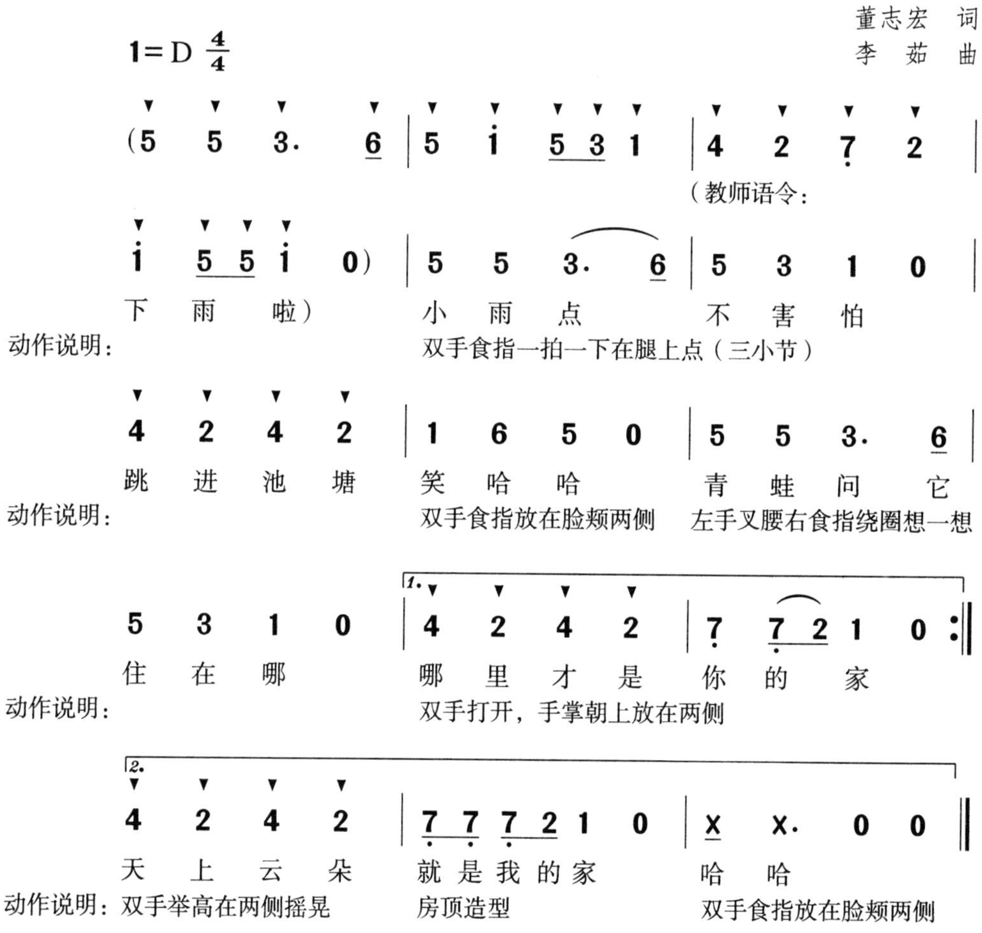

音乐结构：一段体结构。

动作建议：参见乐曲。

游戏玩法：

1. “翻荷叶找答案”游戏环节，一边唱歌，一边玩“点兵点将”的游戏，歌唱结束时，被点到的幼儿可以去选一片荷叶，翻翻看荷叶里是什么。每片荷叶后面有不同的内容，如果是小雨点的家就用“对号”标记，如果不是小雨点的家就用“错号”标记，如果不确定，就用“问号”标记。

2. 歌词替换环节，将歌词“哪里才是你的家”替换为“天上云朵就是我的家”。

【使能目标阶梯】

在“翻荷叶找答案”游戏中随乐完整游戏	**其他**	2.将“哪里才是你的家”替换“天上云朵就是我的家” 1.S1-S6 做点兵点将的人
用理性在前的范唱方式，随乐练唱	**音乐**	2.翻荷叶找答案，完整演唱歌曲 1.T-S众，T做点兵点将的人
通过倾听5遍范唱，理解故事、音乐与动作间的关系	**动作**	2.T-S众，倾听第四到第五遍，坐在座位上合乐做上肢动作 1.T-S众，倾听第一到第三遍，记忆歌词
教师讲述故事	**故事**	教师讲述故事，最后引出歌曲，引导幼儿仔细倾听

【教育活动设计】

活动目标

1. 欣赏歌曲，感受轻快活泼的音乐风格，熟悉歌词和旋律，初步学唱歌曲《小雨点的歌》。

2. 借助图片的提示和原有关于雨水与其他事物关系的经验，通过随乐动作理解歌词，推测“哪里才是小雨点的家”。

3. 被邀请上来翻图片的幼儿，努力通过联想和语言，将自己的意见比较完整地表达出来。未被邀请的幼儿，愿意倾听和思考，并在适当的时机补充自己的想法。

活动准备

1. 物质准备。

(1) 图 3－5(6 张荷叶图片，每张图片反面分别藏着云、雨伞、大树、房子、池塘、花朵)；图 3－6(勾、叉、问号图片若干)；图 3－7(云、雨形成图)。

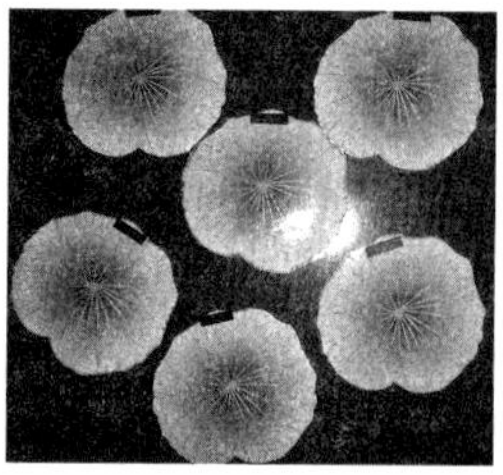

图片 3－5(正面)

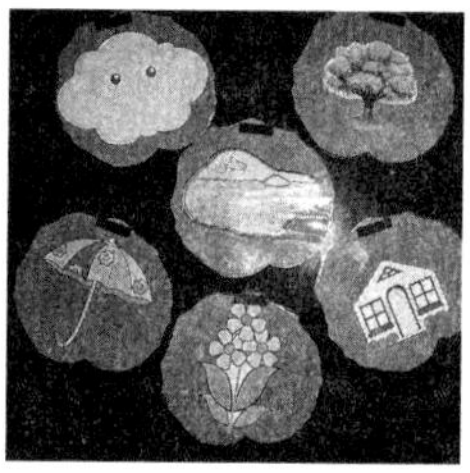

图片 3－5(反面)

图片 3－6

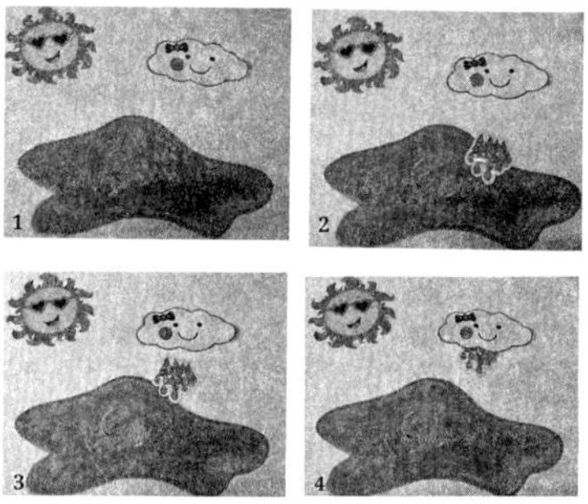

图片 3－7(云形成图)

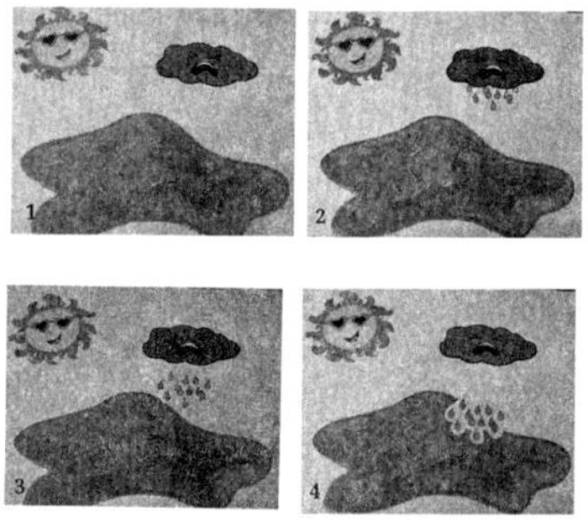

图片 3－7(雨形成图)

(2) 钢琴伴奏《小雨点的歌》。

2. 经验准备。

(1) 幼儿观察过下雨的情景。

(2) 玩过点兵点将的游戏,了解游戏的基本规则。

3. 空间准备。

(1) 幼儿坐成圆形。

(2) 黑板摆放在场地斜前方,便于幼儿观看。

活动过程

1. 故事。

师:一群可爱的小青蛙正在池塘里玩耍,突然天上响起轰隆隆的打雷声,接着许多小雨点从很高很高的天上跳了下来！青蛙好奇地问:“小雨点,你从那么高的地方跳下来,害不害怕?”

师:小朋友们,你们觉得小雨点害怕吗?为什么?

幼:害怕/不害怕。

(困惑与思考:教师为什么要问幼儿小雨点害不害怕及为什么?

帮助幼儿理解小雨点的心情，幼儿的答案没有对错，大胆讲述自己的理由就可以。）

2. 动作。

师：听听歌里是怎么唱的吧！

［教师第一遍范唱］

（困惑与思考：为什么教师第一次范唱时，钢琴伴奏只弹前奏？为什么教师要用较慢的速度清唱歌曲？

目的一是让幼儿在不受其他音响干扰的情况下，能够仔细认真地倾听，并听清楚歌词内容，所以在第一次范唱时伴奏只弹前奏，不弹旋律。二是范唱的时候教师放慢速度、吐字清楚、节奏准确地清唱，便于幼儿听清歌词和旋律。）

3. 音乐。

（1）问题前置，引导幼儿关注最后一句歌词。

师：在歌里，小雨点害怕吗？

幼：不害怕！

师：那在歌里，青蛙问了小雨点什么问题？

［教师第二遍范唱］

幼：青蛙问他住在哪里，哪里才是他的家。

（困惑与思考：范唱包括倾听后提问的范唱、带着问题去倾听的范唱。应该选择哪种？

① 在这里运用倾听后提问的范唱。一是检验幼儿听到了多少，二是通过所提的问题给幼儿一个关注点，引导幼儿注意倾听。提问的时候尽量使用歌曲中的歌词，不给幼儿增加额外的倾听负担。

② 在范唱环节，教师要注意提问的设计，尽量按照歌词的先后顺序，便于幼儿明确乐句结构，并在潜移默化中积累对乐句的理解。）

（2）通过范唱，引导幼儿感受歌曲情绪。

师：请你听一听，小雨点唱歌的时候是开心的，还是难过的？

［教师第三遍范唱］

幼：开心的。

（困惑与思考：教师为什么要问幼儿小雨点唱歌的时候是开心的还是难过的？

通过提问，可以帮助幼儿分析小雨点的心情变化，引导幼儿关注教师在范唱过程中的情绪变化，感受歌曲表现的情绪。）

（3）引导幼儿和教师一起做手指动作。

师：让我们听着小雨点的歌，一起开心地做动作吧！

[教师第四遍范唱]

（困惑与思考：到了教师第四遍范唱，可能会有一些幼儿开口跟唱，怎么办？

教师范唱时，在不打扰其他幼儿倾听的前提下，允许幼儿跟唱。如果影响其他幼儿倾听，教师要适时干预，树立幼儿的"集体意识"。加入动作的目的是让幼儿更好地理解歌词、表现歌曲的内容，进一步激发幼儿的演唱兴趣。）

师：这一次让我们边唱歌边做动作，会唱的小朋友可以轻轻和我一起唱哦！

[教师第五遍范唱]

（困惑与思考：教师为什么要范唱五遍？

一般情况下，幼儿在学习新歌时，倾听五遍左右才能初步形成较为稳定的听觉表象，才能熟悉歌词和感受旋律。）

4. 其他。

累加"点兵点将"游戏，通过翻图片寻找答案的方式，不断激发幼儿学唱的兴趣。

（1）教师根据歌曲节奏，一拍一下"点"幼儿，被"点"到的幼儿翻看图片。

师：青蛙问小雨点的家在哪里，小雨点没有直接回答，而是把答案藏在了荷叶图片里，答案到底是什么？我好想去翻翻看，你们想不想去翻翻看？

幼：想。

师：大家都想去看一看荷叶图片里面藏着的答案，我们要选一个小朋友。怎么选？

幼：点兵点将。

师：我们一边唱歌，一边玩"点兵点将"游戏，歌唱结束时，被点到的小朋友就可以去翻翻看。

师：这次请你们来唱歌，我来当"点兵点将"的人。

[幼儿集体演唱歌曲第一遍]

（如果幼儿在演唱时出现问题，具体问题具体解决）

（2）幼儿翻看图片后，回答问题，添加标记。

师：（我把“幸运”这件事情删掉了）请你（被“点”到的幼儿）去选一片荷叶，翻翻看后面是什么。

幼：（上前翻图片）

师：荷叶里是什么？

幼：雨伞。

师：它是不是小雨点的家？

幼：不是。

师：为什么？

幼：因为小雨点会滑落下来。

师：好吧！如果你同意，就选一个打钩的标记放在荷叶旁边，如果你不同意，就选一个打叉的标记放在荷叶旁边，如果这个答案不确定，就选一个问号的标记放在荷叶旁边。

幼：（选择打叉的标记）

（3）请幼儿当游戏主导者，选择同伴去翻看图片，游戏反复进行。

师：现在请你来当“点兵点将”的人，我们一起来唱歌。

[**幼儿集体演唱歌曲第二遍**]

师：请你去选一片荷叶，翻翻看后面是什么。

师：荷叶里是什么？它是不是小雨点的家？为什么？请你用一个标记来记录。

幼：大树不是小雨点的家，因为小雨点会从树叶上掉下来。

（困惑与思考：幼儿翻开荷叶图片，说出图片内容后，教师为什么要追问幼儿它是不是小雨点的家？还要征求大家的意见？如果幼儿回答不出来，怎么办？

追问是提问的延伸和扩展，是在提问基础上进行的设计和实施。教师适时、有效地追问，既可以拓展幼儿的思维，又可以促进幼儿再次思考。

幼儿翻看荷叶图片后，教师要鼓励幼儿说出自己的理由，然后征求大家的意见，如果大家想法一致，就用标记表示；如果大家想法不一致，且愿意接受同伴的意见和建议，就用问号标记表示。

如果幼儿只能说出荷叶图片，不能说出理由，可以用同伴互助的策略，同伴说完后再征求他的意见，问他是否与大家保持一致，并选用相应标记来表示。

此外，教具设计时，教师也可以制作反面为荷叶图案，正面为雨点可能滴落的环境或事物的图片，被“点到”的幼儿直接坐在座位上就可以完成选择任务。)

(4) 将歌词“哪里才是你的家”替换为“天上云朵就是我的家”。

师：到底哪里才是小雨点的家？我们来问一问小雨点。

师：小雨点说“原来的我们，不是小雨滴，只是地面上的水。在太阳的照射下，我们飞上了天空，和许多伙伴在一起，变成了漂亮的云朵，所以云朵才是我们的家。可是慢慢地，我们越来越大，越来越重，家里住不下了。于是，我们就变成小雨滴落了下来”。

师：原来，天上云朵就是小雨点的家。“天上云朵就是我的家，哈哈”。(唱)刚刚，小雨点唱了什么？

幼：天上云朵就是我的家，哈哈！

师：我们一起来完整地唱一唱这首歌吧！

[幼儿集体演唱歌曲第三遍，替换最后一句歌词]

(5) 让幼儿反思是否会唱歌曲。

师：唱这首歌时，有没有哪句让你觉得比较难唱？有需要帮助的地方吗？

(困惑与思考：教师需要问幼儿是否学会歌曲，有没有遇到困难吗？

在反思环节，主要是检验幼儿对歌曲的掌握情况。在此环节，教师会发现幼儿之间存在差异，有的幼儿能完整演唱，有的幼儿需要帮助。教师可以根据幼儿的情况，提供一些支持，比如身体动作、嘴型提示等。

但是，在活动最后一个环节设计反思评价环节，有点太迟了。根据幼儿学习的规律，一般在教学活动总时间的三分之二前后，对已学内容进行反思评价比较好。反思评价环节的目的是发现学习中的问题，并及时纠正和完善。如果反思活动安排靠前的话，幼儿还没有熟悉学习内容，效果不佳；如果安排靠后的话，幼儿没有时间再去完善，也不利于有效学习。

在最后环节，最好能增加一个站位游戏。整个活动幼儿都被困在座位上，没有动静交替的安排不是太舒适。幼儿的身份都是小雨点，最后可以邀请幼儿边轻轻歌唱边自由寻找空的地方做表演动作。教师此时应注意随时提醒幼儿尽量不与他人挤在一起，以免互相干扰，并注意随时引导、鼓励幼儿与同伴进行眼神和表情交流。)

【设计意图解析】

1. 音乐。

这是一首活泼、欢快的歌曲。

2. 故事。

一群青蛙正在池塘里玩耍，突然天上响起轰隆隆的打雷声，接着许多小雨点从天上跳了下来。

3. 动作。

用手指代表小雨点，动作的速度都很从容。做简单的动作既能匹配音乐，又能享受唱歌的乐趣。

4. 游戏。

利用了经典传统游戏“点兵点将”，以翻图片寻找答案的方式，不断激发幼儿学唱的兴趣。

【新手教师模仿难点及解决建议】

1. 活动的音乐，教师为什么不使用多媒体播放歌唱作品？

解决方案：因为成品音频中过多技术的渲染会影响幼儿倾听时的注意力分配，所以建议在范唱第一至第五遍时，教师采用慢速演唱的方式，尤其在第一至第二遍时，可以清唱，钢琴伴奏也只给单声部旋律，目的是给幼儿提供清晰的歌曲旋律和歌词内容，培养其认真倾听的良好学习习惯；在后期加入伴奏，要淡化传统钢琴伴奏的概念，给予明晰的主旋律即可；在游戏环节，幼儿基本学会歌曲后，钢琴伴奏可以适度追求优美和华丽。

2. 新手教师范唱和幼儿演唱需要注意什么？

解决方案：新手教师在范唱的时候要注意吐字清楚、节奏准确、曲调正确，跳音要有弹性，特别是第一遍范唱时伴奏只弹前奏，旋律不弹。新手教师一定要放慢速度，目的是让幼儿能够听清楚歌词内容。幼儿演唱歌曲的时候，新手教师不要一味地鼓励幼儿大声演唱，大声演唱容易造成用嗓过度及出现集体走音偏差的现象。当幼儿熟悉歌曲旋律和歌词内容后，鼓励幼儿用适度的音量、自然的声音演唱歌曲。

3. 新手教师在游戏环节应该怎样点评幼儿的演唱？

解决方案：在游戏环节，新手教师在开头部分可以稍加引领，后续让幼儿自行演唱，若在内容部分有问题，可增加小的反思评价环节。

4. 新手教师在幼儿翻荷叶图片找答案的游戏中，为什么要追问幼儿“为什么”？

解决方案：开放性的问题能够拓展幼儿的思维，使学习变得轻松有趣。新手教师不要用“对、错”等成人标准来评价，反而要鼓励幼儿大胆地表达自己的观点。当自己的观点与同伴不一样时，愿意倾听同伴的回答，并坚持自己的观点。新手教师适时、有效地追问“为什么”，既可以拓展幼儿的思维，又可以促进幼儿再次思考。

【集体提出的完善建议】

1. 在“动作”大环节，新手教师应该一句一句地引导中班幼儿为歌词创编表演动作。（注意：第一，在此过程中，幼儿中有一个动作可以使用，便不要再向幼儿征求另外的动作。第二，让幼儿创编表演动作的好处是加深了幼儿对歌词的理解，提高了幼儿记忆的效率，发展了幼儿使用动作进行意义表征的能力）

2. 在“游戏”大环节，教师也可以制作反面为荷叶图案，正面为雨点可能滴落环境或事物的图片，被“点到”的幼儿直接坐在座位上就可以完成选择任务。

3. 水样态变化和水循环规律是非常复杂的，在“音乐”“其他”大环节引导幼儿对教师预选的答案简单地说对或不对，从科学上来说不是很适宜。幼儿在思维方面是“感性思维”的，在情感方面是善于“移情”的。所以建议：（1）预选图片仅仅当作启发幼儿拓展想象力的手段；（2）幼儿的想象可以天马行空；（3）教师仍旧需要引导、鼓励幼儿说出为什么，在提供理由的逻辑方面，只要幼儿自己说得通即可。如我喜欢让小花做我的家，因为小花漂亮；我想让滑梯当我的家，因为我喜欢天天玩滑梯。了解科学知识多一些的幼儿可能说，小雨点原来住在池塘里，后来跟着太阳公公到天上去旅行了，它们都挤在云彩妈妈的家里，后来挤不下，把门挤破了，就又回到池塘妈妈的家里了……这些都是可以成立的理由。关键是教师需要学会引导、支持幼儿想象场景、说出答案和找出理由，从而发展他们的想象力、情感体验能力（移情能力）和语言表达能力。

4. 最好能够增加一个结束环节。整个活动幼儿都被困在座位上，没有动静交替的安排不是太舒适。整个活动中，幼儿的身份都是小雨点，最后可以邀请幼儿边轻轻唱歌边自由寻找空的地方做表演动作。教师此时应注意随时提醒幼儿尽量不与他人挤在一起，以免互相干扰，并注意随时引导、鼓励幼儿与同伴进行眼神和表情交流。

原创解析：东部战区空军小百灵幼儿园　张　阳

第三节　大班歌唱

一、活动案例：大班歌唱“灯神歌”

【乐曲】

灯　神　歌

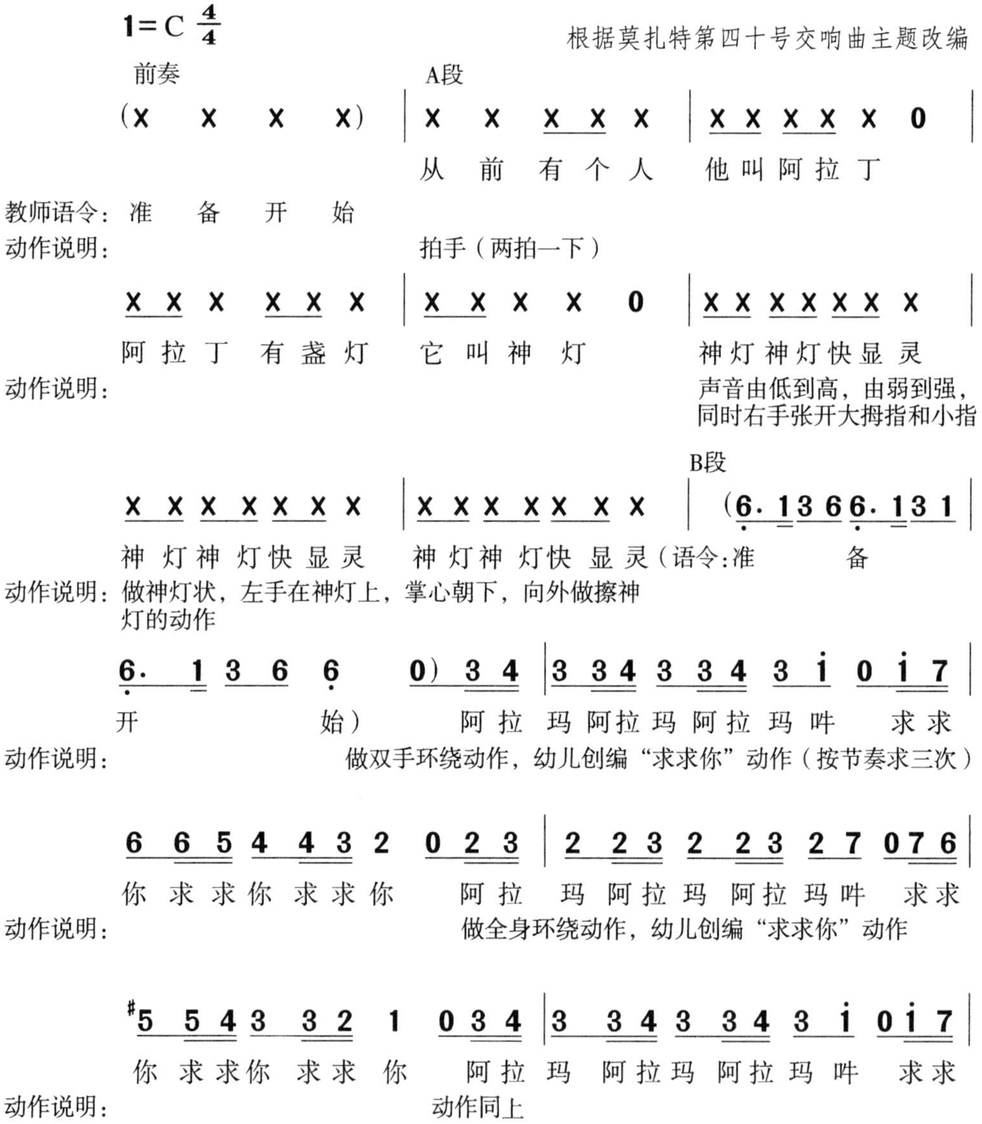

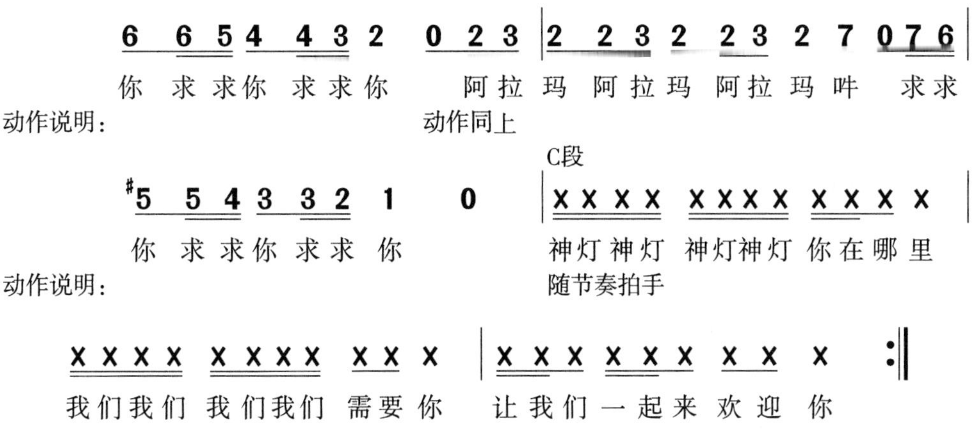

音乐结构：三段式 ABC 结构。

动作建议：参见乐曲。

游戏玩法：

1. A 段音乐，教师与幼儿面对面站立，念、做独白部分。

2. B 段音乐，教师扮演“灯神”做四次环绕动作（第一遍双手做环绕动作，第二遍起可站在凳子上，做全身环绕动作），幼儿散点站空位做“求求你”的动作，进行表演唱。也可让幼儿把“灯神”围成一圈进行表演唱。

3. C 段音乐：在开启魔盒环节，幼儿围成一圈进行表演唱，教师在圈外行进，随机、悄悄地把贴纸贴到某一幼儿身上，演唱完毕让其开启魔盒。

【使能目标阶梯】

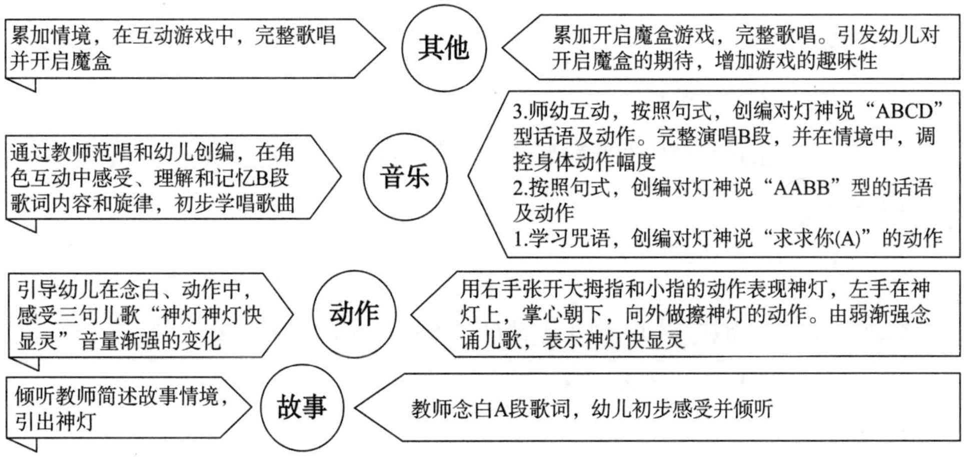

【教育活动设计】

活动目标

1. 感受歌曲三段式结构和异域风格，熟悉旋律并能随乐念白、歌唱并做相应动作。

2. 根据游戏中对角色情境的理解，进行歌词创编并探索动作的表现。

3. 在与教师、同伴共同游戏的过程中体验互动与合作的快乐。在角色互动及情节发展过程中，尝试调控音量，表现渴望神灯快显灵的情绪情感。

活动准备

1. 物质准备。

(1) 神灯图片 1 张。

(2) 魔盒 3—4 个，内装糖果、玩具、纸条。(纸条上写：想要实现梦想，一定要通过自己的努力)

(3) 灯神披肩一个。

(4) 钻石贴纸若干。

2. 经验准备。

(1) 教师讲述《阿拉丁神灯》的故事，帮助幼儿初步了解《阿拉丁神灯》的主要故事情节。

(2) 熟悉并学习 A 段部分的儿歌。

3. 空间准备。

(1) 围坐成大的半圆形。

(2) 前面空出足够全体幼儿散点站立并围成圈做游戏的空间。

活动过程

1. 故事。

教师出示神灯图片，引出《阿拉丁神灯》的故事，念白 A 段儿歌部分。

师：小朋友，看！这是什么？(教师出示神灯图片)

幼：神灯！

师:嘿,你们怎么知道是神灯的？那这是谁的神灯呢？

幼:阿拉丁的神灯。

师:哦,我们都听过阿拉丁的故事,还记得之前我们一起念过的关于阿拉丁的儿歌吗？(引导幼儿回忆:从前……)

幼:记得!

师:我们一起来念一念,唱一唱。准备开始,从前有个人,他叫阿拉丁。阿拉丁有盏灯,它叫神灯。神灯神灯快显灵,神灯神灯快显灵,神灯神灯快显灵。

[教师带领幼儿念白 A 段儿歌第一遍]

2. 动作。

幼儿迁移经验,感受儿歌中"神灯神灯快显灵"三句的声音变化。在边擦神灯边念白的过程中,再次尝试说唱儿歌。

师:我们在说"神灯神灯快显灵"时,声音有什么不一样？

幼:声音越来越大。

师:我们一起来试一试。

(教师带领幼儿单独练习三遍"神灯神灯快显灵",感受念白儿歌声音由低到高、由弱渐强的变化)

师:说得真不错！这一次我们配上音乐的节奏一起来挑战下。

[教师带领幼儿随乐念白 A 段儿歌第二遍]

3. 音乐。

(1) 学习念让神灯可以显灵的咒语,创编"求求你"动作。

师:神灯显灵了吗？要想神灯显灵,必须学会一句咒语,你们听过咒语吗？会说咒语吗？

幼:我听过这样的咒语……(鼓励幼儿调动已有经验,大胆表达听过的咒语)

师:哇,你们好厉害呀,知道那么多咒语！这些咒语是不是可以让神灯显灵呢？告诉你们,我知道一个可以让神灯显灵的咒语,它就是"阿拉玛,阿拉玛,阿拉玛！吽！求求你,求求你,求求你"。

[教师边清唱第一遍咒语,边做小幅度双手环绕动作]

师:听清楚了吗？我们一起来念让神灯显灵的咒语。

[教师带领幼儿练习咒语第一遍，并做动作]

师：你们看到了吗？我在念咒语的时候还加入了什么？（动作）我们一起来试试吧！这次我们加上音乐来玩一玩。

[教师带领幼儿随B段音乐练习咒语第二遍，并做动作]

师：你们有没有发现，刚才我除了念咒语，还说了什么？

幼：你还说了“求求你”。

师：“求求你”是对谁说的？你能做一个“求求你”的动作吗？

（教师鼓励幼儿创编“求求你”的各种动作，并从中选定大家认可的一个动作）

师：让我们一起跟着音乐来玩一玩吧！记得要边说边做“求求你”的动作。

[教师带领幼儿随B段音乐练习咒语第三遍，边说歌词“求求你”，边做幼儿创编的动作]

（困惑与思考：如何丰富幼儿创编“求求你”动作的经验？在幼儿第一次创编“求求你”动作后，是选择一名幼儿创编的“求求你”动作，还是让幼儿自主展现“求求你”动作？

提到“求求你”动作，幼儿大多会刻板地“双手合十”。如何才能打破这种固定印象，帮助幼儿创编出更加丰富的动作？我们认为，教师可以在提问后根据幼儿的回应，用描述性的语言和动作帮助幼儿拓宽思路，如当幼儿做了在胸前双手合十的动作以表现“求求你”时，教师的语言描述可以是“他手心相对，指尖向上，放在胸前”，并配合相应的动作。然后引导幼儿拓宽思路：“大家想想，除了放在胸前，还可以放在身体的什么部位？”也可以说：“大家想想，除了指尖向上，指尖还可以向哪些方向？”或者说：“大家想想，除了双手合十的造型，还可以做什么造型？”此外，当幼儿做出“新”动作时，教师要及时给予回应，并和幼儿一起学一学。以此激发幼儿更积极地参与到创意动作的活动中。

从多次的教学尝试和教学效果来看，在第一次创编“求求你”的动作时，大家共同学习某一个幼儿创编出的动作，对于幼儿来说，可以更好地建立动作的节奏模型和提高对语言内容的熟悉度；而对于教师尤其是新手教师来说，也可以更好地帮助幼儿在学习中及时掌握该动作节奏模型。当幼儿已掌握了动作节奏模型，且动作创编经验也比较丰富后，幼儿便可以遵循“动作模型不变，动作形态变化”的思路自主地边说边创编新动作了。)

(2) 创编恳求神灯的语言及相应动作,表现B段音乐。

师:我们除了可以对神灯说"求求你",还会对它说什么?

幼:快出来……

师:我听到了"快出来"! 那么说"快出来"的时候,我们可以做怎样的动作呢?(幼儿创编动作,教师从中提取一个动作)。

师:这一次我们先唱两遍"求求你",再唱两遍"快出来",看看神灯会不会显灵。

[教师带领幼儿随B段音乐练习咒语第四遍。边说边做两遍"求求你",两遍"快出来"的动作]

(3) 教师扮演灯神,与幼儿背对背互动。幼儿完整表现B段音乐,边说边做。

师:我来扮演灯神,看看你们能不能感动我。

[幼儿完整表演B段音乐第一遍,边说边做两遍"求求你",两遍"快出来"的动作]

(4) 教师扮演灯神,与幼儿面对面互动。幼儿迁移经验,对灯神说四句不一样的语言,并做相应的动作。

师:我们对灯神说了"求求你""快出来",但灯神还没显灵,想一想,我们还可以对灯神说什么呢?

幼:拜托你,快显灵。

师:"拜托你"的动作可以怎么做?"快显灵"的动作可以怎么做?(幼儿尝试创编动作,选取"拜托你"和"快显灵"动作各一个)

师:这次我们对灯神说的话更难了哦! 四句都不一样,你们知道是哪四句吗?(幼儿重复一遍。例如,求求你、快出来、拜托你、快显灵)

[困惑与思考:为什么在这个环节教师要让幼儿重复说一遍,然后随B段音乐边说边做?

从念白四句一样的短语(AAAA型),到念两句不一样的短语,各重复一遍(AABB型),再到念四句不一样的短语(ABCD型),并用动作表现短语内容。这个过程对幼儿来说,是有记忆负担和反应挑战的。因此,教师邀请幼儿在随乐完整念白四句不一样的短语前，先重复说一次，是给幼儿一次记忆的练习，这对后面完整、流畅随乐演唱B段歌词并做动作有较大的帮助。]

师：这次，我再来扮演灯神，看看你们的咒语和动作能不能打动我哦！（教师面对幼儿扮演灯神，师幼互动）

[幼儿完整表演B段音乐第二遍，边说四句不一样的歌词边做动作表演，练习咒语]

师：你们的声音和动作如果更流畅，就可以打动灯神了。

[困惑与思考：在创编四句话语这一环节，如果幼儿觉得有困难，教师该如何降低创编难度？

在创编四句不一样话语的过程中，如果幼儿存在一定困难，教师可以根据幼儿的情况做难度降级调整。如适当做减法，将对灯神说的话由四句不一样(ABCD)的调整为两句不一样(ABAB或AABB)的重复结构，让幼儿可以顺畅地进入下一环节的游戏中。]

(5) 累加情境，教师站在椅子上、背对幼儿扮演灯神。幼儿随B段音乐，边说边做互动。

师：这一次灯神将在什么地方出现呢？请看！（教师背对幼儿站在椅子上）

师：我们试一试，能否完整流畅地边说边做，打动灯神哦！

[幼儿完整表演B段音乐第三遍，边说四句不一样的歌词边做动作表演，练习咒语)

(困惑与思考：师幼随B段音乐互动时，为什么教师有时面对幼儿，有时背对幼儿？

师幼互动时，教师面对幼儿，是给予幼儿必要的支持，而背对幼儿，则是对幼儿的一种信任和鼓励。如教师在第一次师幼互动时，采取了背对幼儿的方式。因为这个环节的随乐语言和动作是两组不一样的，且幼儿在前期有过相应的练习。因此教师运用背对幼儿的方式，旨在鼓励幼儿尝试独立记忆，并流畅地参与活动。而第二次师幼互动时，教师要求幼儿将两组不一样的语言、动作提升为四组不一样的，难度有所增加。因此教师使用面对面的方法，可以起到支持幼儿学习的作用：幼儿借助教师的肢体动作、语言等，记忆四组不一样的语言、动作。第三次师幼互动时，仍然是四组不一样的语言、动作，难度没有提升。教师调整成背对幼儿的方式，同样是为了让幼儿独立记忆、流畅参与，体验成就感。）

师：看来，小朋友们都可以独立听音乐边说边做动作了，灯神会不会显灵呢？

4. 其他。

（1）教师出示一个魔盒，幼儿表演阿拉丁说唱和咒语部分，教师表现歌曲 C 段的说唱部分。

师：灯神虽然暂时未显灵，但它给小朋友们带来了礼物，请看！（教师出示魔盒）

师：你们还记得儿歌和咒语吗？我们合作，看看能否开启魔盒。

［师幼合作完整说唱歌曲第一遍。幼儿随乐边念阿拉丁说唱和咒语部分，教师说唱歌曲的 C 段部分］

（教师在说唱 C 段部分时，随机将钻石贴纸贴在某一个幼儿身上。由身上贴有"钻石"的幼儿开启魔盒）

师：哇，是好吃的糖果，你们喜欢吗？

幼：喜欢！

师：看来灯神已经开始了解我们的喜好了，相信继续努力，他会出现的。

（2）师幼再次共同随乐合作，说、唱、做，努力感动灯神，开启第二个魔盒。

师：第二个魔盒里的东西，可能会邀请到灯神。我们一起试试看。

［师幼合作，完整说唱歌曲第二遍。幼儿随乐边念阿拉丁说唱和咒语部分，教师说唱歌曲的 C 段部分，幼儿自由尝试跟唱］

（教师在说唱 C 段部分时，随机将钻石贴纸贴在某一个幼儿身上。请身上贴有"钻石"的幼儿开启魔盒）

师：这一次我们来开启第二个魔盒，会是什么呢？

师：哇，是玩具，你们喜欢吗？

幼：喜欢！

师：看来灯神更加了解我们了，相信继续努力，他会出现的。

（3）幼儿与教师围成圈，共同随乐说唱，感动灯神，开启最后一个魔盒。

师：最后让我们围成圈，汇聚能量，一起边唱边做，开启最后一个魔盒。

[师幼合作，完整说唱歌曲第三遍。师幼共同随乐边说边做动作]

（教师在说唱C段部分时，随机将"钻石"贴在某一个幼儿身上。请身上贴有"钻石"的幼儿开启魔盒）

师：哇，是一张纸条哎，谁留下的？（教师打开纸条，发现上面有一个灯神的图片，旁边有一句话）

幼：灯神。

师：他会说什么呢？原来是——要想实现愿望，一定要通过自己的努力。谁知道这是什么意思呢？

幼：灯神说，通过努力就可以实现愿望。要靠自己。

（困惑与思考：一定要按原教案的顺序开启三个魔盒吗？

列数三个魔盒中的礼物：前两个分别是糖果和玩具，属于传统意义上的礼物。而第三个礼物是一张纸条，纸条中的赠言：要想实现愿望，一定要通过自己的努力。这句话揭示了本活动的价值追求，属于观念层面上的引导。

对于本活动来说，前两个礼物可以随机出现，而第三个礼物，因其代表了幼儿心目中最期待、最有力量的灯神给予他们的智慧忠告，因而必须在最后予以揭示。纸条的出现既是一个意外，也是本活动的高潮。它打破了幼儿的惯性思维：灯神无所不能！灯神可以满足人的所有愿望！用一语"点醒"幼儿的方式对幼儿进行了"价值引导"。显然，这样的呈现方式避免了生硬的说教，更乐意被幼儿所接受。

活动的高潮和惊喜放在结尾处，给幼儿留下深刻印象，是一种比较好的设计思路。）

【设计意图解析】

1. 音乐。

此作品节选了《不想长大》副歌部分作为歌唱活动主题部分，把原歌速度放慢了一些，匹配神秘的咒语并使用便于幼儿创编的歌词和动作。神秘、轻松的风格与歌曲比较吻合，容易激发幼儿参与创作的欲望。

2. 故事。

在《阿拉丁神灯》故事的基础上，抓住一个重要的情节，请出灯神实现愿望。这成为创编的核心内容，增加了幼儿参与歌唱游戏活动的兴趣。

3. 动作。

动作设计贴合音乐，具有异域风格。创编的部分动作，贴近幼儿生活经验，便于幼儿迁移、创编、运用。

4. 游戏。

依据故事主要情节开展游戏。（1）创编游戏：创编念白部分的歌词与动作。（2）互动游戏：教师扮演灯神，支持幼儿独立说念白和做动作。（3）猜测游戏：猜测魔盒里有什么，灯神是否会出现。

【新手教师模仿难点及解决建议】

1. 魔盒必须要三个吗？

解决方案：魔盒的数量与幼儿的学习能力和对歌曲的掌握程度有关。打开魔盒的环节，既让幼儿感受多次演唱的快乐，发现灯神给予的支持，又让幼儿在倾听与练习中，学唱了歌曲的最后一段。所以三遍是基本遍数。对于有些幼儿来说，可能需要学习四遍或五遍，才有可能掌握歌曲的最后一段。那么在这种情况下，魔盒的数量也应该增加几个。

2. C 段音乐中，教师对 RAP 的演绎有困难怎么办？

解决方案：执教教师根据自己的能力自主取舍，可以创编符合情境、适合自己掌控的 RAP 节奏，也可以将本 RAP 适当简化。例如，可以将“神灯神灯，神灯神灯，你在哪里?”的节奏放慢，调整为“神灯，神灯，在哪里”?

如果困难实在较大，也可以直接去掉 RAP 部分，用简单、有节奏的一句话结束活动。例如，神灯，神灯，在哪里？我们需要你！

3. 从活动角度看，活动中的乐曲是分段呈现的，是否违反了“游戏化音乐活动”中的要求“完整随乐”呢？

解决方案：从乐曲角度和情境角度分析此活动，发现本乐曲分成三个部分，这三个部分各自相对独立，各自形成完整的情境。此外，三部分相互连接时，又可以不断推动情节之间的联系和发展：A 段叙述了阿拉丁有一盏神灯，具有魔力；B 段描述了呼唤神灯的语言；C 段描述了大家期待灯神出现的心情。在每个乐段的感受、学习过程中，其音乐、情境都是相对完整的。

在活动设计过程中，教师运用情境层层累加策略，引导幼儿一步步感受情境，并推动游戏不断发展，从而激发幼儿参与活动的积极性，感受活动带来的挑战、兴奋和惊喜，体验激励的情绪情感。因此，如此分段呈现的设计思路也是可取的。

原创解析：江阴市实验幼儿园　谭　杰

二、活动案例：大班歌唱“大公鸡”

【乐曲】

大　公　鸡

音乐结构：歌曲为一段体结构，两段歌词，第一段为新授的歌词，第二段为建议的创编歌词，可根据幼儿的经验创编。

动作建议：一边歌唱一边根据乐句传递玩具大公鸡。可以先采用“被动传递法”（教师手持玩具大公鸡，用类似“点兵点将”的方式一拍一下地触碰幼儿身体，传递玩具大公鸡），然后根据幼儿的学习情况，教师逐渐退位，由幼儿尝试“主动传递”玩具大公鸡（类似“击鼓传花”游戏）。

游戏玩法：幼儿边演唱边传递玩具大公鸡，唱完后玩具大公鸡在谁手中，谁就可翻开指定图片。

【使能目标阶梯】

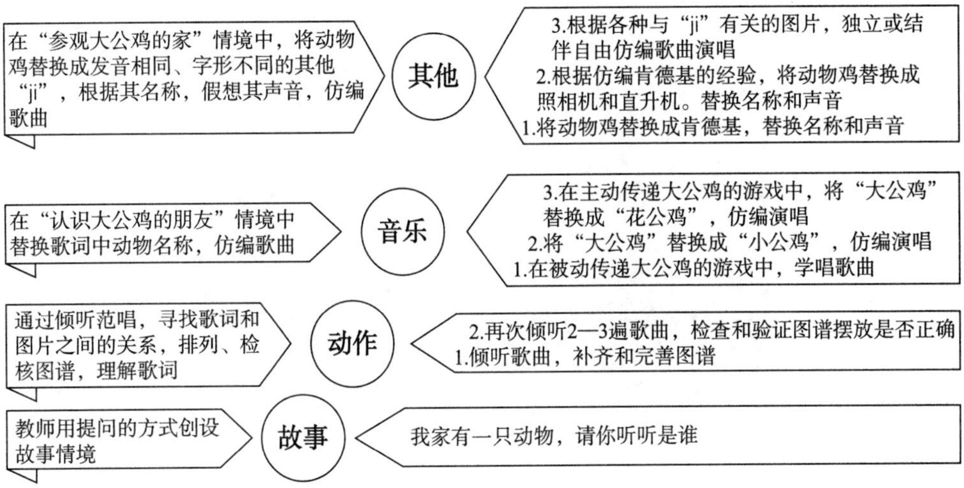

【教育活动设计】

活动目标

1. 在倾听中摆放对应歌词的图片，理解、记忆歌词，用自然、音量适中的声音基本准确地演唱歌曲。

2. 尝试在传递游戏过程中的任务引导下，发现新图片，并替换进歌词中演唱。

3. 享受仿编歌词活动的乐趣，拓展仿编思路，感受从“鸡”到“ji”变化的意外和惊喜。

活动准备

1. 物质准备。

（1）传递玩具一个，建议用一只玩具大公鸡（与歌曲内容比较相符）。翅膀下藏有小图片——小公鸡、花公鸡。

（2）黑板上粘贴供创编使用的图片：肯德基、照相机、直升机。（背面朝幼儿）

（3）幼儿自由仿编用小图片人手一张，图片内容均含有“ji”音。（洗衣机、胖柯基……）

（4）与歌曲歌词匹配的图谱（见图3－8）。

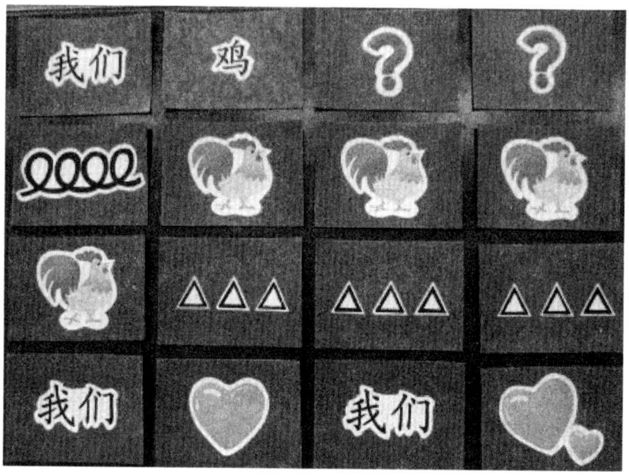

图3－8

2. 经验准备：幼儿有传递游戏的经验；基本能够根据乐句一拍一下进行传递游戏。

3. 空间准备。

（1）座位呈半圆形摆放。

（2）黑板摆在幼儿正前方，便于幼儿观看。

活动过程

1. 故事。

教师用提问的方式创设故事情境，引出歌曲的主角。

师：我家里有一只小动物，请你听一听它是谁。

[**教师第一遍范唱**]

幼：大公鸡。

2. 动作。

(1) 教师出示部分歌词图谱，引导幼儿在倾听中完善图谱，了解歌词大意。

师：这些图片里唱的都是关于大公鸡的歌，但是少了一些图片，请你边听边想，少掉的图片里唱的是什么？

(教师提供不完整的图片，幼儿根据自己听见的歌词贴图片，完善图谱)

[**教师第二遍范唱**]

(困惑与思考：为什么教师不直接提供完整的图谱，而要引导幼儿通过倾听歌词，自行填充图谱？

教师引导幼儿在倾听过程中，通过填充、摆放图谱的方式，记忆歌词。这样可激发幼儿倾听的积极性和提高辨别歌词的准确性；同时通过与歌词对应的图谱暗示，让幼儿在后续倾听中获得视觉表征的帮助。)

(2) 教师引导幼儿边看图片边倾听范唱。

师：我们的图片摆放好了，到底摆得对不对，有什么办法能检查一下呢？

幼：老师再唱一次，我们大家一起边听边检查这些图片的顺序是不是和歌词顺序一样。

[**教师第三遍范唱，边唱边指图片**]

师：你们看看，这些图片的顺序和歌词顺序一样吗？

幼：一样/不一样。

师：谁觉得不一样，请按照歌词顺序调整图片。

(个别幼儿操作摆放图片)

(3) 教师根据幼儿摆图片情况进行范唱。

如果摆放正确，教师可以边指图片，边范唱，引导幼儿再次检查和验证。

如果摆放错误，教师可以再次指图片范唱，并调整范唱时的指图片策略：当范唱到错误图片对应的那一句时，教师停下，请幼儿反思歌词内容，验证图片是否正确，并将其摆放到位；然后教师再继续范唱，直至幼儿完全正确地按照歌词内容摆放好图片。

[教师第四遍范唱]

（困惑与思考：为什么幼儿正确摆放图片后，教师仍旧要引导幼儿再次倾听并检查？

检查的环节不可缺少。第一，这个过程是帮助幼儿养成检查习惯的策略，让幼儿明确当认为自己做对了，还是有必要通过再做一次的方式检查与验证；第二，通过再次倾听验证的方式，帮助幼儿巩固对歌词的理解与记忆。）

3. 音乐。

（1）教师引导幼儿在被动传递玩具大公鸡的游戏中，学唱歌曲。

（教师出示玩具大公鸡）

师：大公鸡也来和我们玩游戏了，这次我们一起边唱歌边传递大公鸡哦！

[幼儿第一遍跟唱。教师手持玩具大公鸡，一拍一下地逐一触碰幼儿身体，传递玩具大公鸡]

师：大公鸡想要介绍它的朋友，它带来了图片，请你看看是谁。

（歌曲演唱结束，请最后与大公鸡触碰的幼儿抽出大公鸡翅膀下的小图片）

幼：小公鸡。

（2）教师引导幼儿指图片，练习替换成"小公鸡"的歌词演唱。

师：我这次要把大公鸡换成小公鸡，看一看，有几个地方要换呢？

幼：四个。

师：我们看着图片，把所有大公鸡都换成小公鸡。

[幼儿第二遍跟唱，将歌词中的"大公鸡"替换为"小公鸡"]

（此次歌唱，不做传递玩具大公鸡的游戏，便于幼儿的注意力集中到歌词的替换中）

（3）教师引导幼儿在传递游戏中，独立演唱并替换成歌词"小公鸡"。

师：这次，我们一起试着边唱歌边传递，想想哪些地方应该唱"小公鸡"哦！

[幼儿第三遍跟唱，替换唱"小公鸡"。教师依旧采用"被动传递法"传递玩具大公鸡]

（歌曲演唱结束，请最后与大公鸡触碰的幼儿抽出大公鸡翅膀下的另一张小图片：花公鸡）

(4) 教师引导幼儿在主动传递玩具大公鸡的游戏中，独立演唱并替换成歌词“花公鸡”。

(教师引导幼儿观察图片，在图片提示下替换歌词演唱)

师：这次我们要换成什么了？

幼：花公鸡。

师：这次，我们一起试着边唱歌边传递，想想哪些地方应该唱“花公鸡”哦！

[幼儿第一遍独立演唱，替换唱“花公鸡”]

(教师退位，让幼儿主动传递玩具大公鸡，尽可能要求幼儿按照乐句一拍一下地传递。如果个别幼儿有困难，教师可以用手势予以提醒。但如果传递过程中出现幼儿亲亲大公鸡等行为，教师也不必阻止)

(困惑与思考：一定要按照先“小公鸡”后“花公鸡”的顺序来替换吗？在初次替换“小公鸡”时需要先看图谱练习吗？

因为大小是一组反义词，从幼儿的思维特点看，由大迁移到小相对更容易，所以建议第一次仿编“小公鸡”。接着再由“小公鸡”迁移至“花公鸡”。

在幼儿初次替换歌词歌唱时，需要先指图片练习一次，以引导幼儿发现替换歌词演唱的规律：四张大公鸡的图片都需要替换。只有了解了替换歌词演唱的规律，才能为后续自己独立仿编歌曲做好经验铺垫。)

4. 其他。

(1) 教师介绍仿编歌词的新思路，幼儿感受新歌词与原歌词的关联性。

师：传到你了。今天大公鸡除了要介绍它的朋友们，它还想邀请你去它的鸡窝看看，你猜鸡窝里会有谁？

幼：大母鸡、小母鸡……

师：好像大家都觉得是各种各样的鸡，那就先请你来看看有什么“ji”！(揭开图片，出示肯德基图片)

师：是什么“ji”？

幼：肯德基。

师：原来这是一只喜欢吃快餐的大公鸡，那你们会把它喜欢的肯德基编进歌曲里吗？

（2）教师引导幼儿关注仿编歌词的要点，并在传递游戏中歌唱。

师：你们觉得哪些地方需要更换？

幼：大公鸡换成肯德基。

师：这个“喔喔喔喔”要换吗？吃肯德基的时候会有什么声音？

幼：咕叽咕叽……

师：那我们一起试试把这些地方换一换。

（教师指图片，幼儿一起仿编肯德基，边演唱边传递玩具大公鸡）

[幼儿第二遍独立演唱，替换唱“肯德基”及相应的象声词]

（3）教师邀请最后拿到玩具大公鸡的幼儿到黑板前翻图片，引导大家仿编演唱图片中的“jī”。

师：请你用一个声音学学这个“jī”，大家猜一猜。

幼：咔嚓咔嚓。

师：这是什么“jī”啊？

幼：照相机。

（困惑与思考：如果幼儿猜测不出来是照相机，教师应该如何处理？

如果教师邀请2—3名幼儿来回答，大家仍然猜不出答案，教师可以采用如下办法：用双手模仿照相的动作，同时嘴巴发出“咔嚓咔嚓”的声音，让幼儿多通道感知；如果幼儿在引导后仍然猜测不出来，教师可以将图片快速翻转一下，幼儿通过短时辨认的方法，会发现是照相机。）

师：这次同样换五处。照相机发出什么声音？

（教师与幼儿确定一个有关照相机的象声词，然后共同边演唱边传递玩具大公鸡）

[幼儿第三遍独立演唱，替换唱“照相机”及相应的象声词]

（4）教师再次邀请最后拿到玩具大公鸡的幼儿到黑板前翻图片，引导大家仿编演唱图片中的“jī”。

师：请你用一个动作学学这个“jī”，大家猜一猜。

（幼儿尝试使用动作模仿直升机）

师：这是什么“jī”啊？

幼:直升机。

师:直升机会发出什么声音?我们一起来唱一唱。

[幼儿第四遍独立演唱,替换唱“直升机”及相应的象声词]

(5) 提供小图片供幼儿自由仿编歌曲。

师:老师还准备了许多小图片,都和“ji”有关,请大家看一看,编一首不一样的歌吧。

(每名幼儿从自己的椅背后面拿出一张小图片,尝试按照小图片内容仿编歌曲。幼儿自由选择是独立歌唱,还是与旁边的同伴合作演唱)

[幼儿第五遍独立演唱或选择和同伴共同演唱,根据小图片自由替换歌词演唱]

(活动结束后,教师请幼儿将小图片还给教师,并和玩具大公鸡说“再见”)

(困惑与思考:为什么要换成与动物鸡完全不相关的内容进行仿编?为什么要给每名幼儿准备一张小图片进行仿编?

此环节这样设计的原因:给幼儿一个意外的惊喜,由动物的“鸡”变成了不确定的“ji”。幼儿从中感受到创意的另一个思路,拓展了幼儿思维和想象的广度。在仿编过程中,第一次仿编“肯德基”很重要,教师需要帮助幼儿理清仿编的思路:除了之前的四个大公鸡图片要更换,还有一个关于声音的图片要更换。

幼儿每人拿自己的小图片演唱,这个自由创编的环节正好满足他们相互交流的愿望。在此环节中,教师可以巡回观察指导,给需要帮助的幼儿必要的支持。)

【设计意图解析】

1. 音乐。

根据歌曲《喂鸡》改编,原歌曲的词作者为王志安,曲作者为王健。整首歌曲欢快、轻松、幽默。

2. 故事。

以大公鸡的角色贯穿始终,先介绍自己,然后介绍朋友,最后介绍家族。

3. 动作。

幼儿可以根据自己的喜好,边唱歌边做动作,其动作应体现仿编角色的特征。

4. 游戏。

传递游戏即边演唱边传递玩具大公鸡，结束时拿到大公鸡的幼儿可以完成新任务。比如找出大公鸡身体里藏着的小图片、翻开黑板上的图片等。

【新手教师模仿难点及解决建议】

1. 教师可以在第一次范唱前就直接出示排列好的图谱吗？如果新手教师觉得完全由幼儿排图片难度较大，那应该如何降低排图片难度？

解决方案：教师在第一次范唱前，直接出示排列好的完整图谱，让幼儿看着图片学唱歌曲，这样的设计看似减轻了幼儿的认知负担，但同时也失去了通过学唱歌曲这一过程培养幼儿其他方面能力，尤其是学习能力的机会。因为图片是一种符号系统，它匹配每一句歌词的含义。幼儿要顺利完成排图任务，首先需要在倾听过程中，仔细观察图片，理解图片所代表的歌词含义，然后通过对照倾听的歌词内容，通过比较、排除等方式确定歌词对应的图片。这个环节的主要目的是帮助幼儿通过多感官通道，理解、记忆歌词的内容及顺序。可见，排图片的过程实际上是幼儿观察、注意、记忆、思维的过程。

如果新手教师在模仿的过程中，觉得由幼儿排图片难度较大或者自己的师幼互动能力不够，则可以减少空缺图片的数量，建议保留每行的第一张图片，让幼儿在倾听中排剩下的图片。因为剩下的图片有重复或相似之处，幼儿排列起来相对容易。

2. 教师在引导幼儿仿编此首歌曲时，有哪些需要注意的事项呢？

解决方案：新手教师需要了解仿编歌曲是一个循序渐进的过程。对于本教学活动来说，它便是遵循了“熟悉原曲→替换名称→替换名称和声音”这样的渐进过程。具体注意事项如下：在每一次提升难度梯级时，教师都要引导幼儿明确在哪里换，换成什么歌词；同时和幼儿一起梳理替换的歌词部分，并看图片尝试演唱。在仿编演唱过程中，教师如果发现幼儿出现了对歌词含糊不清的情况，要立刻进行反思性评价，让幼儿思考哪里有困难，需要什么帮助，并针对幼儿的困难，进行再次练习、巩固，使其明晰。

3. 创编活动中涉及了许多发音相同、字形不同的“ji”，如此设计可取吗？

解决方案：让幼儿仿编各种发音相同、字形不同的“ji”，是本活动中幼儿最为兴奋的环节。由动物的“鸡”变成各种不确定的“jī”,给幼儿带来了意想不到的惊喜,同时也拓展了幼儿的思维和想象。

大班幼儿即将进入小学,让幼儿感受到有些字有相同的发音,但字形有可能不一样,意思也会有所不同,帮助幼儿初步认知汉字,为幼小衔接做好准备。建议教师在活动最后进行小结:虽然我们编的字都是“jī”,但是写出来是不同的字。

原创解析:南京市第一幼儿园　赵　初

三、活动案例:大班歌唱“小云朵”

【乐曲】

小　云　朵

1=C $\frac{3}{4}$　　金　波　词

中速、优美地　　尚　疾　曲

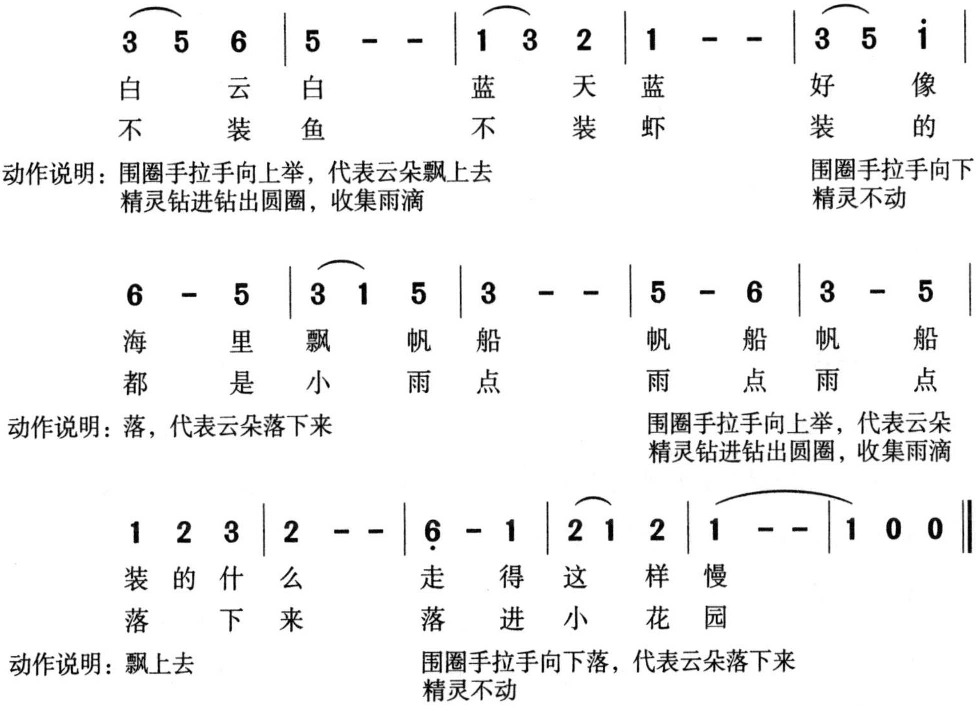

音乐结构:一段体。

动作建议:参见乐曲。

游戏玩法:两名幼儿扮作精灵,站在圈外(全体幼儿围成圆圈,间隔相等的距离)。在歌曲的第一和第三乐句云朵上飘时,钻进钻出,从圈外收集雨滴运至圈内的篮子里;在歌曲的第二和第四乐句云朵落下时,不能钻进钻出。在歌曲结束时,哪边的雨滴收集得多,哪边的云朵就会变大一点。

【使能目标阶梯】

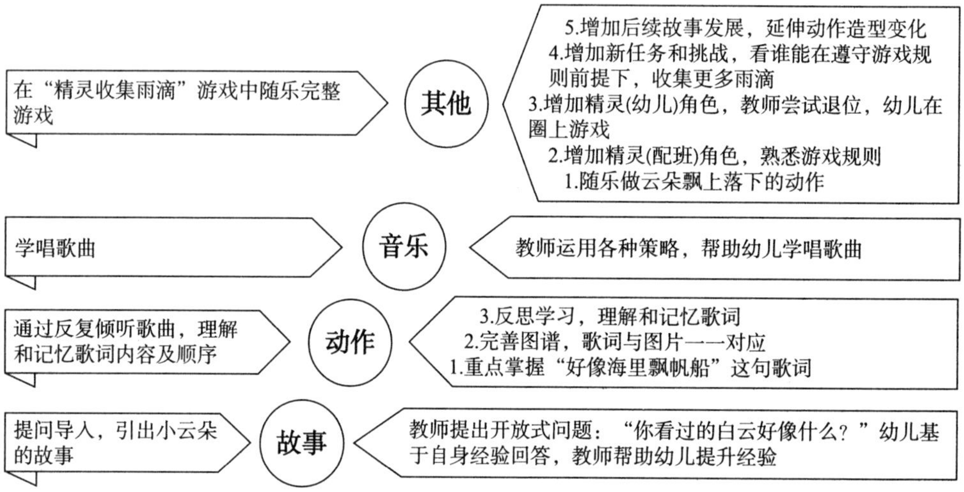

【教育活动设计】

活动目标

1. 学唱三拍子歌曲《小云朵》,感受歌曲优美舒缓的旋律。

2. 在图片的帮助下理解、记忆歌词,边唱歌边玩“精灵收集雨滴”的游戏。

3. 体验和同伴合作收集雨滴的快乐。

活动准备

1. 物质准备。

(1) 四个篮子或盒子。

(2) 无纺布做的小雨滴四十个左右。

(3) 用即时贴在地上贴好四个点子,使两队收集雨滴的距离相等。

(4) 钢琴,音响,磁性黑板,方桌。

(5) 图谱(与歌词相对应的图片)。

2. 经验准备:幼儿已经会玩“老鼠笼子”的体育游戏。

3. 空间准备。

(1) 幼儿围坐成半圆形。

(2) 地上贴好圆圈标记,供幼儿游戏时使用。

(3) 较大场地,幼儿需要围圈跑动。

活动过程

1. 故事。

提问导入,引出小云朵的故事,使幼儿产生对云朵的联想。

师:蓝蓝的天空中飘着几朵白云,你看过的白云好像什么?(幼儿自由回答)

(困惑与思考:在导入环节,教师提出开放式问题引起幼儿反应后,教师应如何给予反馈?

类似“你看过的白云好像什么?”这样的问题旨在引导幼儿回忆和联想,属于开放式问题。一般地,在幼儿基于自身的经验进行回答后,教师应该用精确的语言帮助幼儿提升答案。例如,当幼儿回答“我看见的白云好像棉花糖”时,教师可以反馈“嗯,我闻到了香甜的味道”;当幼儿回答“我感觉它是圆圆的”时,教师可以反馈“嗯,云朵有各种形状”;等等。

由于导入环节的提问意在引出教学主题,激发幼儿的学习兴趣,所以时间不能太长,太拖沓,一般请2—3名幼儿回答即可,以免活动还没有进入主题,幼儿就已经开始疲劳了。)

2. 动作。

(1) 倾听教师范唱,重点掌握“好像海里飘帆船”这句歌词。

师:王老师这里也有一首关于白云的好听的歌曲,我们一起来听一听,歌里的白云好像什么?

[教师范唱第一遍]

师:歌里的白云好像什么呀?

幼:好像海里飘帆船。(教师出示对应的图片)

师:歌里除了唱"好像海里飘帆船"之外,还唱了什么?我们再来听一听。

[教师范唱第二遍]

(困惑与思考:教师为什么要重点提出"好像海里飘帆船"这句歌词?

第一,教师第一遍范唱时给幼儿提出了倾听任务:"歌里的白云好像什么?"此处幼儿回答"好像海里漂帆船"是对教师提问的正确回应。第二,幼儿有可能会对这一句歌词出现理解和记忆方面的困难。所以教师单独将这句歌词拎出,并同时呈现对应的图片,目的是帮助幼儿消除对重难点歌词的理解和记忆障碍,为后续流畅的学习奠定基础。)

(2)幼儿反复倾听,逐步完善歌词内容,教师出示对应图片。

师:你还听到了什么?

幼:不装鱼,不装虾。(教师出示对应图片)

师:装的都是什么呢?

幼:装的都是小雨点。

幼:落进小花园。

师:嗯,你听到了最后一句。(出示对应图片)

师:前面还有一句谁听到了?(指图谱中空白处)

师:没关系,我们再来听一听。(教师边范唱边逐一指图。指图时,不遗漏图谱中的空白处)

[教师范唱第三遍,根据幼儿对歌词内容的相关回答,完善图谱]

(3)幼儿反思学习中遇到的问题,并予以解决。

师:请你们再听一次,想一想,对哪一句歌词不太明白?

[教师范唱第四遍]

(教师引导幼儿说出自己的困难,并采用一帮一,或全体帮一个幼儿的方法回顾、记忆歌词)

3. 音乐。

幼儿学唱歌曲,教师逐渐退位。

师:你们会唱了吗?如果不会唱的话怎么办?

幼:可以看图片。

[幼儿演唱第一遍]

师:除了看图片,还有什么方法可以帮助自己学习歌曲?

幼:看老师的嘴巴。

师:对,还可以看我的嘴巴,我会帮助你。

[幼儿演唱第二遍]

(困惑与思考:怎样帮助幼儿记忆歌词并正确学唱?

第一,让幼儿带着问题反复倾听教师范唱,逐步回忆和完善歌词,同时教师出示对应图片,帮助幼儿理解和记忆歌词。

第二,教师在出示图片时,有节奏地朗诵该图片对应的歌词内容,以帮助幼儿掌握歌曲的节奏。

第三,在幼儿学唱歌曲时,教师采用小声提示、口型暗示、指图提醒等方法,帮助幼儿掌握歌词内容。

第四,采用反思评价的方法,引导幼儿说出自己的困难,并共同商议解决的办法。)

4. 其他。

(1) 随乐做云朵飘上落下的动作。

师:你们唱得真好听!现在有两个精灵要来和我们玩游戏了。我们就是云朵。好!我们围成一个圆圈,手拉手站好,现在云朵飘上去,落下来。(上举和下落的动作练习)

师:现在我们变成大云朵了,下面一边唱一边观察,在哪几句歌词云朵飘上去,哪几句落下来?(共四个乐句,间隔做云朵上飘、落下、上飘、落下的动作)

[幼儿演唱第三遍]

(困惑与思考:幼儿有可能不按照乐句来做起落的动作,且有的人快,有的人慢。对此,教师应该怎么办?

幼儿在游戏时有可能不按照乐句上飘下落。对此,教师可以在圆圈上给予正确的示范,带领幼儿做。必要时,可以放慢速度,一边清唱,一边练习,以帮助幼儿建立动作定型。因为幼儿能否按乐句整齐地做白云上飘和下落的动作,会直接影响到游戏能否顺利进行，也会影响幼儿唱歌的专注程度。所以，此环节不能模糊处理。)

（2）了解“精灵收集雨滴”的游戏规则。

师：今天来了一个大精灵，她要找一个小精灵和她一起玩“精灵收集雨滴”的游戏。等会儿她们先站在圈外，我们开始唱歌的时候，游戏就开始了。请你们一边唱歌一边跟着我做动作，仔细观察精灵是在我们做什么动作的时候钻进钻出的？又在我们做什么动作的时候停下不动的？

（配班教师和一名幼儿做精灵，示范“精灵收集雨滴”的游戏。主班教师和其余幼儿边唱边牵着手上举、下落，玩“云朵飘”的游戏）

[幼儿演唱第四遍]

游戏结束后，师幼共同讨论，总结游戏规则：只有在云朵飘上去的时候精灵才可以进去和出来，当云朵落下来的时候，精灵就不能动了

（困惑与思考：为什么需要请配班教师和一名幼儿共同示范游戏玩法？

本环节将“云朵飘”和“精灵收集雨滴”结合在一起，游戏规则较为复杂。仅仅依靠主班教师用描述性的语言讲解，幼儿很可能依旧不明白“云朵、精灵、雨滴”之间的关系。所以，有必要请配班教师加入，示范“精灵收集雨滴”的游戏规则，而主班教师和其他幼儿同时做“小云朵”飘上落下的动作，才能使幼儿清晰地了解该游戏的规则。当然，幼儿在学习本活动之前，应该能熟练地玩“老鼠笼子”的游戏，这样幼儿才能较快地迁移经验，流畅学习。

本环节重点解决两个问题：第一，精灵在我们做什么动作的时候钻进钻出？做什么动作的时候不能动？第二，我们的手一旦放下来，精灵不管在哪里都要原地保持不动。)

（3）两名幼儿扮演小精灵，比赛收集雨滴，其他幼儿演唱歌曲。

师：请这个小精灵挑选一个好朋友一起比赛收集雨滴。歌曲结束后，哪个精灵收集的雨滴多，哪一组的小云朵就会变得更大一些哦！还记得吗？在我们做什么动作的时候小精灵可以跑进跑出？

幼：你们手举上去的时候可以跑，手落下来的时候就不能动了。

师：对啦，无论你在圈里还是圈外都不能动哦！

[幼儿演唱第五遍]

(4) 幼儿思考讨论:怎样才能在相同歌曲时长中收集更多的雨滴?

师:哎呀!我们来数一数,哪边的雨滴多呢?

师:我们来问问他们为什么能收集那么多雨滴。

幼:因为你们手举上去的时候,我跑得很快,可以跑两趟。

(困惑与思考:如果幼儿专注玩游戏而不唱歌,教师该怎么办?

教师可用游戏化的语言提醒幼儿歌唱。例如,“刚才这边的小精灵收集的小雨滴多,除了跑得快,还有一个原因,他们这一组都用好听的声音为小精灵加油,你们也用好听的声音唱出来好不好?”)

(5) 更换小精灵,完整演唱歌曲并游戏。

师:现在换两个小精灵,你们可以用刚才的好方法来收集更多的雨滴哦!

[幼儿演唱第六遍]

(困惑与思考:有的小精灵不遵守规则,导致游戏无法正常进行,怎么办?

在游戏过程中,一旦引入竞争与较量,幼儿追求成功的期望便很容易被高度激发出来。因此,幼儿忽略游戏规则以期收集更多雨滴的现象很可能会出现。对此,教师需要让幼儿明白:只有遵守游戏规则,才能体现游戏的公平,游戏才能正常进行。否则,游戏只能暂停,让大家扫兴。教师还可以组织幼儿讨论:怎样才能既遵守游戏规则,又能取胜?让幼儿在反思中进一步熟悉游戏规则,自主寻求取胜的秘诀,自信地面对挑战,同时也能乐观地看待输赢结果。)

(6) 幼儿创编动作造型。

师:现在云朵越变越大了,听!是什么声音?打雷了,下雨了,小雨滴会落在哪里?(幼儿想象创编动作造型,教师点评)

师:小雨滴落在了哪里?

幼:落在我的头顶上。

师:小雨滴落在一朵花上吗?(教师根据幼儿的动作猜测)

(困惑与思考:教师应该怎样评价幼儿的合作造型?

教师应该采用精确的语言对幼儿的合作造型进行反馈评价,比如可以从高低、对称、连接、不连接等方面界定动作的结构索,以此帮助幼儿拓展思路。或者引导幼儿为造型起名字，通过联想、思考，激发幼儿的审美想象。当然，这个环节重在享受，即让幼儿为自己的合作造型而感动，因此，不用耗时太长。）

【设计意图解析】

1. 音乐。

这是一首三拍子的歌曲，旋律悠扬动听，舒缓优美，歌词娓娓道来，但内容相对较难，适合大班幼儿学习演唱。

2. 故事。

通过问答式的方式和有意注意倾听，以及图片内容的提示，让幼儿了解故事情境，对“蓝天、白云、大海、帆船、雨滴、精灵”等产生联想，进而理解和熟悉歌词内容，唤起幼儿参与游戏的积极性。

3. 动作。

随乐做手拉手上举落下的动作，表现云朵上飘落下，符合游戏情节。

4. 游戏。

通过迁移经验，让幼儿玩“精灵收集雨滴”的游戏，给予幼儿适度的挑战。将大自然的水滴变成云再下雨的现象变成了一个与歌曲《小云朵》贴合的有趣游戏，尤为巧妙。

【新手教师模仿难点及解决建议】

1. 歌曲《小云朵》的歌词内容每句都不重复，幼儿记忆会有一定的困难。对此，新手教师应该怎么办？

解决方案：

（1）新手教师用出示图片、有针对性的提问、查漏补缺等策略，让幼儿在有意注意中理解、记忆歌词，随后通过玩“精灵收集雨滴”的游戏，让幼儿进一步巩固歌词内容。

（2）幼儿的反思性学习贯穿整个活动。例如，教师针对幼儿的学习情况，提出问题，让幼儿对自己的学习情况有清晰的了解。如“你有什么困难？哪一句不确定？游戏玩法谁听懂了？”等，让幼儿自发地检验自己的学习成果，提高学习效率。

（3）本活动建议在大班下学期开展。如果本班幼儿的能力水平较高，也可放在大班上学期进行，但在图片全部找到后，教师应用简单的故事将图片内容串联起来，让幼儿在理解后再学习歌唱。

2. 幼儿在演唱完第四遍后，教师开始尝试退位，并支持幼儿独立游戏，退位的具体步骤是什么？

解决方案：

（1）幼儿演唱第四遍时，教师根据幼儿歌唱情况，虽然教师依然跟唱全曲，但声音变小，以帮助幼儿巩固云朵上飘、落下的游戏规则。

（2）幼儿演唱第五遍时，教师用重音发出每个乐句的首个字或词。例如，“白云白”中的第一个字“白”，“好像海里飘帆船”中的“好像”。难点句跟唱，其余使用嘴型，提醒幼儿记忆歌词。

（3）幼儿演唱第六遍时，教师跟唱难点句子，其余使用嘴型，帮助幼儿记忆歌词。

这一活动中，教师逐步退出的支持性策略，可以从音量调整、句首字词的提示、难点句提示、口型暗示等方面考虑，有步骤地支持幼儿独立歌唱，让幼儿获得成就感。声音及歌词内容的退出，是游戏化歌唱活动中重要的退出策略之一。

原创解析：南京市第一幼儿园　王雪婷

第四节　重要策略提示

一、伴奏

钢琴伴奏是幼儿园指导音乐活动必备的基本功。需要提醒大家注意的是以下这些小细节:一定不要用力弹琴;新授歌曲刚开始范唱时,先只弹前奏,然后使用右手单手弹旋律;逐步轻轻地加入左手伴奏;在幼儿能够比较熟练演唱之前都要使用较慢的速度。

二、预令

教师指导活动中使用的语令,可以分成预令和动令。“预备”为预令。“起”为动令。音乐活动中使用预令是另外一种教师必须具备的基本技能。新手教师和熟手教师自我训练的入门阶梯如下(见图 3－9、图 3－10)。

(一)新手教师提示语进阶梯级

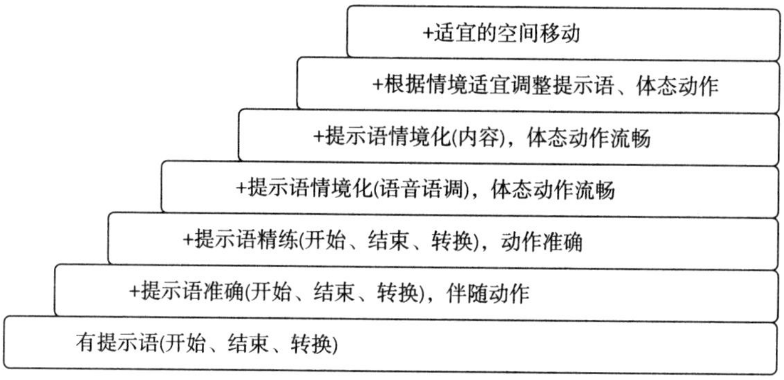

图 3－9

(二)熟手教师提示语进阶梯级

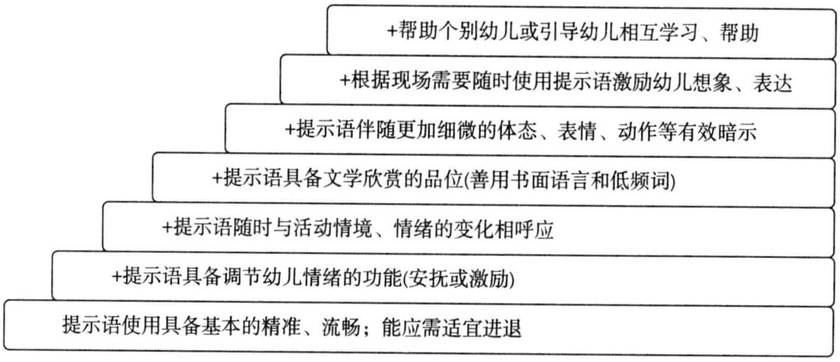

图 3－10

三、共鸣位置与音量

歌唱使用“共鸣腔”是指人身体中可以使用的使声音共鸣的各个空腔。幼儿天生的音域音色近似女高音。但他们还不能用头腔和胸腹腔共鸣，所以幼儿自然使用的共鸣腔主要是口面腔。教师使用口面腔共鸣的方式自然示范，幼儿便自然会模仿着做，无须对幼儿进行讲解和要求。

教师一定要注意以下几点：小声说话，小声弹琴；千万不要要求幼儿“大声唱”，同样也不要要求幼儿“小声唱”；倾听范唱和初步尝试练唱过程中不要使用过度情绪刺激幼儿，教师自己要表现得非常从容；幼儿能够比较熟练地演唱时，稍稍增加前奏的速度、力度，情绪和音色便都会自然出现。

四、范唱倾听与练习遍数

范唱一般需要五遍。在此过程中一般不要鼓励幼儿跟唱。若有个别幼儿小声跟唱，但不影响他人，教师也不必阻止。

练唱也至少需要五遍。在此过程中，如发现幼儿仍旧有感知模糊或错误的地方，需要立即引导幼儿反思、澄清、纠正。

第四章

模仿——律动

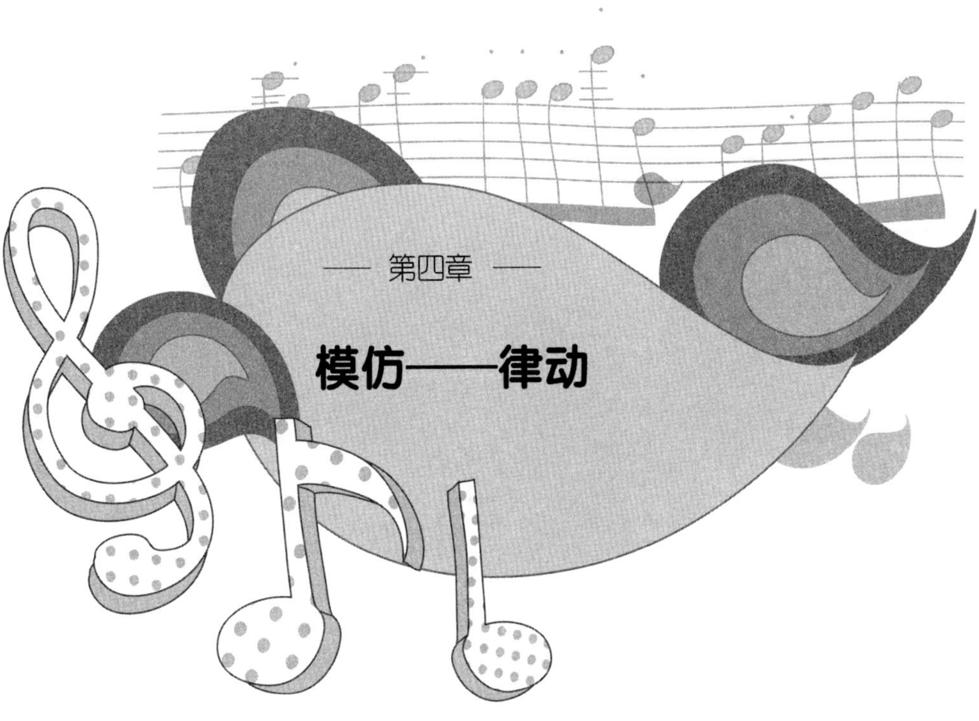

第一节　小班律动

一、活动案例:小班律动“小鸭子”

［乐曲］

瑞典狂想曲

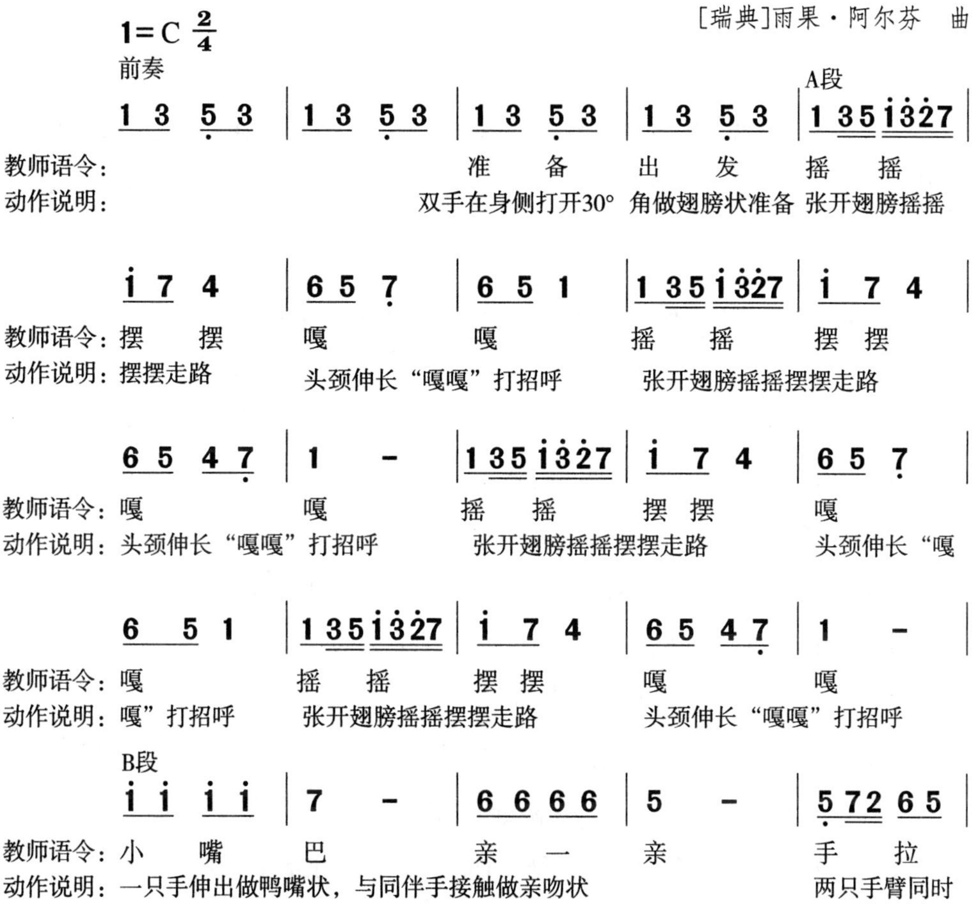

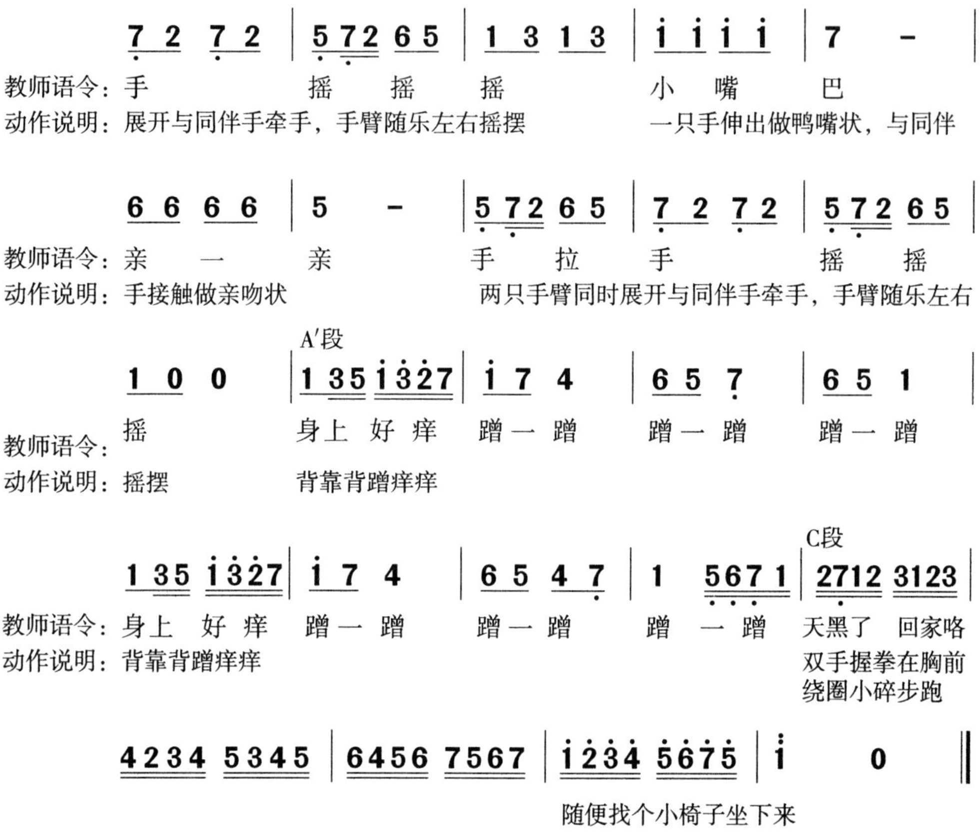

音乐结构：前奏+四段式 ABA′C 结构。

动作建议如下。

前奏：双手在身侧打开 30°角做翅膀状准备。

A 段音乐：做小鸭子走路和与朋友打招呼的动作。（共四遍）

[1]—[2]小节：学小鸭子摇摇摆摆走路。

[3]—[4]小节：头颈伸长“嘎嘎”打招呼。

B 段音乐：做小鸭子玩互动游戏的动作。（共两遍）

[1]—[2]小节：一只手伸出，手指做鸭嘴状。

[3]—[4]小节：手臂伸长（两两结伴时，与同伴的手接触做亲吻状）。

[5]—[6]小节：两只手臂伸出（两两结伴时，与同伴面对面手牵手）。

[7]—[8]小节：手臂随乐左右摇摆。

A′段音乐：小鸭子互蹭痒痒。（共两遍）

C 段：小鸭子跑回家，找空椅子坐下。

游戏玩法

1. 幼儿座位两两靠在一起摆放，座位靠在一起的为一对好朋友。

2. 在音乐的不同段落做小鸭子的不同动作，两个好朋友互动做“小嘴巴，亲一亲；手拉手，摇摇摇”的动作，A′段音乐中两人互蹭痒痒。

3. 在音乐 C 段，为一个换椅子坐的游戏，即所有幼儿换一个与刚刚不同位置的小椅子坐，这样每只小鸭子就换了一个好朋友。

【使能目标阶梯】

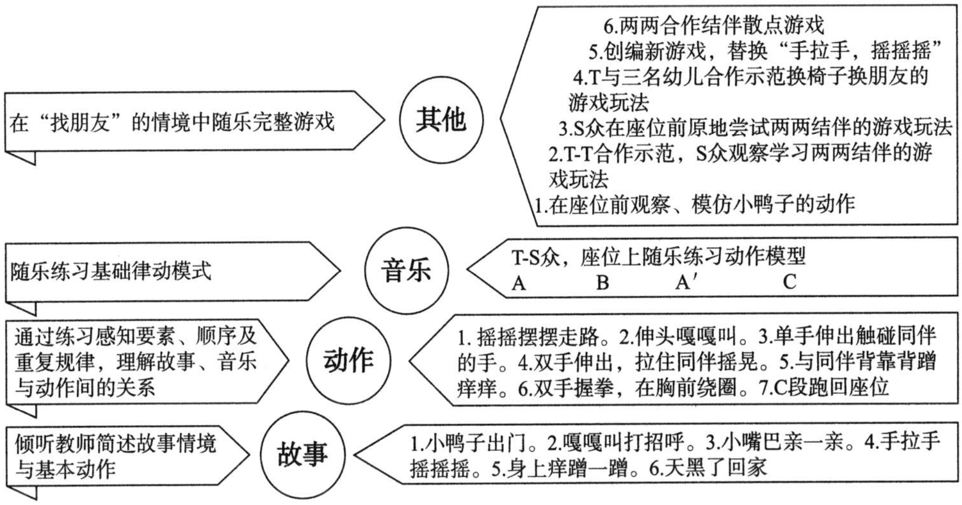

【教育活动设计】

活动目标

1. 在熟悉乐曲 ABA′C 旋律结构的基础上，尝试用小鸭子走路、打招呼、亲嘴巴、拉拉手等动作随乐表演。

2. 通过两两结伴以及有趣的身体接触，与好朋友互动游戏。

3. 初步体验与同伴共同游戏以及交换新朋友的快乐。

活动准备

1. 物质准备：剪辑好的音乐《瑞典狂想曲》。

2. 经验准备：见过小鸭子，了解小鸭子的基本外形特征和生活习性。

3. 空间准备。

（1）小椅子摆成半圆形。

（2）小椅子两两靠紧摆放。

活动过程

1. 故事。

师：你们知道小鸭子是怎么叫的吗？小鸭子是怎么走路的呢？

幼：嘎嘎嘎，摇摇摆摆的，长着小翅膀。

师：小鸭子出门玩，遇到了好朋友，跟好朋友打招呼"嘎嘎"，还跟好朋友玩起了亲亲小嘴巴、拉拉小手的游戏。身上有点痒，找个好朋友蹭一蹭，真开心。天黑了，小鸭子们就高高兴兴地跑回家去了。

（困惑与思考：教师需要教幼儿小鸭子的叫声、走路动作吗？

幼儿对小鸭子的特征有一定的了解，因而小鸭子的叫声、走路动作以及"嘎嘎"的表征含义可以从幼儿中来，可在活动的开始通过提问调动幼儿已有的经验。）

2. 动作。

教师在座位上随乐示范动作模型，引导幼儿感知游戏动作。

师：我们听听音乐，看看小鸭子都做了哪些事情，小眼睛仔细看哦！

［教师第一遍在座位上示范］

师：你们刚才看到小鸭子都做了哪些事情呀？

幼：蹭一蹭，跑回家。

（困惑与思考：教师示范第一遍动作的标准是什么？如果有幼儿跟着做怎么办？

教师的第一遍示范动作在座位上进行。要做到动作清晰到位、节奏合拍准确，并有完整的预令以及语言提示。如果有幼儿跟着做动作，可以口头提醒"小眼睛仔细看哦！""先看一看小鸭子做了什么事？"教师在座位上随乐示范动作，幼儿观察、模仿教师动作之后，教师可以通过提问引导幼儿梳理故事内容，将动作与意义相匹配，并通过故事、动作来理解音乐的结构。）

3. 音乐。

（1）完整感受音乐，幼儿边听音乐边练习做小鸭子的动作。

师:那我们一起来做小鸭子的动作吧！要听着音乐玩哦！

[**师幼第一遍在座位上随乐做小鸭子动作**]

师:刚才我看到这只小鸭子翅膀张开来,摇摇摆摆,嘎嘎叫真可爱。

(通过语言邀请的形式,让幼儿在心理上更加乐于参与活动。语言提示可以适度退位,比如降低音量或适度减少重复的语言)

(2) 进一步感受音乐,师幼随乐在座位前原地站立做小鸭子的动作。

师:小鸭子们,我们到家门口去散散步吧！我的家门口在这里,你们的家门口在哪里？小鸭子站起来可以怎么走？

[**师幼第二遍在座位前原地随乐做小鸭子动作**]

(困惑与思考:幼儿在座位上练习后接下来在空间方位上应该怎么做？

此环节有了空间变化,从坐在座位上做动作到在座位前原地站立做动作。教师可以通过语言、动作的提示帮助幼儿找到位置,并在原地做动作,这样幼儿不会因为一下子从座位上站起来而过于兴奋。)

4. 其他。

(1) 幼儿尝试从个人游戏到两两结伴互动,肢体接触并合作玩游戏。

① T-T 高级示范,引导幼儿观察两两合作游戏的玩法。

师:小鸭子遇到了好朋友,想和好朋友玩一玩。我请徐老师来做我的好朋友,你们看一看我和我的好朋友是怎么玩的。

师:小椅子靠在一起的就是一对好朋友,你们的好朋友是谁呀？刚才我跟好朋友玩的时候,我的眼睛看着哪里？我们还玩了什么游戏？

[**师与师第一遍在座位前随乐做动作,示范两两互动游戏的玩法**]

(困惑与思考:教师与教师进行合作示范有哪些好处？

第一,可以引导幼儿发现在合作游戏时与好朋友有了身体接触。如"小嘴巴"要和好朋友的"小嘴巴"亲一亲,和好朋友手拉手的时候眼睛要看着对方的眼睛等。第二,执教过程中教师应观察幼儿的经验和对合作游戏的理解,在进行相应的合作练习后再合乐练习。)

② 幼儿合作游戏,解决互动难点,并尝试随乐合作游戏。

师:你们会和好朋友"亲一亲""摇一摇"吗？我们听着儿歌和好朋友试一试哦！

（幼儿与幼儿在座位前跟随教师语令练习肢体接触的部分）

师：看来你们都会和好朋友一起玩游戏了，那我们跟着音乐一起玩一玩吧！

[幼儿与幼儿第一遍在座位前随乐玩游戏]

（2）幼儿两两结伴合作游戏，并在最后增加换椅子的游戏规则，通过换椅子来换朋友。

师：和好朋友玩得真开心，那你们谁想来和我一起玩游戏呀？

[幼儿与教师合作，在座位前合作玩游戏，示范换椅子、换朋友的游戏玩法]

（困惑与思考：上一个环节中的"两两结伴互动游戏"，以及这个环节中的"换椅子换朋友游戏"都涉及了新游戏玩法和新规则的示范。为什么上一遍请配班教师示范，这一遍请幼儿示范呢？

在第一个两两结伴的互动游戏中，是个体动作到合作动作的转换，需要两个人的配合。幼儿虽然已经掌握了一个人如何做动作，但是在不知道如何合作互动的情况下难以与教师配合，因此需要两位教师进行一个"高级"示范。在第二个换椅子换朋友的游戏中，幼儿已经掌握了两两合作游戏的玩法，在这里请幼儿上来示范也是教师观察幼儿掌握情况的机会。换椅子不存在太大的难度，幼儿是可以掌握的。利用幼儿示范换椅子的方式可以鼓励其他幼儿大胆地换椅子、换朋友。只需要在音乐的最后，教师先选择换一把小椅子坐，并用语言提示另外 3 个幼儿："随便找个位置坐下来哦！"从而使幼儿自己发现：原来换了一把小椅子坐，就会换到一个新朋友。

在"示范"中也保持一个原则——幼儿可以做的就让幼儿做。如需要帮助，配班教师可以站在另一边引导、提醒做示范的幼儿。）

（3）跟随音乐，完整游戏，体验换朋友后的惊喜。

师：这一次，我们要去前面的空地上找朋友，准备好，出门啦！

[全体幼儿第一遍散点站立合作游戏，挑战换椅子、换朋友]

（困惑与思考：如果有幼儿不愿意换椅子，不愿意换朋友怎么办呢？

如果有幼儿拒绝换小椅子坐，坚持坐自己之前的小椅子，教师不要强迫，只需正面积极引导即可。

思考：散点站立玩游戏时注意鼓励幼儿找空地方站，以防撞到小伙伴或者动作伸展不开。)

(4) 迁移游戏经验，替换“手拉手，摇一摇”的游戏，继续体验结伴游戏的快乐。

师：你有没有换一把小椅子坐？找到新朋友了吗？快和新朋友抱一抱，说“认识你真开心”！除了和好朋友玩“手拉手，摇一摇”的游戏，我们还可以手拉手干什么呀？

幼：拉大锯。

师：还想认识新朋友吗？那我们出门吧！这一次可以和好朋友玩一玩我们刚才商量出来的新游戏哦！

[全体幼儿第一遍散点站立合作游戏，替换“手拉手，摇一摇”，继续在游戏中体验换椅子、换朋友的快乐]

(困惑与思考：这一环节需要重点关注哪些？

第一，在这个环节中教师重点引导幼儿明白换小椅子坐，就能找到不同的朋友。

第二，引导幼儿迁移经验，替换“手拉手，摇一摇”，创编新游戏，鼓励幼儿间合作商量。)

【设计意图解析】

1. 音乐。

这是一首结构工整，节奏清晰，曲风活泼可爱的 ABA′C 结构乐曲，适合小班幼儿感知。C 段处拍子较紧凑，与故事情节匹配。

2. 故事。

小鸭子是小班幼儿较为熟悉的一种小动物，幼儿能够迁移“小鸭子摇摇摆摆走路”“嘎嘎叫”等经验。“小鸭子和好朋友一起玩”的故事情节较温馨，符合小班幼儿的年龄特点。

3. 动作。

活动中的动作模型也是匹配乐曲的，因而较为工整，有规律可循。简单、重复的动物模仿动作，上下肢相结合，难易度较适宜。

4. 游戏。

活动的游戏落脚在“互动”上，和同伴的肢体接触是幼儿非常喜欢的游戏。后面的“换椅子、换朋友”增加了一种不确定性，带给了幼儿更多惊喜和期待，以及激发幼儿一遍遍玩游戏的动机。

【新手教师模仿难点及解决建议】

1. 新手教师在模仿时总是记不住流程怎么办？

解决方案：新手教师在模仿时容易死记硬背流程，在进行活动时常过度关注环节的进行，而忽视幼儿在活动中的表现。因此首先要对整个活动流程进行分析了解，在理解活动环节与“傻瓜”流程之间的关系之后，将环节和目标一一对应。解决记忆困难后可以抽出更多精力观察幼儿在活动中的表现，以便做出更加准确、有效的反馈。本活动的流程参考如下。

(1)“傻瓜”流程。

故事—音乐—动作—其他(挑战)。

(2) 空间流程。

坐在座位上(第一遍、第二遍)。

站在座位前(第三遍、第四遍、第五遍、第六遍)。

散点站立(第七遍、第八遍)。

(3) 合作流程。

主班教师示范动作模型。(第一遍)

幼儿在座位上坐着、在座位前原地站立观察、模仿动作。(第二遍、第三遍)

主班、配班两位教师合作示范两两结伴的游戏玩法。(第四遍)

幼儿两两结伴合作玩游戏。(第五遍)

主班教师邀请三名幼儿两两结伴合作示范换椅子、换朋友的游戏玩法。(第六遍)

全体幼儿两两结伴合作游戏。(第七遍、第八遍)

2. 新手教师在活动中不敢退位怎么办？

解决方案：在进行活动时，教师的退位首先需要考虑到活动的难易度、幼儿的年龄特点以及幼儿对每一环节掌握的情况。根据幼儿的现场反馈，教师可以进行动作、语言提示的退位。退位也应逐步进行，大致的退位流程如下。

（1）完整动作提示+完整语言提示。（预令+语令）

（2）完整动作提示（小幅度）+完整语言提示。（预令+语令）

（3）预令+小幅度动作提示。

（4）预令+动作退出（除前奏）。

（5）预令（口型提示）+动作退出。（除前奏）

（6）预令（口型提示）+语令和动作退出。（除前奏）

退位流程需要和活动相结合，比如本活动“小鸭子”是一节小班活动，由于幼儿年龄特点以及活动设计的原因，教师参与到了合作流程“两位教师示范两两合作的游戏玩法”“带领三名幼儿示范换椅子后交换朋友的游戏玩法”中，因此在动作提示的部分前期并没有进行退位。具体如下表。

表 4－1　教师语言和动作退位流程（1）

<table>
<tr><td colspan="6">完整动作提示+完整语言提示（预令+语令）（第一至第四遍）</td></tr>
<tr><td rowspan="4">合作流程</td><td>第一遍</td><td colspan="4">主班教师示范动作模型</td></tr>
<tr><td>第二遍</td><td colspan="4">幼儿在座位上观察、模仿动作</td></tr>
<tr><td>第三遍</td><td colspan="4">幼儿在座位前原地站立观察、模仿动作</td></tr>
<tr><td>第四遍</td><td colspan="4">主班、配班两位教师合作示范两两合作的游戏玩法</td></tr>
<tr><td colspan="6">活动“小鸭子”在本环节具体提示如下</td></tr>
<tr><td rowspan="7">退位流程</td><td>乐段</td><td>语令</td><td>动作</td><td>遍数</td><td>教师提示</td></tr>
<tr><td>前奏</td><td>准备出发</td><td>双手在身侧打开 30°角做翅膀状准备</td><td>一组</td><td rowspan="6">完整</td></tr>
<tr><td>A 段</td><td>摇摇摆摆，嘎嘎</td><td>张开翅膀摇摇摆摆走路，头颈伸长“嘎嘎”打招呼</td><td>四组</td></tr>
<tr><td rowspan="2">B 段</td><td>小嘴巴，亲一亲</td><td>一只手伸出做鸭嘴状，与同伴手接触做亲吻状</td><td rowspan="2">两组</td></tr>
<tr><td>手拉手，摇摇摇</td><td>两只手臂同时展开与同伴手牵手，手臂随乐左右摇摆</td></tr>
<tr><td>A′段</td><td>身上好痒蹭一蹭，蹭一蹭，蹭一蹭</td><td>背靠背蹭痒痒</td><td>两组</td></tr>
<tr><td>C 段</td><td>天黑了，回家咯</td><td>双手握拳在胸前绕圈小碎步跑，随便找个小椅子坐下来</td><td>一组</td></tr>
</table>

表 4-2　教师语言和动作退位流程(2)

<table>
<tr><td colspan="6">完整动作提示(小幅度)+完整语言提示(预令+语令)(第五遍)</td></tr>
<tr><td>合作流程</td><td>第五遍</td><td colspan="4">幼儿两两结伴合作游戏</td></tr>
<tr><td colspan="6">活动“小鸭子”在本环节具体提示如下</td></tr>
<tr><td rowspan="7">退位流程</td><td>乐段</td><td>语令</td><td>动作</td><td>遍数</td><td>教师提示</td></tr>
<tr><td>前奏</td><td>准备出发</td><td>双手在身侧打开 30°角做翅膀状准备</td><td>一组</td><td rowspan="6">语令完整,动作小幅</td></tr>
<tr><td>A 段</td><td>摇摇摆摆,嘎嘎</td><td>张开翅膀摇摇摆摆走路,头颈伸长“嘎嘎”打招呼</td><td>四组</td></tr>
<tr><td rowspan="2">B 段</td><td>小嘴巴,亲一亲</td><td>一只手伸出做鸭嘴状,与同伴手接触做亲吻状</td><td rowspan="2">两组</td></tr>
<tr><td>手拉手,摇摇摇</td><td>两只手臂同时展开与同伴手牵手,手臂随乐左右摇摆</td></tr>
<tr><td>A′段</td><td>身上好痒蹭一蹭,蹭一蹭,蹭一蹭</td><td>背靠背蹭痒痒</td><td>两组</td></tr>
<tr><td>C 段</td><td>天黑了,回家咯</td><td>双手握拳在胸前绕圈小碎步跑,随便找把小椅子坐下来</td><td>一组</td></tr>
</table>

表 4-3　教师语言和动作退位流程(3)

<table>
<tr><td colspan="6">预令+小幅度动作提示(本环节因教师需要加入示范,改为:完整动作提示+部分语言提示)(第六遍)</td></tr>
<tr><td>合作流程</td><td>第六遍</td><td colspan="4">主班教师邀请三名幼儿上前,两两结伴合作示范换椅子、换朋友的游戏玩法</td></tr>
<tr><td colspan="6">活动“小鸭子”在本环节具体提示如下</td></tr>
<tr><td rowspan="7">退位流程</td><td>乐段</td><td>语令</td><td>动作</td><td>遍数</td><td>教师提示</td></tr>
<tr><td>前奏</td><td>准备出发</td><td>双手在身侧打开 30°角做翅膀状准备</td><td>一组</td><td>完整</td></tr>
<tr><td>A 段</td><td>摇摇摆摆,嘎嘎</td><td>张开翅膀摇摇摆摆走路,头颈伸长“嘎嘎”打招呼</td><td>四组</td><td>语令只念第一组,完整动作</td></tr>
<tr><td rowspan="2">B 段</td><td>小嘴巴,亲一亲</td><td>一只手伸出做鸭嘴状,与同伴手接触做亲吻状</td><td rowspan="2">两组</td><td rowspan="2">语令只念第一组,完整动作</td></tr>
<tr><td>手拉手,摇摇摇</td><td>两只手臂同时展开与同伴手牵手,手臂随乐左右摇摆</td></tr>
<tr><td>A′段</td><td>身上好痒蹭一蹭,蹭一蹭,蹭一蹭</td><td>背靠背蹭痒痒</td><td>两组</td><td>语令只念第一组,完整动作</td></tr>
<tr><td>C 段</td><td>天黑了,回家咯</td><td>双手握拳在胸前绕圈小碎步跑,随便找把小椅子坐下来</td><td>一组</td><td>完整</td></tr>
</table>

表 4-4　教师语言和动作退位流程(4)

<table>
<tr><td colspan="6">预令+动作退出(除前奏)(第七遍)</td></tr>
<tr><td>合作流程</td><td>第七遍</td><td colspan="4">全体幼儿两两结伴合作游戏</td></tr>
<tr><td colspan="6">活动“小鸭子”在本环节具体提示如下</td></tr>
<tr><td rowspan="7">退位流程</td><td>乐段</td><td>语令</td><td>动作</td><td>遍数</td><td>教师提示</td></tr>
<tr><td>前奏</td><td>准备出发</td><td>双手在身侧打开 30°角做翅膀状准备</td><td>一组</td><td>语令完整,动作小幅</td></tr>
<tr><td>A 段</td><td>摇摇摆摆,嘎嘎</td><td>动作退出</td><td>四组</td><td>语令只念第一组</td></tr>
<tr><td rowspan="2">B 段</td><td>小嘴巴,亲一亲</td><td>动作退出</td><td rowspan="2">两组</td><td rowspan="2">语令只念第一组</td></tr>
<tr><td>手拉手,摇摇摇</td><td>动作退出</td></tr>
<tr><td>A′段</td><td>身上好痒蹭一蹭,蹭一蹭,蹭一蹭</td><td>动作退出</td><td>两组</td><td>语令只念第一组</td></tr>
<tr><td>C 段</td><td>天黑了,回家咯</td><td>双手握拳在胸前绕圈小碎步跑,随便找个小椅子坐下来</td><td>一组</td><td>语令完整,动作小幅</td></tr>
</table>

表 4-5　教师语言和动作退位流程(5)

<table>
<tr><td colspan="6">预令(口型提示)+动作退出(除前奏)(第八遍)</td></tr>
<tr><td>合作流程</td><td>第八遍</td><td colspan="4">全体幼儿两两结伴合作游戏</td></tr>
<tr><td colspan="6">活动“小鸭子”在本环节具体提示如下</td></tr>
<tr><td rowspan="7">退位流程</td><td>乐段</td><td>语令</td><td>动作</td><td>遍数</td><td>教师提示</td></tr>
<tr><td>前奏</td><td>准备出发</td><td>双手在身侧打开 30°角做翅膀状准备</td><td>一组</td><td>语令完整,动作小幅</td></tr>
<tr><td>A 段</td><td>摇摇摆摆,嘎嘎</td><td>动作退出</td><td>四组</td><td>语令口型提示第一组</td></tr>
<tr><td rowspan="2">B 段</td><td>小嘴巴,亲一亲</td><td>动作退出</td><td rowspan="2">两组</td><td rowspan="2">语令口型提示第一组</td></tr>
<tr><td>手拉手,摇摇摇</td><td>动作退出</td></tr>
<tr><td>A′段</td><td>身上好痒蹭一蹭,蹭一蹭,蹭一蹭</td><td>动作退出</td><td>两组</td><td>语令口型提示第一组</td></tr>
<tr><td>C 段</td><td>天黑了,回家咯</td><td>双手握拳在胸前绕圈小碎步跑,随便找个小椅子坐下来</td><td>一组</td><td>语令口型提示</td></tr>
</table>

表 4-6　教师语言和动作退位流程(6)

预令(口型提示)+语令和动作退出(除前奏)
本活动由于遍数以及活动设计等原因,无此环节

3. 想要延伸活动或者更换组织形式怎么办?

解决方案:① 在循环游戏时可以引导幼儿讨论,除了玩“手拉手,摇摇摇”的游戏还可以和好朋友玩什么?坚持“幼儿能做的让幼儿做”这个原则,体现幼儿在活动中的主动性。在活动中可替换动作“手拉手,摇摇摇”,并更改相应的语言提示,如“手拉手,拉大锯”“手拉手,抱一抱”等。② 组织形式可以调整为亲子活动。由于家长的参与,年龄段可从小班下学期调整到小班上学期。在活动中,“手拉手,摇摇摇”替换为“抱一抱,飞起来”或“抱一抱,举高高”等。

原创解析:南京市石杨路幼儿园　魏俊燕

二、活动案例:小班律动“艾玛捉迷藏”

【乐曲】

夸大妄想

1=D $\frac{4}{4}$　　[日]加藤达也　曲

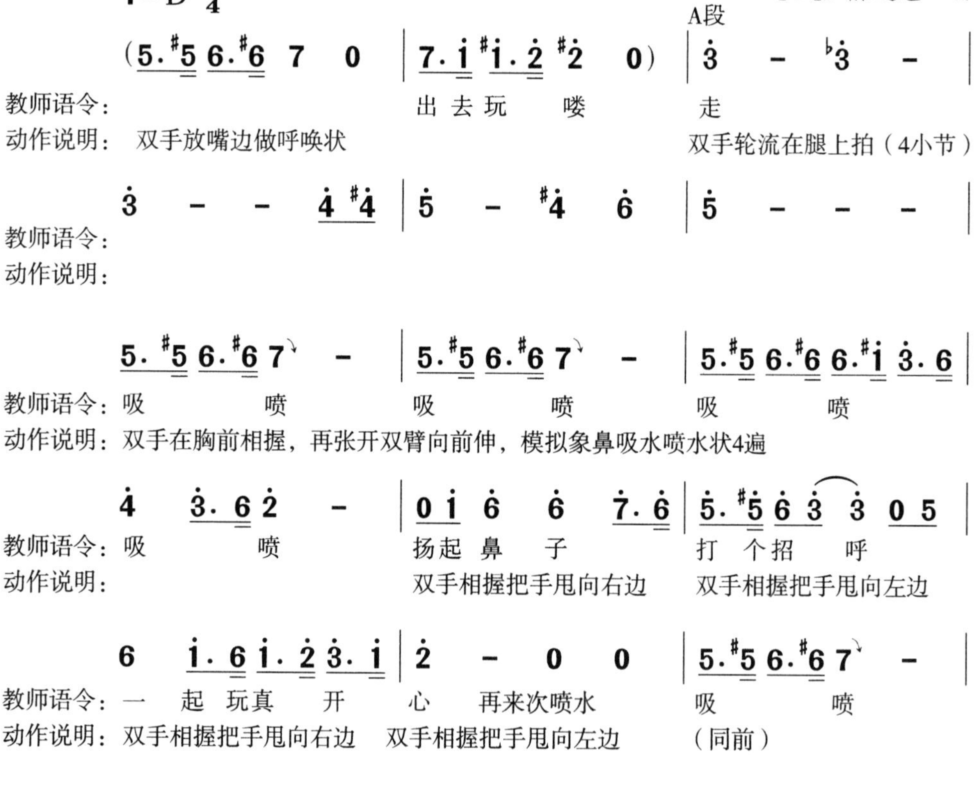

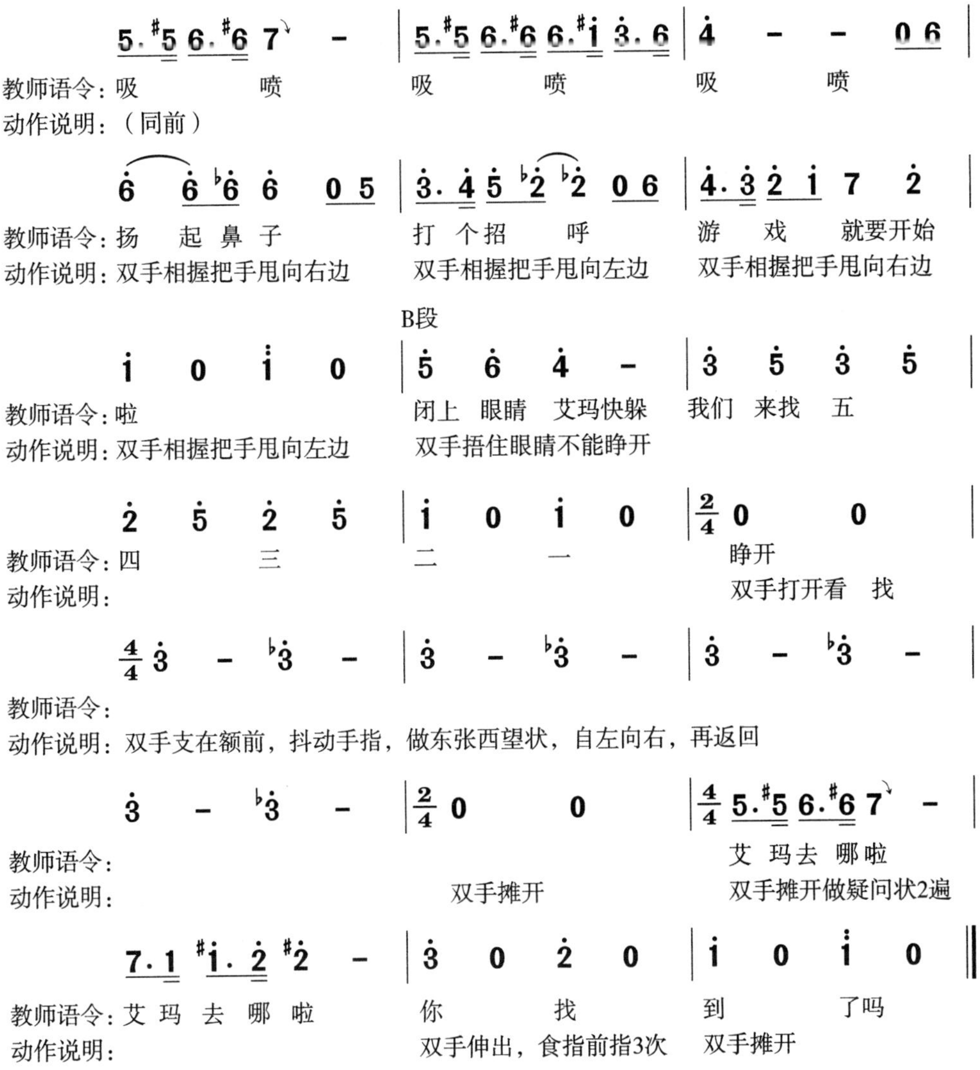

音乐结构：两段式 AB 结构。

动作建议：参见乐曲。

游戏玩法如下。

寻找艾玛环节：(1) 律动结束后，教师出示幻灯片图片，引导幼儿寻找图片中躲藏起来的艾玛。(2) 图片中的艾玛全部找完后，教师出示和教师手掌般大小的艾玛图片，在律动前提示幼儿“艾玛想在你们蒙眼睛的时候悄悄地躲在你们附近”。教师在幼儿闭上眼睛的时候将艾玛图片贴在自己的身后，幼儿律动结束后，寻找艾玛。(3) 教师出示拇指般大小的缩小版艾玛图片，在幼儿闭上眼睛的时候将艾玛图片贴在某个幼儿的衣服上，幼儿律动结束后，寻找艾玛图片。

【使能目标阶梯】

层层适宜挑战(适宜的表情、创造性地表达、空间难度的提升等)	**其他**	4.散点站立，自由移动状态下随乐玩游戏 3.将手在腿上“行走”的动作替换成在椅子前的下肢行走动作，原地完整律动 2.创编不同方向的喷水动作，学习用语言描述 1.学习有表情地表演，完整地玩游戏
随乐练习基础律动，记忆乐曲和游戏动作的各个要素及顺序，学习用语言描述动作	**音乐**	尝试学习律动，玩找艾玛的游戏 前奏(呼唤)、A (a走路b喷水c打招呼b喷水c打招呼)、B (玩艾玛捉迷藏游戏)
重点观察游戏。理解动作的意义和顺序。感知乐曲和游戏动作各要素之间的匹配关系及顺序	**动作**	1. 双手轮流在腿上走路。2.双手模拟象鼻吸水、喷水。3.双相握甩象鼻。4.捂住眼睛不能睁开。5.寻找艾玛。6.询问
用将要学习的律动动作配合故事情境	**故事**	1.小象艾玛和朋友一起走进了森林。2.相互喷水。3.相互打招呼。4.玩捉迷藏游戏。5.一起玩真开心

【教育活动设计】

活动目标

1. 初步感知乐曲的旋律和结构,跟随 A 段音乐做大象走路、喷水、打招呼的动作,在 B 段音乐做玩捉迷藏游戏的动作。

2. 迁移已有的方向经验,尝试创编不同方向的喷水动作并完整地玩游戏。

3. 知道在律动结束后再找艾玛,在捉迷藏游戏时尽量遵守不偷看的游戏规则。

活动准备

1. 物质准备。

(1) 幻灯片。

(2) 艾玛的两种大小的塑封图片。(图片背面有双面胶)

(3) 录音音乐。

2. 经验准备。

玩过捉迷藏的游戏,了解游戏的基本规则。知道游戏里有人躲藏,有人找;找的人闭上眼睛数数,数到规定的数字后去找躲起来的人,数数的过程不能偷看。

3. 空间准备。

(1) 幼儿坐成半圆形。

(2) 座椅与大屏幕之间留足够的活动空间。

活动过程

1. 故事。

教师出示幻灯片封面,随乐边做动作边讲故事。

师:艾玛和一群大象走到……树林里,它们……相互喷水,扬起鼻子打个招呼。一起玩真开心!艾玛说"今天有这么多大象,我们来玩一个游戏吧"。你们想不想玩?

(困惑与思考:为什么教师要边讲故事边做动作?

教师边讲故事边做动作,故事和动作完全对应,相互翻译,在两者的配套下,幼儿很容易被故事情节所吸引,也很容易理解故事、记忆动作。)

2. 动作。

(1) 教师示范动作模型,幼儿观察B段音乐捉迷藏的游戏玩法,学习玩找艾玛的游戏。

师:好,现在我就是艾玛,我和大象们玩了一个什么游戏?是怎么玩的?请看完后告诉我。

(特别注意:下划线表示教师讲述时需要加大音量以加强语气。下同,不再提示)

[**教师第一遍示范**]

师:艾玛和大象们玩的是什么游戏呀?我们一起来试一试吧!

(困惑与思考:为什么要在无音乐伴奏的情况下,请幼儿单独模仿练习"捉迷藏"的片段动作?

本部分的重点是让幼儿明确"捉迷藏"的基本规则,即"不能偷看,不能提前睁开眼睛"!教师在这里采用无音乐伴奏,单独练习"捉迷藏"片段的动作,实际上是采用了重点前置的教学方式,即在幼儿完整游戏前,先将关键问题加以解决。如此能减少幼儿的学习困惑,保证后续教学环节的流畅性。)

(2) 教师再次示范动作模型,幼儿细致观察动作及顺序。

师:艾玛在和大象们玩捉迷藏游戏之前,还做了哪些动作呢?

[教师第二遍示范]

(困惑与思考:在请幼儿回忆教师的示范动作时,应注意哪些事项?

教师在请幼儿回忆动作时,应先请幼儿自由表现各自记得的动作,然后快速遴选出对学习有积极意义的样板性范例予以反馈,并请幼儿单独表现。对于一些重点动作,教师可以在幼儿单独表现之后,带着全体幼儿重点练习。比如"打招呼"和"喷水"。教师在对幼儿的动作进行反馈时,要注意将动作和语言说明相结合,应用准确、清晰的语言,把幼儿做的或说的动作边表述边做出来,以提高幼儿用语言表述动作的能力。如"喷水"动作,因为部分幼儿分不清是先吸进还是先喷出,因而会出现动作方向相反的情况。此时教师运用规范的语言向幼儿解释清楚是先向身体吸水再向前喷出去,同时带幼儿练习"喷水"的动作,其目的就在于指导幼儿学习把话语说完整,把动作做到位。)

3. 音乐。

在教师的带领下,尝试学做律动,玩找艾玛的游戏。

师:艾玛就要和我们玩这个游戏了。那……艾玛它胆子有点小,我们要在音乐结束以后再去找它,好不好?

[幼儿第一次随乐动作,结束后切换幻灯片]

师:你们猜,艾玛躲在哪儿了?谁能说清楚,我就请他上来找。

师:哦!艾玛身上的颜色有黄、红、黄、白,对不对啊?真能干!那请你上来点开,我们来看一下是不是艾玛。

师:哎呀!没有找到。想不想再找一次啊?它肯定是藏起来了。我们这次再去找一找,好不好?

(困惑与思考:个别幼儿做完"睁开"动作后,就忍不住开始找,忘记做后面的动作,从而影响音乐律动的完整性,对此,教师应该怎么办?

教师把"在音乐结束以后再去找它"的要求提在律动前,目的是引导幼儿学会有意识的"控制"。此外,教师在律动结束后再点击幻灯片换页,其用意是为了避免新出现的画面提前分散幼儿注意力的情况出现,同时防止因幻灯片换页而导致音乐中断。)

4. 其他。

(1) 幼儿学习有表情地表演,完整游戏。

师:哎呀! 刚才大象和艾玛一起玩的时候,可开心了! 你们会不会带着开心的表情来表演呀?

[幼儿第二次随乐动作,结束后切换幻灯片]

师:艾玛躲哪儿了?

师:哎呀,是一只和艾玛颜色有点儿像的小船,不是艾玛。怎么办?

师:再去找一找,好不好?

(困惑与思考:教师为什么一定要让幼儿用语言描述自己的发现?

这是为了提高幼儿的语言表达能力。这也是音乐教育活动应该追求的目标,即音乐教育是通过音乐促进幼儿全面发展的教育! 而非仅仅是教音乐的教育。)

(2) 根据故事情节,尝试创编不同方向的喷水动作。

师:刚才我们喷水的时候,都是朝哪个方向喷水的啊? (边说边反复做向前喷水的动作)

师:这一次,你们想一个特殊的喷水方法,好不好? 可以向上、向下、向左、向右、向前、向后,还可以左右一起(边说双手边伸向各个方向)。

[幼儿第三次随乐动作,结束后切换幻灯片]

(屏幕上出现小象艾玛。幼儿猜对了)

[困惑与思考:在引导幼儿创编喷水动作时,教师需要注意哪些事项?

在创编不同方向的喷水动作时,很多幼儿缺乏创编的意识,总喜欢模仿教师的动作。为此,在引导幼儿创编喷水的动作时,教师需要注意以下几点:第一,教师应给幼儿提供创编的思路(朝不同方向喷水),而不是单纯要求幼儿与众不同。第二,在无音乐伴奏情况下,幼儿重点练习创编向不同方向喷水的动作时,教师应暗示其定格造型。如此,一方面便于教师观察,找出特别有新意的动作,另一方面也便于同伴之间相互观摩、相互启发。第三,教师给幼儿提供创编思路,并不是对幼儿提出限定要求,而是引导幼儿根据自己的情况选择不同的、适合自己难度的喷水方式。]

(3) 教师引导幼儿将手部动作转化为脚步动作,原地完整律动。

师:你们看! (从口袋里拿出事先准备好的艾玛图片,并向幼儿展示)艾玛从电视机里出来了！它想在你们蒙眼睛的时候悄悄地躲在你们附近，你们想不想和它一起玩啊？

师：哦，艾玛胆子有点小，要在什么时候才能找它啊？音乐结束以后再去找它！

师：艾玛出来了，那我们也要出来。刚才我们是用小手在腿上走路的，你们会不会站在椅子前面走啊？

师：怎么走的啊？（教师原地踏步走，身体左右晃动，两拍一下。幼儿模仿教师走路，但大部分幼儿都向前迈步走）

师：好，去找自己的小椅子，在小椅子前面走一走。（幼儿回到各自小椅子面前。教师再次做出正确的示范动作：原地走）

师：好！这次我们跟着音乐一下一下地学大象走！

[幼儿第四次随乐动作，结束后切换幻灯片]

师：去找找看。

幼：没有。

师：艾玛走出来了，就在你们附近哦！你们找找看，它在哪里呀？（教师边问边埋头看地上，做寻找状走一圈）在不在小椅子底下呀？（幼儿看自己的小椅子下方）在不在别人的身上呀？（教师转圈走，继续做寻找状，并有意识地背对着幼儿）不就是一头花格子的小象吗？（幼儿发现，花格子小象在教师的后背上）

幼：在你身上。

[困惑与思考：为什么教师一定要强调在小椅子前走路？将艾玛从幻灯片图片转化为实物图片时，有可能会出现哪些教学问题？如何解决？

站着走路相较于坐着用手在腿上走路，是较不稳定的。强调在小椅子前走路，既便于教师观察，也是为后续散点走路打好基础。因为坐着比站着稳定，站着比走着稳定。因此，为了帮助幼儿逐步应对空间挑战的问题，并避免过度兴奋，教师必须强调在小椅子前走路（不做空间移动）。

当幼儿听到"艾玛从电视机里走出来了"，尤其是当幼儿发现艾玛的实物图片时，很可能会表现出兴奋的情绪，从而在音乐未结束、动作未完成前，就分散注意力去寻找艾玛。对此，教师应反复强调游戏规则：音乐结束以后再去找它！

此环节，建议教师退位看幼儿做。如果幼儿有困难，教师还可用提示语加以指导。至于图片，教师需要注意以下几点：应在上课前提前将贴好双面胶的图片放在口袋中；教师一定要提前试一试当天穿的衣服，看能否贴住图片，以免图片中途掉落；在课前应把图片后面的双面胶撕开一点，以便教师在课上能迅速将艾玛图片贴在身上。]

（4）幼儿散点站立玩捉迷藏的游戏。

师：艾玛吃了一颗缩小丸（教师假装吞食了某物。随即将原艾玛图片放回至口袋，再从口袋里掏出一张缩小版的艾玛图片）。变成什么样了？

师：变小了。这下更难了！你们想不想玩？

师：艾玛吃了一颗缩小丸，变小了，这次它会躲在哪里呢？这一次我不做动作了。我要帮艾玛想想藏到哪里好。

师：好，全体起立！这次可以到大草坪上走一走！

[幼儿第五次随乐动作]

（师幼一起四散走。教师采用小幅度、弱力度的动作参与活动。在幼儿闭眼玩捉迷藏游戏时，教师一边不断说“闭紧！闭紧！闭紧！”一边将缩小版艾玛图片贴在一个穿粉色衣服的幼儿身后）

师：你们真棒！艾玛还想跟更多的小朋友一起玩！下次，我们请一个小朋友来和艾玛玩捉迷藏的游戏好不好？

[困惑与思考：教师设计缩小版艾玛的用意是什么？在玩缩小版艾玛捉迷藏游戏时，需要注意哪些事项？幼儿散点走路的时候，教师采用了哪些调控技术来维护课堂教学秩序？为什么教师明明已说“这一次我不做动作了”，而在活动中有时还依旧带着幼儿做动作呢？

教师通过故事情境的推进（艾玛吃了一颗缩小丸），将游戏的难度提高了。找缩小版艾玛图片，这既是给幼儿提供再次参与活动、熟悉游戏的机会，同时也考验了幼儿精细观察的能力。这样设计充满了挑战——幼儿会因为找寻缩小版艾玛图片而激动，最终也会因为通过努力获得成功而充满自豪感和体验到游戏的快乐。

教师在将缩小版艾玛图片贴在幼儿身上时，可以考虑选择班上不容易被他人注意的幼儿，通过游戏引导幼儿关注他们。同时也可以观察幼儿衣服的颜色，如把图片贴在穿彩色衣服的幼儿身上或者把图片贴在衣服隐秘处，以增加游戏难度；如果幼儿能力较弱，有寻找困难，教师则可以用稍大一点的图片贴在深色衣服上的方法，帮助幼儿寻找图片。

教师要求幼儿从原地在椅子前走路改为四散走动，这是一种更不稳定的空间状态。为了让幼儿在散点状态下，也能自由、自控地享受活动所带来的快乐，教师采用了小幅度、弱力度的动作调节技术，向幼儿表达了此处应有的情绪。实际上，教师小幅度做吸和双手向前喷的动作，其用意也是弱化对幼儿学习的支持：能力强的幼儿，可以在不看教师示范动作的情况下，独立完成动作，而部分学习有一定困难的幼儿，则可以通过"偶尔看看"的策略，完成学习任务。此外，教师提前预知到有少数幼儿很可能会因为寻找缩小版艾玛图片这个略带刺激的游戏，而按捺不住地"提前睁开眼睛"，于是在玩捉迷藏游戏时，三次强调"闭紧！闭紧！闭紧"！这一方面增加了活动的趣味性和紧张度，同时也强化了游戏规则。

教师在幼儿随乐动作前，强调"这一次我不做动作了"，而在活动中并没有完全退出示范动作，这是基于教师关注了幼儿的学习状况而做出的调整：当幼儿基本上能独立完成学习任务时，教师选择从心理上和空间上慢慢退出。(1) 角色的退出：教师从扮演大象的角色中退出；(2) 空间的退出，教师从处在幼儿中心位置退至离幼儿较远的位置，成为一名观察者和欣赏者。(3) 语令的退出：教师从完整的语令退为仅仅用动作或表情暗示。这是教学指导的"退"策略。相反，当教师发现幼儿喷水的动作不够多样性时，便采用了教学指导的"进"策略：向幼儿提供更丰富的创编思路和更高级的创编榜样。如教师用双手向不同方向喷水、一只手喷水等方法帮助幼儿拓展思路。如此，幼儿通过观察和欣赏，便有可能创编出更多有新意的动作。总之，这是教师根据幼儿的实际需要给予幼儿必需的支持和适度挑战的一种重要的教学思策略。]

【设计意图解析】

1. 音乐。

这是一首风格奇特，情绪愉快且从容的乐曲。B 段音乐稍显自由，与捉迷藏的情境很匹配。

2. 故事。

大象出来走走、喷喷水、打打招呼，然后和艾玛玩捉迷藏游戏。如此简单的情境和过程，很适合小班幼儿理解、记忆，也能吸引他们投入到活动中。

3. 动作。

这些动作的速度做出来都很从容，动作重复变化的逻辑既能够很好地匹配音乐，又能够很好地讲述故事。此外，语令的设计也很巧妙，既能够很好地渲染故事的氛围、激发幼儿的情绪，又能够很好地支持幼儿对动作的识记和回忆。

4. 游戏。

这是一种属于挑战"观察辨别推理能力"的智力游戏，俗称"找东西或找人"游戏。这是幼小儿童非常喜欢的游戏之一。前期使用的辨认图片选自同年龄阶段的经典绘本，适合幼儿的认知发展水平；后期"从电视机里出来了"的设计衔接得很巧妙！"吃缩小丸"的逻辑也能够为幼儿理解和喜爱。通过一张比一张更小的实物图片挑战幼儿寻找能力的设计也非常棒。

【新手教师模仿难点及解决建议】

1. 新手教师不清楚语言指示能否退、何时退、怎样退，怎么办？

解决方案：教师设计指示语言（语令），且语令的节奏和音乐贴合，语令的内容对动作有明显的提示作用，其目的是帮助幼儿随乐律动，完成学习任务。但是，语令并不需要贯穿教学活动的始终。教师应根据幼儿的学习状况，精准评估幼儿是否存在学习困难，以此来决定是否应该退出语令，何时可以退出语令。退出语令的方法有很多，比如用口型动作提前暗示；只用身体姿态和脸部表情，甚至仅仅使用眼神暗示即可。

2. 幼儿常用"这样""这里""那里"等代词提供意见怎么办？

解决方案：教师要用准确、清晰的反馈语言对幼儿的行为进行描述。如"到底是什么样？""到底在哪里？""那棵蓝色的树吗？是在树的上面、下面，还是旁边？"……以此帮助幼儿澄清答案，提升幼儿的逻辑思维能力和语言表达能力。

3. 在创编向不同方向喷水的动作时，出现幼儿全程模仿教师动作的现象怎么办？

解决方案：教师应非常热情地鼓励幼儿做出不同的喷水动作，并对其动作进行反馈与点评。如用精准的语言说明某动作是“向上”“向下”或其他方向，还可以通过追问“除了这些方向，还有哪些方向”，使幼儿明白：所谓不同的“喷水动作”就是指“方向”上的不同。此外，教师还应该及时关注幼儿中的高级榜样，创造机会让特别有创意的幼儿当众示范其动作，并引导或帮助幼儿用语言描述动作的特点，如“向上喷水”“向前喷水”“双手同时喷水”等。

原创解析：南京市游府西街幼儿园　周　瑾

三、活动案例：小班律动“狗熊吃面包”

【乐曲】

小　兔　跳

i 3 | 2123 2 | i 3 | 5565 | i 3 | 2123 1 |

教师语令：　　　　　　　　　　　　　　准 备 进 烤 箱

动作说明：

5 56 5 3 | 5 56 5 | 3 56 5 3 | 2123 2 | 5 56 5 3 | 5 56 5 |

教师语令：

动作说明：双手手心相对，五指张开，两拍一下，同时向外打开变成一个大面包，重复八小节

B段

3 56 5 3 | 2123 1 | i 5 | i – ‖ 1 7 | 1 7 |

教师语令：　　　　　　做 好 了

动作说明：　　　　　　停住不动　（后期会累加动物造型）

1 7 | 1 7 | 1 2 | 3 1 | 1 2 | 3 1 | 3 #2 |

教师语令：小面包躲好不动

动作说明：闭上眼睛，低头抱膝，保持不动

3 – | 2 #2 | 3 – | 1 2 | 3 1 | 3 #2 | 3 – |

教师语令：（同上）

动作说明：（同上）

3 #2 | 3 – | i 5 0 | i 5 0 | 1234 567 | i – ‖

教师语令：（同上）

动作说明：（同上）

（狗熊带一个小面包到室内比较隐秘的地方藏起来，直到音乐结束）

音乐结构：两段式AB结构。

动作建议：同乐曲。

游戏玩法如下。

A段“学习做面包”，幼儿坐在椅子上做制作面包的动作：揉面团、刷黄油、撒果粒、进烤箱。最后一拍时将手停在膝盖上，闭上眼睛藏好。

B段“狗熊来了”，狗熊出来，在面包群中行走并带走一到两个面包藏好。其他面包直到音乐结束才抬起头，猜猜是谁被狗熊带走了，大家先猜测狗熊带走的是谁，猜出后一起说“×××快出来”就可以解救他了。

【使能目标阶梯】

层层适宜挑战(适宜的表情、创造性表达、空间难度的提升等)	其他	3.交换座位完整玩游戏“狗熊来了” 2.猜测“哪个面包不见了” 1.创编不同的动物面包(小猫、小狗、小猪)
随乐练习基础律动，记忆乐曲和游戏动作和各个要素及顺序，学习用语言描述动作	音乐	尝试学习律动，玩“狗熊来了”游戏 A段：揉面团、刷黄油、撒果粒、进烤箱、躲起来；B段：玩“狗熊来了”的游戏
重点观察游戏，理解动作的游戏和顺序，感知乐曲和游戏动作各要素之间的匹配关系与顺序	动作	1.双臂一起上下摆动做揉面团动作。2.一只手在另一只手臂上做刷黄油动作。3.双手手心向下，握空心拳做撒果粒动作。4.手心相对，双手同时一下一下往外打开。5.躲起来
用将要学习的律动动作配合故事情境	故事	1.揉面团。2.刷黄油。3.撒果粒。4.进烤箱

【教育活动设计】

活动目标

1. 感受乐曲轻松愉快的氛围，用动作熟练表现 A 段做面包的步骤，B 段玩“狗熊来了”的游戏。

2. 迁移猜谜游戏的经验，熟悉同伴位置，通过辨别方位猜测出哪个面包被狗熊吃掉了。

3. 在游戏中，感受用身体动作表现做面包过程的愉悦与成功猜测出被狗熊吃掉的面包的喜悦。

活动准备

1. 物质准备：做面包步骤图片（揉面团、刷黄油、撒果粒、进烤箱）。

2. 经验准备：幼儿有玩过“找同伴”游戏的经验。

3. 空间准备。

（1）幼儿围坐成半圆形。

（2）拥有遮挡物的环境。

活动过程

1. 故事。

角色扮演，故事导入，逐一出示图片，了解做面包的过程和韵律活动的内容。

师：（慢速讲述）我是一名小厨师，我是一名会做面包的小厨师。瞧，我戴上了厨师帽，穿上了厨师衣服，准备去做面包了。

师：面包怎么做呢？我们要先揉面团，揉揉揉；接着要刷黄油，刷刷刷；再撒点好吃的果粒吧，撒撒撒。放进烤箱，变大了，变大了。哇！香喷喷的面包出炉啦，真好吃呀！哎呀，香喷喷的面包把狗熊都引来了，快带着面包藏起来。（教师边讲边放一张相应的做面包的图片）

（困惑与思考：为什么教师讲故事使用较慢的语速？为什么要边讲解做面包的步骤，边摆一张相应的图片？

一方面，要考虑到年龄特点，幼儿越小，听力延时的现象越明显。另一方面，要给幼儿较为充裕的时间反应做面包的过程。避免因为语速过快，幼儿没有听明白而焦虑。

教师语令加动作加摆图的方式很适合小班幼儿的学习方式，能让小班幼儿更加直观地理解做面包的步骤，为下一步记忆动作顺序做经验上的铺垫。）

2. 动作。

（教师示范在身体某一部位揉面团的动作）

师：我们一起跟着音乐做面包吧。我是在身体的哪个部位揉面团的？

[教师第一遍示范]

师：刚刚我是在身体的什么部位揉面团的？

幼：（大）腿上。

（困惑与思考：做进烤箱动作时，教师的动作需要注意什么？

教师做进烤箱动作时，面包有慢慢变大的过程。教师的双臂每次打开的距离，不需要太大，但是一定要有落点，方便幼儿找准节奏。教师所在的位置比较空旷，但幼儿围坐成半圆形，周围的空间有限，如果动作幅度太大，幼儿之间可能会相互干扰，从而影响他们的注意力。如果幼儿间的空间较小，面包慢慢变大的过程动作可以是纵向的。）

3. 音乐。

（1）幼儿提出揉面团的部位，集体随乐律动。

师：我们一起跟着音乐做面包吧！你们想在身体的哪里揉面团呢？

幼：肚子上。

师：好的，那我们一起在肚子上揉面团吧！

[幼儿第一遍随乐动作]

师：呀，面包做好了，我来闻一闻，真香啊！

（困惑与思考：如何让小班幼儿快速融入情境中，教师可以运用的支持性策略有哪些？

首先是情境的选择，要选择幼儿有一定生活经验的情境才能使幼儿产生共情，才能使他们更快融入。面包是每个幼儿都有的经验元素，假想自己变成小厨师，自己动手做面包，这对于幼儿而言，是充满期待的，因为只是迁移他们经验范围内的动作，所以在认知上不会有负担。当幼儿跟随教师一起完成了做面包的动作，做出了面包，他会产生成就感，愿意再接受挑战，所以这个情境的选择特别贴合小班幼儿的年龄特点，这为幼儿融入情境奠定了基础。其次，教师每一遍“情境化”“游戏化”的语言反馈，如“呀，面包做好了，我来闻一闻，真香啊”，其实就是在暗示幼儿，你学会做面包啦！太棒了！哇，第一次做你就可以做得这么好啊！给幼儿鼓励，他会因为受到鼓励而越发愿意做这件事情。最后，教师可以在做的过程中运用语令、体态语言帮助幼儿慢慢熟悉情境，比如预令变为情境化的语令，一开始可以说：“小面团准备好了吗？准——备——揉。”幼儿很快融入情境中。随着情节的推进，预令可以调整为：“小面团准备好了吗？做——面——包。”）

师：你们还想在身体的哪个地方揉面团呢？

幼：肚子、脚、头……

（幼儿想出不同的身体部位，每次选取其中的一个集体练习，练习两遍）

[幼儿第二和第三遍随乐动作]

（2）累加 B 段音乐，狗熊来了，知道要躲起来。

① 狗熊来了，面包躲好。

师：好香的面包，可能会把狗熊引来哦。狗熊要是来了，我们怎么办？

幼:躲起来。

师:对,面包赶快藏起来。不可以抬头哦,否则面包就要被狗熊带走了。

(幼儿练习双手抱臂,弯腰将头靠在膝盖上,做躲起来的动作)

[**幼儿第四遍随乐动作**]

② 狗熊来了(不带走面包)。

师:狗熊来了哦,我看看面包是不是都躲好了(配班教师当狗熊,教师逐一检查)。

[**幼儿第五遍随乐动作**]

(困惑与思考:为什么狗熊第一次出来时,一个面包也不带走?

其实这是教师的预设,目的是让幼儿从容地进入游戏。狗熊这个角色首先从形象上来说,因为比较高大威猛所以对于幼儿是有些威慑力的,其次从匹配的音乐而言,B段音乐偏沉重,让人听了会有点“怕怕”的感觉,而小班幼儿对游戏规则的掌握不够熟练,在自我控制能力、应变反应方面也比较弱,再加上狗熊这个高大威猛形象的加入,有的幼儿从情绪上,因为受原来生活经验的影响会害怕狗熊,有的幼儿会因为不知道后面会发生什么而害怕,还有的幼儿会偷看到底发生了什么(这些都是这个年龄段幼儿的行为特点),这些都需要教师给予幼儿一定的反应空间去内化游戏。所以第一次玩游戏,教师一个面包也不带走,而是等狗熊走了,逐一检查幼儿是否按要求躲好,没偷看。这是给幼儿情绪上的安抚,给他们传递这样的信息:这只狗熊不可怕。其实也是给幼儿一些缓冲时间,等他们慢慢地融入游戏中。所以狗熊第一次出现,一个面包也不带走。)

4. 其他。

(1) 创编不同的动物面包,随乐做韵律三遍。

师:我们一直做的是什么动物面包啊?(做一个小兔的造型)

幼:小兔面包。

[**幼儿第六和第七遍随乐动作**]

师:除了小兔面包,还可以做什么样子的面包呢?

幼:小猫、小狗、小猪……

跟随幼儿的创编随乐动作,做两遍不同动物造型的面包。

［师幼完整游戏第一和第二次］

（2）完整玩两遍游戏"狗熊来了"，幼儿猜测哪个面包不见了。

师：这次你准备做什么动物面包？

幼：小猫、小狗、小猪……

师：看看，哪个面包不见啦？

幼：×××（幼儿姓名）。

师：你是怎么知道的呀？

幼：我记住他的名字/我知道我旁边坐的是她/她坐在边上。

［师幼完整游戏第三次］

（困惑与思考：这个环节，教师为什么要让幼儿用语言描述自己的发现？

首先，这其实是一个反思环节，教师通过提问"你是怎么知道的呀？你是通过什么方法知道×××不见的？"来帮助幼儿描述自己的发现。有的幼儿的回答是因为×××坐在他旁边，有的幼儿的回答是听到声音和动静，幼儿的回答是多样的。从幼儿的反馈来看，虽然是同一个游戏，同样的游戏规则，但是幼儿会有不同的关注点。这是因为幼儿经验的不同，以及自身学习类型的不同而产生的答案，这些非常有价值的学习经验，幼儿需要通过教师的引导才能关注到。所以教师通过开放性的问题，引导幼儿对自身的学习方式进行思考，帮助幼儿梳理他自身的学习策略，帮助幼儿用语言描述自己的发现，让幼儿成为一个会分析、思路清晰的人。

其次，在教师的提问与追问中，幼儿分享各自经验，相互学习与借鉴，在潜移默化中学习、认识、使用他人的方法，获得了更丰富的经验。

最后，幼儿的语言发展需要不断获得经验丰富和练习的机会。在反思环节让幼儿用语言表述自己的发现，实际上也就是给幼儿语言锻炼的机会。

所以反思环节教师选择的切入点和提问的内容需要结合活动本身的价值点与幼儿的年龄需求综合考虑。）

（3）交换座位再次完整游戏：狗熊来了。

师：我们交换座位，看看你左边是谁，右边是谁。这次看大家能不能猜到哪个面包不见了！

【设计意图解析】

1. 音乐。

这首音乐旋律轻松、愉快，节奏鲜明，适合小班幼儿律动时使用。音乐为AB结构，A段情绪欢快、活泼，适合匹配一下一下做面包的动作。B段情绪紧张、沉重，适合匹配“狗熊来了”游戏中刺激加期待的情境。

2. 故事。

讲述了一个充满童趣而且又与生活经验相结合的童话故事。以一个会做面包的小厨师入手，通过教师的示范和面包制作图的引导，幼儿能更加直观地理解做面包的步骤。当幼儿学会了做面包的方法后，加入面包把狗熊吸引来了的情境，从而引入“狗熊来了”躲躲好的游戏。故事情境适合小班幼儿的年龄特点。故事情节发展流畅自然，小班幼儿容易理解，所以能更好地投入游戏中。

3. 动作。

首先，在动作设计的过程中，教师设计的每一个动作都是有落点的，而且都是做在重拍上，可以让幼儿感受稳定拍的节奏。其次，两拍一下的动作频率及两个八拍一变的动作转换频率适合小班幼儿掌握。再次，随乐动作依次表现揉面团、刷黄油、撒果粒、进烤箱的过程十分贴近故事情境。最后，教师引导幼儿在活动中注意倾听音乐，区分各个乐段表达的不同内容，同时通过语令和身体动作的提示，帮助幼儿根据音乐的变化而变换动作，既能很好地突出情节情绪，又可以激发幼儿对于动作记忆的兴趣。

4. 游戏。

这个活动中蕴含两个游戏：“躲猫猫”游戏，这是低龄幼儿特别喜欢的游戏，会有不想被别人找到的情绪，也有被找到后的惊喜；“观察辨别”游戏——“找人”游戏。在游戏过程中，因为猜的都是身边熟悉的人，所以幼儿会感觉很亲近。同时猜对的概率很高，在游戏过程中幼儿享受成功和喜悦的情绪会多一些。两个游戏叠加，设计得很巧妙，情境逻辑合理，幼儿不仅乐于参加而且会主动地投身其中。

【新手教师模仿难点及解决建议】

1. 新手教师在进行动作示范的时候动作不准确，而且越做越快，这是什么原因？怎么办？

解决方案：究其原因，可能有两点，第一练习的量不够。第二，新手教师注意力分配不足，遇到超出预料的问题就紧张，一紧张，动作就越来越快。建议新手教师分三个步骤解决这个问题。

第一，和新手教师一起对乐曲进行分析，做好细致的背景了解：乐曲结构是什么？AB，还是ABC，还是……节奏是什么？二拍子的乐曲还是三拍子的乐曲？旋律是什么风格的？抒情、活泼……这些分析会让新手教师对乐曲有基本的把握。

第二，在熟悉乐曲的基础上，设计动作。在“狗熊吃面包”这个活动中，A段比较工整，有重复，于是就设计了与做面包的过程相关的动作：揉面团、刷黄油、撒果粒、进烤箱。B段比较深沉，仿佛就来到了深山老林遇见了狗熊一般，所以设计狗熊出场游戏的内容。乐曲与动作统一为新手教师准确地记忆动作做好了保障。

第三，新手教师需要进行自身内化修炼，养成听音乐打节拍的习惯，形成对音乐节奏的敏感性和稳定性。A段都是随乐一下一下做动作，每个动作都应该有落点和呼吸，而新手教师在随乐动作的时候可能由于自身修炼不够，内化不足，容易忽略动作转换时的落点和呼吸，这样的动作示范不利于幼儿对节奏的把握，特别是在重复动作时会出现动作越做越快的现象，可以尝试在做每个动作时通过喊节奏帮自己找到落点；在动作转换的时候，加入一个吸气后再做动作，语令由有声到无声，并逐步退出。这样的练习可以帮助新手教师提高动作的准确性，帮助新手教师从容应对注意力分配不足的问题。

2. 扮演“狗熊”的教师要时刻关注幼儿的状态，适时调整。

解决方案：这是小班活动，从年龄特点来看，受直觉行动思维的影响，当他们看到狗熊时不会质疑真假，而是会很快投入到情境中。有的幼儿因为受到之前经验的影响，觉得狗熊会给他带来伤害而害怕；有的幼儿因为狗熊“颜值”不是很高而害怕，所以扮演狗熊的配班教师首先要用温和的声音和幼儿游戏，切不可太过喜感，以免幼儿害怕。其次游戏中的体态尽量下蹲，保持和幼儿平视，动作幅度不要过大，以免幼儿紧张。再次，注意刚开始游戏时，不要与幼儿有直接的身体接触，如果距离太近，幼儿容易紧张、害怕。最后，选择带走的幼儿，一定是胆子稍大一点的，可以通过空间试探和语言试探来找寻。

3. 幼儿不愿意跟着狗熊走怎么办？

解决方案：通常不愿意跟着狗熊走的幼儿，胆量相对较小，性格较为内向，遇到这样的事情显得比较紧张。为了缓解幼儿的紧张情绪，教师可以预设几种可能。

对于那些胆大的幼儿，有可能接受被带走，教师可以陪同一起离开座位并到隐蔽的地方。对于那些腼腆的、胆小的幼儿，可以用一块布盖住，由教师在旁边轻轻抱住。第一次游戏之后，幼儿会慢慢消除紧张情绪，参与到活动中。

还可以通过体态、表情、语气等方式让幼儿接受游戏。例如，狗熊可以蹲下身来，和幼儿平视对话，这样幼儿不会有压迫感，从而愿意一起玩。如果他强烈地表示不愿意走，狗熊可以通过情境语言"你做的面包好香哦"，让幼儿缓解紧张情绪，从而愿意跟着走；如果还是不愿意，可以同时邀请旁边的一个幼儿，两个幼儿一起走，通过同伴缓解紧张情绪。

原创解析：南京师范大学幼儿园　丁　倩

第二节　中班律动

一、活动案例:中班律动“谁是小熊”

【乐曲】

谁是小熊

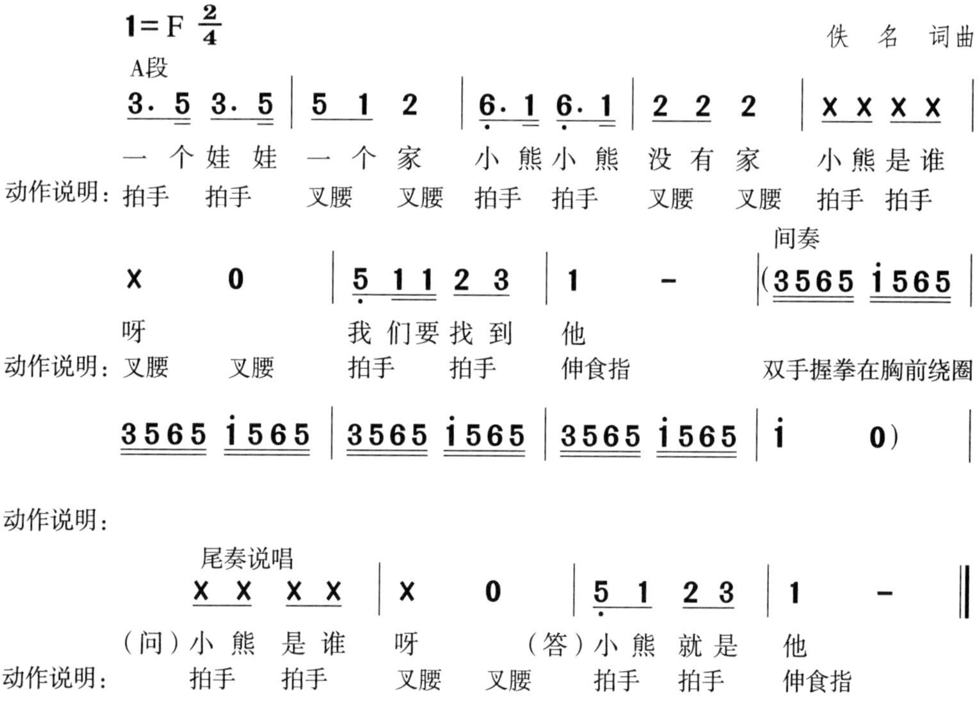

音乐结构:A 段+间奏+尾奏说唱。

动作建议:参见乐曲。

游戏玩法如下。

1. “抢椅子”游戏和产生小熊 A 环节。

(1) A 段音乐,幼儿站在椅子外圈面向圆心边唱歌边做动作表演。

(2) 教师抽去一张椅子。幼儿在间奏部分按逆时针方向双手叉腰,随乐做小跑步行进动作。

（3）音乐停止，幼儿迅速找到椅子坐下来。没抢到椅子的幼儿即为小熊 A。小熊 A 搬小椅子坐在圆心位置，蒙上眼罩，准备玩“猜猜我是谁”的游戏。

2.“抢椅子”“猜猜我是谁”“谁不见了”游戏环节。

（1）A 段音乐，玩法同前。

（2）间奏部分，幼儿玩“抢椅子”游戏。

（3）间奏音乐一停，每个幼儿要马上找到一张空椅子坐下来。谁没有找到座位，谁就是小熊 B。

（4）加入“猜猜我是谁”游戏。小熊 B 拍拍小熊 A 的肩膀，说“请你猜猜我是谁”。小熊 A 根据声音猜测谁是小熊 B。小熊 B 可通过改变自己的音量、音色等来增加猜测的难度和乐趣。游戏循环进行。

（5）加入“谁不见了”游戏。小熊 B 躲藏，小熊 A 寻找“不见了的伙伴”。游戏循环进行。

【使能目标阶梯】

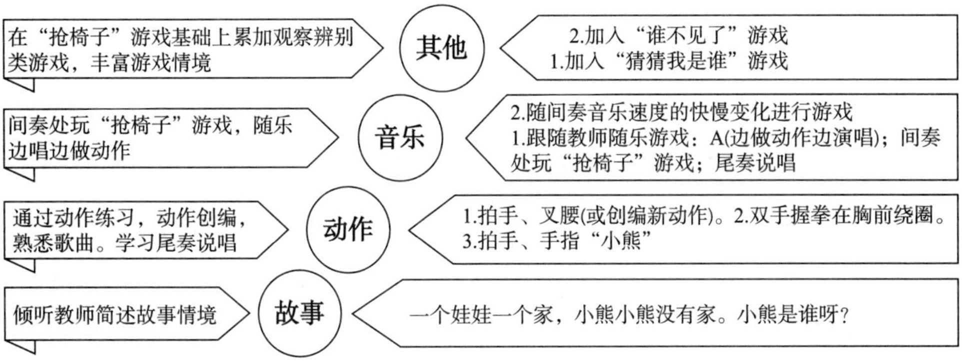

【教育活动设计】

活动目标

1. 在熟悉歌曲旋律，学唱歌曲的基础上，创编相应动作，并随乐玩游戏。

2. 在游戏情境中，迁移“抢椅子”“猜猜我是谁”的游戏经验，能根据音乐的变化，做出相应的动作反应。

3. 能遵守游戏规则,坚持在间奏音乐停止的时候再开始抢椅子。

活动准备

1. 物质准备。

(1) 小熊头饰。(面具)

(2) 钢琴伴奏。

2. 经验准备。

(1) 玩过“猜猜我是谁”的游戏。

(2) 熟悉“抢椅子”游戏的基本规则。

3. 空间准备。

(1) 幼儿坐成圆形。

(2) 座椅之间留有一定的空隙,便于幼儿抢椅子。

活动过程

1. 故事。

师:每个小朋友都有自己的家,可是有一只小熊没有家,这只小熊是谁呢?他就藏在你们中间,我们一起来学一学歌曲,找一找小熊。

(困惑与思考:为什么幼儿要坐成圆形,而不能做成半圆形?为什么座椅之间要有一定的空隙?教师讲述的故事十分简短,是出于什么考虑?

坐成圆形有利于“抢椅子”游戏的进行,便于幼儿在音乐停止时快速找到椅子。

座椅之间留有一定的空隙,便于幼儿在音乐停止时快速进行“抢椅子”游戏。

教师设计的故事十分简短,没有多余信息,只含必要的歌词内容。如此设计,有助于幼儿理解和记忆歌词。)

2. 动作。

(1) 教师示范动作模型,幼儿倾听教师演唱。

师:歌曲里唱了什么?唱歌的时候做了什么动作?我们一起来听一听、看一看。

[教师第一遍示范]

师:歌曲里谁没有家呢?

幼:小熊。

师:歌曲里还唱了什么呢?

幼:一个娃娃一个家。

幼:我们要找到他。

师:在唱歌的时候我们还做了什么动作?

幼:拍手,叉腰。

师:我们一边听音乐,一边做一做动作。

(困惑与思考:为什么教师在引导幼儿倾听歌曲前,要提出两个问题? 这两个问题分别指向什么? 教师随乐做动作时,对动作的设计有何考虑?

教师设计两个问题,并将问题前置,旨在引发幼儿有目的地倾听与观察。

问题一:歌曲里唱了什么? 这是针对歌词内容的提问。由于本歌曲歌词较简短,且与故事内容基本吻合,幼儿很容易在教师第一遍示范后就能提炼出歌词。问题二:唱歌的时候做了什么动作? 这是针对教师示范动作的提问。在动作设计方面,教师采用了"简单为上,够用就行"的原则,其目的是帮助幼儿清晰地感知音乐的节奏和结构:用拍手和叉腰动作帮助幼儿掌握歌曲的节奏,用"双手握拳在胸前绕圈"的动作替代后续"抢椅子"的随乐跑。)

(2) 教师再次示范,加入尾奏说唱,幼儿学唱。

师:我们一边唱歌一边找一找谁是小熊。

[教师第二遍示范,随乐在间奏处用"点兵点将"的方法选出小熊]

师:最后一句找小熊的时候,我们还可以用说唱的方法呢!

幼:小熊是谁呀? 小熊就是他!

师:我们一起试一试用说唱的方法来找小熊。

[教师第三遍示范,幼儿学习尾奏说唱]

(困惑与思考:倘若出现幼儿沉浸在找小熊的游戏情境中而忘记说唱的情形,教师应该怎么办?

由于最后一句"说唱歌词"是整首歌曲的点睛之笔,同时也是为后续"抢椅子"游戏做铺垫,因而有必要重点前置,让幼儿先学会说唱部分。前半句用说的方式提问:"小熊是谁呀?"后半句用唱歌的方式回答:"小熊就是他!"为了避免幼儿因沉浸在游戏中而忘记说唱的情形,教师一方面可在唱歌前重点强调;另一方面,可以在间奏处用"点兵点将"的方法选出"小熊",并在说唱环节让其他幼儿与"小熊"互动,从而在游戏中强化尾奏说唱并进一步熟悉整首歌曲。)

(3) 教师逐句向幼儿提供歌词内容,鼓励幼儿用自己想出的动作表现。

师:我们来为每一句歌词想一个动作。可以把叉腰的动作替换成小朋友创编的动作。

[教师第四遍示范,幼儿随乐将“叉腰”动作替换成创编的动作]

(困惑与思考:幼儿不会根据歌词内容创编动作怎么办?在创编动作时,幼儿个性化的动作比较多,对此,教师该如何快速取舍?

教师可以根据歌词内容,通过提供思考线索引导幼儿创编动作。如第一句“一个娃娃一个家”,教师可引导幼儿先创编一个“家”的动作,随后将原来的“拍手—拍手—叉腰—叉腰”的动作替换成“拍手—拍手—家—家”的动作。一般情况下,动作创编以幼儿的意见为主,只要幼儿创编的动作和歌词的内容基本吻合即可选用。

创编动作的目的是进一步引发幼儿参与活动的兴趣。因此,创编的数量应以“够用”为原则。即如果一句歌词只需要创编一个动作,那么在比较合适的动作出现后,该句动作创编就可以告一段落了。因为无休止地创编新动作,很容易使幼儿的兴趣减退和注意力分散。但如果同一时刻幼儿创编的动作差异较大,颇具个性,如幼儿同时摆出了各种姿态的“家”的造型,则教师可以从中快速提取一个简单易学的动作,或请幼儿推选出一个动作集体模仿。至于其他的动作,可以作为后续游戏时要替换的储备动作。如此,既可保证活动的流畅性,又增强了动作的丰富性。)

(4) 幼儿边唱歌边做动作。

师:又找到一只可爱的小熊。这首歌曲你们会唱了吗?我们一起听着音乐,一边做动作一边唱一唱。

(困惑与思考:本环节是否要求幼儿准确地唱出歌词和曲调?

《谁是小熊》是一首带有游戏性质的歌曲。幼儿学唱此歌曲的方式是“在反复游戏中自然学唱”。因此,教师不必在本环节过度强调歌词和旋律的准确性,而是应该努力吸引幼儿投入后续的游戏,让幼儿在享受游戏所带来的快乐中顺带学唱歌曲。)

3. 音乐

(1) 迁移“抢椅子”游戏经验,完整游戏。

师:我们可以用抢椅子的方法找到小熊,什么时候玩“抢椅子”游戏呢?

幼:说唱的时候。

幼:做手臂转圈的时候。

师:手臂转圈的时候,小朋友们轻轻起立,围着椅子走,音乐停的时候,快速找到一张椅子坐下来。没有找到椅子的小朋友是谁呀?

幼:就是小熊。

师:对。找到小熊以后,还要一起说唱“小熊是谁呀?小熊就是他”!

[幼儿第一次随乐动作。预设方案:教师做小熊]

师:这一次谁是小熊呢?

幼:你(手指老师)。

师:你们刚才是怎么快速找到椅子的呢?

幼:围着椅子跑的。

幼:慢慢跑,眼睛看着椅子。

幼:音乐一停,赶紧坐在椅子上。

师:你们的方法都很好。

师:找到小熊后还说了什么,唱了什么呢?

幼:小熊是谁呀?小熊就是他!

(困惑与思考:为什么幼儿在本次活动前就应具备“抢椅子”游戏的经验?本环节中,教师的一系列提问起到了什么作用?为什么第一轮“抢椅子”游戏结束时,需要由教师担任“小熊”角色?

本活动既要让幼儿学习游戏,又要在游戏中自然学唱歌曲,这对幼儿来说难度较大。因此,将“抢椅子”游戏作为本活动的前期经验准备,让幼儿提前了解游戏的规则和玩法,并自然迁移至本活动中,这显然可以降低幼儿的学习压力和难度。

本环节中,教师提出了一系列问题。这些问题起到了激发幼儿思考、澄清游戏规则和提醒幼儿参与演唱等作用。如问题“什么时候玩‘抢椅子’游戏呢?”旨在有意识地引导幼儿将手臂绕圈动作替换为绕椅子行进动作,同时帮助幼儿理解音乐停止时才能抢椅子坐下的规则。问题“没有找到椅子的小朋友是谁呀?”旨在帮助幼儿明确游戏规则“没有找到椅子的小朋友就是小熊”。问题“找到小熊后还说了什么,唱了什么呢?”旨在把幼儿引导到学习说唱“小熊是谁呀? 小熊就是他”的部分并进行练习。

第一轮“抢椅子”游戏结束时,“小熊”角色由教师担任,如此设计是出于以下考虑:① 教师作为高级榜样进行示范,可清晰地通过动作、面部表情等帮助幼儿了解并掌握游戏规则。② 避免幼儿因为找不到椅子而情绪紧张,从而影响游戏的节律。)

(2) 变换间奏音乐的速度,幼儿随音乐的快慢变化进行游戏。

师:仔细听一听,这一次抢椅子时,音乐发生了什么变化?

[**幼儿第二次随乐动作**]

师:抢椅子时,音乐发生了什么变化?

幼:有快的,有慢的。

师:快的时候我们怎么办? 慢的时候呢?

幼:跑,快走。

幼:慢慢走,轻轻走。

师:刚才玩的时候有什么问题呢?

幼:音乐没停,就有小朋友停下来了。

师:我们要坚持等到音乐停的时候才能抢椅子坐下来。

(困惑与思考:为什么要将间奏“抢椅子”部分的音乐速度进行变化处理,并且提醒幼儿在游戏中注意倾听音乐的变化?

将间奏部分的音乐进行速度变化处理,并且提醒幼儿在游戏中注意音乐的变化,其目的是让幼儿在游戏过程中不仅要动用自己的身体,还要调动自身的听觉,即让幼儿通过有意的倾听和随乐动作,了解身体动作与音乐速度之间的关系,并以自己的方式表达对音乐的感受和理解。)

4. 其他。

(1) 出示小熊头饰(面具),听声音猜测谁是下一个小熊。

师:没有抢到椅子的小熊A坐在圆圈中间,和大家边唱歌边做动作。听到“抢椅子”音乐的时候,小熊A要迅速把面具戴上。下一个没有抢到椅子的小朋友就是小熊B,小熊B要走到小熊A的身后,对他说:“请你猜猜我是谁?”小熊A猜一猜小熊B是谁。

[**幼儿第三次随乐动作**]

师:小熊A什么时候把面具戴上的?

幼:玩“抢椅子”游戏的时候。

师:没有抢到椅子的小熊B要走到中间说什么?

幼:请你猜猜我是谁?

师:你是怎么猜出来的呢?

幼:我听声音的。

师:小熊B怎么样才能不让别人猜出自己是谁呢?

幼:可以变化声音。

幼:声音变粗一点。

(困惑与思考:为什么要加入“猜猜我是谁”的游戏?

一般地,“抢椅子”游戏的规则被设计为:没有抢到椅子的幼儿应停玩一次。而这时,被“罚”幼儿的情绪有可能会受到影响。为此,本环节改变了游戏的规则:请没有抢到椅子的幼儿做中间的小熊A,并猜测谁是小熊B。这样既可以帮助幼儿调整情绪,又可以让游戏不断地、循环地进行下去。)

(2) 加入“谁不见了”游戏。

师:这一次没有抢到椅子的小熊B要躲起来,中间的小熊A要猜一猜是谁不见了。

师:小熊A,你要仔细看看现在玩游戏的有哪些人哦。

[**幼儿第四次随乐动作**]

师:遇到了什么问题?

幼:小熊A把面具打开了。

师:小熊A什么时候才能打开面具?要等到“抢椅子”音乐结束后,小熊B躲好了,我们邀请他打开面具的时候,小熊A才能打开。

[幼儿第五到第N次随乐动作]

师:谁不见了?你是怎么猜出谁不见了的?

幼:×××,我发现他不见了。

师:你观察得很仔细。

(困惑与思考:为什么要添加“谁不见了”的游戏?

一般地,幼儿辨别同伴嗓音音色的难度相对较低。为此,教师可以根据幼儿的学习情况,设计更高难度的挑战。“谁不见了”的游戏便是出于此考虑。

要顺利地找到躲起来的小熊,需要猜测者运用一定的方法。如需要留意并努力记住参与游戏的同伴有哪些。倘若猜测者无法完成猜测任务,教师可以降低难度(也可以请幼儿提供降级思路)。如让躲起来的小熊露出双脚,猜测者根据鞋子的颜色进行猜测;也可适当公布一些有效信息(如性别、穿着、坐的位置等);或者请猜测者独立或在教师的引导下提出三个问题,以此帮助自己从问题的答案中获得有价值的信息。如问题一:“这只小熊是男生还是女生?”答:“女生。”问题二:“这只小熊穿了什么颜色的衣服?”答:“红色。”问题三:“这只小熊刚才是坐在哪个位置上的?”答:“在×××身边。”

此外,该游戏环节进展顺利的另一个条件是:参与游戏的全体幼儿必须遵守游戏规则。如猜测者“不偷看”,尽力通过观察、回忆、辨识获得成功;不担任特殊角色者可以使用大家协商认可的方式提示猜测路径,但不应直接向猜测者提供答案等。由此,通过音乐活动培养幼儿诚信、守规则的人格品质这一目的也就真正落在了实处。)

【设计意图解析】

1. 音乐。

《谁是小熊》是一首旋律欢快、节奏鲜明、有演唱、有说唱的幼儿歌曲,非常适合中班幼儿边唱、边说、边表演、边游戏。

2. 故事。

一个娃娃一个家,小熊小熊没有家。小熊是谁呀?它的家又在哪里?简单的故事情境很适合中班幼儿理解、记忆,也能吸引他们投入活动。

3. 动作。

A 段音乐共四个乐句,通过拍手、拍手、叉腰、叉腰的动作,幼儿很容易掌握基本的动作模型,并在模型不变的情况下,将叉腰动作替换成新编动作。间奏部分,教师之所以先让幼儿取坐姿做双手握拳在胸前绕圈的动作,其目的一方面是幼儿坐在座位上做简单的律动动作较为稳定,另一方面也是为后续起立做小跑步行进、玩“抢椅子”游戏做好铺垫。

4. 游戏。

“抢椅子”属于“快速反应”游戏,“猜猜我是谁”和“谁不见了”属于“观察辨别”游戏。这些游戏都是中班幼儿非常喜欢的。在“抢椅子”游戏中,通过调整音乐的速度和力度,可让幼儿学会倾听音乐,并根据音乐速度和力度的变化,相应地变化动作的快慢和轻重,使其和音乐保持一致。在“抢椅子”游戏后累加“猜猜我是谁”的声音辨别游戏,以及“谁不见了”的观察辨识游戏,既丰富了游戏情节,又可以让游戏不断地、循环地进行下去。

【新手教师模仿难点及解决建议】

1. 新手教师觉得本教学活动承载量较大,教与学的任务过重,怎么办?

解决方案:教学活动的承载量应依据教师自身的能力和幼儿的实际学习能力而定。对于本活动来说,如果新手教师觉得在一个单位时间内,既要引导幼儿学唱歌曲,又要带领幼儿玩游戏,活动的容量和难度较大,则完全可以对原活动进行合理的调整。如分解活动层次,将原来的一课时拆分成两个课时进行。活动一:随乐模仿动作、创编动作,熟悉歌曲。活动二:随乐游戏,学唱歌曲。

2. 幼儿在游戏时不唱歌曲怎么办?

解决方案:《谁是小熊》是一首与游戏相伴的歌曲。对于这一类游戏性歌曲,教师一般应采用“在玩的过程中,顺带学唱歌曲”的方法引导幼儿学习歌曲。也就是说,在活动刚开始时,幼儿的任务主要是学习简单的动作,了解游戏的规则,而唱歌的任务主要由教师承担。随着游戏的反复进行,幼儿自然会在一遍遍游戏、一次次倾听的过程中,慢慢习得歌曲。所以,教师不必在活动刚开始时,就过度强调让幼儿参与演唱。

当然，在幼儿已经学会了游戏，也反复倾听了多遍歌曲后，教师可以要求幼儿边唱歌边游戏。但如果幼儿因沉浸在游戏状态中，而忽略了歌曲演唱，教师可以运用位移（走到幼儿身边，和幼儿一起边做动作边演唱歌曲）、眼神（鼓励幼儿大胆演唱）、语言（我们要一边唱歌一边做动作）来提醒幼儿。

3. 倘若出现"幼儿都争做小熊A或者小熊B，不抢椅子"的情况时，新手教师应该怎么办？

解决方案：在幼儿熟悉游戏玩法后，可能会出现有幼儿故意不找椅子，争做小熊的情况。对此，教师可再次强调游戏规则，音乐停了以后，要快速找到一张椅子坐下！教师若观察到有幼儿多次故意不抢椅子便可用身体动作、语言提示等方法来提醒该幼儿快速抢椅子。例如，这里有一张椅子，看谁先抢到！对于抢到椅子坐下的幼儿给予适当的表扬。

4. 倘若幼儿没有随间奏音乐速度的变化而调整行进动作的快慢，怎么办？

解决方案：在抢椅子时，有可能会发生幼儿因过于沉浸在游戏中，而忽略音乐速度变化的情况。对此，新手教师可以在变速玩"抢椅子"游戏之前，先让幼儿坐在座位上倾听一遍音乐，让幼儿感知音乐的变化，随后再请幼儿站立并行进游戏。

5. 在游戏过程中，倘若幼儿出现过度兴奋的状态，教师该怎么办？

解决方案：幼儿天性活泼好动，加之游戏本身的不稳定性和竞争性，幼儿很容易在活动中出现"兴奋扩散"的情形。此时，教师简单地采用传统纪律管制的方法来维持秩序，很容易造成师幼双方的情感对立。有效的做法应该是，教师首先将自己的表情和体态控制在相对严肃、沉稳的状态。随后，通过调整间奏音乐的速度，甚至力度，来帮助幼儿将情绪保持在适度兴奋水平范围之内。如幼儿较兴奋，可将间奏音乐速度放慢，力度减弱，待幼儿情绪稳定后，再将间奏音乐加快，力度加强。这样既可以有效地控制幼儿兴奋的时间，又给幼儿提供了听辨音乐、快速反应的机会。

原创解析：南京市石鼓路小学附属幼儿园　陈晶晶

二、活动案例:中班律动“小鞋子的舞会”

【乐曲】

闲聊波尔卡(片段)

1= A 2/4　　　　　　　　　　　　　　　　　　　[奥]约翰·施特劳斯　曲

前奏　　　　　　　　　　　　　　　　𝄋 A段

0 | 0 0 | 0 05 ‖: 5005 | 500#4 | ♮4321 |

动作说明:　[1]—[8]小节，鞋柜中第一排小鞋子跟随音乐节拍一拍一下踏步往前走，散点站好后，在最后两小节摆好一个鞋子造型不动

7006 | 2006 | 2006 | 2342 | 3 05 |

动作说明:

5005 | 500#4 | ♮4321 | 7007 | 3007 |

动作说明:[9]—[16]小节，鞋柜中第二排小鞋子跟随音乐节奏一拍一下踏步往前走，找到一个朋友与他（她）面对面站好，摆好一个与对面同伴相对称的造型（动作一致，方向相反）

转1= E（前2=后5）

B段

30 067 | #135#1 | 2. 5 | 7 7 ‖ 7 76 |

D.S. Fine.

动作说明:　[1]—[2]小节，面

i0i0 | 1 – | 7070 | 7 – | 6060 |

动作说明:对面踏步走　[3]—[4]小节，对拍三下　[5]—[8]小节，做四次挥手打招呼

5. 5 | 7 7 | 7 76 | i0i0 | i – |

动作说明:的动作　[9]—[12]小节，面对面踏步走

12♭30 | ♭3210 | 5555 | 5555 | *p* 5555 |

动作说明:　[13]—[24]小节，小鞋子排成一纵队跟随排头在场地上小碎步跑动

动作说明：

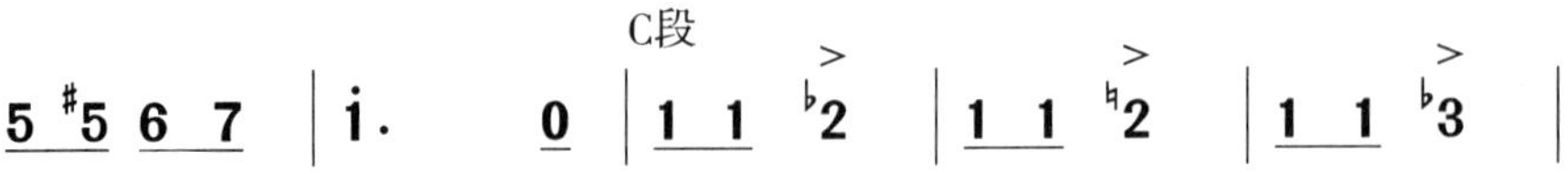

动作说明：[1]—[9]小节，其中一只鞋子做“嘘”的动作，其

动作说明：他鞋子做侧耳听的动作，全体鞋子跑回鞋柜，摆好造型

音乐结构：前奏+三段式 ABC 结构。

动作建议：参见乐曲。

游戏玩法：

1. 动作创编环节，先跑出去的第一只小鞋子即兴创编一个造型定住不动，第二只小鞋子跑到第一只小鞋子的身边模仿它的动作。

2. 在“走一走呀，拍拍手”跳舞时，两只小鞋子做一样的动作并且目光要相互交流。

3. 小鞋子轻轻跑回鞋柜，同时要摆好一开始的造型并一动不动。

【使能目标阶梯】

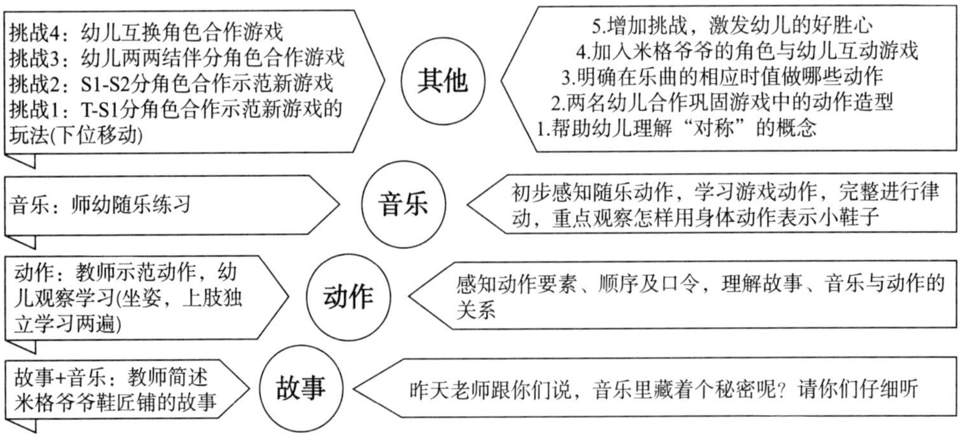

【教育活动设计】

活动目标

1. 在感知乐曲的旋律和结构的基础上，根据教师的动作线索用不同的造型表现调皮可爱的小鞋子形象。

2. 仔细倾听音乐并在教师的语言提示下准确地做出和变换动作；做第一只小鞋子时尽量做空间水平不同的有个性的造型，做第二只小鞋子时尽量准确地模仿第一只小鞋子的动作，学习创编两人合作的对称动作。

3. 理解爷爷工作辛苦需要好好休息的情境，在教师的提醒和暗示帮助下尽量做到“有控制的嗨”，并尝试体验其中的别样乐趣。

活动准备

1. 物质准备：剪辑后的音乐《闲聊波尔卡》（片段）、米格爷爷头饰。

2. 经验准备：幼儿有自己排椅子变成“鞋柜”（椅子排成一排，中间有空格）的经验；有初步的身体造型经验，如变成小动物、交通工具、植物等。

3. 空间准备：上课时幼儿先坐成半圆形，在表演的时候一部分幼儿将小椅子摆成鞋柜。

活动过程

1. 故事。

师：请你们仔细听，米格爷爷的鞋匠铺里藏着什么秘密？（轻声放完整音乐做背景）

故事梗概：在城市的巷子里有一家米格爷爷鞋匠铺。里面住着修鞋子的米格爷爷和他漂亮的小鞋子们。米格爷爷的手艺很好，人也很善良，所以大家都喜欢上他这里来做鞋。这里有穿在高贵小姐脚上的黑美人，有穿在活泼小男孩脚上的小叮叮，还有许多你想象不到的特别的鞋子。鞋匠铺里有个秘密：那就是每天夜里 12 点，米格爷爷睡着的时候，小鞋子们都会动起来！调皮可爱的小鞋子们不仅会摆出各种有趣的造型，还会一起跳舞呢！

这天，鞋柜里的小鞋子们正在商量一起跳支有趣的舞蹈，给辛勤工作的米格爷爷一个惊喜。

[**教师第一遍示范**]

(困惑与思考:在讲故事的时候需要带入动作吗?

对于新手教师来说,在讲故事的时候就将律动动作按照顺序表现出来,可以让幼儿在听故事的时候初步感知动作,了解动作与故事之间的关系。对于教师本身来说,也更易操作。如果音乐素养比较高的教师可以选择将故事融入音乐中,在讲故事的同时让幼儿感知音乐与故事之间的关系,这个对于教师的要求就更高。)

2. 动作。

(1) 幼儿倾听音乐,教师用手部动作帮助幼儿熟悉律动动作。

① 在教师的动作引导中结合故事内容完整感知乐曲。

师:鞋匠铺里有什么秘密?

幼1:小鞋子会跳舞。

幼2:每天夜里12点,米格爷爷睡着的时候,小鞋子们都会跳舞。

师:接下来请你们一边听音乐,一边看老师的动作,看一看小鞋子是怎样跳舞的,老师做了哪些跳舞的动作?

[**教师第二遍示范**]

(困惑与思考:幼儿能说出小鞋子在跳舞的时候做了哪些动作吗?

对于幼儿来说,小鞋子一直在跳舞。所以当教师提这个问题的时候要具体到小鞋子在跳舞的时候说了一句什么话。教师通过“走一走,拍拍手”的语令提示引导幼儿说出并做出小鞋子们一起跳舞的动作。)

② 学习B段跳舞动作的基本模型。

师:小鞋子怎么跳舞的?你看到了哪些动作?

幼:一边做动作一边描述——“走一走,拍拍手,打个招呼”。

师:我们一起来试一试。(教师唱B段歌曲,集体练习动作——“走一走,拍拍手,打个招呼”)(坐在椅子上做一遍,站起来跳一遍)

[**幼儿第一遍律动**]

(困惑与思考:教师为何在B段音乐选择清唱而不是放音乐?

B段音乐是活动的重难点之一,B段音乐的动作虽然不是特别难,但是后期幼儿需要进行两两合作，因此作为活动的重难点部分教师是需要进行特别说明和练习的，在这个时候教师选择清唱可以自行掌握速度，在重点的地方教师可以加大音量做重点提示。）

（2）请幼儿随乐用手部动作一起跳舞。

师：请你仔细想一想，两只小鞋子是一起出来的吗？

幼：不是一起出来的。

师：你看清楚它们是怎么出来的吗？

幼：一只小鞋子先出来，另一只小鞋子后出来。

师：这次请你们和我一起用小手来试一试。（随完整乐曲在座位上做律动）

[幼儿第二遍律动]

（困惑与思考：跑动会让幼儿不稳定，如何让幼儿在座位上学会动作和理解游戏的规则呢？

教师用两只手来演示两只小鞋子一前一后跑出来摆造型、跳舞，再跑回鞋柜，用手部动作代替下位的跑动，会让幼儿更加稳定地了解乐曲的结构、动作和游戏玩法。教师用简洁的语令说明也省去许多不必要的话语，从而让整个教学活动更加有效。）

3. 音乐

（1）请幼儿创编各种鞋子的造型。

师：刚才故事里说到，米格爷爷的鞋店里有许多不同种类的鞋子，如果你现在就是米格爷爷鞋柜里的一只鞋子，你会用自己的身体动作来表示吗？

（第一种情况——幼儿没有想好动作）

师：我先来试一试，谁愿意来学我的动作？我的小鞋子是什么样的？

（困惑与思考：幼儿会用身体动作来表现一只鞋子吗？

让幼儿即兴用身体动作来表现一只鞋子可能会有困难。在进行教学组织时，如果幼儿一下子没有想到合适的动作，教师可以通过引导幼儿模仿生活中的人、事、物，给幼儿提供创编动作的线索，如黑美人高跟鞋、小叮叮鞋……还可以引导幼儿想象各种动物造型、植物造型、动漫人物……作为创编动作的线索，帮助幼儿“举一反三”地做出丰富的造型，从而积累创编的经验，提高幼儿的创编能力。）

（第二种情况——幼儿可以做出各种小鞋子的造型）

师：我来数1、2、3，你们可以变出三种不同的小鞋子造型吗？

[教师第二遍示范]

（困惑与思考：幼儿在规定乐句内即兴创编出三个造型很难吧？

在音乐的时值内并且要按照音乐节奏进行即兴创编，对幼儿来说是一种挑战。“我数1、2、3，大家把自己想到的动作准备好”是活动中常用的组织方法，目的在于给予幼儿充分的准备时间，让幼儿明白在一定的时间之内要完成动作的创编，并通过教师的引导用语言描述自己的动作，升级已有的造型经验。）

（2）观察师幼示范，帮助幼儿理解对称的概念。

（注意：教师在与幼儿示范时，幼儿做第一只跑出去的鞋子，教师站在该幼儿身后，在每次第一只小鞋子跑出去的音乐的句首轻轻拍一下幼儿的后背，以提示第一只小鞋子该跑出去了）

① 教师与一名幼儿分角色示范游戏玩法。

（S做第一只鞋子，T做第二只鞋子）

师：我想做一只和你一样的鞋子，一会儿跳舞的时候，我们俩就是一双鞋子，我可以怎么做呢？

幼：要和我的动作一样，但是动作的方向不一样，比如我动左手你就动右手。

师：我们刚才听音乐的时候，两只小鞋子是一前一后出来的，我想请我的伙伴做先出来的那只小鞋子，我来和他一起表演。请大家看一看我们是怎样做的。

（教师与幼儿合作示范）

② 两名幼儿分角色再次示范游戏玩法。

师：这次我请出两只鞋子，谁愿意做前面的鞋子？谁愿意做后面的鞋子。我们看一看他们能不能完成所有的动作。

[幼儿第三遍律动]

③ 请幼儿两两合作，尝试共同游戏。

师：两只小鞋子在摆椅子的时候，中间要空一些距离，这样方便后面的小鞋子跑出来和跑进去哦。

[幼儿第四遍律动]

（困惑与思考：合作环节如何让幼儿做到第一只鞋子随乐先出去，第二只鞋子随乐后出去游戏？

要让幼儿知道，在合作环节是第一只鞋子先出去，第二只鞋子后出去。所以在示范时，教师需要先邀请一个幼儿来做第一只鞋子，自己做第二只鞋子，一是因为幼儿不知道具体合作的形式和内容，教师做第二只鞋子可以提示幼儿出发以及变造型的“卡点”。二是做“对称造型”时，教师可以快速反应做出正确的高级榜样，不会造成错误而影响后续环节的流畅性。全体幼儿都看到，扮演第一只鞋子的幼儿先出去，教师作为第二只鞋子是站在板凳后不动的，等到第二只鞋子出去的音乐响起，教师再随乐出去做动作。当教师与一个幼儿合作完成后，教师可以退出，再找一个幼儿来扮演第二只鞋子，让两个幼儿进行合作练习，教师在一旁通过语言来进行提示，等幼儿两两合作成功后，教师再邀请更多幼儿来做游戏，这样幼儿就能很好地进行合作随乐游戏了。）

师：刚才那一组同伴表演得如何？

幼：很好！

师：接下来请所有的男孩子当第一只小鞋子，把你们的椅子搬到舞台上排成一排，变成我们的小鞋柜。女孩子当第二只小鞋子，站在男孩子的小鞋柜后面做准备。

［幼儿第五遍律动］

4. 其他。

（1）教师扮演米格爷爷，加入新的角色进行表演。

师：你们觉得刚才的舞蹈表演得如何？

幼：有小鞋子出门早了。

师：有什么办法可以帮助他？

幼1：可以看一起出门的其他同伴，大家一起出门。不能跟着第一只鞋子跑出去哦。

幼2：如果跟着第一只小鞋子跑就不在音乐里了，要学会听音乐。

师：我变成了谁？

幼：米格爷爷。

师：我忙了一天好累啊！我去休息休息。

［幼儿第六遍律动］

(2) 幼儿互换角色再次进行律动游戏表演。

(注意:在第二遍换角色时,完全顺应幼儿的需求,让幼儿自愿选择换或不换)

师:刚才我睡着的时候好像听见了什么声音,你们从鞋柜里出来过?

幼:没有!

师:可能是我听错了。

结束语:我的小鞋子们真是太可爱了!米格爷爷希望永远和你们在一起!给大家带来快乐!

[幼儿第七遍律动]

(困惑与思考:如何让幼儿在游戏中能很好地克制自己的情绪而不过于兴奋?

① 调整故事,在故事的讲述中加入"米格爷爷因为帮别人做鞋子每天都非常辛苦"的情境,让幼儿明白为什么要克制情绪。

② 既然是在晚上12点发生的事情,且不能影响到他人,教师讲故事和组织活动的语言都要降低八度,教态要从容,表现出有控制的高兴。

③ 在这一过程中,通过适时的提问、评价和幼儿一起做到"高兴且控制",如"我们要出去跳舞了,但是米格爷爷在睡觉,我们应该怎么做呢?""小鞋子们,你们玩得开心吗?你们觉得刚刚我们有没有把米格爷爷吵醒?""你们玩得很高兴,又能控制自己的声音和动作,不把米格爷爷吵醒,真棒!")

【设计意图解析】

1. 音乐。

这是一首活泼欢快的歌曲。

2. 故事。

原创设计者根据绘本《米格爷爷鞋匠铺》里的情节,设计了夜里12点,米格爷爷鞋匠铺的小鞋子们一起跳舞做游戏还不能打扰米格爷爷休息的故事情节。

3. 动作。

用手模仿第一只小鞋子跑出来摆一个造型不动,第二只小鞋子跑到第一只小鞋子旁边模仿它的造型,来帮助幼儿在座位上理解游戏规则。当一起跳舞时,利用语令“走一走，拍拍手”来提示幼儿做舞蹈动作，并将舞蹈动作做整齐。

4. 游戏。

这是一个情境表演游戏，利用米格爷爷好像要醒过来的情节，给游戏增加了紧张感和趣味性，让每个幼儿都进入了游戏的情境中。

【新手教师模仿难点及解决建议】

1. 如果幼儿在规定时间内变不出小鞋子的造型怎么办？

解决方案：在音乐的时值内要按照音乐节奏进行即兴创编，对幼儿来说是一种挑战。用“我数1、2、3，大家把自己想到的动作准备好”是活动中常用的组织方法，目的在于给予幼儿充分的准备时间，让幼儿明白在一定的时间之内要完成动作的创编。并通过教师的引导用语言描述自己的动作，升级已有造型经验。

在进行教学的组织时，如果幼儿一下子没有想到合适的动作，教师通过引导幼儿模仿生活中的人、事、物，给幼儿提供创编动作的线索，如“黑美人高跟鞋、小叮叮鞋……”来积累创编的经验，提高幼儿创编的能力。

2. 两只小鞋子需要两两合作，出现问题怎么办？

解决方案：在这个活动中，幼儿要想顺利地完成游戏，必须始终和同伴相互配合，这对幼儿的合作能力以及自我控制能力是一种较高的挑战。

这次的组织过程中用了以下方法帮助教师保持游戏的有序性。

（1）我想做一只和你一样的鞋子，应该怎么做呢？（引导幼儿发现两只鞋子做的是一样的动作）

（2）我们刚才听音乐的时候，两只小鞋子是一前一后出来的，我想请我的小伙伴来做先出来的那只小鞋子，我来和他一起表演。请你看一看我们是怎么做的？（通过观察让幼儿明白什么乐段做什么动作）

（3）现在，请第二只小鞋子仔细看好了，你的鞋子朋友，记清楚他是谁。等会儿你就要和他学动作，别学错了！（通过教师的提醒，帮助幼儿明确自己的合作伙伴）

3. 怎么让第一只小鞋子在规定的音乐中跑出去再跑回来呢？

解决方案：本次游戏，小鞋子跑出去三次，也回来三次。游戏的其中一个难点是如何让小鞋子在规定乐句跑出去。教师可以在间奏处合乐用语令来提示帮助幼儿。如“爷爷没醒，再来一次！”“赶快跑回鞋柜，不要被爷爷发现哦”！

原创解析：南京市游府西街幼儿园　黄　悦　郑姗姗

三、活动案例：中班律动“章鱼和小鱼”

【乐曲】

紫色的激情（片段）

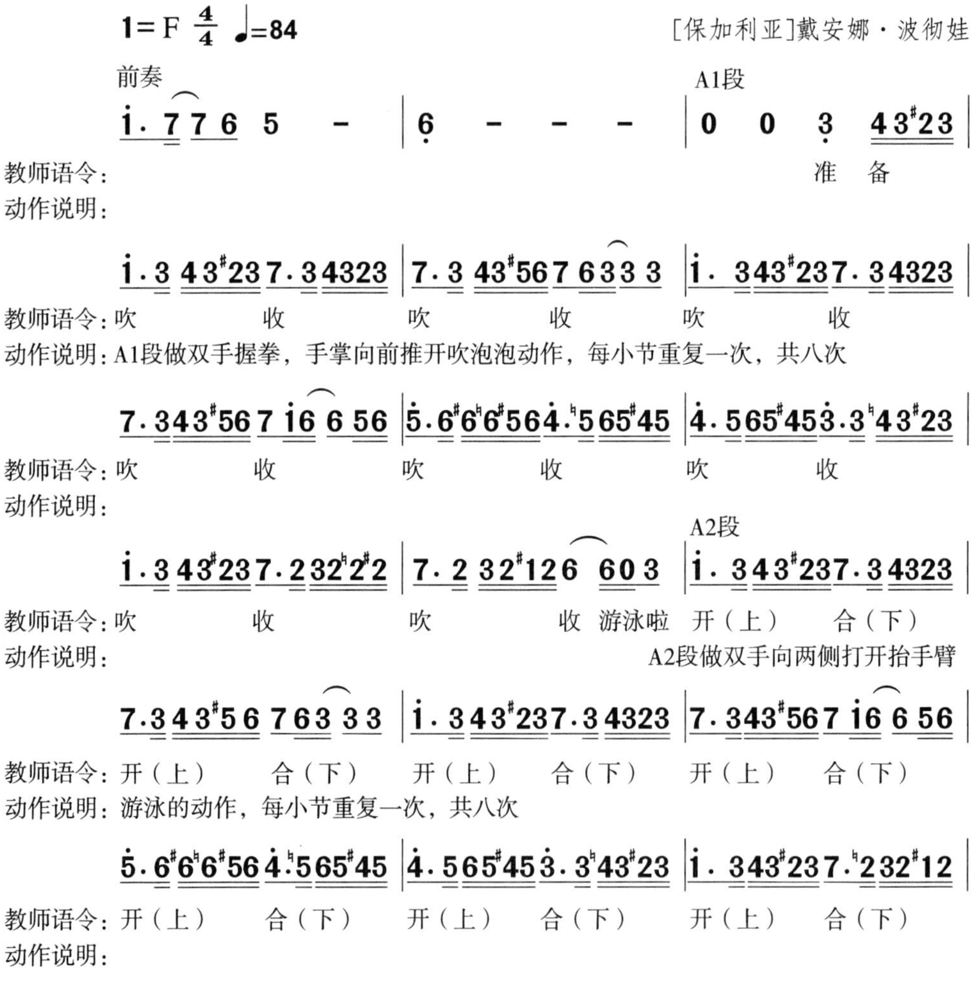

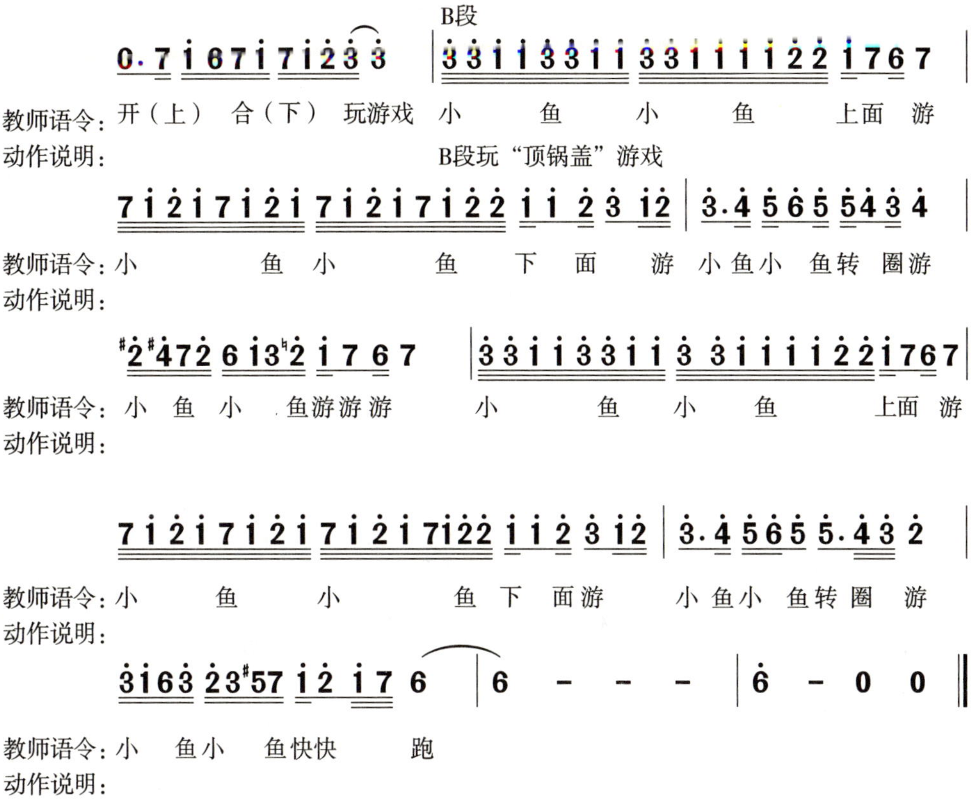

音乐结构：前奏+两段式 AB 结构。

动作建议：参见乐曲。

游戏玩法：

1. 幼儿俩俩结伴，一人扮演章鱼，一人扮演小鱼。

2. A1 段和 A2 段全体幼儿两两面对面一起做吹泡泡和游泳的动作。A1 段做双手握拳，手掌向前推开吹泡泡动作，每小节重复一次，共八次。教师在每一次动作的第一拍提示“吹”。A2 段做双手向两侧打开抬手臂游泳的动作，每小节重复一次，共八次。教师在每一次动作的第一拍提示“开”，第三拍提示“合”，详见动作说明。

3. B 段扮章鱼的幼儿双手打开，手心向下，扮小鱼的幼儿伸出双手食指顶住扮章鱼幼儿双手手心并保持不动。一边念儿歌“小鱼小鱼上面游，小鱼小鱼下面游，小鱼小鱼转圈游，小鱼小鱼游游游，小鱼小鱼上面游，小鱼小鱼下面游，小鱼小鱼转圈游，小鱼小鱼快快跑”一边跟随儿歌歌词方向合作运动，在音乐结束念到“跑”字时章鱼做抓、小鱼做逃的动作。抓到了章鱼哥哥获胜，没抓到小鱼妹妹获胜。输赢不重要，在公平的环境下一起享受玩游戏的快乐体验更重要。

【使能目标阶梯】

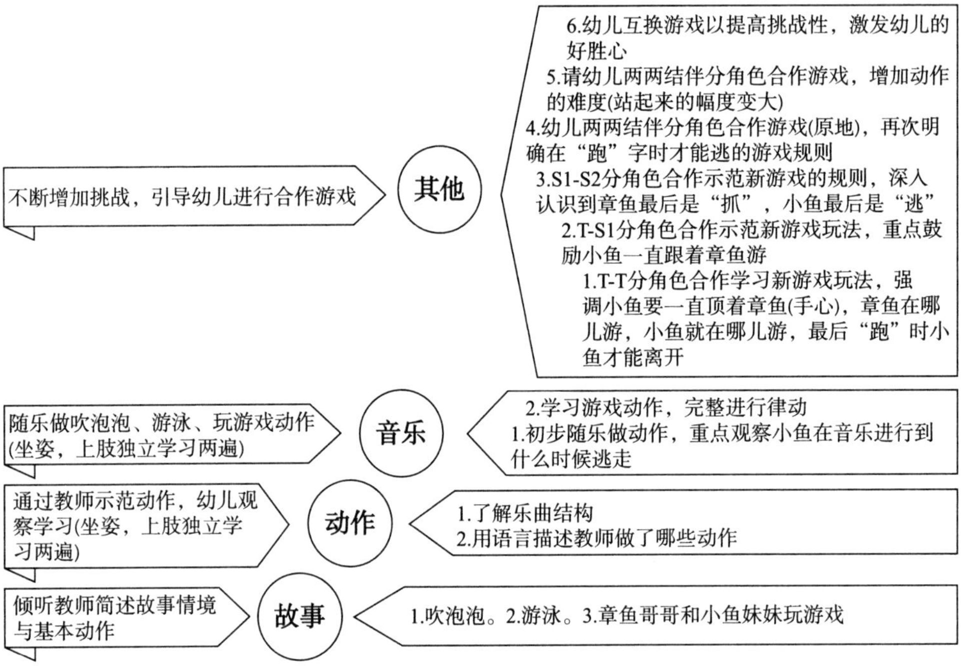

【教育活动设计】

活动目标

1. 初步感知乐曲的旋律和结构，根据“吹泡泡”“游泳”“小鱼玩游戏”的动作情境，感受乐曲AB段不同的风格。

2. 通过观察教师示范，应用动作和游戏情境，自觉练习随乐做动作。

3. 努力控制在两两合作玩顶锅盖游戏时，扮章鱼时不提前抓，扮小鱼时不提前逃，享受合作游戏的乐趣。

活动准备

1. 物质准备。

（1）章鱼、小鱼图片做成幻灯片背景。

（2）剪辑后的音乐《紫色的激情》（片段）。

2. 经验准备。

(1) 有两人合作游戏的经验;

(2) 玩的时候没到最后不能提前做“抓”或“逃”的动作。

(3) 玩过“顶锅盖”的游戏,了解游戏的基本规则。

3. 空间准备。

(1) 幼儿坐成半圆形。

(2) 座椅与大屏幕之间留充足的活动场地。

活动过程

1. 故事。

教师讲述故事,引出游戏情境,引导幼儿理解动作线索。

师:在深深的大海里,有一只孤单的章鱼哥哥,他每天最喜欢的事情就是吹泡泡和游泳。每天都去找大海里的小鱼一起玩游戏。请你们来仔细看一看章鱼哥哥是怎么吹泡泡和游泳的。

(困惑与思考:为什么幼儿要坐成半圆形,而不能一开始就两两面对面而坐?教师设计故事、讲述故事有什么需要特别注意的地方?为什么教师要边讲故事边做动作?坐成半圆形有利于幼儿关注教师,一开始没有设计两两面对面坐是方便幼儿和教师在学习中的交流,更利于幼儿长时间集中注意力和保持情绪稳定。

教师设计的故事应尽量简短,不要有多余的干扰信息,只含有必须表现的情节即可。如故事中应提到与律动动作相匹配的“吹泡泡、游泳、玩游戏”等情节。讲故事时,应加入情感,生动讲述,尽快将幼儿带入情境中。此外,还应采用边做动作边讲述的方式,以给幼儿提供较为充裕的学习时间,避免教师描述的动作和幼儿的理解之间产生歧义,进而产生学习困难。

教师边讲故事,边做动作,故事和动作完全对应,在两者的配套讲述下,幼儿很容易被故事情节所吸引,在讲故事的时候将后面要学习的动作加以介绍,也有利于后面幼儿对动作的理解、记忆和模仿。)

2. 动作。

(1) 教师示范动作,幼儿观察学习,明晰章鱼哥哥的两个基本动作。

师:我这里有一段音乐,说的就是章鱼哥哥寻找小鱼玩游戏。仔细看什么?看我做了哪些章鱼哥哥的动作。

[教师第一遍完整示范]

(困惑与思考:幼儿在教师第一遍示范时已经想要做自己的游泳、吹泡泡动作了,怎么办? 第一遍结束就问做了哪些动作,似乎难于回答,怎么办?

在教师第一遍示范时,如果幼儿已经迫不及待地想一起做动作,是件再好不过的事情啦! 说明幼儿对动作本身是很感兴趣的,教师在鼓励幼儿有效反馈的同时,要注重引导幼儿讲述动作表达的细节,让动作表达得更加精细和准确。

教师第一遍示范结束就问做了哪些动作,并不是给幼儿出难题。第一遍示范之前有意识引导幼儿说出"做了哪些动作"是帮助幼儿在观察教师动作的同时及时唤醒自己的有意记忆,让第一次的示范更有效,让幼儿能更快投入活动,但并不一定要幼儿能一次就反馈出所有的动作内容,没有反馈出所有内容也正好通过下一阶段的示范帮助幼儿进一步澄清。)

(2) 初步感知音乐结构,熟悉基本动作。

师:你们刚才看见章鱼哥哥做了什么动作?

幼:吹泡泡动作。

师:这个动作是握拳,先握拳,握拳的时候你的拳心是对着自己还是对着外面的?

幼: 对着自己的。

师:章鱼哥哥还做了什么动作?

幼:做了游泳的动作。

师:是随着音乐一下一下上去的还是想怎么游就怎么游?

幼: 要跟音乐一起一下一下上去、下来。

师:章鱼哥哥跟着音乐还做了什么动作呢?

幼:做手张开抖手指动作。它们有可能在玩捉小鱼的游戏。

[教师第二遍完整示范]

[困惑与思考:为什么教师一边做动作,一边要用身体做出(语言说出)语令? 这些语令有什么逻辑顺序吗? 在说语令的时候,教师应注意哪些关键点? 怎样避免在说语令时,出现卡不准节奏、忘词等现象?

为了帮助幼儿通过理解记忆动作,教师一般需要在开始处设计含提前预示的语令，即预令。有时，为了让幼儿有更充分的心理准备，教师甚至需要设计多层次的预令。比如 A1 段“准备”就是语言预令，A2 段开始之前的“游泳啦！开(上)”便是又一个重要的语言指令。教师在进行动作解析时先鼓励幼儿回忆动作，在每一个幼儿进行动作回忆及表述时，教师并不急于将动作告诉幼儿，而是询问幼儿这是一个什么样的动作，是怎么做的，引导幼儿通过自己的语言将所看到的动作进行表述。同时，教师也会对幼儿的动作进行完整的解释。这样一来既让幼儿积极主动地回忆及表述动作，同时教师对动作的语言描述是非常准确和细致的，这也是在让幼儿知道动作的具体描述词语。动作转换之前的语令有利于幼儿做好准备，准确进入，能非常好地培训幼儿观察、模仿、语言表述的学习品质。

教师在说语令时，还需要注意在语音、语调、语速及节奏等方面均要和游戏本身及音乐本身相吻合。比如在说“收”的语令时，音调略低，在幼儿能随乐做动作后可以不说“收”的语令。在 A2 段说“开”的语令时，也可以根据幼儿的动作情况选择是否用语言来发出指令。其目的一方面是突出音乐性、趣味性，另一方面也是观察幼儿能否主动随乐动作。如果幼儿在教师不说语令的情况下也能随乐做“吹泡泡”和“游泳”的动作，教师可以将 A 段语令逐渐退出。

为了避免在说语令时，出现卡不准节奏、忘词等现象，教师非常需要进行课前练习。具体做法是：反复聆听乐曲，并观察榜样教师语令的进入位置，认真澄清细节，再通过精准模仿、刻意练习，达到相当熟悉的程度。此外，教师还应对整个教学方案做到百分之百的熟悉，如此，才能避免在真实的教学情境中自乱阵脚。]

(3) 教师再次示范动作模型，幼儿细致观察动作及顺序。

师：你们看清楚章鱼哥哥的每个动作了吗？如果还没有可以请老师再做一遍。

幼：请老师再做一遍。

[教师第三遍完整示范]

(困惑与思考：幼儿没有完全反馈出教师做的动作怎么办？

教师尽量引导幼儿说出或做出游戏动作，当幼儿每说出一个动作，教师引导、鼓励幼儿一起重新做动作并把动作进行解析，让幼儿加深对动作的记忆和理解。幼儿说不出来是什么动作时，教师做动作提示幼儿，引导幼儿说出动作名称。也可以请其他幼儿做给大家看或引导其他幼儿帮助他说出动作名称。大家一起想动作、练习动作以加深全体幼儿对动作的理解记忆。当幼儿实在说不出动作时，可以引导幼儿说请教师再做一次。）

3. 音乐。

（1）师幼第一次随乐律动，感知乐曲结构，学习游戏动作，重点观察小鱼在音乐播放到什么时候“跑”。

师：章鱼哥哥做了吹泡泡和游泳这么多的动作，就是想邀请它的小鱼们一起来玩游戏，你们愿意和章鱼哥哥一起玩游戏吗？章鱼哥哥在玩游戏的时候说了什么呢？我们一起来说一说

师幼：“小鱼小鱼上面游，小鱼小鱼下面游，小鱼小鱼转圈游，小鱼小鱼游游游；小鱼小鱼上面游，小鱼小鱼下面游，小鱼小鱼转圈游，小鱼小鱼快快跑。”

师：小鱼在儿歌“小鱼小鱼快快跑”的“跑”字时快速逃走。

[**师幼第一遍完整随乐律动**]

（2）师幼再次随乐进一步完整感知音乐，幼儿跟做完整律动。

师：章鱼哥哥做了吹泡泡、游泳的动作，还和小鱼玩游戏，我请你们和我一起来做一次。

[**师幼第二遍完整随乐律动**]

（困惑与思考：为什么在教师示范随乐玩游戏后，需要和幼儿一起说一说玩游戏的时候“说”了什么？B段“玩游戏”的重点是什么？

和幼儿一起复述游戏指令，一方面是帮助幼儿澄清在游戏中做了哪些动作，另一方面可以帮助幼儿理解动作和乐曲是如何互相匹配的。

随B段音乐玩“小鱼游”的游戏是本环节的重点。为此，教师将游戏中需要的语令作为此环节重点需要幼儿复述的内容。幼儿通过复述游戏的语令了解游戏规则。如“游游游”的时候小鱼不动，说到“快快跑”的“跑”字时小鱼才能逃跑等。）

4. 其他。

（1）通过观察教师示范，学习加入小鱼角色后的完整游戏玩法。

师：你们想知道章鱼哥哥和小鱼到底玩了什么样的游戏吗？

幼：想！

① 主班教师和配班教师示范B段音乐游戏怎么玩。

师：我的小鱼妹妹呢？你在哪里？我们一起来玩游戏吧！请你们仔细看，我和小鱼妹妹是怎么玩的？小鱼一直顶着章鱼（手心），章鱼在哪儿游，小鱼就在哪儿游，最后“跑”时小鱼才能离开。

［师师示范 B 段游戏玩法］

② 教师与一名幼儿分角色示范游戏玩法（T-S1 示范游戏动作）。

师：我请你们中的一个小鱼妹妹和我一起玩，谁愿意挑战一下自己？小鱼要跟着我一起游哦！

［师幼示范 B 段游戏玩法］

［困惑与思考：主班教师和配班教师示范、主班教师和幼儿示范，各自的目标是什么？在请幼儿回忆教师的示范动作时，应注意哪些事项？

与配班教师示范的过程是帮助所有幼儿明确 B 段较为复杂的游戏规则（或动作要求），教师一般需要采用讲解、示范、练习、检查、反馈和调整相结合的教学方式，避免讲解与示范分离、要求与练习分离、练习与检查分离的情况发生。如当发现幼儿不清楚何时“跑”时，教师应边用行动做示范边反复强调规则，让幼儿清楚地知道说到哪一个字（“跑”）的时候，小鱼才能跑，并带领幼儿在不断的挑战中进行多次练习，以保证后续环节的流畅进行。

和一名幼儿再次示范 B 段“玩游戏”的过程，一来可以检验幼儿是否理解了游戏的规则，二来用再次示范向集体中的幼儿强调两个角色——“章鱼”和“小鱼”的动作要领。

在请幼儿回忆动作的过程中，需要教师边示范边明确游戏的规则——小鱼在说到儿歌“小鱼小鱼快快跑”的“跑”字时快速逃走。］

③ 请两名幼儿在集体中分角色尝试游戏玩法。

师：刚才他做了小鱼妹妹，这次请你邀请一个好朋友和你一起玩。你们谁是章鱼，谁是小鱼？（S1-S2 尝试游戏动作，巩固对章鱼最后是“抓”，小鱼最后是“逃”的规则的掌握。）

［幼幼第一遍尝试 B 段游戏玩法］

（困惑与思考：示范两两游戏玩法时若干规定流程可以省略掉一二吗？

不可以省略幼儿示范的环节，幼儿两两玩游戏的示范是检验幼儿观察学习的效果，更多的幼儿通过再一次的观察学习对游戏动作更加明确，教师在引导幼儿示范的过程中也可以及时发现幼儿的游戏情况，及时反馈幼儿的困难并想出相应的解决策略，同时强调游戏的规则。）

（2）幼儿坐在座位上分角色合作游戏。

师：请一名男孩子当章鱼哥哥，找一个女孩子当小鱼妹妹，两人一起做游戏。

（再次明确在说到“跑”字时才能逃的游戏规则）

［幼幼第二遍尝试 B 段游戏玩法］

（困惑与思考：幼儿真正开始两两结伴做游戏时，在情境和教师情绪的引导下，幼儿会出现因兴奋过度而不遵守规则的情况，教师怎么办？

教师可以在玩游戏前专门澄清、强调规则；在玩游戏出现问题时，引导幼儿反思评价，弱化幼儿对输赢的追求，强化遵守规则的自我意识；教师还应该注意自身情绪对幼儿的影响，利用情绪调节幼儿的情绪，而不是一味自然地用情境刺激幼儿。）

（3）幼儿站在座位前合作游戏。

师：这一次我们轻轻起立，和好朋友面对面，把前面吹泡泡和游泳的动作一起加进来，完整地跟小鱼妹妹玩游戏。

［集体第一遍完整律动和游戏］

（困惑与思考：因为动作设计的幅度较大，完整律动和游戏时容易出现空间不足的问题，如何解决？

教师示范吹泡泡动作时向横向扩展且幅度过大，容易引发幼儿追求做大泡泡的动作，从而导致相邻幼儿的手臂相互干扰，产生矛盾，不利于幼儿“空间共享”意识的发展和习惯的形成。教师可以尝试引导幼儿使用稍小幅度的动作，也可以引导幼儿主动注意“不让他人影响自己，也不让自己影响他人”等，在共同维护秩序感的基础上愉快地参与游戏，共享游戏的空间。）

（4）幼儿尝试在“大海里”合作进行游戏。

师：刚才我们站起来玩的时候、游泳的时候，你们有没有发现和之前有什么不一样？（请一名幼儿示范表现站起来时身体幅度的变化：膝盖弯曲蹲下到直立伸直）

师：这一次我邀请章鱼哥哥和小鱼妹妹到大海里来玩游戏哦！

［集体第二遍完整律动和游戏］

(5) 幼儿互换角色再次完整游戏。

师:这一次男孩子和女孩子换一换,章鱼姐姐和小鱼弟弟一起玩一玩。

[集体第三遍完整律动和游戏]

(6) 游戏结束,随乐"游"回教室。

师:章鱼哥哥玩得很开心。他说"谢谢大家! 有你们这些朋友真是太好了",请你们听着音乐轻轻地回家。

(困惑与思考:活动中幼儿的人数安排有要求吗? 在空间方位的引导中教师要注意什么? 在幼儿观察和模仿的过程中教师还需要注意什么?

此活动设计参与幼儿人数为20人,男孩女孩一组,共10组,在两两合作的环节请幼儿找离自己最近的同伴自由结伴。

此活动内容时间为一课时,在学习动作时教师也可以通过让幼儿数一数做动作次数的方式来进行学习,例如,章鱼哥哥吹泡泡吹了几次呢? 游泳游了几次呢? 在观察模仿学习的过程中,需要教师在过程中做到:

不公布正确答案;不鼓励无谓争执;不主动提供再次展示,而要主动询问幼儿应该怎么办;不允许羞辱他人。注意关注幼儿学习品质和人格品质的培养,如果幼儿在学习中有困难,鼓励幼儿主动向教师求助,坚持培养幼儿自我求证的良好学习习惯。同时,让幼儿明确"顶锅盖"游戏规则是"小鱼"在说到"小鱼小鱼快快跑"的"跑"字时才可以将手拿开,没有说到"跑"字的时候是不可以拿开的。这部分对幼儿来说是一个很大的挑战,幼儿很难在这种输赢竞争的游戏中做到自我控制及克制。教师一定要在这里将游戏规则讲清楚,示范清楚,并要让一对幼儿在全体幼儿面前来进行游戏示范,这样既让其他幼儿检查台上一对幼儿能否遵守游戏规则,同时也是幼儿对游戏规则自我认知的过程。)

【设计意图解析】

1. 音乐。

《紫色的激情》是由保加利亚著名电子小提琴家戴安娜·波彻娃的一首著名乐曲。这首乐曲节奏欢快,旋律能瞬间叫醒你的耳朵。演奏者用舒缓的连弓、短促的分弓完美地演绎了抑扬顿挫、张弛有度的旋律。本活动中节选了部分乐曲,并匹配了相应的故事情节。

2. 故事。

在深深的大海里,有一只孤单的章鱼哥哥,他每天最喜欢的事情就是吹泡泡和游泳,他每天都去找大海里的小鱼一起玩游戏。这个故事很适合中班幼儿理解、记忆,教师能用简短的语言描述帮助幼儿投入故事的情境。

3. 动作。

“吹泡泡”和“游泳”动作的速度在欢快的节奏基础上并不是很快,让人跟随乐句尽量从容地做满动作。动作既能够很好地匹配音乐,又能够帮助幼儿投入故事的情境。语令的设计既能很好地营造故事氛围、激发幼儿情绪,又能很好地支持幼儿对动作的识记和回忆。

4. 游戏。

这是一种属于挑战“即时反应”的快闪游戏,是幼儿非常喜欢的游戏之一。幼儿在与同伴两两合作做游戏的过程中,不仅需要明确自己的角色定位,还需要通过变换不同的动作来与朋友进行合作。活动的后半程幼儿需要不断提高学习的难度,教师的设计也是在难度不断累加的基础上帮助幼儿循序渐进地随乐游戏,最终教师退出游戏后幼儿仍然能够随乐完整游戏。

【新手教师模仿难点及解决建议】

1. 新手教师在前奏卡准节奏有困难怎么办?

解决方案:因为前奏有较长时间的停顿和空拍,新手教师很容易出现卡不准节奏的情况。为了解决这个问题,教师可以在前奏处设计两个预令。比如预令“准备”是听见前奏中有一个敲小铃的节拍,敲完直接说“准备”。接着便是预令“吹”(语言指令),这样幼儿就有了更充分的心理准备。此外,多次反复的练习也有助于教师熟悉音乐,卡准前奏。

2. 新手教师在说语令时常卡不准节奏或忘词怎么办?

为了避免在说语令时出现卡不准节奏、忘词等现象,教师非常需要通过进行课前反复澄清和练习来预防。

解决方案：反复聆听音乐，并观察榜样教师语令的进入位置，认真澄清细节，注意语令与音乐节奏的匹配性，再通过精准模仿、刻意练习，达到相当熟悉的程度。此外，教师还应对整个教学方案烂熟于心，如此，才能避免在真实的教学情境中自乱阵脚。

3. 幼儿不能用语言复述教师示范的动作怎么办？

解决方案：教师在请幼儿回忆动作时，需要帮助幼儿澄清动作要领才能做到在游戏中表现动作的细节。A 段虽然只有两个主要动作，但是要能引导幼儿精准表达，是需要教师在活动过程中具体引导的。比如“吹泡泡”的动作如何准备？（握拳的时候拳心对着自己）手打开时如何做？（手打开的时候五根手指头全张开）游泳的时候手臂如何打开？（手先放在身体两侧的下面，随音乐做向上打开的游泳动作）这些动作的细节只有帮助幼儿用语言澄清后他们才能做到位。

4. 新手教师不会有意识地运用空间调控技术来支持幼儿的学习怎么办？

比如，新手教师在教学活动中，常常不会也不清楚示范课教师为什么要移动？应该怎样移动？

解决方案：新手教师需要通过反复观摩示范课，了解示范课教师空间移动的行为（用什么样的路线、体态、眼神向什么位置移动），理解其移动的意图（想要达到什么目的？解决什么问题？）及背后所支撑的理念（如“进”是为了支持和帮助幼儿，“退”则是对幼儿的信任；“移蹲在幼儿一侧”是为了让所有的幼儿都能看见大屏幕，避免部分幼儿因处在不利空间而变得懈怠与游离在学习任务之外；单腿跪地是教师显示和幼儿的关系平等、尊重幼儿的一种体态语言；教师快步走到举手幼儿的身边，起到了鼓舞和激励幼儿的作用）。

5. 新手教师不清楚语言指示可否退、何时退、怎样退怎么办？

解决方案：教师设计指示语言（语令），且语令的节奏和音乐贴合，语令的内容对动作有明显的提示作用，其目的是帮助幼儿随乐律动，完成学习任务。但是，语令并不需要贯穿教学活动的始终。教师应根据幼儿的学习状况，精准评估幼儿是否存在学习困难，以此来决定是否应该退出语令，何时可以退出语令。退出语令的方法有很多，比如用口型动作进行提前暗示；只用身体姿态和脸部表情，甚至仅仅使用眼神暗示即可。

6. 新手教师不会引导幼儿两两合作游戏怎么办？

解决方案：可以在空间安排上（排椅子时）有意识地将椅子两两靠近，安排幼儿两两相邻坐下。

在幼儿观察学习的过程中，教师可以从 T-T—T-S—S-S 三个不同的层次进行示范，在示范的过程中一方面要引导幼儿进行观察，明确如何与同伴在游戏中合作；教师还需让幼儿要明确游戏的规则，因此需要对游戏规则进行不断地澄清，同时对游戏的意义（享受与同伴合作的乐趣）进行潜移默化的引导。

7. 幼儿念儿歌的音量太大，影响倾听和随乐动作怎么办？

解决方案：教师会发现我们每一个阶段的语令是在不断递减的，幼儿在活动中的游戏语令和歌唱活动中的歌词不一样。歌词是需要在活动中去完整演唱，所以每一遍的目标是唱清晰，而游戏的语令是可以随着幼儿对音乐的熟悉程度不断提升而逐渐退位的。当幼儿能够随乐完整游戏后，可以适当提示幼儿将语令的声音变小或在心中默念游戏语令，专注于倾听并随乐玩游戏。

8. 游戏竞争激烈，幼儿不守游戏规则怎么办？

解决方案：游戏规则是需要大家一起建构和共同遵守的，作为教师能理解幼儿“想赢”的心理，但不能支持为了“赢”而不遵守游戏规则的行为。要在活动中引导幼儿接纳不一定“赢”的结果，且在即使“输”了的情况下，也能发扬游戏精神，并享受快乐的过程。当过程重于结果，遵守规则重于赢得游戏本身，幼儿“不守规则”的行为自然会得到修正。

表 4－7　教师提示语语令的退位表

音乐	语令		
	开始阶段（完整语令句：预令+动令）	中间阶段（部分语令词）	结束阶段（只预令词）
前奏	准备	准备	准备
A 段	吹，收，吹，收，吹，收，吹，收，吹，收，吹，收，吹，收，吹，收，游泳啦	吹，（收），吹，（收），吹，（收），吹，（收），吹，（收），吹，（收），吹，（收），游泳啦	（吹，收，吹，收，吹，收，吹，收，吹，收，吹，收，吹，收，吹，收），游泳啦
	开，合，开，合，开，合，开，合，开，合，开，合，开，合，开，合，玩游戏	（开，合，开，合，开，合，开，合，开，合，开，合，开，合，开，合），玩游戏	（开，合，开，合，开，合，开，合，开，合，开，合，开，合，开，合），玩游戏

续表

音乐	语令		
	开始阶段（完整语令句：预令+动令）	中间阶段（部分语令词）	结束阶段（只预令词）
B段	小鱼小鱼上面游，小鱼小鱼下面游，小鱼小鱼转圈游，小鱼小鱼游游游；小鱼小鱼上面游，小鱼小鱼下面游，小鱼小鱼转圈游，小鱼小鱼快快跑	小鱼小鱼上面游，小鱼小鱼下面游，小鱼小鱼转圈游，小鱼小鱼游游游；小鱼小鱼上面游，小鱼小鱼下面游，小鱼小鱼转圈游，小鱼小鱼快快跑	小鱼小鱼（上面游），小鱼小鱼（下面游），小鱼小鱼（转圈游），小鱼小鱼游游游；小鱼（小鱼上面游），小鱼（小鱼下面游），小鱼（小鱼转圈游），小鱼小鱼快快跑（视幼儿对游戏的熟悉程度，逐渐退出语令，但是乐句的转换处教师要通过提示语卡点幼儿换动作方位的拍点）

（注意：小括号内的部分，为教师“退位”省略掉的提示语）

【集体提出的完善建议】

1. 吹泡泡动作和游泳动作，向横向扩展且幅度过大，容易引发幼儿追求做大泡泡的动作和大幅度划水的动作，从而导致相邻幼儿的手臂相互干扰，进而产生不必要的矛盾，不利于幼儿“空间共享”意识的发展和习惯的养成。建议教师使用更小幅度的吹泡泡动作和上下运动的游泳动作，并且需要引导幼儿主动注意“不让他人影响自己，也不让自己影响他人”。

2. 同一遍音乐中安排两次追捉，容易导致幼儿因过度兴奋而无法关注到游戏竞争公平规则的遵守。

原创解析：南京市游府西街幼儿园　郑姗姗

第三节　大班律动

一、活动案例:大班律动“小猴坐沙发”

【乐曲】

甩　葱　歌

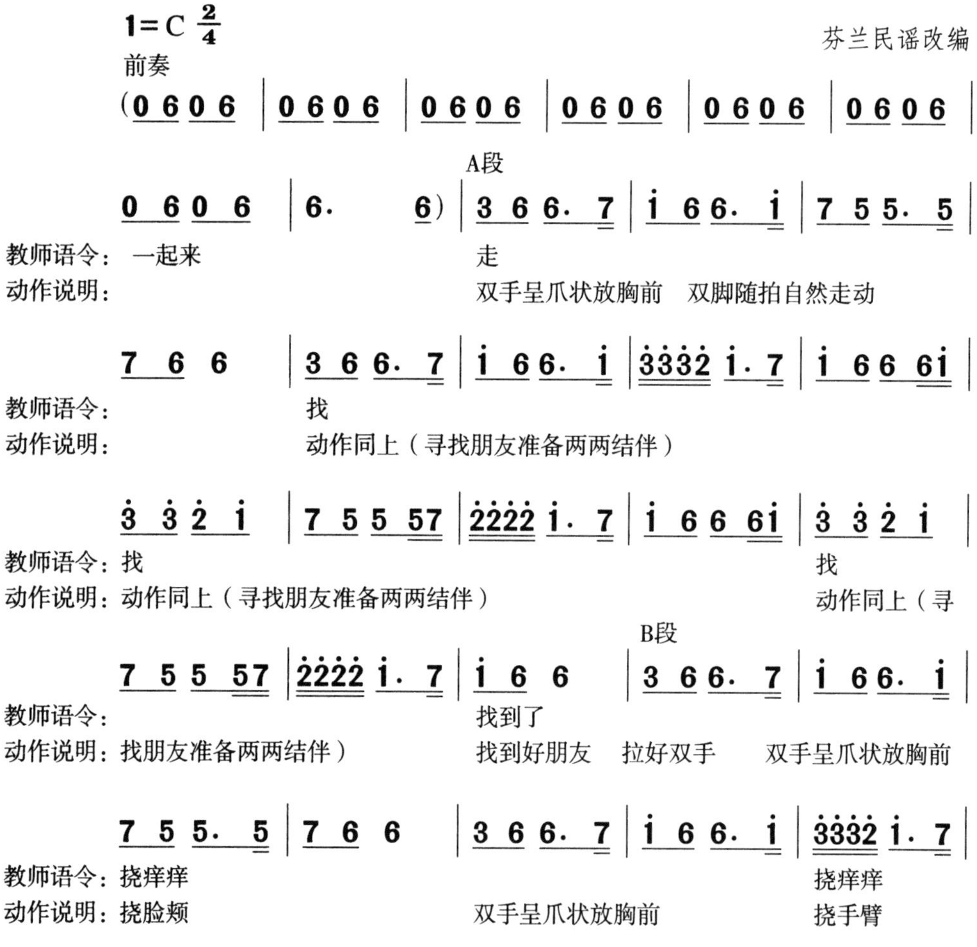

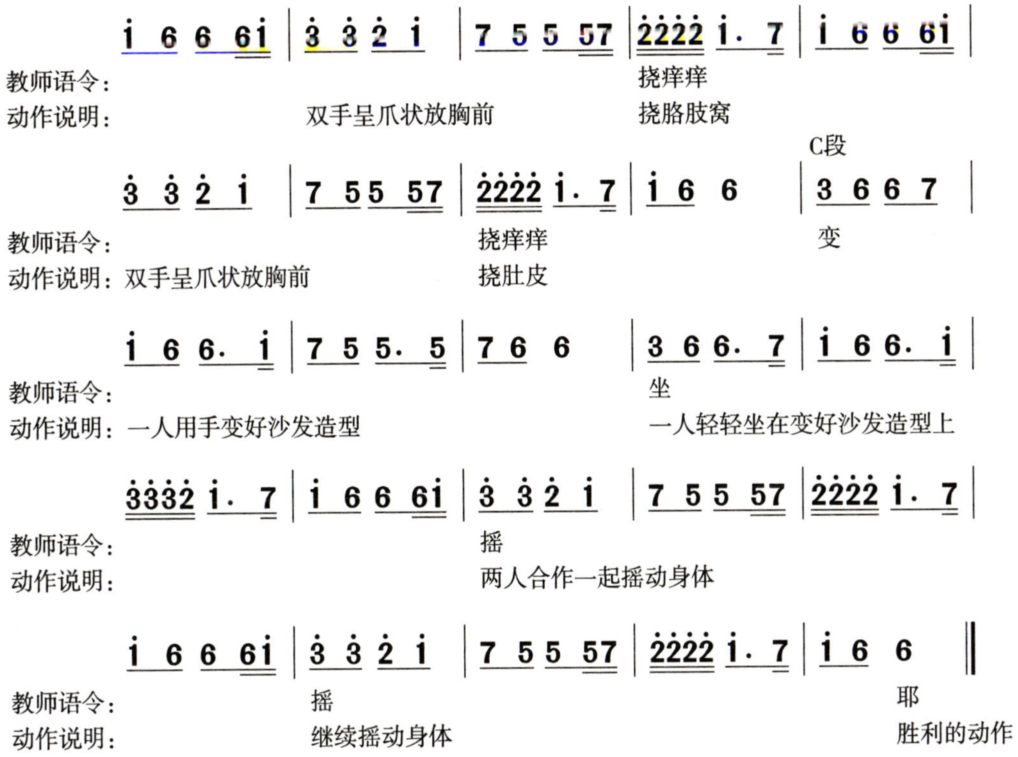

音乐结构:前奏+三段式 ABC 结构。

动作建议:参见乐曲。

游戏玩法如下。

1. 两两合作环节:因为是第二课时,之前幼儿已经熟悉基本律动,对于挠痒痒的顺序是清楚的:脸颊—手臂—胳肢窝—肚皮。所以两两结伴后挠痒痒的顺序可以先固定顺序,之后在不影响同伴舒适的情况下挠同伴身体的任意部位,以此增添游戏的乐趣,增进与同伴之间的感情。

2. 造型创编环节:两两合作变沙发也采用循序渐进的方法,先用小手,再用小脚,最后用身体的各部位创编出适合自己和同伴坐和摇的造型,充分享受合作的快乐。

【使能目标阶梯】

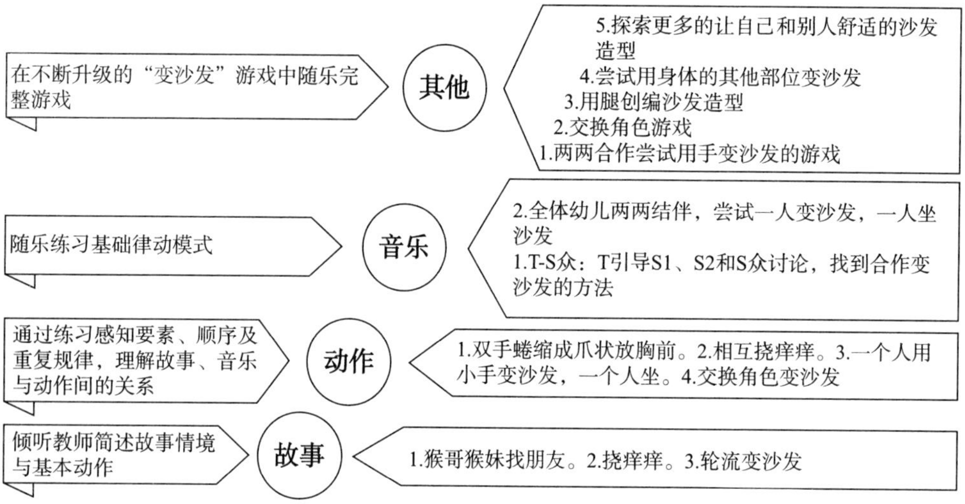

【教育活动设计】

活动目标

1. 在第一课时的基础上，进一步感知乐曲的旋律和结构，能合拍地完成找朋友、互相挠痒痒和配合坐沙发的动作。

2. 尝试用手、腿以及身体的其他部位创编沙发的造型，和同伴轮流合作完成“坐沙发”的游戏。

3. 选择挠痒痒的部位应尽量让同伴感到舒适；合作变沙发时要轻轻地坐在同伴变的沙发上，尽量使自己和同伴配合舒适；在同伴给予自己愉悦的同时，也能以积极、愉快的情绪回应对方。

活动准备

1. 物质准备：音乐《甩葱歌》。

2. 经验准备。

(1) 幼儿有在一定空间里迅速找朋友的经验。

(2) 已有第一课时的经验，能随乐做基本律动。

3. 空间准备:围坐成大的半圆形。

活动过程

1. 故事。

教师用简短的故事帮助幼儿回忆第一课时的基本动作:森林里住着一群可爱的小猴子,我们就是那最最帅气的小猴哥和最最漂亮的小猴妹。

师:还记得森林里帅气的小猴哥和漂亮的小猴妹在一起做了什么游戏吗?

幼1:他们一起跳了好玩的舞。

师:还记得小猴子跳舞的时候是怎么给自己挠痒痒的吗?

幼2:挠脸,还有挠胳肢窝。

师:谁能把挠痒痒的顺序说清楚呢?

幼3:先挠脸颊,再是手臂,然后是胳肢窝,最后是肚子。

(困惑与思考:基本律动幼儿已经在第一课时学习过,在复习时还需要再强调吗?

幼儿之前已经会基本的律动,教师此刻的提问是为了唤醒幼儿的记忆,让幼儿对每个乐段的基本动作能熟悉和还原,并对挠痒痒的顺序梳理清楚。在做的过程中可以稍微提醒一下幼儿挠痒痒的部位,并加入语令即可。)

2. 动作。

(1) 引导幼儿学习相互挠痒痒。

师:上次活动中我们都是自己给自己挠痒痒的,要是有人帮我们挠痒痒就太好了,你们想互相帮忙挠痒痒吗?

幼:想!

师:那你们知道怎么相互挠痒痒吗?

幼:你给我挠,我给你挠。

师:原来互相挠的意思就是,你在我的身上挠,我在你的身上挠。

(困惑与思考:为什么不直接告知幼儿怎么互相挠痒痒?

幼儿在前期拥有的经验是自己给自己挠痒痒,教师不直接告知互相挠痒痒的方法是为了给幼儿自己尝试的机会,在尝试的过程中感受两人怎样同时给对方挠痒痒才是让双方感觉舒适的,才能在相互配合的过程中感受到快乐。而教师后面提升互相挠痒痒的方法时也是作为填空让幼儿来完成的，让幼儿把能做到的也能说出来，帮助他们澄清每一个目标和内容。）

师：我们可以挠好朋友的什么地方呢？和好朋友来试一试吧。

师：我们来试一下，我说挠，你们就互相挠；我说停，你们就要停住！

师：现在我来唱，你们来做动作。

[幼儿跟随教师唱谱练习动作一遍]

（困惑与思考：为什么不直接配音乐而要教师唱谱？

幼儿虽然知道怎样和同伴配合挠痒痒，但是让他们一下子在一定的乐段合乐游戏还是有困难的，所以这个环节的推进需要循序渐进。教师唱谱可以控制节奏，并将速度变慢，给幼儿一个反应的时间，等到幼儿逐渐熟悉之后再加入音乐，不会给幼儿太重的记忆负担。这种唱谱的方法也可以延续到后面的新授环节和活动中，这样教师就可以根据幼儿的情况自如进退。）

师：现在在做挠痒痒动作之前我们要找个新朋友一起来玩一玩，我们可以在什么地方开始找新朋友呢？

幼1：在小猴子走的地方找新朋友。

师：那在什么时候找到新朋友呢？

幼：要在挠痒痒之前找到新朋友！

师：对，我们要在小猴子走的地方去找新的朋友，要在做挠痒痒动作之前找到新朋友，记住，一个小猴哥只能找一个小猴妹哦！

[交换朋友，幼儿跟随音乐独立游戏第一遍]

师：除了可以和好朋友挠刚才的地方，还可以在身体的哪些地方挠痒痒呢？

幼1：可以挠膝盖。

幼2：还可以挠好朋友的头发。

（2）幼儿尝试两两结伴用小手变沙发。

师：小猴哥和小猴妹玩累了，它们决定轮流用自己的小手变沙发让好朋友坐在上面休息，小手怎么变沙发呢？

幼：一个变，一个坐。

师：谁愿意到前面来试一试？大家一起看看，他们变的沙发可以坐吗？

幼1:有点坐不起来。

师:为什么?

幼2:太高了,我坐不上去。

师:大家有什么好办法来帮帮他们呢?

幼3:变的人蹲下来一点,沙发就变矮了,小猴子就可以坐上去了。

师:那我们要怎么样坐在好朋友变的沙发上面呢?轻轻地还是重重地?为什么?

幼2:要轻轻地坐,这样好朋友才不疼。

[创编挠痒痒的不同部位,随乐独立游戏第二遍]

(困惑与思考:教师为什么不直接告知幼儿用手变沙发的方法?

如果教师直接告知方法,幼儿就是模仿学习,而把这个环节拿来让大家讨论,有利于幼儿的主动学习。如果幼儿直接用手变出了沙发,可以请大家观察并讨论成功的原因,即我们在模仿的基础上还可以怎样做得更好?如果幼儿在尝试的过程中失败了,也可以讨论改进的方法,例如,幼儿没有关注到高低的问题,教师可以用更加具有针对性的问题提出来:“为什么刚才她的沙发朋友坐不上去,而我的沙发朋友能坐上去?这两种沙发有什么不一样?”还可以谈谈自己坐在上面的感受,提出更好的建议。这些边尝试边讨论边找到的策略远比教师直接给予方法更有教育价值。而让幼儿讨论要轻轻地还是重重地坐沙发是为了在两两合作的时候能和同伴相互友爱,爱惜和保护自己的沙发)

师:刚才我们变好了沙发,我们还要把它变成电动沙发,两个人能一起坐在上面摇一摇吗?那我们在什么地方变,在什么地方摇呢?

幼:就是在说“变”的时候我们变,在说“摇”的地方摇。

师:对了,我们除了听音乐,还可以在口令的提示下做游戏。

[教师唱谱,幼儿两两合作变沙发第一遍]

(3) 两两结伴创编不同的沙发造型。

师:电动的沙发摇起来真开心,除了可以用手背来变,还可以用小手的什么地方变?除了可以在身体的前面变,还可以在身体的什么方位变?

[教师唱谱,幼儿轮流练习变沙发第二遍]

（困惑与思考：怎样帮助幼儿提升造型经验？

幼儿两两合作时，教师要有意识地观察，看看大部分幼儿原有的经验是什么，思考怎么帮助幼儿在原有经验上进行适度的提升，如果幼儿还是在单纯模仿前两名幼儿的动作，教师就要鼓励他们在方向和方位上做出变化。比如，“刚才变的是一个矮矮的沙发，能变一个高一点的沙发吗？”这样幼儿很快就能在高低上调整，“刚才小手是在身体的前面变沙发的，能在身体的后面变一个沙发吗？”幼儿就会在空间方位上进行调整。如发现变化的“款式”有了变化，教师也要尽量用简单又容易理解的语言来澄清，帮助幼儿学习和模仿。）

师：音乐里小猴妹要变几次沙发？

幼1：一共要变两次沙发。

师：那小猴哥要坐几次沙发？在什么时候坐？

幼2：猴哥要坐两次沙发，在说“坐”的时候坐。

3. 音乐。

（1）引导幼儿将音乐与动作完整匹配，独立合乐完整游戏。

师：我们能听着音乐和好朋友一起做游戏吗？在音乐里我们要连着做几件事情啊？

幼1：找朋友，和朋友挠痒痒。

幼2：还要和找到的好朋友变沙发！

师：对，让我们一起跟着音乐来玩一玩吧！别忘了和你的好朋友变沙发哟！

［幼儿第一遍完整随乐动作］

（2）引导幼儿通过不断调整自己，完成和同伴的良好合作。

师：在和好朋友合作的过程中遇到了什么问题？

幼1：说完“变”了，小猴哥还没有变出来。

师：那怎么办？有什么好办法来解决呢？

幼2：要想一个动作。

师：是说“变”的时候再想，还是可以提前想一个动作呢？

幼2：提前想一个，说“变”的时候就变好了。

师：这次再跟着音乐来玩一次，看看我们调整之后问题解决了没有。

[**幼儿第二遍完整随乐动作**]

4. 其他。

(1) 引导幼儿迁移双手变沙发的经验,用小腿变沙发。

师:刚才我们都是用小手变沙发的,你们会用小腿变沙发吗?

[**幼儿第三遍完整随乐动作**]

(困惑与思考:如何将活动的难度层层提高并保持幼儿参与的兴趣?

给游戏增加一些小小的难度才能让幼儿在活动中始终保持兴趣,这就是我们所说的“味精”,适当增加一点挑战,比如将手替换成腿,幼儿可以迁移前面的经验,此时的创编就有了进步。在变沙发的过程中,有的幼儿用一条腿变;有的幼儿为了让同伴坐得稳定继续选择用两条腿变;有的将腿部弓起;有的直接做成俯卧撑的样子,这就需要双方高度又默契的配合,坐的人要控制自己的力道,不能太用力压在同伴身上,变的人要在一定程度上努力控制自己的身体来完成与同伴的高难度合作。这个过程中的所有挑战都是自然产生的,幼儿会在不断的挑战成功中获得愉悦的情感体验。)

(2) 鼓励幼儿尝试用身体的其他部位继续创编出不同的沙发造型。

师:刚才我们是用小手和小腿变沙发的,想一想,还能用身体的什么部位变沙发呢?

[**幼儿第四遍完整随乐动作**]

(困惑与思考:除了小手和小腿,幼儿还能想到用身体的其他部位创编沙发造型吗?

这一环节是在前两次创编的基础上给幼儿的终极挑战,要看幼儿在前面活动中的完成情况来定。如果幼儿都能轻松完成,作为最后游戏的高潮,可以尝试一下用不同部位创编,反之,这个环节则可省略。如果幼儿完成起来相对困难,也可以在游戏的最后请教师参与其中。在合作的过程中,教师可以用不同的身体部位进行创编,对幼儿而言,这也是经验上的一种拓展。这些都需要教师在活动中根据本班幼儿的学习特点不断调整,做难度上的加法或减法。)

(3) 引导幼儿对与同伴的合作进行反思和评价。

师:今天和好朋友玩游戏开心吗?是谁让你们这么快乐的?刚才在游戏中你们

遇到困难了吗？是怎么克服的呢？

（困惑与思考：为什么在活动的最后进行自我评价？

游戏活动的宗旨是帮助幼儿获得良好的情绪情感体验，在活动中幼儿感受到了快乐就应该为他们提供表达的机会，在此过程中去体会、感恩因同伴的配合给自己带来的快乐。反思评价同时也是对整个活动的一个梳理，帮助幼儿回忆在活动中遇到的困难，自己是如何克服的，是怎样和同伴共同克服的，并将在此活动中获得的经验运用到将来的游戏活动中。这样的学习才是有效的学习，是有利于幼儿发展的学习。）

【设计意图解析】

1. 音乐。

这是一首活泼欢快的乐曲，乐曲结构简单明了。

2. 故事。

原创设计者利用小猴子的动作特点创设了游戏的情境：一群可爱的小猴哥和小猴妹在森林里做游戏，他们和好朋友互相挠痒痒，一会儿挠挠好朋友的小脸蛋，一会儿又挠挠好朋友的小肚皮，可真开心啊！玩了一会儿，小猴子们有点累了，可是又找不到可以休息的地方，怎么办呢？他们就想到了一个特别好的办法，就是轮流变成小沙发让同伴坐在上面休息，这样大家就既能一起游戏又能一块儿休息了。

3. 动作。

挠痒痒的动作本身并没有难度，只是增添了幼儿之间相互游戏的快乐，因而这个动作的探索重点在于与同伴之间的配合，在相互游戏中找到让自己和他人都舒适的状态；后面设计的变沙发动作也需要两两配合，无论是用手变沙发还是用腿变沙发，除了空间方位上的改变，还要双方都保持稳定，这一系列动作的创造是在适度控制下的创造。

4. 游戏。

创编新的游戏“坐沙发”，需要同伴之间两两配合，两人都要让自己的身体保持稳定才能顺利完成游戏。游戏不断挑战幼儿的创编能力，既增加了由游戏紧张感而产生的趣味性，又给所有幼儿创造了与同伴合作挑战的机会。

[新手教师模仿难点及解决建议]

1. 新手教师在新授内容时如何避免直接告知,而是引导幼儿主动探索?

解决方案:例如,在学习游戏"坐沙发"的环节中,可以先请两名幼儿来示范,一名幼儿变沙发,如果能变出来,就引导全体幼儿观察,手是怎么变的?什么样的沙发适合同伴坐?变出来的沙发除了可以在身体的前面还可以在身体的什么方位?什么样的高度是适合同伴坐的?从这几个维度引导幼儿观察和描述沙发,幼儿就会在澄清的过程中找到学习的方法;如果幼儿在变的过程中有困难,教师可以根据实际情况提出建议,比如手的位置太高,幼儿坐起来有困难,教师可以说:"好像有点高,能不能稍微低一些啊?"或者尝试让幼儿说说自己坐不起来的原因,通过描述和交流双方不断调整,直到变出合适的沙发。这些都是引导幼儿自主学习、主动探索的策略,新手教师可以尝试在活动中试试这些的方法。

2. 明明幼儿在练习的时候是会的,为什么一合乐就卡不准节奏,新手教师怎么引导呢?

解决方案:练习的时候因为没有音乐,教师用说口令或唱谱的方式给幼儿留有充足的反应时间,当音乐出现,速度变快,幼儿在做时就会出现问题。新手教师在这个环节可以按照一定的层次循序渐进地进行活动。先是说口令,让幼儿清楚说什么口令做什么动作,再就是慢速度唱谱,其中可以加入语言的提示,给幼儿充足的反应时间,最后根据幼儿的掌握情况将速度逐渐提升到和音乐速度相同,并去掉语言的提示。新手教师要学会利用唱谱帮助幼儿解决合乐问题。

3. 提问时幼儿出现卡壳现象新手教师怎么办?

解决方案:把问题分层次,迁移我们做题时的经验,最容易的应该是是非题,这类问题仅需要幼儿回答是或不是,幼儿稍加思考就应该能够完成;再提供选择题,让幼儿在两个或者三个答案中进行选择;然后给幼儿提供简单的填空题,比如,"什么叫互相挠痒痒啊?"幼儿可能只会用动作在自己身上和同伴身上表示,教师就可以说:"互相挠痒痒就是,我在你的身上挠,你呢?"引导幼儿把话补充完整;最后才是问答题,比如,"你觉得还可以怎么改进?怎样做能让好朋友感到舒适?"问题循序渐进,并根据幼儿的实际情况酌情调整,幼儿回答起来就会相对容易。

【集体提出的完善建议】

挠痒痒的原设计是四个乐句挠了四个不同的地方，幼儿记忆负担会比较重，而且容易过早过度兴奋。因此建议：

1. 在示范和刚开始模仿的时候仅仅只挠同一个地方，重复四次。

2. 待幼儿慢慢熟悉音乐与动作的关系之后，由幼儿使用“一A到底”的模式，提出建议，每次替换新的动作。

3. 合作的时候也最好先是轮流只挠一个地方，慢慢再进展为多个地方随便挠，以避免幼儿过早进入过度兴奋状态。

原创解析：南京市游府西街幼儿园　杨　静

二、活动案例：大班律动“后羿射日”

【乐曲】

红色娘子军之娘子军操练舞（节选）

中国交响乐团　曲

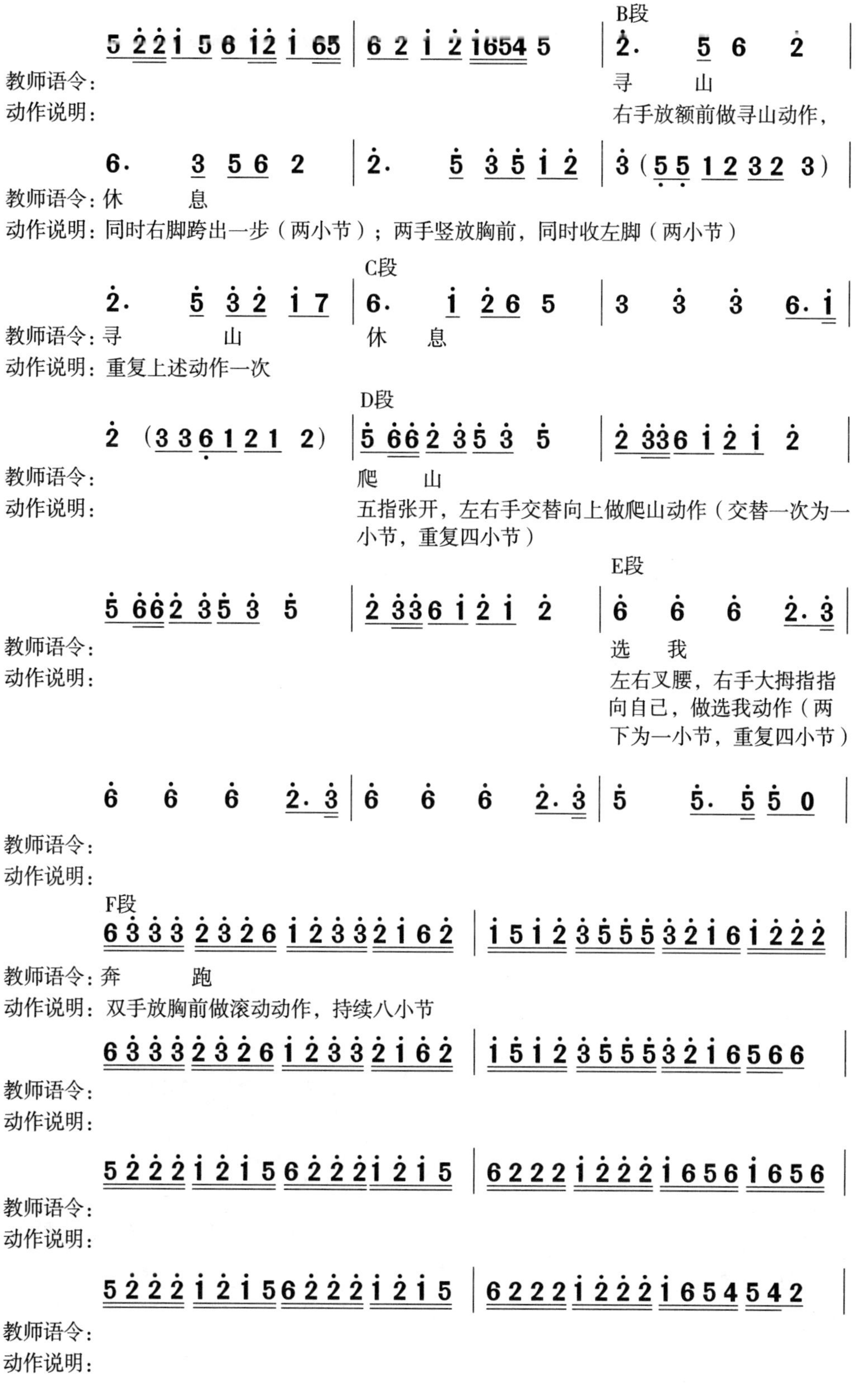
B段
教师语令：
动作说明：
寻　　山
右手放额前做寻山动作，
教师语令：休　　息
动作说明：同时右脚跨出一步（两小节）；两手竖放胸前，同时收左脚（两小节）
C段
教师语令：寻　　山　　休　　息
动作说明：重复上述动作一次
D段
教师语令：
动作说明：
爬　　山
五指张开，左右手交替向上做爬山动作（交替一次为一小节，重复四小节）
E段
教师语令：
动作说明：
选　　我
左右叉腰，右手大拇指指向自己，做选我动作（两下为一小节，重复四小节）
教师语令：
动作说明：
F段
教师语令：奔　　跑
动作说明：双手放胸前做滚动动作，持续八小节
教师语令：
动作说明：
教师语令：
动作说明：
教师语令：
动作说明：

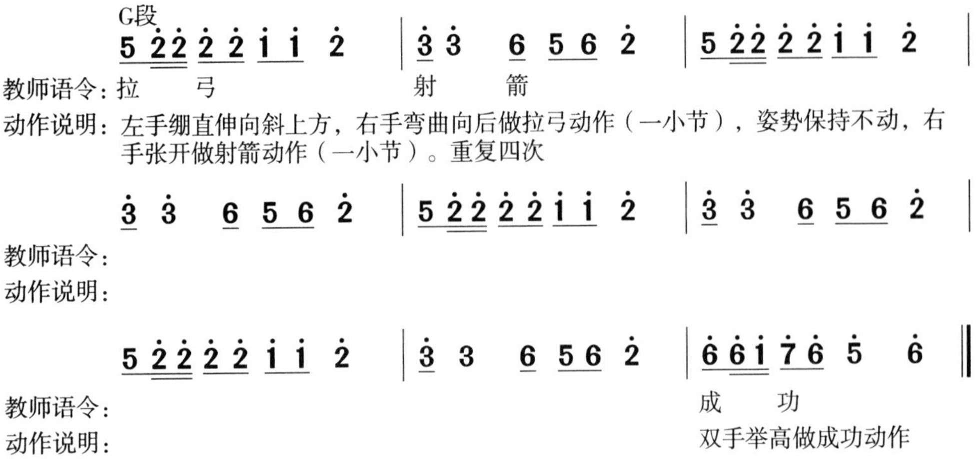

音乐结构：ABCDEFG。

动作建议：参见乐谱。

游戏玩法：

1. 全体幼儿站在自己椅子后做磨箭、寻山、爬山、拉弓射箭等动作，教师扮作神仙在“选我”乐段把拂尘甩到两个幼儿中间，这两名幼儿在“奔跑”的乐段（F 段）在圈外向不同方向跑，谁先从开始跑的地方进入圆圈谁获胜，并在“拉弓射箭”乐段（G 段），站在圆圈中间，抬手向幻灯片上的太阳射箭。

2. 幼儿合乐做拉弓和射箭的动作，太阳才能掉下来；幼儿拉弓射箭的动作有力，并且瞄得准，太阳才能掉下来（天上共有十个太阳，射下九个）。

【使能目标阶梯】

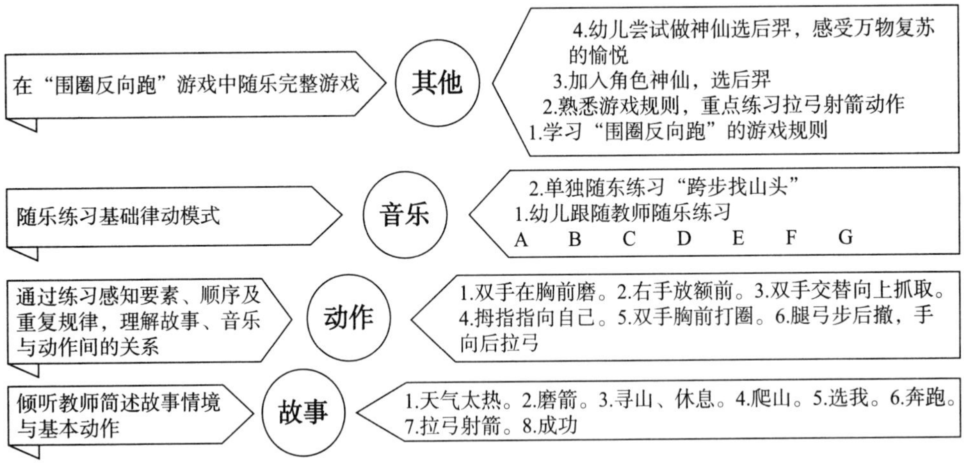

【教育活动设计】

活动目标

1. 初步了解故事情境，熟悉乐曲的节奏，随乐表现磨箭、寻山、爬山、拉弓射箭、成功等动作。

2. 能在规定的乐段按顺时针方向移动位置，完成“跨步找山头”的任务。

3. 能够明确“围圈反向跑”的游戏规则，感受后羿射日的勇敢精神，体验帮助别人的快乐。

活动准备

1. 物质准备：剪辑音乐《红色娘子军之娘子军操练舞》（节选）、弓箭、拂尘、护腕、木柜底座、幻灯笔、幻灯片。

2. 经验准备：熟悉《后羿射日》的神话故事；玩过“切西瓜”游戏。

3. 空间准备。

（1）围坐成大圆形。

（2）后面空出幼儿绕圈跑的空间。

活动过程

1. 故事。

教师讲述故事，幼儿了解《后羿射日》的故事情节。

师：（出示幻灯片）我们都听过《后羿射日》的故事。天上出现十个太阳实在太热了，勇敢的神箭手后羿决定去射日，他要先把箭磨锋利、寻找最高的山头、爬上山头后对神仙说“选我”，再跑到山顶，拉弓射箭，把多余的太阳都射下来。各位勇士们，我们一起学习射日的本领好不好？先看看后羿做了哪些动作。

幼：好！

［教师第一遍随乐示范动作］

（困惑与思考：教师在编故事和讲故事环节，有什么需要特别注意的地方？

教师编的故事应遵循“够用”原则，避免多余情节。在讲故事时，可用简单的动作对故事进行“翻译”，让幼儿理解动作和故事之间的对应关系。此外，还应采用慢速、暂时停顿、语音语调的变化、力度变化等方式讲述故事，让幼儿更快进入情境，理解故事情境，并给幼儿提供较为充裕的反应时间，避免因语速过快而给幼儿带来反应焦虑，进而产生学习困难。）

2. 动作。

（1）幼儿观察学习后羿射日的动作模型，感知音乐结构。

师：后羿刚刚做了哪些动作？

幼：磨箭、寻山、爬山……

师：还有吗？

幼：……

师：我们想要知道后羿做的所有动作，怎么办呢？

幼：请老师再做一遍。

［教师第二遍随乐示范动作］

师：后羿还做了哪些动作？

幼：选我、奔跑、拉弓射箭、成功。

（困惑与思考：为什么教师需要引导幼儿主动提出“请老师再做一遍”的要求？

教师之所以要进行第二次示范，其原因是幼儿在观看教师的第一次示范后，没能完全反馈出后羿做的动作。教师没有直接说“请你们再看一遍老师的动作”，而是向幼儿抛出了问题：“我们想要知道后羿做的所有动作，怎么办呢？”如此设计的用意是为了提高幼儿主动解决问题的能力。幼儿主动要求教师再次示范，既激发了幼儿观察的内部动机，又让幼儿观看的目的性也更加明确。）

（2）引导幼儿厘清动作顺序。

师：后羿做的动作顺序是什么？先做什么，后做什么？我们一起跟着音乐做一做。

［幼儿第一遍随乐动作］

（困惑与思考：为什么要求幼儿厘清动作顺序？

本节活动的动作元素相对比较多，幼儿很容易混乱。因此，有必要让幼儿在理性层面上归纳、记忆动作顺序，以便在后面随乐动作时，可以更好地自我指导，流畅地随乐动作。）

（3）幼儿创编射箭的声音。

师：什么声音出现的时候，后羿开始拉弓射箭？

幼:“zi–boom”(象声词)。

师:在“zi–boom”的时候箭才射出去,我们一起试一试,(动作示范:奔跑—拉弓—zi–boom)太棒了,再来一次!

[幼儿第二遍随乐动作]

[困惑与思考:如果这个环节幼儿说不出象声词或者说出特别奇怪的象声词,怎么办?

教师首先在示范的时候,就应不断伴随音乐发出象声词“zi–boom”的声音,然后采用拖长声音等待的方法,引导幼儿说出象声词。例如,奔跑—拉弓……通过放慢速度和等待的方法,引导幼儿说出象声词。如果使用了这两个方法,幼儿还是没有说出来,教师可以将这段动作加象声词部分(奔跑—拉弓—zi–boom)重新说一遍,让幼儿再次重点关注并说出象声词,然后加上动作再练习一次,以巩固幼儿对于射箭节奏和象声词的把握。]

3. 音乐。

(1) 教师唱谱,幼儿重点练习“跨步找山头”的动作。

师:勇士们,现在我们要去寻真正的山了。这是我的第一座山,你们的第一座山呢?(站到椅子后面),举起你有护腕的手,指向你护腕方向的下一张椅子(边说边示范),这就是你的下一座山头!

师:准备好!我们要跨一步移动到下一座山头(教师唱谱[15]—[18]小节)。

[幼儿第一遍独立练习“跨步找山头”]

师:接下来我们要两座山一起寻(教师唱谱[15]—[22]小节)。

[幼儿第二遍独立练习“跨步找山头”]

[困惑与思考:教师让幼儿独立练习“跨步找山头”的用意是什么?在练习“跨步找山头”时,教师的层层递进策略是如何体现的?

“跨步找山头”是本次活动的重难点,因此需要将此技能单独拎出来练习。在练习时,教师要遵循循序渐进的原则,先让幼儿明确“下一座山头”的位置:幼儿站在自己的椅背后,顺着右手方向,指向下一张椅背后;再做“跨步找山头”的动作:从自己的背后向右边(护腕方向)跨一步,走到下一张椅背后;最后,要求幼儿从移动一座山头到连续移动两座山头。层层递进,最终熟练掌握这一技能,为后续的随乐动作打好基础。

此外,这个同一个方向移动的动作是需要手脚协调完成的:手部动作是手心向下横放在自己的眼睛上方,脚步动作是向右边跨一步。由这个动作设计可见,虽然是手脚协调的动作,但是手部动作是没有难度的:摆好一个固定造型保持不动。脚部动作是有一定难度的:脚上是移动动作。这种“手部保持造型、脚步移动”的设计可有效降低动作难度,避免幼儿因注意力分配困难而出现手忙脚乱的状况。]

(2) 幼儿随乐巩固“跨步找山头”动作。

师:接下来我们真的要去找山头,下面我们跟着音乐试一试。

[幼儿第一次起立随乐律动]

(困惑与思考:在随乐“跨步找山头”时,如果幼儿出现困难,怎么办?

如果“跨步找山头”顺利完成,则进行下一步。若有幼儿在这个环节出错,教师可以抛出出错的问题,让大家共同帮助他。在厘清他人问题的时候,进一步巩固“跨步找山头”的动作要领。必要时再单独练习一次,待问题解决后再跟音乐做,否则前期的问题没有解决,会影响后面游戏的流畅进行。)

4. 其他。

(1) 学习后羿射日的游戏,学习“围圈反向跑”的游戏规则。

师:(指着木柜底座)这是后羿射日的山头!(拿出弓)这是后羿射日的弓,神箭在哪里?它用肉眼是看不见的。只要你用力拉弓,箭就会射向目标。你们谁才是真正的后羿呢?我们看神仙(配班教师)是怎么选的。请勇士站在山头后。

[幼儿第二次起立随乐律动,配班教师示范选后羿的方法]

[困惑与思考:配班教师示范游戏玩法(选后羿)时,与主班教师合作反向跑的对象是幼儿。如果幼儿反应迟缓,不能快速反向跑,怎么办?

首先,“围圈反向跑”的游戏由“切西瓜”演变而来,因此,幼儿需要有“切西瓜”游戏的经验。此外,配班教师在选后羿时,可以移动到与主班教师合作游戏的幼儿身边,或者用眼神给予其关注和提醒,以帮助他快速反向跑并随乐游戏。]

师:我怎么一个太阳也没有射下来啊?刚刚我射日的时候你们在干吗呢?有没有跟我一起做?

幼:没有。

师:难怪我在拉弓的时候觉得拉得这么吃力,你们要给我助力啊!试试看,预

备，拉弓、射箭。（教师站在圆圈中间。师幼一起射箭，射下一个太阳）

（困惑与思考：为什么第一遍游戏不直接射落太阳？

幼儿在观看神仙选后羿时，总是忘记拉弓射箭，因此教师需要在此处用游戏化的情境提示幼儿帮助后羿。先安排不射落太阳的情境，引起了幼儿的关注，再通过练习，让圈上幼儿共同拉弓射箭来帮助后羿，体验共同参与游戏、互相帮助的快乐。）

师：刚刚两个勇士是怎么被选中的？

幼：神仙用拂尘甩中的。

师：跑赢的勇士干什么？

幼：爬山、拿弓、准备射箭！

师：什么时候拉弓射箭？

幼：zi-boom。

（困惑与思考：为什么教师要采用问答式的方式让幼儿了解游戏规则？

教师不直接阐述游戏规则，而是通过提问、回答的方式，帮助幼儿回忆游戏玩法，记忆游戏动作的顺序。这种启发式的教学有助于提高幼儿主动察觉和澄清游戏规则的能力。注意：教师设计的问题应关注每一个必要的细节，这对后续游戏的顺利进行有非常重要的作用。）

（2）教师当神仙，重点巩固游戏规则。

师：那现在我来当神仙（拿拂尘），我要选最勇敢的勇士！勇士们到山头后准备好！

[幼儿第一遍参与游戏。射下两个太阳]

师：刚刚他射下来几个太阳？

幼：两个。

师：你是怎么把太阳射下来的？那还有什么方法能射下更多太阳？

幼：跑的速度很快，拉弓很用力，射箭瞄准……

（困惑与思考：教师如何引导幼儿随乐做射箭的动作？

游戏前，教师应提醒幼儿：后羿要等“zi-boom”的声音出现才能拉弓射箭；如果在提醒后，幼儿仍然出现急于射箭的情况，教师可以通过手势、眼神和靠近等方法，提醒幼儿站在山头上等一等，要等听到“zi-boom”的声音，再做射箭的动作，以此让幼儿关注动作的合乐性。）

（3）教师当神仙选人，重点关注拉弓射箭动作的力度问题。

师：这次我们学习那位勇士的射箭本领，再来一次。

［幼儿第二遍参与游戏，射下两个太阳］

师：刚刚他射下了几个太阳？

幼：两个。

师：怎么样才能射下更多的太阳呢？

幼：脚步变大，增加力气，用力拉弓……

师：怎么才能加大拉弓的力度？我们一起来试试。1、2、3，定住！（幼儿独立造型）

师：（教师反馈）你看他双脚分开，很稳，使出了全身的力气，手臂好用力；他两只眼睛一睁一闭，瞄得很准；他身体向后仰，后面的手拉弦很用力；他的眼神很坚定，我仿佛看到了后羿的影子……

（困惑与思考：为了帮助幼儿掌握拉弓射箭的动作要领，教师在反馈幼儿的个别动作时，应注意哪些事项？

教师应使用具体、明确且带有情境性的语言对幼儿的动作予以反馈，从而帮助幼儿认识到，所谓有力度的射箭方法，即手用力、脚站稳，眼睛瞄准，眼神坚定。如此设计，既分享了幼儿的成功经验，也避免了教师的说教，同时也有助于幼儿对拉弓射箭方法的掌握。此外，新手教师还要注意多鼓励幼儿的肢体表现，让他们积极融入情境，投入地用力瞄准射箭。）

（4）幼儿当神仙选人，完成拯救百姓的任务。

师：接下来我要再请一个神仙，因为我一个人的法力已经不够了，谁知道神仙什么时候选人？

幼：说了“选我”后。

师：请你来当小神仙。

［幼儿第三遍参与游戏，射下四个太阳］

（困惑与思考：个别幼儿尝试独立当神仙后，有可能会出现困难，从而导致教师无法顺利退位，游戏的顺畅度也受影响。对此，教师该怎么办？

教师可以在幼儿当神仙前，采用提问的方式，让所有参与者明确当神仙幼儿的任务，然后做游戏。在随乐游戏中，教师可以采用先动作预令退位，再语言预令退位的方法,循序渐进。通过这两种策略保证游戏顺利进行。)

师:这次我们射掉了几个太阳?

幼:四个。

师:知道为什么这次能射四个太阳吗?除了后羿更厉害了,还有其他勇士都在为他助力,所以一下子射下了四个太阳!你们看天上的变化,哇!万物复苏,小花小草都出来了,你们太棒了!为自己的勇敢鼓鼓掌!

师:勇敢的后羿们!带上我们的弓箭,继续帮助更多的人。(背景音乐响起)

(此时为活动高潮,幼儿除了感受成功的喜悦之外,还明白了团结合作的力量是最大的)

【设计意图解析】

1. 音乐。

选自《红色娘子军之娘子军操练舞》,并根据活动内容做了一些节选和拼接,加上了拉弓射箭的音效让它更符合后羿射日的情境。

2. 故事。

《后羿射日》是中国传统神话故事,幼儿对此有浓厚的兴趣,大多数幼儿对此故事也比较了解,根据故事设计的活动具有逻辑性、趣味性。

3. 动作。

动作整体风格体现后羿坚定和勇敢的性格特点,幼儿随着音乐节奏做得有精神、有力量。

4. 游戏。

(1) 借鉴经典传统游戏"切西瓜",在"围圈反向跑"的游戏规则中,突出后羿射日中的竞技感,让活动更有趣。(2) 在对着幻灯片中的太阳"瞄准、拉弓射箭"的互动游戏中,体验太阳被射落的成就感,并在分享中追求动作的精益求精。

【新手教师模仿难点及解决建议】

1. 教师第一遍示范动作模型,幼儿回忆了动作元素后,新手教师应该怎样反馈才能避免重复幼儿的答案，且更精准？

解决方案：幼儿在说出基本的动作元素后，教师应该阐明动作的细节及要领。如，幼儿说“磨箭”，教师的反馈语可以精确为“一下一下向前磨”。又如，幼儿说“寻山”，教师可以精确地说：“用戴着护腕的手寻山。”以此为后面在圈上位移做铺垫。总之，新手教师在反馈幼儿答案时，应尽量使用精确的语言描述动作的造型、部位、方向等细节。

2. 幼儿在圈上位移时，移动方向容易出错；“跨步找山头”时也不容易准确合乐。对此，新手教师应该怎么处理？

解决方案：幼儿按逆时针方向“跨步找山头”是本活动的重难点。为了避免位移方向出错，在圈上移动前，教师可以先让幼儿用戴护腕的手指向正确的椅子并检查，待幼儿确定目标后，再进行跨步练习。此外，教师可以根据幼儿的能力，采用适宜的速度唱谱，以此让幼儿感受音乐的节奏，并帮助幼儿解决圈上逆时针移动的问题。

原创解析：南京市第一幼儿园　陈天雯

三、活动案例：大班律动“魔法师的学徒”

【乐曲】

魔术先生

周杰伦　曲

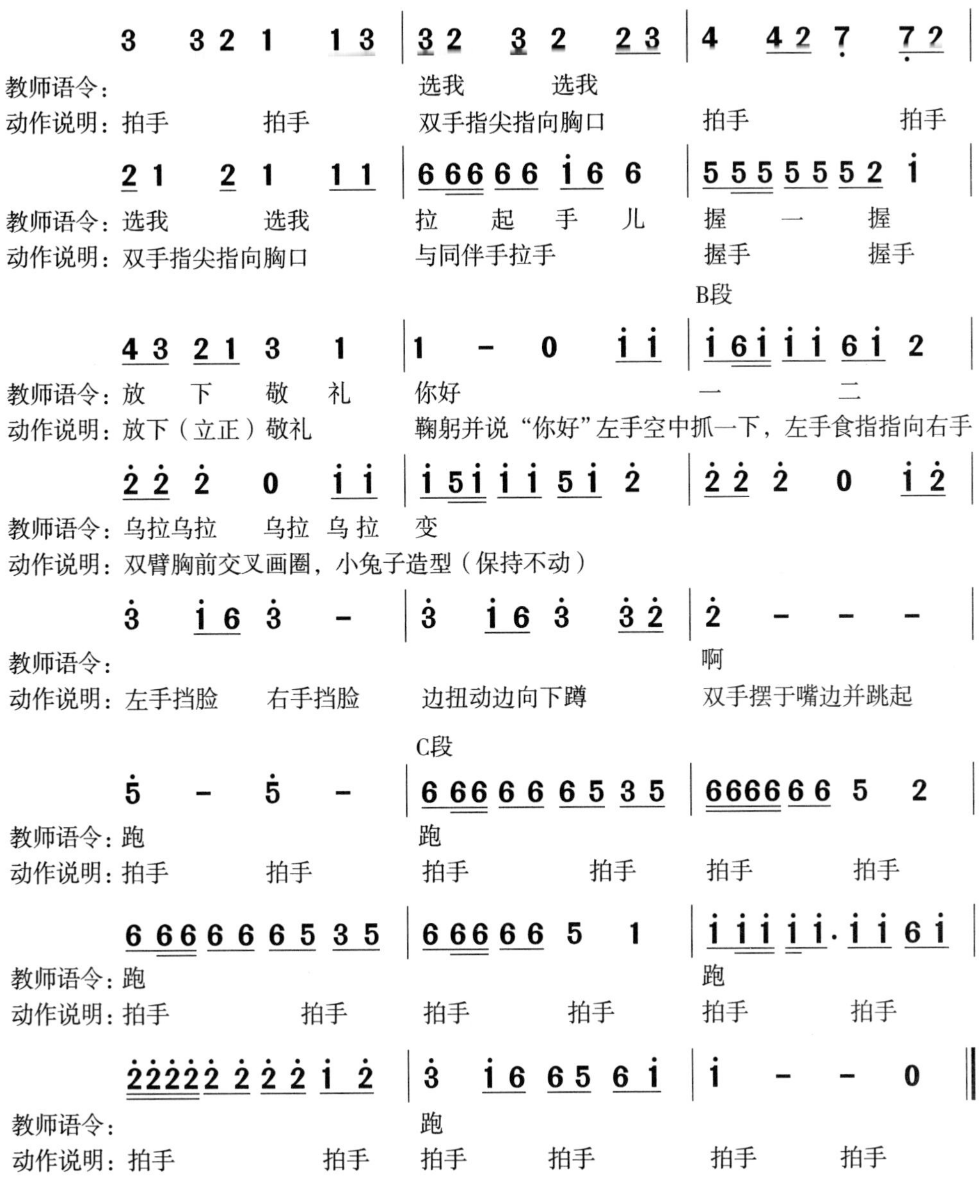

音乐结构：三段式 ABC 结构。

动作建议：参见乐曲。

游戏玩法如下。

1. 练习“魔法”环节：完整随音乐做律动，在单圈双圆上与同伴结伴练习“魔法”，掌握合作游戏的玩法。

2. “魔法师选徒弟”环节：完整随音乐做律动，魔法师在选徒弟时跳到其中一对幼儿中间，这两名幼儿就要以相反的方向绕一圈并跑回自己原来的位置，谁先回来，谁就是魔法师的徒弟。

3. “交换竞争对手”环节:完整随音乐做律动,把“握手”和“立正”的动作更换为与同伴“换位置”和“转身”的动作,体验与不同魔法师竞争的乐趣。

【使能目标阶梯】

在“选徒弟”游戏中随乐完整游戏	其他	3.交换竞争对手(变换队形) 2.“选徒弟”游戏(幼儿与幼儿互动) 1.“选徒弟”游戏(幼儿与教师互动)
随乐练习基础律动模式	音乐	T-S众,跟随教师随乐练习 A B C
通过练习感知要素、顺序及重复规律,理解故事、音乐与动作间的关系	动作	1.拍手、指向胸口。2.拉手握手。3.立正鞠躬。4.左手空中抓握,指向右手。5.双臂胸前交叉画圈。6.双手蒙眼,跳。7.奔跑
倾听教师简述故事情境与基本动作	故事	1.练习魔法。2.施展魔法。3.选徒弟。4.竞争

【教育活动设计】

活动目标

1. 初步熟悉乐曲的旋律及ABC结构,在单圈双圆队形上,按节奏做魔法师选徒弟、变魔术等游戏动作。

2. 借助生活经验,理解舞蹈动作的含义及顺序,并能按游戏规则交换魔术帽子。

3. 在魔法师选徒弟的过程中,体验和不同同伴合作和竞争带来的乐趣。

活动准备

1. 物质准备。

(1) 魔术帽子。

(2) 玩具和糖果各一个,藏于魔术帽子中。

(3) 根据幼儿人数准备两种颜色的标记并分别贴在幼儿的身上。

(4) 根据活动需要剪辑好音乐。

2. 经验准备。

掌握基本队形口令:站在圈上,面对圆心。

3. 空间准备。

(1) 在场地的中间,用一半幼儿人数的圆形标记贴一个单圆,两个点之间留有一个幼儿的位置。

(2) 幼儿椅子摆放在场地的一边,呈半圆形,与中间的圆稍有距离。

活动过程

1. 故事。

(1) 出示魔术帽子并变魔术,激发幼儿的兴趣。

师:这是一顶神奇的帽子,仔细看,帽子里会变出什么?

幼:小汽车、娃娃……

师:除了变出玩具,还能变出什么呢?

(困惑与思考:为什么教师没有直接讲故事而是和幼儿玩变魔术的游戏呢?这样设计的目的是什么呢?

在"魔法师的学徒"这一韵律活动中,一共有四组动作,且每组动作都由两到四个单一动作组成。所以,整个韵律活动的动作量比较大。"念咒语变魔术"是这四组中的一组,为了减轻幼儿的学习负担,所以将这一组动作提前让幼儿熟悉练习,为后续的学习奠定基础,也就是"重点前置"的学习方法。

此外,"念咒语变魔术"是幼儿非常喜欢的游戏,这一游戏能激发幼儿的学习兴趣,让幼儿更好地投入到游戏情境中去。)

(2) 讲述故事情节,激发幼儿当魔术师的愿望。

师:魔法学校开学了,神奇的魔术帽子要在所有小朋友中间选择一个人做魔法师的徒弟,小朋友们听了这个消息都很高兴,都争着说"选我,选我"。魔术帽子说"每个人要找一个竞争对手和他比一比,魔力大的才能当魔法师的徒弟"。我们一起来看看他们是怎么找到竞争对手,怎么施展魔法的。

[**教师第一遍随乐示范动作**]

(困惑与思考:为什么要设计这样的故事呢?在这个简短的故事里,包含了哪些需要幼儿掌握的内容呢?教师该怎么设计音乐活动中的故事呢?教师讲述故事的时候要注意什么呢?

首先,故事中交代了游戏的任务“魔法学校要招生了”。这一任务贯穿整个游戏活动,是将整个活动串起来的一条线索。其次,故事中还包含了一组需要幼儿学习的动作“选我,选我”。教师边讲述边做动作能让幼儿提前了解动作的含义,为后续动作的学习奠定基础。最后,交代了游戏的玩法。“每个人要找一个竞争对手和他比一比,魔力大的才能当魔法师的徒弟。”所以说,故事虽然很简单,内容却是非常重要的。通过讲述故事,能让幼儿较快地进入到游戏情境中去。

韵律活动中故事的设计其实指向的就是下一个教学环节需要幼儿掌握的内容。作为设计者,我们可以问自己几个问题:① 整个游戏用什么情境来贯穿? ② 活动中的动作有哪些? ③ 这些动作如何巧妙地编排到故事中去? ④ 下一环节中需不需要承上启下的语言提示?

教师在讲述故事的时候要注意语气、语速以及把握身体姿态、动作,同时还要观察幼儿是否在专注地听故事,关注幼儿听故事时的反应。比如,在这一故事中,教师讲到“小朋友们听了这个消息都很高兴,都争着说‘选我,选我’”时,教师就加上了双手指尖指向胸口这一动作,目的就是帮助幼儿理解动作的含义。在讲到“魔术帽子说‘每个人都要找一个竞争对手……’”时,教师故意将“竞争对手”几个字放慢了速度并加重了语气,起强调作用以引起幼儿的主意。)

2. 动作。

(1) 教师完整示范,幼儿观看,并初步熟悉音乐结构和动作。

师:做了哪些动作? 表示什么意思?

[教师第二遍随乐示范动作]

(困惑与思考:① 教师在示范动作的时候要注意什么? 幼儿观察教师动作的时候需要跟着教师做动作吗?

第一,动作要干净利落,要能稳得住,不要出现随着音乐随意晃动的现象。第二,教师示范动作时,要遵循先上肢动作后下肢动作的原则。从幼儿动作发展水平来看,上肢动作的学习较下肢动作更为简单。因此,教师在第一遍示范时只做上肢动作不加下肢动作。第三,教师在示范动作时可以加上语令,帮助幼儿理解动作,也可在幼儿学习时起到提示的作用。

在观察教师的示范动作时，有的幼儿会情不自禁地跟着教师学做动作。这说明幼儿对所学的内容很感兴趣，模仿动作是他们下意识的行为。他们沉浸在游戏当中，我们当然不要阻止和中断幼儿的自发性行为。所以教师在示范动作之前，不用特意强调让幼儿跟着教师学做动作。只要他们在认真观察或者投入到情境当中即可。

② 当教师问做了哪些动作时，幼儿是否可以用做动作的方式回答教师？

开展音乐教学活动，不仅仅要完成这一领域的教育目标，还可以渗透其他领域的教育目标，通过音乐活动来促进幼儿的全面发展。应该将幼儿的语言发展目标也渗透到音乐活动中。因此，幼儿不仅要能够模仿动作，而且要语言清楚地进行表达。用语言表达的另一个原因就是，可以更好地帮助幼儿理解动作的含义，从而投入到游戏情境中去。）

（2）教师再次完整表演一次，帮助幼儿整理动作顺序。

师：还做了什么动作？

师：拍手、双手指尖指向胸口、握手、立正、鞠躬并说“你好”这一组动作做了几遍？

幼：两遍。

师：怎样施展魔法的？

师：变成了什么？

幼：小兔子。（此环节可以进行升级创编，如，还可以变成什么呀？引导幼儿创编更多的造型）

师：刚才做了这么多的动作，先做了什么？接着又做了什么？最后做了什么？

（困惑与思考：在帮助幼儿梳理动作的顺序时，教师如何提问呢？如果幼儿说错了教师该怎么解决？

当我们需要幼儿回答问题的时候，教师要先提出要求，让幼儿带着问题观察和思考，这样可以提高幼儿回答问题的准确性。在这一活动中，教师通过“先……接着……最后”这些表示时间顺序的词语让幼儿先关注动作的先后顺序，再回答问题。

本活动中有些乐句动作内容少，有些乐句动作内容多。内容少的动作，幼儿在教师的引导下只需要一遍就可以说出所有的单一动作。而内容多的动作，幼儿很有可能说错或者回答不出来，这很正常。那出现这种情况该怎么办呢？教师可采用疑惑的语调引发大家思考：是这个动作吗？在教师的引导下，大家得出了正确的答案；如果大家都不能确定正确的动作究竟是什么，教师可以引导幼儿向教师求助，并说“请老师再做一遍”，以培养幼儿遇到问题寻求教师或其他高级榜样帮助的习惯，并让幼儿怀有感恩之心。在教师再次示范后，幼儿通过有目的的观察能够说出正确答案。）

3. 音乐。

（1）引导幼儿在座位上听音乐做动作，并通过提问帮助幼儿了解游戏语言。

师：我们坐在座位上一边听音乐一边做动作。

[幼儿第一遍随乐律动]

师：游戏中，小魔法师说了什么？

幼：选我，选我。

师：他要告诉魔术帽子选他做徒弟。

师：和其他小魔法师比赛的时候要有礼貌地打招呼，要坚持友谊第一，比赛第二。施展魔法的时候说了什么？

幼：乌拉乌拉，乌拉乌拉，变。

（困惑与思考：对于现阶段的幼儿来说，音乐游戏中可否不增加游戏语言？

游戏语言不仅增加了活动的游戏性，还起到提示幼儿、帮助幼儿掌握音乐节奏的作用。）

（2）幼儿在场地中间边听音乐边做动作，并尝试在音乐中说出游戏语言。

师：小魔法师们，我们找一个空地方来练练魔法吧！

[幼儿第二遍随乐律动]

[困惑与思考：在幼儿随乐练习环节教师需要注意哪些问题呢？

我们要遵循空间流程的规律：坐位—站位—散点站立—队形。坐位练习动作比站位练习动作更具稳定性，幼儿做动作时也更认真和专注。同时，教师能更好地观察幼儿，以便及时发现问题并解决。坐位练习动作熟练后，再站在座位前练习，幼儿理解和记忆动作之后再散点站立练习。

幼儿散点站立练习的时候，教师要提醒幼儿：找到一个合适的位置（和同伴保持一定的距离，不能碰倒其他人）站好，站好了就不能随意走动了。散点站立练习时，教师的站位应该是面向所有幼儿，这样的站位利于幼儿观察教师的动作，利于幼儿观察模仿学习。同时教师也能观察到全体幼儿的动作学习情况。]

4. 其他。

（1）引导幼儿面对面站成单圈双圆，尝试站成队形做动作。

① 教师讲解，帮助幼儿了解队形并站成单圈双圆。

师：小魔法师的魔法都练好了，这次要找一个朋友来比一比谁的魔法强。请贴绿色标记的幼儿找一个绿色圆点面朝圆上站好，请贴黄色色标记的幼儿找一个站在绿色圆点上的朋友面对面站好。

（困惑与思考：① 如果幼儿没有“面朝圆上”等队形经验，怎么办？

教师可以通过边讲解边示范的方式，帮助幼儿了解什么是“面朝圆心”“面朝圆上”“面对面”。此活动中可以先示范“面朝圆心”，然后再示范“面朝圆上”，通过对比的方式帮助幼儿了解如何在圆上快速站成“面朝圆上”。此时要放慢讲解的速度，突出“面朝圆心”“面朝圆上”。

② 幼儿是否一定要贴标记？

如果班级男女生人数均等可以不要贴标记，以男女生作为游戏角色的区分；但大多数班级幼儿的男女生人数是不均等的。因此，在活动中通过贴标记可以帮助幼儿更好地明确自己的角色，快速找到自己在队形上的位置，节约了课堂活动时间，对于队形经验不足的幼儿也给予了一定的支持。）

② 幼儿尝试在单圈双圆上做动作。

师：小魔法师现在要和小伙伴一起练习魔法了，在练习魔法的时候可以跟小伙伴握握手、鞠躬问好。

师：拉起手儿，握一握。

（教师边念语令，边带领幼儿练习两两握手的动作）

师：让我们听着音乐，和小伙伴一起来练习魔法吧！

［幼儿第三遍随乐律动］

（2）教师以魔术帽子的角色讲述游戏情节，帮助幼儿了解魔法师选徒弟的游戏玩法。

① 教师边讲解，边示范游戏的玩法。

师：魔术帽子要选一对面对面的朋友来比一比。什么是面对面？（脸对着脸）

师：魔法师跳到哪一对朋友中间，这两个人就要来比一比，两人要以相反的方向绕一圈并跑回自己原来的位置，谁先回来，谁就是魔法师的徒弟。

[幼儿第一遍游戏]

② 教师扮演魔法师和幼儿共同游戏，帮助幼儿进一步了解游戏的玩法和规则。

师：魔法师什么时候跳到两个朋友中间？

幼：变出小兔子的时候。

（困惑与思考：为什么要让幼儿明确魔法师在变出小兔子来的时候才跳到两个朋友中间？

让幼儿知道要在变出小兔子的时候，魔法师才能跳进两个竞争对手中间，小魔法师才能跑的规则，保证游戏开展的公平性。）

师：拿到魔术帽子的小朋友就成了魔法师的徒弟，他要继续帮魔法师寻找下一个徒弟。

（3）请获胜的幼儿扮演魔法师，再次进行魔法师选徒弟的游戏。

[幼儿第二遍游戏]

（4）反思评价。

师：这个游戏会玩了吗？

师：在玩的过程中有什么问题出现？

（困惑与思考：为什么要在此阶段进行反思评价，在最后可以吗？

此游戏的规则较多，玩法较复杂。因此，在游戏中会出现幼儿对玩法和规则不清楚的现象。在此环节可引导幼儿反思出现的问题，并提出相应的解决方法，便于幼儿更好地参与游戏活动，进而提高幼儿解决问题的能力。）

（5）通过观察模仿，学习交换舞伴的方法。

① 教师和一名幼儿示范交换舞伴的方法。

师：仔细看一看“握手”和“立正”两个动作变成了什么动作。

（把握手的动作变成和面对面的同伴换位置的动作，把立正的动作变成向后转身的动作）

② 教师说口令，幼儿练习交换朋友动作。

师：拉起手儿换位置，转身，你好。

[幼儿第三遍游戏]

③ 幼儿完整游戏，体验和同伴竞争的乐趣。

师：我们这次要连续玩游戏了，准备好哦！

[幼儿第四至第 N 遍游戏]

(困惑与思考：对于比较复杂的指令和要求，教师该如何分解，如何让幼儿循序渐进地掌握这些指令和要求呢？

首先要确定在这一环节中需要幼儿干什么。这一环节主要有两方面的内容需要幼儿掌握。① 空间位置的变化。幼儿由原先的散点站立表演变成单圈站立表演，且是两两面对面站立。② 从单人做动作变成两两合作。两两合作还有两个层次。层次一是固定同伴的合作表演，层次二是变换同伴合作表演。

确定了需要幼儿掌握的内容之后，我们就要将这些内容，由浅入深，由易到难，逐一分解，层层递进。

第一层次：单圈面对面站立。让同一标记的幼儿先找到地上的绿色圆点站好，教师要求“面朝圆上”站好。当幼儿不明白的时候，教师要及时给予帮助并纠正错误，这样才不会影响后一环节的进行。当幼儿都站好之后，教师再说“请×××标记的幼儿找一个朋友和他面对面站好”。这样的指令清晰、明确，非常适合面对面单圈站立这样的队形要求。

第二层次：单人做动作变成两两合作。通过教师的语令和动作的讲解示范，明确在做哪个动作时合作？如何合作？教师观察到幼儿都明确了动作要求之后，再随乐表演。

第三层次：变换同伴合作表演。这一环节中教师采用了 T-S1 示范的方式让幼儿观察“将原先的什么动作换成了什么动作”。这是要让幼儿从刚刚形成的动作模型中找到变化。这对幼儿来说是有挑战的，所以教师在示范的时候动作要放慢，语令提示要放慢，以便给幼儿足够的反应时间。同时，要打破幼儿刚刚建立的动作模型，也需要给幼儿更多的练习机会。从慢速语令提示和示范到逐渐提速至跟上音乐节奏，直至幼儿全部掌握了才让幼儿随乐表演。)

【设计意图解析】

1. 音乐。

这首流行音乐是周杰伦的歌曲《魔术先生》，旋律欢快，有现代感，深受幼儿喜欢。

2. 故事。

在设计游戏时，我们借助歌词内容以及关于“哈利波特”的电影情节，创设了“魔法师选徒弟”的故事情境，

3. 动作。

设计动作时，在考虑到歌词内容的基础上，围绕魔法师选徒弟的情节，设计了相应的游戏动作。同时根据音乐的速度，单个动作都是两拍一下或四拍一下，动作的转换频率也符合幼儿的年龄特点。

4. 游戏。

通过“都想当魔法师的徒弟—向魔法师学习魔法—竞赛”争当徒弟的游戏情节，满足了幼儿的表演需要；同时我们通过单圈双圆的队形变化，满足了幼儿与同伴交流的需要；而竞争则满足了大班幼儿面对挑战、勇于竞争的需要。

【新手教师模仿难点及解决建议】

1. 活动内容较多，无法在一课时完成怎么办？

解决方案：可根据班级幼儿的实际情况将此活动分为两课时，第一课时学习游戏的玩法，第二课时学习交换舞伴的方法。

2. 教师对单圈双圆的队形站位讲解不清楚怎么办？

解决方案：教师通过边讲解，边示范的方法帮助幼儿了解“面朝圆心”“面朝圆上”“面对面”的队形站位方法。教师通过先示范“面朝圆心”，再示范“面朝圆上”的方式，帮助幼儿区别两种不同的站位，以便幼儿亲身尝试时知道如何“面朝圆上”站立。

3. 幼儿动作不合拍怎么办?

解决方案:教师适当的语令以及游戏语言,能起到提示幼儿随乐做动作的作用。如“拉起手儿,握一握”既提示了幼儿动作内容,又能让幼儿跟随音乐的节奏做动作。

4. 幼儿交换舞伴有困难怎么办?

解决方案:教师通过示范和提问,帮助幼儿明确将“握手”和“立正”的动作替换成“换位置”和“转身”的动作,在合音乐做之前,一定要带领幼儿边听语令边练习,在语令的提示下从单遍、慢速的练习逐渐过渡到多遍、快速的练习,为幼儿跟随较快音乐做动作打好基础。

5. 如何选择第一个当魔法师的幼儿?

解决方案:第一次当魔法师,这对幼儿来说是有一定难度的。首先,教师可以通过前半节活动对幼儿的了解(如果是本班幼儿平时就了解)选择能力强点的幼儿来当魔法师,教师还要提前提示该幼儿以减轻幼儿的负担,从而使活动顺利有序地开展。魔法师作为一个独立的角色,需要幼儿独立完成一定的任务,对幼儿来说是一个挑战。教师可以事先预判幼儿可能出现的问题,提早干预和提示,以降低学习难度,减轻幼儿的心理负担。比如,悄悄地、小声地问魔法师:“你需要我的帮助吗?”如果幼儿有需要则适当地帮助。如果不需要教师就可以和圈上的幼儿共同游戏。

原创解析:南京市北京东路小学附属幼儿园　刘　晶

第四节　重要策略提示

一、唱谱

尽管播放音乐和钢琴伴奏都是律动教学中常用的支持幼儿学习的手段，但教师使用演唱乐谱旋律的方式更容易在幼儿遇到困难、需要音乐临时中断或变化速度的时候跟随他们、支持他们。因此，正确、熟练地演唱旋律也是教师必备的基本技能。

（注意：演唱旋律的时候一定要演唱乐谱的首调唱名，而不能够随便哼哼或唱“didongdi”这样的非通用唱名）

二、提示语及其退出

虽然提示语在支持幼儿学习的过程中非常重要，但在教学过程中并非一直需要使用提示语。毕竟幼儿最终是要学会独立地感知、表现、作品的。所以，提示语的使用，与婴儿刚开始进入学步阶段时成人支持或工具支持的功能非常类似。

在歌唱、律动、奏乐三种活动的新授早期，都需要使用提示语，但在中、后期，教师都要逐渐减少对提示语的使用，并过渡到不再使用提示语，让幼儿完全独立地进行感知和表现。这应该是一个循序渐进的过程。教师需要密切关注幼儿的学习情况，随时准备退到下一个台阶。对于中班下学期及以后的幼儿，教师还可以直接征求幼儿的意见，如“现在你们可以不要提示了吗？”

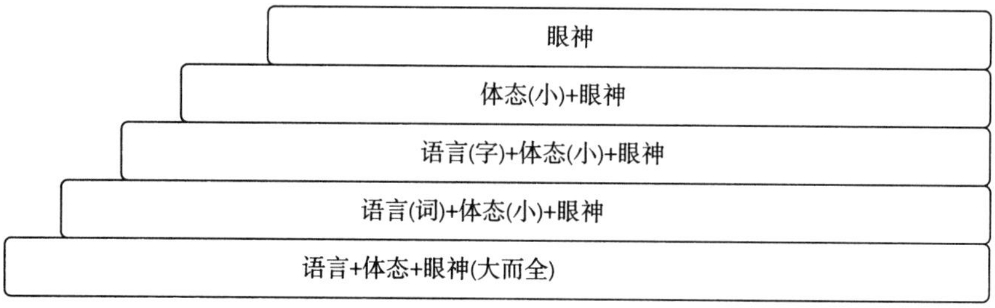

图 4－1　语言预令退位梯级

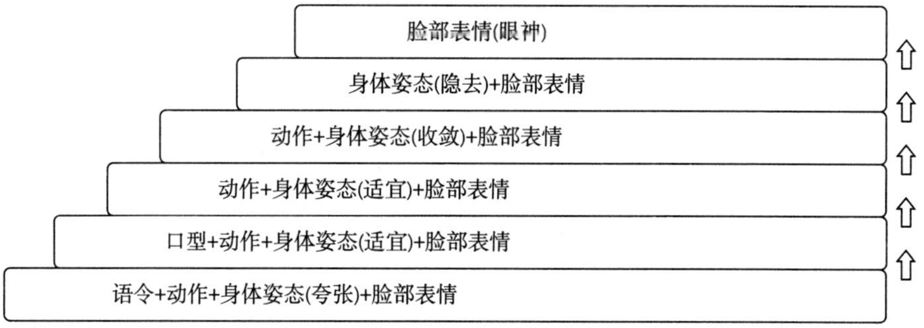

图 4－2　动作预令退出梯级

三、提示语的情绪

在艺术审美教学活动中,提示语都是应该带有情绪的。但需要注意的是,提示语的情绪表达并非色彩越浓越好,刺激越频繁越好。而且,带有情绪的提示语的功能也不仅仅是“煽情”,而是应带有更宽泛的调节情绪的作用:调节身心兴奋水平;调节审美想象、体验和表达的性质。

(一)调节身心兴奋水平

幼儿的兴奋和抑制能力发展不平衡,兴奋能力发展早于抑制能力发展,而且幼儿生理、心理的耐受性都比较低,也非常容易疲劳,但也比较容易恢复。所以,节奏变化稍快的动静交替比较适合。

(二)调节审美想象、体验和表达的性质

幼儿兴奋能力发展早于抑制能力发展,且感性的整体体验能力发展早于理性认知分析能力发展。因此,幼儿的情绪易感性更强,由情绪体验直接引发想象、联想的可能性也更大。

因此,教师应该在需要的时候适当应用提示语的语音、语调、音色、速度、力度的组合变化,创造活动所需要的心理气氛,调节幼儿的情绪,以使幼儿迅速转换到更适宜的学习状态。

如在中班律动“小鞋子的舞会”教学过程中,某教师就巧妙地为“爷爷没醒,再来一次”这句提示语,设计并使用了以下不同情绪色彩的语令:

1. 在故事讲述阶段,主要目的是让幼儿了解故事情节,希望幼儿重点关注“不同样式的鞋子”“同一双鞋子一模一样的造型”“鞋子们相互打招呼然后一起跳舞”

“鞋子们不想打扰爷爷所以快快返回鞋柜”等重要信息,以及信息之间的先后逻辑关系。所以并没有从情绪处理上特别突出这句话的表达。

2. 在最初完整跟随音乐熟悉动作阶段,主要目的是让幼儿了解故事、动作和音乐之间的关系,希望幼儿重点关注在音乐进行中的起始、结束和转换处的每一组动作。所以,在音乐重复段落转换时说的这句提示语令,特别突出的是:提示语结束,动作才能重新开始。另外,在说的时候,教师一板一眼地用非常谨慎的脸部表情和体态,配合同样谨慎冷静的语音语调,暗示幼儿要保持造型—做好准备—重新开始做动作。

3. 待进入移动表演和分角色游戏阶段时,幼儿开始兴奋,而且往往可能会有一点过度兴奋。所以,此时,教师可能会根据实际情况使用语调比较严肃的表达,并配合安抚、提醒或阻止的面部表情及形体姿态,将幼儿情绪和行为维持在适度兴奋的范围之内。

4. 待进入教学活动的结束阶段时,幼儿也开始逐渐进入疲劳阶段,教师除了在此阶段特别增加了配班教师扮演的爷爷出场,以重新提升幼儿的兴奋水平以外,还在说这句语令时,音量渐强,动作幅度逐渐扩展,音色也从说“爷爷没醒”时的“假装压抑实则俏皮”的气声色彩,逐渐转换成说“再来一次”时的肆意煽情的含有“爆裂”成分的色彩。该情境的假想含义是:爷爷没有被我们打扰,所以不用担心,这下我们可以真正地“嗨”一下啦!

许多观摩教师在感受到活动全程幼儿的精神始终保持“适宜”状态时,可能并不一定能够体验到教师在此方面设计的良苦用心和高超技艺把控。现在这样分析下来,以后便可以有意识地关注和学习了。

第五章

模仿——奏乐

第一节 小班奏乐

一、活动案例:小班奏乐“小小魔法师”

【乐曲】

森林狂想曲

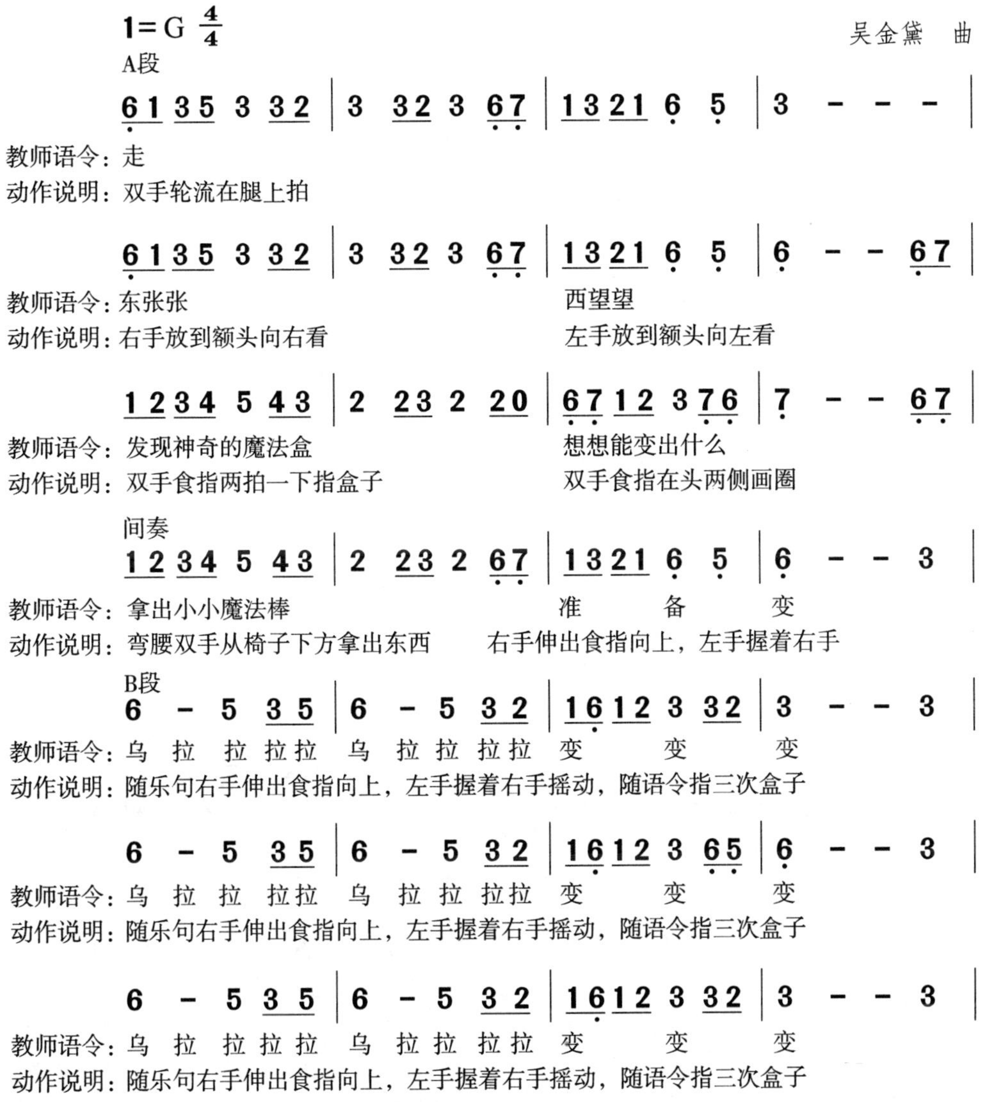

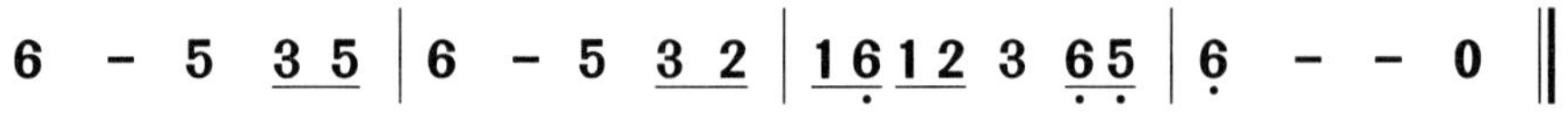

教师语令：乌　拉　拉　拉拉　乌　拉　拉　拉拉　变　　变　　变

动作说明：随乐句右手伸出食指向上，左手握着右手摇动，随语令指三次盒子

C段（蛙叫虫鸣，省略三十二小节）

音乐结构:间奏+三段式ABC结构。

动作建议:参见乐曲。

配器建议:小班幼儿可以手持小型棒状乐器,即能发出散响和一下一下声音的乐器(如串铃和沙锤)。

游戏玩法:

1. 准备一个放有各种幼儿喜欢物品的盒子,将盒子外面进行装饰,让幼儿感觉很神奇,盒子上开一个小窗口,从外面看不到里面,但是手能伸进盒子里取东西。

2. 在小小魔法师跟魔法教师学习变魔法的情境引领下,学习变魔法的律动,每一次律动结束,教师从魔法盒里变出有趣的东西来。

3. 幼儿学习用串铃或沙锤当作魔法棒,按照魔法咒语“乌拉拉拉拉,乌拉拉拉拉,变、变、变”的节奏演奏 ~~~~ | ~~~~ | X X X – | 的节奏型,律动结束后从魔法盒里变出各种东西来。

【使能目标阶梯】

目标	阶梯	内容
认识乐器，尝试使用乐器演奏节奏型，参与表演游戏	其他	3.幼儿完整合乐演奏、玩变魔术的游戏 2.幼儿尝试用乐器演奏节奏型 1.出示乐器，引导幼儿认识并使用
随乐练习基础律动，记忆乐曲和游戏动作的各个要素及顺序，学习用语言描述动作	音乐	在教师的带领下，完整合乐做表演动作 A段(a走路。b东张张，西望望。c指魔法盒。d想一想) 间奏(拿出魔法棒，准备变) B段(变魔法，乌拉拉拉拉，乌拉拉拉拉，变变变) C段(表演)
重点观察游戏，理解动作的意义和顺序，感知乐曲和游戏动作各要素之间的匹配关系及顺序	动作	1. 双手轮流在腿上“走路”。2.看一看。3.指魔法盒。4.想一想。5.拿出魔法棒。6.对着魔法盒变魔法
用将要学习的律动动作配合故事情境	故事	1.魔法师走进森林。2.东张张，西望望。3.发现魔法盒。4.想一想能变出什么。5.拿出魔法棒准备变。6.乌拉拉拉拉，乌拉拉拉拉，变变变。7.变出……

【教育活动设计】

活动目标

1. 感知和表现乐曲的弱起节奏及AB两段的结构。从容合拍地做律动动作、玩变魔术游戏和演奏串铃、沙锤。

2. 根据歌曲的旋律和结构，迁移已有动作经验，在魔法语言“乌拉拉拉拉，乌拉拉拉拉，变变变”的帮助下，学习用串铃或沙锤演奏 ～～～～～ | ～～～～～ | X X X – | 的节奏型。

3. 努力在B段第三、四乐句迅速拿出魔法棒；施展魔法时，能控制好手中的魔法棒，尽量不使魔法棒（乐器）掉落；变魔法时，努力克制自己的好奇心，不提前将手伸入魔法盒；收乐器时，迅速安静，并将沙锤、串铃轻轻摆放整齐。

活动准备

1. 物质准备。

（1）音乐《森林狂想曲》、播放器。

（2）乐器：串铃、沙锤等小班幼儿方便抓握的棒状乐器，数量超过幼儿人数（保证每人手持一个乐器），按乐器的不同分别装在篓子里。

（困惑与思考：为什么选择串铃和沙锤？还可以选择其他乐器吗？可以选择哪些乐器？

让幼儿接触各种棒状散响乐器是本活动的目标之一，因而尽量多找几种此类乐器让幼儿接触，不一定只有串铃和沙锤，只要小班幼儿方便拿取、操作的，都可以使用。每人手持一个乐器，不能多，多了的话，乐器的声音会比较吵。）

（3）道具：自制魔法盒（盒子用彩纸包装，盒子上方切开一个“工”字形窗口，从外表看是完整的盒子，但可以伸手到盒子里拿东西），盒子里放入幼儿喜欢的玩具、贴纸和零食。

（困惑与思考：魔法盒要多大？盒子里的东西是随便放的吗？

盒子35×20×20厘米左右大小，盒子里放的东西教师要知道是什么，东西的内容一方面是幼儿喜欢常见的，另一方面可考虑有吃的、有玩的、有用的、有穿的，这样教师可以按类总结和提升。)

(4) 教师戴魔法师的帽子,穿披风。

2. 经验准备。

(1) 幼儿接触过串铃、沙锤等方便抓握的棒状乐器,知道乐器怎么玩。

(2) 幼儿会按照教师的要求,分组、有序地拿取乐器。

(3) 看过动画片中魔法师的表演,能理解魔法师会念咒语施展魔法,被施展魔法的物品会发生变化。

3. 空间准备。

(1) 幼儿坐成半圆形。

(困惑与思考:为什么幼儿要坐成半圆形,而不能席地而坐?

半圆形有利于幼儿关注教师和幻灯片屏幕,坐在椅子上比坐在地上更舒适,更利于幼儿长时间集中注意力和保持情绪稳定。此外,在进行打击乐演奏活动时,会把乐器放置在幼儿椅子之下,乐器放在椅子下,上课时幼儿看不到,不会干扰他们的注意力,但需要用到乐器时,一弯腰,幼儿就能迅速拿起来。)

(2) 教师的椅子放置在幼儿前方,椅子后放魔法盒,乐器分类用篓子装好放置在场地一侧(幼儿不容易事先关注的地方)。

活动过程

1. 故事。

教师随乐边做简单动作边讲述故事:小小魔法师跟着魔法老师走进了神秘的魔法森林,他们东瞧瞧西看看,发现了一个魔法盒。(教师从椅子后拿出魔法盒)

师:你是怎么发现的?

幼1:把自己的眼睛睁大了。

师:哦,要把眼睛睁大,边说边用手做大眼睛状。还可以用望远镜,对不对?望远镜怎么看的?

幼2:用手放在眼睛前做拿望远镜的动作。

师:你拿的是双筒望远镜,还有单筒的呢,边说边做动作。

师:魔法盒里会变出什么呢?让我想一想,赶快拿出魔法棒来变一变,“乌拉拉拉拉,乌拉拉拉拉,变变变!”变出什么呢?

（困惑与思考：讲故事时需要放音乐吗？教师讲故事时要注意什么？讲故事的同时为什么要做简单的动作？动作是教师事先准备的吗？

需要放音乐，但这时的音乐是当作背景音乐使用的，声音要小，教师在讲述时要尽量和音乐匹配，让幼儿对音乐和故事有初步的概念。在故事讲到"变出什么呢"时，教师手持魔法盒到幼儿面前，请个别幼儿猜测盒子里会有什么东西，激发幼儿参与的兴趣和保持幼儿学习的有意注意。

对于小年龄段的幼儿，教师需要边讲边做动作，但是这一遍的动作只是讲故事的辅助，不需要用动作填满音乐。教师可以边讲边和幼儿互动，有几个简单的动作，如"看""想"等，可以引导幼儿做，然后选取并融入以后的表演中，从而丰富幼儿的动作储备。）

2. 动作。

（1）教师示范动作模型，幼儿观察，猜测魔法盒里能变出什么。

师：你想变什么？（教师可以走到幼儿身边询问个别幼儿）

幼1：汽车。

幼2：巧克力。

师：我就是魔法老师，你们仔细看一看，<u>我做了什么动作，说了什么咒语？</u>

（特别注意：下划线表示教师讲述时需要增加音量以加强语气，下同，不再提示。教师采用完整提示语令，即预令+动令的方式随乐示范动作）（完整语令见乐曲）

［教师第一遍示范］

师：刚刚我从魔法盒里变出了什么呀？

幼：小兔子。

师：对，是一个可爱的小兔子玩具。我是怎么把小兔子玩具变出来的？

幼：从盒子里变出来的。

师：你说得很好，是从魔法盒里变出来的。我在把它变出来之前还说了咒语，谁记得是什么咒语？

幼1：（茫然不知道）

幼2：变变变。

幼3：乌拉拉。

师：有的小朋友说变变变，有的小朋友说是乌拉拉，还有的小朋友不记得了。没有关系，我们再看魔法师变一次，这次请记得魔法师的咒语和动作。

（注意：在第二遍示范时，A 段的语令声音减弱，在 B 段之前可以加入提示语“我要念咒语了”）

［教师第二遍示范］

［困惑与思考：第一遍示范时教师要注意什么？为什么要问咒语是什么？第一遍示范后，幼儿如果什么都说不出来，怎么办？如果幼儿能迅速、完整地说出，又该怎么办？

教师第一遍示范时，动作要营造神秘的气氛。特别是在乐曲结束的蛙叫虫鸣部分，教师要拿着魔法盒，随乐边轻轻摇动边下位和幼儿互动，但是不能让幼儿触碰盒子，在最后尾音，把盒子放到教师的椅子上，背对幼儿（用身体遮挡手迅速拿东西的动作）。在结束音出现时，教师转身并举起变出的东西。

魔法咒语是符合音乐节奏的语音指令，也是本活动的重点、难点，这里使用的是难点前置的教学策略。

第一遍示范后，教师询问幼儿魔法咒语时，幼儿可能会有三种状况出现，第一种：幼儿不知道，说不出，教师可以再次示范。如果第二遍示范后还是说不出，教师则不需要再问，直接说我的咒语是“乌拉拉拉，变变变，我们一起学一学”。第二种状况是：幼儿能说出部分，教师可以再次示范，请幼儿把咒语学完整。第三种状况是：幼儿既能说出咒语，又能做相应的动作，教师也需要再次示范，请幼儿验证自己的想法。］

（2）幼儿学习语音节奏型和动作。

师：刚才我念的咒语是什么呀？

幼 1：乌拉拉拉拉。

幼 2：变变变。

师：谁能完整地说？

幼：乌拉拉拉拉，变变变。

师：我们一起来念一变咒语“乌拉拉拉拉，乌拉拉拉拉，变变变”。

（特别注意：在引导幼儿学习咒语时，第一遍教师用大声音带着念，第二和第三遍教师小声带着幼儿念，第四遍幼儿自己念，教师逐渐退位。至于念几遍可根据班级幼儿学习能力调整，一般 1—3 遍为宜）

3. 音乐。

在教师的带领下，完整合乐做表演动作。

师：这一次，我想请小魔法师来施展大魔法，我来施展小魔法，我跟着你们一起来变魔法，好吗？

幼：好！

［**幼儿第一次随乐动作**］

师：哎呀，这一次怎么什么都没有变出来呢？

幼1：怎么没有呢？

幼2：不知道。

师：你们每一个人都拿魔法棒了吗？

幼：拿了。

师：你们都念咒语了吗？

幼儿点点头。

师：你们念的是什么？

幼：乌拉拉拉拉，乌拉拉拉拉，变变变！

师：咒语是对的，那为什么还是没有变出来呢？（教师做思考状）

（困惑与思考：为什么教师在这一遍时，没有从魔法盒里拿出东西？设计这个环节有什么意义？

教师在此故意设计什么都没有变出来，既是让幼儿学习反思：是不是每一个人都做对了动作，念对了咒语？也是对幼儿进行一次挫折教育。在成功的路上不可能一帆风顺，遇到困难时要教幼儿勇敢地面对，不断地努力克服困难，直至达到最后的成功。这一过程也是在培养幼儿“自我延迟满足——自觉抵御诱惑追求可持续发展的能力”。）

4. 其他。

(1) 出示乐器，引导幼儿认识并使用。

师：我想可能是因为你们都是小魔法师，魔法能量还不够大，我这里（教师从一旁拿出装有乐器的篓子，放到自己座位前方）有一些能帮忙提升魔法能力的魔法棒。我们一起来试一试，每个小朋友选一个你喜欢的魔法棒，摇一摇，试试用魔法棒来变魔法。

（特别注意：拿取乐器，要分组请幼儿来拿，提示幼儿轻轻拿，以免幼儿一哄而上）

幼儿分组拿取后，回到座位。

师：你们可以管好它吗？

幼儿点点头。

师：让它施展魔法的时候就摇一摇，让它停的时候就不发出声音，你们可以吗？

师：好，我相信你们，我们一起来试一试。

师：拿，对，右手拿着举起来。

（教师检查幼儿动作，并个别指导）

师：放，把乐器放在腿上，不能让它发出声音。

（教师检查幼儿动作，并个别指导）

师：最后一个藏，就是把乐器像我一样放在小椅子下，然后把小门关紧。

（教师先示范，再检查幼儿动作，并个别指导）

（特别注意：这里学的是使用乐器的常规，教师语令“拿”，是指手举起乐器并控制乐器不发出声音，教师语令“放”，是指手持乐器放在腿上，并控制乐器不发出声音，教师语令“藏”，是指迅速让乐器手柄向前，放在椅子底下，双腿并拢表示关门。这里要关注幼儿是否做到位，如果个别幼儿控制不住，教师可以一对一指导）

（困惑与思考：为什么教师这里要加入拿、放乐器的常规教育？

因为本活动并不是需要从头到尾使用乐器，而是先表演动作，再用乐器，那么乐器一开始就拿在手里不太合适。而中途拿乐器，是需要进行常规练习的，只有幼儿熟练了拿、放的动作，才能更好地合乐进行音乐表现。）

（2）幼儿尝试用乐器演奏节奏型。

师：我们需要使用真正的魔法棒来变魔法咯，我们一起来拿魔法棒念咒语吧。

师：念“乌拉拉拉拉，乌拉拉拉拉”的时候我们的魔法棒应该怎么做？

（在幼儿探索后，教师小结幼儿的演奏方法：“乌拉拉拉拉”的地方连续摇，“变变变”的地方一下一下地敲击身体）

师：我们一起试一试。

［教师带领幼儿边念咒语，边使用乐器演奏，1—3遍］

（注意：念时要有音乐感，不要因为熟练而快）

（困惑与思考：为什么教师在活动过程中要让幼儿自主探索怎样用乐器表现咒语的节奏？

教师在活动中应关注幼儿学习品质的培养，如果幼儿在学习中有困难，应当主动向教师求助，这是在持续一贯地坚持培养幼儿自我求证的良好学习习惯。因此，这个环节是需要开放给幼儿的。幼儿通过探索能够感知怎样操作乐器才能发出连续的声音和一下一下的声音，通过主动的、有目的的尝试，幼儿能发现操作乐器和乐器发声之间的关系。）

（3）幼儿完整合乐演奏、玩变魔法的游戏。

师：好，请把乐器藏在椅子下。

（特别注意：教师语令要前后保持一致，如果前面说“藏”表示乐器放在椅子底下，这时也要同样说这个字，这样有助于幼儿建立常规）

师：这一次，小魔法师们，我们用魔法棒来施展魔法了哦。你们可以吗？

[幼儿第一次随乐演奏]

（在幼儿施完最后一个魔法时，教师拿魔法盒进行随乐表演，在乐曲最后走到一个幼儿面前说：这次请你来变。幼儿拿出一样东西）

师：他变出了什么？

幼：小汽车。

师：你真厉害！

（教师摇一摇魔法盒）

师：这里还有许多东西呢，这一次你们自己用乐器来施魔法，把盒子里的宝贝都变出来，好吗？

幼：好！

[幼儿第二次随乐演奏]

（在幼儿施完最后一个魔法时，教师拿魔法盒进行随乐表演，在乐曲最后走到几个幼儿面前）

师：这次请你们来变。

（幼儿轮流从盒子里拿出东西，直到盒子里的东西拿完）

师：魔法盒里还有什么？

幼1:贴纸。

师:是可以分享的东西。

幼2:苹果。

师:是好吃的东西。

幼3:娃娃。

师:是女孩子喜欢的玩具。

师:我们每一个小小魔法师都会正确地念咒语,并能管好自己的魔法棒,成功完成从魔法盒里变东西的任务,真是太棒了。

(困惑与思考:为什么教师第一次请一个幼儿变,第二次请几个幼儿变?

这样能体现两遍完整演奏的层次性,第一遍教师可以带领幼儿使用乐器,结束后请一个幼儿从魔法盒里拿东西,请一个幼儿,这个幼儿相当于示范,其他幼儿也会对下一遍有所期待。第二遍,教师退出表演,并满足许多幼儿的参与愿望,将游戏在高潮中结束,符合幼儿的心理发展特点。)

【设计意图解析】

1. 音乐。

选用的是陶笛演奏的版本,乐曲轻快且富有森林的神秘感,与故事变魔法的情境很匹配。

2. 故事。

小小魔法师走进魔法森林,东张张、西望望,发现魔法盒,变出东西。很简单的情境和过程,很适合小班幼儿的理解、记忆,变魔法的环节也能吸引他们投入到活动中。

3. 动作。

这些动作简单、重复,既匹配音乐,又便于讲述故事。咒语的设计既能很好地渲染故事的氛围、激发幼儿的情绪,又能很好地支持幼儿对动作的识记和回忆。

4. 乐器。

在小班初期,这种棒状乐器对幼儿来说是比较简单易操作的,而且外形也符合故事情境的需要。

5. 游戏。

表演魔法师变魔法，是低幼儿童非常喜欢的游戏之一。

【新手教师模仿难点及解决建议】

1. 新手教师表演不出神秘的情境怎么办？

解决方案：营造神秘的活动情境是本活动的基础，新手教师在练习音乐和动作匹配的同时，要注意把动作的幅度变小变缓，体态收缩，语令放轻。在 C 段表演时，自己要进入情境，感觉拿到的是一个有魔法能量的盒子，边轻轻晃动盒子，边下位和幼儿互动。

2. 新手教师的表演让幼儿过于兴奋怎么办？

解决方案：在表演时，要注意观察幼儿的情绪，有时过度的夸张和与幼儿距离过近，会使幼儿兴奋，兴奋后无法倾听音乐，活动进行不下去。因此，表演也要适度，另外控制和幼儿互动的距离也是调控幼儿情绪的方法，当幼儿兴趣不高时，可以用魔法盒近距离地逗幼儿，如果幼儿已经非常兴奋，就把盒子靠近自己。

3. 新手教师忘记活动时轮流请幼儿拿乐器怎么办？

解决方案：如果忘记也没有关系，当你看到幼儿蜂拥而上时，可以请他们先坐回小椅子上，等每个人都坐下来后，缓两三秒钟，再重新提出要求。

4. 如果有幼儿拿到不喜欢的乐器而哭闹怎么办？

解决方案：对于低幼儿童，自己的意愿没法满足，就会用哭闹的方式表达。针对此问题的解决方法有四个，方法一，教师准备的乐器数量要多于幼儿人数，让幼儿有选择余地。方法二，鼓励幼儿谦让，把自己的和同伴交换。方法三，在活动最后一遍，如果有多余的时间，可以请幼儿交换乐器。方法四，将乐器放置在区角，让幼儿满足对多种乐器尝试探索的愿望。

5. 当幼儿手上拿着乐器，都在自己玩，不听教师说话怎么办？

解决方案：乐器拿在手上就玩是幼儿的天性，幼儿的注意力会集中在可操作的实物上，何况是那么有趣的乐器。如果幼儿没有接触过乐器，一般可以先让幼儿玩一会儿，满足他们的愿望，再进行下面的活动。但是教师需要讲重要事情或要求时，就需要幼儿将乐器放在小椅子下，然后教师再讲，这时幼儿的注意力才会集中到教师说的事情上。因此，在打击乐器演奏活动中，建立拿放乐器的常规是非常重要的。

6. 从魔法盒里变出的东西怎么处理？

解决方案：这是一个小细节，但是幼儿也会观察到你对物品的态度。因此，可以准备一张小桌子，把变出来的东西放在桌子上。每次也会准备一些可以让幼儿分享的东西，如小贴纸、小糖果，让每个幼儿都能接触到游戏的成果。

原创解析：南京市游府西街幼儿园　周　瑾

二、活动案例：小班奏乐“老鼠三明治”

【乐曲】

水果沙拉

小野丽莎　曲

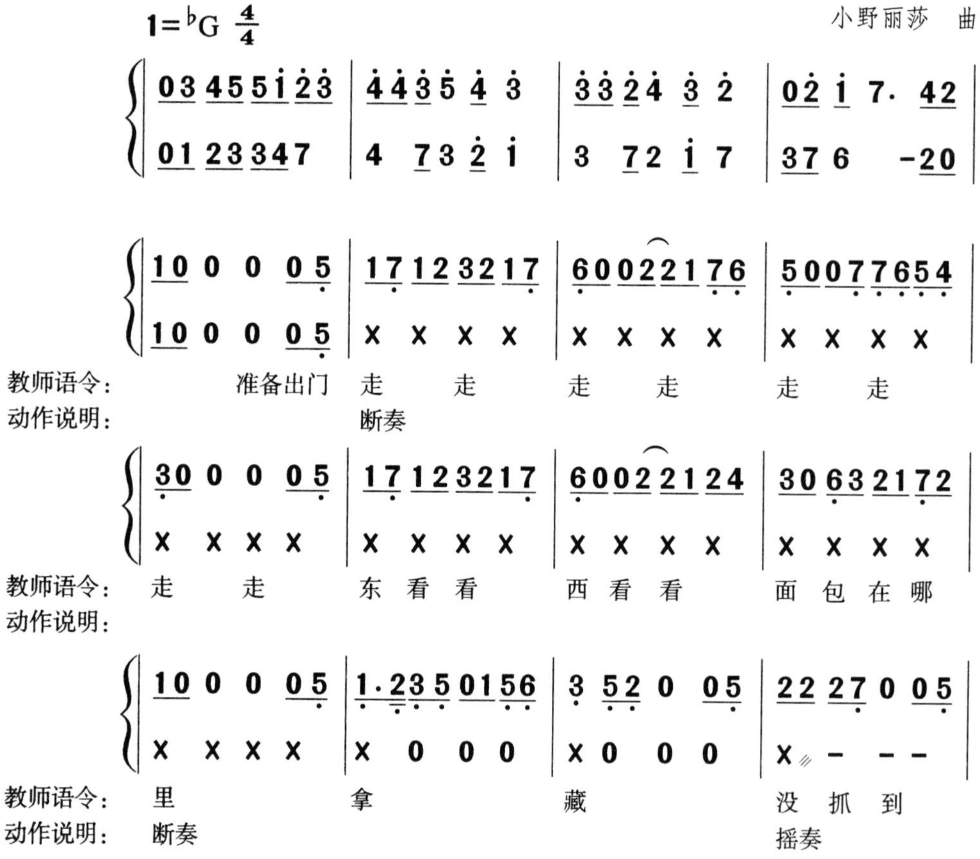

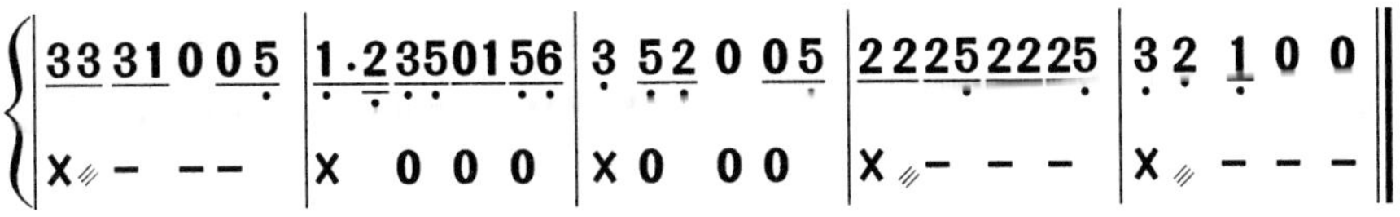

教师语令：	没 抓 到	拿	藏	没 抓 到	没 抓 到
动作说明：	摇奏	断奏	断奏	摇奏	摇奏

音乐结构：两段式 AB 结构。

动作建议：参见乐曲。

配器建议：

1. X X X X | 双手左右交替轮流拍击大腿，两拍一下。

2. X 0 0 0 | 第一拍双手伸出，然后休（静）止三拍不动。

3. X 0 0 0 | 第一拍双手收回背于身后，然后休（静）止三拍不动。

4. X// - - - | 摇奏四拍。

游戏玩法：

1. 跟随音乐做相应的乐器动作，当说到语令“拿”时，“小老鼠”们将手伸出去，当说到语令“藏”时，“小老鼠”们将手收到背后。

2. 教师扮演“老猫”，当说到“藏”字时，“老猫”去抓“小老鼠”的手，“小老鼠”立刻把手藏到身后，不能被“老猫”抓住。

【使能目标阶梯】

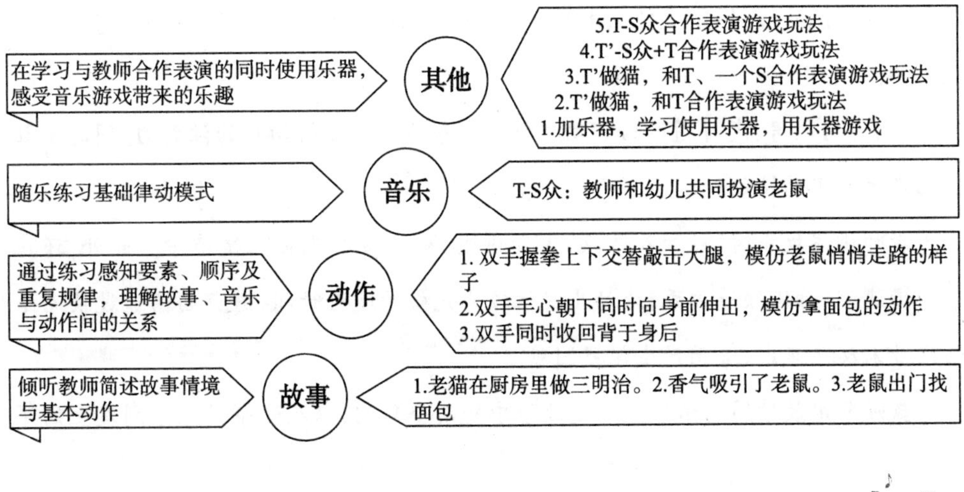

【教育活动设计】

活动目标

1. 感知音乐的AB结构，根据故事情境，用动作表现老鼠走、看、拿、逃等故事内容。

2. 在教师的引导下，探索戴手腕铃的方法。通过仔细观察教师的表演，知道老猫夹、老鼠藏的游戏动作关系。

3. 在游戏的情境下，做“藏起来”的动作时努力控制乐器，不让乐器发出声音。

活动准备

1. 物质准备。

（1）幼儿学具：手腕铃。（人手一对）

（2）教师教具：电子图片（三明治和老鼠三明治）；玩具切片面包两片；猫头饰一个。

（3）音乐《水果沙拉》、音箱。

2. 经验准备：幼儿知道或尝过三明治，了解三明治的做法。

3. 空间准备：幼儿面对教师坐成半圆形。

活动过程

1. 故事。

师：邻居老猫在做三明治（出示三明治图片），香气引来了老鼠。老鼠伸出爪子，想要拿面包的时候，发生了什么事呢？（出示老鼠三明治图片）老猫好想把它做成老鼠三明治。

（困惑与思考：怎样通过语言动作能让故事情境更吸引幼儿的注意力，同时不让幼儿产生恐惧的情绪？

教师讲述故事时，应加入情感，生动讲述，尽快将幼儿带入情境中。此外，还应采用慢速、暂时停顿等方式，给幼儿提供较为充裕的反应时间，避免因语速过快而给幼儿带来反应焦虑，进而产生学习困难。

教师要用最精简的语言说清楚故事中的两个角色，以及两个角色分别发生的事情。教师结合图片，边讲故事边做动作，再加上教师的表情，幼儿很容易被故事情节所吸引，也很容易理解故事，理解故事中的角色和情节。）

2. 动作。

教师跟随音乐完整示范动作，了解故事情节和动作的关系。

（1）教师完整示范动作一遍，边表演边用语令提示动作（走一走，看一看、瞧一瞧，找面包，面包在哪里）

［教师第一遍示范］

（2）通过提问，帮助幼儿梳理动作。

师：老鼠出门做了哪些动作？（老鼠在哪里走？幼儿说不出时，教师做动作并问幼儿“这个动作在干什么？”）

（运用语令帮助幼儿练习动作）

（困惑与思考：为什么要用语令帮助幼儿练习动作？而不是直接听音乐？

借助语令练习动作，一方面，教师可以根据幼儿学习动作的情况随时调整语令的速度，从而有针对性地指导每一名幼儿能准确地随乐做动作。另一方面，语令增加了练习的趣味性，让幼儿始终沉浸在游戏的情境中。如果没有语令辅助，直接听音乐习得动作，一方面幼儿随乐做动作的准确性会受到影响，另一方面不利于幼儿理解与记忆动作。该韵律动作看似简单，但在小班年龄阶段必须反复练习，幼儿才能动作自如地表现情境。）

（3）再次观看教师示范。

［教师第二遍示范］

师：还有哪些动作我们刚刚没有说到？（帮助幼儿梳理动作：走一走，看一看。拿面包，不想被老猫发现还把手藏起来了）

3. 音乐。

（1）带领幼儿完整随乐做动作，引导幼儿感受 AB 两段音乐的不同。

［幼儿第一次随乐做动作］

（2）再次带领幼儿完整随乐做动作，重点练习“拿面包”“藏起来”的游戏动作。

［幼儿第二次随乐做动作］

（困惑与思考：小班幼儿在游戏情境的感染下，在表现“小老鼠”走路时喜欢踩脚,教师该如何处理?

第一,在平时的音乐活动中就应让幼儿养成良好的随乐游戏习惯。第二,在本活动中可以用情境性的语言引导幼儿学会自我控制:“你的脚步声会被老猫发现哦!”)

4. 其他。

(1) 出示手腕铃,和教师一起游戏2—3遍。

师:老鼠妈妈给你们找来了一对魔法铃,这对铃发出的声音会让老猫晕头转向,发现不了我们。每个手腕都要戴上,你会戴吗?

幼:会/不会!

[**幼儿戴手腕铃随乐做动作2—3遍**]

(困惑与思考:① 如何有效引导幼儿控制乐器,并主动参与游戏?

一般情况下,幼儿在拿到新乐器时,会觉得很新鲜。所以教师要满足幼儿的好奇心,给予幼儿一定的时间充分探索、摆弄乐器,这样有利于之后的演奏或游戏顺利进行。然后,可用情境性语言,帮助幼儿主动控制乐器,例如,“魔法铃发出整齐的声音才有作用,零散的声音会被它发现哦!”

② 是否可以用其他乐器替换手腕铃?如何引导幼儿快速佩戴好手腕铃?

所有能佩戴在肢体上的散响乐器都可以使用。

教师首先扫视一圈幼儿整体佩戴情况,很快能佩戴好的幼儿,由教师总结方法分享给全班幼儿,以帮助那些不会戴的幼儿。如果幼儿自己佩戴有困难,教师可通过询问“你需要我帮助吗?你需要我怎么帮助?”来引导幼儿遇到困难用语言表达需求,并寻求帮助。)

(3) 运用手腕铃跟随音乐表演故事2—3遍。

① 戴着乐器念语令并练习动作:老猫听到我们整齐的步伐,才会被弄得头昏眼花呢!准备出门……(语令略)

师:魔法铃不能发出声音,会被老猫发现的。

[**幼儿戴着手腕铃随乐做动作**]

② 在上一遍动作反馈的基础上,再次练习。

师:听说老猫做好了一块更大的面包,我们再去瞧瞧。

师:有的小老鼠没敢伸出手,面包没拿到,要把手伸长些。

[幼儿戴着手腕铃随乐做动作]

(4) 教师扮演老猫,和幼儿共同游戏。

① 配班教师出现,出示玩具面包。每个幼儿试一试拿面包和藏起来的动作。

师:看,谁来了!

师(配班):我的面包做好了! 小老鼠想吃吗?(让每个幼儿把手放在面包上试一试)

师:(点头)想吃! 让老鼠妈妈先来尝尝。

② 和配班教师配合表演一遍。

③ 邀请一名幼儿和教师共同与配班教师配合表演。

④ 教师带领幼儿和配班老师配合表演。

[设计意图解析]

1. 音乐。

这是一首风格欢快且节奏舒缓的乐曲。结构简单规整,利于小班幼儿合乐游戏。

2. 故事。

邻居老猫在做三明治(出示三明治图片),香气引来了老鼠,老鼠伸出爪子,想要拿面包的时候,发生了什么事呢?(出示老鼠三明治图片)老猫好想把它做成老鼠三明治。

3. 动作。

一共三组动作,都是模仿日常行为,动作本身难度不大,且这些动作的速度都能够从容表现,动作重复变化的逻辑既能够很好地匹配音乐,又能够很好地匹配故事。语令的设计既能够很好地渲染故事的氛围、激发幼儿的情绪,又能够很好地支持幼儿对动作的识记和回忆。

4. 游戏。

这是"追逃"游戏的一种,都只是用上肢动作来完成的,能锻炼幼儿的反应能力,是小年龄幼儿非常喜欢的一种游戏。

【新手教师模仿难点及解决建议】

1. 教师在进行动作示范时，角色转换较难，怎么办？

解决方案：角色的转换是本次活动较难的部分，教师需要把动作做到完全熟练，并在角色转换之前用动作语言反复强调自己的角色和幼儿的角色，帮助他们初步学习合作游戏。

2. 如何较好地引导幼儿控制乐器？

解决方案：对小班幼儿来说，新鲜的事物总是能够吸引他们的注意力，活动中乐器的出现，无疑会让他们“兴奋”一阵子。如果用强制性的策略让幼儿控制乐器，不但不能让他们养成乐器使用的常规，而且不利于其控制能力的培养。因此，需要充分利用所创设的情境和情境性的语言引导幼儿控制好乐器，例如，“魔法铃不能发出声音，不然会被老猫发现的。”

3. 什么时候才能使用乐器？

解决方案：单纯的动作学习相比手拿乐器的动作学习要简单，在奏乐活动中，需要幼儿充分熟练基本动作之后，才手拿乐器练习动作。当幼儿徒手做动作时只需要做好动作本身就可以，而加上乐器时，不仅要做好该动作，而且还要操作乐器，属于“一心两用”。这时候，如果其中一项学习任务不熟练，就会影响到另一个学习任务的完成。所以，每个环节的学习需要练习到熟练，才能累加下一环节的活动。

4. 师幼互动基本流程是否可以随机进行？

解决方案：小班幼儿年龄小，学习的基本方式是模仿学习，只有通过教师讲解示范，幼儿充分练习，并通过个别幼儿高级榜样的示范练习，一步一个台阶循序渐进地推进活动，才能保证幼儿学习的有效性。如果随机安排的话，不一定符合幼儿学习的规律。新手教师在刚开始组织教学活动时，往往因为个人习惯对师幼互动基本流程随意调整，从而影响了教学活动的完整性。

原创解析：南京市北京东路小学附属幼儿园　方　芳

三、活动案例:小班奏乐“快乐的小青蛙”

【乐曲】

小 跳 蛙

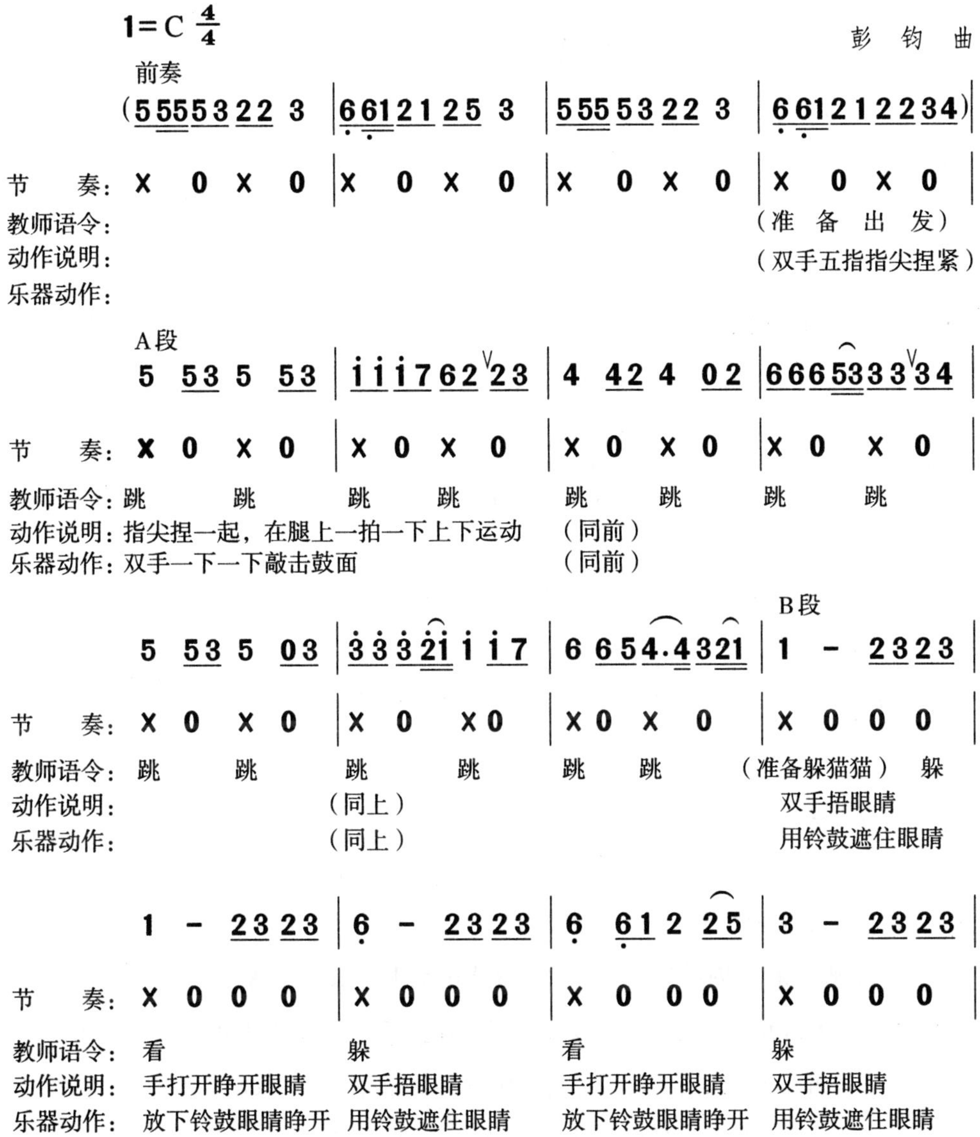

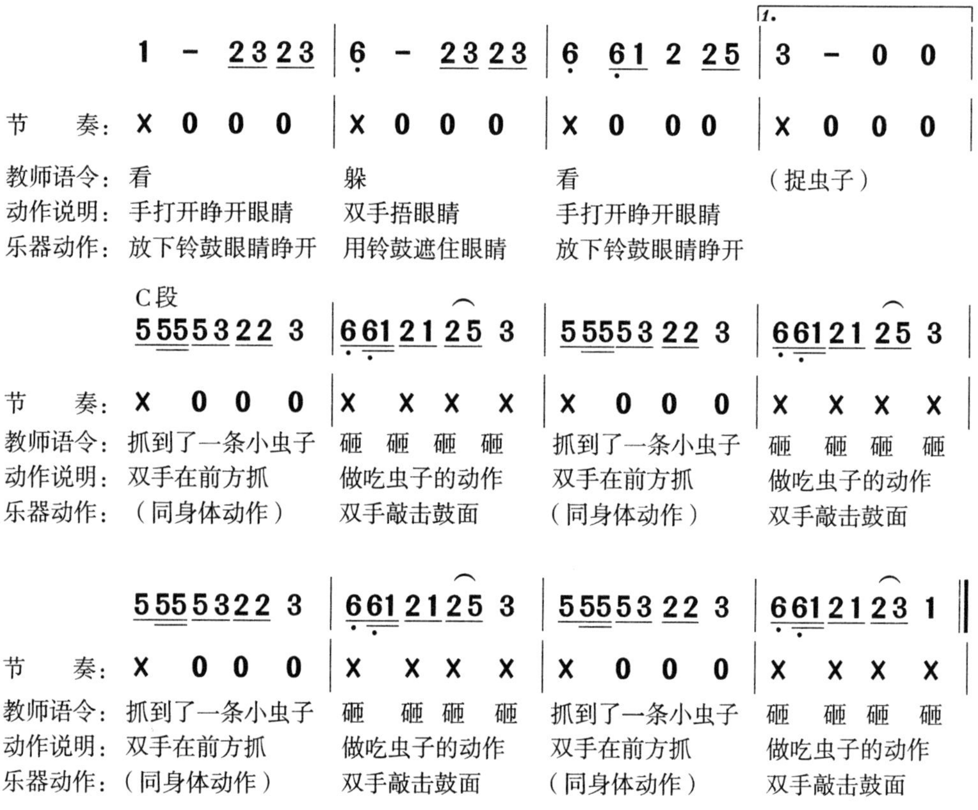

音乐结构：前奏+三段式 ABC 结构。

动作建议：参见乐曲。

配器建议：在铃鼓上系绳子，挂在脖子上（鼓面朝前），当作“荷叶”。根据幼儿的身高调节绳子长短，方便幼儿取戴、演奏。

游戏玩法如下。

1. 点兵点将游戏：第二遍随乐后出示池塘图片，教师用点兵点将的方式选择1—2名幼儿在池塘图片中捉一条小虫子，再与小伙伴们分享捉到的虫子。

2. 找规律游戏：创设帮助农民伯伯寻找田地里小虫子的情境。音乐结束后，教师用点兵点将的方式选两名幼儿分别翻图找到虫子，引导幼儿发现其中的规律。

3. 放松环节教师出示彩虹伞，幼儿围坐在彩虹伞边，可以用彩虹伞躲猫猫（教师不强制要求），音乐结束后所有幼儿在彩虹伞上跳一跳。

（注意：第三条与视频不一致，系原创后补。下面重复问题不再说明）

【使能目标阶梯】

目标	层级	内容
累加乐器并自由探索，尝试在“捉虫子”游戏中随乐完整游戏	其他	3.教师退位，彩虹伞变成“大荷叶”，幼儿在彩虹伞伞边坐下，合乐完整游戏 2.随乐演奏后，在猜谜、翻图游戏中寻找藏在田地里的虫子(先翻图、再猜测) 1.探索、分享乐器的使用方法(跳、躲猫猫)
随乐练习基础动作，尝试在做动作的同时有节奏地说情境性预令	音乐	尝试随乐做动作，继续玩捉虫子的游戏 前奏：准备；A段青蛙跳；B段玩躲猫猫的游戏；C段捉虫子吃
通过练习感知、理解故事、音乐与动作间的关系	动作	1.双手在腿上一下一下地跳。2.双手蒙眼，睁开眼睛看。 3.双手伸向前方做抓握动作，双手放在嘴边吃虫子
倾听教师简述故事情境与基本动作	故事	1.青蛙在荷叶上跳。2.玩躲猫猫的游戏。3.捉虫子、吃虫子

【教育活动设计】

活动目标

1. 感受音乐欢快活泼的旋律，学习使用铃鼓随乐一下一下有节奏跳跃的动作，按照乐句做躲猫猫的游戏动作。

2. 在找虫子的游戏情境及教师的语言提示下，尝试随乐用铃鼓表现青蛙跳、捉虫子、吃虫子和躲猫猫的游戏情境及不同的节奏变化。

3. 体验将铃鼓套在脖子上演奏带来的快乐，在使用不同方法玩乐器的过程中感受随乐演奏的快乐。

活动准备

1. 物质准备。

（1）系好绳子的铃鼓17个、彩虹伞1把、音乐、电话铃声音频。

（2）池塘图片1张，虫子图片4张，稻田图片9张（5张绿底——非虫类图片，4张黄底——虫类图片）。

2. 经验准备。

（1）用铃鼓演奏过。

（2）玩过彩虹伞。

3. 空间准备：围坐成半圆形，座位前方留有放彩虹伞的空间。

活动过程

1. 故事。

教师边做动作边讲述部分故事，幼儿倾听、观察。

师：我是青蛙妈妈，你们是谁呀？我们在荷叶上一下一下地跳，玩了躲猫猫的游戏，躲……看……躲……看……你们仔细看一看，青蛙妈妈还做了什么事？

［教师第一遍示范］

师：除了玩躲猫猫的游戏，还做了什么呀？

幼：捉虫子。

（困惑与思考：教师如何创设适宜的语令？

在随乐做动作之前，创设简单、明确的语令，例如，“准备出发”，给幼儿提醒，让他们有所准备，慢慢地让幼儿养成倾听前奏的习惯。在动作转换时说的语令是为了提醒幼儿接下来要做的事，让幼儿能够更加从容，例如，“准备躲猫猫”。做动作时说的语令都是贴合情境的，对于小年龄段的幼儿来说，情境性的语令能够吸引其注意力，同时也能够让活动更加生动有趣。例如，“跳”“躲”“看”“抓到了一条小虫子，咂咂咂咂”。）

2. 动作。

师幼共同随乐做身体动作，幼儿创编跳的不同身体部位。

师：如果你们的身体是片荷叶，你们想在荷叶的哪里跳呢？

幼：肩膀。

师：我们的肩膀变成了荷叶，一起在荷叶上跳一跳。

师：青蛙宝宝们，我们一起去捉虫子吧！

［幼儿第一次随乐动作］

3. 音乐。

（1）教师出示池塘图片：青蛙宝宝们，你们快看看，这个池塘里有虫子吗？

幼：有！

师：谁来帮我们捉虫子呢？（教师下位，用点兵点将的方法选择捉虫子的两名幼儿。边点边说“谁来帮我捉虫子？”）

师:那请你们两人一起去捉一条虫子哟!

师:哇!你们好棒呀!把捉到的小虫子和小伙伴们分享吧!

(困惑与思考:为什么要邀请两名幼儿一起去捉一条虫子?

幼儿年龄较小,独自完成任务会有一点害羞、胆怯,所以前一两次会邀请两名幼儿一起去捉虫子,当幼儿慢慢进入状态后可以邀请一名幼儿独自玩游戏。分享虫子的环节不仅仅是让幼儿学会分享,也能让幼儿在情境中多一些互动。)

(2) 通过教师的提问,幼儿倾听捉虫子的口诀并尝试在捉虫子时有节奏地说口诀。

师:青蛙妈妈在捉虫子的时候说了什么口诀呀?

幼:抓到了一条小虫子,咂咂咂咂!

师:说口诀可以帮助我们快快捉到小虫子哟!我们来试一试(师幼共同边念口诀边做捉虫子的动作)。

师:这次我们身体的哪个部位会变成荷叶呢?

幼:肚子(请该幼儿试一试)。

师:我们一起在肚子上跳一跳,不要忘记捉虫子时要说的口诀哟!

[幼儿第二次随乐动作]

(音乐结束后,教师邀请两名活动时说出口诀的幼儿捉虫子)

师:我听到你们俩好听的声音,这次邀请你们一起去捉虫子!

师:哇!你们太棒了,快去和小伙伴们分享吧!

师:刚刚在玩躲猫猫游戏时,有的青蛙宝宝会变换不同的表情哦!这次我们还可以在身体的哪个部位跳呢?(头上)

师:这次我们头顶变成一片荷叶,一起出发咯!

(困惑与思考:为什么这次没有用点兵点将来邀请幼儿呢?

此次教师没有用点兵点将的方式邀请幼儿捉虫子,而是选择和青蛙妈妈一起念口诀的幼儿,这样可以激励其他幼儿在下一次随乐时也主动说出捉虫子的口诀。)

[幼儿第三次随乐动作]

师:有的小朋友嘟起嘴巴,有的瞪大了眼睛,有的眯着眼睛……

(邀请一名不仅说口诀,而且表情有变化的幼儿捉虫子)

师:你不仅和青蛙妈妈一起说口诀,在躲猫猫的时候还有不同的表情哦!这次你一个人可以完成吗?

幼:可以。

师:太厉害了,你一个人也能完成任务,快去分享虫子吧!

(困惑与思考:教师要不要花时间让幼儿分享自己的表情?

首先教师要明确活动的重点,如果每一个点都要深挖,那么活动时长会受影响,所以我们要分清主次。教师在活动中没有对躲猫猫时幼儿的表情另做分享,那我们如何来引导幼儿呢?用动作来指示幼儿,大部分的幼儿会学教师所做的动作,所以教师要关注到每一个幼儿,在每一次"看"的时候变换不同的表情,这样可以丰富幼儿的表情经验。用简单的语言提示幼儿,例如,"有的小朋友嘟起嘴巴,有的瞪大了眼睛,有的眯着眼睛"等。)

4. 其他。

(1) 教师出示荷叶(铃鼓),幼儿自由探索、尝试"在荷叶上跳""用荷叶躲猫猫"的方法。

师:其实啊,我们每个青蛙宝宝都有一片自己的荷叶,把荷叶拿出来挂在脖子上。(教师检查鼓面的方向)

师:青蛙宝宝们试一试怎么在荷叶上一下一下地跳?(幼儿自由探索,教师下位与幼儿互动)

师:我们一起来试一试怎么在荷叶上一下一下地跳。(教师喊口令,师幼一同演奏)

师:我们有了荷叶,在躲猫猫的时候就可以躲在荷叶里咯!(教师喊口令"躲""看",师幼一起玩躲猫猫的游戏)

师:我们一起出发去捉虫子吧!

[幼儿第四次随乐动作]

音乐结束后,教师用点兵点将的方式邀请一名幼儿游戏。

(困惑与思考:① 为什么要在铃鼓上系绳子,幼儿不会乱动吗?

对于小班幼儿来说铃鼓是属于乐器中比较难抓握的,演奏时容易掉落。为了让乐器的加入不成为幼儿的负担,教师在铃鼓上系了一根绳子,这样不仅能让幼儿把铃鼓挂在脖子上演奏，还能和情境巧妙地融合在一起。

② 在不用铃鼓的时候，幼儿会不会动来动去？那样的话我们该如何处理呢？

肯定是会的，幼儿还会故意晃动身体让铃鼓发出声音。小班幼儿的自控力比较弱，他们对于新事物是好奇的。良好的乐器常规靠日常的积累，在日常打击乐活动中就要养成好习惯。如果是新乐器可以让幼儿提前熟悉一下。在活动中如果有幼儿故意晃动使其发出声音，教师可以下位靠近该幼儿，蹲下摸摸他的头，并加上眼神示意。）

（2）创设情境“帮助农民伯伯捉虫子”，引导幼儿在游戏中发现规律。

播放电话铃声音频，教师拿出手机接电话。

师：农民伯伯的稻田里有许多虫子，他知道小青蛙们捉虫子特别厉害，所以想请你们帮帮忙。（教师出示九张摆放好的稻田图片）

师：这么多田地，虫子到底在哪儿？我们一起把它找出来吧！

［幼儿第五次随乐动作］

音乐结束后，教师用点兵点将的方式邀请两名幼儿选择两块稻田。

师：这两块稻田里到底有没有虫子呢？你们两个青蛙宝宝先来看一看，悄悄地，别让虫子跑了。

师：绿色的稻田里是一块石头，黄色的稻田里有一条小虫子。

师：快把你们找到的小虫子分享给小伙伴吧！

师：还有虫子在等着我们呢，我们继续寻找。

［幼儿第六次随乐动作］

音乐结束后，教师用点兵点将的方式邀请两名幼儿选择两块稻田。

幼 1：绿色的稻田里是一朵花。

幼 2：黄色的稻田里是虫子。

师：青蛙妈妈有点累了，你们可以自己帮伯伯捉虫子吗？

幼：可以。

师：你们需要我用语言、动作来帮助你们吗？

幼：不需要。

［幼儿第七次随乐动作］

（困惑与思考：教师如何做退位，如果幼儿都说“不需要”怎么办？

此活动节奏稳定、动作模型规整,对于幼儿来说完整独立演奏没有多大的困难,所以教师做了退位的处理。首先教师要在情境之中创设退位的理由,如活动中“青蛙妈妈有点累了”,让幼儿自己去捉虫子。与此同时教师说:“你们需要我用语言、动作来帮助你们吗?”如果幼儿说“需要”,就让幼儿选择是语言还是动作,教师给予相应的帮助。

如果所有幼儿都说“不需要”,那教师就完全退出,不给予任何帮助。在幼儿完整演奏后,根据幼儿的情况给予反馈。如果幼儿完成情况较好,教师给予幼儿肯定和表扬。若出现了问题,教师该如何引导幼儿进行反思,对自己当下的行为做实事求是的评价呢?教师:“你们自己去捉虫子遇到了什么困难?”当幼儿回应后,教师可以给予帮助,也可以请知道的幼儿来帮忙解决,明确后再单独进行练习。)

师:你们太棒了,下次你们就可以自己单独出去捉虫子了。

教师用点兵点将的方式邀请两名幼儿选择两块稻田。

幼1:绿色的稻田里是花。

幼2:黄色的稻田里是虫子。(幼儿和小伙伴们分享虫子)

师:你们猜一猜,剩下的稻田里哪一块会有虫子?

幼:黄色,前面翻的都是在黄色里面。

师:是吗?让我们来看看是不是你们说的那样。(翻图片)

师:真的和你们说的一样,虫子都藏在黄色的稻田里。真不愧是捉虫子的高手呀!青蛙妈妈为你们感到自豪!

(3)彩虹伞变成“大荷叶”,幼儿围坐在彩虹伞边随乐完整游戏。

师:瞧!池塘里还有一片大大的荷叶,小青蛙们,快来找一个空地方蹲好,一起玩游戏吧!

[幼儿第八次随乐动作]

音乐结束后在彩虹伞上跳一跳,教师组织幼儿把彩虹伞收起来。

[设计意图解析]

1. 音乐。

歌曲的风格是比较轻松愉悦的,节奏稳定,速度和小班幼儿日常做动作的速度一致。歌词也是关于小青蛙的，比较适合小年龄段的幼儿。

2. 故事。

青蛙妈妈和青蛙宝宝在荷叶上跳来跳去，玩躲猫猫的游戏，捉了美味小虫子。故事围绕青蛙妈妈和宝宝出门跳一跳，然后玩躲猫猫的游戏，最后捉到了美味小虫子，心里真高兴！这个故事符合小班幼儿对青蛙的基本认知，设置的游戏情境也关注到了小班幼儿的兴趣点，大家喜欢和自己最亲近的人玩躲猫猫游戏。

3. 动作。

根据故事匹配相关的动作(跳、躲、看、捉虫子、吃)。动作模型简单，有一定的重复性和变化，音乐节奏稳定；转换频率适宜，加之情境化的语令，幼儿能够很好地掌握。

4. 游戏。

活动中的两个游戏都是捉虫子的游戏，但是形式不一样。第一个是藏图式的，幼儿通过观察部分图片，猜测虫子的躲藏位置，并通过自己抽拉的方式，让虫子完整呈现，非常有成就感。第二个是猜谜式的，幼儿通过不断翻图、猜测的过程，发现虫子躲藏的颜色规律，并在猜谜中进行总结与归纳。

【新手教师模仿难点及解决建议】

1. 如何平衡活动中师幼互动的状态？

解决方案：首先，我们需要关注调动的时机，小班的一节活动时间为 15 分钟，如果教师全程都在“煽动”幼儿，幼儿将一直处于兴奋的状态，这是不适宜的。如果一点都不“煽动”的话，活动氛围会比较低沉，幼儿也会没有积极性，所以适当“煽动”幼儿是有必要的。一般情况下，我们会在活动的三分之二处适当累加一些情绪。其次，教师需要用夸张的体态、丰富的表情和眼神与之互动，吸引幼儿注意力，调动幼儿的积极性。例如，活动中“躲猫猫”的处理，活动前半部分在做“躲猫猫”动作时，教师一直坐在椅子上没有和幼儿互动。但是，在第六遍的时候教师进行了位移，每次打开双手“看”的时候都会和部分幼儿互动，有表情、眼神方面的互动。最后，教师在互动中一直以蹲或者弯腰前倾的体态，这样会拉近自己与幼儿的距离。

2. 如何将预令说得精准、从容、有情境?

解决方案:要多听,设置循环播放熟悉音乐的节奏,可以在心中数拍子,找到最舒适的点填充预令。在掌握基础预令之后,根据活动情境和流程的推动将其转变为情境化的预令。和教师体态一样,可以对着镜子不断地练习,乐感不是特别好的教师只有通过反复听、反复练习的方法,慢慢地会有所提高。

3. 如何讲好"故事"?

解决方案:教师设计的故事内容可以结合身体动作,应尽量简短、生动有趣,不要有多余的干扰信息,只含必须表现的情节即可。教师讲述故事时可以匹配与之对应的身体动作,动作和故事相结合会让幼儿更容易理解故事内容、记忆身体动作。

4. 有空间位移的游戏时,教师该如何兼顾所有的幼儿?

解决方案:教师在关注个别幼儿游戏的同时也要关注坐在位置上的幼儿。我们如何才能从容地兼顾两边呢?第一是教师的站位,活动中需要邀请个别幼儿到池塘图里找虫子,教师可以站在黑板的一边,身体向着坐着的幼儿,微微前倾。(黑板一边的站位不会遮挡到座位上的幼儿,前倾的体态会有与他人亲近、互动的感觉)第二是过程中的语言,在幼儿寻找虫子时,教师可以对该幼儿说:"加油!仔细找一找哦!"紧接着可以对坐在椅子上的幼儿说:"我们在心里给他加油。"这样的互动方式就能很好地兼顾到两边的幼儿。

原创解析:南京师范大学幼儿园 陈 珂

第二节　中班奏乐

一、活动案例:中班奏乐“勇敢的小鸟”

【乐曲】

勇敢的小鸟

佚 名 曲

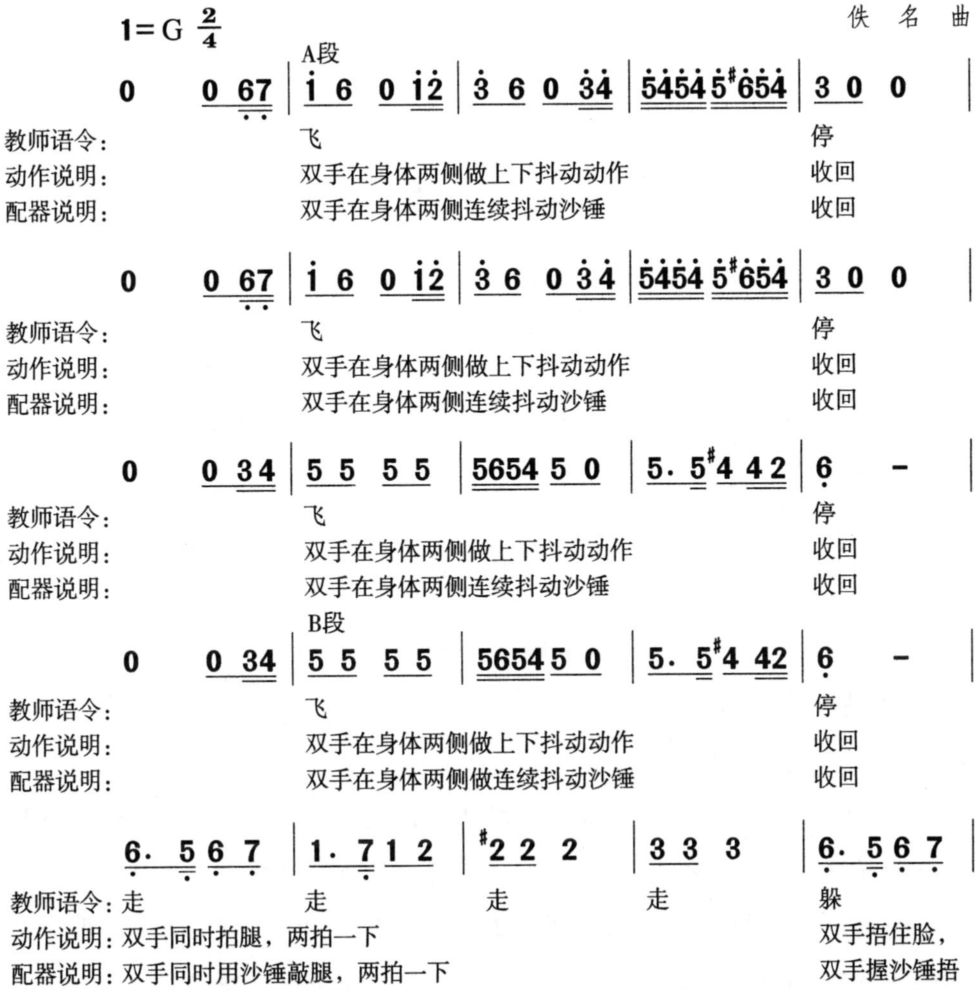

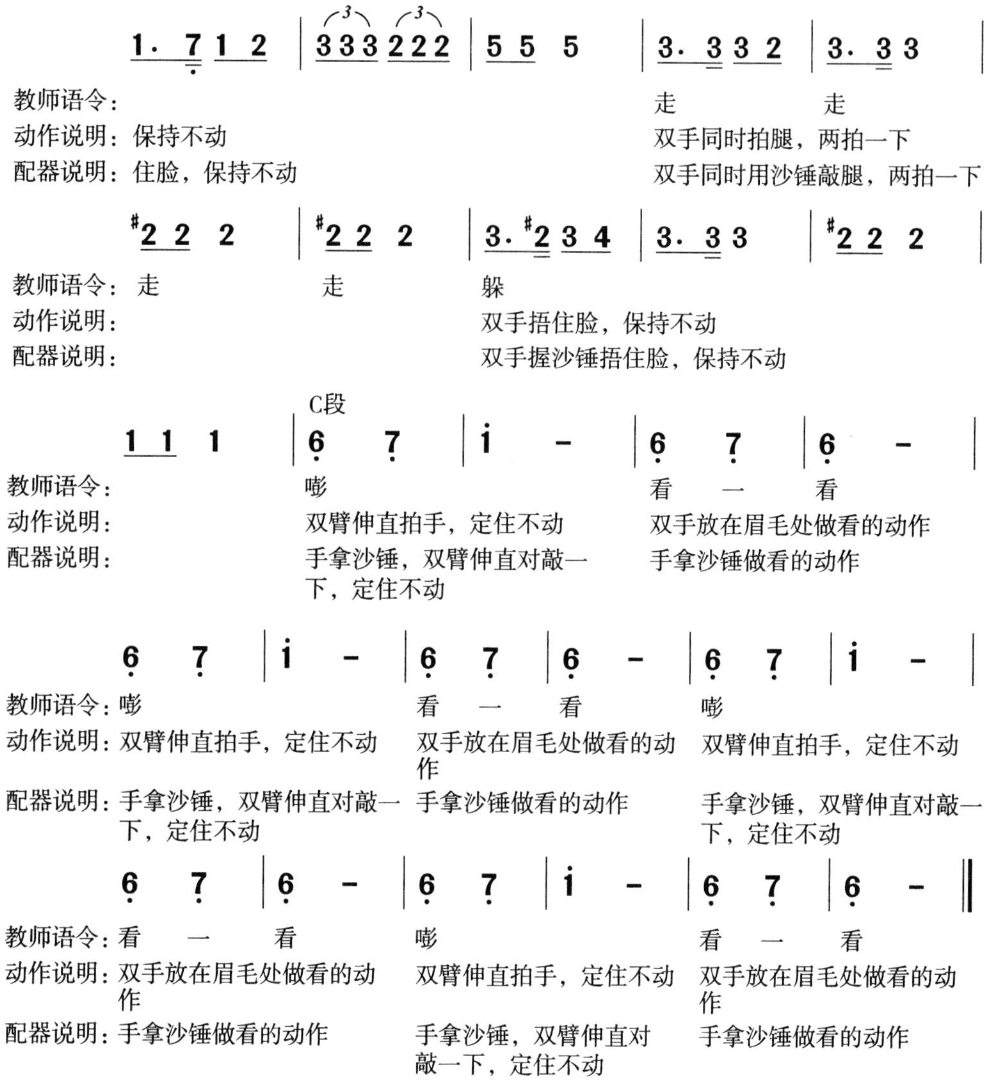

音乐结构：三段式 ABC+尾奏（省略）的结构。

动作建议：参见乐曲。

配器建议：参见乐曲。

游戏玩法：幼儿坐成半圆形，乐曲 A 段时坐在椅子上随乐演奏乐器；B 段时离开椅子向“城堡”边演奏乐器边行进；C 段与配班教师互动“吓唬”，将“猪卫兵”吓走；尾奏迅速回到自己的座位上，由教师通过“点兵点将”选出一名幼儿，该幼儿前往“城堡”，站在投掷线后，投掷“炸弹”，将“城堡”击中可救回一枚“鸟蛋”。

【使能目标阶梯】

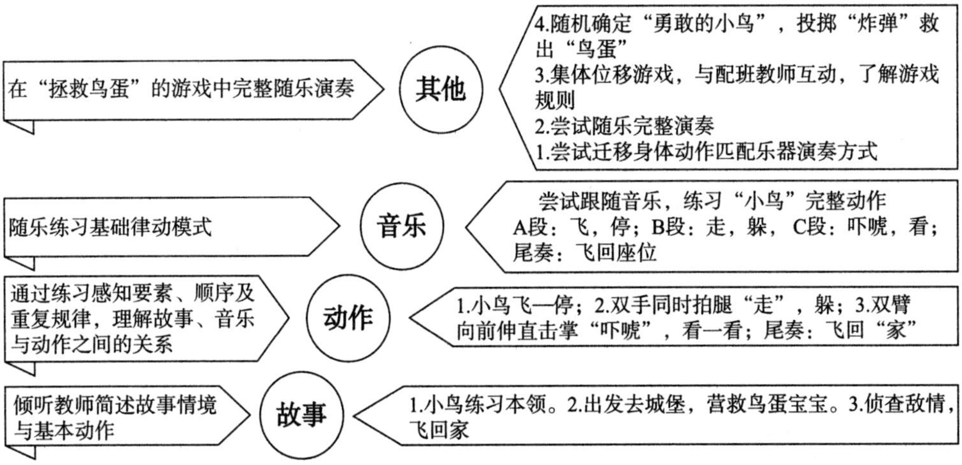

【教育活动设计】

活动目标

1. 在“飞往城堡，靠近城堡，吓唬猪卫兵”的情境帮助下，感受乐曲 ABC+尾奏的结构，尝试随乐做身体动作和演奏乐器。

2. 借助“飞，走，躲”的身体动作经验，探索匹配沙锤的演奏方法；在观察教师示范及语令的帮助下，尝试共享空间、快速飞回自己的座位。

3. 在“躲猫猫”游戏中，尝试努力控制好自己的乐器不发出声响并站立在警戒线后，在最后丢“炸弹”时，体验“成功拯救”的愉快。

活动准备

1. 物质准备。

（1）沙锤、纸箱、塑料瓶、布、纸球、画好起始线。

（2）音乐。

2. 经验准备。

（1）有“躲猫猫”游戏的经验。

（2）初步尝试玩过沙锤。

3. 空间准备。

(1) 幼儿坐成半圆形。

(2) 纸箱和塑料瓶搭好城堡,用布盖住,放在活动场地前方,与幼儿座位保持一定距离。

活动过程

1. 故事。

教师讲述故事,帮助幼儿理解情境,激发幼儿的参与兴趣。

师:在小鸟王国,昨天发生了一件大事,顽皮的绿猪偷走了我们的鸟蛋,今天我们要一起前往绿猪的城堡,救回我们的鸟蛋宝宝!

2. 动作。

教师完整示范动作,引导幼儿观察动作模型。

师:小鸟最大的本领是什么呢?

幼:会飞。

师:会飞(双手做翅膀动作)。

(困惑与思考:"飞"的动作为何这样设计?如何帮助幼儿关注动作?

在第一遍示范前,先引导幼儿调动已有经验,创编出"飞"的动作,此动作要将两臂控制在身体两侧,一是考虑到空间问题,怕两臂舒展会碰到旁边幼儿而影响动作;二是故事的氛围是认真练习本领,两臂收紧姿势更贴合"准备营救"的状态。对新手教师而言,教师要兼顾动作的幅度和准确度,还是有一定难度的。同时,在示范动作时,教师的眼神和体态还要环顾所有的幼儿,眼神与幼儿要有互动。我们建议新手教师在前期,对着镜子练习动作,关注面部表情的自然与动作的幅度。此外,在做"飞"的动作时,身体体态可略微前倾,做"停"的动作时,身体坐直,每一次"飞",可试着将身体转向不同方向的幼儿。做"飞"的动作时,教师表情要较为自然放松,做"停"的动作时,教师表情要转变为略为紧张,用这样的方式,帮助幼儿理解动作和情绪,也让幼儿更融入情境。)

3. 音乐。

(1) 教师坐在座位上示范上肢动作,引导幼儿观察。

师:小鸟们准备好翅膀(教师双手做翅膀动作),准备练习本领咯!

［教师第一遍示范动作］

（2）幼儿尝试和教师一起随乐完整做动作，帮助幼儿梳理动作顺序。

师：小鸟们做了什么动作呢？我们一起来做一做。

［幼儿和教师第一遍随乐做动作］

师：小鸟们先做了什么动作，然后呢？

幼：先飞，还有走。

师：飞的时候是一直飞，还是飞一飞，要……（教师边说边做动作，尤其是“停”的动作，教师要暂停一下）

幼：飞，还有休息一下的动作。

（3）进一步理解记忆动作。

师：还有哪些动作呢？我们再跟着音乐做一做，想一想。

［幼儿和教师第二遍随乐做动作］

师：走近城堡之后，小鸟停下来做了什么动作？

幼：“躲”“吓唬他”。

（困惑与思考：① 为什么提问的顺序要和动作顺序一致？

因为动作本身是结合情境的，并且有一定的逻辑关系，这样做是为了借助提问，帮助幼儿在回忆动作顺序的时候更具条理性，且在理解情境的基础上问题能帮助幼儿加深记忆；此外，在收到幼儿的反馈之后，教师要边做动作边反馈，即让幼儿将动作演示一遍，以加深印象。因为每个幼儿的能力是有差异的，将听到的语言转化为实际动作，也是需要过程的，这样做是帮助幼儿再次确认自己是否已经掌握，给每个幼儿一个练习的机会。

② 当幼儿的答案不一致时，为什么不直接告诉幼儿正确答案呢？

由于每个幼儿内化动作的水平不同，出现答案不一致的情况是十分常见的，此时教师引导幼儿再观察一遍动作，可以帮助幼儿明确困难的具体位置和内容，从而有针对性地观察教师示范动作，养成带着思考观察的习惯和意识。此外，这也帮助幼儿积累了一种解决困难的策略：遇到不清楚的动作，可以求助老师，请老师再做一遍示范。当然，教师在再次示范时，做到幼儿有争议的动作部分，可以用眼神、体态的夸张，或是语言提醒幼儿关注此处动作。）

4. 其他。

（1）累加乐器，引导幼儿迁移身体动作，探索乐器演奏的方法。

师：小鸟们为了让行动确保成功，特意带上了武器。

幼：（探索乐器匹配使用方法）

师：飞的时候可以怎样使用武器？走的时候呢？怎么躲呢？

幼：（边做动作边说）这样抓住然后抖。

师：走的时候怎么使用武器呢？

幼：（直接做把沙锤放在腿上敲的动作）

师：把沙锤放在腿上，同时轻轻地敲。我们一起学一学哦！（师幼一起练习动作）

（困惑与思考：引导幼儿匹配乐器的时候，教师要有意识地引导幼儿关注身体动作的正迁移。中班的幼儿在展示的时候可能会出现只做动作不讲述的情况，教师要及时将动作用语言总结出来，并且每个动作都要引导幼儿集体练习一下，确保每个幼儿都尝试，便于后面随乐练习的流畅性。）

（2）幼儿尝试使用乐器演奏。

师："小鸟们我们带上武器，一起出发吧！"

[幼儿第一遍随乐使用乐器演奏]

（3）反思环节。

① 引导幼儿反思乐器的使用与匹配。

师：你们在刚才使用乐器的时候，有什么困难吗？

幼：没有。

师：那我有一个困难，请你们帮帮我，怎样在躲的时候让乐器不发出声音？

幼：就摆在腿上不要动。

师：你能试一试给大家看吗？

幼：（演示）

② 幼儿再次合乐演奏。

师：谢谢你帮助我哦！那我们一起来试一试！

[幼儿第二遍随乐使用乐器演奏]

（困惑与思考：在反思环节，当幼儿可以明确说出困难和无法说出困难时，教师分别如何支持幼儿的进一步反思与实践？

如果遇到幼儿能直接提出困难，教师要进行表扬，并引导幼儿尝试通过观察同伴或教师的高级示范来解决，如果幼儿没有主动提出困难，教师可以用问题支架的方式引导幼儿进一步反思与实践。当然，这比较考验教师在幼儿演奏现场对幼儿的观察，一般来说，教师要根据刚才的演奏过程中教师观察到的幼儿不易掌握的部分进行提问。）

（4）创编替换休息的身体部位。

师：刚才小鸟的翅膀是停在肩膀上休息的，这一次，你们想停在身体的什么地方休息？

幼：肚子上。（幼儿做动作，集体学习）

［幼儿第三遍随乐使用乐器演奏］

（5）累加“巡逻卫兵”情节和位移游戏。

① 加入配班教师“猪卫兵”角色，教师示范、引导幼儿观察游戏规则。

师：我们已经练好了本领，真的要出发了，请你们仔细看，鸟妈妈是在说哪一句话的时候离开椅子去城堡的，又是在哪一句话的时候回家的。

幼：说“走”的时候离开椅子的。

幼：说“快快飞回家”的时候往家里飞的。

师：鸟妈妈靠近城堡后，站在哪里停住的？

幼：那根线那里。

师：对，那就是围墙，站在后面才能保护好自己。

［幼儿第四遍随乐使用乐器演奏，加入位移游戏］

（困惑与思考：为什么教师选择在游戏示范前，提出关于位移时机的问题？

教师把相关问题提在示范之前，是帮助幼儿有目的地观察游戏规则。当然，教师要提前根据幼儿年龄特点进行任务分析，找到游戏的关键点进行提问。在这里的游戏规则中，“何时离开椅子”以及“飞到何处停下”是确保游戏顺利进行的关键点，也是幼儿最容易忽略的环节，所以将难点前置，是给幼儿一个反应时间，帮助幼儿消化这项规则。

但实际上,此教案是针对中班上学期幼儿水平设计的,如果在中班下学期进行此活动,可调整游戏规则:从一开始“飞”就可让幼儿起立四散飞来“侦查敌情”。)

② 幼儿尝试随乐完整游戏。

师:现在,大家准备跟着鸟妈妈出发了哦! 等会要小心,站在围墙外面,关键时刻要躲好,别被发现哦!

(6) 累加游戏“攻击城堡,救出鸟蛋”。

幼儿尝试完整游戏,教师在音乐的最后一句通过点兵点将的方式选出一名幼儿,让他用纸球将城堡击垮,救出鸟蛋。

[幼儿第五至第七遍随乐使用乐器演奏]

(困惑与思考:在幼儿进行游戏的过程中,教师如何逐步退出?

① 先退出重复的动作:如“飞—停”的动作重复了四次,教师做两次即可,后两次可以不做动作,只用语令。② 逐步缩小动作幅度:在累加乐器两遍之后,教师可以尝试把身体动作的幅度变小,再逐渐变为简单手势动作,并配合语令。③ 根据幼儿情况可尝试完全不做动作,但是要有眼神和语令的辅助。④ 教师站位的逐步退出。教师从一开始在幼儿正前方做动作,慢慢地退到幼儿的侧方、后方。

这里需要注意的是,教师要随时关注集体中有困难的幼儿,在尝试退出的过程中,教师的站位要时常移动,有意识地站在有困难的幼儿看得见的地方,给予支持。如果教师在退出的过程中发现大部分幼儿出现了困难,要及时恢复帮助,调整站位。)

[设计意图解析]

1. 音乐。

“ABC+尾奏”结构的音乐,正好对应游戏情境中的“出发—靠近—吓唬—救出鸟蛋返回”的情节和动作。乐曲结构工整,风格幽默中带一丝紧张,C 段重音也能配合“吓唬”的情节,整个乐曲风格情绪和情景动作的贴合度是比较高的。

2. 故事。

整个故事内容简单,幼儿容易理解。与音乐相匹配,故事分为三个部分:练习本领,出发去城堡,吓跑猪卫兵,救回鸟蛋。幼儿在情境中角色明确,且扮演着“拯救者”的角色,情境具有积极正面的意义。幼儿参与的主动性被激发。故事中还有与幼儿互动的角色,使得幼儿参与时,代入感更强,主动性容易被调动起来。

3. 动作。

动作设计遵循节奏稳定、动静交替的原则,并且贴合故事情境,动作含义便于幼儿理解。根据中班幼儿的年龄特点,动作有适当的重复,并且和乐句变化相匹配。其中“飞”的动作,肌肉是相对紧张的,所以在三个小节之后,有一个“停”的动作,给幼儿肌肉充分的休息,减少疲劳,而“停”的位置,留给幼儿迁移身体部位的空间。考虑到后期需要进行位移游戏,在“走”“靠近城堡”的中间,也设计了“躲”,一是出于调控空间的考虑,走四步停住“躲”,既可以有效调控幼儿情绪,也便于幼儿和教师随时关注共享空间,控制自己身体动作;二是,这里的“躲”增加了情境的趣味性,当“猪卫兵”出现并与幼儿互动时,“躲”能有效激发幼儿参与活动的主动性和增强幼儿的角色感。

4. 游戏。

整体设计游戏,幼儿在情境的推动下,投入“小鸟”角色,参与游戏。结合情境,逐步累加了向指定方向奔跑的体能游戏和有目标的投掷游戏。整体游戏设计难度层层递进,空间位置从坐到站到位置移动,随着情境发展推进游戏。在投掷游戏的设计中,教师考虑到中班幼儿的年龄特点,每次投掷给予三次机会,并且在搭建“城堡”时,有意识地将“城堡”建构得比较松散,以降低游戏难度。此外,在“吓唬”的过程中与配班教师的互动,使游戏的趣味性更强,角色带入感更强,游戏体验感更加愉悦。

[新手教师模仿难点及解决建议]

1. 幼儿在参与游戏时,情绪容易兴奋,尤其是在与配班教师互动和位移游戏时,因兴奋而出现不遵守游戏规则的情况怎么办?

解决方案:

(1) 教师注意在示范动作和讲述故事时,情绪要适度,不宜过度渲染,尤其是在最后游戏时,注意激发幼儿热爱和平的意识,不要过度渲染“打败”和“击垮城堡”的气氛,把重点放在体验“救出鸟蛋”的成就感中。

(2) 教师多使用角色的语言,利用情境,帮助幼儿控制情绪。如幼儿在下位“飞行”和“躲避”时不能很好控制乐器,教师可以说:“刚才鸟妈妈好担心呀,有只小鸟发出了一点声音,差一点就被发现了,要知道猪卫兵耳朵都是特别灵敏的。”或者树立高级榜样,表扬做得好的幼儿,激励幼儿。

(3) 教师在活动中注意关注全体幼儿,发现问题及时反思,在活动过程中有必要时及时停下,组织幼儿讨论和反思,进而激发幼儿主动保持专注和平和的状态参与游戏。

2. 幼儿游戏情绪影响了乐器演奏的和谐性与审美性怎么办?

教师在选择乐器时,就已经充分考虑到乐器音效的审美和谐,结合身体动作正迁移,沙锤以摇奏为主,散响居多,配合后面几次敲击的钝响,音效有层次且和谐,但是尽管如此,仍然需要帮助幼儿有意识地控制演奏的力度,确保整体演奏的和谐和美感。

因为随着游戏的推进,尤其是累加位移游戏之后,幼儿情绪逐渐高涨,动作幅度变大,就容易出现演奏时合乐性不足的情况。

解决方案:

(1) 教师在一开始探索乐器示范环节时,就轻轻演奏乐器,做好高级榜样。

(2) 借助情境提醒幼儿。比如幼儿在摇晃沙锤时声音太响,教师可以提醒:“小鸟们是秘密出发,在靠近城堡前要注意掩护自己,带着武器时,我们飞的时候要注意些什么呢?”

(3) 教师在进行示范并参与游戏时,要始终保持体态收放适度,用较为“紧缩”的有控制的动作,来暗示幼儿调控动作幅度,从而达到调控情绪的效果,将幼儿的注意力有效地调动起来并关注到自己演奏的节奏稳定性和合乐性。必要时,教师要通过位移,如来到情绪较为激动的幼儿面前,近距离用眼神、动作暗示提醒他,并及时用眼神或动作鼓励改善的幼儿。

原创解析:南京师范大学幼儿园　张　玭

二、活动案例：中班奏乐“水果咖喱摇摇杯”

【乐曲】

咖喱咖喱

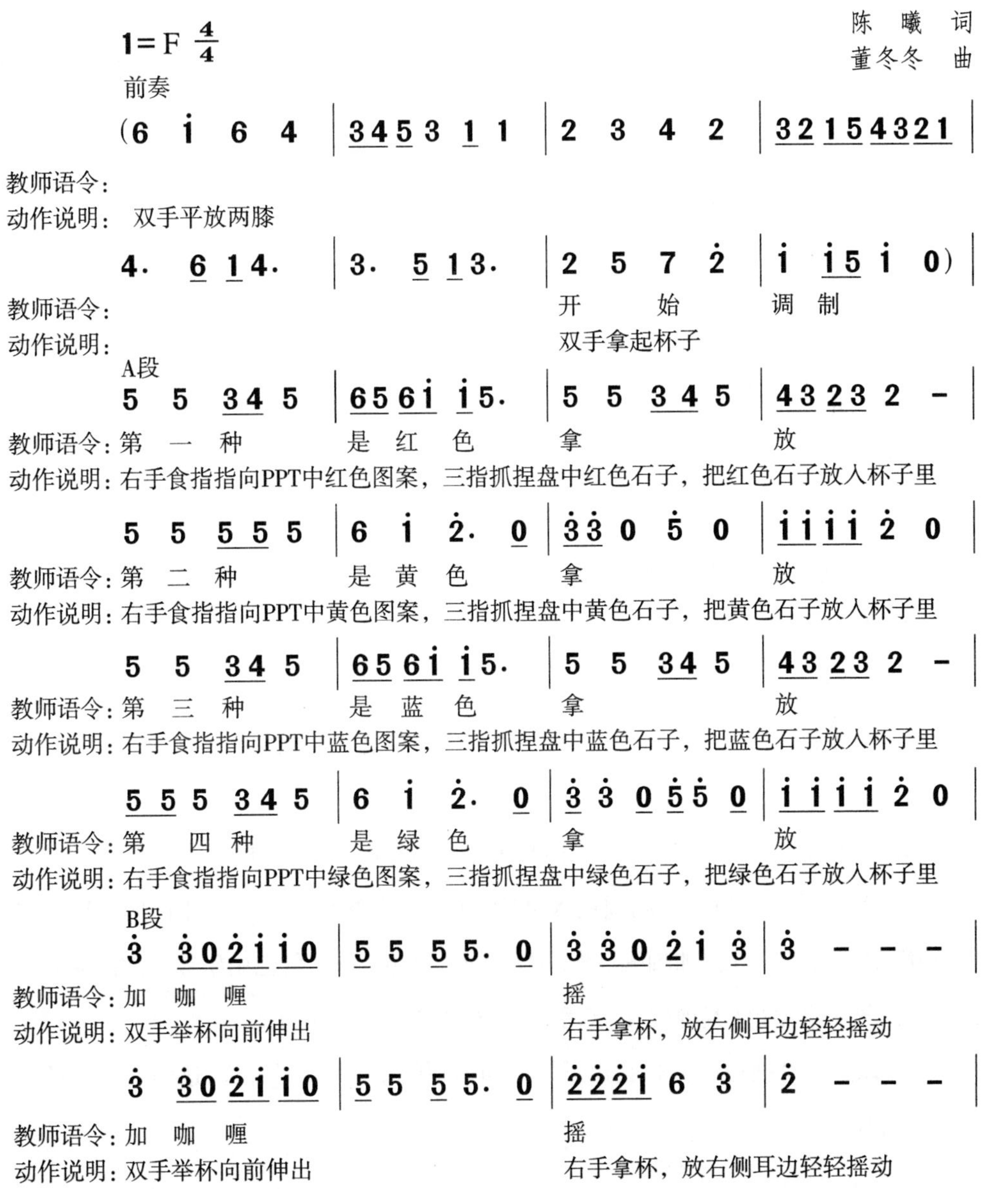

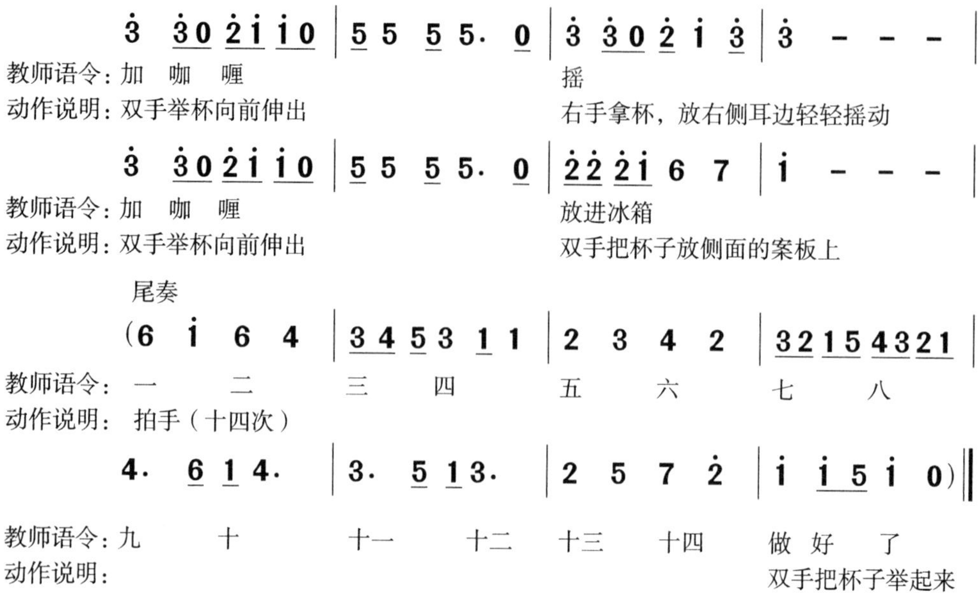

音乐结构:前奏+尾奏+两段式AB结构。(前奏和尾奏一致)

动作建议:参见乐曲。

配器建议:

1. 石子、玻璃瓶与音乐的配合参照乐曲中的动作说明,分成单响和散响,单响为石子投放到玻璃瓶中发出的响声,散响为摇玻璃瓶时,石子与玻璃瓶的撞击声。

2. 在“加咖喱”语令处为一个串铃的左右摇奏,发出散响的声音。

游戏玩法:

1. 学习制作摇摇杯流程的环节,明确制作摇摇杯的目的和流程,知道将摇摇杯放入冰箱的时间和动作。

2. 配器环节,在掌握制作摇摇杯的流程和动作后,加入玻璃杯和不同颜色的水果(石子),准确把握投放不同颜色水果的时间,感受玻璃杯与石子碰撞所发出的单响和散响声音,最后在“加咖喱”语令处,分两个角色,一个角色用串铃发出散响表示加咖喱,另一个角色(其他幼儿)双手举杯做加咖喱状,静止不动。

3. 以逆时针换位的方式找出下一个加咖喱的幼儿,教师退位,达到幼儿循环做游戏的目的。

【使能目标阶梯】

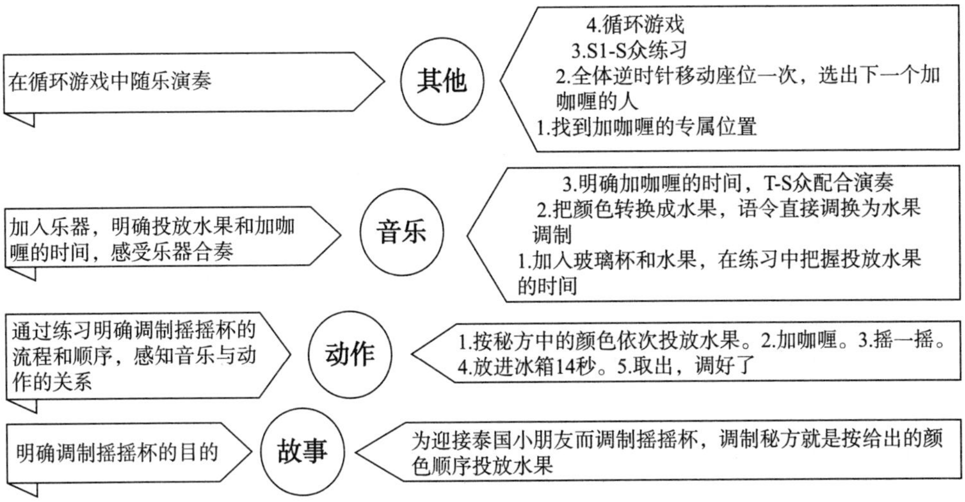

【教育活动设计】

活动目标

1. 在熟悉音乐的基础上，能够随乐完成制作摇摇杯的完整动作模型，用石子与玻璃杯撞击发出的声音及串铃表现音乐情境。

2. 在制作摇摇杯的情境中，准确把握投放水果的顺序和时间，明确听到“放”字时，才能把水果投到杯中，并能逆时针依次补位，选出下一个加咖喱的人循环进行游戏。

3. 体验在共同制作摇摇杯的过程中克服困难，获得成功的乐趣。

活动准备

1. 物质准备。

(1) 剪辑好的音乐《咖喱咖喱》、PPT(所用图片见图 5－1)。

图 5－1

（2）16个垫子（5个小垫子叠放固定成1个，高度便于幼儿操作，见图5－2）、16个玻璃杯、16个小案板、彩色石子16份（红黄蓝绿各5个为1份，见图5－3）、小碟子16个、串铃1个（见图5－4）。

图5－2

图5－3

图5－4

2. 经验准备：了解咖喱；知道如何传递物品；了解逆时针化换位的方法；熟悉音乐和动作模型。

3. 空间准备。

（1）幼儿围坐成半圆形，坐在准备好的垫子上。（最右侧幼儿的垫子下贴有串铃标识）

（2）垫子与小案板之间留有空隙，方便幼儿走动。

活动过程

1. 故事。

师：（PPT①）小冷饮师们，还记得怎么调制摇摇杯吗？我们一起来试试吧！

[幼儿第一遍随乐观察和徒手模仿]

[困惑与思考：为什么一上来就让幼儿回忆调制过程，是第二课时吗？

本活动为中班奏乐活动，考虑到上课时间，所以把熟悉音乐和动作模型放到课前准备活动，本次活动主要解决器乐合作问题。课前准备故事为“我们是今天的冷饮师，为了迎接一批泰国小朋友，我们要为他们调制一种饮料，名字叫水果咖喱摇摇杯，这个摇摇杯需要投放四种水果，我们要按秘方上的顺序来投放水果才能调出美妙的味道，秘方上显示先投放什么颜色的水果呢？（PPT①）接下来是？在水果没有准备好之前，请仔细看一看，我是怎么调制的？”]

2. 动作。

感知音乐的旋律、结构，梳理调制摇摇杯的流程。

（1）幼儿听音乐，梳理调制流程。

师：在调制时我先做了什么？然后做了什么？最后做了什么？小冷饮师们，如果喜欢的话可以跟我一起来调制。

[**幼儿第二遍随乐观察和徒手模仿**]

幼：按秘方顺序拿水果投放到杯子里—加咖喱—摇一摇—放进冰箱冷藏—拿出，成功。

（2）幼儿验证动作，明确重点。

师：为了让摇摇杯吃起来冰爽，最后要放进冰箱冷藏，刚才在冰箱里冷藏了几秒钟呢？这次我们要来数一数哟？（14 秒）

（注意明确，当听到语令"放进冰箱"后，才开始拍手数数，注意用口型模仿数数，尽量不要发出声音，以免影响幼儿对音乐的倾听）

3. 音乐。

教师运用传递方式发放水果，准确把握投放水果的顺序和时间。

（1）用传递方式发放水果。

师：快看！我们的水果送到了，我们用传递的方式把水果发给每一名小冷饮师。

（困惑与思考：为什么用传递的方式而不是直接请配班教师帮忙发放？

① 避免配班教师在场地上多次出现。② 用传递的方式感受物品的传递和移位，增加游戏的趣味性。③ 抓住教育契机，培养幼儿的自我服务意识。选传递方式发放，如果幼儿没有前期经验可以提前进行传物练习。）

（2）与幼儿共同尝试调制摇摇杯，准确把握投放水果的顺序和时间。

① 教师带幼儿边说语令，边练习一次投放水果，明确投放水果的颜色和顺序。

师：我们的水果是什么颜色？正好是秘方中的颜色哟！那我们怎么投放水果呢？

（困惑与思考：这一环节的目的是语令和投放动作匹配，尤其是语令中说到什么颜色，就要准确拿出同颜色的水果放到玻璃杯里，要组织幼儿在不放音乐和没有语令下练习，一开始可以放慢节奏，教师要注意观察幼儿的投放情况，是否都能准确完成，如果出现问题，可以把水果倒到小碟子里再练习一次。）

② 明确口令，准确把握投放"水果"的时间。

师：水果有了，我们快来调制吧！

师：你们拿的水果很准确哟，可是我发现小冷饮师们放水果时，有的放得早，有的放得晚，当听到语令中哪个字时才可以放呢？语令是什么？当听到语令中“放”字的时候才能放！这样才能保证我们同时投放水果。我们快来试试吧！

［幼儿第一遍拿乐器随乐演奏］

（困惑与思考：随乐演奏时应注意哪些内容？

① 明确了语令后，在接下来的一遍音乐中，教师适当提高语令“放”的声音，引起幼儿注意。② 因为之前都是徒手练习，比较随意，不会注意控制玻璃杯以防止东西掉出。当拿实物操作的时候幼儿动作已经定型，装进水果摇的时候还是像之前那样摇，水果就可能会掉出去。所以当第一次投放水果并摇的时候，教师要及时使用语言提示幼儿“摇的时候要小心哟！千万不要撒出来”，并用小心的动作辅助。）

（3）呈现水果，替换语令。

师：你们投放水果的时间掌握得很好！那你们想不想知道秘方中的水果到底是什么？（PPT②、③、④、⑤依次出现）你们可不可以直接看着水果来调制呢？我们的语令是什么？可以换成什么？取什么颜色的水果呢？

［幼儿第二遍拿乐器随乐演奏］

（困惑与思考：用同色的水果替换颜色语令时应注意什么？

语令从“第一种是红色，拿，放”转换成“第一种是草莓，拿，放”。颜色替换成水果，幼儿对同一语令下的两个要求具备快速反应的能力，所以此处的谈话一定不能少，要把每一种水果对应哪种颜色都梳理一遍，保证幼儿对应取放正确。此处语令转换，教师的语令提示要大声。）

4. 其他。

明确加咖喱的时间，运用专属座位选出下一位加咖喱的人，并进行逆时针换位。

（1）明确加咖喱的时间。

师：这个摇摇杯还有一种调料没有加入，这次我要给你们加咖喱，请看看，我在你们做什么动作的时候加的咖喱？

［幼儿第三遍拿乐器随乐演奏］

师：味道非常好。你们在做什么动作时我给你们加的咖喱？（你们双手举杯向前伸出的时候）举着的杯子能动吗？为什么？你们观察得很仔细，我们来练一练？从加咖喱开始。

[幼儿第一遍拿乐器单独演奏 B 段音乐]

（2）选出加咖喱的人。

师：下一个给我们加咖喱的人是谁呢？其实在你们的座位中有一个专属的加咖喱座位，谁坐在那个座位上，谁就是下一个加咖喱的人，快看看你们的座位吧！

（注意：最右侧幼儿的垫子下有一个串铃标识，为专属加咖喱座位，目的是选出加咖喱的人，同时逆时针移动能换坐专属座位的幼儿，最左侧空出座位给刚加咖喱的幼儿，这样游戏能循环玩起来。逆时针位移一定要有前期经验，适当练习，降低学习难度）

师：（把专属座位的幼儿选出来加咖喱）你知道什么时候给我们加咖喱吗？有问题吗？我有个问题，专属座位上空了，下一个加咖喱的人是谁呢？怎么办？

幼：所有小朋友移动一个座位，把专属座位补上。

师：所有的小冷饮师，逆时针依次移动一个座位，进行换位，专属座位有人了吗？谁是下一个加咖喱的人？

（注意：一般会安排活动中能力比较强的几个幼儿坐在专属座位的左侧，先让他们来补位，成为依次加咖喱的人，其实就是提供高级榜样，便于在第一次活动中达到一个幼儿与所有幼儿顺利演奏的目标）

师：开始调制啦！

[幼儿第四遍拿乐器随乐演奏]

师：下一个加咖喱的人上场，逆时针移动座位补位，继续调制！

[幼儿第五遍拿乐器随乐演奏]

（3）调好摇摇杯送客人。

师：我们的摇摇杯调好了，送给我们的客人尝一尝吧！

（幼儿随乐退场）

【设计意图解析】

1. 音乐。

这是一首活泼欢快，朗朗上口的歌曲。

2. 故事。

原创设计者借助歌词中的泰国元素,设计了为泰国客人制作水果咖喱摇摇杯的情境。

3. 动作。

歌曲前奏做调制准备,前 4 小节动作用右手食指指出秘方中的颜色,然后拿起石子放入玻璃杯中,5 到 16 小节重复此动作 3 次。17 到 20 小节加入了串铃演奏,21 小节到 30 小节重复此动作 3 次,在多次重复中让幼儿合乐稳定感受。动作设计也是未来在使用乐器演奏时,可以直接"迁移使用"地演奏出单响和散响音色的动作。(注意:这一点非常重要)

4. 游戏。

利用逆时针移位的方式找到下一个加咖喱的人,既让幼儿尝试 S1-S 众练习,又能让游戏循环进行。

【新手教师模仿难点及解决建议】

1. 课前准备故事环节一语带过,幼儿没明白摇摇杯和秘方的关系怎么办?

解决方案:在课前讲解故事部分,一定要放慢语速,一边指图一边讲,最后这句话一定要加上:"秘方中显示先投放什么颜色的水果? 然后呢?"共同梳理秘方中颜色和调制摇摇杯的关系。

2. 在梳理制作摇摇杯的顺序中,当幼儿给不出有效答案时,不知道怎样回应。

解决方案:因为有课前准备,所以此环节最多两遍就要梳理出调制顺序。但幼儿的回答往往会出现少一个环节或者顺序不对的情况。新手教师可能没有得到自己想要的答案,只会让幼儿再来看一遍,于是在无形中增加了活动时间。针对少一个环节的情况可以直接回应:"调制中还少了哪个环节呢? 谁来说一说?"顺序不对时可以用"调制时我们先做了什么? 又做了什么? 放进冰箱后我们干什么了?"直接抓住问题所在,没有必要所有答案必须由幼儿说出,教师可以给提示。

2. 当教学具出现后,幼儿过度兴奋,课堂混乱怎么办?

解决方案:(1) 课前提要求,教师不让动时不能摸。(2) 教师语气增加神秘感,吸引幼儿注意力。(3) 表扬不动的幼儿,提供高级榜样。(4) 对反复提醒也不听的幼儿,可以请其他教师帮忙,或者直接告诉他“如果再动,就取消他当小冷饮师的资格”。

3. 选出加咖喱的人的过程没有惊喜感,幼儿反应过于平淡。加咖喱的人是否可以用其他方式选出来?

解决方案:引导幼儿位移“逆时针位移”的方式选出加咖喱的人,其实是延续本次活动中对于传递的练习,既能循环游戏,又能给每一名幼儿加咖喱的机会。对本活动中选出加咖喱的人的方式幼儿还是很期待的。教师语言的烘托非常重要,让幼儿感受到被选中是无比幸运的事情,如“下一个加咖喱的人是谁呀? 好期待。原来是你,你好幸运,你自己可以完成吗? 我们用鼓掌来鼓励给我们加咖喱的小朋友”。

“逆时针位移”只是选出加咖喱的人的一种方式,可以根据幼儿的水平设计不同的方式。如转盘也是幼儿非常喜欢的一种方式(每个玻璃杯上贴与转盘相对应的号码,当音乐结束后转动转盘,指针指向数字几,拿相同号码玻璃杯的幼儿就是下一个加咖喱的人)。不管是“逆时针位移”还是转盘或者其他方式,一定要有惊喜与挑战,这样才能调动幼儿的练习和学习兴趣。

4. 对于幼儿的回答,教师的回应不到位怎么办?

解决方案:(1) 不要重复幼儿的答案。(2) 用具体描述性的语言来回应幼儿的回答,对活动有推动作用,不用“好”“真棒”等模糊的表扬性语言。例如,“你们在做什么动作时我给你们加的咖喱?”当幼儿回答“这样的动作”时,教师要说:“你能用语言描述一下你的动作吗? 原来你们双手握住玻璃杯向前伸时,我给你们加的咖喱。”当幼儿用“那样、这样”的词语时,教师要用具体的语言进行引导,和幼儿共同梳理出描述性的语言。长此以往,幼儿的语言表述能力会提高,同时课堂效率也会提高。

原创解析:河北省军区第一幼儿园　谢　彦

三、活动案例:中班奏乐“藏好淘气蛋”

【乐曲】

摩登天使

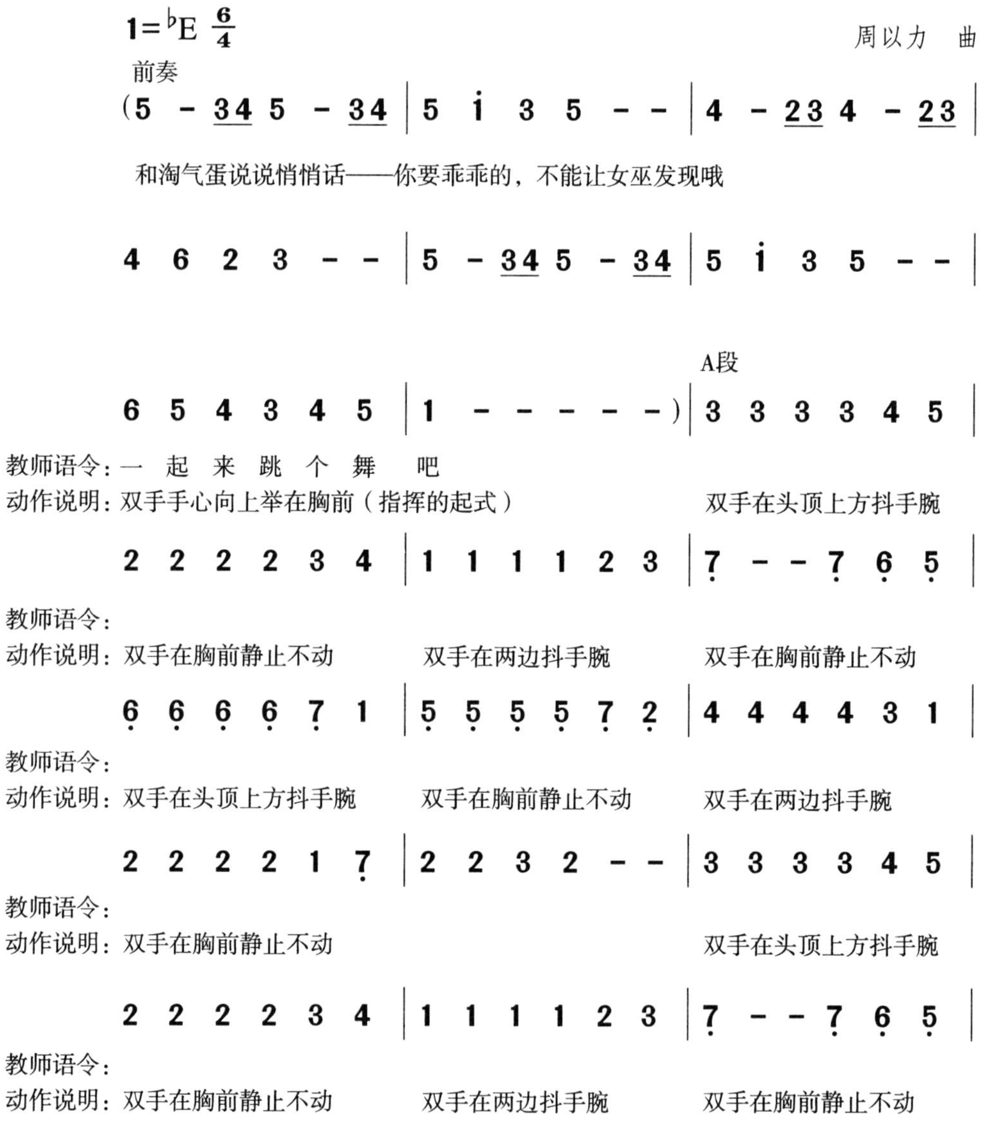

6 6 6 6 7 1 | 5 5 5 5 7 2 | 4 4 4 4 3 1 | 2 2 2 2 1 7 |

教师语令：
动作说明：双手在头顶上方抖手腕　双手在胸前静止不动　双手在两边抖手腕　双手在胸前静止不动

B段

1 - - - - - | 5 - #4 5 - #4 | 5 - #4 5 i 3 |

教师语令：
动作说明：　双手合拢转圈做“蝴蝶飞”　双手合拢在胸前抖动

5 - #4 5 - #4 | 5 - - - - - | 3 - #2 3 - #2 |

教师语令：
动作说明：双手合拢转圈做“蝴蝶飞”　双手合拢在胸前抖动　双手合拢转圈做“蝴蝶飞”

3 - #2 3 5 1 | 3 - 2 3 - #4 | 3 - - - - - |

教师语令：
动作说明：双手合拢在胸前抖动　双手合拢转圈做“蝴蝶飞”　双手合拢在胸前抖动

6 5 6 4 - - | 5 #4 5 3 - - | 4 4 4 5 7 2 |

教师语令：
动作说明：双手向左前方飞吻　双手向右前方飞吻　双手收回到胸前，藏好

1 - - - - - | 4 4 4 5 7 2 | 1 - - - - - ‖

教师语令：
动作说明：淘气蛋　保持两小节不动

音乐结构:前奏+两段式 AB 结构。

动作建议:参见乐曲。

游戏玩法:

1. 幼儿扮演小蝴蝶,将淘气蛋(乐器:沙蛋)拿在手中,随乐曲的节奏在身体的上方、侧面做表示蝴蝶飞行的抖动,在胸前做转圈、停住的动作。(详见每小节动作说明)

2. 教师扮演女巫,随音乐节奏做化妆、回头的动作,每一次回头时小蝴蝶都要停住,不能让淘气蛋发出声响。

3. 在音乐结束时,小蝴蝶要把手上的淘气蛋藏到身体的任意地方(口袋、身后、袖口……)教师扮演的女巫如果没找到,游戏继续;如果找到了淘气蛋,幼儿扮演的小蝴蝶要为淘气蛋求情,让女巫能够原谅小蝴蝶和淘气蛋。

【使能目标阶梯】

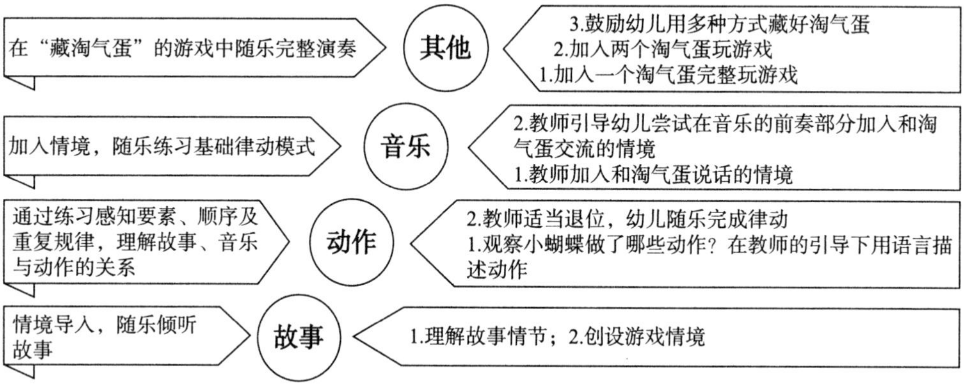

【教育活动设计】

活动目标

1. 感受乐曲 AB 结构,学习在不同的乐句用淘气蛋做出相应的奏乐和游戏动作。

2. 探索如何将淘气蛋藏在身体的不同部位,避免让女巫轻易找到。

3. 努力调整身体动作,当女巫回头时,控制淘气蛋不发出声响;在情境中体验关爱、呵护的情感,以及与淘气蛋共同游戏的快乐。

活动准备

1. 物质准备。

(1) 乐器“沙蛋”。(人手两个)

(2) 装乐器的小篓子。(人手一个,放椅子下)

(3) 剪辑后的音乐片段《摩登天使》。

2. 经验准备:玩过藏物品的游戏,了解游戏的基本规则。

3. 空间准备。

(1) 幼儿坐成半圆形。

(2) 每张椅子下放一个装乐器小篓子,小篓子里放两个沙蛋。

活动过程

1. 故事。

教师配乐讲述故事,引导幼儿理解动作线索。

故事内容:森林里的女巫要在自己的城堡里举行一个盛大的舞会,舞会上来了许多朋友。可是,舞会那天女巫正在自己的化妆间里为晚上的舞会做准备时,一群淘气蛋悄悄地来到她的化妆间,在女巫的身后"哇"的一声,把女巫吓了一跳。女巫把口红画到了脸上。她很生气地说:"以后再也不许淘气蛋走进我的城堡!再也不许来我的舞会!"女巫的朋友小蝴蝶们不这么想,他们很喜欢和淘气蛋一起玩游戏一起跳舞,因为淘气蛋是个小小的音乐家,能给大家带来许多快乐!小蝴蝶们想了一个好办法,终于把淘气蛋带到了舞会上。

师:女巫为什么不愿意带淘气蛋去参加舞会?

幼1:淘气蛋吓坏了女巫。

幼2:女巫口红画到了脸上。

幼3:女巫不喜欢淘气蛋!

师:小蝴蝶们会想什么办法帮助淘气蛋来舞会一起跳舞呢?

幼1:不知道。

幼2:会把淘气蛋藏起来。

(困惑与思考:在进行故事讲述的时候教师如何与音乐配合才能帮助幼儿投入游戏情境?

教师在引导幼儿进入游戏情境的过程中要注意讲故事的声音与背景音乐的协调,一般会把音乐的音量调小,讲故事的声音也不要过大,要营造出故事内容的神秘性。在讲述故事的过程中要配合音乐的乐句有意识地做停顿,在乐曲结束前完整讲述故事,语速和语调都要配合音乐和故事本身创造的情境。)

2. 动作。

(1)教师第一次随乐完整示范,引导幼儿观察小蝴蝶做了哪些动作。

师:我们听着音乐,看一看小蝴蝶在游戏的时候做了哪些动作,会想什么办法帮助淘气蛋来舞会一起跳舞?

幼:小蝴蝶做了飞的动作。

师:小蝴蝶怎么飞的?边做动作边帮助幼儿澄清“停在头顶飞一飞,然后手慢慢落下”的动作。

幼:亲一下、飞的动作。

师:双手掌心向上飞吻的动作。

幼:转圈飞。

师:是一直转还是跟着音乐的节奏转一圈、停下来等一等?

幼:跟着音乐转一圈、停下来等一等。

[教师第一遍示范]

(困惑与思考:教师设计的动作与音乐的乐句需要高度匹配,也要为后面的演奏做好铺垫,怎样通过示范提高幼儿倾听音乐和合乐做动作的水平?

在第一次示范时,教师通过示范环节后的提问引导幼儿用语言描述的方式明确做了哪些动作。比如,对于转圈的时候如何与音乐匹配特别做了描述。如果幼儿在情境中没能对动作的细节进行描述,可能是幼儿在平时活动中的相关经验还不够,教师可以在活动过程中通过再现动作的方式帮助幼儿学习如何进行动作描述;如果幼儿的水平只能达到跟随教师做动作但不能用语言表达的初级阶段,教师要有意识地在平时的活动中培养幼儿用语言描述动作的能力。)

(2) 教师再次完整示范,引导幼儿跟随音乐初步学习与小淘气交流。

师:小蝴蝶还对淘气蛋说了什么悄悄话?我的手心里有个淘气蛋,你们的手心里也有一个淘气蛋,请你们和我一起带着淘气蛋跳个舞吧!

幼:好!

师:你刚才对小淘气说了什么?

幼:你要乖乖的,我带你去舞会。

幼:快快藏好,别让女巫发现,我带你去舞会!

幼:嘘!要轻轻地哦!

[教师第二遍示范]

(3) 教师适当退位,幼儿尝试独自完成律动。

师:刚才我们一起跳舞的时候你们都记清楚小蝴蝶跳舞的动作了吗?如果你们来跳舞,可以完成所有的动作吗?如果有困难我会给你们一些提示!

［**集体练习律动**］

［困惑与思考：教师第一次示范和第二次示范，目标分别是什么？为什么要加入说悄悄话的情境？在教学中有什么需要注意的要领？

教师第一次示范动作的主要目标是让幼儿观察教师做了哪些动作，并通过语言描述进行有效的梳理。因此，教师第一次示范后，请幼儿回忆小蝴蝶在游戏中做了什么动作。对幼儿来说用语言精确描述动作是有一定难度的，幼儿必须将教师做过的动作回放并表达出来，这也需要平时相关经验的积累。

教师第二次示范动作的目标是通过“悄悄话”更好地帮助幼儿投入游戏的情境，想象自己的手心里真的有一个淘气蛋，也为接下来的演奏做好铺垫。

教师在请幼儿回忆动作时，虽然幼儿不一定会按照动作的顺序逐一描述，但教师可以做到的是当幼儿说出一个动作后及时对幼儿进行语言描述能力方面的提高。如幼儿说“转圈飞”，教师及时追问“是一直转还是跟着音乐的节奏转一圈、停下来等一等”，这样做同时解决了动作和音乐匹配的问题。在讨论小蝴蝶怎样飞的时候，也要帮助幼儿解决在头顶飞又落下的空间方位问题。

此外，如果有一些动作幼儿真的没有说到，教师可采取退位策略，帮助幼儿再认动作。如教师先示范动作（用手在头顶飞），再请幼儿用情境化的语言（小蝴蝶飞）描述出来。换方位飞的语言描述过程可以举一反三逐步进行。如此调整，可降低幼儿的学习难度，保证教学的流畅性。］

3. 音乐。

（1）加入淘气蛋，帮助幼儿进一步理解游戏情节、规则。

师：这一次我们真的要和淘气蛋来一起玩游戏了，你知道怎样保护淘气蛋不让女巫发现吗？

幼：放在手心里拿好；轻轻飞；最后要藏好，不能让女巫看见。

师：藏在哪里？女巫来的时候怎样保护淘气蛋？

幼：最后把自己手里的淘气蛋藏好，藏到口袋里，不让女巫发现。

［**集体加乐器完整演奏**］

（2）加入两个淘气蛋尝试游戏。

① 集体讨论两个淘气蛋可以怎么藏？

师：刚才我们都用各种各样的好办法帮助一个小淘气一起来参加舞会，女巫都没有发现，如果有两个淘气蛋都需要你保护，你要把他们藏起来，好吗？

幼：好！

② 幼儿尝试用不同的方式藏两个淘气蛋，并加入配班教师扮演的女巫进行互动游戏。

师：还可以把淘气蛋藏在哪里呢？你们来试试看。

[**集体第一遍加女巫角色完整演奏**]

[困惑与思考：为什么不直接用两个淘气蛋演奏？

淘气蛋（沙蛋）这个乐器对于幼儿来说有可能是第一次接触。在用一个淘气蛋演奏的过程中，幼儿能较自如地控制好手心里的乐器。在加入两个淘气蛋的环节前，教师可以让幼儿根据自己的实际水平选择是否挑战新的难度。在挑战的过程中抓住引导幼儿自我评价的契机，鼓励因为胆小而不敢挑战的幼儿，同时也认可在学习过程中遇到实际困难需要经过练习才能达到相应游戏水平的部分幼儿。幼儿阶段对学习困难的预知和对自己能力的正确评价也是很重要的要培养的学习品质。]

4. 其他。

尝试加入配班教师扮演的女巫再次完整游戏。

师：原来有许多好方法可以同时把两个淘气蛋都藏好，你们游戏玩得太棒了，女巫都不知道淘气蛋来过了！不过女巫这次更聪明了，你们可别被她发现哦！

师：（女巫没有发现淘气蛋时）淘气蛋玩得很开心。他说："谢谢大家！有你们这些朋友真是太好了！"请你们听着音乐把淘气蛋轻轻地送回家。（女巫发现了淘气蛋时）小蝴蝶们帮助淘气蛋向女巫求情，好心的女巫原谅了淘气蛋，淘气蛋很开心，感谢小蝴蝶们。请听着音乐把淘气蛋轻轻地送回家。

[**集体第二遍加女巫角色完整演奏**]

（困惑与思考：教师为什么一定要引导幼儿"请你们听着音乐把淘气蛋轻轻地送回家"呢？女巫发现淘气蛋后，为什么要安排原谅淘气蛋的情境呢？

把乐器轻轻送回家是我们每一次演奏活动的基本常规，幼儿在与乐器交流互动的过程中学会了珍惜、爱护乐器，在更多其他情境中也会珍惜和爱护幼儿园的公共物品。从小养成良好的公德心在幼儿的成长过程中是非常重要的。

原谅淘气蛋情境设计的意图是让幼儿懂得平时同伴由于过失犯了错误时希望得到他人的谅解，让幼儿知道具有一颗宽容的心才能与身边的同伴友好相处，也能让自己获得更多的幸福体验。有玩伴是一件令人开心的事，如果你的玩伴不那么“完美”，你可以接纳他，把他变得更好吗？如果你被粗心又淘气的同伴伤了心，你也能够像好心的女巫一样宽容他吗？这都是游戏情境中值得帮助幼儿去继续思考和回答的问题，音乐活动不仅仅是单纯的合乐律动和演奏，也为幼儿的社会性发展提供了更多的空间。）

【设计意图解析】

1. 音乐。

这是一首旋律优美，情绪愉快并充满情境想象空间的乐曲。B 段音乐连贯起伏，特别适合沙蛋这样的散响乐器演奏。

2. 故事。

活动“藏好淘气蛋”是从绘本《三个小淘气》中衍生出来的游戏化音乐活动之一。故事设计的情境让幼儿通过扮演“帮助者”的角色，了解在朋友不小心有了过失之后如何去帮助其化解尴尬的全过程，幼儿在情境中感受到了游戏的乐趣，也习得了与同伴相处的经验。

3. 动作和演奏。

这些动作的速度比较平均，动作重复和方位变化的逻辑既能够很好地匹配音乐，又能够为乐器的演奏做好铺垫。虽然做动作的过程没有设计语令，但前奏部分与手心里淘气蛋的交流既能够很好地渲染故事的氛围、激发幼儿的情绪，又能够很好地支持幼儿对动作的表现和控制。作为该活动的主要演奏乐器沙蛋，在游戏化的情境中被理解成为“淘气蛋”，可以在幼儿随乐表现相应的身体动作过程中发出自然的散响、单响、停顿等演奏效果。在活动中教师不需要强调乐器使用的技巧，只需在相应的乐句引导幼儿做出相应的身体动作便可以完成乐器的演奏。

4. 游戏。

这是一种分角色表演游戏，戏剧情节在整个音乐活动中贯穿始终，成为主要的矛盾冲突。淘气蛋在小蝴蝶的掩护下愉快地参加了舞会,并且知道以后不能再吓唬朋友,这成为活动的主要教育价值之一。在引导幼儿藏好淘气蛋的过程中,由幼儿选择藏在哪里、怎样藏、可以同时藏几个,并且努力用自己的方法保护好乐器,学会和乐器朋友交流……这对中班上学期的幼儿在情感交流能力、规则意识形成,以及自我评价能力等方面都提出了更多挑战。

【新手教师模仿难点及解决建议】

1. 新手教师在前奏引导幼儿投入情境时有困难怎么办?

解决方案:因为前奏有个设定的情境,需要引导幼儿尝试与手心里的淘气蛋对话。新手教师很容易出现情绪不够饱满或者不知道说什么"悄悄话"的情况。为了解决这个问题,教师可以在活动前预知幼儿可能会说的话,想象更多充分的情境帮助幼儿投入活动中,也可以通过眼神、动作和语言的匹配为幼儿营造一个神秘的对话情境。即便部分幼儿在前奏的短时间内都没有说完自己想说的悄悄话,甚至不知道说点什么,都可以通过眼神传递出对淘气蛋的关心,以及对接下来完成游戏的信心。

2. 幼儿回忆不出或回忆不全教师示范的动作怎么办?

解决方案:教师在请幼儿用语言描述的方式回忆动作时,需要教师的动作再现和提问引导,如果幼儿不能完整表述或者对动作顺序不清楚,教师可以通过提问帮助幼儿梳理动作的细节。如果有一些动作真的被幼儿遗忘了,教师可采取退位策略,帮助幼儿再认动作。如教师先示范动作,再请幼儿用情境化的语言描述出来。如此调整,可降低幼儿的学习难度,保证教学的流畅性。

3. 新手教师不懂怎么通过自身的动作、神态、表情等策略调整教学秩序怎么办?

解决方案:当教师希望幼儿的情绪处在神秘、稍微紧张的状态时,教师首先应该让自己的情绪以及整个身体处在收紧的状态。如要让幼儿学会藏好淘气蛋,教师首先自己就要藏好手心里想象的淘气蛋。

又如,当幼儿因为怕被女巫发现而不敢告诉女巫淘气蛋的存在时,教师可以从幼儿社会性发展的角度出发，通过与女巫的对话，为淘气蛋求情，让淘气蛋获得女巫的原谅。这一方面使游戏更富有戏剧性，另一方面也可帮助幼儿加深和巩固游戏规则。

4. 新手教师示范动作的时候，不够干脆利落，不能与音乐合拍怎么办？

比如，在做转圈飞的时候教师不能够做到倾听音乐转一圈、停在胸前，飞满一个乐句后再转下一圈，对节奏把握不准会影响到后面的演奏，乐器的响声会变得杂乱不舒服。

解决方案：在转圈乐句，动作转一圈需定格在胸前，保持稳定（做小幅的抖动），不要有多余的小动作或者较多的晃动。引导幼儿观察，并突出音乐的乐句感。同时用飞吻动作统一为转圈飞的结束部分，为乐曲的结束做铺垫。

原创解析：南京市游府西街幼儿园　郑姗姗

第三节　大班奏乐

一、活动案例:大班奏乐“葫芦娃”

【乐曲】

葫　芦　娃

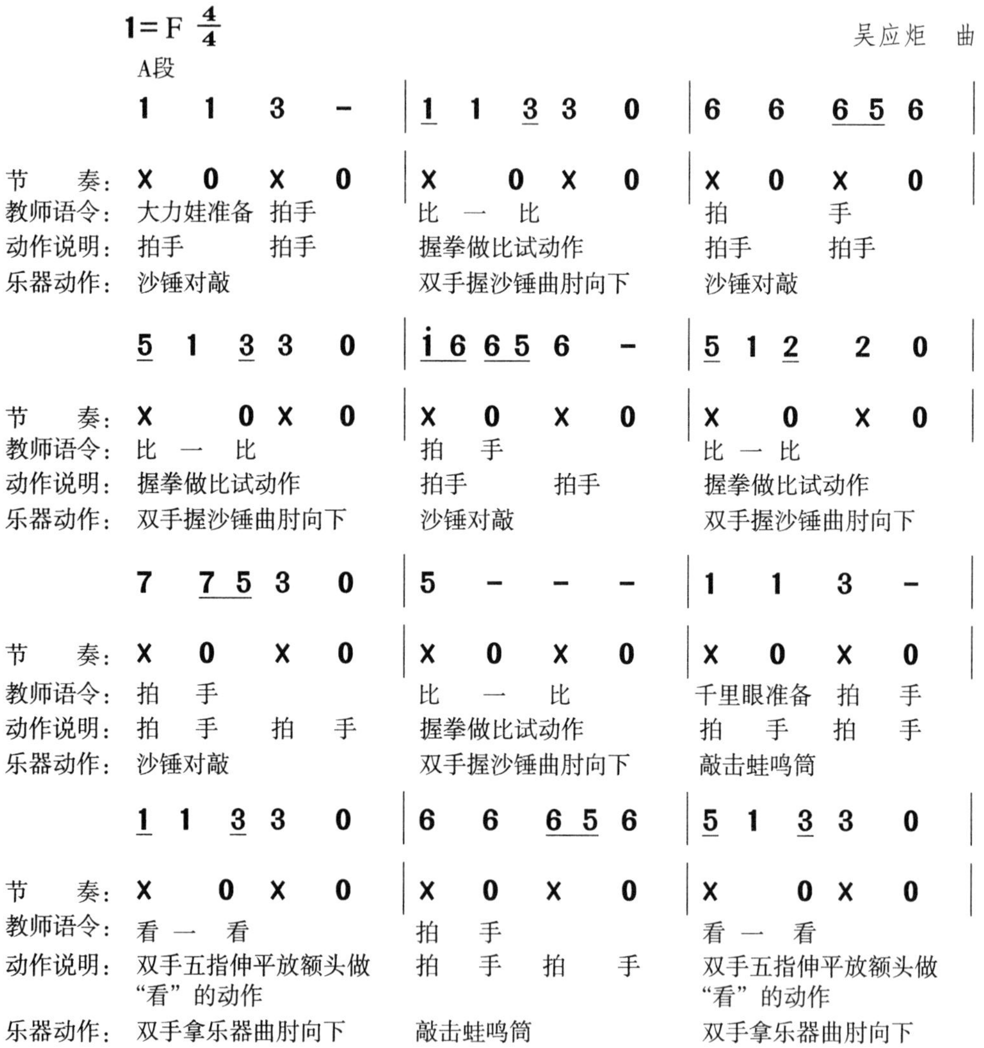

	i 6 6 5 6 –	5 1 2 2 0	7 7 5 3 0
节　奏：	X 0 X 0	X 0 X 0	X 0 X 0
教师语令：	拍　手	看　一　看	拍　手
动作说明：	拍　手　拍　手	双手五指伸平放额头做“看”的动作	拍　手　拍　手
乐器动作：	敲击蛙鸣筒	双手拿乐器曲肘向下	敲击蛙鸣筒

B段

	5 – – –	i 0 6. 6 5. 5 6. 6	0 5 1 3 0
节　奏：	X 0 X 0	X – – –	0 0 0 0
教师语令：	看　一　看	隐身娃准备　伸	躲
动作说明：	双手五指伸平放额头做“看”的动作	双手向前平伸快速抖动表示隐身	双手五指张开放在脸上表示躲
乐器动作：	双手拿乐器曲肘向下	双手伸出抖动铃鼓	双手收回用铃鼓遮脸

	i 0 6. 6 5. 5 6. 6	0 5 1 2 0	3 5 6 6 –
节　奏：	X – – –	0 0 0 0	X – – –
教师语令：	伸	躲	伸
动作说明：	双手向前平伸快速抖动表示隐身	双手五指张开放在脸上表示躲	双手向前平伸快速抖动表示隐身
乐器动作：	双手伸出抖动铃鼓	双手收回用铃鼓遮脸	双手伸出抖动铃鼓

	3 5 6 6 –	i 0 7 5 0	6 – – –
节　奏：	0 0 0 0	X – – –	0 0 0 0
教师语令：	躲	伸	躲
动作说明：	双手五指张开放在脸上表示躲	双手向前平伸快速抖动表示隐身	双手五指张开放在脸上表示躲
乐器动作：	双手收回用铃鼓遮脸	双手伸出抖动铃鼓	双手收回用铃鼓遮脸

C段

	6. 5 6. 5 6. i 6	6. 5 6. 5 6. i 5	6. 5 6. 5 6. i 6
节　奏：	X 0 X 0	X 0 X 0	X 0 X 0
教师语令：	爷　爷爷　爷在　哪　里	想　一　想	爷　爷　爷　爷　在　哪　里
动作说明：	双手打开伸平放胸前	双手食指在耳边做“想一想”	双手打开伸平放胸前
乐器动作：	沙锤对敲		敲击蛙鸣筒

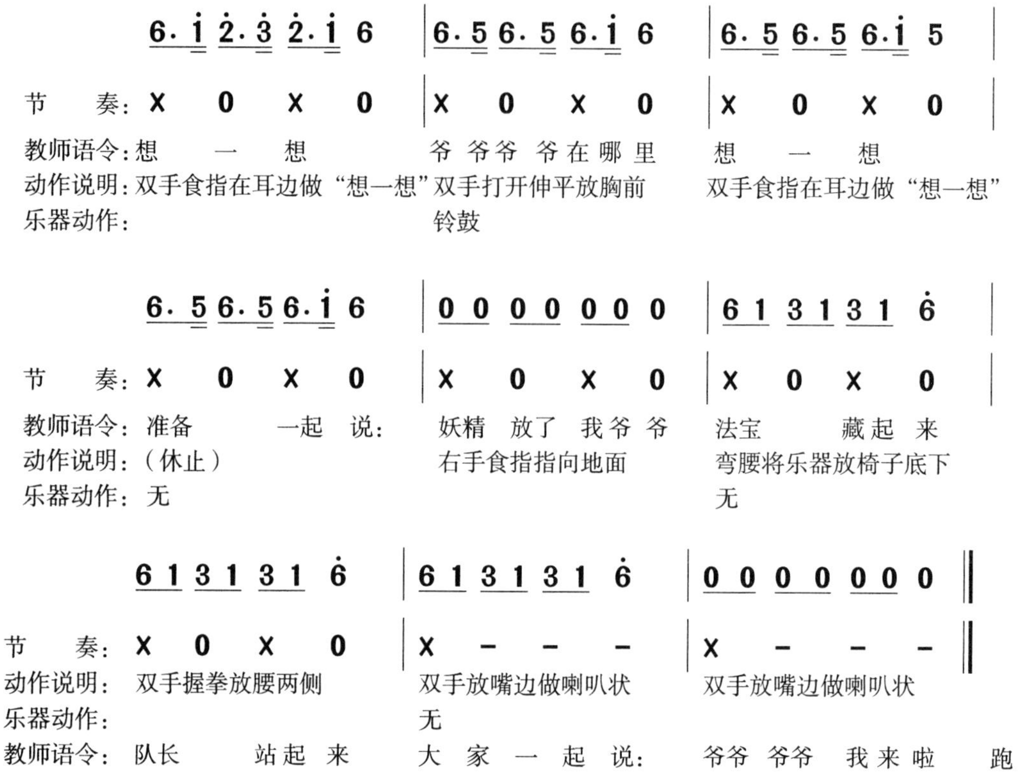

音乐结构:三段式 ABC 结构。

动作建议:参见乐曲。

配器建议如下。

大力娃:沙锤。(大力锤)

千里眼:蛙鸣筒。(望远镜)

隐身娃:铃鼓。(隐身鼓)

游戏玩法如下。

幼儿分成大力娃、千里眼、隐身娃三种角色,人数均等。

大力娃、千里眼、隐身娃随乐轮流练习各自的本领,然后齐声说:“妖精放了我爷爷!法宝藏起来,队长站起来。”大家一起说:“爷爷爷爷我来啦!跑!”幼儿随乐做动作。在说完“跑”这个字之后,大力娃、千里眼、隐身娃三组中的队长站起来,跑到风火轮处,用从上往下套圈的方式比赛钻过风火轮。第一名拿到藤蔓的队长可以获得一次寻找线索图片的机会,当四张线索图片收集全后,可找到宝葫芦。

【使能目标阶梯】

在"营救爷爷"游戏情境中随乐完整游戏	**其他**	4.根据线索寻找宝葫芦 3.队长比赛钻风火轮，一一寻找四条线索 2.明确放乐器的时机 1.幼儿探索、匹配乐器
随乐练习基础律动模式	**音乐**	3.熟悉乐曲中念白部分 2.随乐回忆不同葫芦娃的标志性动作 1.随乐复习，熟悉音乐结构 A段：拍手、比试、拍手、看。B段：双手抖动、隐身。C段：双手摊平想一想、食指指向地面、弯腰藏法宝
通过练习感知要素、顺序及重复规律，理解故事、音乐与动作间的关系	**动作**	1. 拍手、比试。2.拍手、看。3.双手抖动、躲。4.双手摊平、想一想。5.右手食指伸出指向地面。6.弯腰藏法宝后，双手握拳放腰两侧
倾听教师简述故事情境与基本动作	**故事**	(爷爷被妖精抓走)1.大力娃比试。2.千里眼看远处。3.隐身娃隐藏。4.队长比试，寻找线索，救出爷爷

【教育活动设计】

活动目标

1. 熟悉乐曲旋律，尝试随乐有节奏地使用乐器并念白儿歌，用沙锤、蛙鸣筒和铃鼓演奏**X X | X X |**的节奏型及散响的节奏。

2. 迁移游戏情境，尝试将三种葫芦娃的身份特征与乐器的外形特征匹配。

3. 在教师的口令及动作提示下，三名队长知道在说出"跑"之后，出发钻过"风火轮"寻找线索。

4. 努力遵守游戏规则，在队长比赛时，可以使用乐器为其加油鼓劲，感受随乐儿歌中团结一致、齐心协力的振奋感。

活动准备

1. 物质准备。

（1）长方形盒子（线索盒子，见图5－5）若干。（盒子上有心形、三角形、圆圈等不同标记）

（2）葫芦、线索图片（见图5－6）、绳子、藤蔓（见图5－7）、线索包（见图5－8）、三种不同本领的标识 。

（3）沙锤、铃鼓、蛙鸣筒。

图 5－5

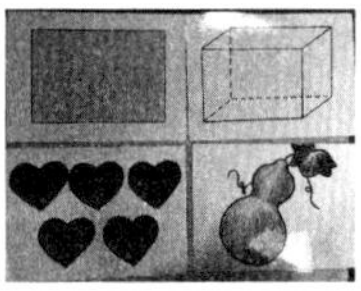

图 5－6

图 5－7

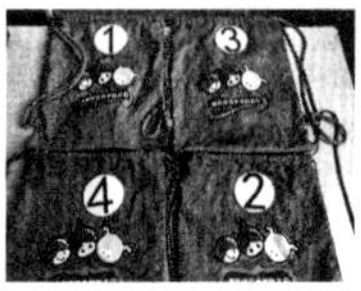

图 5－8

2. 经验准备。

（1）了解《葫芦娃》故事的人物及内容，有快速套圈的经验。

（2）能拍出乐曲的节奏型，会随乐说语令（第一课时学习内容）。

3. 空间准备。

（1）围坐成大的半圆形。

（2）幼儿前面空出多余地方以方便玩游戏。

活动过程

1. 故事。

教师边讲《葫芦娃》的故事，边做动作，引导幼儿倾听。

师：葫芦娃们准备去营救爷爷，可是宝葫芦不见了。每个葫芦娃都有自己的本领，有的是大力娃、有的是千里眼，还有的是隐身娃，让我们一起去寻找宝葫芦，营救爷爷吧！

［教师第一遍示范］

（困惑与思考：为什么在讲故事的时候就要边讲边做动作？

在第一课时，教师给幼儿铺垫了故事和动作的前期经验，第一课时结束后，所有幼儿应该能随乐做动作、喊口令，第二课时幼儿边做动作边回忆故事内容，厘清故事的顺序，可以更好地将动作、故事、音乐的情境有机结合起来，便于在活动中更好地记忆并随乐动作。）

2. 动作。

（1）幼儿回忆葫芦娃标志性身体动作。

师：大力娃的动作是什么样的？

幼：大力娃就是比试的动作，比一比谁的力气大。

师:千里眼和隐身娃是什么动作呢? 一起来做一做。

幼:千里眼就是用望远镜向远处看。

幼:隐身娃隐身的时候要用双手捂住眼睛躲起来。

[**教师第二遍示范**]

(困惑与思考:在妖精抓爷爷的环节不论节奏还是动作都比较"紧张",动作很快,稍一放松就跟不上了怎么办?

在示范中教师先不分组,带领所有幼儿随乐熟悉身体动作、角色和口令等,等所有人熟悉后再分组律动,引导幼儿听预令,当幼儿全部都会了,才会有效地随音乐做动作,口令中的词语如果有困难可层层递进练习或重点练习单句。)

(2) 幼儿回忆葫芦娃念白部分。

师:在说话的时候我们要一起说"爷爷,爷爷,在哪里"和"妖精放了我爷爷",看看谁能说得更清楚。准备好。

师:在说"妖精放了我爷爷"的时候手指要指向地面哦。

[**教师第三遍示范**]

(困惑与思考:为什么要提醒幼儿在说"妖精放了我爷爷"时手指指向地面?

在随乐说话部分要提醒幼儿随乐说完整(法宝藏起来,队长站起来,大家一起说,爷爷爷爷我来啦,跑),并且在念词部分"妖精放了我爷爷"提醒幼儿手指指向地面,帮助幼儿调控随乐的语言节奏;同时这个动作状态伴随一定的情绪情感,增强的语言气势凸显出了幼儿救出爷爷的决心,激发了幼儿参与活动的积极性。)

3. 音乐。

(1) 教师出示乐器,引导幼儿匹配。

师:为了帮助你们营救爷爷,我给大家带来了各种法宝,请你们把法宝拿出来试一试是怎么使用的吧!

[**第一遍随乐动作**]

(2) 幼儿探索乐器,匹配动作。

师:谁来介绍一下自己的法宝是什么,怎么使用的?

幼:抓着大力锤练功,敲两下,再比试比试。

师:望远镜可以怎么使用?

幼:一只手拿着棒子敲,一下一下地敲,然后抓着望远镜看。

(困惑与思考:当千里眼拿到蛙鸣筒时,部分幼儿并没有“一下一下地敲击”,而是把蛙鸣筒棒子放在筒洞里演奏,有悖教师所设想的乐器使用方法,怎么办?

不直接告诉幼儿乐器的使用方式,而是引导幼儿通过回忆身体动作,通过“迁移”身体动作的经验,尝试自己做出对应的乐器动作。也可以统一分享一个幼儿的演奏方法,其他人模仿。)

师:谁来介绍一下隐身鼓是怎么使用的?

幼:抓住铃鼓往前抖一抖,然后收回来遮住脸躲起来。

(困惑与思考:幼儿要同时探索三种乐器,教师应该如何引导?

教师引导幼儿分声部探索乐器使用方法,分别请三名幼儿示范。教师在请幼儿示范时提醒所有幼儿放下手中的乐器仔细看,分声部单独练习,统一演奏方法。检查每一名幼儿拿乐器的方法是否正确,比如拿蛙鸣筒时右手拿棒子;右手抓铃鼓时,大拇指扣在鼓面上,其他四个手指抓住铃鼓边等。引导幼儿像照镜子一样模仿教师的镜面动作。)

[第二遍随乐动作]

(3) 教师示范,幼儿明确放乐器的时机。

师:请你们看一看,我是在什么时候放下法宝,把法宝藏起来的?

幼:说完“妖精放了我爷爷”之后再放的。

(困惑与思考:如果幼儿没有看到教师是在什么时候放下乐器的,教师预设的问题得不到正确回答怎么办?

如果幼儿回答不正确,教师首先问:“有谁看清楚了老师刚才在什么地方放下乐器的?”如果没有幼儿回答,教师继续提问:“大家都没看清楚那怎么办呢?”幼儿可能回答“不知道”,教师继续提问:“小朋友们都不会,那谁会?”引导幼儿说出“老师会”。教师继续提问:“那你们应该怎样请教老师呢?”引导幼儿有礼貌地说出“请老师再做一遍”,音乐活动重在培养幼儿的学习品质,在音乐活动中鼓励幼儿主动询问,养成勤学好问的学习品质。教师在做第二遍时要放慢或者突出重点关注部分,引导幼儿仔细观察。)

师:是在说完“妖精放了我爷爷”这句话后就要立即将法宝藏起来。现在所有人把法宝抓在手上,我们一起来试一试,听我喊口令哦。(集体练习)

（困惑与思考：在说“法宝藏起来”时，幼儿没有把法宝放回去或来不及放回去，怎么解决？

教师要带幼儿单独练习藏法宝，因为后面有竞赛游戏，因此准时放下法宝很重要。此环节教师要关注是否每个幼儿都知道在说完“妖精放了我爷爷”后立即放下乐器，等随教师口令练习两遍后，随乐动作会更从容。）

［第三遍随乐动作］

（4）幼儿随乐演奏乐器。

师：我们已经熟悉了法宝的使用方法，那么让我们一起来寻找宝葫芦吧！

［第四遍随乐动作］

（困惑与思考：幼儿不能完整随乐演奏怎么办？

教师带领幼儿随乐练习乐器断顿和散响的演奏方法，根据幼儿对乐器演奏的熟练程度，进行重点练习。节奏不清晰的，教师要在此环节中，针对幼儿比较弱的部分，单独练习，巩固节奏型。）

4. 其他。

（1）教师示范，增加游戏规则，钻过风火轮。

师：有了宝葫芦我们才能收了妖精救出爷爷，可是寻找宝葫芦的路上妖精设下了陷阱。不过没关系，我们有风火轮，它可以保护我们不掉下去，看看我是怎么钻过风火轮的哦。

师：刚才我是在什么时候钻过风火轮的？

幼：在“跑”的时候。

师：我是怎么钻的？

幼：钻的时候从上往下套圈。

（困惑与思考：教师在示范游戏时需要明确什么？

让所有参与者明确在说完“跑”字的时候再拿圈，并引导大家共同观察教师是否遵守从上往下套圈的规则。示范的作用是以新的学习目标激励幼儿观察模仿学习并保持注意力集中。）

（2）教师带领幼儿练习，增加队长角色，队长示范钻过风火轮。

师：每个队安排一个队长，你们商量好由谁来当队长。队长清楚什么时候去寻找宝葫芦吗?

幼:在说“跑”的时候。

师:我们这次跟着音乐试一试。

[**第五遍随乐动作**]

(困惑与思考:在澄清完此游戏规则之后,是否可以直接随乐游戏?

不建议直接随乐游戏,而是单独练习“跑”,如有队长反应不过来或者“犯规”则须从头开始,让幼儿养成遵守游戏规则的好习惯。音乐活动中也需要培养幼儿的学习品质,鼓励幼儿实事求是,按规则和要求进行比赛,不投机取巧,追求真实的比赛结果。)

(3) 随乐演奏,累加速度游戏“抓住宝葫芦藤蔓”。

师:钻完风火轮后要立即拿到什么?

幼:宝葫芦的藤蔓。

[**第六遍随乐动作**]

(4) 随乐演奏,寻找宝葫芦线索。

(寻找第一条线索)

师:请队长来找线索,是什么呀?

幼:一个大葫芦。

师:宝葫芦会在哪里呢? 让我们再来找一找。

(寻找第二条线索)

师:这次谁愿意当队长?(队长可以由幼儿轮流担任)

师:请你来找到下一条线索,是什么呀?

幼:是黄颜色的长方形。

师:我们要把线索找齐了才会找出宝葫芦在哪里。

(5) 反思。

师:在队长们寻找线索的时候,其他的葫芦娃要做什么?

幼:要用法宝给他们加油。

[**第七遍随乐动作**]

(6) 随乐完整演奏,凑齐游戏线索,快速找出宝葫芦。

(寻找第三条线索)

师:这次谁愿意当队长?请贴好队长标识。

幼:是心形标识。

(寻找第四条线索)

师:还有最后一条线索,这次谁愿意当队长?请贴好队长标识。

幼:是长方体的盒子。

师:谁能将四条线索结合起来,找到宝葫芦是在哪个盒子里?

幼:在黄色的贴有心形标识的盒子里。

(困惑与思考:幼儿如果猜不出线索怎么办?如果猜出来了,由谁来打开?

四张线索图片有不同的逻辑线索,同时也是随机被幼儿抽取出来的。因此可以按照抽取的逻辑线索,让所有幼儿猜测。例如,幼儿抽取的第一个是形状线索,教师可以引导幼儿说出宝葫芦藏在什么形状的盒子里;第二个是颜色线索,教师可以引导幼儿说出宝葫芦藏在什么颜色什么形状的盒子里;第三个是标识线索,教师可以引导幼儿说出宝葫芦藏在贴有什么标识的黄色长方形盒子里;最后将各种线索串联在一起,总结出"宝葫芦在黄色的有心形标识的长方体盒子里",由最后一名获胜的队长到舞台上寻找有宝葫芦的盒子并打开。)

【设计意图解析】

1. 音乐。

原曲选自大张伟老师唱的《葫芦娃》,音乐风格活泼、轻松愉快、诙谐幽默,歌词内容突出,与主题内容十分匹配。

2. 故事。

葫芦娃的爷爷被妖精抓走了,大力娃、千里眼和隐身娃要在家里练习本领,可是只有找到宝葫芦才能营救爷爷,于是设计了通过游戏寻找线索找到宝葫芦,从而营救爷爷的故事。故事凸显了幼儿感恩爷爷,斗智斗勇营救他人的情绪情感,符合大班幼儿年龄特点。

3. 动作。

根据三种不同角色匹配不同的动作和节奏型,动作都符合情境、角色且节奏稳定。音乐A段第一遍设计为大力娃在家里练习“比试”动作。第二遍则设计千里眼在家里练习“看”的动作。音乐B段正好是转折处，为铃鼓动作正迁移，设计隐身娃在家里练习“隐身”的动作。C段，在说“妖精放了我爷爷”时右手食指指向地面，动作配合语令，更凸显气势。

4. 游戏。

本活动中的游戏整体上是竞赛游戏，在设计游戏时将体育游戏和智力游戏结合，游戏内容来自于大班幼儿体能游戏，游戏规则与风火轮情境有关。最后由每个队的队长领衔比赛，对于大班幼儿形成团队意识有比较好的促进作用。同时运用巧妙的语令和体态，如“爷爷爷爷在哪里”和“妖精放了我爷爷”，提高幼儿参与的积极性。获胜的队长可以获得一个机会，这个机会是抽签，根据抽到的线索图片寻找到宝葫芦。这种益智性游戏中的累加挑战，极大地激发了大班幼儿投入活动的积极性。

【新手教师模仿难点及解决建议】

1. 新手教师在“故事”环节如何做到讲得具有感染力和吸引力？

解决方案：在讲故事时注意眼神交流，讲到哪一队葫芦娃，眼睛就要转向哪一队葫芦娃，体现出有三队不同的葫芦娃，让幼儿形成角色意识；新手教师对着镜子自我修炼，练习足够多数量，以增强自信，缓解讲故事时的紧张感。

2. 在念白部分“妖精放了我爷爷”时，幼儿拖拉，来不及跟上音乐节奏，怎么办？

解决方案：新手教师可以反复观察老教师是怎样喊预令的，并多加练习，注意预令与节奏的匹配度，做到百分之百的熟练。如在“大力娃准备”“千里眼准备”“隐身娃准备”三个重要转换处做到应对自如，并且预令要提前两拍喊。教师在随乐过程中仔细观察、倾听幼儿在说到哪个字时容易出现问题。发现问题后应引导幼儿听音乐，跟节奏轻声念白，教师用眼神或者动作引导幼儿倾听音乐。

3. 在玩“钻过风火轮”游戏时幼儿不遵守游戏规则怎么办？

解决方案：先不合乐练习，教师示范游戏玩法后不能直接带领幼儿随乐游戏，而是先让三名队长站出来并在说“跑”字的时候跑出来，此处重点练习，如若有人不遵守规则提前跑，教师可以让三人退回座位前重新开始比赛。

4. 幼儿探索乐器后很兴奋，出现不停摇晃乐器的现象怎么办？

解决方案：在幼儿分组进行乐器探索时，教师观察幼儿匹配乐器的情况。在一定时间的探索后应该请一个幼儿上台分享，提醒其他幼儿将手中的乐器放下，仔细看；每一遍随乐演奏开始时教师要检查幼儿是否拿好乐器，结束后是否将乐器放下，教师要养成随时检查的好习惯。

5. 在分享乐器时教师不知道怎么位移，怎么办？

解决方案：关注站位，教师始终面向全体幼儿，切忌背对幼儿。如果是幼儿上台展示或者分享，让该幼儿尽量站在中间，保证每一个幼儿都能看得见。

6. 在游戏中教师怎样把握游戏的公平性？

解决方案：新手教师在摆放藤蔓时容易放偏，三名队长的位置离各自风火轮的距离应该是一样的，藤蔓离风火轮的距离也应该是一样的。

原创解析：南京师范大学幼儿园　汤苏红

二、活动案例：大班奏乐“谁是舞王”

【乐曲】

快乐星猫

庄锦斌　词

陆　琦　曲

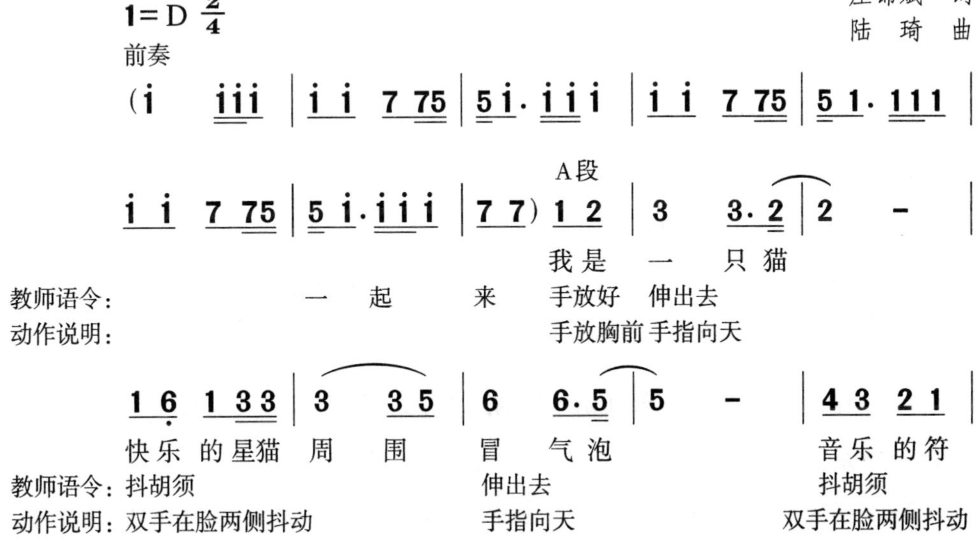

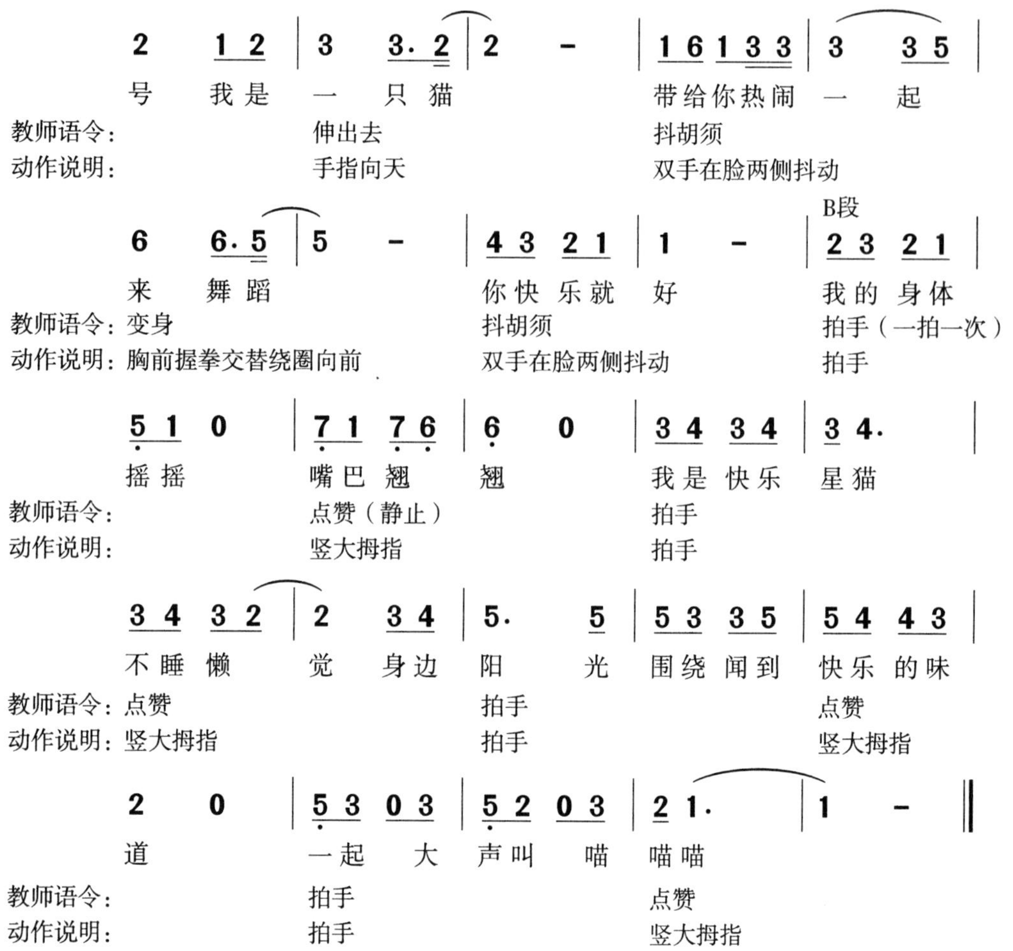

音乐结构：前奏+两段式 AB 结构。

动作建议：参见乐曲。

配器建议：

1. X 0 0 0 | 第一拍“指天”，然后休（静）止三拍不动。

2. X X X X | 震奏四拍。

3. X X X X | 对击四拍。

4. X 0 0 0 | 第一拍做造型，然后休（静）止三拍不动。

游戏玩法：

1. 动作创编环节，在完整随乐做律动过程中，领袖（星猫）在点赞环节创编新的动作来替换点赞动作，其他同伴立即模仿领袖即兴创编的动作。

2. 交换领袖环节，完整随乐做律动的过程中，领袖在“变身”环节找到新领袖并与之交换位置，新领袖在点赞环节创编新动作，其他同伴立即模仿领袖的新动作。

3. 游戏连续反复进行三至四遍（音乐事先录制好），每遍都在“变身”音乐环节换新领袖。

【使能目标阶梯】

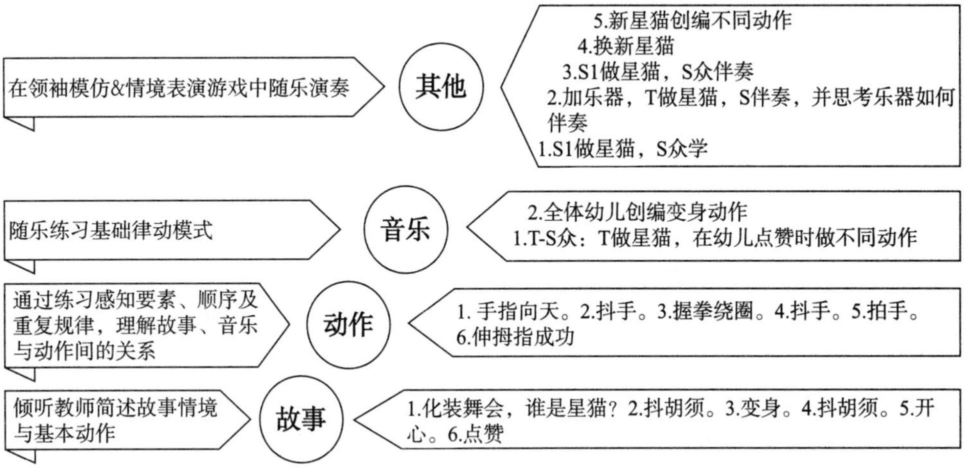

【教育活动设计】

活动目标

1. 感知和表现乐曲的弱起及AB两段的结构，从容合拍地做动作、玩交换领袖游戏和演奏沙锤。

2. 迁移已有动作经验，尝试即兴创编各种星猫动作造型，尝试用两个沙锤匹配游戏动作进行乐器演奏。

3. 努力在A段第四乐句迅速完成领袖交换任务；交换领袖时，迅速用体态和眼神找到交换对象；变换造型时，控制好动作的力度、速度和幅度，尽量不让沙锤掉落；收乐器时，迅速安静，并将沙锤轻轻摆放整齐。

活动准备

1. 物质准备。

（1）录音音乐《快乐星猫》。

(2) 乐器:沙锤。(中号,大小约 10×6.3 厘米,塑料质地)

2. 经验准备。

(1) 幼儿有造型表演经验。

(2) 幼儿有玩“领袖模仿游戏”和交换领袖的经验。

3. 空间准备。

(1) 围坐成大的半圆形。

(2) 站起来围成半圆队形后,领袖站在半圆形对面。

活动过程

1. 故事。

师:森林里举办了一场化装舞会,我们都是参加舞会的小猫,小猫的动作是什么样子的呢?

(困惑与思考:小猫的动作很简单,还需要教师提供动作模型吗?

小猫的动作造型属于大班幼儿的已有经验,教师无须给予指定动作模型,应从幼儿创编的动作造型中提取,所以必须耐心等待幼儿做出小猫动作造型。)

师:你们知道这个动作“喵”是在做什么吗? 我现在教你们的这个动作叫抖胡须。(教师五指张开,手心向自己做抖胡须的动作)

师:小猫们去参加舞会,要选出一只跳舞最好的猫,它叫星猫,所以你们会问谁是星猫呢? (教师食指伸出,先放在胸口,再指向天)小猫将手指指向天表示我要参加舞会,这时星猫变身从天而降。小猫们看见星猫的舞蹈动作很漂亮,纷纷给星猫拍手鼓掌,伸出大拇指点赞。接下来,你们来看一看,我是怎么跟着音乐跳舞的。

[幼儿第一遍观察和徒手模仿]

[困惑与思考:在讲故事的时候需要做动作吗?

教师在讲故事的同时用动作将故事中的谁是星猫(手指向天)、我是小猫(抖胡须)、星猫变身(握拳绕圈)、开心(拍手)、点赞(伸大拇指)的动作表现出来,幼儿便会理解动作与故事之间的对应关系,理解动作的表征含义。提示:因为手指向天的动作中有一个伸出去的动作,当幼儿在半圆队形中做这个动作时,有可能会碰到其他幼儿,所以教师在做示范的时候手不能向旁边伸出去,而是应该向斜前方,这样幼儿就不会因为这个动作而发生互相碰到的情况。]

2. 动作。

(1) 教师示范星猫的动作,引导幼儿了解新的游戏规则。

师:现在我就是星猫,我做的第一个动作是什么?(教师做手指向天的动作)

师:我做的第二个动作是什么?(教师做抖胡须的动作)

师:变身动作是怎么做的?(教师做握拳绕圈的动作)

师:做完握拳绕圈的动作后我们又做了什么动作?

师:拍手后又做了什么呢?我们跟着音乐一起来做一次,好不好?

幼众:好。

[幼儿第二遍观察和徒手模仿]

(困惑与思考:教师需要帮助幼儿梳理动作的顺序吗?

这一环节,教师要引导幼儿梳理动作的顺序,帮助幼儿快速理解和记忆动作,为后面的游戏做好准备。教师第一次示范后,若幼儿只能反馈个别动作,教师根据幼儿学习的情况,进行第二或者第三次示范。示范次数不限制为两次。幼儿先看教师随乐表演了解动作,再跟着教师随乐练习动作,在这个过程中,如果教师发现幼儿随乐做动作有困难则需要再次进行指导:① 第一次合乐,不熟练,可以再次随乐看是否能跟上。② 幼儿不清楚动作,教师需要先再次解析动作,帮助幼儿记住动作后再随乐练习。③ 如果幼儿只是合乐时有困难,教师需要先唱谱,让幼儿熟悉音乐,当幼儿的动作可以比较自如地跟上清唱的音乐后再随音乐练习。

教师可以这样启发幼儿自我纠错:① 刚才我们的动作跟上音乐了吗?是每一句都跟上了吗?需要再练一练吗?② 你们是不是忘记了要做什么动作呀?怎么样才能记住动作的顺序呢?第一个是什么动作?做完以后要做什么呢?③ 你们是不是觉得音乐有点快,动作跟不上呢?那需要我怎么来帮助你们呢?是需要我慢一点唱,还是需要把动作练熟了我们再跟着音乐做?)

师:你们做哪个动作的时候,我变造型了?做了几次?

(教师和幼儿一起随音乐做动作,教师在变换动作,引导幼儿发现动作变化之处)

(困惑与思考:教师是先提问再做随乐动作让幼儿观察,还是随乐做完后再提问?

教师应先给予幼儿具体明确的观察任务:老师做了什么动作?在什么地方做的这个动作?一共做了几次?教师这样做是为了支持幼儿锻炼快速、准确地观察模仿学习能力。必要时,还可以引导幼儿使用数学的点数方法,这样也可以提高观察速度和精确性。教师在幼儿做点赞动作的同时进行新动作创编示范。)

(2) 幼儿做星猫,创编动作。

师:哪只星猫愿意上来挑战?你准备做什么动作?

师:现在星猫要和大家一起来表演了哦。

师:刚才她创编了什么动作?

[幼儿第三遍观察和徒手模仿]

(困惑与思考:幼儿不会创编新动作怎么办?

在幼儿进行动作创编前,教师需要给幼儿提供思路,这个思路必须来源于幼儿的生活经验,也就是我们所说的迁移已有经验进行动作创编。例如,第一个上来挑战的幼儿,教师可以问他最喜欢什么动物或最喜欢动画片里的什么人物,女生可能会喜欢做小猫、小兔子的造型动作,男生可能会偏爱奥特曼、铠甲勇士这样的动漫人物造型动作。在做这些幼儿熟悉的造型动作时,幼儿能比较自如地展现。同时,每一个领袖幼儿展现自己喜欢的造型动作时,也是为其他幼儿提供了新的创编思路。刚开始时四个造型动作可以是同一个动作重复四次,后面在完整随乐游戏的过程中教师可逐步进行有层级的挑战,如四个动作由两个不同的动作各重复一次;最后才是挑战四个完全不相同的动作。)

3. 音乐。

(1) 探索加入乐器玩游戏的方法,随乐完整演奏。

师:乐器也想来参加我们的舞会,我们一起请它们出来。厉害的演奏家拿到乐器的时候可以不让乐器发出声音,你们是厉害的演奏家吗?你们拿到乐器可以让它不发出声音吗?

(困惑与思考:如何让幼儿很好地控制乐器?如何发放乐器?

教师布置完任务后,将乐器依次发给幼儿。开始分发时教师需要特别关注第一个幼儿能否控制好乐器不发出声音,如果第一个幼儿可以做到,教师一定要向全班幼儿表扬第一个幼儿,以他作为高级榜样让其他幼儿学会拿到乐器后不发出声音。)

师:我做星猫,小朋友用乐器给我加油好不好?等会告诉我,乐器在我做什么动作的时候发出了声音，发出的是一下一下的还是连续的声音，我做什么动作的时候乐器不发出声音。

师：刚刚我把手放胸前时，乐器有声音吗？（没有声音），我手指指向天后有声音吗？（没有声音），抖胡须的时候有声音吗？（有连续的响声），拍手敲击的时候有声音吗？（有一下一下的响声），造型的时候有声音吗？（没有声音）

［幼儿第一遍拿乐器随乐演奏］

（困惑与思考：在拿乐器演奏的环节教师应该如何进行指导？

教师在幼儿进行乐器演奏动作尝试后，要小结幼儿的演奏方法：抖胡须的地方用连续摇的方法，拍手的地方用一下一下敲击的方法。教师可以用清唱的方式，引导幼儿练习单响和散响的演奏方式，提醒幼儿控制好乐器，在该发出声音的时候发出音量合适的声音，演奏结束后控制好乐器不发出声音。）

（2）请一名幼儿做星猫，尝试演奏乐器。

师：现在谁想做星猫？星猫做得怎么样？

［幼儿第二遍拿乐器随乐演奏］

（困惑与思考：在随乐演奏的同时还要进行动作的创编，会不会太难？创编几个造型比较合适？

这里幼儿不但需要拿乐器进行随乐演奏，同时还要进行动作创编，可能会有一定的难度，所以教师在完整随乐游戏开始前，可以先请做领袖的幼儿上来，问问他想做什么动作，做几个动作，鼓励他先将动作展示出来，这样，做领袖的幼儿不仅可以先明确自己随乐时要展现的动作，同时其他幼儿也可以事先了解这些动作，这样，在完整随乐游戏时，动作的创编和模仿的难度就都降低了。）

4. 其他。

换领袖并完整地循环玩游戏。

（1）引导幼儿换领袖，随乐完整地循环玩游戏。

① 教师与幼儿讨论交换领袖的方法。

师：星猫想找更多的朋友玩游戏，怎么找？在哪个动作的时候可以交换呢？（握拳绕圈）怎么交换？（领袖去找下一个新领袖，教师一边清唱一边与一名幼儿演示交换的方法。）

［幼儿第一遍拿乐器随乐演奏并加入位移变化］

（困惑与思考：如何让幼儿知道该怎么随乐交换领袖？

交换是这里的难点部分，教师需要先示范，即一边清唱歌曲一边做动作，让幼儿观察到教师在唱到“一起来舞蹈”时，在原来的握拳绕圈动作上增加了下位移动找到一个新的好朋友，并和他交换位置的动作。接下来教师还需要带领一个幼儿练习交换这个环节，最后再过渡到让幼儿独立交换位置。这样就能让幼儿通过多次观察和练习，最终克服这个难点。）

② 幼儿随乐尝试玩交换领袖的游戏。

师：请一名小朋友当星猫到前面来，我们大家一起玩交换领袖的游戏。

师：我们跟着音乐试一试。（教师先清唱，幼儿进行交换游戏的练习，练习后再随乐游戏）

［幼儿第二遍拿乐器随乐演奏并加入位移变化］

（2）教师引导幼儿讨论交换时出现的困难，再完整地玩游戏。

师：刚才我们交换的时候有什么问题？（交换时很慢）可以怎么改呢？（开始绕圈就要去找朋友，速度要快些）

（困惑与思考：交换的时候出现问题该怎么解决？是教师直接介入解决还是引导幼儿进行讨论？

教师可以先请幼儿发表意见，说出遇到的困难，并带着幼儿一起讨论怎么解决问题。常见的问题：① 不知道在音乐的何处开始交换？解决方法：教师再一次清唱交换时的歌词，同时幼儿观察教师在唱到哪一句歌词时去找朋友的，唱完以后交换完成了没有，让幼儿通过观察了解交换的流程并练习。② 旧领袖一直在选新领袖，拿不定主意。解决方法：让幼儿先想好要找谁，在做动作的时候就用眼睛一直盯着要交换的好朋友。③ 新领袖一时没有想好做什么动作。解决方法：先集体练习成为领袖后会做的新动作，帮助幼儿积累 2—3 个动作。④ 交换的时候不知道是否需要交换乐器？解决方法：教师做领袖示范的时候就要强调仅仅只交换位置和角色。第一个做领袖的幼儿随乐交换时，教师应随时做好跟随担任领袖的幼儿一起移动的准备，一旦幼儿出现困难，便可以及时使用语言或动作进行提示。）

师：我们再跟着音乐做一次，看一看有没有解决刚才遇到的问题。

[幼儿完整随乐演奏游戏第一遍]

(3) 引导幼儿创编不同造型,再次完整游戏。

[幼儿完整随乐演奏游戏第二和第三遍]

(困惑与思考:造型一定要创编4个不一样的吗?

在进行造型创编的时候,教师可根据幼儿发展水平的不同提出不同的要求。如幼儿可以做四个不同造型的时候,教师可以在随乐游戏前先让幼儿将四个造型分别做出,并且请幼儿说出造型的名称。在后面随乐完整游戏的时候,教师可以提前说出造型的名称并提醒幼儿及时做出造型。如果幼儿只能做一个造型,教师可以不要求幼儿改变造型,而是从空间水平方位来引导,如站着的、蹲着的、向左边的、向右边的等,这样虽然只是同一个造型,但是改变空间方位也是一种创编的策略。)

(4) 尾声。(收乐器)

师:最后还有一项比赛哦,就是收乐器,看谁能在送乐器和放乐器的时候一点声音都没有,我们来比一比吧!

(注意:教师可以先做一次示范,手握乐器、送乐器及放乐器时均不发出声音,只要在过程中有声音就需要重新做。引导、鼓励幼儿通过监督教师的达标情况来了解比赛规则。比赛开始后,教师邀请幼儿一个一个来放乐器,并请其他幼儿做裁判监督他。每一个幼儿在送放乐器时是比赛的选手,放完乐器后回到座位上便是裁判,参与监督其他幼儿放乐器。当然,教师还可以采用分组PK的方式,计时看哪一组幼儿放乐器的时间最短,而且没有声音。)

[设计意图解析]

1. 音乐。

这是一首活泼欢快的歌曲。

2. 故事。

原创设计者利用小猫们在舞会上竞争舞王的简单故事创设了游戏的情境:星猫从天而降宣布自己是舞王,并带领大家一起做有趣的动作,其他小猫也纷纷踊跃参与。

3. 动作。

首先，用“手指向天”这个充满自豪感的动作，解决了对于A段中弱起音乐感受和表现的难题；其次，在A段的前三句反复强调了自豪地“指天”动作后，利用仅余的第四乐句，安排了未来游戏交换领袖的时间；最后，这几个动作也是未来在使用乐器演奏时，可以直接“迁移使用”的演奏出单响和散响音色的动作。（注意：这一点非常重要）

4. 游戏。

利用了经典传统游戏“请你像我这样做”，即领袖模仿游戏，既增加了由游戏竞争紧张感产生的趣味性，又给所有幼儿创造了即兴创造性动作表现的机会。

【新手教师模仿难点及解决建议】

1. 新手教师在前奏结束时卡不准弱起节奏怎么办？

解决方案：这是一首弱起的音乐，所以教师必须从前奏的第七小节开始说预令“一起来”，在第八小节的第一拍说“来”；然后准确地在第二拍将右手放至胸前，同时说“手放好”；最后在歌曲开始的第一强拍上说“伸出去”的同时将手臂迅速伸直手指向天空。当然，备课时要反复边唱边练习，直到练到可以自动化反应的水平为止。这样艰苦且枯燥的自我训练一定是不可缺少的。

2. 新手教师不知道怎样帮助幼儿的动作卡准节奏怎么办？

解决方案：动作卡不准节奏的原因主要有两个，一是不熟悉音乐，二是想不出动作。因此，教师在前期的律动学习环节，可能需要认真帮助幼儿卡准“点赞”动作的节奏。必要时，还要通过放慢速度唱谱来练习。而在后期的动作创编环节，一定要有全体幼儿通过模仿积累动作经验的环节。这个环节做得好，便不容易出现“想不出动作”的情况了。

3. 新手教师不知道如何引导幼儿进行动作创编怎么办？

解决方案：在幼儿进行动作创编前，教师需要给幼儿提供思路，思路要来源于幼儿的生活经验，也就是我们所说的迁移已有经验进行动作创编（具体见步骤二第二点的“困惑与思考”部分）。需要注意的是，刚开始同一种动作应该做四次；后面可逐步鼓励有能力的幼儿做出两种不同动作；再到做四种不同动作，以形成有层级的挑战。幼儿有困难不要勉强，教师也不要大肆渲染那些能够做两个或四个动作的幼儿的成就。正确的态度是，能够努力做就好，能做一个模仿得来的动作，也是“极好的”。还需要特别注意的是：这是一个以乐器演奏为主要教学内容的活动，在动作创意表现方面也不适宜一次性要求过高！

4. 交换领袖时出现问题怎么办？

解决方案：在交换环节幼儿遇到问题不是坏事，说明幼儿需要进一步通过深入探究学习解决这些问题。因此，教师应当引导幼儿将遇到的困难说出来，并让全体幼儿讨论，寻找解决的方法（具体见步骤四第二点的“困惑与思考”部分）。当幼儿提出各种方法后，教师必须引导幼儿学习如何使用明晰的语言进行描述，同时还须引导幼儿通过亲自实践来进行尝试和体验。这就是我们说的培养幼儿“通过探究解决问题”的意识和能力，这种意识和能力是幼儿学习品质中非常重要的一部分。

5. 幼儿探索乐器时发出的声音太响又不合节奏怎么办？

解决方案：教师可以用清唱的方式，引导幼儿专门练习单响和散响的演奏，以便卡准节奏；随音乐演奏时，反复提醒幼儿以“听得见音乐”为基本标准控制乐器发出的声音。也需要通过反复练习和评价来引导幼儿体会：怎样的演奏音量才是合适的。

6. 此活动案例也可以在中班下进行，难度可进行适当调整。

原创解析：南京市游府西街幼儿园　付海霞

三、活动案例：大班奏乐“嘻哈农场”

［乐曲］

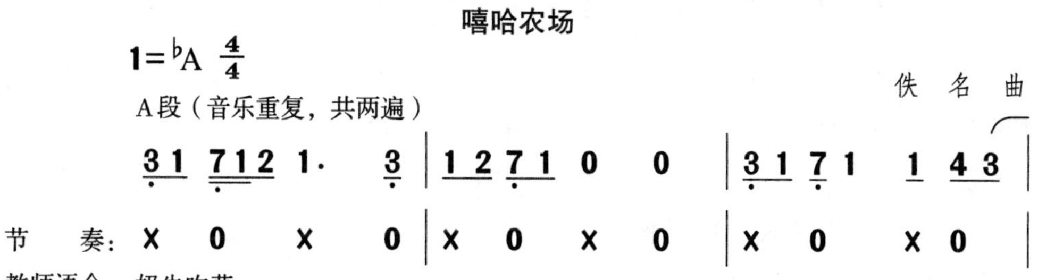

教师语令：奶牛吃草

动作说明：双手手心对自己，两拍一下在嘴前握拢、放开做吃草状　（动作同前）

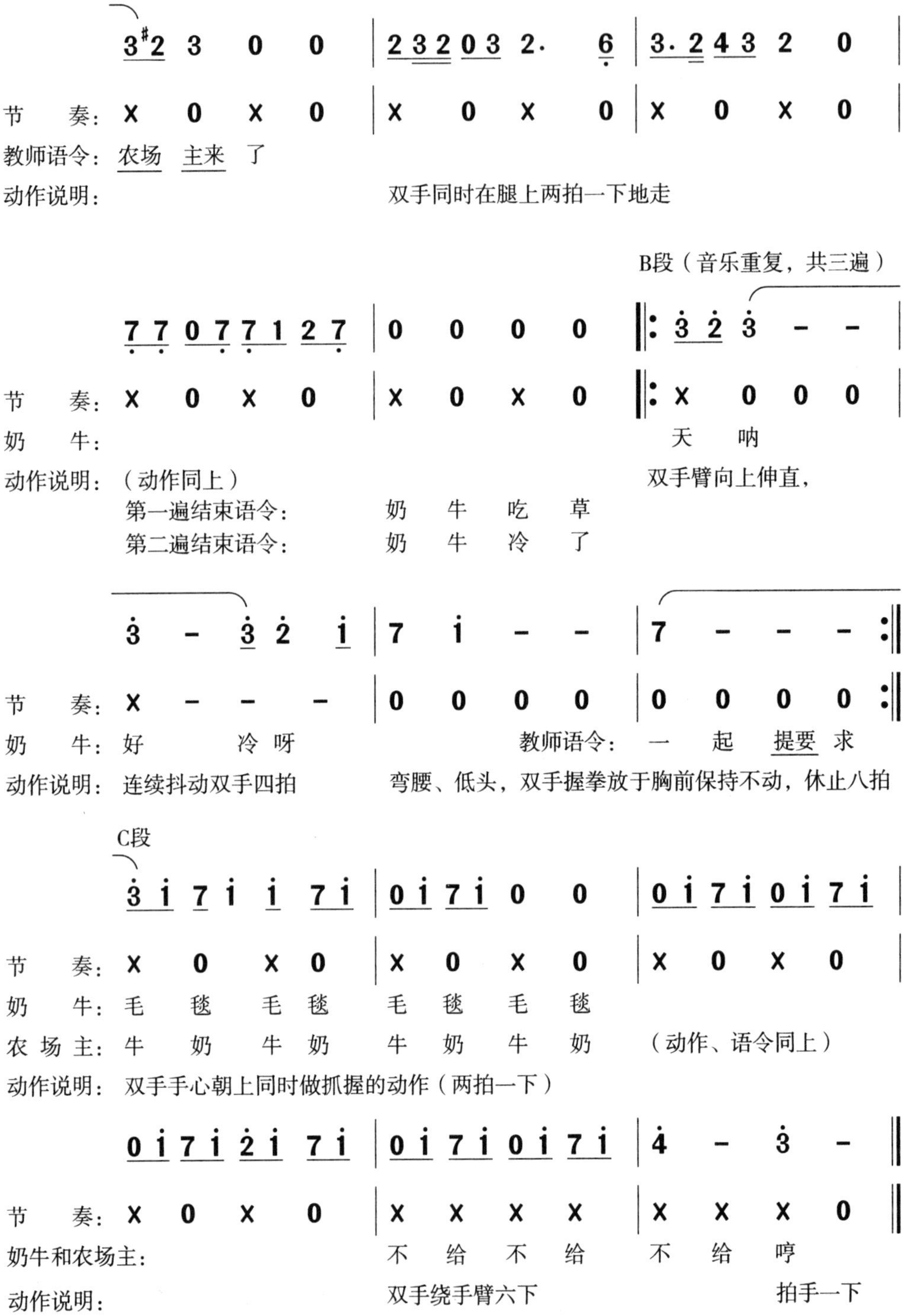

音乐结构：三段式 ABC 结构。

动作建议：参见曲谱。

配器建议如下。

奶牛(铃鼓),农场主(奶粉罐)。

A段(重复,共两遍)“奶牛吃草”:两拍一下敲击铃鼓,共八下。休息十六拍。农场主:先休息十六拍,然后两拍一下敲击奶粉罐,走到农场,共八下。

B段:奶牛喊“天呐”时双手上举,喊“好冷呀”时,连续摇奏铃鼓四拍,然后屈臂于胸前定住不动,保持八拍。农场主定住不动,看奶牛。

C段:双角色同时两拍一下敲击自己的乐器。

游戏玩法如下。

1. 活动准备:幼儿分两队面对面站成两竖排,分别是奶牛队,农场主队。每队选一名队长,各自商量决定在“石头、剪刀、布”的游戏中出什么。

2. 音乐A段:第一遍奶牛吃草,两拍一步向前走,走八步停下不动;然后农场主出发,两拍一步向前走,走八步停下不动。第二遍重复第一遍动作。

3. 音乐B段:农场主不动,奶牛做动作“天呐,好冷呀”!(三遍)。

4. 音乐C段:奶牛与农场主同时分别要毛毯和牛奶八次后,同时说三次“不给”,音乐最后一拍,双方说“哼”,并以“石头、剪刀、布”一决胜负。获胜的一方可以得到一样所需物品,输的一方给赢的一方免费干活。如果双方出的一样,表示双方都获胜了,各得一样所需物品。

【使能目标阶梯】

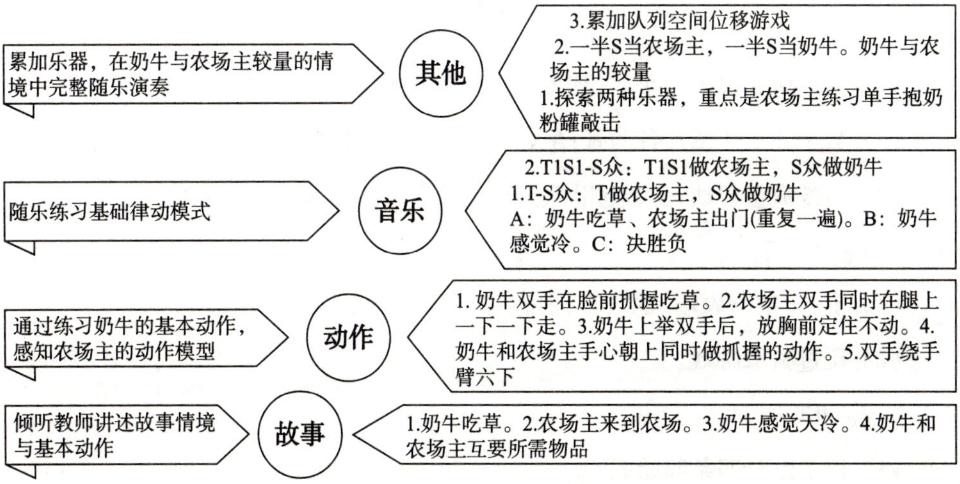

【教育活动设计】

活动目标

1. 学习农场主的随乐动作，尝试分角色随乐用乐器表现奶牛和农场主的互动内容。

2. 通过观察图谱，在与教师合作游戏的过程中，明确两个角色的不同语令、身体动作和乐器动作，迁移生活经验，用“石头、剪刀、布”游戏解决争执。

3. 努力做到与团队商量并执行决定，感受团队合作游戏的乐趣。

活动准备

1. 物质准备。

（1）图谱一张（见图5－9）。

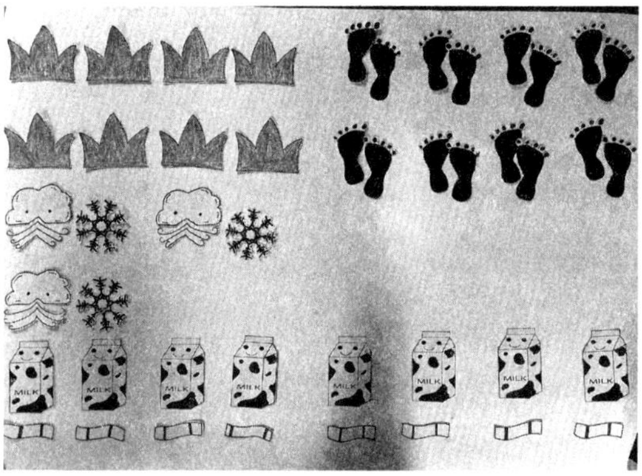

图5－9

（2）六面体大骰子一个。（四面的点数为1，两面的点数为2）

（3）数字2、3、4图片各两张；牛奶和毛毯图片各四到五张。

（4）铃鼓数量与幼儿人数相同、奶粉罐数量大约是2/3幼儿人数。

2. 经验准备。

（1）了解《嘻哈农场》的故事，熟悉音乐及角色奶牛的表演动作。

（2）玩过猜拳游戏。

3. 空间准备。

（1）地上贴有四条起始线。

(2) 全体幼儿坐成半圆形,稍微偏场地右边一些,教师坐幼儿对面。

活动过程

1. 故事。

师:寒冷的冬天,一群奶牛正在吃草,它们吃呀、吃呀。农场主抱着奶粉罐来了,走呀、走呀。一阵风吹来,奶牛对农场主说"天呐,好冷呀"!奶牛大胆地向农场主提要求,农场主也向奶牛提了一个要求。会是什么要求呢?

师:我是农场主,你们是奶牛。仔细听,农场主向奶牛要了什么东西?

[教师和幼儿第一遍随乐]

(困惑与思考:怎样做才能让幼儿区分奶牛和农场主的角色?

首先,教师用最简洁的语言讲述故事,用设疑的方式引导幼儿关注问题。下划线为语气强调处,教师需要边说边做动作,凸显音乐中的动作结构。其次,奶牛动作是幼儿的已有经验,全体幼儿做"奶牛吃草"的动作时,教师保持不动,给幼儿做高级榜样,引导幼儿发现农场主的姿态为休息。在农场主出发前,教师向幼儿做出语令提示"农场主来了",提醒幼儿关注农场主的动作。)

2. 动作。

(1) 教师引导幼儿明确农场主的需求。

师:农场主向奶牛要了什么东西?做了什么动作?

(2) 教师引导幼儿验证农场主的动作及语令。

师:在我们要毛毯的时候,怎么才能听清楚农场主的要求呢?

幼:我们的声音要轻,要看对方的口型……

师:那我们再来一遍,听听农场主到底要了什么?做了什么动作?

[教师和幼儿第二遍随乐]

(困惑与思考:在角色转换时如何做才能让幼儿注意到?

幼儿第二遍做奶牛动作,教师示范农场主角色之前,通过表情、呼吸、预令等辅助手段,暗示幼儿这里要有变化,供幼儿观察了解。)

3. 音乐。

教师掷大骰子,按序请幼儿做农场主,激发幼儿了解两个角色互动的情境。

师:农场主一个人实在太势单力薄了,我决定找几个帮手!跟我一起向奶牛要

牛奶。我会找到几个帮手呢?（掷骰子）

[教师和幼儿第三遍随乐]

（困惑与思考:如何有效进行双角色互动?

通过掷骰子的游戏逐步累加第二个角色。通过事先设计好的在掷“1”的概率大的前提下,掷出一个幼儿做农场主,便于教师了解幼儿完成角色任务的情况。其他幼儿做奶牛,和选出的做农场主的一个幼儿进行互动。奶牛们做动作的时候,教师用语令及身体幅度提示奶牛们。农场主做动作时,教师边看着奶牛们提示其不动,边用语令和动作带着农场主做动作。其他幼儿继续了解农场主的动作及语令。）

4. 其他。

（1）替换骰子的两个数字,将“1”变成“2”,掷骰子,增加农场主的人数,幼儿和教师表演。

师:小农场主,刚刚出门遇到困难了吗?

师:那我们再找几个帮手吧!（请一名农场主掷骰子）

[教师和幼儿第四遍随乐]

（困惑与思考:为什么这里要将骰子上的数字“1”调整为“2”?教育价值在哪里?

之前已经有一个幼儿尝试做农场主。适当地增加幼儿人数,再让两个幼儿体验农场主角色,同时参与新角色的幼儿不多,便于教师观察幼儿完成角色任务的情况,并及时给予适当的建议。）

（2）掷骰子,再次增加农场主的人数,全体幼儿分两个角色表演。

师:小农场主,这次我们会找到几个帮手呢?（请一个农场主掷骰子）

师:咦!是几呀?这样就有几个农场主了?

[教师和幼儿第五遍随乐]

（困惑与思考:随着扮演农场主的幼儿逐渐增多,教师应该如何退位?

奶牛和农场主的幼儿人数各一半时,教师坐到两队中间并逐步退出,除了语令的提示,动作也要增加身体的幅度来提前暗示幼儿。）

（3）出示乐器,幼儿探索演奏方式。

师:拿奶粉罐的是谁呀?

幼:农场主。

师:那奶牛拿的是什么?

幼:铃鼓。

师:怎么使用你们的工具呢?

(乐器探索及分享)

师:我们拿着乐器跟着音乐试一试吧!

[教师和幼儿第六遍随乐]

(困惑与思考:奶粉罐在使用过程中幼儿会出现哪些问题,如何解决?

奶粉罐不是幼儿前期接触过的常见乐器,如果直接将其放在腿上敲击,在之后的行进游戏中,幼儿就会出现不知如何演奏乐器的现象。教师可以引导幼儿将奶粉罐用左手手臂抱住。同时也要关注右手敲击时,手臂的协调性及控制力。在互动中,教师及时观察幼儿使用乐器的合乐性。有问题需调整,再练习,便于累加游戏后,幼儿更好地控制乐器,稳定节奏。)

(4) 累加"石头、剪刀、布"的游戏。小组讨论,双方面对面较量。

师:奶牛、农场主要到想要的东西了吗?

师:那怎么办呢?我们以前玩过什么游戏?

幼:我们农场主们想了一个好办法,最后以"剪刀、石头、布"的方式决定胜负。每队队员要出一样的才算赢。

师:每队有一分钟时间,开始商量吧。

[教师和幼儿第七遍随乐]

(困惑与思考:教师为何不直接说明游戏玩法,而是抛出问题让幼儿来说?

在活动前,教师了解幼儿以往的游戏经验,引导幼儿迁移将摇手臂动作替换成"石头、剪刀、布",既给了幼儿思考空间,又提供了思考线索。在问题引导下,幼儿学会将旧经验运用到新活动中,有了新创意。)

(5) 反思:赢得游戏的好方法。

师:奶牛、农场主谁赢了?

师:出现了什么问题?

幼:和小伙伴出的不一样。

师:那这一次,你们努力解决这个问题哦!

[教师和幼儿第八遍随乐]

(困惑与思考:在玩“石头、剪刀、布”游戏时,大家出的手势不一样,如何解决这个问题呢?

在“石头、剪刀、布”的游戏中,教师说“定”,幼儿和教师一起先观察大家出的是否一样。再看两队出的结果来决定胜负。在商量好的情况下,由于能力问题,同一队可能还是会出现手势不统一的现象。教师引导两队幼儿分别选出小队长,照常做游戏,只根据队长出的手势决定全队的胜负。)

(6)奶牛与农场主面对面较量。(站立)

师:每队出的手势整齐吗?大家出的一样吗?那这次我们就要开始较量了!

[教师和幼儿第九遍随乐]

师:奶牛、农场主谁赢了?(给获胜的队送上物品图片)

(困惑与思考:为什么遵守游戏规则这么重要?

因为输赢游戏是建立在公平、公正基础上的,很多幼儿只关注输赢结果,但是对幼儿的成长和教师来说,更加重要的是引导幼儿遵守游戏规则的过程。养成良好的人格品质对幼儿的终身发展有重要作用。输赢只是暂时的,具有不确定性;正确看待输赢结果,对于幼儿形成良好的心理品质和提高抗挫能力有益处。所以在这个环节,教师可以弱化输赢结果,而强化幼儿反思游戏规则的遵守情况。)

(7)奶牛与农场主面对面较量。(移动)

师:请各队站在线后面,轮到你时,再向前走到前面一条线处停下。最后谁会得到自己想要的东西呢?

[教师和幼儿第十遍随乐]

(困惑与思考:位移式的游戏,幼儿容易出现距离控制不好的问题,如何解决?

教师可以引导幼儿观察地上的起始线,或者教师双脚岔开,告诉当奶牛和农场主的幼儿分别走到教师哪只脚的位置停下,让幼儿明确游戏规则,有行进的参照标准;在转换角色时,教师要轻声和用内缩动作提示幼儿向前走、停下来、说什么等。在游戏结束之后,给幼儿反馈情况,引起幼儿重视。)

(8) 赢者获得想要的东西,输者替赢者“打工”。

师:团结就是胜利,输了我们可以换种方式来得到我们想要的东西,有什么办法呢?

幼:替他们打工,按摩。

[教师和幼儿第十一遍随乐]

(困惑与思考:面对输赢结果,很多幼儿的反应不一样,教师可以怎么引导?

教师引导幼儿了解每遍游戏的结果都可能不一样,让幼儿知道这是一种常见现象;鼓励幼儿坦然面对输赢,知道只要参与就好。肯定幼儿积极正面的想法。提高幼儿的心理抗挫能力。)

【设计意图解析】

1. 音乐。

这首歌曲风格幽默。ABC 结构的音乐,B 段是弱起的。C 段有一些特别的音效、不一样旋律的音乐,还有些突兀的高音。

2. 故事。

奶牛吃草,农场主来了,天变了,奶牛冷了,于是就产生了矛盾点。奶牛需要毛毯,于是向农场主要,农场主需要牛奶,就激励奶牛干活。于是产生了拉锯赛。教师利用故事中比较幽默的戏剧冲突,匹配了比较有意思的情境。

3. 动作。

两拍一下的动作频率适宜幼儿掌握节奏。B 段中散响与休止的结合,让幼儿动静交替,不至于动作“痉挛”。教师在设计中加入了一些喊语令的对话动作,很好地推进了情境的发展,如“天呐,好冷呀”,引导幼儿把内在的体验外显化。其中对抗性的短语令“牛奶、毛毯”,双角色同时说,形成了双声部的音效。

4. 游戏。

一个是队列游戏,在空间方位上,从坐到站,再到位移,循序渐进地引导幼儿参与游戏。通过两个队列不断地相互逼近,形成一种相对比较紧张的氛围,通过一种比较游戏化的方式,将这种状态用幽默的形式解决,幼儿是喜欢参与的。另一个是竞赛游戏,最后的一决胜负,让幼儿在合作中学会商量和妥协,从而获得团队的胜利。

【新手教师模仿难点及解决建议】

1. 新手教师在组织活动时,预令和动作如何退出,以帮助幼儿流畅参与活动并能逐步自主游戏与演奏?

解决方案:预令是幼儿学习动作和演奏的支架,对幼儿自主完成动作的学习起着"自我监控"的作用。下表为师幼在表现不同角色时的预令。

表 5-1 师幼在表现不同角色时的预令

音乐	预令		
	师幼一起做奶牛时的随乐预令	教师做农场主,幼儿做奶牛时的随乐预令	一半幼儿做奶牛,一半幼儿做农场主时的随乐预令
A 段	奶牛吃草 (动作:双手向奶牛摊开)	奶牛吃草 (动作:双手向奶牛摊开)	奶牛吃草 (动作:双手向奶牛摊开)
	吃,吃,吃,吃 (动作:吃,吃,吃,吃,吃,吃) (吃六下后)预令:农场主来了	吃,吃,吃,吃 (动作:身体定住不动,一下一下地点头。六下后,边点头边伸手向奶牛做禁止动作) (吃六下后)预令:农场主来了,仔细看	吃,吃 (动作:看着奶牛们,做吃的动作,六下后,身体转向农场主,边摊开手指向农场主,边伸手向奶牛做禁止动作) (吃六下后)预令:农场主来了
	不动 (动作:身体保持不动,头一下一下地点) (六拍后)预令:奶牛继续吃草	走,走 (动作:走,走,走,走,走,走) (走六下后)预令:奶牛吃草	走,走 (动作:看着农场主们,做走的动作,六下后,身体转向奶牛,边摊开手指向奶牛,边伸手向农场主做禁止动作) (走六下后)预令:奶牛吃草
	吃,吃,吃,吃 (动作:吃,吃,吃,吃,吃,吃) (吃六下后)预令:农场主来了	吃,吃,吃,吃 (动作:身体定住不动,一下一下地点头。六下后,边点头边伸手向奶牛做禁止动作) (吃六下后)预令:农场主来了,仔细看	吃 (动作:看着奶牛们,做吃的动作,六下后,身体转向农场主,边摊开手指向农场主,边伸手向奶牛做禁止动作) (吃六下后)预令:农场主来了

续表

音乐	预令		
	师幼一起做奶牛时的随乐预令	教师做农场主，幼儿做奶牛时的随乐预令	一半幼儿做奶牛，一半幼儿做农场主时的随乐预令
	不动 （动作：身体保持不动，头一下一下地点头） （走六下后）预令：奶牛冷了，说	走，走 （动作：走，走，走，走，走，走） （走六下后）预令：奶牛冷了，说	走 （动作：看着农场主们，做走的动作，六下后，身体转向奶牛，边摊开手指向奶牛，边伸手向农场主做禁止动作） （走六下后）预令：奶牛冷了，说
B段	天呐，好冷呀 （动作：双手臂上举，弯腰、低头，双手握拳放于胸前保持不动） （四拍后）预令：又冷了，说	幼儿说：天呐，好冷呀 （动作：双手不做动作，看着奶牛们，抬头一下，含胸保持不动） （四拍后）预令：又冷了，说	天呐，好冷呀 （动作：看着奶牛们，双手臂上举，然后含胸，双手握拳放于胸前不动，眼睛环视农场主和奶牛） （四拍后）预令：又冷了，说
B段	天呐，好冷呀 （动作：双手臂上举，弯腰、低头，双手握拳放于胸前，保持不动） （四拍后）预令：又冷了，说	幼儿说：天呐，好冷呀 （动作：双手不做动作，看着奶牛们，抬头一下，含胸保持不动） （四拍后）预令：又冷了，说	天呐，好冷呀 （动作：看着奶牛们，双手臂上举，然后含胸，双手握拳放于胸前，不动，眼睛环视农场主和奶牛） （四拍后）预令：又冷了，说
B段	天呐，好冷呀 （动作：双手臂上举，弯腰、低头，双手握拳放于胸前，保持不动） （四拍后）预令：一起提要求，说	幼儿说：天呐，好冷呀 （动作：双手不做动作，看着奶牛们，抬头一下，含胸保持不动） （四拍后）预令：一起提要求，说	天呐，好冷呀 （动作：看着奶牛们，双手臂上举，然后含胸，双手握拳放于胸前不动，眼睛环视农场主和奶牛） （四拍后）预令：一起提要求，说
C段	毛毯、毛毯、毛毯、毛毯、毛毯、毛毯、毛毯、毛毯 （动作：手心朝上抓握）	牛奶、牛奶、牛奶、牛奶、牛奶、牛奶、牛奶、牛奶 （动作：手心朝上抓握）	毛毯、毛毯、牛奶、牛奶 （动作：手心朝上抓握）
C段	不给、不给、不给 （动作：双手绕手臂） 预令：生气了	不给、不给、不给 （动作：双手绕手臂） 预令：生气了	不给、不给、不给 （动作：双手绕手臂） 预令：一起出拳
C段	哼 （动作：拍手一下）	哼 （动作：拍手一下）	哼 （动作：出拳）

随着幼儿对不同角色的动作越来越熟悉，教师的预令从声音大小、动作幅度等不同维度可以递减，直到没有预令，幼儿也能够完整表现动作。

2. 在玩移位游戏时，新手教师如何做才能引导幼儿参与游戏？

解决方案：幼儿在移动空间玩游戏时，教师先按角色分别邀请奶牛和农场主站在指定位置，形成面对面的两个队列，然后教师站在两个队列一端的中间位置，双腿分开，明确告诉幼儿，奶牛队和农场主队分别应该走到哪个位置；最后教师随乐说语令，做动作，提示奶牛和农场主分别行进。当奶牛走了七步时，教师向奶牛伸出手臂示意他们停止，帮助幼儿调控步伐，调整空间的距离；说“天呐，好冷呀”时教师用较小的身体动作和较轻的语令，提醒幼儿调控自己的身体动作，手臂向上伸展，不超过头顶；在最后的“石头、剪刀、布”游戏，教师轻声说“石头、剪刀”，同时双手放在胸前，在相对紧缩的身体状态中，保持身体的稳定性，当说“布”时，声音轻轻的，身体伴随一个明显的起伏，暗示幼儿及时出手的动作和节奏。

原创解析：南京师范大学幼儿园　陈　雪

第四节　重要策略提示

一、变通总谱

变通总谱即指为幼儿专门设计的“非通用总谱”。主要包括:动作总谱、语音总谱、图形总谱。通常会综合性地应用,但最终都必须过渡到动作总谱。因为演奏终归是需要使用有节奏模式的动作来完成的。

表 5－2　动作、语音、图形总谱的对比

	动作总谱	图形总谱	语音总谱
总谱功能	表现节奏、音色、速度、力度的变化及其结构		
配器方式	身体动作	形状和色彩	嗓音
配器内容	节奏动作、模仿动作、舞蹈动作、滑稽动作等	几何图形、乐器音色的象征性图形、乐器形象的简化图形等	有意义的字词、句子、象声词、歌词的衬词和无意义音节等
注意事项	不宜用较难的身体动作表现比较密集的节奏	避免复杂化、细致化的设计倾向	注意使创造出的语音有趣、易记、上口

二、指挥

幼儿园的奏乐指挥一般不能够使用通用的击拍指挥法。因为幼儿的特质决定他们既容易受暗示,又容易受干扰。所以,对于年龄稍小的小、中班幼儿来说,幼儿演奏什么动作,教师就要做什么动作,幼儿演奏什么节奏,教师就要用什么节奏指挥。对于年龄稍大的大班幼儿来说,在新授时期,还是需要使用前面所说的方法。待幼儿高度熟练之后,再明确告知幼儿,在幼儿有准备对应的条件下,也可以使用通用的击拍指挥法。

三、配器

半拍、一拍(击奏),两拍、四拍(摇奏)音符的节奏幼儿都可以使用。半拍休止,安排在前半拍,幼儿有困难;安排在后半拍,没有实际上的意义。

除了半拍(以及更短)的休止以外,各种休止(甚至是整段的休止)都可以产生“留白”的审美意义,教师应该学会使用。

四、空间的安排

一般情况下，使用半圆形（见图 5－10，适合小班）或单马蹄形（见图 5－11，适合小班）的座位安排，幼儿可以更好地将注意力集中在教师身上。

全班上课，人数较多的情况下，也可以使用双马蹄形（见图 5－12）的座位安排。

教师比较习惯的“秧田式”或称早操队形空间，幼儿注意力不容易集中，无特殊需要不要采用。

图 5－10

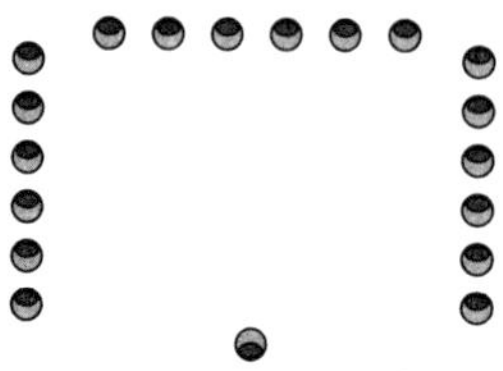

图 5－11

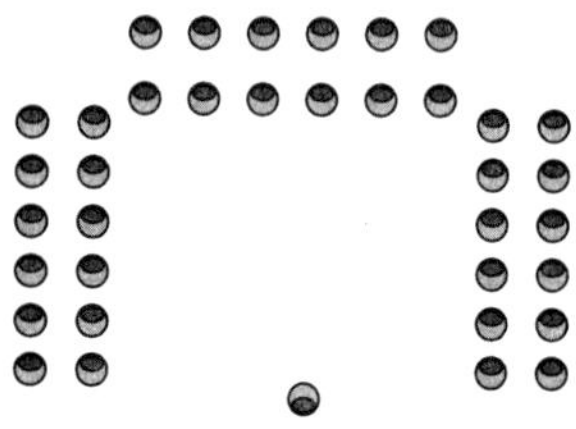

图 5－12

五、幼儿的自我管理教育

奏乐活动由于有器物在手，比较难于避免幼儿不分心或行为不出现偏差，但也是锻炼幼儿自我控制的大好机会。

所以，摆放、拿取、演奏、等待，以及收拾乐器等各个环节，都是教育和促进幼儿自我管理能力发展的好时机。这些教育工作做好了，学习的质量和效率自然也得到保证了。

演奏的时候，使用“审美级别”的心情和动作，走出“审美级别”的音色和音量，同样也是教师要特别关注以促进幼儿“自我管理能力”发展的核心问题。

在教学的过程中，不是生硬地强调纪律，而是循循善诱地引导、协商、鼓励和使用榜样，让幼儿自觉自愿地努力学会管理自己、遵守学习秩序、爱护学习环境、提高演奏质量。

幼儿园音乐教育研究丛书

Music

从模仿到创造

幼儿园音乐教学能力提升导学手册（下册）

主　编　许卓娅
副主编　郭　敏　谈亦文　周　洁
陈静奋　耿　涛

南京师范大学出版社

图书在版编目(CIP)数据

从模仿到创造：幼儿园音乐教学能力提升导学手册.下册 / 许卓娅主编. —南京：南京师范大学出版社，2021.9
(幼儿园音乐教育研究丛书)
ISBN 978-7-5651-4915-3

Ⅰ.①从… Ⅱ.①许… Ⅲ.①音乐课—学前教育—教学参考资料 Ⅳ.①G613.5

中国版本图书馆 CIP 数据核字(2021)第 190041 号

书　　名	从模仿到创造——幼儿园音乐教学能力提升导学手册(下册)
丛 书 名	幼儿园音乐教育研究丛书
主　　编	许卓娅
丛书策划	吴曼丽　徐益民
责任编辑	彭艳梅
出版发行	南京师范大学出版社
地　　址	江苏省南京市玄武区后宰门西村 9 号(邮编:210016)
电　　话	(025)83598919(总编办)　83598412(营销部)　83598312(邮购部)
网　　址	http://press.njnu.edu.cn
电子信箱	nspzbb@njnu.edu.cn
照　　排	南京凯建文化发展有限公司
印　　刷	兴化印刷有限责任公司
开　　本	787 毫米×1092 毫米　1/16
印　　张	20
字　　数	329 千
版　　次	2021 年 9 月第 1 版　2021 年 9 月第 1 次印刷
书　　号	ISBN 978-7-5651-4915-3
定　　价	138.00 元(全两册)
出 版 人	张志刚

目　录

—— 第六章 ——

教学目标和撰写规范

第一节　幼儿园音乐教学总目标

学前儿童音乐教学目标的内容，即对学前儿童音乐教学目标的具体阐述，本书在《3—6岁儿童学习与发展指南》的指导下，依据学前儿童学习的方式和特点将学前儿童音乐教学目标不同层次的内容进行了微调，将音乐欣赏部分贯穿和渗透在歌唱、韵律和奏乐之中，即在歌唱中欣赏、在律动中欣赏和在演奏中欣赏。

此微调的另一依据是传统欣赏活动较为关注培养学前儿童"有注意和情感参与的安静倾听"，但往往落实到具体教育行为时，"安静倾听"的培养会被有意或无意地过度强化和放大，奥尔夫曾说："人们早已充分认识到，片面的、被动的音乐聆听和缺乏主动的实际参与的教学有损非专业人士的音乐经验。许多人的意见是，过多的被动聆听不仅会导致亲身参与的失衡，还会养成消极被动、只听不做、空谈快意的怪癖态度。"音乐是人们抒发、表现、寄托情感的艺术，唱、舞、奏都内含着千丝万缕的情感因素。在学前儿童音乐教育中，欣赏是无时不有，无处不在的。

现将学前儿童音乐教学目标不同层次的内容列于后，这是一项科研成果，在笔者的思考和调整后，仅供参考。

表6-1　幼儿园音乐教学总目标

	歌唱	韵律	奏乐
知识与技能	1. 能够感知、理解歌曲的歌词和曲调所表现的内容、情感和意义，进行带有创造性的歌唱表现 2. 能够基本正确地再现歌曲的歌词和曲调；能够较正确地咬字、吐字和呼吸 3. 能够较自然地运用声音表情，并有适度、美好的声音表现	1. 能够感知、理解动作所表现的内容和意义，并知道如何进行带有创造性的动作表现 2. 能够感知、理解韵律动作与音乐的关系，知道如何使自己的动作与音乐相协调，并运用肢体做出自然、舒适的动作 3. 能够比较有效地控制自己的身体，及时按自己的意愿发动和停止动作；能够比较协调地做出各种韵律动作 4. 能够感知、理解使用道具在韵律动作表现活动中的意义，知道如何运用简单的道具	1. 能够比较自如地演奏一些常见的打击乐器，知道要用适度、美好的音色演奏 2. 能够初步辨别各种常见打击乐器的音色，并知道如何运用各种乐器简单音色变化的规律进行带有创造性的表现 3. 能够掌握一些常见的简单节奏型，并知道如何运用各种节奏型的简单变化规律进行创造性表现

续表

	歌唱	韵律	奏乐
	4. 能够在用歌唱的方式与他人交往时自然地运用面部表情和身体动作表情 5. 知道保护嗓音的基本要点	5. 能够理解与韵律活动有关的空间知识，并较熟练地运用简单的空间知识、技能进行动作表现 6. 能够在合作的韵律活动中比较自然地运用动作、表情与他人交往、合作(包括指挥活动) 7. 知道可以运用动作、姿态、表情等表现对音乐的认识和理解，努力尝试提高运用这些方法表现音乐的能力	4. 能够较熟练地运用乐器进行再现性和创造性表现，奏出和谐、美好、有表现力的音响 5. 能够根据指挥手势比较迅速准确地进行演奏 6. 知道保护乐器的意义和有关简单知识
	1. 能够掌握一些简单的音乐知识，并知道如何运用各种概念和知识进行感受与欣赏、表现与创造。 2. 初步了解应该如何从音乐活动中获取各种艺术和非艺术的经验		
过程与方法	1. 尝试运用各种策略记忆歌词 2. 他人演唱或表达时努力认真倾听，学会向他人学习并尝试反思与自我调整 3. 探索、运用带有一定创造性的歌唱表现方式 4. 尝试迁移经验，进行创造性的艺术表达 5. 努力有依据地回答问题，不胡乱猜测，敢于表达	1. 比较自如地运用自己的身体动作进行再现性和创造性的艺术表现 2. 主动注意各种动作表演中道具的用法，喜欢探索或运用道具，并能够带有一定创造性地选择、制作和使用道具 3. 主动注意身体造型和身体移动过程中的空间因素，喜欢探索和运用空间知识 4. 在他人表演或表达时能够认真观察、倾听，学会向他人学习并尝试进行反思与自我调整	1. 喜欢探索乐器的演奏方法和音色变化的关系；喜欢运用已掌握的节奏进行带有创造性的表现 2. 注意和努力追求有表现力的、与音乐相协调的、声音和谐的、情感默契的音响效果 3. 他人演奏或表达时努力认真倾听，学会向他人学习并尝试反思与自我调整 4. 探索、运用带有一定创造性的演奏或协奏方式
	1. 初步积累一定的音乐语汇 2. 初步学习运用语言文学、美术造型、动作表演等各种不同的艺术表现手段来表达自己对音乐作品的认识、理解、想象、联想和情感体验		

续表

	歌唱	韵律	奏乐
情感态度与价值观	1. 体验歌唱活动的快乐，喜欢参加歌唱活动 2. 能够理解各种集体歌唱表演需要合作协调，并愿意适当控制和调节自己的歌唱音量 3. 乐于用歌唱的方式与人交往，尊重他人的表达 4. 能够体验并努力追求集体歌唱活动中声音和谐与情感默契的快乐	1. 体验韵律活动的快乐，喜欢参加韵律活动 2. 能够理解各种韵律活动形式所需的交往、合作要求，并知道如何与他人交往、合作 3. 体验并努力追求在与他人合作的动作表演活动中获得交往、合作的快乐 4. 能够在韵律活动中控制自己的动作，与同伴保持舒适的距离，不推挤他人	1. 能够体验并努力追求参与打击乐器演奏的快乐 2. 能够在集体奏乐活动中有意识地控制、调节自己演奏出的声音，使自己的演奏与集体相协调，与音乐相协调 3. 能够理解集体奏乐活动所需的交往、合作要求；能够认真看指挥手势，知道应该如何与指挥者相配合 4. 知道要爱护乐器，并能自觉遵守有关保护乐器的规则 5. 能够协调好自己的意愿与他人的意愿，并在发放、使用、收藏乐器时遵守必要的常规
	1. 体验并追求倾听、体验音乐作品的快乐 2. 对各种不同的音乐形式、内容有广泛的爱好 3. 喜欢与他人分享倾听、观赏及谈论音乐的快乐		

第二节　小班阶段音乐教学总目标

表 6－2　小班阶段音乐教学总目标

歌唱	韵律	奏乐
1. 学习用正确的姿势、自然的声音歌唱，音域在 C1—G1 之间 2. 学习一句一句地歌唱，吐字基本清楚、节奏基本正确，并逐步做到唱准曲调 3. 能使自己的歌声与琴声或共同歌唱的其他人的歌声相一致，初步学会分小组接唱、对唱 4. 在有伴奏的情况下，能独立地、基本完整地唱熟悉的歌曲 5. 初步理解和表现歌曲的形象、内容和情感 6. 在教师的帮助下能够并喜欢为熟悉、短小、工整、多重复的简单歌曲增编新的歌词 7. 喜欢自己歌唱，也喜欢和别人一起歌唱 8. 知道不能长时间大声歌唱 9. 学会唱一定数量的歌曲	1. 基本上能按照音乐的节奏做上肢或下肢的简单基本动作和模仿动作 2. 基本上能随音乐变化改变动作（包括变换曲调或在曲调不变的情况下明显地改变力度、速度等） 3. 初步学习用手、脚等简单身体动作表现歌曲或乐曲的前奏，乐段的开始和结束部分，以及有关的形象、内容、情感（其中包括韵律动作和指挥动作） 4. 学习一些由二分音符、四分音符、八分音符构成的简单节奏型，并用自己想出的简单动作带有创造性地表现这些节奏型 5. 积累一些简单的模仿动作和基本动作，学会一些简单的集体舞 6. 初步了解道具在韵律动作表演中的作用，喜欢在动作表演活动中使用简单的道具 7. 在没有队形规定的情况下能够自己选择便于活动的空间，在空间中移动时不与他人碰撞 8. 愿意参加由教师发起的韵律活动 9. 初步尝试指挥的乐趣，体验用表情、动作、姿态与人沟通的方法和乐趣	1. 学习几种打击乐器的基本奏法（如串铃、铃鼓、鼓、有硬把的碰铃等可用臂的大肌肉动作演奏的乐器），学会用适中的力量演奏 2. 了解乐器的名称并初步学习辨别其音色特征，在教师指导下初步体会创造性变化演奏方案的乐趣 3. 尝试独立随熟悉的歌曲或乐曲有节奏地演奏，努力在集体中合拍地随简单歌曲或乐曲齐奏 4. 初步学会根据指挥手势开始和结束演奏 5. 喜欢演奏打击乐器，喜欢参与集体的演奏活动 6. 了解打击乐器演奏活动中必须遵守的基本规则——如何取放乐器，如何根据指挥的要求进行演奏，活动过程中不得随便玩弄乐器等 7. 在教师指导下集体发放、收取和分类收藏乐器，了解爱护乐器的一般知识 8. 学会演奏一定数量的打击乐曲

第三节　中班阶段音乐教学总目标

表 6－3　中班阶段音乐教学总目标

歌唱	韵律	奏乐
1. 用正确的姿势、自然的声音歌唱，音域在 C1—A1 之间 2. 吐字清楚，节奏准确地一句一句进行歌唱，并逐步做到在有伴奏的情况下独立地唱准曲调 3. 努力使自己的歌声与琴声或共同歌唱的其他人的歌声相一致，初步学会独立地接唱和与他人对唱 4. 学会在歌唱过程中等待和正确地表现歌曲的前奏、间奏和尾奏 5. 学习用不同的速度、力度、音色变化来表现歌曲的形象、内容和情感，能唱出四二拍和四四拍歌曲的不同节拍感 6. 尝试并喜欢为熟悉、短小、工整、多重复的简单歌曲增编新的歌词，能较独立地将新编的歌词填入曲调并唱出 7. 喜欢自己歌唱，喜欢在集体中歌唱，也喜欢独立地在大家面前表演 8. 知道不能在剧烈运动后歌唱 9. 学会唱一定数量的歌曲	1. 随着音乐的节奏做简单的上、下肢联合的基本动作、模仿动作和舞蹈动作 2. 随着音乐变化改变动作（包括变换曲调或在曲调不变的情况下改变力度、速度、音区和节拍等） 3. 学习用手、脚及其他简单身体动作表现歌曲或乐曲的前奏、间奏、尾奏，乐段、乐句的开始和结束部分，以及有关的形象、内容、情感（其中包括韵律动作和指挥动作） 4. 学习一些创造性地改变熟悉节奏型的方法，并用自己想出的简单动作创造性地表现这些节奏型（所学节奏型仍主要由二分、四分、八分音符构成） 5. 进一步积累一些稍复杂的模仿动作，学会一些基本的舞蹈动作和集体舞，初步了解一些创编韵律动作组合的规律 6. 进一步了解各种不同道具的特点，能够在动作表演中比较熟练地使用一些简单的道具 7. 在没有合作要求的情况下能够根据现有空间情况随时调节自己的活动；在有合作要求的情况下能够同时兼顾合作伙伴和其他人的状况以调节自己的活动 8. 喜欢自发地随歌曲、乐曲自由舞蹈，也喜欢参加由教师发起的各种韵律活动	1. 进一步学习一些打击乐器的基本奏法（如小钹、圆弧响板、吊钹、沙球等），探索和熟悉乐器的不同奏法，学会追求适中的音量和美好的音色 2. 了解乐器的名称并基本学会辨别其音色特征，初步体会各种演奏方案中音色配置的对比性规律，在教师指导下初步尝试集体设计演奏方案 3. 能独立使用某一种固定节奏型随熟悉的歌曲或乐曲演奏，能在集体的齐奏或合奏中始终保持自己的演奏速度和节奏型 4. 进一步学会看指挥开始、结束和变化演奏 5. 喜欢随音乐演奏打击乐器，积极参与集体讨论演奏方案的活动 6. 初步养成集中注意力看指挥和对指挥的要求做出积极反应的习惯，比较自觉地遵守打击乐器演奏活动的基本规则 7. 较熟练地按照已有规则发放、收取和分类收藏乐器，养成爱护乐器的态度和习惯 8. 学会演奏一定数量的打击乐曲 9. 进一步体验指挥的乐趣，增强从事指挥活动的自信心，提高运用表情、动作、姿态与人沟通的能力

第四节　大班阶段音乐教学总目标

表 6－4　大班阶段音乐教学总目标

歌唱	韵律	奏乐
1. 用正确的姿势、自然美好的声音歌唱，音域在 C1—C2 之间 2. 基本上能独立地在没有伴奏的情况下歌唱，并能熟悉歌曲的节奏、旋律和歌词 3. 根据不同的合作歌唱要求努力控制、调节自己的歌声，初步学会领唱、齐唱、两声部轮唱、简单的两声部合唱等歌唱表演形式。在集体歌唱活动中能够产生初步的默契感 4. 能用不同的速度、力度和音色变化来表现歌曲的形象、内容和情感，能唱出四二拍和四三拍歌曲的不同节拍感，初步学习用连贯的和顿、跳的唱法来表现歌曲的不同意境 5. 学习唱弱起的乐句，能较恰当地表现乐曲的起止、首句重音、词意重音和衬字、衬词 6. 尝试并喜欢为熟悉、短小、工整、多重复的简单歌曲增编新词，能基本独立地即兴编填新词并即兴唱出 7. 喜欢自己歌唱，喜欢在集体中歌唱，喜欢单独表演，也喜欢用不同的合作表演形式歌唱 8. 知道不能在空气污浊、天气恶劣的情况下歌唱 9. 学会唱一定数量的歌曲	1. 较为准确地按音乐的节奏做各种稍复杂的基本动作、模仿动作和舞蹈动作组合 2. 在音乐变化较迅速地情况下改变其力度、速度、音区、节拍、节奏型等 3. 进一步学习用各种简单的身体动作组合表现歌曲或乐曲的前奏、间奏、尾奏，乐段、乐句的起止和重复变化，以及有关的形象、内容、情感（其中包括韵律动作和指挥动作） 4. 学习一些以二分、四分、八分音符为主的稍复杂的节奏型，并学会创造新节奏型和创造性地表现熟悉节奏型的方法 5. 进一步丰富舞蹈动作语汇，了解创编韵律动作组合的规律，学会跳一些含有创造性成分的稍复杂的集体舞 6. 了解更多的不同道具在不同动作表演中的作用，喜欢带有创造性地为不同的韵律活动选择不同的道具，并能较熟练地使用这些道具 7. 努力使用已掌握的空间知识带有创造性地进行动作表演，能够在有更多人参加的合作表演中较好地解决空间分配问题 8. 喜欢自发地随歌曲、乐曲自由舞蹈，积极参加由教师或其他学前儿童发起的创造性韵律活动	1. 进一步学习更多种类的打击乐器的基本演奏方法（如木鱼、双响筒、三角铁等需用腕、指等小肌肉动作演奏的乐器），进一步学习探索同一种乐器的不同奏法，学会追求音色、音量的表现力 2. 了解乐器名称并能辨别其音色特征，学会探索音色的分类并在教师指导下学习制作简单打击乐器，初步体会各种演奏方案中音色、音量和节奏型配置的表现规律，初步学会独立地设计演奏方案 3. 尝试独立使用一种以上固定节奏型随熟悉歌曲或乐曲演奏，能在集体齐奏或合奏中始终保持自己的声部，并能有意识地努力在音色、音量和表情上与集体形成默契 4. 迅速、正确地按指挥的手势做出反应 5. 喜欢随音乐演奏打击乐器，积极参与展示自己设计的演奏方案的活动 6. 初步形成积极追求和维护有秩序的集体演奏活动的意识，并能从中获得愉快的体验 7. 形成乐器发放、收取、分类收藏的值日生制度，养成对集体和乐器负责的积极情感 8. 学会演奏一定数量的打击乐曲 9. 能更自信、独立和创造地从事指挥活动，能更积极、熟练地运用表情、动作、姿态与人沟通

第五节　教学目标撰写规范

一、撰写规范

第一，学科、学习、社会三个方面的目标一个都不能少。第二，撰写的目标应该以幼儿为主语。第三，主语省略，直接从幼儿发起的动作开始。第四，必须陈述能看得见的具体行为。第五，有必要时可以增诉目标达成的条件。第六，一般不使用"能"或者"能够"等表示能力的词。第七，可以使用尽力、努力、尽量、愿意等表示态度和意向的词。

二、撰写范例

（一）例 1：小班律动"艾玛捉迷藏"的目标

1. 初步感知乐曲的旋律和结构，跟随 A 段音乐做大象走路、喷水、打招呼的动作，B 段音乐做玩捉迷藏游戏的动作。（学科）

2. 迁移已有的方向经验，尝试创编不同方向的喷水动作并完整游戏。（学习）

3. 知道在律动结束后再找艾玛，在捉迷藏游戏时遵守不偷看的游戏规则。（社会）

（二）例 2：大班奏乐"谁是舞王"的目标

1. 感知和表现乐曲的弱起节奏，及 AB 两段的结构；从容合拍地做动作、玩交换领袖游戏和演奏沙锤。

2. 迁移已有动作经验，尝试即兴创编各种"星猫"动作；尝试用两只沙锤匹配游戏动作进行乐器演奏。

3. 努力在 A 段第四乐句迅速完成领袖交换任务；交换领袖时，迅速用体态和眼神找到交换对象；变换造型时，控制好动作的力度、速度和幅度，尽量不让沙锤掉落；收乐器时，迅速安静，并将沙锤轻轻摆放整齐。

（三）例 3：中班歌唱"小雨点的歌"的目标

1. 欣赏歌曲，感受轻快活泼的音乐风格，熟悉歌词和旋律，初步学唱歌曲《小雨点的歌》。

2. 借助图片的提示和原有关于雨水与其他事物关系的经验，通过随乐动作理解歌词，推测“哪里才是小雨点的家”。

3. 被邀请上来翻图片的幼儿，努力通过联想和语言描述，将自己的意见比较完整地表达出来。未被邀请的幼儿，愿意倾听和思考，并在适当的时机补充自己的想法。

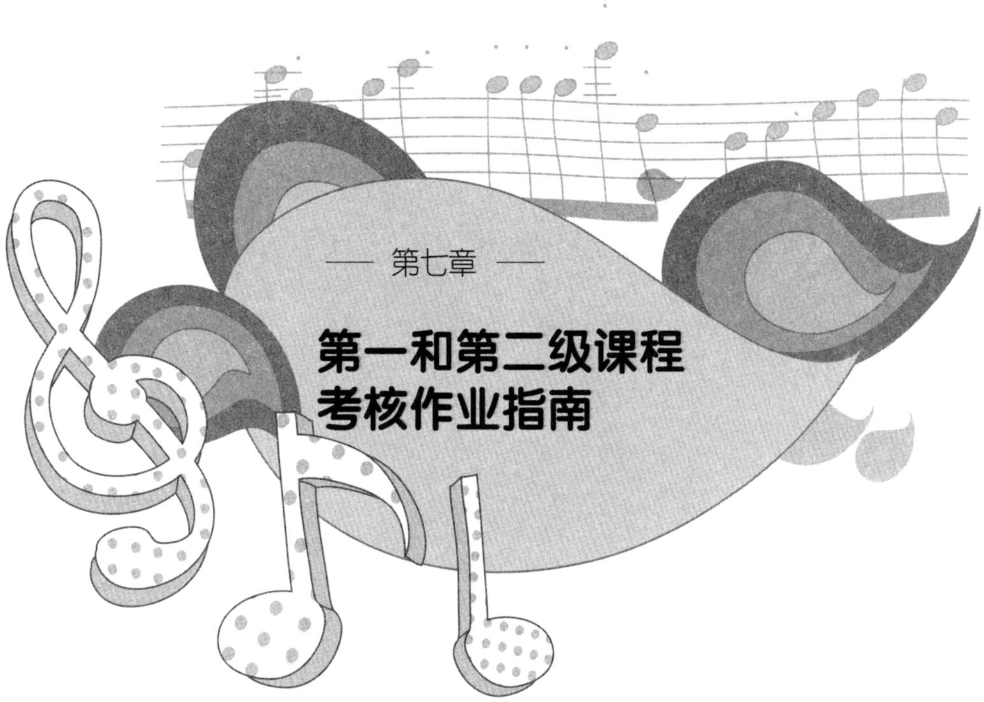

第七章

第一和第二级课程考核作业指南

第一节　考核作业及要求

一、入门班考核作业及要求

（一）作业及要求

1. 在教材提供的27个教学视频（见本教材配套U盘）中自选1个进行模仿练习，尝试对不同幼儿群体上课不少于5次。最终提供1个模仿课教学视频。

2. 独立撰写1篇模仿课实践心得体会，不少于3000字。

3. 每年12月最后一天根据通知指示将教学视频和心得体会文稿交达指定地点。

（二）供选视频

1.《小班歌唱“妈妈我要亲亲你”》。

2.《小班歌唱“数豆豆 ”》。

3.《小班歌唱“公鸡头母鸡头”》。

4.《中班歌唱“猪小弟变干净了”》。

5.《中班歌唱“调皮的小鞋子”》。

6.《中班歌唱“小雨点的歌”》。

7.《大班歌唱“灯神歌”》。

8.《大班歌唱“大公鸡”》。

9.《大班歌唱“小云朵”》。

10.《小班律动“小鸭子”》。

11.《小班律动“艾玛捉迷藏”》。

12.《小班律动“狗熊吃面包”》。

13.《中班律动“谁是小熊”》。

14.《中班律动“小鞋子的舞会”》。

15.《中班律动“章鱼和小鱼”》。

16.《大班律动“小猴坐沙发”》。

17.《大班律动“后羿射日”》。

18.《大班律动“魔法师的学徒”》。

19.《小班奏乐“小小魔法师”》。

20.《小班奏乐“老鼠三明治”》。

21.《小班奏乐“快乐的小青蛙”》。

22.《中班奏乐“勇敢的小鸟”》。

23.《中班奏乐“水果咖喱摇摇杯”》。

24.《中班奏乐“藏好淘气蛋”》。

25.《中班奏乐“谁是舞王”》。

26.《大班奏乐“葫芦娃”》。

27.《大班奏乐“嘻哈农场”》。

二、基础班考核作业及要求

(一)作业及要求

1. 在教材提供的3个教学视频(见本教材配套U盘)中自选1个进行模仿练习,尝试对不同幼儿群体上课不少于5次。最终提供1个模仿课教学视频,鼓励根据实际情况对原案例进行局部微调。

2. 按照教材提供的版式,参考教材提供的案例,独立撰写1篇实录评析。

3. 每年12月最后一天根据通知指示将教学视频和实录评析文稿交达指定地点。

(二)供选视频目录

1.《大班歌唱“小鸟小鸟”》。

2.《大班律动“狡猾的狐狸在哪里”》。

3.《中班奏乐“蜜蜂斗强哥”》。

第二节　入门班书面作业模板及范例

一、模仿课实践心得体会模板

1. 标题。(宋体小 3 号字,加粗)

2. 单位(空 1 字),姓名。(宋体 5 号字)

3. 真实的模仿课实践故事。(宋体 5 号字)

4. 心得体会。(宋体 5 号字)

二、模仿课实践心得体会范例

(一) 心得体会范例 1

借巨人肩膀　促个人成长

——模仿实践感悟

南京军区政治部机关幼儿园　耿　涛

1. 缘起——师培案例克隆。

我的第一节课来自模仿师傅的师培活动“我是一只大野狼”,最开始我只是单一地在一旁一遍遍地观摩活动流程。一次交流中,师傅告诉我,只是看她怎么做是学不会其中要领的,必须通过实践才能掌握课程中的精髓。可是如何实践呢? 模仿她。于是,她开始让我在师培活动中逐步参与及尝试,从“猜音源”游戏的范唱环节,到完整的“猜音源”游戏环节,再到独立完成整个师培活动。从学习、模仿教学流程到自己亲身模仿练习。如此反复,我慢慢地熟练掌握了师培活动的流程。师傅又给了我一个新的挑战——尝试带小朋友上课,我自信满满地以为培训成人的活动都可以,小朋友的活动亦易如反掌。

2. 过程——“多姿多彩”的实践反思。

(1) 故事一:第一次的失利。

第一次尝试用小朋友上课是在南京师范大学幼儿园,当时借了 8 名大班幼儿试教，开始前我自信满满，心想一两百人的师培活动我都应对自如，8 名小朋友还不轻而易举？但是结果却如一盆凉水把我彻底浇醒，活动过程中小朋友的反应和学习与成人所反馈的完全不一样，师培活动中成人会有意识地配合教师的培训，而小朋友需要教师的情境导入和引领。这次试教中最大的问题是最后的游戏环节小朋友完全不配合参与，于是我求助师傅，听完我的口述后，师傅给了我一句话“明天上给我看”。

（2）故事二：茅塞顿开的课。

第二天，正好是南京市建邺区奥体幼儿园的教研活动，这一次我吸取了第一次试教失败的经验，增加了情境的导入和引领，小朋友们很乐意参与，但是在最后的游戏环节再一次翻车，只见我不停地讲述着游戏的玩法和规则后小朋友们依旧没有理解，自行玩乐，最后只能草草结束。结束后，师傅对我说：“你以为你不停地讲，小朋友就明白了吗？小朋友根本没有弄懂你的游戏玩法和规则，要边讲解，边示范，边练习。”几句指点让我茅塞顿开，原来我一直以为自己讲清楚了，实则小朋友并未明白，那只是我以为而已。在教学中，无论是新的知识技能还是新游戏的玩法，都需要教师边讲解，边示范，边练习，而不仅仅只是教师说。

（3）故事三：意外频出的课。

经过前两次的经验总结和反复练习后，我尝试再次试教，这一次，情境的导入，游戏的边讲解，边示范，边练习都没问题了，可当游戏进行时，一个小朋友在蒙着眼罩扮演猎人的时候还没听声辨认就说出了发出狼叫声同伴的名字。这一声告密让我也有点懵，只想着继续游戏，结果后面每一次游戏时都有人告密，导致游戏无法进行下去。事后，团队的老师帮我总结了经验，游戏时凡是涉及游戏规则的部分教师需先讲明具体规则，若幼儿游戏时出现违反规则的行为教师须及时制止，特别强调和提醒幼儿遵守规则，在幼儿明确规则后再次游戏。

（4）心得体会。

作为一名新手教师，克隆优质课例是我们成长的第一步，这好比盖大楼前的打地基，要想大楼盖得又高又稳，地基必须打牢。我们克隆的每一节优质课例都好比是一层层地基，在为我们的成长打下坚实的基础。在克隆之前先观摩视频，对整个教学活动的流程及教学层次有了初步了解，接下来就是自己再次分析、梳理教学的流程与层次，通过任务分析方法分析、整理出动作模型与拓展的层次，这样才能更深刻地体会、理解原创教师的设计思路与流程层次。我们需要不断地实践，更需要在实践中不断地反思。不能因为一次的成功就沾沾自喜，也不能因为一次的失败就丧失信心，每一次实践都是一次宝贵的机会，在实践中我们需要不断地反思，成功的环节要不断完善，失败的环节要总结原因、解决问题。遇到困难时要学会寻求高人和团队的帮助，一个人的力量是渺小的，一个人的观点也是有局限的，而高人和团队可以帮助我们少走弯路，厘清思路，找到问题的根源并解决它。我在克隆优质课例的过程中，就深深感受到了团队的力量：在克隆南京市游府西街幼儿园付海霞老师的“谁是舞王”这节课时，南京师范大学幼儿园和北京东路小学附属幼儿园团队的老师针对我的克隆课，建议把原有的两个乐器减成单一的沙锤，动作感知学习先从幼儿简单易数的动作模型开始。比赛安静放乐器时要求既安静又快速。在克隆南京市游府西街幼儿园郑姗姗老师的“章鱼和小鱼”时，团队老师又让我知道了如果后期要增加幼儿跳的动作，前期幼儿在坐姿进行动作模型学习时就应该将手的动作调整成先下后上，为后面跳的动作做铺垫。在克隆内蒙古鄂尔多斯呼伦老师的“勇敢的鄂伦春”时，团队老师又让我明白了如何让幼儿自主地进行排图游戏，让我明白了情境表演游戏的层次。

在教研活动中一次次的模仿、学习，在上课的过程中不断地练习、反思、学习，逐步地理解各环节设计的意图和目标，掌握了多种教师指导策略；通过反复的现场课实践，有针对性的反思、调整，不断提升自己的教学水平。这正是新手教师的成长模式——模仿・理解・应用・创造性应用。

（二）心得体会范例 2

模仿学习・内化理解・细节微调

——以大班奏乐“小猫钓鱼”为例

南京师范大学幼儿园　孙　欣

一名幼儿园的新手教师，要想在集体教学中快速地建立与幼儿的有效互动，选择优秀的教学案例进行有效克隆，是非常快速便捷的一种方式和手段。工作的这三年，我不断地克隆模仿学习，不断地在练习中反思并初步摸索出了适合自己的克隆流程。

“小猫钓鱼”是一节大班奏乐活动，它使用了幼儿接触较少，外形特征、音色特征幼儿均有一定陌生感的非洲鼓作为演奏乐器。活动中使用的音乐，整体节奏欢快活泼，对幼儿的准确合乐有着不小的挑战。“钓鱼游戏”环节则非常考验幼儿的规则意识、反应能力和动作的灵敏性。下面我们就以“小猫钓鱼”为例，说一说我是如何克隆这节活动的！

1. 多次观看视频，完整记录并背诵教学语言。

记得我第一次克隆模仿课的时候，手里握着原教学视频和完整教案，但却感到无从下手。这时，我发现“背诵”反而是最简单的事情，也是对整个活动整体感知最便捷的方式。于是，在此次模仿“小猫钓鱼”时，我采用了之前克隆的方法，完整记录下原教学视频中的每一句话，并且认认真真地进行了背诵。

通过多次观看视频和背诵，我了解到这是一个关于石头门念咒语邀请小猫来钓鱼的故事。了解到小朋友们要在活动中学会石头门的咒语、探索非洲鼓的不同使用方法、参与两只小猫比赛钓鱼的游戏……

2. 对照教案文本与视频，在内化中理解教学环节和语言。

背诵的方法虽然可以快速掌握教学组织流程和师幼互动语言，但这仅仅是浅表层面。以往的克隆经验让我知道：过分依靠死记硬背的教学语言，有时在克隆实践中，会由于紧张等原因遗忘教学语言，并发生错漏的现象；有时硬背的教学语言未必适合本班幼儿的现有发展水平。

在对照教案文本过程中，感受、理解视频中教师教学行为背后的原因，这样背诵的教学语言变得容易理解了。于是，我开始阅读教案文本，并将文本中的活动流程（石头门故事导入；幼儿熟悉石头门的咒语，并跟随教师随乐练习；练习非洲鼓的不同使用方法；教师扮演小猫作为高级榜样，完整讲解示范，幼儿合乐完整游戏）与视频中所记录的教学语言有效结合起来。

在整理教学语言的过程中有机结合了教学流程的整体梳理，我加深了对整节活动的体验、理解，提高了记忆效率。

3. 自我练习与模仿，发现问题，适度微调。

(1) 预令和动作的自我练习，合乐并准确喊预令。

预令的准确合拍以及对音乐的熟悉程度，在奏乐活动中至关重要。其实，优秀案例中每一个精彩的表情，无论是语言表情、体态表情还是动作表情，看似轻轻松松，其实背后都是仔细考量过的。

在初次练习时，我会跟着教学视频反复练习，一边熟悉预令和动作，一边整体感知音乐的节奏。然后，我会跟随伴奏音乐，对着镜子自我练习，修炼自己的表情和体态。

根据以往的克隆体验，这个环节的练习，必须有一定的标准。我判断自己已经掌握的标准是：在连续五遍随乐练习中，确保每一个语令、动作都能卡准节奏。在练习 B 段"左手拍嘴巴念咒语，右手拨划鼓面"的地方，我总是出现双手不能同步演奏的情况，于是，对这部分我进行了十遍的重点练习，确保自己能够准确合乐。

(2) 在尝试中微调，使幼儿情绪积极愉悦，并形成良好的规则意识。

在练习与模仿中，我开始自我反思：教学流程是否关注到本班幼儿实际发展水平、经验和需要；教学语言是否积极正面，从而调动了幼儿学习的积极性；教师的指导与帮助是否适时、适当……

最终，在反思与尝试中，我将教学活动进行了如下的微调：

① 微调乐器的使用方法，使之更适合幼儿。

非洲鼓这个乐器对于幼儿来说比较陌生，所以想要让幼儿在奏乐活动中稳定地演奏，有一定难度。在观看视频时，我发现，原教师在执教时引导幼儿双腿微微分开，双脚自然落地，并将非洲鼓(见图 7－1)夹在两腿中间，利用大腿的力量将非洲鼓夹紧，这样就可以稳定地演奏了。在初次试教后，我发现此方式对于幼儿的坐姿要求较高，须时刻保持上身直立，想稳定地演奏有一定困难。借鉴此前使用非洲鼓进行奏乐活动的经验，并敏感地察觉幼儿在教学活动中的实际需要，我将使用方法调整为双脚自然交叉落地，利用臀部和下肢的力量将非洲鼓(见图 7－2)夹紧。小小的改变带来了大大的惊喜，这一改变适合幼儿的现有水平，又对其有一定的挑战性。

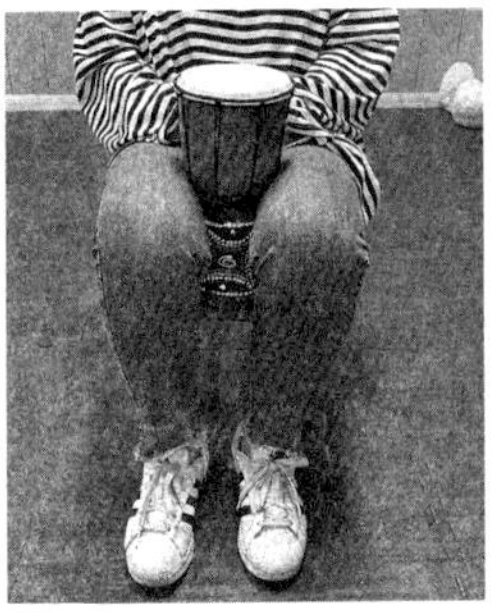

图 7-1 调整前

图 7-2 调整后

② 微调节奏型，幼儿更易合乐，产生积极、愉悦的情绪。

非洲鼓这个乐器幼儿平时接触较少，在本节活动中，幼儿需对音乐和乐器的不同演奏方法，如断顿演奏、连续演奏进行快速反应，挑战难度较高。在观看原教学视频时，我发现 A 段音乐小猫一下一下散步的声音，连续刮奏的声音，幼儿很容易抢拍。那怎样解决这一问题呢?

一方面，师幼轻声演奏，培养注意倾听的习惯。教学中引导幼儿轻声演奏，注意倾听演奏的整体音响效果，倾听自己的演奏与背景音乐如何协调一致，从而发展幼儿操作乐器的能力，培养幼儿的节奏感，拓展幼儿的审美经验。

另一方面，调整节奏型，降低节奏难度。

表 7-1 A 段动作节奏型

调整前	调整后
一至二小节：拍手，一小节拍两下，共拍四下 三至四小节：拍腿，一小节拍两下，共拍四下 按以上顺序重复三次	一至二小节：拍手，一小节拍两下，共拍四下 三至四小节：双手分别在两耳边快速摇动 按以上顺序重复三次

表 7-2 A 段乐器节奏型

调整前	调整后
一至二小节：双手拍鼓面，一小节拍两下，共拍四下 三至四小节：双手拍鼓边，一小节拍两下，共拍四下 按以上顺序重复三次	一至二小节：双手拍鼓面，一小节拍两下，共拍四下 三至四小节：双手分别在鼓边快速滑动 按以上顺序重复三次

③ 有效运用材料，微调游戏规则的呈现方式，使幼儿在流畅的活动中，养成规

则意识。

在试教时，我发现“小猫”角色的加入让整个“钓鱼”情境更加丰满了，也将整个活动气氛推向了高潮。而此时，也是问题初露端倪的时候，两只“小猫”在安家时，都想将自己的家建在离山洞更近一些的地方。此时，就需要我不断介入，帮“小猫”丈量家到山洞的距离是否一致，以保证游戏的公平性，但此举无疑使其他幼儿出现了消极等待的现象。经过反思，我将游戏规则调整为：课前准备时，在山洞的外围，贴好三至五个相同距离不同颜色的圆点，作为小猫的家。游戏过程中，幼儿可根据自己喜欢的颜色，选择相应的圆点作为自己的家。这样做既支持了幼儿的自主选择，又避免了幼儿出现消极等待的现象。

4. 心得体会。

在克隆活动中逐步成长的我，学习从完全模仿到有思考的模仿；学习从硬背教学语言到在文本对比和视频中理解、记忆、内化教学语言；学习逐渐站在幼儿角度观察、微调自己的行为……在苦练教学技能过程中的汗水、泪水，都变为收获时的喜悦和甜蜜。相信通过不懈努力，踏踏实实走好克隆的每一步，最终我能形成自己独特的教学风格。

第三节　基础班书面作业模板及范例

一、实录评析模板

班级类型“××××”（宋体小 3 号字，加粗）

原创执教　××市××幼儿园　×××（宋体 5 号）

实录评析　××市 ××幼儿园　×××（宋体 5 号）

活动目标（宋体 4 号字，大标题加粗）

1.（学科目标）

2.（学习目标）

3.（社会目标）（大标题内容之间空一行）

活动准备

1. 物质准备。

2. 经验准备。

3. 空间准备。

活动过程（三级标题都加粗，正文不加粗）

1. 故事。（加粗）

（1）（加粗）

①

②

师：

幼：

（困惑与思考：）（华文新魏体 4 号字，加粗）

（2）

师：

幼：

（困惑与思考：）

2. 动作。

师：

幼：

（困惑与思考：）

3. 音乐。

（1）

师：

幼：

（困惑与思考：）

（2）

师：

幼：

（困惑与思考：）

4. 其他。

（1）

师：

幼：

（困惑与思考：）

（2）

师：

幼：

（困惑与思考：）

活动重难点

1.

2.

克隆后反思

1.

2.

二、实录评析范例

（一）实录评析范例1

小班律动“狐狸和石头”

原创执教　南京市游府西街幼儿园　杨　静

实录评析　南京市军区政治部机关幼儿园　耿　涛

活动目标

1. 初步体验乐曲愉快的情绪和行进式的风格，尽力按照节奏和结构行走与静止。

2. 迁移日常生活中的经验，创编各种不同的“石头”造型。

3. 在游戏情境的支持下，静止造型时尽量保持不动，“狐狸挠痒痒”时也努力忍住不动、不笑，体验克制成功而“没被发现”的快乐。

活动准备

1. 物质准备：录音音乐和播放设备。

2. 经验准备：玩过“木头人”类游戏。

3. 空间准备。

（1）围坐成大的半圆形。

（2）前面空出足够全体幼儿自由行走做造型的空间。

活动过程

1. 故事。

（1）教师自唱A段音乐并带幼儿用动作感知音乐。

师：好，我来看看哪个小朋友的小眼睛最亮。杨老师这里有一段非常好听的音乐，小朋友们，我们一起来听听音乐拍拍手，好不好？

幼：好！

（教师第一次唱谱，边唱边带幼儿拍手，最后一下拍腿表示静止不动）

师：这一次杨老师希望小朋友在玩的时候，眼睛要看好我，刚才我们是拍小手的，这一次我们要来拍小腿（教师做拍腿的动作）。好，准备好！

（教师第二次唱谱，边唱边带幼儿拍腿，最后一下不拍腿表示静止不动，在快要静止时教师范唱的声音变轻）

（困惑与思考：老教师的思考——用相同结构的动作提前感知音乐是很好的办法，是否两次都用相同的拍腿动作，幼儿负担会更轻一些？）

师：这个音乐好不好听呀？

幼：好听！

（困惑与思考：新手教师的可能困惑——为什么不播放音乐而是教师自己唱谱呢？我不会唱怎么办？老教师的思考——教师用唱谱伴随动作的方法来帮助幼儿感知音乐，这样既可以让幼儿更从容清晰地感知动作与音乐的关系，又可以根据实际情况随时调整唱谱的力度、速度，必要时甚至稍做停顿等，以适应幼儿合乐动作的能力。既然唱谱是为了让幼儿的学习更舒服更从容更流畅，因此新手教师若是不会，就应该努力练习掌握这项基本技能。）

（2）教师创设故事情境引导幼儿学习游戏动作。

师：在这个好听的音乐里还藏着一个好听的故事呢，你们想不想听？

幼众：想听！

师：在一个大森林里面，住着一群特别可爱的小动物，小动物们可喜欢在一起做游戏了。有一天，小动物们在树林里发现了他们的好朋友小狐狸，小狐狸正在树林里散步呢。小动物们想，咱们不如和小狐狸玩一个捉迷藏的游戏吧。咱们先不要告诉小狐狸哟，结果呀小狐狸在前面走。小动物们就跟在后面，等到小狐狸一回头，小动物们就变成了各种各样的石头，一动也不动了。好不好听呀？

幼众：好听！

师：想不想玩呀？

幼众：想！

2. 动作。

师：那老师来做小狐狸，你们来做小动物。记住哦，小狐狸一回头，小动物就要变成石头，一动也不动。准备好了吗？

幼众:准备好了!

师:那我要变成小狐狸咯。你们当小动物,我走的时候你们就走,我停的时候你们就停。

(困惑与思考:老教师的思考——一共只有走和停两种动作,负担不重。幼儿可以将更多的精力放在音乐上。)

3. 音乐。(教师自唱 A 段音乐)

教师转身坐好,背对着幼儿唱谱,幼儿随乐在座位上练习。

(困惑与思考:① 教师在做走的动作时是坐着用腿做表示走路的动作,但活动刚开始,幼儿对新内容还完全陌生时,就跟随教师做下肢动作,幼儿会非常兴奋,从而很可能不会冷静地听音乐做动作。是不是继续用拍腿来表示走路会更好? ② 看来该班幼儿的"木头人"游戏经验让他们都能够自动做造型动作,虽然老师并没有要求。)

4. 其他。

(1) 教师引导幼儿迁移经验创编不同的石头造型。

师:好吵的小动物哦,唉,我看见有好多小动物的样子特别可爱,×××,你来告诉我们你是怎么做石头的。(教师请一个幼儿上台分享石头造型)这个石头好不好玩? 给她拍拍手。

幼:拍手。

师:还有谁愿意做石头?(教师做举手的动作)×××,你来,(教师再请一个幼儿上来分享造型)你是怎么做石头的? 做给小朋友们看。咦,这是什么石头啊?

幼:奥特曼。

师:奥特曼石头啊,他做得好不好啊?(教师竖起来大拇指称赞幼儿)给他拍拍手。好,你们都会做,是不是呀? 轻轻起立,好,我们找空地方站好,1、2、3。

(幼儿各自找空地方)

(2) 幼儿尝试创编不同的石头造型,教师提升个别幼儿的造型并用语言表述出来。

师:这一次我说,1、2、3,变,你们就变成石头的样子给我看,好不好?

幼:好!

师:准备好哦,1、2、3,变。

(幼儿各自做了一个造型)

师:我来看看都有什么石头呀,这个石头很漂亮,我要给它照张相。咔嚓,真好看。(教师走到一个幼儿身边描述幼儿的造型)

师:这边你们是两个人一起做的石头吗? 两个人手拉手,摆好了,我来照一照,咔嚓,真不错! (教师走到幼儿身边描述幼儿的造型)

师:我来看看这边还有什么石头,呀,这是开枪石头,咔嚓,真棒! (教师走到幼儿身边描述幼儿的造型)

师:再变一次,好不好?

幼:好!

师:1、2、3,变!

(幼儿再一次各自做了一个造型)

师:这个造型很好,咔嚓,看着天空的造型。(教师走到幼儿身边描述幼儿的造型)

师:我发现了一个三个小朋友一起合作的造型,真棒! 看着我,照相了,咔嚓! (教师走到幼儿身边描述幼儿的造型)

师:真能干,小朋友们轻轻起立,好,轻轻上位。(幼儿回到座位上)

(困惑与思考:新手教师的可能思考——教师用给幼儿拍照的方式来和幼儿互动,很贴近幼儿的生活,而且也能让幼儿努力地摆好造型不动,等待着教师来拍照,让幼儿既展示了自己的造型,也学会了等待。老教师的可能思考——① 教师说"两个人手拉手""三个小朋友一起合作"是在为幼儿提炼有关合作的思路;教师说"奥特曼石头""开枪石头"是在为幼儿提炼如何利用原有生活经验创编造型。② 这里完全没有使用音乐,因为这是一个单独抽出来的难点,重点是解决造型的丰富性问题,使用音乐反而会干扰探究主题。③ 此时轻轻上位的要求非常重要,保证了教师讲述新任务时幼儿情绪的稳定和头脑的清晰。)

师:刚才呀,我们做石头,我看到了各种各样的石头,做得真好,杨老师要给小二班的小朋友拍拍手。(教师拍手鼓励,幼儿也跟着拍手)

(困惑与思考:老教师的思考——新手教师往往会忘记随时赞扬幼儿

的成就和努力，但这一点非常重要！）

师：那这一次，我们跟着音乐一起来，好不好呀？

幼：好！

师：小狐狸每一次转身的时候，石头都可以变一个不一样的造型，记住了吗？

幼：记住了。

师：我是谁？

幼：小狐狸。

师：你们是谁？

幼：石头。

（困惑与思考：老教师的思考——对于任务、角色、规则等重要信息，新手教师往往说过就算了，老教师却不会放弃任何检查幼儿是否了解、理解、应用的机会，并会适时给予提醒和支持。）

师：好，起立，我要转过去咯，不要让我发现哦。准备好，听音乐哦，每个人找空地方站好。（幼儿冲到了教师的前面，教师立刻说话）在我的后面哦，1、2、3，在我的后面哦！（幼儿回到教师的身后）

师：好的，听音乐了哦，准备，我们要出发了哦，快！

（困惑与思考：老教师的思考——“冲到教师前面”这种问题在大班也会经常发生，但新手教师往往顾不上发现和解决，所以往往也就是因为这样一个小小的“蚂蚁洞”，后面的环节就会“一溃千里”，一发而不可收。）

教师和幼儿随A段音乐游戏。（音乐结束后）

（3）教师随乐继续带领幼儿练习，并加入“挠痒痒”游戏的环节。

师：看看，是不是石头？好，我要看看你们是不是真的石头。（教师走到幼儿的身边，开始对着幼儿做挠痒痒的动作，被挠的幼儿都能很努力地克制，保持不动）

师：真的是石头，这个也是的，（教师再次走到幼儿的身边，开始对着幼儿做挠痒痒的动作）我看看会不动，（被挠的幼儿都能很努力地克制，保持不动）嗯，真棒，还有两个，我来看看是真的还是假的。（教师再次走到幼儿的身边，开始对着幼儿做挠痒痒的动作，被挠的幼儿都能很努力地克制，保持不动）

（困惑与思考：老教师的思考——被挠幼儿一直能够努力保持造型不

动，可能与该幼儿园、该班级的常规基础有关；但与执教教师随时随地明确游戏情境和规则，随时随地激励和赞扬也有着十分密切的关系！仔细观察执教教师，她在挠幼儿痒痒时的体态、表情、声音、动作都充满游戏挑战的意味，确实是高手！年轻教师需要好好体会和模仿到位。）

师：你们真的都是石头啊，小狐狸好孤单哦，那现在，我只好继续去散步了，你们要不要跟我去啊？

幼：要。

师：那这一次散步的时候，小动物要轻轻地走，不要被我发现，还有，小狐狸一回头，你们就要变成什么呀？

幼：石头。

师：要不然又被我发现了，对不对？

幼：对。

师：好，来，小二班的小朋友们到这边来（教师用手指引方向，幼儿回到教师的身后），我要出发咯，准备好！

（教师与幼儿第一次完整随AB段音乐游戏，三遍音乐连续播放并连续玩游戏）

（困惑与思考：老教师的思考——教师在这里的许多指导细节都非常重要！① 教师专门提出“轻轻地走”，这很重要！游戏情境类似捉迷藏，情境使然应该轻；使劲跺地是坏习惯，无益于克制态度的养成和能力的提高；跺脚声音太响影响听音乐，影响做律动时与音乐和谐相处习惯的养成。② 三遍音乐连续播放，并连续玩游戏，节省了中间不必要的“啰唆”，可让幼儿流畅地反复享受游戏的乐趣，避免因不必要的拖沓而造成疲劳。）

师：哎呀，都是石头呀，那我会觉得好孤单的呀！我的好朋友在哪里啊？

幼：在这里，在这里。（幼儿立刻回应教师）

师：你是小兔子吧，你们做造型给我看，我来猜猜你们都是谁。（教师让幼儿做造型，自己来猜）

师：你是小猫对不对？（教师找到一个做小猫造型的幼儿询问），你是什么？小鸭子啊！对不对？（教师找到一个做小鸭子造型的幼儿询问，幼儿立刻发出嘎嘎的叫声）我找到你们了，我太高兴了。

（困惑与思考：新手教师的可能思考——教师用“感到孤单，需要好朋友”而最后“找出好朋友”的情境来结束游戏，既温馨又巧妙。）

（4）变换小狐狸角色，再次丰富幼儿造型经验。

师：除了我这一只小狐狸想来找你们玩，还有一只小狐狸，它也想来和你们玩。你们想吗？

幼：想！

师：石头们赶快准备好。（配班教师进入游戏，扮演新的小狐狸）

配班教师：我戴眼镜的哦，我会好好找，看看哪个是假石头。

（配班教师做小狐狸，执教教师与幼儿一起做小动物，第二次随乐完整玩游戏）

配班教师：我真难过呀，我的好朋友在哪里啊？（配班教师假装不开心，学哭泣）

幼儿都冲向配班教师，并说我们在这里。

配班教师：我来看一看都有哪些好朋友！（幼儿做动物造型，配班教师说出动物的名称）

师：这只小狐狸找到我们了吗？

幼：找到了！

（困惑与思考：老教师的思考——教师和幼儿在游戏情境中的情感互动是非常重要的！但年轻教师往往容易忽略这种互动，因而使幼儿经常“脱离情境”，游戏的情感体验既不充分，又不流畅。）

师：找到了呀，真高兴，那下次我们再来和这只小狐狸做游戏，好不好？

幼：好！

教师带领幼儿排队结束游戏。

（困惑与思考：新手教师的可能思考——幼儿和扮演新的小狐狸的配班教师随乐完整游戏时，执教教师是不是可以在旁边观察，不用跟着幼儿游戏？这样可以更好地观察幼儿的造型创编情况和幼儿在被小狐狸挠痒痒的时候是能不能忍住不动。老教师的思考——执教教师在这里退出不仅仅是为了“与民同乐”，更重要的是为了观察和支持幼儿的学习，视频中执教教师似乎没有很好地运用退出的应有功能。）

活动重难点

1. 引导幼儿创编各种不同的石头造型。

2. 教师转身看时幼儿要立刻静止,教师在“挠痒痒”时幼儿要努力保持造型不动。

克隆后反思

1. 讲故事的时候感染力不够,对幼儿的努力和成就赞扬不够。

2. 在用唱谱方式支持幼儿随乐创编石头造型时,教师在转头前唱谱的声音应该突然变大,以提示幼儿要准备保持不动了。

3. 在引导幼儿创编造型时,应先邀请一个做造型比较有特点的幼儿上台来面向全体幼儿展示造型,这也是给全体幼儿提供创编的思路。再邀请第二个、第三个幼儿上前来展示造型的思路。将高级榜样隐藏于众多的造型之中,仅凭教师的语言提炼,并不利于幼儿相互借鉴。

4. 让幼儿明确“挠痒痒”的游戏规则时,必须在原设情境中完成,这样更容易让幼儿理解和遵守游戏规则。

5. 在“挠痒痒”的时候,教师动作表现需要带有“挑战性的意味”,以激励幼儿自我克制,但不能太夸张。太夸张容易让幼儿过度兴奋,一旦兴奋过度就很难保持造型不动了。

(二)实录评析范例 2

小班律动“艾玛捉迷藏”

原创执教　南京市游府西街幼儿园　周　瑾

实录评析　南京市游府西街幼儿园　张玥玥

活动目标

1. 初步感知乐曲的旋律和结构,跟随 A 段音乐做大象走路、喷水、打招呼的动作,在 B 段音乐做玩捉迷藏游戏的动作。

2. 迁移已有的方向经验,尝试创编不同方向的喷水动作并完整地玩游戏。

3. 知道在韵律结束后再找艾玛,在捉迷藏游戏中尽量遵守不偷看的游戏规则。

活动准备

1. 物质准备：PPT、艾玛的两种大小的塑封图片（图片背面有双面胶）、录音音乐。

2. 经验准备：幼儿玩过捉迷藏游戏，了解游戏的基本规则。知道游戏里有人躲藏，有人找；找的人闭上双眼数数，数到规定的数字后去找躲起来的人，数数的过程不能偷看。

3. 空间准备：每人一张椅子，幼儿坐成半圆形，座椅与大屏幕之间留有适宜的活动场地。

活动过程

1. 故事。

故事导入，创设情境。

师：艾玛和一大群大象走进了树林里，他们相互喷水，扬起鼻子打打招呼，一起玩真开心。突然艾玛想了一个好主意，我们来玩一个游戏吧！

倾听故事，引发幼儿对活动的兴趣。

（困惑与思考：故事情境导入环节，怎么更好地引发幼儿的兴趣，将其带入情境中？

说故事时，教师要提到与律动中的动作相匹配的“喷水、扬鼻子打招呼、玩游戏”情节，给幼儿隐形的提示。加入情感，生动讲述，能将小班幼儿更好地带入情境中。）

2. 动作。

感知乐曲，尝试表现动作，学习玩找艾玛的游戏。

（1）教师示范动作，幼儿观察B段音乐捉迷藏的游戏玩法。

师：请你们看一看，艾玛和大象们玩了<u>什么游戏？怎么玩的</u>？（备注：加下划线处需要加强语气。下同，不再备注）

幼：捉迷藏。

师：怎么玩的？

幼：要闭上眼睛。

帅：对，要闭上眼睛，等到数完数字，老师说睁开的时候再睁开。我们一起来试一试吧！

师：闭上眼睛，艾玛快躲，我们来找，5、4、3、2、1，睁开！

（困惑与思考：在学习动作时，最先需要解决什么问题？

游戏是此活动的中心，和以往先关注教师示范动作不同，此韵律活动中先关注的是教师跟随音乐演示捉迷藏的玩法，这是重难点前置。幼儿回答“捉迷藏”后，教师要进一步明确游戏要求，“闭上眼睛”“不能偷看”“听老师说睁开的时候再睁开”。而且，教师要用和音乐匹配的语音、语速及节奏说这段游戏的指导语来带领幼儿熟悉游戏规则；在游戏过程中检查上述要求，可在数完1后，适当停顿，考验幼儿是否听语令睁眼。）

（2）教师再次示范动作，幼儿细致观察动作及顺序。

师：艾玛和大象们在游戏之前还做了哪些动作呢？

幼：看！

师：对，在睁开眼睛后，把两只手放在眉毛的位置，抖动手指，做了“看”的动作。还有什么动作？

幼：……

师：没有关系，请你们再看我表演一次，看一看艾玛和大象们在游戏前面还做了哪些动作。

幼：（双手轮流，用指尖点腿）

幼：有喷水和打招呼的动作。

师：有用手在腿上模仿大象走路的动作，有喷水的动作，喷水的动作是用双手模仿大象的鼻子，先向自己的身体吸水，再向前喷出去。还有扬鼻子打招呼的动作，也是用双手模仿大象的鼻子，双手相握，把鼻子甩到左边，再甩到右边，像打招呼一样。

（困惑与思考：此环节教师对幼儿关于动作的回答应该如何更好地进行反馈？

幼儿在回答时，大多会直接做动作，语言表述不清。此时对幼儿的反馈，教师需要用准确、清晰的语言，把幼儿做的、说的动作边表述边做出来，以提高幼儿对动作的语言表述能力。其中的喷水动作，可能有幼儿会分不清是先把水吸进来还是先喷出去，顺序做反了，教师需要向幼儿解释清楚是先向身体吸水再向前喷出去，即由内向外做动作。）

3. 音乐。

（1）幼儿在教师的带领下，尝试学做律动，玩找艾玛的游戏。

师：艾玛说，你们准备好和我一起玩了吗？请你们在音乐结束后再来找我。

师：找找看，艾玛躲哪儿了？

幼（一边指一边说）：那里！

师：哪里呀？谁能说清楚，我就请他上来找。

幼：在狮子的头顶上。

师：你说得真好，请你上来，点开，看一看是不是艾玛。

（困惑与思考：有的幼儿在做了“睁开”的动作后，就忍不住开始找，后面的动作不做了，影响音乐律动的完整性，如何更好地应对这种情况？

教师把“在音乐结束后再来找我”的要求提在律动前，引导幼儿有意识地学习控制自己的行为。还要注意在律动结束后再点击 PPT 换页，以免新出现的画面提前分散幼儿的注意力，同时防止因 PPT 换页而导致音乐中断。

在请幼儿找出图中艾玛的藏身位置时，小班幼儿大部分会直接用手指向目标，回答“那里”，所以教师需要重申“用语言澄清”的要求，既让其他幼儿准确发现目标，又促进了幼儿语言能力的发展。）

（2）幼儿自主学做动作，完整游戏。

师：不是艾玛，没有关系，下一次可能就能发现艾玛了。大象们和艾玛玩这个游戏是很高兴的，你们能带着高兴的心情表演吗？

幼：能！

师：这次艾玛要请一个带着笑容玩的小朋友来找他哦。

师（在律动结束后点 PPT）：找找看，艾玛躲哪儿了？

幼：树的旁边。

幼：蓝色树的旁边。

师：我看这个小朋友的表情从开始到结束都很好，请你去找一找艾玛吧！

（困惑与思考：在幼儿初步熟悉整个律动游戏后，加入什么新层次内容，能让幼儿再次游戏，从而巩固动作与游戏规则呢？

可以引导幼儿加入情绪表现，请他们带着高兴的表情来玩游戏。同时幼儿很期待在音乐结束后能亲自寻找艾玛，因此用"带着笑容玩的小朋友来找他"作为小奖励，鼓励幼儿加入情绪表现，循环玩游戏。）

（3）根据故事情节，尝试创编不同方向的喷水动作并提升游戏层次。

师：不是艾玛，那是什么？没关系，我们再来找一找，这次我们换一个方向喷水，刚才是向前喷的，还可以向哪里喷？

幼：向上！

幼：向下喷！

师：好，我们一起来喷一次，吸—喷！摆好不动。有向上喷的，有向下喷的，有向两边喷的，你是向哪里喷的？

幼：向后！

师：非常好！这一次，你可以选一个自己喜欢的方向喷水，也可以每喷一次换一个方向。

师（在律动结束后点 PPT）：找找看，艾玛躲哪儿了？

幼：在那棵紫色的树后面。

师：是不是呀？

幼儿点点头。

师：真的是艾玛呀！

［困惑与思考：在动作创编环节，如何帮助幼儿更好地完成任务？

在展示自己创编的动作时，请幼儿定住喷水造型，以方便幼儿在相互观察中发现更多可行的喷水方法。教师在此处不必限定幼儿换什么方向，而是引导幼儿学习根据自己的情况选择不同的、适合自己难易程度的喷水方法。在此环节中有的幼儿可能需要模仿，教师可以用向能力强的幼儿学（比平时稍慢一点点做动作）的方法，再加语言提示来满足不同能力幼儿的需要。如果幼儿表现力较强，教师可以不做动作，总之需要根据当时幼儿的情况进行反馈。］

4. 其他。

(1) 教师引导幼儿将手部动作转化为脚部动作,原地完整律动。

师(出示艾玛的小图片):艾玛出来和你们玩喽,他会在你们捂眼睛的时候悄悄地躲在你们的附近,你们在音乐结束后再来找他。

师:刚才我们是用小手模仿大象在小腿上一下一下地走路,你们会不会在自己的小椅子前一下一下原地慢慢走?怎么走?谁来试一试?

一名幼儿示范大象走路。

律动中,教师在幼儿闭上眼睛时,迅速把艾玛的小图片贴在自己身后。

师(在律动结束后):艾玛去哪儿了?

幼儿在原地张望。

教师故意回过身寻找。

幼儿发现教师背后的艾玛:在你背后!

(困惑与思考:此环节包含两个"变化",一是艾玛从PPT上的图片转化为实物图片,二是律动由坐姿转换为站姿,需要注意些什么?

艾玛从PPT中"出来了",可能有部分幼儿会很兴奋,在音乐没结束、动作未做完前,就分散注意力去寻找艾玛,所以此时需再次强调游戏规则。关于图片,课前要放在口袋里,教师当天穿的衣服一定要提前试一试能不能贴住图片,以免图片中途掉落。另外,在课前把图片后面的双面胶,撕开一点,方便在课上迅速贴好图片。这一环节,建议教师退位看幼儿做,如果幼儿有困难就用提示语指导幼儿。

起初幼儿坐在椅子上用手做走路动作,熟练掌握后,换站立做动作,但需要先原地进行,即从手部动作变为脚部动作,在教师带领下,幼儿单独练习,而且是在小椅子前原地练习,之后,再散点站立玩游戏。这样循序渐进有助于幼儿的学习和教师的指导。)

(2) 幼儿散点站立玩捉迷藏的游戏。

师:艾玛你可真顽皮,你什么时候跑到我背后了!这次艾玛吃了一颗缩小丸,你们看!(教师出示小的艾玛图片)这次我们大象可以到这个大草坪上走一走,艾玛会在你们闭眼睛时,悄悄躲在你们身边哦!

师（在律动结束后）：艾玛去哪儿了？

幼儿四处寻找，在同伴的身上发现艾玛。

师：你们真棒，下次我们到教室里，请一个小朋友来和艾玛玩捉迷藏的游戏，好不好？

幼：好！

（困惑与思考：玩缩小版艾玛的捉迷藏游戏需要注意什么？

教师在将图片贴幼儿身上时，可以考虑贴在班上不容易被别人注意的幼儿身上，用游戏引导其他幼儿关注他们。同时也可以观察幼儿衣服的颜色，如果幼儿能力强，容易找到艾玛，可以选用比刚才贴教师身上小一些的图片，或把图片贴在穿彩色衣服的幼儿身上，或者把图片贴在衣服隐秘处，以增加游戏难度；如果幼儿能力弱则可以把大图片贴在穿深色衣服幼儿的身上，让幼儿容易找到。）

活动重难点

本节活动的重点是跟随音乐玩和艾玛捉迷藏的游戏。幼儿需要迁移以往玩捉迷藏游戏的经验，并在大象和艾玛一起玩捉迷藏的情境中，随乐进行。在玩游戏时，要遵守规定时间内不偷看、听语令才睁眼、随乐做完动作、音乐结束才找艾玛等游戏规则。

活动的难点在于，幼儿需对不同的动作、艾玛的藏身之处等进行语言描述，教师需要在幼儿的回答后进行准确、清晰的反馈。

克隆后反思

1. 教师要熟悉语令，这是一切的基础。开展活动前多随乐练习，注意语令与音乐节奏的匹配性；在换动作前，需要将语令前置，让幼儿做好即将换动作的意识与准备，同时根据情境与动作的变化，适当加入合适的情绪表达。随着游戏次数的增多，根据幼儿的掌握情况，教师可在后期适当减少捉迷藏游戏前的动作提示语令。

2. 教师在随乐示范韵律动作时，要干脆利落，不要有多余的小动作或者较多的晃动，确保幼儿看清相应的动作。

3. 小班幼儿的语言表述能力较弱，在回答时，如对动作的描述、对艾玛躲藏位置的描述，教师要用准确、清晰的语言帮助幼儿澄清并反馈答案，以提高幼儿逻辑思维能力和语言表达能力。

4. 将艾玛换成小图片，粘贴在教师自己身上和幼儿玩捉迷藏，一定要在活动前试试图片是否方便粘贴，可以撕开小角，方便在规定时间内粘贴到衣服上，确保游戏顺利进行。

— 第八章 —

游戏化的教学活动设计

第一节　游戏的种类与功能

一、种类与功能

游戏不仅具有娱乐、融洽社会关系和增进健康的功能，而且对于所有年龄层次人们的学习具有积极促进的作用，这一点毋庸置疑。

（一）游戏的种类

全世界不同时代、不同文化人群中普遍存在的游戏，可以从游戏规则的角度进行如下分类。

1. 情境表演游戏。

在一个假想的情境中，以一个假想的角色，来演绎一个假想的故事，是所有年龄层次的人们都非常喜欢的游戏。因此，情境表演游戏也是儿童游戏中最受欢迎的种类之一，而且各个年龄层次的幼儿都会喜欢。

尽管有些儿歌或歌曲，如《小老鼠，上灯台》等，自身就包含一定的情境，但教师在歌唱教学活动设计的过程中，往往还是会另外再加上一个表演情境，以便能够更好地激发幼儿学习的兴趣。律动和奏乐也一样，而且由于律动、奏乐在大多数情况下都会选择没有歌词的器乐曲，所以假想情境的使用会更加自由。

为了能够让假想情境更加吸引幼儿，新手教师最好选择特定年龄阶段幼儿能够理解和喜欢的经典绘本故事，毕竟经典故事已经经过了千锤百炼。

2. 领袖模仿游戏。

领袖模仿游戏有另外一个家喻户晓的名称，叫作“请你像我这样做”。而大家同样比较熟悉的领袖模仿游戏的变异种类就是：照镜子游戏。

领袖模仿游戏可以有很多变种：

（1）一个人当领袖，大家模仿。

（2）可以不停地更换领袖。

（3）可以两个人结伴，一个人模仿另外一个人。

（4）可以轮流相互模仿。

（5）相互模仿时可以镜面对称模仿。

（6）可以模糊地大致模仿。

（7）可以刻意严格地原样模仿。

（8）可以特意地“变异”模仿。（《猴子学样》故事中，猴子模仿爷爷，爷爷慢，猴子模仿得快；《OZ 国历险记》故事中，小姑娘做正常动作，稻草人做柔软连贯的模仿；铁皮人做僵硬断顿的模仿）

3. 身体接触游戏。

身体接触游戏在多数情况下是受幼儿欢迎的游戏。但需要注意，在一些特殊情况下，一些特殊的儿童可能会抵制与特殊的他人进行身体接触。但这也说明，这些儿童恰恰更需要通过游戏和教育的帮助，学习如何与他人进行正常的身体接触。

传统的双人结伴的上肢身体接触游戏，往往起源于亲子歌谣游戏。

（1）这类传统经典游戏如“骑大马”“摇到外婆桥”“顶锅盖”“县官判罚”“掏鸟窝”等都是成人一边念儿歌或唱歌谣，一边按节奏在幼儿身体上做接触性的逗弄动作。（当然，幼儿熟悉后，也可以反过来在成人身体上做）

教师一方面可以通过继承和开发这类游戏，在家园联系活动中教给家长，以弥补家庭教育的不足；另一方面也可以将这些游戏融进音乐作品的学习中，以提升学习的乐趣和效益。

（2）“花式击掌”游戏，也是在全世界流传的一种经典身体接触游戏。在不同的文化里，有不同的击掌方式，可以有各种创意变化。这种游戏通常都自然伴随儿歌或歌曲，当然也有刻意伴随器乐曲的。

（3）一些传统的身体活动游戏，本身原不包含身体接触，如双手交替叠加向上“攀爬”的“小老鼠，上灯台”（双手四指握拳单竖大拇指，上手握住下手大拇指，按节奏交替向上叠加）、“蚊子叮”（双手成掌，手心向下重叠，按节奏交替向上叠加）等，都是自己玩自己的双手，但都可改变成两人或更多人的手叠加向上（向下）攀爬的合作游戏。

还有民间流行的“嘴巴和西瓜”“打月饼”“煎麻糬”“一枪数鸟”等，这些伴随儿歌、歌曲的游戏也都可以既是一个人自己玩自己的游戏，又可以是两个或更多人结伴合作进行的身体接触游戏。（请注意，在集体教学活动中，这些游戏都需要：先教

幼儿“自己玩自己”的游戏，待幼儿基本掌握了，再挑战幼儿玩两人合作的游戏）

（4）塑形游戏。“吹玻璃”“捏面人”“小铁匠”“吹泡泡”，都属于模仿民间手工艺劳动情境和动作模式的情境表演游戏：两两结伴，一人是匠人，一人是作品；一人主动，一人被动。贴近幼儿经验和想象力的情境如“捏棉花糖”（捏哪里，哪里就凹下去）“啃苹果”（啃哪里，哪里就少一块，直到被啃成苹果核），更能够给幼儿带来想象和表现的欢乐。作为一般游戏或体育游戏，是不需要配合音乐玩的。但作为音乐游戏，教师则可以选择合适的音乐，对幼儿提出合适的节奏或结构反应挑战。

4. 输赢竞争游戏。

三岁以后，输赢竞争游戏逐渐成为幼儿最爱的游戏之一。幼儿会乐此不疲地玩各种具有输赢结果的游戏，因为这样的游戏能满足幼儿自我发现、自我认可的需要。幼儿园常见的输赢竞争游戏有以下这些。

（1）猜拳游戏。

猜拳游戏也是大家非常熟悉的传统游戏。最常见的一种又称为“石头、剪刀、布”或“包剪锤”。

经典的猜拳游戏通常两人对抗，可以有以下不同种类。

① 用上肢玩。（一只手出；两只手同时出；先出一只手，再出一只手；两只手同时出不同的，再收回一只手）

② 用下肢玩。

③ 全身玩。

④ 变异的玩法 A，换形象，如“老虎、棒子、鸡”“光头、熊二、枪”等。

⑤ 变异的玩法 B，集体对抗（两小组对抗）：小组内先协商统一，再是两组的人同时出拳。可以多次对抗，最终算积分论输赢；也可以叠加追捉游戏（赢家追捉输家）等。

（2）赛跑游戏。

常见的赛跑游戏主要有四种。

① 圆圈上同方向追逐跑。

此种游戏最为大家所熟悉的就是“丢手绢”。在新的游戏化教学设计中被高频率“变异”使用。

② 圆圈上反方向占位跑。

此种游戏最为大家所熟悉的就是“切西瓜”和“开锁”。在新的游戏化教学设计中被高频率“变异”使用。

③ 圆圈上自由方向(四散)追逐跑。

此种游戏在更高难度水平上挑战追逃双方的快速应变能力。虽然追逃双方竞争激烈,且能够高度投入,但由于参与面不够广,容易疲累和兴奋扩散,需要教师拥有机敏的控制引导技巧,所以要谨慎采用。一般教师会加上“跑上位即安全”的补充规则。

④ 四散—上位追逐跑。

此种游戏最为大家所熟悉的就是“猫捉老鼠”和“老狼几点啦”。在新的游戏化教学设计中被高频率“变异”使用。尽管小班幼儿也非常喜欢,但教师需要谨慎控制自己的“表演”,不要演得“太吓人”,否则会对小班幼儿施加过大的负面情绪压力。

(3) 上肢追捉游戏。

① 打手游戏 A。

最简单的玩法就是:两人结伴,一人出一手,手心向上,同时相互对视做准备,等待……听到信号翻掌击打对方的手,击中者获胜。

在音乐活动中,通常听音乐信号进行游戏。但是,由于幼儿自控能力比较弱,不宜多次出击。所以通常安排在音乐结束后出击。当然,大班阶段,若在幼儿自控能力发展比较好的班级,可以尝试多次出击,并累计比较各自最终击中次数。

② 打手游戏 B。

这种玩法稍难,即在出击前面有许多其他随乐动作,幼儿在没有机会静心准备的情况下,听特定音乐信号翻掌击打对方的手。

③ 打手游戏 C。

这种玩法更难,即集体围成大圆圈,双臂两侧打开,双手手心向上;右手放上面,左手放下面:每个人都将右手放在其右边同伴的左手手心中,准备。从教师或某幼儿开始,拿右手去击打自己左手手心上同伴的右手,被击者同样按照音乐节奏依次向顺时针方向击打。依次、连续向左移动,在音乐结束的最后一击,最后一名将要被击打的人迅速抽走自己的右手，击打者便可能击打到自己的左手。击中他人者获胜，被击中者可以暂时退出游戏，没有击中他人，击打者暂时退出游戏。游戏重复若干遍，谁坚持到最后没有退出便是赢家。当然，被击中者或击打不中者也可以不退出，从输家开始重新玩，各人计算击中他人和被他人击中的次数（此规则适合成人）。

④“顶锅盖”。

这也是一种听信号快速反应的游戏。两人结伴，一人右手手心向下，另一人右手食指向上顶在同伴掌心，以同时相互对视作为准备。等待……听到信号双方同时发动，一抓一逃。（抓者向下运动）

变异玩法 A：如“喜羊羊和灰太狼”，两两结伴，狼双手为爪，羊双手为角，双方并不相互接触，以四目互相对视作为准备。等待……听到信号双方同时发动，一抓一逃。（抓者向前运动）

变异玩法 B：如“青蛙与和害虫”，两两结伴，“青蛙”手心向上，“害虫”将食指置于“青蛙”掌心，随乐一下一下点（也可静止等待），听到信号双方同时发动，一抓一逃。（抓者向上运动）

⑤“抓尾巴”。

传统玩法为将类似尾巴的物体挂在后腰，两人相互设法将对方尾巴抢到手。

变异玩法 A：“萤火虫”。两人听信号快速去捏对方的耳垂并同时躲避不让对方捏到自己的耳垂。（在音乐活动中玩这种游戏，通常为听信号快速反应游戏，或在规定时间内对抗，最后计算成果来确定输赢。但不适宜像体育游戏一样长时间自由对抗）

变异玩法 B：“母鸡护蛋”。两只“母鸡”盘腿坐在地上，腿圈中放置一些小球或沙袋，在一定的音乐（通常为紧张激励情绪性质）段落中，一边护住自己的蛋一边去拿对方的蛋。（当然也可以分两个角色，一个为狐狸取蛋，一个为母鸡护蛋。还可以按照听信号反应的规则来玩）

（4）“老鼠笼”类游戏。

这类游戏也拥有众多变异玩法。而且以下这些玩法，还都是不同文化中的传统玩法。

①“老鼠笼”。

玩法:多数人手拉手围成大圆圈,意为“老鼠笼”。按照儿歌或歌曲的结构(一个或两个乐句)将手举起和放下。手举起,意为“开门”;手放下,意为“关门”。少数人为“老鼠”。在“老鼠笼开门”的时候,老鼠可以自由地钻进钻出;在“老鼠笼关门”的时候,老鼠不可以进出。我们20世纪50年代的人在幼儿园的时候就会玩这个游戏,见识过各种儿歌和歌曲伴随的游戏,不知道其文化渊源。但将儿歌或音乐随便更换也是一种“传统”。

②“蓝鸟”。

此游戏玩法与上例类似。伴随游戏的歌曲叫作《蓝鸟》。这应该是来自欧洲文化背景的游戏。相同的是全体手拉手形成大圆圈,大家把手举起成门状;不同的是没有“开门、关门”的规则,但加了开火车的规则:每一遍歌曲结束,“火车头”在唱到“哦,宝贝我已经累了”的时候,将双手搭在圆圈上某人的“后肩上”,此人便成为新的“火车头”。圆圈断开处两侧的人自动连接,游戏继续,直到所有人进入火车的行列。从这里我们可以看到将传统游戏拆分和重组的可能性。

③“伦敦桥”。

此游戏看似与前面两例在空间设计上有所不同,但相同的是“开门、关门和扣人”的规则。两人双手相扣向上举起为“伦敦桥”(真实的“伦敦桥”上举打开,下落合拢),其他所有人唱着歌曲鱼贯自桥下通过。歌曲最后一个音“桥体”落下,被扣住者出列。可以有多种传统的或新的创意性的思路。伴随游戏的歌曲叫作《伦敦桥》。这是来自欧洲文化背景的游戏。

④“城门几丈高”。

伴随此游戏的歌曲叫作《城门几丈高》。唱一下就知道一定是来自我们中华文化背景的游戏。但游戏玩法与上例“伦敦桥”几乎完全相同。可见伴随游戏的儿歌是可以更换的。但不是随意更换!我们发现,虽然是不同的文化背景,不同的场景,但桥的开关、门的开关,游戏本质是相同的。

⑤新编游戏——情境变异的思路。

我们团队近些年的活动设计中,应用类似游戏的范例就有“江南”(荷花与小鱼做游戏)、“抓住大火鸡”(农夫围堵偷吃蔬菜的火鸡)、“小猫钓鱼”(两组小猫比赛谁钓的鱼多)、“小云朵”(两组云朵比赛谁收集的雨滴更多)、“捉泥鳅”(同一个活动先玩两人当网、一人当泥鳅游戏;再升级为多人当大网、少数人当泥鳅的游戏)等。就此可以看出:无论怎样变化创新,情境逻辑的合理性是必须考虑的。

(5)“贴烧饼”游戏。

这个游戏是我们20世纪50年代的人在小学高年级和初中时玩的游戏。全体按照从圆心向外放射的空间状态列纵队,每队五到六人。另有两人一人追捉,一人逃跑。逃跑的人随时可以贴到任何队伍的最前面一人的前面或最后一人的后面。如果贴在最前面,最后一人便成为新的逃跑者,如果贴在最后面,最前面一人便成为新的逃跑者。

这种游戏规则对“追捉者”“等待者”(站在队伍最前面或最后面的人)和“逃跑者”的现场情境改变的判断力、反应能力,非常具有挑战性。在幼儿园,即便是大班幼儿,若没有长时间的反复专门练习,是很难掌握的。因此,游戏的焦虑会大大增强,而乐趣则会大大减少。注意下例。

“兔子洞”是“贴烧饼”调整后的游戏:同样站成圆圈,不过改成三人一组站成单层圆圈,旁边两人为大树(由于需要比较长时间保持同一种姿态,幼儿可以选择舒适的姿态),中间一人为树洞中的兔子。另有两人一追(狐狸)一逃(兔子)。逃的人进入任何树洞,原先在树洞中的兔子立即成为新的逃跑的兔子。这样的改变,使得观察、判断、反应的难度降低了许多。此范例说明,各种大家熟悉的传统游戏中的歌曲、情境、规则、空间状态、动作,都是可以根据自己班级幼儿的实际情况和教学需要,进行调整、改变的。

需要注意的是:音乐游戏设计中,由于追跑游戏比较紧张刺激,不能要求幼儿按照音乐的节奏或结构进行反应。所以,要么给予特定的一段音乐专门来玩追跑游戏,要么待音乐结束之后再开始单纯玩追跑游戏。

(6)“占位”游戏。

其实,“兔子洞”游戏也属于“占位”游戏。只是输赢规则稍有不同而已。我们来看典型的和变异的各种案例。

① 占特位。

“抢椅子”游戏:将椅子摆成圆圈,椅子数量比参与者数量少1。全体在圆圈里面或外面贴着圆圈行走，音乐结束时，所有人迅速找到一张椅子坐下，没有椅子者为“输家”，后面可以叠加各种处理“输家”的规则。（椅子也可以散点摆放，参与者在可能的空间中自由行走）

各种变异的玩法。A：将椅子换成在地上画的小圆圈。B：将椅子换成同伴（找伴者移动，人数比等待者少1）。C：将规则修改成只有一张椅子、一个记号或一个同伴可以被抢；被抢的椅子、记号或同伴可以安排在比较容易看见的地方，如圆圈中间；也可以增加一些干扰因素，如不易发现的记号等。D：在结伴舞蹈过程中，在音乐的特定段落重新结伴，找不到舞伴者暂时退出游戏并等待。E：将“抢椅子”（圆圈、记号、同伴等）游戏改成“换椅子”（圆圈、记号、同伴等）游戏。（可以暂时降低紧张焦虑的程度）

② 回原位。

《逛公园》《十个印第安小人》虽然是欧美儿童歌曲，但伴随这些音乐的游戏在我国幼儿园至少流行了二三十年。全体围成大圆圈，中间一人为领袖（爸爸或酋长角色），全体按顺时针方向行走，领袖向逆时针方向边唱歌边行走，同时按照歌词，从圈内选择人，被选择的人进圈跟在领袖后面行走。歌曲结束，圈内人员迅速回到自己原先所在的位置（即原先左右两侧的同伴中间），最后返回或找错位置的为输家。当然领袖也可以参与“抢位”（只能抢游戏中那些被邀出列的人原先的位置），没有位置的人为输家。由于歌曲带有一定的情境，所以有创意的教师还可以在歌曲结束时加上情境表演。如《逛公园》中，最后一段唱的是小猫不逮老鼠就不带它去公园，所以，最后被选出的人则为小猫，小猫大叫一声之后可以抓人，被抓到的人为输家。情境表演增加了游戏的刺激性。《十个印第安小人》原先的歌词没有情境，教师可以自己增加一个情境对话。你想增加一些什么样的情境对话呢?

（7）“信号反应”游戏。

这类游戏主要有两大类。各种类型又可以根据需要反应的信号数量分为一种信号和多种信号；根据信号接收器种类分为听信号和看信号；根据反应性质分为按指令反应和故意不按指令反应等。

① 听—看信号快速反应。

就“红绿灯”游戏而言，红灯或绿灯，可以出示图片或实物指示，也可以用语音指示。此游戏有 2 种信号,2 种反应。

“木头人”游戏,看见老师停下来,就表示老师要回头看了,要立即停下不动并做造型。此为看 1 种信号进行唯一 1 种反应。(这个比较简单)

“森林旅行”情境表演游戏:小动物来了,大家一起跳舞,大灰狼来了,大家逃跑上位。即是 2 种信号,2 种对应反应。

“调皮的小鞋子”情境表演游戏:朋友来了,相互打招呼;约翰来了,一起玩捉迷藏游戏;鞋匠爷爷来了,快速回到“鞋柜”坐好。3 种信号,3 种对应反应。(通常越多越有挑战性)

还有,发出指令者发出若干“干扰性的指令”,但其中只有一个指令是要求做动作反应的指令。(虽然只有一个动作,但因增加干扰因素而变得更具挑战性)

② 听—看信号快速做非指令反应。

领袖模仿游戏的变异:领袖做了什么动作,模仿者必须做不同或相反的动作。这就是看信号做非指令反应。

体育游戏中,教师说“高人走”,幼儿要做“矮人走”等。(听信号)

律动游戏“海草舞”中,教师双手在上方摆动,幼儿必须在下方摆动,或者在除上方的任何方向摆动。(看信号)

更为复杂的信号反应还可能是:在信号中加入不太容易注意和分辨的因素,如加入一种声音、一种动作或一个特殊词语,甚至一类特殊词语。听或看到这种含有特殊成分的信号时,就要“做反应”或“不做反应”。比如,老师说(或举起右手):“老师说‘请鞠个躬’。”(大家要鞠躬),或者老师举起右手说:“请鞠个躬。”(大家要鞠躬)。如果老师说:“请鞠个躬。”这句话里没有包含“老师说”,则不能做反应。

(注意:这种信号反应游戏,相对上面的例子更适合年龄稍大的幼儿)

5. 空间探索游戏。

(1) 开火车。

“开火车”游戏也有多种不同玩法,A 单人开,B 两人开,C 多人开,D 不断通过邀请增加开的人数,E 不断通过“猜拳”合并火车,F 通过 180°向后跳转不断更换新火车头,G 两人及以上的火车,除火车头外所有车厢都“闭上眼睛”等。音乐可以自选,可以增加或变化情境,可以增加领袖模仿规则等。

（2）请朋友、换朋友、抢朋友。

在集体舞蹈的游戏情境中，请朋友、换朋友和抢朋友的游戏，因其挑战性而吸引幼儿。

① 邀请舞A：围成圆圈，邀请者做完邀请仪式动作后，与被邀请者交换位置。被邀请者成为新邀请者。不断重复至音乐结束（同样音乐反复多次）。邀请者可以在圈内行走寻找邀请对象，也可以在圈外行走。

② 邀请舞B：围成圆圈，邀请者做完邀请仪式动作后，与被邀请者一起成为下一次邀请的邀请者。在不断重复的过程中，邀请者不断增多，被邀请者不断减少，直至圆圈消失。在音乐尚未结束之前，所有人可以任意相互邀请。

③ 单圈双圆换舞伴：面对面的舞伴相互交换位置。可以统一从舞伴右侧直接交换位置，然后面对新舞伴；也可以两人面对面、手拉手旋转交换位置，再各自180°向后跳转，然后看见新舞伴，游戏非常有趣。

④ 双圈双圆交换舞伴A：一圈不动，一圈直线横向移动；两圈同时向相反方向横向移动；一圈曲线移动绕过一个或几个不动圈上的朋友。

⑤ 双圈双圆交换舞伴B：外圈背对圆心不动，内圈自由寻找新舞伴，最后外圈人向后转身面对圆心时才能知道谁是自己的新舞伴，游戏非常有趣。

⑥ 抢朋友游戏：在特定的队形中，一些人结伴舞蹈，一些人观看。舞蹈过程有重新寻找舞伴的机会。此时，观看者可以迅速插入队形，结交舞伴。失去舞伴者自动站到场外，等待新的抢朋友机会。

（3）即兴肢体合作。

“三人套圈”是经典的幼儿园肢体合作空间探索游戏，长期被收录在人民教育出版社出版的全国统一教材中。这里主要介绍一些名称相同玩法不同的案例。

例1：“神秘花园的拯救”，两人结伴，舞伴A用中号体操圈慢慢套住舞伴B身体的某一部位，B慢慢将身体的该部位从圈中脱出，再接过体操圈，然后重复前面两人之间的互动操作。

例2：“天鹅”，操作方式与前例相同，只不过将体操圈换成用自己身体某部位围成圆圈套住同伴。

例3：“墨西哥草帽舞”，三人一组，多组站成“开花走”队形。在音乐的特定段落玩三人套圈游戏,其他段落跳舞和玩换朋友游戏。这些游戏都是既可以和固定舞伴玩,也可以不断更换新舞伴玩。

例4:“架子鼓”,可以两人合作,一人为鼓,一人为鼓手(可以交换角色);也可以多人为鼓,一人为鼓手。

例5:“落叶”,一人为树干,多人为树枝和树叶,即兴造型,即兴变春夏秋冬的场景。

例6:“火焰”“草原上昆虫”可以使用增强表演和视觉效果的道具。

例7:各种“即兴塑形”游戏可以拓展成有动有静的场景表演,如“彩虹色的花”“博物馆奇妙夜”等。

(4) 集体舞中变化队形。

民间传统的社交集体舞蹈的队形有很多不同的种类,其中最主要的是圆圈舞蹈、行列舞蹈、链状舞蹈、方块舞蹈四种。其他都是从中微调或拆拼变化而来。(这里不便赘述,可观看教材视频了解)

6. 身体控制游戏。

(1) 动—静控制。

身体控制游戏中大家最熟悉的就是木头人游戏。木头人游戏指在运动过程中根据听觉或视觉信号“立刻静止”在某种姿态上,并持续静止不动一段时间。

变化的可能性有这些。A:整段音乐都运动,结束时保持造型不动。B:各乐句开头运动,结束时静止。C:一句运动,一句静止。D:上肢静止,下肢运动。E:下肢静止,上肢运动。F:两人结伴,一人静止,一人运动。G:两组合作,一组静止,一组运动。

当然还可以根据需要加入各种情境表演内容。但需要注意动静安排和情境内容在逻辑上的合理性。

(2) 极缓变化控制。

所谓极缓变化控制,就是指从一种静止状态,以极其缓慢的速度变化到另外一种静止状态。这种游戏也可以根据需要加入各种情境表演游戏。

7. 随机选择游戏。

(1) 传递游戏。

① “点兵点将”游戏也是一种随机选择游戏。通常可以伴随歌曲进行。现在也

有教师将它用在律动游戏中。相比“击鼓传花”游戏,“点兵点将”游戏更适合用于需要教师控制局面的教学场景。

② “击鼓传花”是一种非常古老的传统游戏,与“点兵点将”类似,也是一种随机选择游戏。但由于这种游戏对幼儿的自主控制能力的发展水平要求相对比较高,所以更适合用于自控能力发展到一定水平的中、大班幼儿。

③ 传话和传动作游戏与前面两个游戏完全不同。这是挑战和锻炼幼儿观察力和记忆力的游戏。当然,传递过程出现错误,或者故意造成错误(通常成人才有意识和能力这样做),也可以当作是一种通过幽默的理解产生快乐的源泉。

(2) 随机定位游戏。

① 咪咪转:选择者闭上眼睛,伸平手臂,伸出手指转动,可自停,也可由其他人喊停,停下时手指指向谁,就选中谁。

② 幸运砸:类似古代彩楼抛绣球和现在的婚礼上新娘抛捧花,选择者闭上眼睛背对大家,向后抛出一绒布玩具或其他柔软物体,砸中谁就选谁。

③ 轮盘转:在一装有指针的圆盘上标上代表要选择的人员、物品、事件等的符号。选择者用力拨动一下指针,指针最后停在某个符号处,就是选中了该符号所代表的事物。

④ 随机软件:操纵电子软件进行选择,不再赘述。

8. 猜谜游戏。

(1) 猜声音。

传统的歌唱游戏中有“是谁在敲门”“什么乐曲在响了”。近年来新创作的游戏拓展了这种游戏的使用方法,把猜音源和猜音色的游戏放在学习歌曲或律动的过程中,用以不断刺激幼儿的学习积极性。具体范例如“大野狼”(听辨小狼叫)、“春天和我捉迷藏”(从辨听春姑娘呼喊,到听辨春姑娘歌唱)、“京剧猜谜歌”(听辨京剧叫板声)、“猫虎歌”(听辨不同乐曲或乐曲组合的音色)等。

(2) 猜领袖。

猜领袖游戏实际上是由“领袖模仿”游戏套叠了“猜猜谁是领袖”游戏而成的“双重规则”游戏。游戏玩法:猜谜者暂时离开游戏现场,待参与游戏者确定了领袖人选,并已经开始进行模仿活动之后再回到现场,通过观察找出领袖。通常参与游戏的人围成半圆形相对比较容易观察，围成圆圈的空间不容易观察。

（3）猜谁（或什么）不见了。

此种游戏虽然看起来是“藏起和找出”的游戏，有点类似捉迷藏游戏，但其典型玩法是：在众多的人或物中，藏起某人或某物，让所有参与游戏的人、某几个人或某个特定的人，快速判断是谁或是什么不见了。音乐游戏的具体范例如下。

传统大班歌唱游戏“树林中的小矮人”。全体面对一个方向做律动，在律动进行过程中，教师将一名幼儿用大的衣物包裹起来，藏到某处；律动结束时教师用“点兵点将”游戏选定一名幼儿，请他说出是哪位幼儿不见了。

新编小、中班律动游戏“狗熊吃面包”，表演做面包的律动结束后，专门安排了狗熊出来的环节，所有幼儿必须蒙上眼睛假装自己躲了起来（为了不让狗熊发现），教师藏起某幼儿（或某两名幼儿。被藏的人多了，辨认的困难就会增大），然后让全体幼儿睁开眼睛快速判断出“失踪的面包”。

中班新编游戏“谁是小熊”，原来只是一个传统的“抢椅子”游戏，改编后新增了猜测游戏：一人在圆圈中间蒙上眼睛等待猜测任务，没有抢到椅子的人便是失踪的小熊，失踪的小熊躲起来，猜测者需在规定时间内指出谁是失踪的小熊。这两个新编游戏都属于多重规则套叠游戏。（此处不赘述，后面会专门解说）

总体上说，此种音乐游戏的设计，通常是先唱歌或先做律动，在音乐表演结束后，再来玩猜谜游戏。藏人或藏物的时机通常在歌唱或律动的过程中，有时候也会用专门安排的音乐段落来安排藏人或藏物。当然，一定要保证在藏人或藏物的过程中，参与猜测游戏的幼儿无法关注到“藏的过程”。这类游戏必须强调一种重要的游戏“道德”，那就是：不允许有“偷看行为”和“出卖行为”。

（4）猜“覆”。

这是一种在我国流传了上千年的传统游戏。玩法是将某个物体用覆盖物（如容器扣住，用手攥住也是同理）遮挡起来，覆盖物的数量多于被覆盖物，让猜测的人猜测哪个（哪些）覆盖物下面有那个特定要寻找的物体。（当然，变异的玩法也可以是覆盖物下面都有东西，但需要寻找的仅仅只是其中一种）

这种游戏也适合在音乐表演结束之后安排。可以设计成“有规律可循”的游戏，也可以设计成“纯粹随机结果”的游戏。

新编游戏中有“王老先生有块地”（中班）（发现特定乐句的位置），“冬天的花”（大班）（发现单双数规律），“水手”（大班）、“踏雪寻梅”（大班）（发现标示符号的特征），“公鸡头母鸡头”（小班）、“勇敢的鄂伦春”（大班）（完全纯粹随机结果）等。

（5）你做我猜。

这是一种经常出现在电视综艺节目上的“考验同伴默契”的游戏。玩法：一人即兴或根据要求做出一种特定含义的动作，猜测者需要猜测并说出做动作人所做动作是什么意思。在猜测过程中，出题人一般可以说“对或错”来进行反馈，但反馈的次数须有所限定。

新编大班律动游戏“快乐的拉面馆”中，厨师帽上有顾客所点“面食”图片，顾客要用动作让厨师猜测出顾客所点的是何种面食。在教师新编的这个游戏的规则中，还增加了新的“后援团”游戏规则：厨师可以邀请在座其他人员支援。可以用语言，但不能直接说那种面食的名称。这种游戏对幼儿“动作—语言相互翻译”能力和“语言—语言”相互解释能力，有很大的挑战和锻炼作用，也非常有趣。

（6）现代智力游戏。

① 辨别异同。

大班歌唱“捏面人”（每次提供四种图片，寻找哪张图片才是真正的唐僧、猪八戒、沙和尚、孙悟空）、大班律动“三打白骨精”（每次一张图片中同时提供各种形象的有细节变化的白骨精），都使用了辨别细节异同的游戏，来不断刺激幼儿参与学习和练习的积极性。

② 寻找规律：前面猜“覆”中有多个范例。（此处不再赘述）

③ 推理。

前面猜“覆”中有多个范例，这些范例主要是通过反复发现单数或双数是正确或错误来推理判断最终结果的。另外大班歌唱“我是一颗小小的种子”中，第一层次是发现颜色规律（白色种子没有成熟不发芽，黑色种子成熟了，既发芽又开花了），第二层次的游戏是发现单、双数的数学规律（单数种子不开花，双数种子开花），第三层次的游戏是发现阳光、雨露等和植物生长关系的科学规律（只有在既有阳光又有雨露的条件下种子才能够发芽开花）。

④ 连续解决问题。

例 A：托班律动“把弟弟妹妹找回来”，使用了电脑游戏的设计思路。鸡窝里有三个蛋，被狐狸偷走藏起来了，留下三个蛋影子，哥哥姐姐去找蛋，找回一个，还有两个蛋影子……托班幼儿没有识数要求，但影子和蛋一一对应是可以感知的，所以电脑课件这样设计。狐狸把蛋藏在树林里，可以看见蛋的部分。露出部分体形从大到小，颜色与环境关系从区别明显到模糊。既有难度挑战的递进，又是托班幼儿可以完成的。

例 B：大班律动游戏“拯救猫头鹰”，使用了电脑游戏的设计思路，必须先解决一个问题，才能得到一把所谓“钥匙”，此钥匙支持解决下一个问题，得到下一把钥匙……一环套一环，直到最终救出猫头鹰。

其实，在我们中国和世界其他的传统民间故事当中，存有大量这种类型的所谓“一而再，再而三”的故事，都是教师在设计的时候可以充分借鉴利用的。

在新设计的游戏化音乐教学活动中，教师使用现场教具，或将电教技术与各种智力游戏结合起来，已经大大拓展了智力游戏的使用思路，相信今后还会有更多的创意涌现出来。

9. 摸瞎游戏。

此类游戏过去通常属于锻炼身体平衡和方向感应能力的游戏，也被教师利用起来改编成了音乐游戏。

需要注意的是，由于在看不见的状态，“摸瞎”的人本身身体和精神就已经比较紧张，所以不适合于要求过多的音乐性反应。为了减轻“摸瞎”人的身心负担，也可以设计安排一些外在支持。

(1) 大班歌唱活动“公鸡的鼻子哪儿去了”，在倾听范唱、练习、游戏的整个过程中，按照一遍歌曲为一个游戏反应单位的原则，从起点“摸瞎”行进到黑板前，在没有鼻子的公鸡画像上贴上(画出)其鼻子。

(2) 大班歌唱活动“小老鼠捉迷藏”，在倾听范唱、练习、游戏的整个过程中，按照一遍歌曲为一个游戏反应单位的原则，逆时针方向围绕圆圈一个一个摸过其他参与者的头，最后说出歌声结束时被摸到者的特征或直接说出其名字。

10. 图片游戏。

（1）辨图游戏。

① 完整形象:辨认难度比较低,适合低龄幼儿。

② 局部形象:局部被遮挡形象,难度稍大。具体看遮挡部分。

如中班律动“小老鼠的森林旅行”,手电筒的光束只能照见圆形局部,多次照到多个局部,才能知道遇到了谁(最终给出完整形象来验证辨别结果)。

如中班歌唱“谁来了”,丛林背景,动物都藏在植物的后面,只露出身体的局部,这些动物形象都是最终可以从背景图片中拿出来验证的。

③ 微小细节:从多张近似图片中辨别“真伪”。

如大班歌唱“捏面人”,捏出唐僧、孙悟空、猪八戒、沙和尚师徒四人,游戏中每次提供近似图片四张,只有一张是真图,另外在有限时间内闪现一下真图。幼儿从四张图片中找出真图为成功。

如大班律动“三打白骨精”,每次捉到白骨精都会在同一张大图中提供多个近似形象,找出真形象则表示成功。任务难度递增维度:同一张大图中形象由少变多,不同细节由大变小,细节近似程度由明显变模糊。

如大班歌唱“超级值日生”,超级值日生需要检查打扫卫生的任务完成质量,在近似的两张图片上找出“不符任务完成标准”的图片。

④ 剪影形象:剪影形象难度相对最高,更适合经验比较丰富的大龄幼儿。

（2）摆图游戏。

① 排序:这种属于教学游戏,也比较传统。通常为了帮助幼儿理解、记忆歌词(或律动动作)的内容和顺序而使用。“改错”也是一种“变异”,即将排序错误的图片重新排正确。

② 连线:这属于教学游戏,比较传统。通常为了帮助幼儿澄清歌词(或律动动作)的内容、顺序中比较容易产生模糊认识的部分。

③ 模式创造:这是奥尔夫教学法中经常使用的游戏。给幼儿提供所谓“材料基石”(节奏符号、音高符号、歌词或词义符号、音色符号、动作符号、队形符号等)图片,幼儿可以通过不同的排序创造出新的作品。

（3）拼图游戏:这种游戏也比较传统,各种年龄的幼儿都可以使用。难度梯级:

① 提供的形象碎片越多辨认越困难,② 提供的形象越陌生辨认越困难,③ 完整形象容易,局部—剪影形象困难。

(4) 画图游戏:可以当作幼儿表征其认识的一种手段,也可以当作“前书写”实践活动,画出他们创编的歌词、动作、队形、乐谱等。

11. 玩器物(乐器、道具、玩具)、玩影子游戏。

(1) 玩器物游戏。

在玩器物游戏中,器物可以是传统意义上的乐器、道具 、玩具。也可以是任何东西。

首先,专业的音乐舞蹈表演中,就可以收集到许多原先看来不可思议的创意。

玩家具:利用家具在桌椅板凳上的舞蹈“三岔口”“大红灯笼高高挂”(桌椅、麻将桌)、“永不消失的电波”(小板凳、办公桌、床、柱状的挂衣架或落地灯架等)……玩垃圾:利用各种垃圾如建筑垃圾、报废汽车等进行的奏乐表演“破铜烂铁交响乐 1”。利用工具:用各种劳动工具(打扫卫生工具、厨具、木工工具)、体育器械(甚至有用玩篮球、扑克牌和啃苹果发出的音响组织的音乐)等进行的奏乐表演“破铜烂铁交响乐 2”。

玩杯子:用各种不同质地的杯子,在桌子上(地面上)用各种不同的方式进行操作的表演。玩鞋子:欧美的踢踏舞(使用专门制作的带有金属鞋掌的舞鞋,用各种方式踏击地板)、日本和我国南方的民间木鞋舞蹈。(鞋子不仅可以穿在脚上跳舞奏乐,也可以拿在手上操作奏乐)

其次,在我国和世界上其他国家的民间歌舞活动当中,器物的利用也是千奇百怪的。

玩餐具:酒盅舞、盘子舞,筷子舞等;玩自然物:椰壳舞、葫芦舞、石头舞,用鱼骨、龟壳、牛羊的肩胛骨敲击来伴奏歌唱或说唱故事,用牛羊的关节骨、小石子、麻将牌、小沙袋伴随歌谣的演唱来玩“抓子儿”游戏;玩生产生活工具:谷物脱粒(在有凹槽的石板、家畜食槽、脱粒掼桶上给谷物脱粒)、制作美食时利用有声音的节律动作自娱自乐(用藤勺敲击铁锅中的花生、芝麻、茶叶制作饮料;用刀和棍棒在案板上加工面食……);玩武器:在和平的生活条件下,各种曾经是武器的工具也成为娱乐的玩具或艺术表演的道具或乐器。

最后，在现、当代音乐教育的实践中，各种器物完全可以没有限制地加以使用。如"沙袋音乐游戏"和"演奏羊角球"出现在美国成套出售给幼儿园和小学音乐教学活动使用的教材中。这些教材包括：多首风格情绪不同的录音音乐，游戏具体玩法或教学方法的录像，教师用书，乐谱，各种颜色、形状、质地、大小不同的沙袋，专供演奏使用的羊角球，敲棒，放置单个羊角球的可以开合的金属架，以及可以安装在音乐教室、办公室或储藏室内，专门用来放置许多羊角球的架子。可见这两种活动不仅仅是偶然出现的教学案例，而是成为一类常规性的音乐学习活动了。"牛铃"（早期牧场悬挂在牛脖子上的铁铃）、"洗衣板"和"蛋糕夹"，这三种器物原先只拥有某种特定的生活工具的属性。但在美国的乐器公司发布的乐器出售广告图册中，是专门作为乐器生产和售卖的。玩户外体育器械，各种质地的攀登架、滑梯，各种球类、跳绳，废旧的油桶、轮胎……都是既可以当作体育锻炼的器械，也可以当作戏剧表演的道具和音乐表演的乐器来使用的。

器物虽然可以有工具（农具、雨具、渔具、厨具）玩具、道具、乐器等的分类，但实际上，设法打破分类的边界，进而发掘、拓展它们的各种新功能，是人们在各种创造性社会实践活动中发挥自己聪明才智的努力方向。

尽管器物游戏的玩法可以有无数种，但教师仍旧需要注意在教学活动设计的过程中谨慎使用，不能为特例而特例，从而分散幼儿音乐学习的注意力。下面来看具体例子。

例 1：中班奏乐"咖喱水果摇摇杯"。（先一粒一粒地将彩色小石子放进原先盛放布丁的玻璃瓶，再随乐轻摇）

例 2：大班歌唱"建筑之歌"。（玩具安全帽，在地板上滑动传递，用轻轻叩击等动作发出声音，增加情趣）

例 3：大班奏乐"捣蒜泥"。（使用蒜臼和串铃棒演奏）

例 4："神勇小镖师"。（使用舞蹈用的筷子演奏）

例 5："架子鼓"。（敲击大小不同的一组用包装纸箱的纸或画报纸卷成的纸棒演奏）

例 6："纸之乐"。（用各种不同动作对各种质地不同的纸张进行操作）

另外，有时候在学习活动刚结束时，巧妙的使用也可以起到非常好的效果。

例 7:小班歌唱“快乐的小青蛙”,在活动结束之前,给幼儿提供画有农田背景的大纸、颜料和发条小青蛙,引导、鼓励幼儿自己寻找空的位置,将小青蛙上好发条,蛙脚底沾上颜料,放到农田背景的大纸上。在幼儿反复操作的同时,播放伴奏版的歌曲录音,最后将 4 张全开纸拼成一块大农田,教师和幼儿一起围着没有害虫的农田跟随录音再唱一次刚学会的歌曲,真是非常完满。

(2)“玩影子”游戏。

“玩影子”游戏可以与各种科学的光影游戏结合,也可以与光影戏剧表演游戏结合。这里面有传统的“皮影游戏”“手影游戏”和各种新兴的光影科学探究游戏的音乐化改造。关键看教师是否有这种“一加一等于”崭新的“另一种”的创新思维习惯。

与音乐学习相结合的这种游戏,无论如何还是需要在一定程度上关注到:音乐学习的任务是主要追求的目标。

12. 创造性即兴表达游戏。

这并非一种当下才成为“时尚”的游戏。即兴的创造性戏剧或杂耍表演,即兴的唱歌、跳舞和奏乐,在中华民族几千年的历史长河中,源远流长,长盛不衰。在古代,不论是皇亲国戚、达官显贵,还是平民百姓,不论是读书人,还是贩夫走卒,都经常会以此种游戏进行社会交流和自娱自乐活动。也经常会将此种游戏与其他智能、体能、社交游戏套叠在一起,以取得丰富多彩的游戏效果。

13. 人机互动游戏。

在电子技术高速发展的今天,“电教”甚至已经发展成为大学里的一种专业,“电教产品”生产、销售也已经开拓出了巨大的需求市场,对幼儿园音乐教学领域来说,教学技术也日益丰富。

目前幼儿园已经普遍使用的电教软件大致可以分为两种类型。一种是代替实物或图片,即将原先可以直接操作的实物或图片转换成 PPT 呈现。其优点是:形象更加丰富、生动、漂亮,也更容易获得(不需要教师拥有相关的制作技能);缺点是幼儿亲自参与操作的机会有限。但相信未来电教技术的发展会促进该问题的解决。

另外一种主要来自电子游戏,其最大的优点是“努力的行为立刻就会得到结果的反馈”,这也是电子游戏为什么让青少年,甚至成年玩家都“沉溺其中难以自拔”

的心理学机制。

应用实例如中班歌唱“风儿”，幼儿用嘴一吹气，雾霾就散去了，果实就成熟变红了；小班歌唱“三只小猪”，大灰狼一吹、一推或一跺脚，草房子、泥房子、木房子就倒塌了；大班律动“神奇的药水瓶”，幼儿把自己画出的神奇药水瓶向屏幕一挥洒，濒死的花草就都复活了；大班律动“拯救猫头鹰”“劈山救母”、小班律动“小鸡捉虫”“大战牙细菌”，幼儿点击（或移动）屏幕上的钥匙、武器、土堆、牙膏，希望得到的结果就出现了（当然，教师往往也会故意设计障碍或失败的结果，以激励幼儿继续努力）等。

（二）游戏的多重规则套叠

一个音乐教学活动往往可以使用多种不同的游戏来进行；多种不同的游戏也可以“套叠”在一起，构成一种包含多重不同规则的新游戏；还可以将一种熟悉的传统游戏规则加以“变异”，进而“幻化”出一种新游戏。

1. 二重规则套叠游戏。

此类游戏最为常见的套叠模式是：“输赢竞争”或“随机选择”游戏加“自我展示”游戏或“智力挑战”游戏。

即前面安排“输赢竞争”（猜拳等）游戏或“随机选择”（击鼓传花、点兵点将、咪咪转等）游戏。最终赢家或随机选出的那个人，便要承担下面一个游戏的关键任务。

如中班律动“疯狂动物城运动会”中，先是玩“抢椅子”游戏，没有抢到椅子的人，原为输家，现为领袖模仿游戏的“新领袖”。连续游戏时，新领袖需要即兴向全体提供一个可以在下一轮游戏行进时使用的动物模仿动作。

如小班歌唱“小鸡小鸭”中，教师边示范演唱歌曲边“点兵点将”，歌曲结束时被点中幼儿要模仿小鸡或小鸭叫几声，事先被选中的猜谜幼儿，用手指点声音发出的位置说“在这里”或者“在那里”。教师问大家“他是谁”，全体幼儿说出该幼儿的名字，教师鼓励、引导两名幼儿相互握手或拥抱。

2. 三重规则套叠游戏。

如大班歌唱“阿里巴巴和四十大盗”中，先是玩“传手绢”（击鼓传花游戏的变异）游戏，前段音乐结束时拿到手绢的人，便是阿里巴巴——下面“领袖模仿”游戏的领袖，他将带领大家做即兴的上肢舞蹈动作，且需要不断变化动作。另外事先选出的强盗头子——要完成“猜领袖”的游戏任务，在众多舞者中将阿里巴巴找出来。

如大班歌唱“我是一只大野狼”中，先是玩传递游戏，传递一个串铃棒。事先选择的“动物救助人员”蒙上眼睛，但在歌曲结束时，他须指出串铃棒在谁的手里。若有困难，可要求拿到串铃棒的人学一声狼叫，若不能正确指出模仿狼叫者，小狼便可以绕圈逃跑；若能够正确指出模仿狼叫者，“动物救助人员”便可以向小狼发射麻醉枪；小狼若逃跑，“动物救助人员”便追逐，小狼若被麻醉枪射击，便要表演“昏倒”。小狼跑上位，则表示小狼安全躲过了追逐。

多重套叠游戏还可能拓展出无数有趣的可能性，就看教师思路积累的丰富程度和应用“库存”进行变异、拆拼的习惯和能力了。

（三）游戏的教育功能

儿童游戏教育从功能角度看，无非是促进幼儿体能、智能发展，维护幼儿身心健康及社会性健康发展。

每一种规则游戏并不自然对应某一方面能力的发展。但如果教育工作者能够有意识地加以利用和促进，是有可能同时促进多个方面有效发展的。

如“点兵点将”游戏是一种随机选择游戏，这种游戏对幼儿身心健康发展具有一种非常特殊的促进作用：人类天生都有一种“趋利避害”的身心倾向。这种倾向在适宜的程度范围内是“自我保护性”的，无可厚非。但一旦心生“执拗”，便会产生“自我伤害”的后果。所以，在儿童早年，多玩随机选择游戏，能帮助幼儿逐步产生另外一种更重要也更高级的自我保护机制。低级阶段可以称为怎样都可以，日后到了高级阶段便可以达到“荣辱不惊”“不管风吹浪打，胜似闲庭信步”的境界。

具体地讲，有些随机的结果，是大家或大多数人希望得到的，有些则是大家或大多数人不希望或不太希望得到的。但不管是你想要的还是不想要的，最后结果，是你就是你，不是你就不是你！因为是游戏，没什么大的伤害，经历得多了，再加上教师、家长、同伴的榜样和鼓励，慢慢也就不至于过分计较得失了。这难道不是一种非常好的发展结果吗?!

其他各种游戏的发展促进作用，教师应该自己慢慢体验和学会分析，这里不再赘述。

为什么要在这里给大家提供游戏的分类、变异以及功能的分析，是为了让大家了解规则游戏的可变性，有些游戏变异后功能增加了，有些可能功能没有太大改变，但趣味不同了。了解了这些,教师就可以根据自己选择的音乐作品、创设的情境,以及希望获得的教育功能进行选择、变异、替换和套叠,创造出具有新意味、新功能的新游戏。

本章将结合具体案例专门对这个问题进行介绍和分析。

第二节　情境表演游戏设计自检

下面提供的是一个教师可以进行自我检查的简明工具(见图 8-1)。这类工具很多,在此我们仅就游戏化设计的第一要素“情境性”来介绍此类工具的使用。

教师为幼儿提供游戏化的音乐教学活动时,首先需要检查的就是情境性原则是否考虑周全。

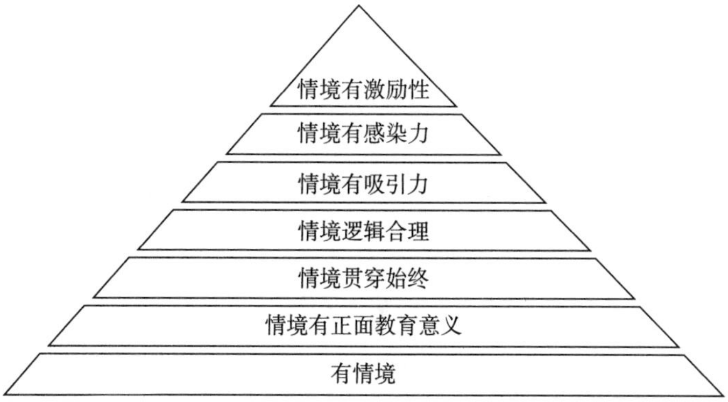

图 8-1

一、有情境

首先要检查的是“你的教学活动有情境吗”?为什么要强调这一点?因为幼儿实际上是更加偏爱有情境的学习活动。但实际上目前大多数给幼儿提供的学习活动都是缺乏有趣情境的。

情境大致又可以分为强、中、弱三个不同的等级。分类的标准主要是:“强情境”——有两个及以上的不同角色,有比较强烈的戏剧冲突,有矛盾的引发、发展和解决,类似一个“微型的戏剧表演”。“弱情境”——仅有一个情境背景,一般只有统一的一种角色,有这种角色做的简单事情。如大班奏乐“划龙船”,小班奏乐“森林魔法师”,大班律动“包饺子”等。“中情境”——介于强情境和弱情境之间。分类目的是告诉教师,三种情况都是可以的,不一定非要追求戏剧冲突。但对幼儿来说有情境总是要比没有情境更具有吸引力。

二、情境有正面教育意义

接下来需要立刻检查的是“你的教学活动具有正面的教育意义吗”？为什么要立刻强调这一点？因为当下许多年轻教师很不在意这一点。实际给幼儿提供的许多学习活动，其情境中不仅包含许多低级趣味的或儿童不宜的内容，而且还包含一些反面的价值引导，如鼓励偷盗、抢夺、暴力、砍树、射杀野生动物，同情保护光头强一类的坏人，等等。

有些情节，如“猫和老鼠”“熊出没”等活动中的一些情节，教师似乎已经习以为常：老鼠就是可以偷，光头强就是砍树的。所以教师面对幼儿理直气壮地说“看谁偷得多，跑得快，还不会被猫发现”；（情境表演游戏，木头人游戏）“我们都是光头强，看谁砍树最用力（最终的游戏甚至设计成了砍树游戏，幼儿争相扮演光头强，被砍的树欢乐地表现各种被砍倒的造型）；熊大熊二追来了，让我们变成镜子阵，把光头强藏起来吧”。（领袖模仿和猜领袖游戏）

下面我们来看一些教师团队自我改进的范例。

例 1：中班歌唱“是谁不会打喷嚏”的原歌词是嘲笑不会打喷嚏的人。游戏被设计成：狮子不会打喷嚏，被大家嘲笑，很难过，且没有人愿意和他玩。

后来经过团队研讨，重新设计成：狮子感冒了，打不出喷嚏，很难过，大家很同情它，但没有人知道应该怎样有效地帮助狮子，最后大家一起努力帮助狮子打出了喷嚏，治好了感冒。

例 2：在小班律动“分享蛋糕”的故事中，原情境为主人要求汤姆和杰瑞分享一块蛋糕，汤姆不愿意分享，用各种方法霸住蛋糕，甚至往蛋糕上洒辣椒、芥末和柠檬水，杰瑞用各种方法偷吃蛋糕，被辣、被酸到很狼狈……

后经过团队讨论，将情境改为：杰瑞喜欢辣和酸，但每次都仅仅只吃掉一半，留一半给汤姆，因为他理解了汤姆的好意。最后汤姆也理解了杰瑞的好意，偷偷往蛋糕上洒了自己喜欢的可可粉，大家一起快乐地分享了新式蛋糕。

例 3：大班律动“纳尔孜库姆舞”（新疆维吾尔族民间舞蹈），原情境是：巴依老爷干了许多坏事，结果儿子得了怪病，变成了瘸子，聪明人纳尔孜库姆教大家都学瘸子走路，讥笑巴依老爷和他儿子（这本是传统民间故事和此舞蹈起源的传说）。

当时正值世界残奥会在中国北京举行，全国人民都在不断进行尊重伤残人员的教育。教师团队建议将情境改成另外一个舞蹈起源说：小王子天生有腿疾，不愿意下床走路，聪明人纳尔孜库姆自荐前往，用各种模仿动物走路的蹲行动作，激励小王子锻炼，终于帮助小王子站了起来。

例4：大班律动“大魔法师”，原创设计中学会了魔法动作，就可以变出玩具、食品以及美丽的彩纸喷桶。

经过团队研讨，改成变出各种救灾工具，帮助灾区人民重建家园。

例5和例6：大班歌唱“酸酸的葡萄”和中班歌唱“月亮蛋糕”，前者嘲笑狐狸吃不到葡萄，后者嘲笑小老鼠吃不到月亮蛋糕，但教师在设计的时候都加了一个延伸的美术活动，“怎样才能解决问题呢？把你的好主意画出来”，将仅仅是嘲笑他人或自怨自艾的情绪，变成积极开动脑筋想办法解决问题，并最终演变成“创意展示和创意思路大交流”活动。

以上例子，就是教师团队在关注到教育价值问题后的自我反思和改进行动，这里强调提出也是要大家特别注意教育价值的导向问题！

三、情境贯穿始终

许多年轻教师设计执教的活动，刚开始是有情境的，但在过程中，情境经常被教师随意地“进进出出”，变得支离破碎了。如小老鼠出去玩，猫来了，教师应该说“快点回家”或“回洞”，而不是“快点上位”。再如托班律动“小小摄影师”中，教师引导幼儿走路避免撞到他人，就说“我们不要影响其他游客观赏动物，也要保护好我们的照相机哦”。这就是非常好的“在情境中指导幼儿”的教学语言。对于年轻教师来说，这些语言是需要提前设计和练习的。

第二种情况是，刚开始有情境，后来情境忽然就莫名其妙地完全消失了。发生这种情况主要还是“设计思路”本身“断线”的问题。为了避免出现这样的情况，年轻教师最好直接使用现成的优秀绘本，以保证情境不仅仅是情境，而且是有始有终的故事情境。

这两种情况很常见，需要教师加以注意。

四、情境逻辑合理

虽然幼儿年纪小，对于不合逻辑的情境辨别力不强，但情境的逻辑合理，仍旧是很重要的。因为幼儿辨别能力、逻辑能力也需要教育来促进发展。

一般来讲，幼儿阶段可以使用的情境逻辑可以分为三种，即“生活逻辑”、“科学逻辑”和“魔法逻辑”。

对生活逻辑的理解主要来自幼儿的直接生活经验。对科学逻辑的理解主要来自幼儿的科学学习（含数学）。对魔法逻辑（不仅限于幼儿）的理解，主要来自幼儿的故事听讲、绘本阅读和动画片观赏（这里不赘述幼儿的“泛灵”心理特质）。

其实，简单来说，就是教师需要让自己创设的情境事件及发展能够“自圆其说”。当然，有时候即便都能说得通，也有说的水平“高下”的区别。

例1：中班歌唱“小雨点的歌”，原歌词中，青蛙问小雨点：“哪里才是你的家？”小雨点回答：“天上云朵就是我的家！”

教师在第一次设计活动时，考虑到可以使用“在多个不同答案中选择正确答案”的游戏来激励幼儿反复倾听和练习，最后再揭示正确答案“天上云朵就是我的家”。

经过团队讨论，第二次，教师考虑到了幼儿的“泛灵”心理特质和情感倾向，取消了对唯一正确答案的揭示，而是邀请所有提供答案的幼儿自己说一说原因，为什么说：大树、花朵、池塘、天空……都是小雨点的家呢？

经过团队再次研讨，第三次，教师自我澄清了有关自然界水循环的科学现象，便更清楚应该怎样与提供各种答案的幼儿对话，并且将单纯的歌词理解和歌曲学唱改成带有歌词编唱内容的歌唱活动。

例2：小班歌唱“懒惰虫”，教师第一次设计时，将游戏设计成：在幼儿中寻找懒惰虫。因为对能够理解懒惰虫是一种负面形象的幼儿来说，被询问是不是懒惰虫，或被定义为懒惰虫时，都会产生很大的心理压力，所以不仅是小班幼儿，就连中班幼儿都相当惧怕这种游戏。

经过讨论，第二次设计时，教师将寻找的对象从“你”换成“它”。寻找过程中，幼儿可以面对屏幕上的公鸡、黄牛、小狗、小猫询问“你是不是懒惰虫呀？”教师再通过软件与幼儿互动，揭示这些动物为什么不是懒惰虫。幼儿参与活动的积极性大大提高。

再次经过研讨，教师第三次设计时，将动物换成了昆虫，首先通过毛毛虫的图片，帮助幼儿理解毛毛虫吃了睡，睡了吃，什么事情也不干，就像懒惰虫，它还浑身到处都疼。再提供蜜蜂、瓢虫、蜻蜓、蚂蚁，让幼儿询问："你是不是懒惰虫呀?"教师通过软件与幼儿互动，揭示这些昆虫为什么不是"懒惰虫"。随后再回到毛毛虫，它经过疼痛，化成蝴蝶，辛勤劳动……然后，邀请幼儿说说自己不是懒惰虫的理由（跑步、帮助家长做事、上幼儿园……）。最后大家一起将歌词改成"不是懒惰虫"。幼儿学习积极性始终高涨并在结束时达到高潮。对于小班幼儿来说，不但对懒惰和虫（昆虫）的概念更加清晰，而且自然地、带有情感色彩地了解到了这些昆虫努力生存的科学事实，也使得最后的延伸活动（价值内化）有了"水到渠成"的效果。

另外，还有一种情况：在情境中引导幼儿学习创编歌词和舞蹈动作的时候，教师也需要引导幼儿思考和表现歌词、动作的前后逻辑关系，而不仅仅只是将若干素材堆积在一起。

五、情境有吸引力

为了让幼儿由认知的不平衡而产生一种追求认知平衡的心向，情境当中的"设疑"便是重要的设计手段。

例 1：小班奏乐"小小森林魔法师"，用"摸箱"向幼儿介绍和发放乐器。

例 2：中班律动"小精灵的魔法汤"，使用了在教师使用瓶盖中涂抹颜料的设计，让幼儿一直因为好奇"为什么只有教师晃动瓶子，瓶中的水才会变颜色"而自觉自愿地一次又一次地努力跟随音乐做所谓的"施魔法动作"。

例 3：大班歌唱"勇敢的鄂伦春"，使用了三个游戏。(1) 人机互动随机寻找游戏"谁藏在树林里"；（六棵树后面有六只小动物，却没有光头强）(2) 排图游戏"还原被光头强撕坏的地图"；(3) 人机互动游戏"抓住光头强"，（预设：鼠标点第三次才会出现光头强）不断吸引幼儿反复倾听范唱、练习歌唱、做表演。

六、情境有感染力

有感染力的情境能够让幼儿动情或感动。这里需要从两个方面来讲，一是情境本身要有感染力，一是教师执教时要表现得具有感染力。

例 1：中班律动"三明治"，最初的设计就是一个普通的制作三明治的"弱情境"。幼儿反应十分冷淡。经过团队研讨，借用绘本故事《不要再笑了，裘裘!》中制作虫子馅饼的情节，改成老鼠妈妈开店，专门提供各种私人定制三明治的服务，不同的动物要求在面包片里面夹上不同的食材：小鸡要毛虫，老鹰要毒蛇……小老鼠们开始觉得又恶心又恐惧，但看到客人满意，也就觉得高兴了。最后还为了满足特殊顾客的要求，冒险去采集食材。这就变成了一个“强情境”设计。同时在做“拿取食材，往面包里放”的动作时，教师带头做出各种强烈的“作呕”“害怕”的体态和表情。幼儿在整个活动中的积极性立刻大大提高。

例2：大班律动“彩虹色的花”，原创设计时就借鉴了同名优秀绘本，这个舍己为人的故事本就写得很感人，再加上情绪跌宕起伏的环保歌曲《布谷鸟》，还有教师伴随绘本画面声情并茂的讲述，幼儿的情感也随着活动的进程起起伏伏。整个过程看得出幼儿是被感染、感动的，他们一直都是全情投入的。

需要注意的是，教师的情感表达需要根据幼儿情绪状态的实际情况随时调节，不是越煽情越好。前面也讲过，不再赘述。

七、情境有激励性

这里也分两种情况：一是假想情境本身不断激励幼儿去解决问题或者去帮助需要帮助的人解决问题；二是情境中包含智能、体能游戏的层层递进，对幼儿追求自我实现的内在需要具有挑战性。

例1：大班奏乐“葫芦娃”（将被蛇精抓走的爷爷救出来——强情境）；例2：大班律动“小小侦探”（穿越激光阵获取新武器——中情境）；例3：小班奏乐“大战蛀细菌”（清除口腔中的牙细菌——中情境）；例4：中班奏乐“海洋小卫士”（清理海洋垃圾——帮助海洋解决垃圾问题——弱情境），在人机互动游戏的激励下，幼儿看到自己努力驾驶潜艇就能够前进；自己努力清理垃圾，一片又一片海域就会变干净；自己认真、正确地分类投放垃圾，垃圾箱就笑着接受垃圾并给自己点赞；最后还看见了真实的各种“变废为宝”的新产品……从中获得了对自己努力和能力的自我认可，因此学习过程幼儿始终是热情高涨的。这些都属于上述第一种情况。

第二种情况如下。例5：小班歌唱“猪笼草”（猪笼草吃小飞虫。加了手指追逃游戏）；例6：中班律动“疯狂动物城运动会”（运动会中的热身和比赛。加了领袖模仿游戏和抢椅子游戏）；例7：大班奏乐“划龙船”（龙舟比赛。加了两队龙舟最后抢先敲响胜利锣的比赛);例 8:“草原小勇士”(追击强盗。模仿上例加了两队最后抢先敲响胜利鼓的比赛);例 9:“神勇小镖师”(镖师练武。加了变异猜拳“老虎、棒子、鸡”的输赢竞争比赛)。虽然这五个活动都相对属于“弱情境”,但由于其中增加了输赢竞争的游戏成分,仍旧能够成为幼儿非常喜爱的学习活动。

第三节　融入游戏的教学活动设计

用最朴素话语来定义:游戏化的集体音乐教学活动,就是将传统的成熟游戏“融入”集体音乐教学活动的流程之中。

但融入时必须注意两个问题:一是游戏必须能够“有机地支持”当下主要学习目标的达成,二是游戏必须与幼儿当下的已有经验、学习能力“相互匹配”。

一般常见的游戏融入可以由进入的时机分成:在开始进入的游戏,在中间进入的游戏,在结束处进入的游戏。

传统的音乐游戏教学,基本上多为第三种情况。因为教师已经习惯了:在幼儿基本完成学习任务之后,作为奖励和调节劳逸而提供一个游戏环节。就连在更早的“过去”(20 世纪六七十年代之前)幼儿在社区自发地相互“玩中学”的“丢手绢”之类的原生态游戏,到了集体教学活动中,也转变成:先学习歌曲,再学习玩游戏,最后才练习边唱歌边玩游戏。

近年来,随着音乐教学活动游戏化研究的不断深入,在中间进入的设计和在开始进入的设计越来越受到教师的重视,特别是游戏贯穿始终的设计,正日益成为幼儿园教师主动追求的目标。

下面我们将介绍的分类是从学习作品的主要类型出发的。因为不同类型的学习作品在使用游戏的类型方面,也会存在自身的一般性规律。

歌唱、律动、奏乐三种类型的活动,在导入游戏的时候也存在一般的共性规律:(1) 可能是由同一种游戏贯穿始终,但游戏玩法会不断升级,以调节、维持幼儿的学习热情;(2) 在整个教学过程中,通过不断变化不同种类的游戏,来调节、维持幼儿的学习热情。(3) 基本的安排原则是“先静后动”。即在刚开始进入学习的阶段,需要使用幼儿熟悉的、容易进入的、不易产生过分刺激效果的游戏,待学习逐渐进入到需要“艰苦努力”,幼儿开始感到疲劳的阶段,便需要使用在认知、情感、体能、创造中某一或某几个方面“唤醒水平”比较高的游戏。下面来看分类范例。

一、在歌唱活动中导入的游戏

在歌唱教学方案中导入游戏一般需要注意:在重点感知歌曲旋律和歌词的阶

段，幼儿需要承担较高的认知负荷，这时情绪负荷保持“适当稍低水平”即可。所以此时不宜使用“兴奋水平”比较高的游戏，以避免干扰、分散幼儿的认知努力。因此，传递游戏中的“点兵点将”游戏，认知游戏中的各种“猜谜”游戏和各种“形象辨认”游戏，玩图片游戏中的选图、排图、连线活动等，通常会是教师设计活动的首选。

下面的范例中均使用了以音源听辨为主的游戏。

音源听辨游戏也可以算是猜谜游戏的一种。“春天和我捉迷藏”“我是一只大野狼”“小老鼠捉迷藏”“猪小弟变干净了”“河边的小花”“小鸡小鸭”这六个不同年龄阶段的教学方案，都一以贯之地使用了猜音源游戏。但使用的方法稍有不同。

大班歌唱活动“春天和我捉迷藏”中，所要猜的音源，就是在刚进入流程时全体幼儿学习一句喊话“唉，春姑娘，我在这儿呢！”首先，与上例相同，在学会这句喊话之后便开始边倾听范唱边游戏；其次，待到歌曲学习进入初步掌握阶段时，所猜的音源则提升为：由音源发出者单独演唱歌词的“回声”部分（原间奏部分）；最后，待活动进入尾声时，所猜音源变成了在空间中不断移动的状态（猜音源的人仍旧和活动刚开始、中间部分一样，坐在圆圈中心保持不动，但音源发出者和其他所有人则是边唱边沿着圆圈持续移动）。大班阶段，有的班级甚至有幼儿可以猜出两个不同的移动中的音源分别是“谁发出的”。

大班歌唱活动“小老鼠捉迷藏”，单纯就是猜音色了。但在活动流程的初期，教师范唱新歌的时候，仅仅只是教师在示范猜音色的游戏玩法，而且还分了几个阶段来维持同一游戏对幼儿的吸引力。(1) 教师自己蒙着眼睛，一边范唱一边顺着逆时针方向一句一个幼儿摸过去，最后直接喊出这个幼儿的名字（其实四句歌词唱完，一定就是第四名幼儿），重复若干遍。(2) 邀请幼儿志愿者蒙着眼睛摸人（在此并不要求一句摸一个人），教师继续范唱，由于幼儿一般不可能知道是谁，就请被摸到的幼儿说一声“吱吱，我是你的朋友啊”，然后再请幼儿志愿者根据音色猜名字。(3) 幼儿已经开始初步学会唱歌时，还需要稍微“专门练习”唱几遍以增加熟练程度。然后加入猫的新角色（在全体参与幼儿中指定几名志愿者当猫，其他人仍旧是老鼠的朋友），当幼儿志愿者摸到老鼠，并猜出名字后两人抱抱；当摸到猫时，猫说：“我可不是你的朋友，喵——”等猫说完这句话后，便是叠加的追捉游戏：老鼠跑一圈坐到猫的座位为“安全”。

大班歌唱活动“我是一只大野狼”,主要还是猜音源。(1) 活动开始进入“小狼训练营”,导出嚎叫练习表演游戏和辨认同伴所在位置的听辨游戏。(2) 学习歌曲,将听辨任务转向歌词和旋律(虽然已经不是纯粹的游戏,但教师仍旧可以营造出游戏的氛围)。(3) 继续练习歌唱,继续嚎叫游戏和听辨游戏。(4) 叠加传递串铃的传递游戏,听辨游戏难度提升:需要听出串铃传递到哪个位置停止(有困难可以要求增加嚎叫)。(5) 叠加追跑游戏和形体表演游戏。(动物救助人员追逐受伤小狼,受伤小狼被麻醉枪射中倒地,返回座位则“安全”)

中班歌唱活动“猪小弟变干净了”,既有猜音源游戏也有传递游戏。(1) 活动刚开始时,教师讲述猪小弟和朋友之间发生的故事,全体幼儿学说:“快去洗洗吧!”(2) 然后主班教师开始范唱,配班教师扮演猪小弟,主班教师边范唱边用“点兵点将”游戏,在歌曲结束时选出帮助猪小弟洗干净的幼儿,并指导该幼儿说:“快去洗洗吧!”配班教师演示如何猜音源,如何与发出声音的幼儿互动。(致谢等)(3) 幼儿开始练唱时,已经换成幼儿志愿者轮流扮演猪小弟。(4) 叠加泡沫球传递游戏,代替“点兵点将”游戏。(歌曲结束后拿到泡沫球者成为帮助猪小弟洗澡者)期间叠加了不断在画板上(或幻灯片效果上)擦去猪小弟污垢的“情境任务完成效果反馈游戏”,以不断激发幼儿的自我效能感。

中班歌唱活动“河边的小花”与“猪小弟变干净了”类似,该活动中的传递游戏和音源听辨游戏是并重的,不同的是,活动刚开始时以右臂向右画大圈(表示花开)的动作练习来伴随教师的范唱。(1) 这个动作也是未来传递动作的运动路线、呼吸和节奏的基础。(2) 练习唱歌的阶段,空手传递的动作变成真实地传递一束小花。(3) 歌唱进入比较熟练的阶段,小花上加入了几串小铃,美丽的蝴蝶(猜谜者)需要通过听辨找出小花所在的位置(找到小花才能够吸食花蜜)。(4) 活动结束之前,游戏挑战升级,根据幼儿的意愿,将小铃的串数逐渐减少(传递时发出的声音变小,听辨难度增加)。

小班歌唱活动“小鸡小鸭”。(1) 用小鸡小鸭一起玩捉迷藏游戏的情境导入歌曲。学说:“叽叽叽(嘎嘎嘎),我在这儿!”(2) 边听范唱边观察配班教师和主班教师玩游戏。(3) 边练唱边轮流担任发声者和猜谜者。(当然,由于小班幼儿年龄小,经验少,抗压能力低,所以需要主、配班教师合作,给予幼儿更多的安抚和支持。如猜谜时，一名教师双臂环抱猜谜者，让他不回头看即可，另一名在发声者旁边根据具体情况给予支持。猜谜结束，无论对错，教师要引导全班一起喊出发声者的名字，还要猜者和被猜者拉拉手和抱一抱。仅仅要求猜谜者用手指点出发声者所在的大致方位就算成功）

二、在律动活动中导入的游戏

律动教学方案中导入游戏也要注意先静后动，先易后难。由于“情境化”已经成为教学活动方案的第一设计原则，所以进入情境，用动作进行表现，即“动作表演游戏”几乎便是此种活动设计的首选。另外，通常可能先使用的是领袖模仿游戏。由于先静后动仍旧是一个最基本的原则，所以在活动的初始阶段，通常采用上肢动作表演的领袖模仿游戏（领袖创编动作，集体模仿）。

领袖模仿游戏通常又被称为“请你像我这样做”。其实这是一种非常传统的提升社群凝聚力的活动：领袖号召，大家响应；同伴建议，同伴支持。同时也是社群成员轮流向集体提供建设性创意的活动。在许多地区的传统民间歌舞活动中，都经常可见此种游戏的痕迹。

大班歌唱+律动“水手”、大班律动+ 奏乐“谁是舞王”、中班律动+ 奏乐“库乞乞”、中班律动“小鞋子的舞会”、小班歌唱+律动“拍手点头”、小班歌唱+ 律动“帮妈妈寻找弟弟妹妹”六个教学活动，都是以领袖模仿游戏为重要途径开展的教学设计。

大班歌唱+律动“水手”，(1) 以被救渔民寻找救助他们的水手为故事情境展开关于职业典型动作的创编活动（幼儿熟悉亲人的职业）。(2) 在反复范唱的过程中，一名幼儿创编上肢动作，集体以坐姿进行模仿。(3) 在练习唱歌的过程中叠加简化变异的“点兵点将”游戏。A：歌曲唱完，领袖走到谁的面前，谁即为下一个领袖，此时领袖开始移动，其他人仍旧没有移动。B：前任领袖获得机会玩“寻找水手”的变异猜谜游戏。（在众多图片中选择一张，翻转图片，反面才是职业形象图片，但并非都是水手）C：虽然增加刺激，大多数人仍旧在空间上保持了稳定状态。D：猜谜游戏的玩法是，选择图片并翻转看结果：是水手还是其他职业工作者。E：实际上，正面图片的形状、颜色是干扰信息，单双数位置才是水手出现的规律。(4) 叠加猜拳游戏，歌曲唱完，和领袖面对面者与领袖用猜拳游戏的方式竞争接下来玩选图游戏的资格。(赢家玩选图游戏,输家担任下一轮游戏的领袖。因此,实际上没有输家)(5) 叠加赛跑游戏,领袖和被选中者通过赛跑来竞争玩猜谜游戏的资格。在这个教案中,领袖模仿游戏实际上贯穿了整个学习过程。

大班律动+ 奏乐“谁是舞王”,(1) 以舞王争霸赛情境导入活动,随乐模仿教师所做情境表演游戏的动作。(2) 初步熟悉音乐和动作结构后,叠加领袖模仿游戏(同样需要先引导幼儿拓展想象和尝试用动作进行表现):领袖在音乐的 B 部分做舞蹈造型动作,其他人模仿。(3) 继续游戏,适应连续不间断地更换领袖。(4) 加入乐器演奏。所有人在音乐的 A 部分进行散响乐器的摇奏。在 B 部分进行击奏和休止的交替演奏。(两种基础演奏动作已经包含在教师展示的原始律动动作中)

中班律动+奏乐“库乞乞”,第一课时:(1) 以疯狂动物城运动会的情境导入活动。先随乐(AB 结构)模仿教师(教练员)展示的一套动作,其中包含两个动作,动物模仿动作和为运动员加油的动作(由教师引导幼儿创编)。(2) 先专门引导幼儿想象、创编上肢动物模仿动作,然后开始反复感知音乐和玩领袖模仿游戏。(一遍音乐)(3) 不断增加领袖的人数(多遍音乐,遍数与领袖人数同),以增加连续不间断更换领袖的游戏经验。第二课时:叠加“抢椅子”游戏,抢到椅子的人坐下,在音乐 B 部分做“加油”动作;没有抢到椅子的人思考新的动物模仿动作,准备担任下一轮游戏的领袖。第三课时:增加乐器演奏。将乐器放置在椅子上,抢到椅子的人坐下,在音乐的 B 部分演奏乐器;没有抢到椅子的人思考新的动物模仿动作,准备担任下一轮游戏的领袖。

中班律动“小鞋子的舞会”,(1) 以爷爷睡着了,小鞋子从鞋柜中出来开舞会为情境导入活动,随即随乐模仿教师的基本动作模式。(2) 教师专门引导幼儿拓展、丰富不同鞋子的动作造型。(3) 这次是一种特殊的“照镜子”类型的领袖模仿游戏:A 部分,两两结伴,先出来的小鞋子做造型,后出来的小鞋子模仿。(鼓励有能力的幼儿做对称性的模仿动作)(动作模式按照音乐的结构分成三个部分:A 部分,领袖先出造型,模仿者后出来,对称模仿领袖造型;B 部分,两人跳交流性的规定舞蹈动作;C 部分,爷爷要醒了,大家赶紧返回鞋柜坐好)

小班歌唱+律动“拍手点头”。(1) 不断为拍拍小手点点头的句式创编结构相同的新歌词,同时创编新动作,领袖展示,大家模仿。(四句歌词相同,动作相同)

（2）进阶为唱两句不同的歌词，做两个不同的动作。（3）进阶为唱四句不同的歌词，做四个不同的动作。（4）进阶为四句歌词为同一类内容。（如都是体育运动动作或劳动动作）（5）进阶为四句歌词为一系列逻辑相关的内容。（洗手—吃饭—擦嘴—送还餐具）（注意：不能要求小班幼儿在一次活动中完成）

小班歌唱+律动“帮妈妈寻找弟弟妹妹”，（1）在鸡妈妈刚下的三个鸡蛋不见了，小鸡们帮助鸡妈妈寻找弟弟妹妹的情境中导入活动。（2）教师引导幼儿想象、创编小鸡走路的动作。（3）领袖创编一种小鸡走路的上身动作，大家模仿此动作出门找鸡蛋。反复多次。在此过程中，叠加了人机互动的游戏：（1）屏幕鸡窝里的三个鸡蛋，变成三个鸡蛋的影子。（2）在屏幕上的各种不同环境背景中寻找（辨认），找到一个，鸡蛋便回到鸡窝，于是还剩两个影子。（3）最后三个鸡蛋都找回，鸡妈妈孵蛋，孵出弟弟妹妹。（4）鸡妈妈和小鸡们一起唱歌跳舞庆祝胜利。

综上所述，这些活动的故事情境本身虽然有强有弱，但都是坚持在统一的情境背景下进行的。其中先静后动的设计，除了游戏本身会越来越刺激以外，还主要体现在先模仿后创造、先上肢后加下肢、先坐姿后移动等方面，这些都是一般性的保证幼儿的情绪和行为“可自控”的设计原则。

三、在奏乐活动中导入的游戏

大班奏乐“拔根芦柴花”“师兄不好了”“老鼠娶亲”“三打白骨精”，中班奏乐“藏好淘气蛋”“海洋小卫士”，小班奏乐“耗子爷爷在家吗”“大象和小蚊子”八个教学活动方案都是在情境表演游戏的背景之下进行的教学。

大班奏乐“拔根芦柴花”，一以贯之地采用了情境表演游戏，同时叠加了人机互动游戏。（1）进入故事情境，模仿教师提供的“身体动作总谱”（情境表演律动模型）。根据音乐的 ABC+尾声结构，情境表演动作也分成以下个四部分：A 段，拔芦根；B 段，煮芦根汤，C 段，“请喝”芦根汤；尾声，病治好了，祝福“身体健康”（引号里内容是搭配的语令；与幻灯片匹配的情境图谱）。（2）加入乐器演奏，同时叠加新的人机互动游戏一：小明口中的溃疡一点一点地被治愈。（3）进阶到分声部合作演奏乐器，同时叠加新人机互动游戏二：为更多需要的人寻找（辨认）新的芦根产出地。

大班奏乐“师兄不好了”，情境表演游戏叠加儿歌，叠加人机互动游戏。（1）进入故事情境，模仿教师提供的“身体动作总谱”和儿歌（情境表演律动模型）。根据音乐的ABCA结构，情境表演动作也分成以下四部分：A段，“二师兄不好了，师父被妖怪抓走了”；B段，“别找我，我害怕”；C段，“吃俺老孙一棒”；再现A段，“师父师父别害怕，一定会把你救出来”。（2）加入乐器演奏，同时从幻灯片图谱中获得演奏分工记忆的支持。（3）继续熟悉演奏技巧，同时叠加人机互动游戏：妖怪一次又一次变换形态和武器，阻挠徒弟们拯救师父。（最终解救成功）

大班奏乐“老鼠娶亲”，情境表演游戏叠加猜谜游戏和追逃游戏。（1）进入故事情境，模仿教师提供的“身体动作总谱”和儿歌（情境表演律动模型）。根据音乐的AB+尾声结构，情境表演动作也分成以下三部分：A段，（动作为自然即兴，但有节奏地表演）“今天我要结婚了，新娘去哪不知道，东找找西找找，新娘新娘找到了”。B段，“伸出你的爪子给我瞧一瞧，哎呀，我的妈呀，全是毛！伸出你的尾巴给我瞧一瞧，哎呀，我的妈呀，全是毛”。尾声，“不要吓我，（重复六遍，音量逐渐增强）啊”！（2）加入乐器演奏，叠加寻找（辨认）新娘的游戏（此时新娘是藏在“花轿”——红布盖着的盒子里面的绒毛玩具，有老鼠，有猫）。（3）继续演奏乐器，寻找游戏（老鼠和猫新娘由幼儿同伴扮演）叠加追逃游戏。（若掀了猫的盖头，全体跑上座位就安全）

大班奏乐“三打白骨精”，情境表演游戏叠加追逃赛跑游戏。（1）进入故事情境，模仿教师提供的“身体动作总谱”和儿歌（情境表演律动模型）。根据音乐的AB+尾声结构，情境表演动作也分成以下三部分：A段，“唐僧骑马咚滴个东（拍手四次），后面跟着个孙悟空（做表现孙悟空的动作）；孙悟空跑得快（拍手四次），后面跟着个猪八戒（做表现猪八戒的动作）；猪八戒鼻子长（拍手四次）”。（此后类推）B段，做东张西望的动作。尾声，做双手交替向前绕圈动作表示追跑。最后结束时说“妖魔鬼怪消灭光”，同时做相应的即兴表演动作。（2）叠加变异丢手绢游戏，配班教师扮演白骨精。A段音乐处，在圆圈外表演白骨精变成的小姑娘行走（以后可想象表演白骨精可能变成的任何形象）；B段音乐处，大家一起东张西望；在音乐尾声的开始处，主班教师追击配班教师，音乐结束时说“定”，然后大家一起说“妖魔鬼怪消灭光”，同时做击打性的表演动作，配班教师听到“定”时立刻保持造型静止，听到“光”字时表演被打倒，过一会儿爬起来，悄悄说“哼哼，我一定会回来的”。（3）将拍手处改成指镲演奏（动作与拍手类似）。圆圈中增加一幼儿扮演唐僧，敲击木鱼。

（圆圈实际上象征孙悟空用金箍棒画出的安全屏障）（4）幼儿轮流扮演唐僧和白骨精，在教师引导、鼓励下创造性地进行角色表演。

中班奏乐“藏好淘气蛋”，情境表演游戏叠加变异的藏东西找东西游戏。（1）进入故事情境，模仿教师提供的“身体动作总谱”。根据音乐的 A+尾声结构，情境表演动作也分成以下两部分：A 段，各种方向的抖动手腕的飞翔动作和静止造型动作。四小节一个大乐句一组动作，结束处定住不动。（因为情境是：女巫在检查是否有淘气蛋混入舞会。实际上这时已经叠加了木头人游戏）尾声，所有人把手藏在背后，表示藏好了淘气蛋。（2）加入一个“沙蛋”继续练习、游戏，加入配班教师扮演的女巫，增加紧张气氛。（3）加入两个“沙蛋”继续游戏，幼儿志愿者和配班教师一起扮演女巫。

中班奏乐“海洋小卫士”，情境表演游戏叠加人机互动游戏。（1）进入故事情境，模仿教师提供的“身体动作总谱”。根据音乐的 AB+尾声结构，情境表演动作也分成以下三部分：A 段，驾驶潜水艇在海洋中巡逻（包括驾驶、观察等）；B 段，瞄准、清理动作组合的反复。（2）叠加人机互动游戏。大屏幕上的潜水艇，随着幼儿练习的次数。一次一次地从一个区域“移动”到另外的区域，这些区域中的垃圾被“清除”，并根据幼儿讨论的分类理由，最终放入幼儿选择的垃圾箱。如果分类错误，垃圾箱会“拒绝接收”该垃圾。（这些新的人机互动的电教效果，在过去是没有办法实现的）

小班奏乐“耗子爷爷在家吗”，情境表演游戏叠加师幼之间的人际互动游戏。（1）进入故事情境：老鼠爷爷答应和小老鼠一起玩有趣的游戏，所以小老鼠要做一些有趣的事情，将老鼠爷爷请出来。音乐是非常简单的一段体。所以此处是教师鼓励幼儿创编简单的身体动作来感知和表现音乐的开始、结束和基本节奏。游戏就是：表演结束后，大家一起对着黑板或屏幕上的房子图片问“老鼠爷爷在家吗”，爷爷可以有各种有趣的即兴回答，但就是一直都不出来。（2）加入乐器演奏，只需要和谐地按照节奏演奏。当然教师还可以根据幼儿实际情况不断加入其他演奏要求——鼓励幼儿做更容易让老鼠爷爷出来玩的事情。（3）最后老鼠爷爷出来和幼儿玩一个大家喜欢的熟悉游戏作为结束。

小班奏乐“大象和小蚊子”，情境表演游戏叠加师幼之间的人际互动游戏。

(1) 进入故事情境。情境是：一头大象在森林中散步，后来睡着了；一群小蚊子飞来吸食大象的血；大象觉得痒，摇动耳朵、尾巴挠痒痒，小蚊子逃回家，再飞出来……最后大象生气了，一跺脚，小蚊子都被震昏过去了。教师引导幼儿用简单的动作表现这个故事过程。(2) 加入配班教师扮演的大象。(3) 加入腕串铃——幼儿戴在手腕上表现小蚊子飞翔，加入大鼓——配班教师演奏的（表现大象走路和大象生气），加入刮葫——可以用洗衣板代替（表现大象挠痒痒）。（这个活动比较特别，但实际上就是中国民间早已存在的，纯粹使用打击乐器演奏的"叙事曲"）

正如前面章节所说的那样，这里教师提供情境表演动作模式，即未来幼儿演奏时可以依托的"身体动作总谱"；儿歌、对话和语令既增强了情境的气氛，又提供了节奏和结构支撑的"语音总谱"。而且，由于电教设备功能的提升和电教技术的发展，不但幻灯片可以提供更漂亮、更有趣的"图形总谱"，而且人机互动的表现手段大大丰富了，表现水平也提高了。

—— 第九章 ——

替换

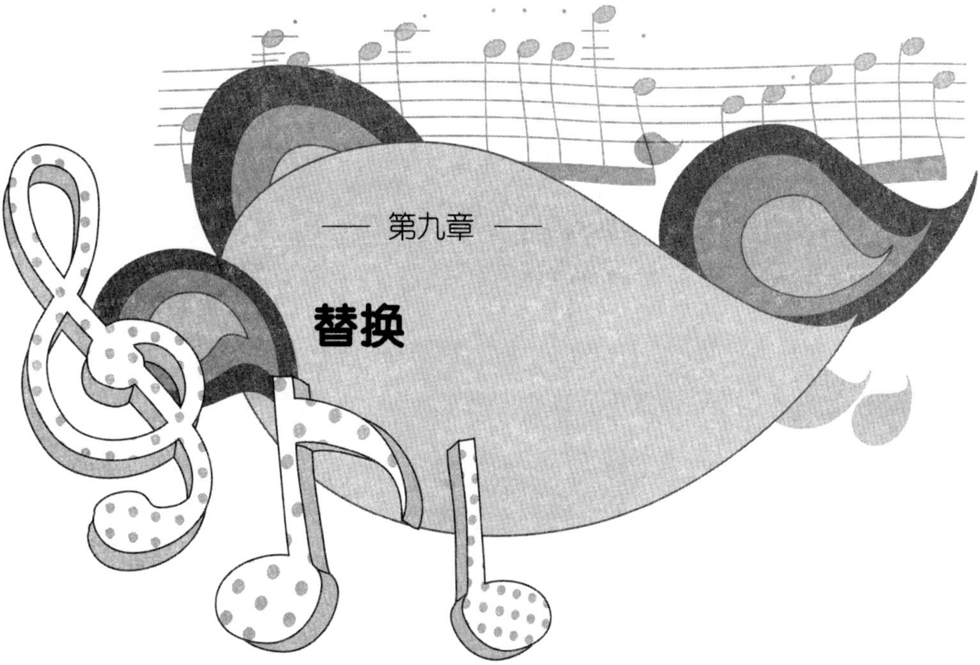

在现实社会生活中，无论是专业的创作表演，还是业余的自娱自乐，“替换”行为总是作为一种最为“取巧”的“创新技巧”被人们广泛使用。古老的传统民间歌舞如此，现当代的流行歌舞如此，就连世界著名的以创造性教育为核心精神的奥尔夫教学体系亦是如此。所以，在幼儿园的集体音乐教学活动中，我们运用这种思路来教导幼儿；在音乐教学能力的培训活动中，我们也用同样的思路来启发教师。首先，先请读者在自己的教研团队中尝试下面（见图 9－1）这个练习。

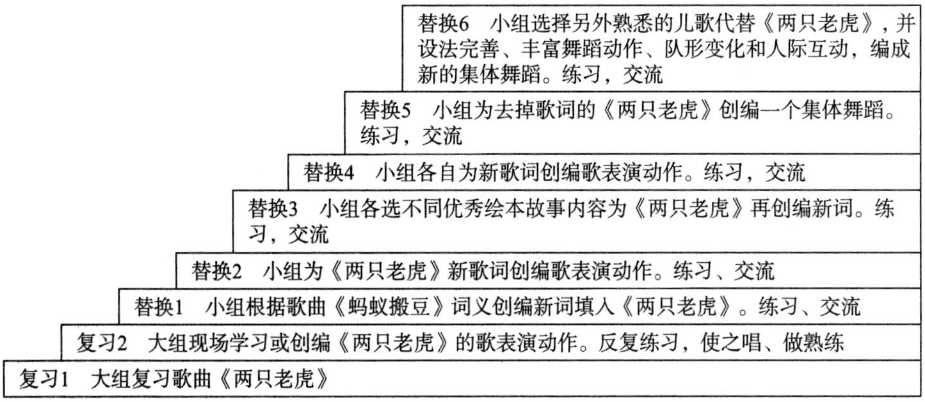

图 9－1

（备注：这个范例的思路来自香港王添强老师的教师培训课程）

经过以上的实践体验，读者应该对“替换”的效果有了最基础的理解了。下面将简要介绍各种替换的类型，以便读者根据需要选择使用。

第一节　歌词和故事的替换

一、歌词替换

歌词替换相对来说是最容易操作的一种替换,其中又可再分为两种情况。

(一) 整体替换

这种整体替换的前提是:学习者对将要被当作替换原材料来进行“替换”操作的歌曲是相当熟悉的。

1. 歌词不变,替换曲调。

这个游戏,我们又把它称为“换衣游戏”,即把旋律(曲调)比喻成歌词(人物的外表)的衣饰装扮。

范例1:《闪烁的小星》。

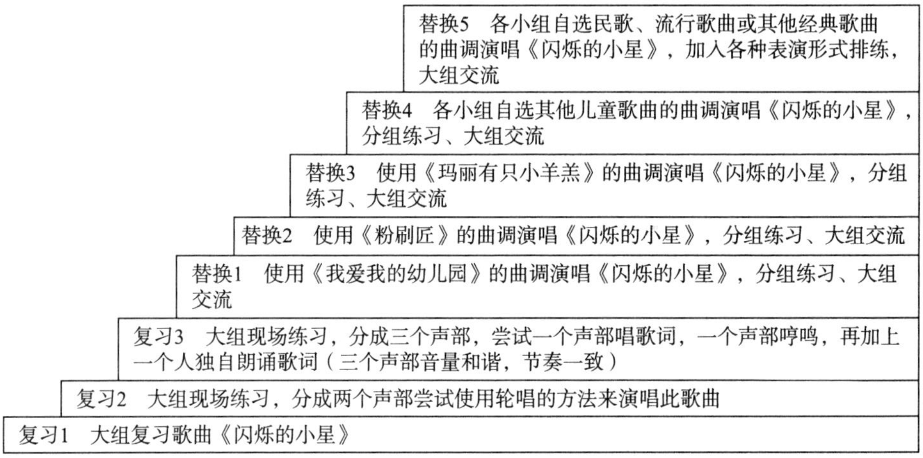

图9-2

(注意:在《粉刷匠》和《玛丽有只小羊羔》的替换过程中,会遇到某处的歌词需要局部重复的情况。在练习中如果设法解决了这个问题,“局部重复”作为一种技巧,将可以自由随意使用)

2. 曲调不变，替换歌词。

替换6　小组在为刚刚表演过的歌曲，保留原创的歌词，替换一个新的熟悉的曲调。编成新的集体舞蹈。排练，交流

替换5　小组自选主题创编五言或七言的诗歌，填入《静夜思》或《为救李郎离家园》并创编一个歌表演。排练，交流

替换4　小组各自为新歌曲创编歌表演动作。练习，交流（注意：千万要认真表现情感，不是搞笑）

替换3　小组各选四言、五言优秀儿童歌曲，如《一只哈巴狗》《小兔子乖乖》《柳树姑娘》的词，填入《静夜思》，练习，交流

替换2　小组为黄梅戏《女驸马》选段《为救李郎离家园》的曲调替换各种熟悉的七言古诗，如《咏柳》《观庐山瀑布》或其他，排练，交流

替换1　小组自选某一首五言古诗，填入《静夜思》并唱熟，自行编排动作队形练习，大组交流

复习　大组现场回顾各种熟悉的五言古诗如《悯农》《春晓》《苔》《登鹳雀楼》等

学习　大组学习古诗词歌曲《静夜思》

图 9－3

（备注：此系列思路来自南京、福建多所幼儿园的多名幼儿园教师）

静　夜　思

李　白　词
佚　名　曲

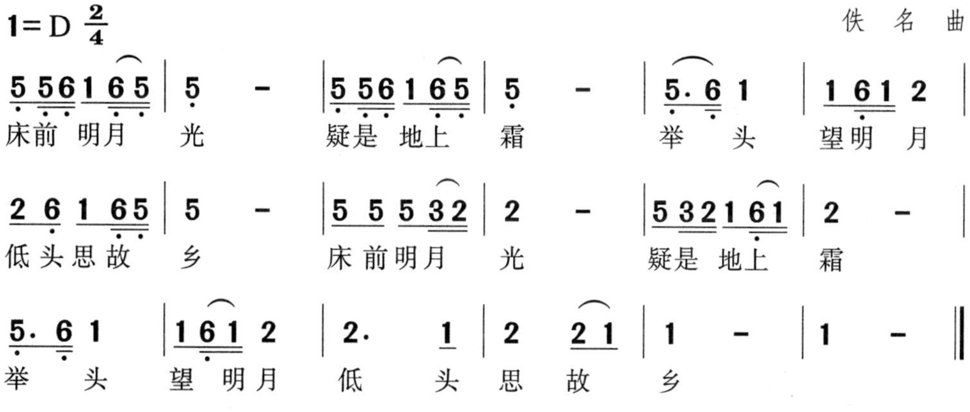

（注意：“替换 4”中的提示非常重要，在练习中经过了这个考验，解决了其中的问题，就能够对“速度、力度”对情绪情感表现的影响产生重要的新认识）

（二）局部替换

局部替换也有从易到难的各种层次。（由于是谈论歌词的替换，下面仅提供歌词。）

1. 主词替换。

主词替换一般用于音乐为 ABCD 结构的四句不同的歌词讲述了一个完整事件

的情况下。

例1:《苹果》。

树上许多红苹果,一个一个摘下来。

我们喜欢吃苹果,多吃苹果身体好。

例2:《我爱我的小动物》。

我爱我的小狗,小狗怎样叫?

汪汪汪,汪汪汪,汪汪汪汪汪。

例3:《可爱的太阳》。

可爱的太阳,高高挂在天上。

放出许多(万丈)光芒,照得花儿多漂亮(大地亮堂堂)。

(备注:四川民歌,为小班幼儿改编,括号内为原词)

在例1中,当主词"苹果"替换成香蕉,形容颜色的词语就要替换成"黄";替换成"葡萄",颜色就要替换成"紫"或"绿"。如果替换成"西瓜",树上就要换成"地上"或"地里"。可以是绿西瓜,当然大西瓜会更生活化一些。

在例2中,当主词"小狗" 替换成其他小动物甚至大动物,叫声就要跟着改变;当然也可以替换成"交通工具",发出的声音也就跟着改变了。当替换的事物是没有声音的,比如兔子、金鱼,就需要引导幼儿将声音改成运动状态……还有许多其他可能性,需要教师根据幼儿的意见予以灵活应变地反馈和支持。

在例3中,可以将主词B(花儿)替换成大树、小草……还可以进一步将主词A(太阳)替换成星星、月亮,这时候,就需要教师进一步引导幼儿注意区分与白天和晚上更加匹配的事物。

2. 句式保留替换。

(1) 许多幼儿歌曲的歌词属于AAAA或AAAB结构的。对于这种情况,我们有一种叫作"一A到底"的引导、支持创意提供的策略。

例4:《风儿》。

你听见风儿在呼呼吹,你听见风儿在呼呼吹。

你听见风儿在呼呼吹,今天是多么美好。

在例 4 教学中，可以替换“听见”的各种不同声音，也可以“看到”各种不同的景象。

（注意：不要故意搞怪或搞低级趣味）

例 5：《胡说歌》。

你把袜子套在耳朵上吗？你把袜子套在耳朵上吗？

你把袜子套在耳朵上吗，袜子套在耳朵上吗？

在例 5 的教学中，重点是学习感受和表现“幽默”，如“你把口罩蒙在眼睛上吗？”“你把鞋子顶在脑袋上吗？”幽默反常态和低级趣味是不同的。

例 6：《幸福拍手歌》。

如果感到幸福你就拍拍手，如果感到幸福你就拍拍手，

如果感到幸福你就拍拍手吧，我们大家一起拍拍手。

在例 6 的教学中，既可以替换表现“情绪”的词语，又可以替换表现“动作”的词语，还可以同时替换表现情绪和动作的词语。

（2）有时候，歌曲本身是一种 A1A2A3A4 或 A1A2A3B 的结构，我们往往也会建议教师先把歌词统一改成 AAAA 或 AAAB 结构，以便能够降低幼儿的学习难度和拓展幼儿的创意空间。

例 7：《拍手点头》。

拍拍小手点点头，拍拍小手叉叉腰。

拍拍小手拍拍腿，拍拍小手跳跳跳。

例 8：《我们都是好朋友》。

留一片蓝天给小鸟，留一片绿草给小兔，

留一股清泉给小鱼，留一片山林给熊猫，

我们都是好朋友，世界变得更美妙。

（注意：此歌词虽不止四句，规律仍相同）

在这两个范例中，我们首先将歌词改成以下这样的。

例 7：《拍手点头》。

拍拍小手点点头，拍拍小手点点头。

拍拍小手点点头，拍拍小手点点头。

例 8:《我们都是好朋友》。

留一片蓝天给小鸟,留一片蓝天给小鸟。

留一片蓝天给小鸟,留一片蓝天给小鸟。

我们都是好朋友,世界变得更美妙。

(注意:在歌曲学习过程中,由于歌词记忆理解难度下降,幼儿会有更多精力来迅速掌握歌曲的旋律)

然后引导幼儿反复替换新的歌词成 BBBB 或 CCCC 或 DDDD 结构……

最后让幼儿逐步挑战从 AABB 到 ABCC,最后恢复到 ABCD。

(注意:与传统新歌教授不同的是,除了初始的 A 之外,所有新歌词,都是在教师引导下,由幼儿自己创编出来的)

3. 逻辑引导替换。

有些述说完整事件的四句完全不相同的歌曲,也可以使用“一 A 到底”的策略。但教师用歌曲情境背景和叙事逻辑引导幼儿创编。看下例(原歌词略)。

例 9:《布谷鸟》。

我是一只布谷鸟。(A 段旋律唱四遍)

布谷鸟它声声唱。(B 段旋律唱四遍)

引导幼儿创编的逻辑:

布谷鸟生活在哪里?那个地方有什么美丽的风景或景象?

布谷鸟的歌声会怎样帮助需要帮助的人们?

创编范例:

我是一只布谷鸟,家住在美丽的大森林,

看太阳升起又落下,世界是多美妙。

布谷鸟声声唱,唱着动人的歌谣,

歌儿唱给悲伤的人,愿把悲伤都忘掉。

例 10:《远方的爸爸》。

想念你啊在远方的爸爸。(唱三遍)

想念你啊想念你。

引导幼儿创编的逻辑:

假如你爸爸去外地做很重要的工作,很久都不能回家,你会做哪些有意义的事情来表示你想念爸爸呢？你们想知道蒙古族的小朋友他们会做哪些事情吗？(做过去和爸爸一起做过的事情,如唱歌、跳舞、奏乐、劳动等)爸爸的爱如果像草原那么宽广,你觉得自己像草原上的什么？爸爸的爱还会像什么？如果那样,你又觉得自己像什么？

创编范例：

想念你啊在远方的爸爸,想念你就唱你教的歌谣。

你的爱就像那辽阔草原,我像小羊爱草原。

例11:《阿里巴巴》。

传说中的四十大盗藏在哪里？(唱四遍)

阿里巴巴,阿里巴巴,阿里巴巴,阿里巴巴。

引导幼儿创编的逻辑：

《阿里巴巴》的故事里还有哪些东西是被藏起来了的呢？

创编范例：

传说中的四十大盗藏在哪里？阿里巴巴。

传说中的金银财宝藏在哪里？阿里巴巴。

传说中的魔法精灵藏在哪里？阿里巴巴。

传说中的美丽姑娘藏在哪里？阿里巴巴。

阿里巴巴,阿里巴巴,阿里巴巴,阿里巴巴。

(注意:到了这一阶段,我们可以看到,在教师引导、启发和支持下,幼儿是有可能在学习过程中贡献更多个人创意的)

4. 引导自由替换。(更接近自由创作)

在集体教学活动中"自由替换"还是需要教师引导的。另外,"自由替换"本身也是有各种不同层次难度的。

例12:《粉刷匠》(变奏曲)。

原歌词：

我是一个粉刷匠,粉刷本领强。

我要把那新房子,刷得更漂亮。

刷了房顶又刷墙，刷子飞舞忙。

哎呀我的小鼻子，变呀变了样。

(1)《我是一个美发师》。

我是一个美发师，美发本领强。

我要把你的头发，变得更漂亮。

剪了前面剪后面，剪刀飞舞忙。

哎呀我的小顾客，变呀变了样。

（备注：教师引导大班幼儿为班本戏剧创编）

(2)《小河马爱吃糖》。

我是一只小河马，爱呀爱吃糖。

每天晚上抱着糖，睡呀睡得香。

糖果糖果快快来，快呀快快来。

每天晚上抱着糖，睡呀睡得香。

（备注：教师为中班幼儿的班本戏剧专门创编）

（注意："变呀变了样"的歌词重复节律模式，在本例中得到非常好的强化——爱呀爱吃糖，睡呀睡得香，快呀快快来。这非常有利于幼儿的感性经验积累和在未来迁移应用）

例13：《蚂蚁搬豆》(变奏曲)。

原歌词：

一只蚂蚁在洞口，看见一粒豆。

用力搬也搬不动，急得直摇头。

小小蚂蚁想一想，想出好办法，

回洞请来好朋友，抬着一起走。

(1)《猴子捞月》。

一只猴子在井里，看见圆月亮。

用力捞也捞不到，急得直摇头。

一只猴子抬头看，看见圆月亮，

告诉大家不用捞，月亮在天上。

（2）《井底之蛙》。

一只青蛙在井里，看见一只鸟。

他问鸟儿你在哪，鸟说在天上。

小小青蛙大声笑，天是个什么，

和我住的这个洞，都是一样的。

（备注：上例思路来自南京石杨路幼儿园园本课程《绘本与创意歌唱的相遇》）

例 14：《壳儿去旅行》。

在南京石杨路幼儿园的园本课程《绘本与创意歌唱的相遇》中，教师引导大班幼儿先将绘本故事的主要内容提炼成语句，再将这些语句配上节奏转换成八拍的节奏念诵；最后将这些节奏念诵作为第二声部配入已经学会演唱的新歌《壳儿去旅行》（此歌曲也是教师根据另外一首动画片的主题曲改编的），进而编配成一首两个声部的合唱歌曲。（此处暂时略去详细内容）

例 15：《龟兔赛跑》。

在南京晨光幼儿园的园本课程《集体教学与区角游戏的相互渗透》中，大班幼儿在音乐游戏区先将熟悉的故事《龟兔赛跑》的主要内容用绘画的方式画出来，再让幼儿尝试根据《蜗牛与黄鹂鸟》的歌词结构把绘画的内容转换成歌词，最后鼓励幼儿设法将新创编的歌词填入《蜗牛与黄鹂鸟》并演唱出来，在音乐游戏区轮流玩摆图演唱游戏。

从最后两个例子可以看出，在“自由替换”发展的终端，我们的教师和幼儿已经更加接近原创的状态了。而且，这种状态是离不开教师引导幼儿选择一个拥有“具体故事情境的创作内容或具体形式结构的创作背景”的！

二、故事替换

（一）替换范例

在上面所述的内容中，我们已经看到：在歌唱活动中，具体故事情境的创作内容非常重要；具体形式结构的创作背景非常重要；教师的信任和给予幼儿机会非常重要；教师必要的引导支持非常重要。

在律动活动和奏乐活动中，以上这些条件仍然缺一不可。下面仍旧继续介绍故事的替换。但在这里我们提供的思路会更加细致。

首先我们还是要举例介绍:在音乐不变的情况下,对律动和奏乐活动中的故事或情境背景进行替换。

1. 例1:《在山魔王的宫殿里》。

(1) 作品背景:这是挪威著名作曲家格里格创作的作品。该作品描述了一个浪子,被迫离开家后误闯进“山魔王的宫殿”,看见“群魔乱舞”的景象。波兰画家为此制作了动画短片,非常细腻地表现了:一个小妖在海边醒来,循着音乐的声音走到山洞,走进山洞,看见舞会,加入舞会,越跳越兴奋,直到山魔王从天而降,跳入篝火,放射出万道金光,现出大王真身后结束。

(2) 作品结构:作品分为两个部分。第一部分,主部。八拍一句,一共两大句的主旋律。主旋律一共重复了十二遍(音量越来越大,速度越来越快,配器声越来越厚重,情绪越来越强烈)。第二部分,尾声。突然出现了最强音、休止、两次渐强等的强烈对比,最后在加了吊钹强奏和自然延续音的结束音上完满终止。

(3) 作品谱例。

在山魔王的宫殿里

[挪威]格里格　曲

(4) 替换故事。《山狗和臭鼬》(北美民间故事)、《三只小猪》(世界著名童话故事)、《狐假虎威》(世界经典寓言故事)、《拔苗助长》(中国经典寓言故事)。

在传统民间故事的形式结构中,这些都属于典型的“一而再,再而三”地从“量的积累”到“质的飞跃”结构性质的故事。从第一次使用这个作品进行替换技能教学至今,受训学生替换的故事已经超过四百个。

作为读者,你也可以尝试一下:在二十四小时之内,你能够想出多少个可以进行替换的故事呢?如果你想出了十个,其中有多少是别人的现成故事,多少是完全由你自己编出来的呢?其中有多少是你真正满意的呢?其中有多少是可以在幼儿园中使用,能够让大班幼儿理解和喜欢的呢?比如《猴子学样》《武松打虎》《三打白骨精》……

2. 例2:《拨弦》。

(1)作品背景:德国作曲家德立勃的芭蕾舞剧配乐中女主人公的独舞音乐,因A段音乐提琴组使用拨弦技能演奏,产生弹拨乐器轻巧跳跃的独特效果而得名。后经常单独在音乐会上表演。B段音乐改用琴弓拉奏或用管乐器吹奏连音,产生的效果与A段有巨大反差,非常具有戏剧色彩,深受大家的喜欢。

(2)作品结构:ABA。

(3)作品谱例。

拨　弦

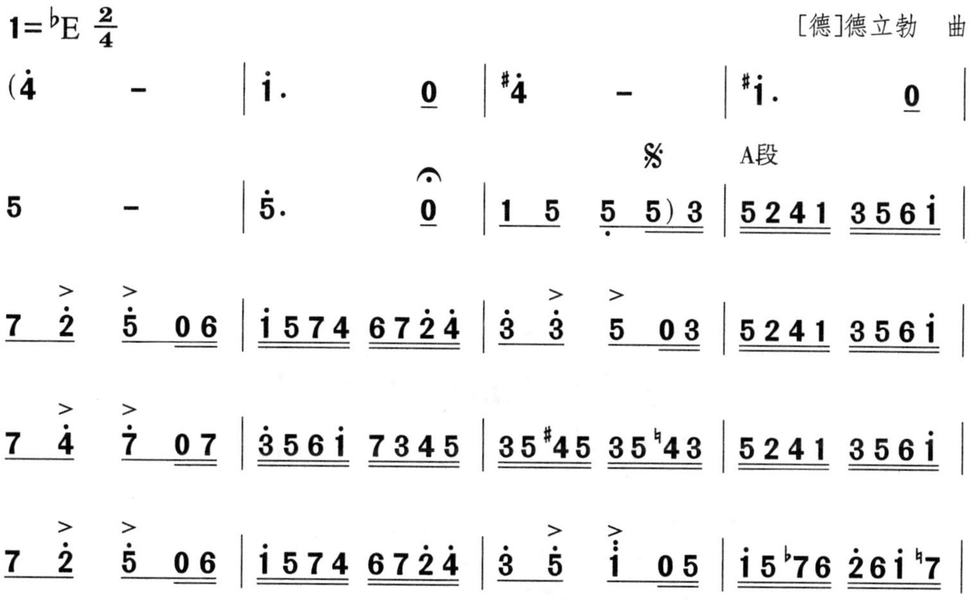

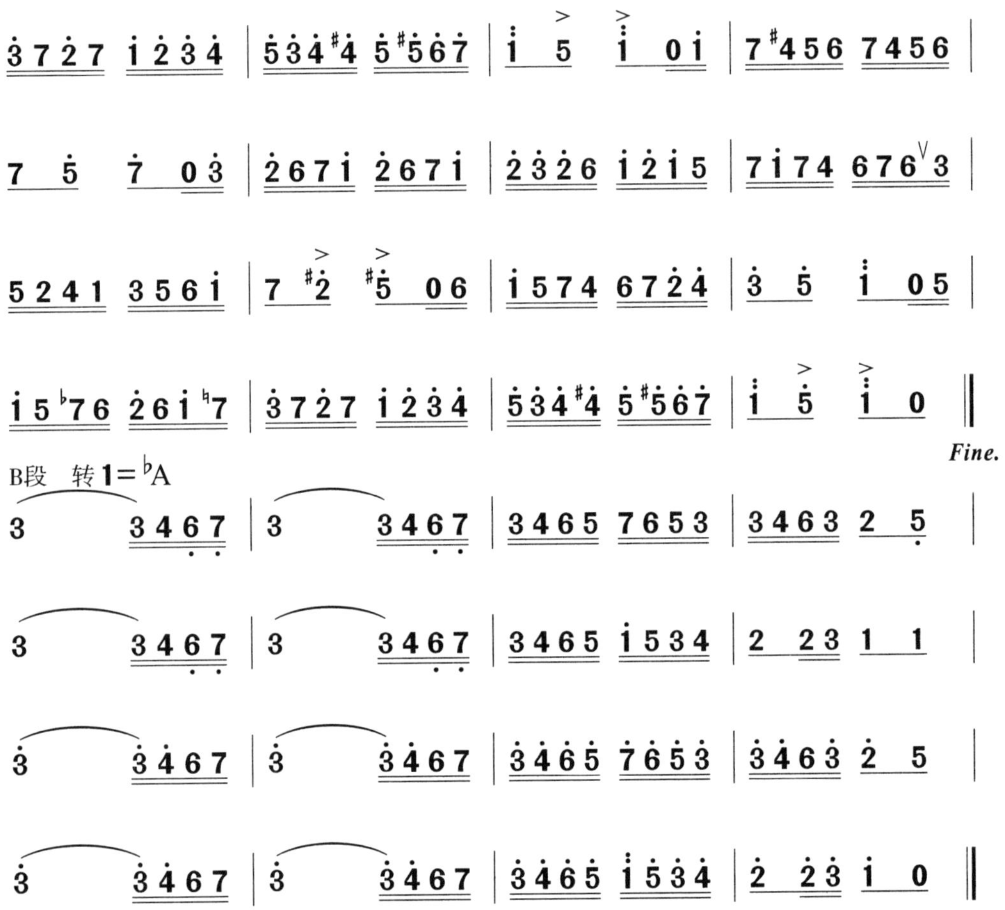

（4）音乐结构性质图（见图9－4）。

（注意："小三角"意为食指轻巧勾点，"大三角"意为拍手；最后一个波浪手臂上浮的高度和后延的长度大于前两个波浪。这是比较典型的用身体动作反映音乐力度特质的设计）

图 9－4

《小红帽》——小红帽跟在大灰狼身后穿越黑森林,大灰狼回头看的时候,小红帽静止不动保护自己。

《金冠鸡》——小动物跟在狐狸后面前往狐狸洞去解救金冠鸡,狐狸回头看的时候,小动物静止不动隐藏自己。

《勇敢的小乐手》——勇敢的小乐手躲在三所强盗住的房子里面,强盗回来了,小乐手走出房子,强盗被吓得“愣住”不能动。

(注意:以上三个故事情境都是来自世界著名的同名童话故事)

《狡猾的狐狸在哪里》。

(5) 活动设计要点。

上述所有律动活动一致在 A 段采用了“木头人”游戏,即在强音出现处造型突然静止。在上述四个例子中,其他三个活动都仅仅使用了 A 段音乐。A 段音乐自身拥有完满的终止,这样使用是完全没有问题的。但只有《狡猾的狐狸在哪里》使用了 ABA 结构。

A 段音乐,所有小鸡在双圆上顺、逆时针反向跑动,强音处静止做相互打招呼状;

B 段音乐,全体面对圆心随音乐节奏相互询问:“狐狸呀狐狸呀,狡猾的狐狸是你吗?”再相互对答:“不是我不是我,狡猾的狐狸不是我!”

再现 A 段音乐,结束时,大家一起说:“狡猾的狐狸就是他!”(整个过程中,有一个预先规定的作为猜狐狸的人,一直在圆圈中间寻找狐狸。而狐狸则是预先由教师在其手心贴了一张狐狸小贴画的人扮演。由于大家在说“不是我”的时候,必须把手心亮出来表示否认,这就使得寻找者有机会发现谁是狐狸)

3. 例 3:《瑞典狂想曲》。

(1) 作品背景。这是一首因结构工整清晰,节奏明确,曲风活泼而深受幼儿园教师喜欢的器乐作品。创作背景不详,只查询到一个关于农夫与禾苗的表现内容:农夫出门,照顾禾苗,农夫回家。需要澄清的是:这并不是曲作者的原意,而是南京市游府西街幼儿园早期的原创律动表演游戏的内容。其实,这是一个“弱情境”的游戏设计,但由于情境本身缺乏戏剧冲突,又没有添加智能、体能方面的挑战,或更有趣味的想象和人际互动,所以并不是一个完美的游戏情境。

（2）作品结构：ABC。

（3）作品谱例。

瑞典狂想曲

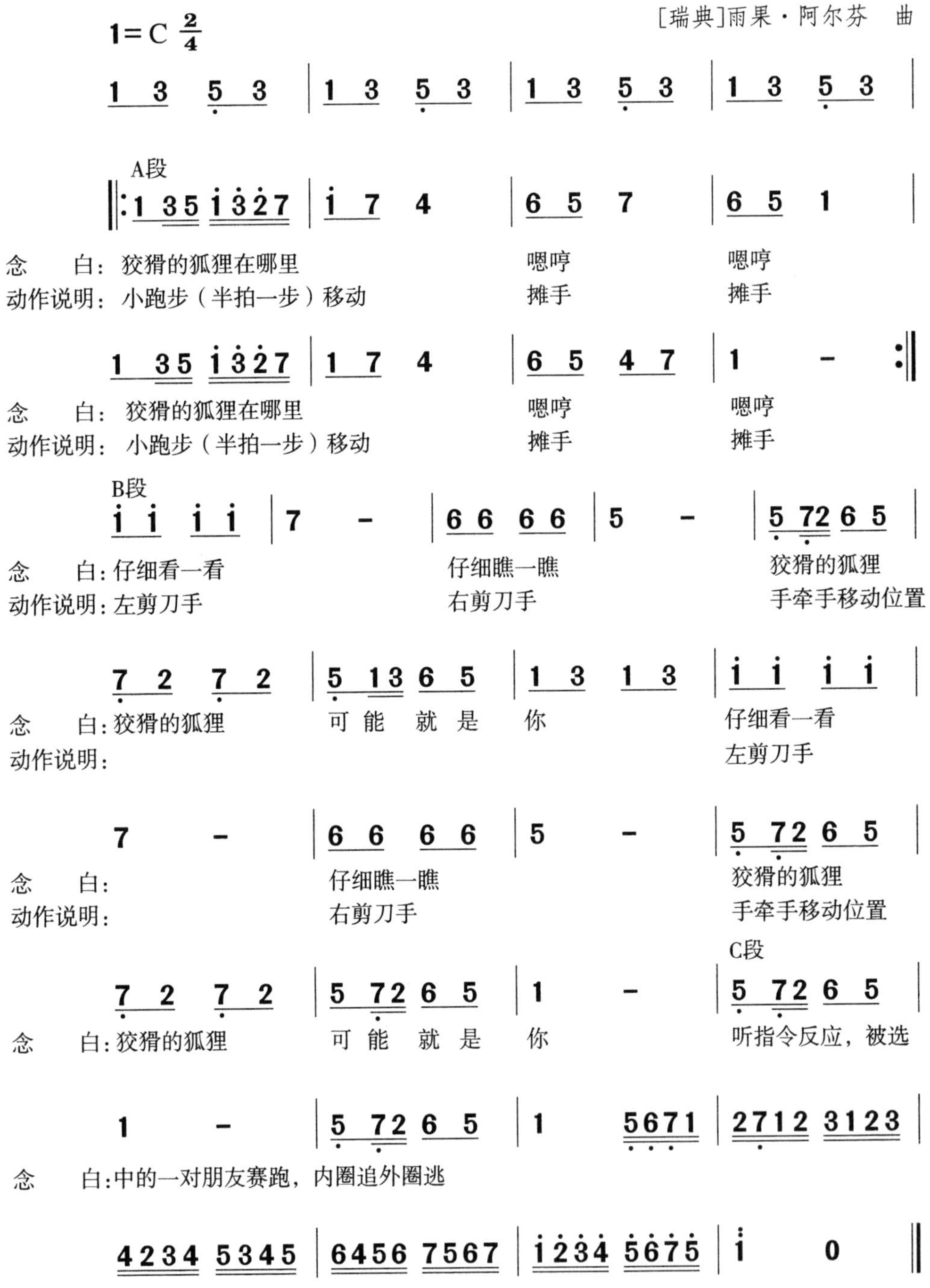

①“狡猾的狐狸在哪里”。

南京市北京东路小学附属幼儿园的这个设计虽然选择了与上例相同的故事名称,但音乐和故事的内容却是完全不同的:

黑猫警长打电话到养鸡场,告诉公鸡母鸡狡猾的狐狸混进了养鸡场,需要大家迅速将狐狸找出来……最后警长(教师)宣告侦查结果——狐狸藏在N号鸡窝。站在外圈的人便是狐狸,然后展开追逃游戏。(游戏在双圈双圆的空间状态下进行。内圈外圈的人两两结伴,以序号命名,或在地上贴上序号标记)

②“大战牙细菌”。

这是一个单纯的情境表演游戏设计:A段表现牙疼,B段表现与牙细菌战斗,C段表现激励战斗后获得胜利。

③“老鼠娶亲”。

这是一个加入奏乐元素的情境表演游戏。因为加入了儿歌显得非常幽默有趣(儿歌参见前面的详述):A段叙述老鼠的新娘先不见了,后又找到了;B段新郎让新娘伸出爪子和尾巴,结果全是毛,很吓人;C段表现“掀盖头”时老鼠新郎的忐忑心情。盖头掀起后,如果新娘是老鼠则相互抱抱,如果新娘是猫则逃跑——这里叠加了一个“快速反应—追逃”游戏。

④“老鼠爷爷的生日礼物”。

这虽然也是一个纯粹的情境表演游戏。A段音乐:表现大家在为老鼠爷爷制作生日蛋糕;B段音乐:表现大家希望给老鼠爷爷一个惊喜,所以老鼠爷爷询问大家在干什么的时候,大家假装在锻炼身体。

(注意:情境中加了“假装”的幽默,变得有趣多了)

C段音乐:表现蛋糕最后的装饰和展示。(创意造型:用身体表现蛋糕、奶油裱花和水果装饰的样子)

4. 例4:《喜洋洋》。

(1) 作品背景:中国传统民间乐曲。

(2) 作品结构:ABA。

(3) 作品谱例。

喜洋洋

1=C $\frac{2}{4}$

中国民间乐曲

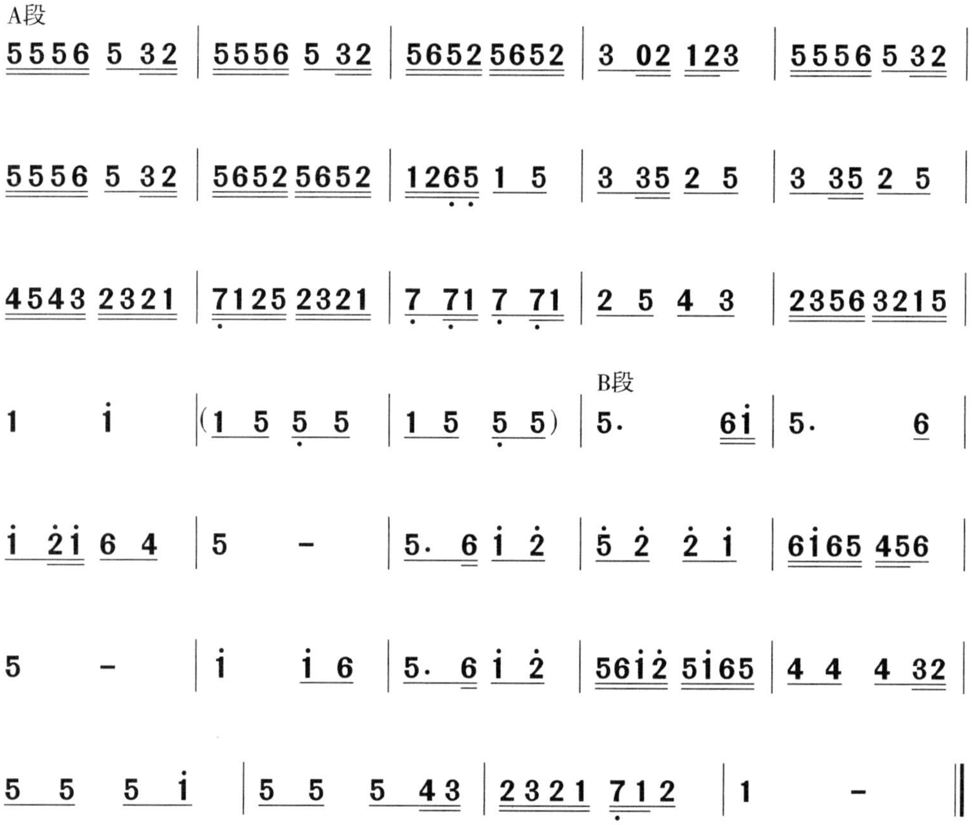

①“包饺子”。

虽然是表现中国传统美食饺子的制作过程，但设计者没有落入“平淡的弱情境”的陷阱，这一点非常重要！1999年，安徽一名教师的第一次设计就是犯了同样的“平淡叙事”的错误！下面来看原创案例和修改案例的对比。

表9-1 原创案例和修改案例对比

原创案例	修改案例
A段一直做擀面皮的动作	A段两小节在自己身上某处擀面皮，两小节表现面皮变大
B段一直做捏饺子的动作	B段两小节伸手等教师给馅，两小节做捏饺子动作
再现A段一直做饺子在开水中自由翻滚的动作	再现A段，一句蹲着摇摆手臂，一句站着摇摆手臂，一句原地碎步摇摆手臂，最后一句自由跑动同时用手臂表现翻滚，音乐结束，教师表现关火、浇冷水，幼儿表现饺子的造型

原创案例	修改案例
学习结果：在前两段，幼儿表现疲沓；在第三段幼儿兴奋过度，故意推搡他人、倒地、嬉笑追逐……上课教师最后哭了	学习结果：体验克制的愉快

②“捏面人”。

原创总体上为“弱情境”，表现制作面人的揉面、塑形、雕刻等过程，但在B段采用了身体接触游戏的“被动塑形”游戏，再现A段表现面人“活了”，与主人一起快乐歌舞。表现的情境不但丰富了，而且有了想象和互动。结果的体验也就不那么平淡了。

（注意：上面两个例子都增加了想象和互动，因此，即使没有竞争游戏的刺激，也可以有很好的游戏体验效果）

5. 例5：《金蛇狂舞》。

（1）作品背景：这是国歌的作者聂耳为庆祝新中国成立祝福祖国像金色巨龙腾飞、蒸蒸日上而创作的器乐曲。

（2）作品结构：ABA+尾声，B段是著名的具有“竞争”意味的“螺丝结顶”结构。随着对话的乐句越来越短，乐曲的气氛也越来越热烈。

（3）作品谱例。

金蛇狂舞

聂耳 曲

1=D $\frac{3}{4}$ $\frac{2}{4}$

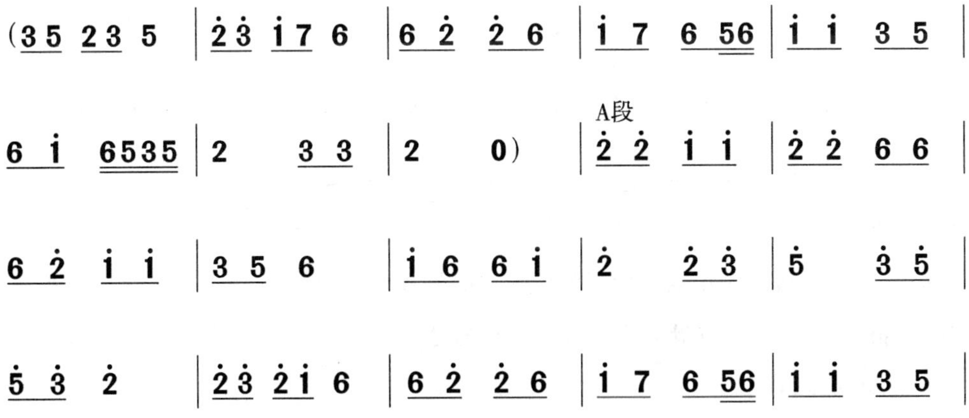

（注意：这样记谱是希望读者能够注意并理解螺丝结顶的结构，如何从四拍、三拍、两拍、一拍的对唱，最终过渡到半拍节奏合唱的过程）

①“赛龙舟”。

本设计采用中国传统端午节龙舟竞渡的场景：两个龙舟队比赛，并叠加了乐器演奏。A段音乐：表现划船；B段音乐：喊口号表现竞争和为自己的赛队加油；再现A

段音乐：仍旧划船。

音乐结束后叠加了领队赛跑，看谁抢先拿起敲棒击响放置在终点的锣（或鼓）的输赢竞争游戏。

（注意：有时候竞赛安排在音乐结束之后再开始，也是出于一种非常重要的考虑——避免幼儿因为竞赛刺激而罔顾音乐的存在）

②“年的故事”。

本设计采用了乐器庆祝中国传统春节的情境。A 段音乐：表现各家各户使用乐器（厨具等非正规乐器）准备新年餐食和文娱表演；B 段音乐：表现年兽前来捣乱，村民与年兽对抗的情境；再现 A 段，重复 A 段的表演内容。

［注意：每次演奏结束后年兽都会说“我一定会再回来的”，并且每次再返回时，都更换一个更大的“武器”（从徒手开始，更换成指镲、小镲、中镲、大镲，西洋乐队用的大镲）。因此，在新授活动中，会不断给幼儿带来了惊喜和挑战］

③“一园蔬菜成了精”。

这个设计用了一个非常有趣的绘本故事。这样营造的情境自然与两个角色（或阵营）相互对话（对抗）的情绪、结构密切相关。

（注意：教师千万不要过分渲染打架的气氛——只是闹着玩而已）

④“植物大战僵尸”。

这是大家都非常熟悉的电脑游戏系列，不再赘述。

这两个情境都具备逐步升级的对抗情绪和结构。读者可以想一想怎样设计会更加有趣！

（二）替换需注意的对应问题

1. 替换的情绪对应。

如“一园蔬菜成了精”，原创团队选择了彝族民间舞曲《快乐的啰嗦》，这也是一个 ABA 结构、AB 两段具有明显对比性质的作品。应该是不错的选择和设计。

快乐的啰嗦

1=F $\frac{2}{4}$

彝族民间舞曲

A段 **欢快地**

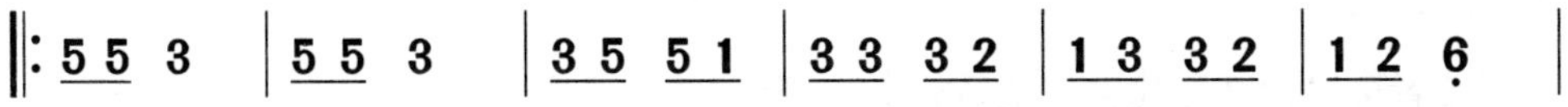

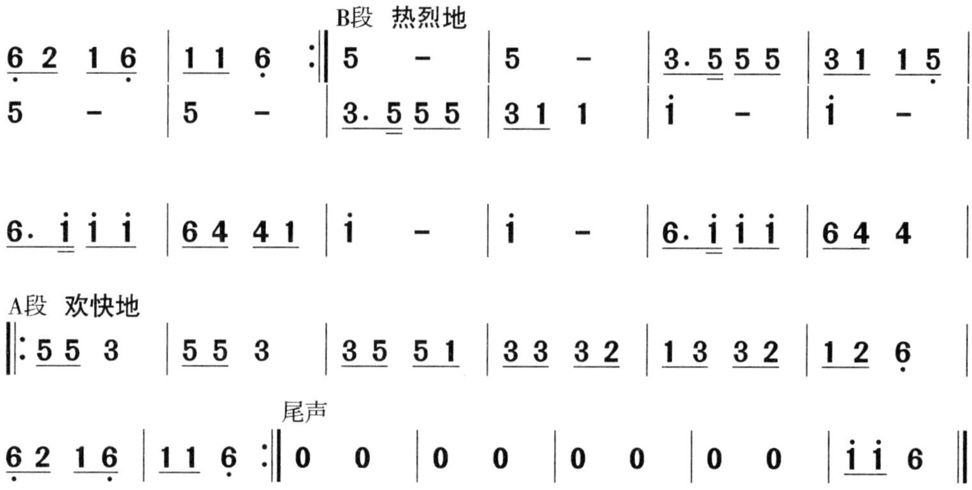

原创设计者——南京市石杨路幼儿园团队，在B段增加节奏呼喊："嘿——嘿——我们最强！"这个呼喊的设计和音乐本身的情绪、结构性质非常吻合。

建议读者也可以试一试《金蛇狂舞》，同样的情境，但音乐的结构改变了，你觉得应该怎样来设计B段音乐的"对抗呼喊"呢？

2. 替换的结构对应。

睡 美 人

加拿大奥尔夫课程提供

（备注：一共十段歌词。(1) 从前有一个城堡；(2) 那里有许多人；(3) 从前有一个巫婆；(4) 巫婆她施了魔法；(5) 看大家都睡去；(6) 看树丛长起来；(7) 看王子骑马走来；(8) 看王子用力砍树；(9) 王子唤醒大家；(10) 看城堡召开舞会）

这是典型的分节歌结构，《在山魔王的宫殿里》虽是器乐曲，但结构是一样的：一直重复着"一而再，再而三的故事情节"。（前面我们介绍过的《在山魔王的宫殿里》也是这样的结构）

读者可以尝试寻找类似童话故事，一定有很多。

其他结构的情境匹配原则是一样的：

AB 结构，两个相互关联的不同情境。

ABA 结构，再现一般会回到前面的情境，可能会有“升华”，通常与尾声有关。

ABC 结构，三个相互关联的不同情境。

ABACABDA 结构，虽然情境不断发展变化，但总是要不断返回主要故事场景……

3. 替换的风格对应。

前面介绍过的奏乐活动“师兄不好了”，原创设计者为南京市石杨路幼儿园团队。其实仅仅只是受到某流行歌曲中一句念白“二师兄不好了，师父被妖怪抓走了”的启发。该设计是非常巧妙地引用和拓展他人思路的典范。匹配使用的音乐作品是《雷神》。

最早我们知道使用《雷神》设计奏乐活动的是江苏省军区第二幼儿园（原南京军区司令部幼儿园）团队。匹配的是打雷下雨的时候冒雨行进的场景。“语音总谱”（儿歌）内容是：“天就要下雨啦，又打雷，又闪电！”在结构上，后者更贴近音乐的节奏。但南京市石杨路幼儿园团队的设计，从对西游记故事情境的熟悉和热爱程度来说，更贴近中国幼儿的原有经验。

对幼儿来说，关于中国音乐的风格与外国音乐的风格，他们还没有鲜明的区别意识，但如果能够找到结构更贴切的中国传统风格的民间音乐或戏曲音乐作品，就更完美了。尽管这个非常不容易做到。

第二节　动作和队形的替换

一、动作的替换

（一）原始活动："狗熊吃面包"

小　兔　跳（节选）

1=C $\frac{2}{4}$

（教师语令：准备揉面团）　　　　汪爱丽　曲

A段

1̇　3 | 5 56 5 | 1̇　3 | 2123 2 | 1̇　3 | 5 56 5 |

教师语令：揉

动作说明：双臂一起上下摆动做揉面团动作，两拍一下。重复八次　（可以在身体的任意一个部位揉面团）

1̇　3 | 2123 1 | 5 56 5 3 | 5 56 5 | 3 56 5 3 | 2123 2 |

教师语令：准备刷黄油　　刷

动作说明：一只手在另一只手臂上做刷黄油动作，两拍一刷，第一个八拍刷左臂，第二个八拍刷右臂

5 56 5 3 | 5 56 5 | 3 56 5 3 | 2123 1 | 1̇　3 |

教师语令：准 备　撒 果 粒　撒

动作说明：双手手心向下，握空心拳，两拍一下，五指张开，重复八次

5 56 5 | 1̇　3 | 2123 2 | 1̇　3 | 5 56 5 | 1̇　3 |

教师语令：准　备

动作说明：

2123 1 | 5 56 5 3 | 5 56 5 | 3 56 5 3 | 2123 2 |

教师语令：进烤箱

动作说明：双手手心相对，五指张开，两拍一下，同时向外打开，重复八次

5 56 5 3 | 5 56 5 | 3 56 5 3 | 2123 1 | 1̇　5 | 1̇　– ‖

教师语令：大熊来了，躲起来

动作说明：延续上一个动作，停住不动（后期调整为摆一个小动作的造型）最后一小节，低头抱膝躲猫猫

(二）替换思路

1. 将做面包的过程和做成的面包样式造型都替换掉。

2. 将做面包替换成做糖果、饼干、色拉、大菜，或者替换成做头发、插花、雕塑……又会设计出什么样的新律动游戏呢？

二、队形的替换

(一）例 1:“逗牛”

原设计为“单圈双圆”换朋友队形，最后玩切西瓜(反向)或丢手绢(同向)追逐跑游戏。换朋友的时候两朋友“面对面”，通过右肩对右肩交换位置变成“背对背”。在“单圈双圆”的空间状态下，读者您还有哪些方法，可以不断换新舞伴呢？

(注意：如果您有困难，可以去寻找世界民间舞蹈集锦或教学集锦，那里换朋友的方式很多)

(二）例 2:“三人套圈”

这是一个有趣的律动游戏。最初三人一组，自己找个空地方，边唱歌边一个一个从结好的小圈里解脱出来。

如果三人一列组成“开花队形”玩套圈，或者在单圆上三人一组玩套圈，再加上一个好听的 AB 结构音乐，安排在 A 段的最后一个乐句集结成小圈，从 B 段开始一个乐句一个人从小圈中解脱出来……那又会是怎样的效果？读者可以尝试一下。

(三）例 3:“匹诺曹要做真孩子”

匹诺曹要做真孩子

法国儿童歌曲
成　媛　词

1=F $\frac{2}{4}$

A段

0 1 | 6̣ 0 1 | 6̣ 0 3 | 3 3 2 3 | 4 3 0 1 | 6̣ 0 1 |

咪 咪 咪 咪 我 要做 真的 孩子 咪 咪 咪

动作说明：拍手（一拍一次）

咪 咪 咪 咪 我 要做 真的 孩子 咪 咪 咪

动作说明：拍手（一拍一次）

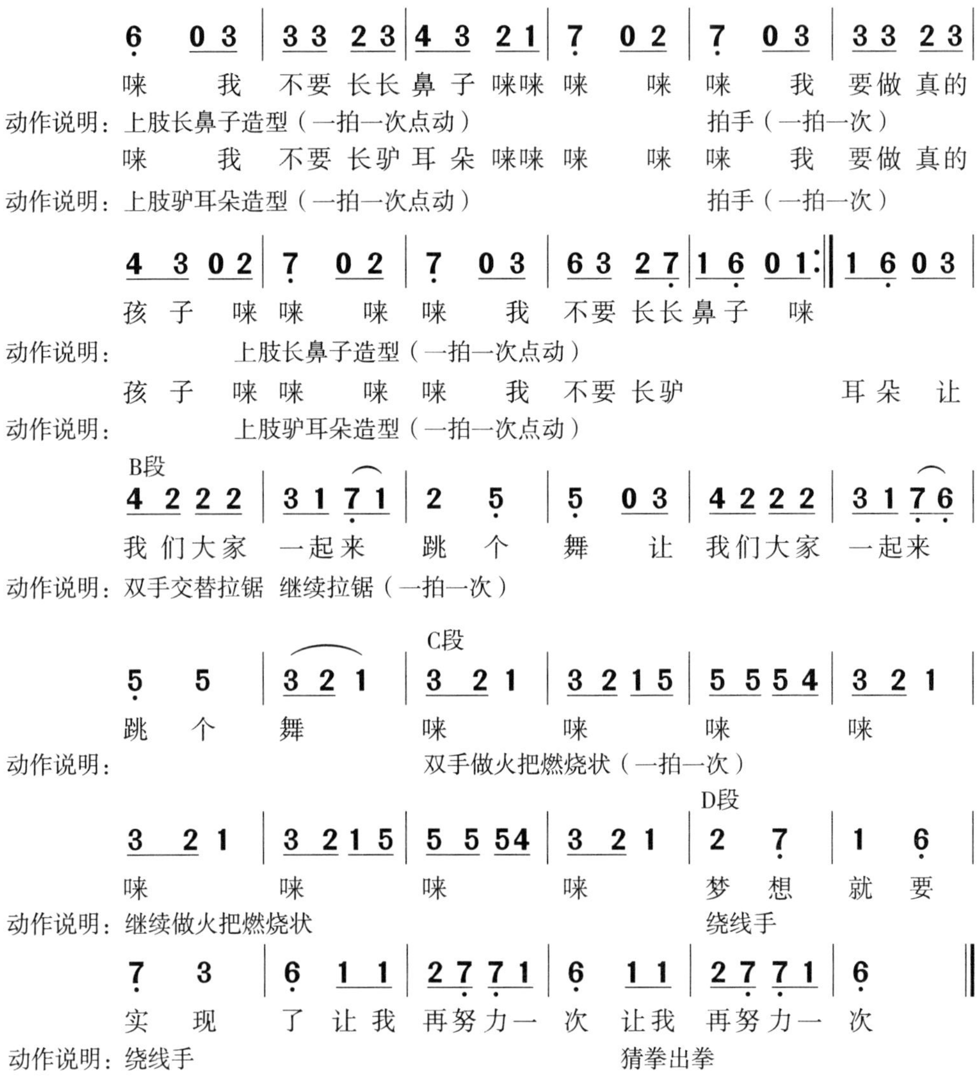

1. 替换思路 1:换动作。

(1) 将长鼻子、驴耳朵的动作替换成幼儿建议的新动作。

(2) 将拉锯和火把动作替换成幼儿建议的新动作。

(3) 将自己拍手的动作替换成与同伴合作的各种花式拍手的动作。

(4) 将自己拍手的动作替换成小木偶(断顿)的生活模仿动作。

2. 替换思路 2:换队形。

(1) 原设计是一圈不动一圈向统一方向移动一个人的位置交换朋友。

(2) 你还有什么其他替换思路？打算如何引导幼儿来替换呢？

第三节　音色和表演形式的替换

一、音色的替换

（一）例1:《十面埋伏》从琵琶迁移到大鼓

在重庆“金娃娃”学校李姐娜教师的奥尔夫教学中国化的实践中,学员根据著名琵琶曲《十面埋伏》的故事和琵琶演奏的断(弹拨)和连(抡指),采用迁移替换的思路,集体创作表演了多面大鼓领奏齐奏的作品《十面埋伏》。这就是一个极好的以替换为重要思路的典范。

(注意:这里给出的启示是,散响音色与单响音色或者称连音音色与断音音色的迁移、混合、对比所创造的音色效果。教师在替换实践中可以将近似音色相互替换,从而保持原有的音色效果;可以使用不同音色进行混合,以获得取长补短的更佳音色效果;还可以使用区别明显的音色进行横向或纵向衔接或叠加,以获得强烈反差对比的音色效果)

在“年的故事”“小猪梦中的烤牛排”等奏乐活动中,都使用非正规乐器——厨具,无非也想要制造出断和连两种音色的对比效果。在创意奏乐活动“吹气球”中,教师引导幼儿把收集到的各种废旧材料,制作成乐器,再用这些乐器制造出一下一下(断)地吹气,快速或慢速连续放气(连)的情境—音色对比效果。

（二）例2:“拔根芦柴花”即兴指挥配器

在“拔根芦柴花”的一个早期奏乐设计流程中,第一课时是学习身体动作总谱,掌握演奏的基本动作、结构和节奏型;第二课时是学习分声部合作表现身体动作总谱和分声部使用乐器演奏;第三课时是在后续的游戏活动中学习指挥和即兴指挥演奏。

在第三课时要学习的内容中,最重要的技巧就是使用即兴指挥的方法改变原先设定的配器方案,指挥演奏出新的音色交替的效果。

二、表演形式的替换

（一）例 3:“我的家”

我的家

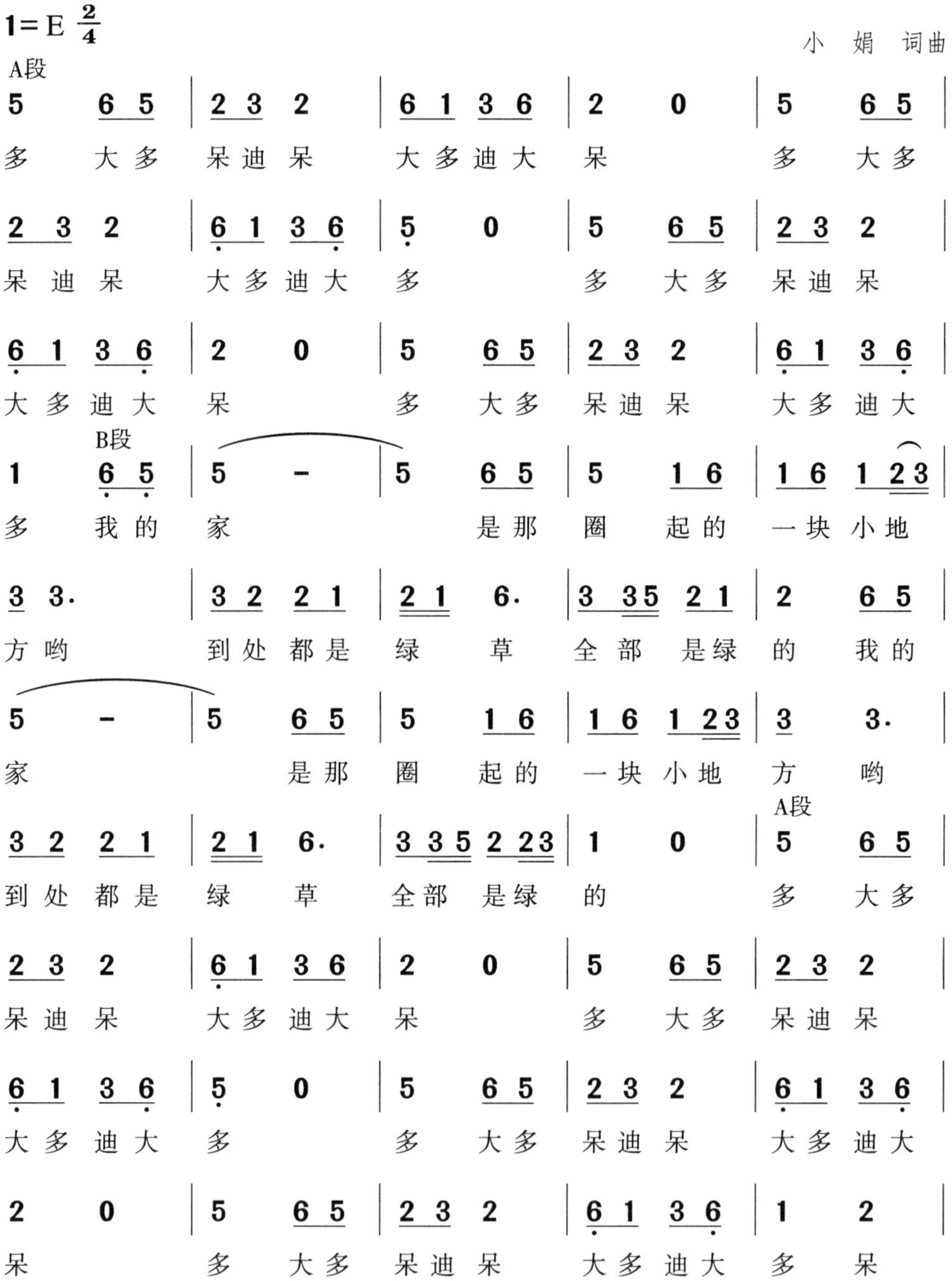

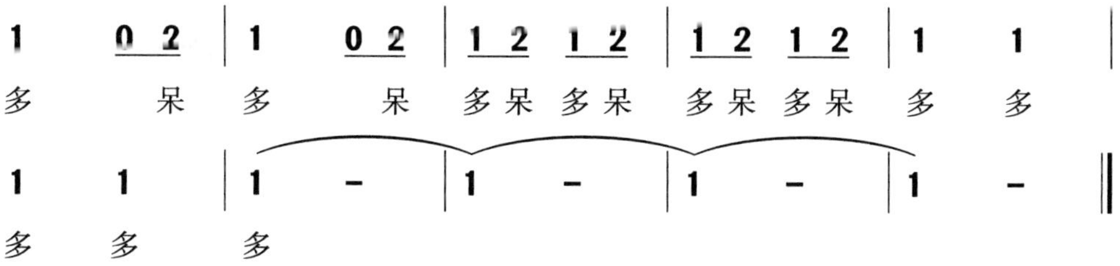

（二）教学活动过程

1. 进入家乡美景情境。

（1）教师以家乡美景分享为题播放美丽乡村视频或图片。

（2）导入范唱。[**第一次范唱**]

（3）回顾歌词内容,解释两个奇怪的A段模仿奏乐的声音。

（4）再次范唱。[**第二次范唱**]

（5）专门学习演唱A段的奇怪歌词。[**教师用“回声法”教唱,然后是“接龙法”练唱。大致唱熟为止**]

（6）专门谈论B段的歌词,专门范唱B段,澄清歌词的内容。

2. 创编新歌词加熟悉歌曲的曲调和结构。

（1）不断学习创编性的歌词(换地点:山上、山下、山里、河边、海边等),专门倾听B段。[**倾听四遍左右**]

（2）不断学习创编性的歌词(换颜色:都是红的、都是黄的、五彩缤纷、五颜六色等)专门学习演唱B段。[**练唱四遍左右**]

3. 不断完善新歌演唱。

(不再赘述)(注意:以上是第一课时的内容)

4. 复习歌曲。鼓励幼儿努力追求词曲熟练和声音完美。

5. 学习合唱改编梳理。(注意:此处为新思路积累)

（1）教师提供3个视频,包含:领唱齐唱;按乐句,一个声部一个声部地递增或递减;加声势动作。

（2）教师组织引导幼儿观看和交流,从中获得改编合唱的三种具体思路。再集体讨论转换成书写符号。

6. 改编实践与排练。(注意:此处为现学现用)

7. 分组排练。

（1）幼儿分成两大组，主、配班教师各负责一组，当天参加教研的教师组成一组。

（2）三组同时开始改编和排练。幼儿组各有一名教师参与协调和支持改编活动。

8. 分享交流。（注意：此处为新思路应用、检阅、反思和再积累）

（1）幼儿分组展示。

（2）在教师引导下，幼儿以小组为单位，相互评价，相互学习。

9. 高级榜样分析、提炼。

（1）教师组展示。

（2）教师引导幼儿提炼出教师独特的新思路。

（注意：原创教师上课当天，教师组除了应用前述三种思路以外，增加了乐器伴奏、队形变化，还特别在A段句末增加了羊高声和牛低声的间隔叫声，全曲结束处还增加了马的嘶鸣声，很好地展示了美丽的农村有声有色的景致）

（三）特别提示

1. 这首歌曲的A部分和再现A部分的歌词，实际上是曲调唱名的“发音”去掉声母后统一改换成声母为“d”的发音。在教师培训中以及幼儿日后复习中，可以尝试替换任何拼音的声母，作为一种有趣的创意游戏来玩。

2. 幼儿园的真实教学一般至少需要两课时。在不考虑课时的情况下，至少达到熟练演唱歌曲后，才可以做后面的合唱改编活动。

3. 丰富合唱表演编配的相关要素和思路。（供参考）

（1）独唱。

（2）对唱。

（3）齐唱。

（4）领唱齐唱。

（5）声部递增递减。

（6）加伴奏。

① 动作。（歌表演动作，声势动作，集体舞动作，奏乐模仿动作，早操韵律操

动作）

② 无音高嗓音。（有意义或无意义）

③ 乐器或替代乐器声音。

④ 有音高嗓音。（唱唱名；改声母；锣鼓经；其他）

（7）创编新歌词：改地点，改风景，改色彩，改主语……

（8）创编新无意义音节。

（9）合唱。

① 轮唱。（唱或念）

② 支声。（唱或念；有意义或无意义）

③ 同声。（二声部可唱可念另外一个固定音节，旋律与一声部相同）

④ 和声。

⑤ 持续低音。（唱或念；有意义或无意义）

⑥ 固定音型。（唱或念；有意义或无意义）

另外还可以加队形、服装、道具、舞台背景（幻灯画面）等。

（注意：这是一个真实的教学设计范例，原创者是南京市建邺区奥体幼儿园团队。在这里，我们看到教师在设计中就为幼儿的自由选择替换提供了机会、思路和支持。在这里，最重要的思路是“学以致用”，其中的含义是：学习现成的语汇思路和技能，学习了立刻就要用到实践改造过程中去。其中的好处是：只有为了使用才有动力学习；只有学了就立刻使用，才能够真正掌握并体会到“学以致用”是多么重要）

各位读者，如果作品不变，你还可以使用什么别的思路来表演呢？如果换一个作品，上述哪些表演思路是你将会再次尝试使用的呢？

第四节　音乐和游戏的替换

一、音乐和游戏的替换范例

《熊出没》是近年来儿童非常喜爱的系列动画片。其中的各种故事情境，故事中的各种人物，动画片中的各种音乐，都成了幼儿园游戏化音乐活动经常使用的材料。下面介绍一些比较成熟的相关设计，希望读者能从中获得替换思路方面的启发。

1. 音乐相同—游戏相同—故事来源相同—情境不同。

例 1:《熊出没》片尾曲—故事来源相同—情境不同。

该首歌曲可以分成 A 段、B 段、C 段三个部分，前两个部分演唱的是歌词，第三部分演唱的是衬词“啦啦啦”。情绪总体上都是欢快活泼的，没有对比变化。

(1)“猜猜电锯藏哪儿了”。

音乐结构与情境动作表演结构的对应。

A 段音乐:传递“电锯”。(小片无纺布，画有电锯图案)(传递游戏)

B 段音乐:拿到“电锯”者在幻灯片大图上指出电锯具体埋藏在哪棵树下。(人机互动寻找游戏)

C 段音乐:光头强表演对“结果”的反应。

音乐结构与游戏玩法的对应:大图中一共有十六张小图片，内容有警察、马蜂、老虎和电锯。集体围坐成大圆形，扮大树或小动物角色，在 A 段做传递动作，在 B 段做思考动作。在 C 段，出现警察、马蜂、老虎时拍手表示高兴，出现电锯时表现愤怒或懊恼。扮演光头强者坐在圆心，等待拿到“电锯”者指出答案。(难度提升:全体在背后传递，光头强要先找出拿到“电锯”者，然后获得自己选择小树图片的机会)

(2)“猜猜光头强藏哪儿了”。

音乐结构与情境动作表演结构的对应。

A 段音乐:传递“电锯”。(小片无纺布，画有电锯图案)(传递游戏)

B 段音乐:拿到“电锯”者即光头强，在幻灯片大图上指出光头强具体躲藏在哪棵树后。(人机互动寻找游戏)

C段音乐:警察表演对“结果”的反应。

音乐结构与游戏玩法的对应:大图中一共有十六张小图片,十二张小图片内容为《熊出没》动画片中的各种小动物,四张小图片为不同形象的光头强。集体围坐成大圆形,扮作熊兄弟,在A段做传递动作,在B段做思考动作。在C段,出现光头强时拍手表示高兴,出现小动物时表现愤怒或懊恼。扮演警察者坐在圆心,等待拿到“电锯”者指出答案。(难度提升:全体在背后传递,警察要先找出拿到“电锯”者,然后获得自己选择小树图片的机会)

2. 音乐相同—游戏不同—故事来源相同—情境不同。

例2:《熊出没》片尾曲—故事来源相同—情境不同

(1) 猜拳游戏“看看谁是光头强”。

音乐结构与情境动作表演结构的对应。

A段音乐:两小组表演创编出来的森林景象舞蹈。

B段音乐:两小组悄悄协商出什么拳。

C段音乐:两小组横排相向而行,在音乐结束音上同时出拳。

音乐结构与游戏玩法的对应:教师引导幼儿为A段音乐创编两个舞蹈动作,配合A段音乐练熟;在B段音乐时两组围成小圆圈悄悄协商出什么拳(猜拳游戏);C段音乐结束时出拳,输家为光头强,即其他盗伐者,赢家为警察,叠加追逃游戏。

(2) 领袖模仿游戏“光头强哪里跑”。

音乐结构与情境动作表演结构的对应。

A段音乐:全体即兴表演小树成长的过程。熊大辛勤照顾小树。

B段音乐:光头强出来准备盗伐树木;全体模仿熊大假装成大树的运动姿态。

C段音乐:熊大追逐光头强。

音乐结构与游戏玩法的对应:A段音乐,全体围成大圆,集体表演小树成长,一人表演照顾小树的熊大。光头强被蒙上眼睛,看不到A段的表演,也不知道谁是熊大。B段音乐,熊大伪装成大树表演,集体模仿熊大的表演,光头强需要把熊大找出来(领袖模仿游戏)。找出来就喊其名字,然后在C段音乐时熊大追逐光头强,集体做“加油”动作表演。

(3) 人机互动寻找游戏“猜猜电锯藏哪儿了”“猜猜光头强藏哪儿了”。(参见

前述“1”中两个例子,不再赘述)

3. 音乐不同—游戏相同—故事来源相同—情境不同。

例3:人机互动寻找游戏。

(1)《勇敢的鄂伦春》—“猜猜光头强藏哪儿了”—抓捕光头强情境。

音乐结构与情境动作表演结构的对应。

这是一首只有四个乐句、一段歌词的简单歌曲。在整个教学过程中一共融入了三个不同的游戏。

倾听范唱阶段,教师以护林巡逻队追捕坏人为理由,边范唱边点兵点将,被点到的幼儿在幻灯片大屏幕的九棵小树后面寻找光头强。(其实其中并没有光头强,进一步激励幼儿寻找)

学唱反思阶段,以恢复被光头强撕坏的(追捕)地图为理由,边练唱边整理、排列歌词提示图片(排图游戏),不断澄清和记忆歌词和旋律。

演唱和游戏阶段,不断边巡逻(上肢骑马,原地骑马,移动骑马)边演唱,演唱结束后到大屏幕的森林中寻找光头强。(前两次出现熊大熊二,第三次出现光头强)

(2)《熊出没》片尾曲—“猜猜电锯藏哪儿了”—光头强找电锯情境。

(参见前述例子,不再赘述)

4. 游戏不同—音乐不同。

例4:人际互动游戏。(木头人游戏 vs 照镜子游戏)

(1)“蜜蜂斗强哥”木头人游戏—《紫色的激情》。

音乐结构与情境动作表演结构的对应。

A段音乐:蜜蜂们正在睡觉,光头强“咚咚咚”的砍树声把蜜蜂们吵醒了。

B段音乐:蜜蜂们攻击光头强保卫自己的家园。一个乐句表现攻击,一个乐句表现自卫。

音乐结构与游戏玩法的对应。

A段音乐:全体幼儿坐着围成大的半圆形,正对面中间放置一面大鼓。光头强(先由配班教师担任)一下一下地击鼓表示在砍树。全体幼儿手握串铃随乐一下一下地震奏表示蜜蜂受惊。

B段音乐:全体攻击时用手臂连续震奏串铃;蜜蜂自卫时造型静止;光头强在蜜

蜂攻击时背对蜜蜂表现浑身痛痒，在蜜蜂自卫的时候他回头观看准备回击蜜蜂。（木头人游戏）音乐结束后蜜蜂表现胜利，光头强表现“狼狈逃走”。

（2）“镜子与强哥”照镜子游戏—《光头强》。

音乐结构与情境动作表演结构的对应。

这是一首网络流行的创作歌曲。曲风幽默，A、B 两段有歌词，C、D 两段是熊大熊二与光头强的对话等说白的内容。

A 段音乐，光头强出来砍树。在音乐结束处，光头强逃进公园的“镜子游乐场”。B 段音乐，熊大熊二追击光头强。C 段音乐，光头强在公园的“镜子游乐场”躲避二熊。D 段音乐，光头强逃出公园的“镜子游乐场”。

音乐结构与游戏玩法的对应：A 段演唱歌词的部分，光头强表演出门寻找可以砍伐的树，全体幼儿围成圆圈表现树的运动；B 段对话部分，二熊出来追捕光头强；C 段演唱新歌词部分，光头强做动作（或唱一句换一个造型），全体幼儿模仿，二熊要在音乐结束前找出光头强（领袖模仿游戏）；D 段无论光头强是否被二熊找出，都必须在此时到圆圈外围“逃跑”，跑一圈没有被抓住算暂时逃脱。（二熊有两次机会：一是找出，二是抓住）

（3）“光头强找熊哥”照镜子游戏—《熊出没》片尾曲。

（参见前述“2”中的例子，不再赘述）

二、音乐和游戏的替换练习

（一）替换音乐（音乐作品改变，游戏和情境不变）

1. 对换音乐。

如果我们将“蜜蜂斗强哥”和“镜子与强哥”的音乐对换，结果会怎样呢？

首先，从结构对应上来讲，“蜜蜂斗强哥”只有两个情节对应两段不同性质的音乐，而“镜子与强哥”有四个情节，对应四段音乐。

其次，从音乐性质对应来讲，“蜜蜂斗强哥”的前一段音乐表达的情绪比较稳定，后一段表达的情绪比较激烈。“镜子与强哥”第一、三部分两段歌曲为性质类同的音乐，表达的情绪欢快幽默；两段对话的内容情境非常具体，如“光头强你哪里跑”等。

所以，如果两个活动的故事情境和游戏不改变，单纯交换音乐是没有办法达到

“和谐”的。

2. 更换新的音乐。

如果我们为“蜜蜂斗强哥”和“镜子与强哥”更换新的音乐,结果又会怎样?

3. 备选音乐。

(1)《匈牙利舞曲第五号》。

[德]勃拉姆斯　曲

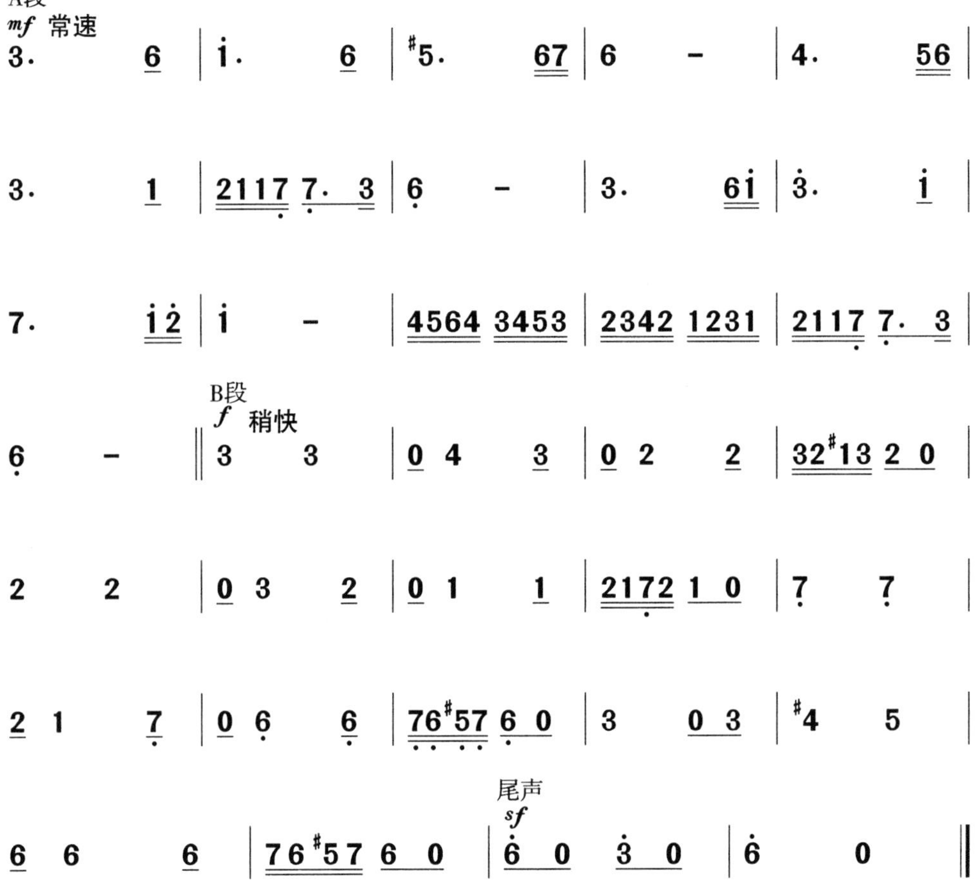

(2)《挪威舞曲》。

[挪威]格里格　曲

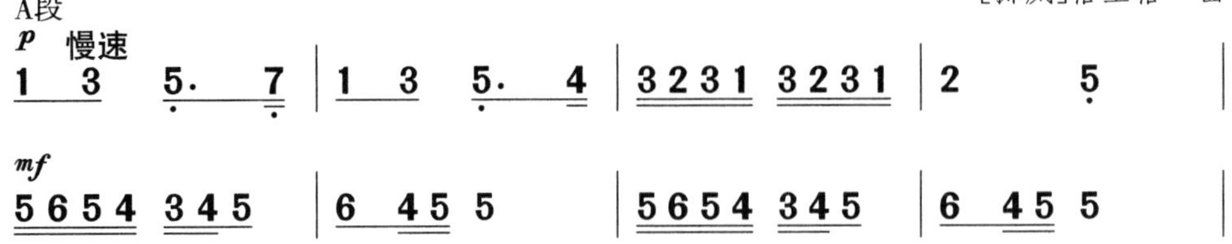

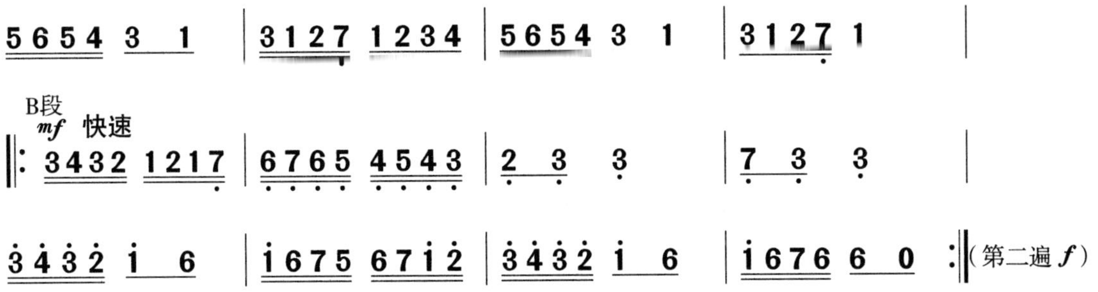

(3)《瑞典狂想曲》。

(4)《金蛇狂舞》。

(5)《快乐的啰嗦》。

(6)《在山魔王的宫殿里》。

(备注:乐谱见前面)

首先,我们来看“蜜蜂斗强哥”。上面备选的前五首音乐,都拥有 AB 两个情绪对比比较强烈的乐段,都能与故事情境和游戏对应。前面三首音乐都是外国作曲家的作品,风格匹配上面稍微欠缺。虽然原创教师使用的《紫色的激情》也是外国作曲家的作品。但也不能说就可以。当然,教师在使用的时候,还要注意实际演奏的版本。因为指挥家和乐队演奏出的实际效果也完全有可能不相同。

因此,我们建议读者可以根据上述替换原则试试看,自己体会一下效果究竟怎样。

其次我们来看“镜子与强哥”。由于情境和游戏在原创的时候就考虑了如何更加贴近音乐的情绪结构和内容,所以原创所选择的音乐,在情境和游戏完全不改变的情况下,更换另外的音乐是非常不容易的。

所以我们建议:前五首音乐全部改成 ABA 结构。而故事情境和游戏也稍加变动,A 段光头强出门寻找合适的树木;B 段二熊追击光头强;再现 A 段光头强在“镜子游乐场”努力掩藏自己的行踪。音乐结束后再进行二次追击……

最后,我们来看看最后一首音乐《在山魔王的宫殿里》。前面我们分析过:这是一首使用类似“一而再,再而三,最后加质变尾声”的叙事方法创作的音乐作品。看似不太适合匹配两个或三个情境明显不同的故事结构。但是,由于此作品主部情绪有着一个逐渐变化的过程,越往后越激烈,所以如果用来匹配“蜜蜂斗强哥”,可以将十二遍一分为二(六遍为一个场景),因为音乐本身在第七遍已经明显转为快速强音量,因此足以表现两个不同场景;最后在尾声可以很充分地表现一下光头强被蜜蜂“打败”的结局。

如果用来匹配“镜子与强哥”,可以同样如上述将音乐处理成三个部分,也可以去掉第一部分的故事情境,一开始的情境就是光头强在“镜子游乐场”中躲藏,二熊在寻找。音乐的渐强渐快,正好可以表现气氛越来越紧张。音乐的结尾部分安排追击。

(二) 替换游戏(音乐作品和情境不变,游戏改变)

1. 对换游戏。

如果我们将“蜜蜂斗强哥”和“镜子与强哥”的游戏对换,结果会怎样呢?

比如“蜜蜂斗强哥”,我们把音乐扩展成ABA结构,在再现A部分玩领袖模仿游戏:让光头强寻找蜜蜂的首领。这在情境的逻辑上也是可行的。

再比如“镜子与强哥”,在音乐的C部分,光头强在森林里边逃跑边不断回头观察是否有人追赶,二熊悄悄尾随,准备寻找一个合适的机会发起攻击,光头强回头看时,二熊隐藏在树后不动。在D段音乐,表示出了森林,二熊发起最后的追击……这在情境逻辑上也是可行的。

2. 换新游戏。

如果我们为“蜜蜂斗强哥”和“镜子与强哥”换一些新游戏,结果会怎样呢?

3. 备选游戏。

(1) 猜拳游戏。

(2) 人机互动游戏。

(3) 人际互动游戏。

以上这些游戏的玩法,前面都有范例,读者完全可以在前述范例基础上,自己再做一些新改变。

(4) 体育竞技游戏。

体育竞技游戏的种类很多,除了追跑游戏以外,我们在此建议使用“投掷—投准”游戏和“老鼠笼”游戏。读者觉得可以设计怎样的情境,将这些游戏融进活动中去呢?

我们在此还要建议读者尝试下面的练习：

如果我们不变动音乐，而仅仅只是将“蜜蜂斗强哥”和“镜子与强哥”的情境和游戏加以改变，结果会怎样呢？

如果我们不变动音乐和游戏，而仅仅只是将“蜜蜂斗强哥”和“镜子与强哥”的情境加以改变，结果又会怎样呢？

三、替换训练的渐进阶梯

本教材的培养对象既是教师，也是幼儿。无论对教师还是对幼儿，“学习支持”的规律都是一样的，即指导者或团队的组织领导者都需要有一个“逐步退出支持”的过程。这个过程大致如下。

（一）提供总的框架

在总框架不改变的前提下，从微小的局部替换开始逐渐过渡到对比较大的局部进行替换。

（二）提供替换的思路或素材

根据学习者的实际情况，从辨别、分析、引导学习者选择开始逐步过渡到让学习者自由选择。

（三）教师提供情境、音乐或游戏

1. 二选一。

在情境、音乐、游戏 3 个要素中的两个不改变的情况下，提供其中一个要素的两个素材供学习者选择。这两个素材都是教师认真思考选择的结果，先提供两个都可以使用的素材供选择，再提供其中有一个明显不能使用的素材供选择。

2. 多选一。（原则同上）

3. 多中自选。（原则同上）

（四）学习者自选情境、音乐或游戏

1. 先多选，再一一淘汰并留最满意者。

2. 先凭直觉“相中”，再实践尝试直到满意。

第五节　小步距前进的教学"使能目标阶梯"设计与撰写

这是一种非常重要的教学设计技术。掌握这种技术,教师就能够更有效地保证教学的质量。

第一,撰写的思路是在确立本次活动最终要达到的目标和所教幼儿整体水平的基础上,从基础开始上推,或从目标开始倒推。第二,每一上位阶梯作为分级目标,必须建立在下位阶梯目标基本掌握的基础之上。下面请看范例。

一、双阶撰写:体现总流程

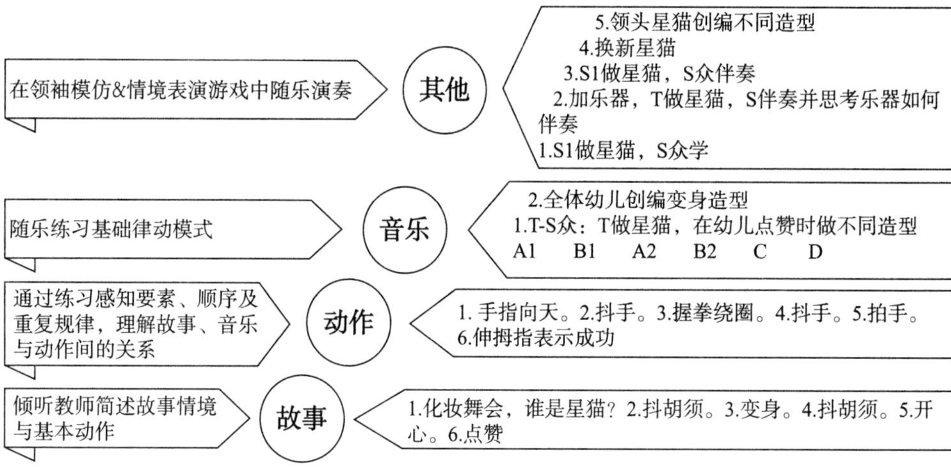

图 9－5

二、双阶撰写一：体现“师幼互动”

挑战4 指导幼儿在散点站立、自由移动的条件下随乐玩游戏	创造性应用	在教师提醒下，学习克制以免过度兴奋，并合拍运动；学习用语言清楚地表述“在哪里发现了艾玛”
挑战3 组织幼儿在椅子前面用站立姿态随乐玩游戏	应用迁移	将手在大腿上“行走”的动作替换成真实的下肢行走动作，并注意努力合拍行走；在教师的帮助下学习用语言表述此种替换
挑战2 引导幼儿即兴创编不同方向的喷水动作	创造性拓展	在创意动作表现的基础上，学习用语言表述可以向哪些方向喷水，可以对着朋友的哪些身体部位喷水
挑战1 出示幻灯片，引导幼儿边随乐做动作边玩游戏。	模仿练习	在做游戏动作时力争合乎音乐的节奏；努力做出各种相关的表情变化，同时学习用语言表述出对艾玛躲在哪里的猜测
音乐 再次示范，鼓励并带领幼儿尝试模仿，独立用语言描述动作	感知模仿	继续倾听、观察、感知、理解，并努力尝试记忆乐曲和游戏动作的各个要素及顺序；学习用语言帮助自己理解和记忆：走、喷水和打招呼；蒙眼睛—打开—寻找—询问“找到没有”
动作 随乐示范游戏动作	观察	重点观察游戏。理解动作的意义和顺序：走、喷水、打招呼、玩捉迷藏游戏，进一步感知乐曲和游戏动作各要素的匹配关系及顺序
故事 用将要学习的律动动作配合简述小象艾玛与其他小象玩捉迷藏游戏的故事情境；小象艾玛和朋友一起走进了森林；它们相互喷水、打招呼，还一起玩起了捉迷藏游戏	观察理解	情境理解，产生兴趣，明确任务：初步了解音乐、情境与动作在形式结构和力度模式上一一匹配的关系

图 9－6

三、双阶撰写二：体现“教学提问”

	（跳出一只大蛤蟆）听说过《井底之蛙》的故事吗？看看谁能找到这个绘本和大家分享
继续练习演唱（三）	这一次猴子在井里看到了什么？捞出来看看是什么（球），为什么猴子以为是月亮呢
继续练习演唱（二）	月亮真地会掉到井里吗？捞出来看看是什么（盆），为什么猴子以为是月亮呢
继续练习演唱（一）	大家觉得我们唱得怎么样？唱对了吗？哪里有困难？需要老师帮助吗？需要老师怎么帮
反思评价	我们能够从头到尾把这个新故事唱出来吗？试试看好不好
替换歌词（二）	现在这只猴子在哪里？应该怎么唱？它看见了什么？应该怎么唱
替换歌词（一）	这个礼拜我们读了《猴子捞月亮》的绘本故事，这个绘本故事说的是谁？在哪里？看见了什么
观察双行对应图谱	这首歌唱的是谁？在哪里？看见了什么
复习歌曲《蚂蚁搬豆》	

图 9－7

四、双阶撰写三：体现“情境要素”的自我检查

（一）情境要素自检阶梯——大班奏乐：沉香救母

情境有激励性	巡山时位置的变换，利用下一个斧头的不确定性，激励幼儿一次次玩游戏
情境有感染力（好看、有魅力、惊艳、吸引力）	教师课件中不同颜色的斧头、宝莲灯碎片等的出现以及乐器的情境化命名
情境有吸引力	教师创设普通斧头、银斧头、金斧头，幼儿了解游戏规则，和屏幕斧头一起寻找宝莲灯碎片
情境逻辑合理	教师引导幼儿理解功夫练好才能找宝莲灯碎片，宝莲灯碎片成功拼在一起才能去救妈妈
情境贯穿始终	引导幼儿在家里练功、带着法宝巡山、去寻找宝莲灯碎片线索，找到线索拼出宝莲灯，最后去营救妈妈
情境有正面教育意义	教师带领幼儿练功，沉香需要努力练好功夫才能出门去营救妈妈
有情境	教师创设沉香的妈妈被压在山脚下，沉香要练功、营救妈妈的情境

图 9－8

（二）情境要素自检阶梯——中班奏乐：森林里的新邻居

情境有激励性	引导幼儿体验同伴共舞以及新伙伴加入的快乐
情境有感染力（好看、有魅力、惊艳、吸引力）	制作与情境相契合的课件，包括敲门声、打呼声、羽毛、手电筒等的出现，有效激发了幼儿参与活动的积极性和主动性；创设的邀请小动物环节里小动物的不确定性给活动增添了惊喜感，激励着幼儿主动参与创编
情境有吸引力	引导小鸡学跳欢迎舞，动作熟练后带上“欢迎棒”并邀请其他小动物一起来跳舞；在图片线索的提示下，尝试猜测新邻居是谁，线索一条一条逐个累加
情境逻辑合理	预设“猫头鹰”作为森林里的新邻居，给予幼儿“白天睡觉，身上有羽毛”等信息提示，这一猜谜的游戏形式符合中班幼儿的认知特点
情境贯穿始终	传递新邻居要来的消息，鼓励小鸡学跳欢迎舞，在内化舞蹈基本动作的基础上，邀请其他小动物一起跳欢迎舞并在新邻居到来后把欢迎舞送给新邻居
情境有正面教育意义	鼓励小鸡邀请更多的小动物一起跳舞，让新邻居感受到伙伴的热情好客
有情境	创设小鸡跳欢迎舞迎接新邻居的故事情境

图 9－9

第十章

从拆拼到创造

在走向创造的旅途中，“替换”永远是较高的一个“台阶”，尽管实际上其仍旧可以继续划分成许多更小的台阶。当替换的思路越来越宽广灵活，替换的速度越来越快，实际上意味着教师从别人那里拆借素材和思路，并拼合成自己作品的能力越来越强。作品逐步发生“质变”，直至成为真正的原创作品。

下面来看2016年8月我们在加拿大皇家音乐学院亲自看到、体验的教师培训课程中两个不同主题活动的教学流程。

一、范例1：基本节奏入门（全音符、二分音符、四分音符、八分音符）

挑战2　动作要求同下，伴奏先改为教师即兴弹钢琴，后再改为录音音乐。音乐变化，自创动作模式就要变化

挑战1　鼓声音乐伴奏，在空间中自由移动，自创不同的上下肢动作对应模式，遇见同伴须进行表情交流，进而再进行身体接触性交流

概念应用2　站姿—移动，倾听多种音符节奏组成的节奏型指令，节奏型变化，便须自创另一种新的上下肢动作对应模式

概念应用1　站姿—移动，倾听鼓声四分音符均匀节奏，自创一种不同的上下肢动作对应模式

概念理解3　站姿—移动，倾听鼓声四分音符均匀节奏，模仿教师上肢全音符、下肢动作与音符的对应模式

概念理解2　站姿，倾听鼓声指令，模仿教师下肢动作，并与音符表示的长短一一对应

概念理解1　坐姿，倾听鼓声指令，模仿教师上肢动作，并与音符表示的长短一一对应

基本概念　从倾听鼓声入手，将音符（全音符、二分音符、四分音符、八分音符）名称与鼓声长短一一对应

图10－1

（注意：第四台阶以下都是在模仿教师提供概念的范例；第五台阶以上都是音乐发生变化时，学生就要变化自己创造的上下肢组合动作；所谓的学生创造，只不过是将教师提供的原始材料进行自由拆分和各种重新组合而已。所以，自由选择、组合等词语是非常重要的词语）

二、范例2：《渔歌》

（一）借用教师提供的“结构基石”创作歌曲

1. 结构基石。

如ABAB、ABCA、AAAB、ABBA、AABA……（结构卡片）

举例如下。

任选 A 为：

X　$\underline{X}$　X　$\underline{X}$ |

一　起　撒　网

任选 B 为：

X·　X· |

朋　友

ABAB 的结构即为：

X　$\underline{X}$　X　$\underline{X}$ | X·　X· | X　$\underline{X}$　X　$\underline{X}$ | X·　X· |

一　起　撒　网　朋　友　一　起　撒　网　朋　友

任选 C 为：

X·　X　$\underline{X}$ |

爱　她　就

ABCA 的结构即为：

X　$\underline{X}$　X　$\underline{X}$ | X·　X· | X·　X　$\underline{X}$ | X　$\underline{X}$　X　$\underline{X}$ |

一　起　撒　网　朋　友　爱　她　就　一　起　撒　网

2. 主要教学流程。

(1) 教师提供素材,引导学员认识这些素材。

(2) 学员分成小组,选择不少于两个、不多于四个短句素材。

(3) 教师发放结构卡片,学员选择其中一种。

(4) 学员按照自选卡片规定的结构,组织自己的作品,并念熟。

(5) 各小组之间展示分享。所有卡片排在地上,玩“快速反应”游戏。

① 展示小组将自己的作品连续展示两遍;

② 观察小组听辨、判断展示小组使用了哪一种结构卡片,先举手示意并判断正确的为赢家。

(二) 借用教师提供的“主部”为回旋曲创作“插部”

1. 主部歌曲(教师提供)。

渔歌(主部)

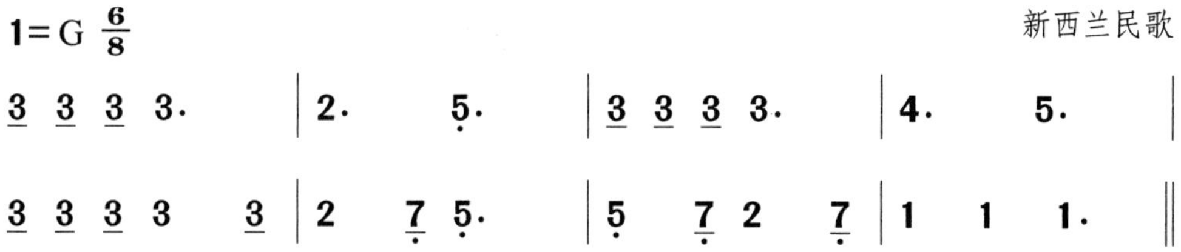

2. 主要教学流程。

(1) 学习歌曲。

(2) 用轮唱的方式演唱歌曲。

(3) 分小组为歌曲编配伴奏或者表演动作。

(4) 合作表演回旋曲《渔歌》。

① 围成一个大圆圈,各小组成员坐在一起,各人自选乐器;

② 从主部开始,表演主部的时候可以齐唱,也可以轮唱;可以自选歌舞乐中的一种表演,也可以事先组织分配好配合的方式;

③ 所有小组按照顺时针或逆时针方向依次在各重复主部中间插入自己创编的插部。(也可以事先协商表演插部的先后顺序)

(注意:创编插部借用的素材和流程参见“借用教师提供的‘结构基石’创作歌曲”)

(三)为现成歌曲编配舞蹈动作、队形或情境表演动作、场景。

(四)为现成单声部歌曲编配合唱声部或乐器伴奏声部。

(注意:以上任务是通过若干次教学活动逐步完成的)

(五)理论提炼

1. 随时随地要把思想、情感、身体融为一体。

2. 故事和动作模式给了学生一个创作的框架。

3. 在这个框架中,学生可以在强有力的支持下自由发挥。

4. 若没有这个框架,学生便很可能出现混乱,不能体验作品的艺术美。

(注意:从以上两个教师培训课程的经典范例中可以看出,模仿、替换、重组和创造之间,不是从一到二再到三的简单线性关系,而是在交织缠绕中不断相互影响,不断从量变到质变的螺旋式上升关系)

第一节　幼儿教学方案中的“替换”案例

一、歌唱导入的范例

（一）范例1：小班歌唱“拍手点头”

【乐曲】

拍手点头

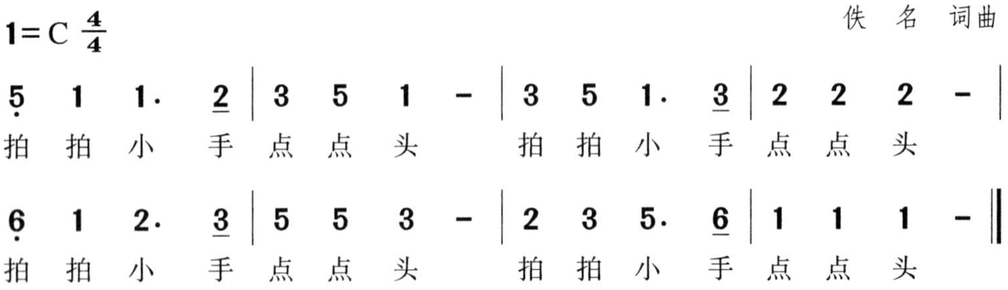

【使能目标阶梯】

挑战4 引导幼儿创编上下句有逻辑关系的歌词及动作	创造性应用	在教师的引导下，初步学习在两个乐句间建立逻辑关系
挑战3 引导幼儿创编同类歌词及动作	创造性应用	在教师的引导下，初步学习将歌词内容分类，每段演唱同一类歌词
挑战2 累加2—4种不同歌词及动作	创造性应用	在教师的组织引导下，从演唱相同的一句歌词，逐步过渡到演唱两句不同，三句不同，四句不同的疑问
挑战1 邀请幼儿创编、分享新歌词、新动作	创造性应用	积极地不断提供新歌词、新动作给集体分享、学习
动作 邀请幼儿模仿练习相关动作	模仿	进一步感知歌词的内容及句式结构
动作 随乐示范游戏动作	观察	感知歌词的内容及句式结构
故事 借助小白兔手偶导入幼儿园做早操的情境	理解	情境理解，产生兴趣，明确任务

【教育活动设计】

活动目标

1. 初步学会演唱新歌。

2. 学习为歌曲编填新歌词;学习迁移分类的经验,进一步体验事物之间的逻辑关系。

3. 积极为集体的歌词和动作表演贡献新内容,在教师的引导下体验相互学习相互支持的快乐。

活动准备

1. 物质准备:小白兔手偶。

2. 经验准备。

(1) 幼儿已经具备一些日常身体运动的经验。

(2) 幼儿已经具备比较丰富的生活、游戏经验。

(3) 幼儿已经具备上述两个或以上的动作经验。

3. 空间准备:全体围坐成大的半圆形。

活动过程

1. 幼儿初步倾听范唱,了解新歌的歌词内容和句式结构。

(1) 教师出示手偶,导入早操锻炼情境。

(2) 教师范唱,并请幼儿仔细倾听和观察。[**第一遍范唱**]

(3) 教师请幼儿说出歌词中的两种动作及先后关系,并引导幼儿正确复述歌词。

(4) 教师请幼儿跟随范唱模仿自己所做的表演动作。[**第二遍范唱**]

2. 幼儿进一步熟悉歌曲的曲调,尝试参与新歌词、新动作的创编。

师:小白兔说做早操总是点点头,没有意思。它想请小朋友为它创编一些新的动作。我们现在来想一想,拍拍小手,除了可以点点头以外,还可以做什么动作呢?[**开始引导幼儿创编**]

教师将个别幼儿提供的歌词和动作代入歌曲继续范唱,并带领全体幼儿学习新

创编的内容。（该环节可以重复 5—6 次）[**第三至第八遍范唱**]

（注意：幼儿在此过程中若轻声跟唱，教师应接纳，但不要鼓励幼儿大声跟唱，因为有可能影响幼儿感知和再现歌曲时的准确性）

3. 逐步尝试增加歌词的难度，进一步熟悉歌曲的演唱。

师：我们大家真了不起，已经帮助小白兔创编了那么多新的动作。小白兔还想问小朋友，可不可以唱一遍歌曲做两个动作呢？要是这样的话，歌曲应该怎么唱呢？

（1）教师组织、引导幼儿用 AABB 的结构唱新歌词。（先选唱幼儿在前面已经创编出的歌词。但如果出现 A 是拍拍小手点点头，B 是拍拍小手搭积木，教师就需要引导幼儿进行分类，如搭积木是做游戏，最好和拍皮球唱在一起；我们可以选叉叉腰，这个是做动作）这个环节可以根据幼儿的具体学习情况重复若干次。（可能需要唱 5—6 遍）

（注意：重点鼓励和帮助幼儿把歌词唱对，唱清楚）

（2）教师进一步鼓励幼儿挑战 AABC 或 ABCD 结构。

（注意：这些任务对小班幼儿可能太多、太难。可在课后其他游戏时间继续进行）

（3）小结创编成就，引导幼儿注意大家一直在相互学习，代表小白兔对幼儿的贡献表示感谢，请幼儿相互拥抱并说谢谢。

4. 在教师的支持下挑战创编上下句有逻辑关系的歌词。

如拍拍小手搭积木，拍拍小手收积木；拍拍小手洗苹果，拍拍小手吃苹果。

（注意：这些任务对小班幼儿太多、太难了。可在课后其他游戏时间继续进行，也可以建议家长在家中和幼儿一起创编）

特别提示

1. 这个活动的两位原创者，一位是汪爱丽老师（南京师范大学教授），她在 1986 年提出小班幼儿创编新歌词的活动设计。在创编过程中顺带进行“分类教育”和“逻辑关系教育”也是汪老师提出的。另外一位是黄爱玲老师（南京市北京东路小学附属幼儿园老师），她在 1992 年提出小班幼儿创编新歌词的活动设计。将歌曲曲谱及老师的第一次展示改成：从头到尾四句歌词完全相同，使歌曲本身变成幼儿学习创编的一个特定“支架”。这样的设计思路也是黄老师提出的。

2. 尽管创编活动会使幼儿体验到创造性工作带来的成就感，但对于低龄幼儿来说，创编的过程需要情境创设的激励，需要老师随时随地的热情激励。

3. 前文中已经反复提醒，相关任务流程无法在一次活动中完成，需要根据幼儿学习的实际情况慢慢进行。

原创设计：南京市汪爱丽、黄爱玲老师

（二）范例2：中班歌唱“我爱你”

【乐曲】

我 爱 你

《智慧树》主题歌

佚 名词

原歌词：

蜜蜂亲吻鲜花说我爱你，青蛙守着池塘说我爱你。

星星望着月亮说我爱你，葵花对着太阳说我爱你。

你的爱给了我温暖和快乐，你的爱给了我勇气和力量。

我要对你大声地呼喊我爱你，我要对你大声地呼喊

I love you！

我是蜜蜂你是滋养我的鲜花,我是青蛙你是收留我的池塘。

我是星星你是陪伴我的月亮,我是葵花你是照耀我的太阳。

你的爱给了我温暖和快乐,你的爱给了我勇气和力量。

我要对你大声地呼喊我爱你,我要对你大声地呼喊

I love you!

【使能目标阶梯】

挑战4 鼓励幼儿尝试用ABCD结构演唱自己改编的歌曲	创造性应用	跟随琴声尝试独立用ABCD结构试唱自己的改编歌曲，初步掌握歌曲的曲调、意义和歌词的形式结构
挑战3 用AABC结构带唱幼儿建议改编的歌曲	应用练习	在教师的带领下，用AABC结构试唱自己的替换方案，进一步感知、理解歌曲的曲调、意义和歌词的形式结构
挑战2 用AABB结构带唱幼儿建议改编的歌曲	应用练习	在教师的带领下，用AABB结构试唱自己的替换方案，进一步感知、理解歌曲的曲调、意义和歌词的形式结构
挑战1 用AAAA结构带唱幼儿建议改编的歌曲	模仿练习	在教师的带领下，用AAAA结构试唱自己的替换方案，进一步感知、理解歌曲的曲调、意义和歌词的形式结构
歌曲2 即兴演唱幼儿建议改编的歌曲	观察理解	在教师的引导和图谱的暗示下，提供歌词的替换词，进一步感知歌曲的曲调、内容和歌词的形式结构
歌曲1 清唱歌曲	观察	感知歌曲的曲调、内容和歌词的形式结构
故事 简述青蛙的“奇遇”故事	理解	情境理解，产生兴趣，明确任务

【教育活动设计】

活动目标

1. 初步学会演唱新歌的曲调,学习用新学曲调演唱当场创编的新歌词。

2. 学习理解新歌的歌词内容、意义及结构,在图片的形象提示下为新歌续编歌词。

3. 进一步理解和体验“爱”的情感;继续体验相互学习、相互支持的乐趣,以及其中包含的“爱”。

活动准备

1. 物质准备。

(1) 一张整图(夜晚池塘图,图 10-2)。(图 10-2 仅供参考)

图 10-2

(2) 一张青蛙飞翔图:图意为一只小鸟拖一根树枝,一只青蛙吊挂在树枝上,小鸟在蓝天上飞翔。青蛙的表情非常惊讶,也非常快乐。

2. 经验准备:拥有相关事物和事物所在环境的经验。

3. 空间准备:全体围坐成半圆形。

活动过程

1. 进入情境,初步感知。

(1) 主班教师出示青蛙飞翔图:上次我们在新编《井底之蛙》故事里面讲到,小鸟帮助青蛙离开井底,飞上蓝天。天空真是好高好高,好大好大,好蓝好蓝,还有火红火红的太阳和雪白雪白的云朵。青蛙高兴地大叫"小鸟,我爱你"! 结果,青蛙一张嘴,咻——扑通! 猜一猜,后来怎么样了?

(注意:此处开始暗示歌词的情境、内容和结构)

(2) 与幼儿简单讨论。

(3) 出示夜晚池塘图:结果,青蛙掉进了一个美丽的池塘。

(4) 教师开始范唱"青蛙对着池塘说"版本的歌曲。[**第一遍范唱**]

2. 尝试迁移应用规则,进一步感知歌词的结构。

(1) 师:在刚才老师唱的新歌曲中,青蛙对谁说"我爱你"?

(2) 师:你们觉得在这个美丽的夜晚,青蛙可能还会想对谁说"我爱你"呢?(教师用手在图片画面上来回慢慢滑动,引导幼儿观察、选择)

（3）教师迅速接纳第一个幼儿的合理建议，开始范唱幼儿建议改编的歌曲。[**第二遍范唱**]

（4）将此环节连续重复4—5次。[**第六遍或第七遍范唱**]

3. 幼儿挑战即兴演唱自己新编的歌曲。

（1）在教师的带唱支持下，幼儿尝试跟唱AAAA结构的不同版本2—3次。[**练唱2—3遍**]

（2）师：我们现在可以挑战一次对两个人唱"我爱你"吗？在教师的带唱支持下，幼儿尝试跟唱AABB结构的不同版本2次。[**练唱4—5遍**]

（3）师：我们现在可以挑战一次对3个人唱"我爱你"吗？在教师的带唱支持下，幼儿尝试跟唱AABC结构的不同版本2次。[**练唱6—7遍**]

4. 独立跟琴即兴演唱ABCD结构的版本。

（1）师：我们现在可以挑战一次对3个人唱"我爱你"吗？而且，这次我不帮助你们，你们可以自己唱吗？在没有教师的带唱支持下，幼儿尝试唱ABCD结构的不同版本1次。[**练唱第八遍**]

（2）师：你们觉得自己唱出了青蛙对美丽夜晚的爱吗？我们怎样才能让大家感受到我们的爱呢？让我们再用有许多许多爱的声音把刚才唱过的新歌词再唱一遍吧！

（3）师：你们唱得太动听了，我真的感受到了你们的爱，好温暖，好有力量啊！小朋友们，我爱你们！你们爱我吗？幼：爱！师：你们会不会说"××老师，我们爱你"？

（4）师：好，我们一起再来表达一次。小朋友们，我爱你们！

（5）幼：××老师，我们爱你！

特别提示

1. 这种教学设计的立意在于，给幼儿提供创编所依据的框架结构以清晰简明、适合中班幼儿理解和使用的难度为改编的标准。

2. 鉴于感性积累也是重要的学习途径，教师可以在平时的娱乐时间播放相关节目的视频给幼儿看。

3. 若将此歌曲移到小班教学活动中，可考虑将歌词改为唱小班幼儿更为熟悉的人和物。也应考虑暂时不要求幼儿学唱最后两句,而仅由教师唱给幼儿听,日后慢慢让幼儿自然学会。同时还需要考虑给幼儿提供形象资源方面的支持,如找一张全家人(爷爷奶奶、外公外婆、爸爸妈妈和宝宝)在一起的图片。

4. 但若将此歌曲移到大班教学活动中,可以在创编教学任务完成后将原歌曲重新教授给幼儿。

5. 歌曲移到大班,教师可以考虑使用“分组集体创编”的教学组织形式。如4人一组,幼儿选择教师提供的主语,每人用图画的方式贡献一句歌词,合作完成歌词创编。或者每组自选主语和对象,先各自用图画方式为班级贡献一句歌词,再由全班共同组成完整的歌词作品。

6. 尽管我们的设计侧重于“利用学习支架”学习“即兴创造新表达”,但因为音乐学习永远有“陶冶性情”方面的任务,所以,在这样的任务引导下,在这样的歌曲学习情境和创作主题中,教师自身的情感渲染力还是非常重要的。

(三)范例3:大班歌唱“壳儿去旅行”

【乐曲】

啦 啦 嘿

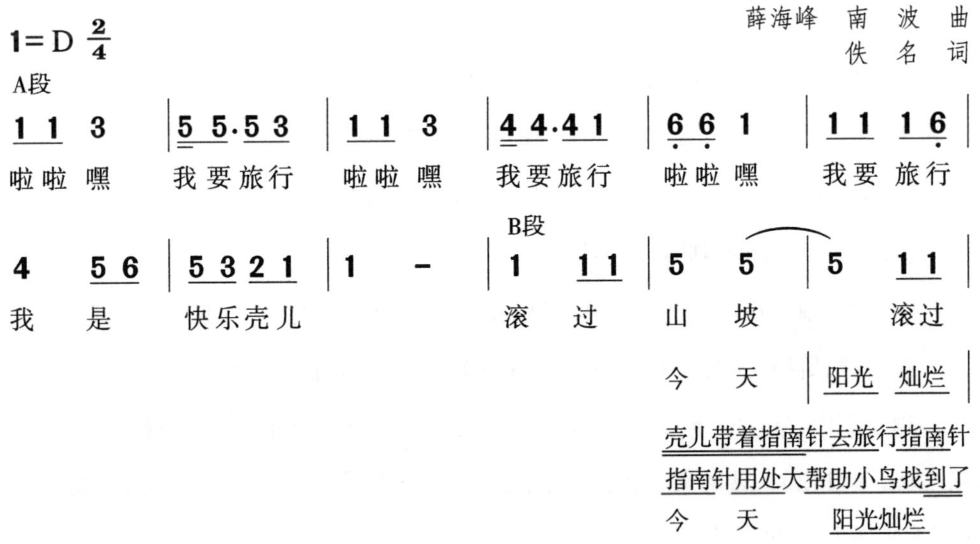

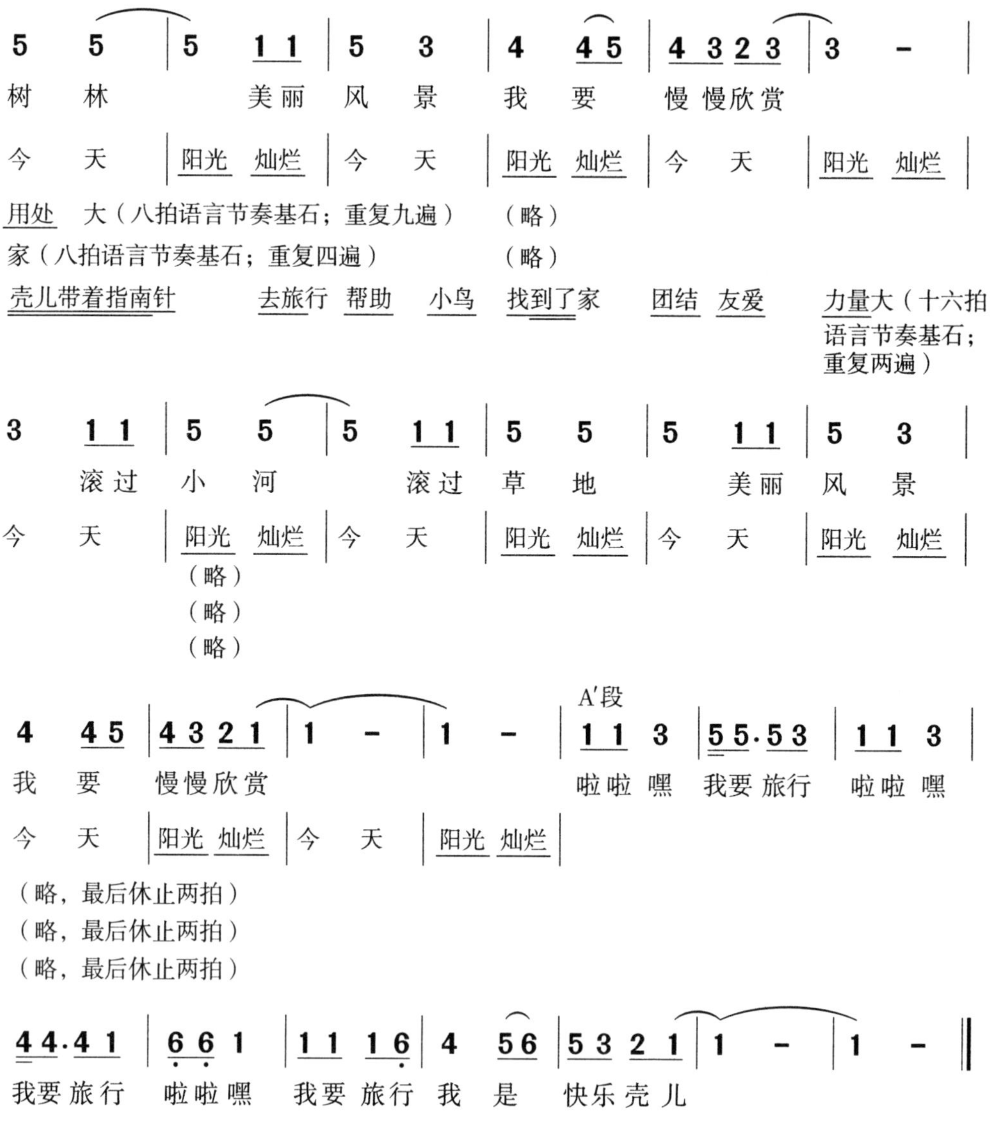

（注意：第一行为歌词，其余各行为节奏念诵建议）

原歌词：《宇宙护卫队》主题歌。

啦啦嘿，闹钟在响，啦啦嘿，快快起床，啦啦嘿，伙伴在身旁，一起度过快乐时光。

啦啦嘿，警报在响，啦啦嘿，炫酷变装，啦啦嘿，飞船闪亮，我们是宇宙护卫。

越过高山，越过海洋，美好故事与你一起分享。迎着阳光，徽章闪亮，梦想正起航。（节奏念白）广阔的天空让我翱翔，辽阔的大地任我闯荡。风暴、闪电，绚丽的彩虹，无所畏惧，勇闯前方。

啦啦嘿，警报在响，啦啦嘿，炫酷变装，啦啦嘿，飞船闪亮，我们是宇宙护卫。

【使能目标阶梯】

挑战4 引导幼儿关注、欣赏教师叠加的第三声部，产生学习的愿望	创造性应用	在教师的引导下，边继续演唱两声部歌曲，边关注、欣赏教师叠加的第三声部，产生学习的愿望
挑战3 引导幼儿使用反思、评价、自我完善的策略，努力提高两声部歌曲演唱的质量	应用	分成两组，使用反思、评价、自我完善的策略，相互帮助，共同努力提高两声部歌曲演唱的质量
挑战2 引导全体幼儿尝试在A段叠加八拍节奏念白	应用	分成两组，各自从创编好的语言材料库中自选两种材料，加入节奏，转换成八拍节奏念白，加入单声部歌曲A段，尝试演唱
挑战1 引导全体幼儿尝试在A段叠加四拍节奏念白	应用	从创编好的语言材料库中自选一种材料，加入节奏，转换成四拍节奏念白，加入单声部歌曲A段，尝试演唱
歌曲2 辅导幼儿专门练习不断提高单声部歌曲的演唱质量	模仿	在教师引导下，反复练习不断提高单声部演唱质量
歌曲1 利用乌龟后悔到处寻找龟壳的系列情境图片吸引幼儿反复倾听	观察	在系列情境图片的吸引下，反复感知、记忆歌曲
故事 围绕歌词内容简单引导幼儿回忆被遗弃的乌龟壳独自去旅行的故事	理解	情境引入，引发兴趣，明确任务

【教育活动设计】

活动目标

1. 在学会基本熟练地演唱新歌的前提下，学习为新歌叠加节奏念白的二声部，并初步感知三声部的演唱效果。

2. 学习探索和使用合唱配合的基本标准，自主选择二声部的内容，并在教师帮助下转换成四拍或八拍的节奏念白。

3. 努力按照合唱的标准调整、保持自己所唱声部的速度、力度和正确程度，体验和谐合作的美好和愉悦。

活动准备

1. 物质准备。

（1）准备相关幻灯图片。

① 在风景美丽的近景背景，这里是乌龟的家，乌龟正在睡觉，梦见乌龟壳在做告别姿势。

② 山坡下,没有壳的乌龟做寻找状,表情难过。山坡上有一些石头和花草,有一处特别像是隐藏起来的乌龟壳,但不是。

③ 树林里,没有壳的乌龟做寻找状,表情难过。树林里有一些石头和花草,有一处特别像是隐藏起来的乌龟壳,但不是。

④ 小河边,没有壳的乌龟做寻找状,表情难过。河床上有一些石头和蚌壳,有一处特别像是隐藏起来的乌龟壳,但不是。

⑤ 草地上,没有壳的乌龟做寻找状,表情难过。山坡上有一些石头和花草,有一处特别像是隐藏起来的乌龟壳,但不是。

⑥ 寻人启事幻灯图片:亲爱的壳儿(图:一个爱心,一个乌龟壳,一个冒号),快回来吧,我想你!(招手的动作,一个在云朵里的爱心,一个感叹号)落款为爱你的乌龟(一个爱心,一个乌龟)。

(注意:类似的内容,最好是教师和幼儿讨论好,幼儿自己画出来的)

⑦ 第一张幻灯图片的背景,回到家的乌龟正抱着乌龟壳在大哭。

(2) 准备有转换成两声部图谱潜力的歌曲图谱,一共两份。

① 以下是师幼在学习过程中共建的具有两声部转换潜力的歌曲图谱(见图10-3),仅供参考。

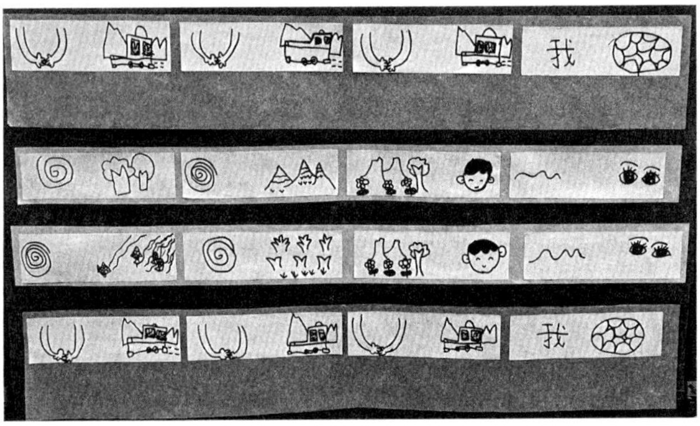

图 10-3

② 以下是师幼在学习过程中共建的"节奏念白内容图库"(见图 10-4),仅供参考。释义:今天阳光灿烂,壳儿带着指南针去旅行。有一只小鸟找不到家,指南针用处大,帮助小鸟找到了家;有一只蜜蜂找不到家,指南针用处大,帮助蜜蜂找到了家。唱起歌儿真高兴,团结友爱力量大。

图 10 - 4

③ 以下是第一次"四拍"节奏念白叠加两声部时幼儿的选择。

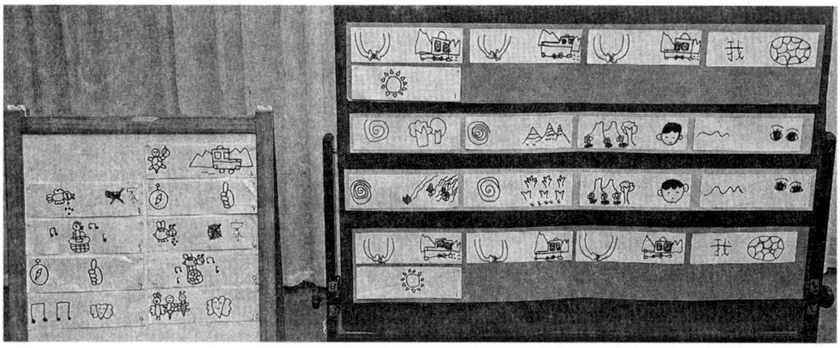

图 10 - 5

（注意：由于 A 段和再现 A 段都需要图片提醒，因此每张图片需要准备两份）

（3）两块大黑板，一块小黑板。

2. 经验准备。

（1）已经熟悉故事。

（2）已经创编过表述故事主要内容的语句。

（注意：这是由教师和幼儿在大课程背景下创造出来的"语言情境基石"——读者还记得《渔歌》吗？）

（3）已经将创编的语句转换成"前书写"内容——图标。

3. 空间准备：全体围坐成大的半圆形。

活动过程

1. 进入熟悉的故事情境。

2. 在系列情境图片的吸引下反复感知、记忆歌曲。

（1）教师出示第一张幻灯图片，代表乌龟邀请幼儿帮助乌龟寻找它的壳。（原绘本故事中，乌龟把自己的壳赶走了）[**第一遍范唱**]

（2）教师出示第二张幻灯图片，代表乌龟继续邀请幼儿帮助乌龟寻找它的壳。（没有找到）[**第二遍范唱**]

（3）教师出示第三张幻灯图片，代表乌龟继续邀请幼儿帮助乌龟寻找它的壳。（没有找到）[**第三遍范唱**]

（4）教师出示第四张幻灯图片，代表乌龟继续请幼儿帮助乌龟寻找它的壳。（没有找到）[**第四遍范唱**]

（5）教师出示第五张幻灯图片，代表乌龟继续请幼儿帮助乌龟寻找它的壳。（没有找到）[**第五遍范唱**]

（6）师：我们代表乌龟在网上发个寻人启事吧！

（7）师：我们再帮乌龟唱一次歌，再等等，也许它的壳就回来了。[**第一遍试唱**]

（8）师出示第六张幻灯图片，感谢大家的帮助。

3. 反复练唱、反思评价，逐渐达到初步熟练。[**练唱 9—10 遍**]

（1）教师出示共建的歌曲图谱。

（2）幼儿在图谱的支持下练唱。

（3）用撤去图谱的方法帮助幼儿检查熟练程度，帮助幼儿努力摆脱对图谱的依赖。

（注意：一首新歌的学习过程，一般需要倾听范唱 5 遍及以上才能够形成清晰、准确的听觉表象。此时开始模仿唱，一般不大容易发生错误。大约需要练唱 10 遍及以上，才能基本达到正确、流畅的独立演唱水平。以上内容至少需要一课时完成，以下活动流程也至少需要一课来时完成）

4. 叠加四拍节奏念白。

（1）出示幼儿在前期活动中创编绘制的节奏念白内容图库，供幼儿选择其中一张，贴到歌曲图谱上，再帮助幼儿转换成四拍的节奏念白。如今 天 | 阳光 灿烂 |。

（2）主班教师和幼儿演唱歌曲，配班念白。

（3）交换。

（4）幼儿分成两组，一组歌唱，一组念白。

（5）交换。

（6）教师引导幼儿学习评价标准一：两个声部的声音要一样大，相互能够听见对方。

5. 两组各自叠加四拍节奏念白。

（1）幼儿分成两组，各选择图库中的一张，贴到歌曲图谱上，教师再帮助幼儿转换成四拍的节奏念白。

（2）各组分别转换、练习。（主配班教师各辅导一组）

（3）展示、交流、评价。

（4）教师引导幼儿学习评价标准二：两个声部每一个人必须完全正确、熟练，才能保证整齐。有人因为不会就不唱，声音会变小；有人唱错，声音就会不整齐。

6. 尝试八拍节奏念白。

（1）两组幼儿各选择图库中的两张，贴到歌曲图谱上，教师再帮助幼儿转换成八拍的节奏念白。

（2）各组分别转换、练习。（主、配班教师各辅导一组）

（3）展示、交流、评价。

（注意：如果再拓展成十六拍的节奏语言念诵，不就是大家今天所熟悉的时尚音乐表演形式“随乐 RAP”吗？）

（4）教师引导幼儿慢慢学习使用两个评价标准来改善演唱质量。

7. 欣赏 A 段累加二声部的合唱。

（1）幼儿分成两个声部跟随配班教师的琴声演唱已经比较熟练的环节“4”所唱的版本。主班教师演唱 A 段第二声部。

（2）主班教师允诺下次再和幼儿一起尝试全曲二声部的演唱。

特别提示

1. 该活动完全由南京石杨路幼儿园的教师和幼儿在 2019 年大班上学期逐渐建构而成。所以，这个活动是经过实践检验、切实可行的。

2. 原歌曲是一部动画片的主题曲。为了调整歌词，换了一个情境，这是该所幼儿园经常使用的设计策略。中班活动“蚂蚁搬豆”也是这所园原创的。还有很多，因篇幅有限，不一一介绍。

3. 该幼儿园长期进行“前书写”教学和实施“从绘本到班本戏剧”的建构性课程。所以说尽管切实可行，但也是需要有相应经验基础的。

4. 一般来讲，创编描述故事情境的句子和转换成前书写符号，需要在绘本学习的整体课程中慢慢建构。歌曲学到能演唱两个声部，甚至三个声部的水平，也是需要慢慢建构的，不可能一蹴而就。因此，这个方案一般应该需要两到四个集体教学活动来完成。

在本章开头介绍的奥尔夫创造性歌唱教学等内容中，我们可以看到“借用教师提供的结构基石”的具体做法。而在这个案例中，除了绘本和歌曲是教师提供的创作“背景（支架或框架）”之外，创造所用的“材料基石”，都是在教师引导下由幼儿集体参与建构出来的

原创设计：南京市石杨路幼儿园团队

二、律动导入的范例

（一）范例1：小班律动“小动物和大石头”

【乐曲】

冰　狗

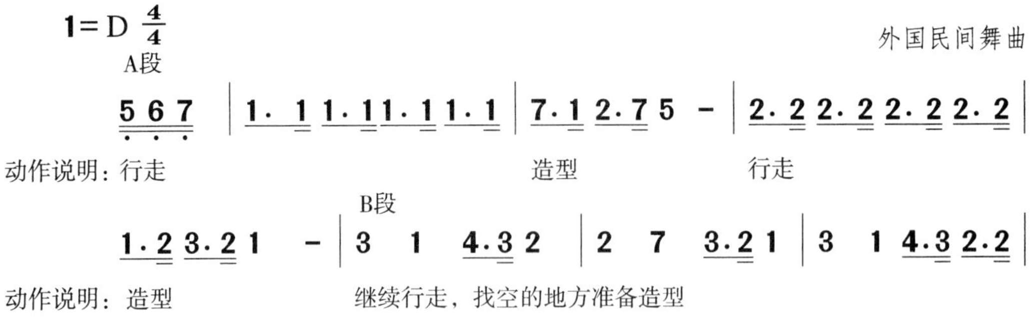

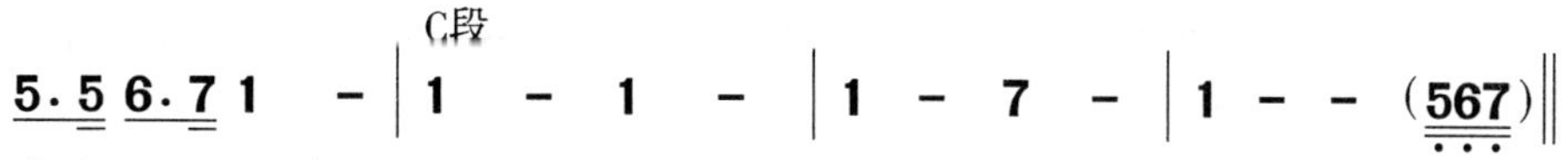

动作说明：造型　　　　　　造型不动，坚持到音乐结束

挥手再见

游戏玩法：这是一个包含了“木头人”游戏的单纯律动表演游戏。

【使能目标阶梯】

挑战4 将熟悉的结伴舞蹈加入到游戏中	创造性应用	将熟悉的结伴舞蹈加入游戏，体验“拼接熟悉因素”后游戏的丰富性
挑战3 挑战结伴行走和结伴造型	应用	跟随音乐完整玩“结伴—木头人”游戏
挑战2 移动条件下引导幼儿继续不断变换造型动作	应用	在自由移动条件下，不断自由变换全身造型动作
挑战1 站立条件下引导幼儿即兴变换全身造型动作	应用	在教师的引导、鼓励和站立条件下，幼儿不断即兴变换全身造型动作
动作 不断引导幼儿即兴变换上肢造型动作	模仿	在教师的鼓励下，不断即兴变换上肢造型动作
音乐 随乐带领幼儿感知音乐	观察	感知音乐的结构和基本节奏。理解故事、音乐与动作的关系
故事 简述小动物和大石头的故事	理解	故事情境导入，产生兴趣，明确任务

【教育活动设计】

活动目标

1. 初步熟悉音乐，跟随音乐的节奏和结构做行走和造型的转换。

2. 学习即兴变换行走的方向和造型的姿态。

3. 造型时坚持较长时间不动；结伴时乐于接纳任何同伴，愿意与同伴进行眼神交流。

活动准备

1. 物质准备。

（1）相关情境图片。

（2）录音音乐。

2. 经验准备。

（1）有“木头人”游戏经验。

（2）有结伴活动经验。

（3）有熟悉的简单结伴舞蹈经验。

3. 空间准备：围坐成大的半圆形

活动过程

1. 了解故事情境。

师：小狐狸和动物小伙伴在花园里玩捉迷藏游戏。这一次，小动物一致同意变成“大石头”。小狐狸挠挠这块石头，吹吹那块石头，不管小狐狸怎么折腾，这些石头都一动不动。最后，小狐狸只好认输：唉，我真的找不到你们啦，大家都出来吧！

2. 感知、理解故事、音乐、动作的关系。

（1）教师带领幼儿用动作感知音乐：双手拍大腿（表示行走）；拍一下手静止（表示造型）。［**随乐练习3遍左右**］

（2）教师扮演小狐狸，幼儿拍大腿时，教师蒙住双眼；幼儿拍手时，教师放下双手，监督幼儿是否静止不动。

（3）幼儿拍大腿时，教师背过身去不看；教师转回身观察时，幼儿将拍手动作换成自己喜欢的动作造型并保持不动。［**随乐练习3遍左右**］教师在第二和第三遍时，可以下位，去挠幼儿的痒痒或吹幼儿的眼睫毛，挑战幼儿的定力。

3. 即兴移动与做造型。

（1）改成站在椅子前面游戏。

（2）改成散点在空间中自由移动并游戏。

4. 即兴结伴移动与做造型。

改成两人结伴行走和做造型。

5. 感受“拼接熟悉因素”后游戏变得丰富的效果。

结束前最后一次游戏时加一个幼儿熟悉的情绪愉快的结伴舞蹈。

特别提示

1. 最后这个环节很重要，教师应该经常做这样的设计。最终目的是使幼儿理解：“拆拆拼拼”是一种重要的创造新作品的思路，并使幼儿养成主动去做这样事情的习惯。上一个活动中的设计也是出于这样的目的。

2. 由于幼儿年龄比较小，不容易做到在行进过程突然静止，教师应该给予提示，并告知发出提示的信号："看见我停下来不走了，就表示我马上就要回头看了。所以你们一定要注意我什么时候停下来！"对于大班幼儿，教师可以引导幼儿发现教师的提示："你们怎样才能知道我什么时候会回头呢？实际上我偷偷告诉你们了呀！"

（注意：教师的动作模式实际上是，走四步，每拍走一步，在第四步也就是第四拍上停住，第五拍回头。换一种说法，音乐和动作匹配的模式也就是，一小节行走，一小节做造型，行走和静止都是从每小节的第一拍开始的）

3. 这个活动中的造型要求控制很长时间。教师还可以用游戏的方法挑战幼儿的克制力：挠幼儿的痒痒，吹幼儿的眼睫毛……

4. 后面的流程说明越来越简单，教师需要根据前面的范例来"填充"必要的指导细节。

5. 因为这个活动没有对立角色出现，幼儿不会有恐惧的体验。教师可以用带有一点点"假装威胁"的态度，稍微强调一下游戏规则，以增加幼儿反应的紧张程度。但小班幼儿在玩类似"木头人"游戏的时候，一般不建议使用"犯规惩罚"的教育方式。

6. 此次活动可以移到中、大班进行，也可以在教师培训中使用。对于大龄幼儿，可以拓展玩法和提升挑战难度。

（1）逐渐增加结伴造型的人数：从两人结伴到多人结伴。

（2）逐渐增加结伴造型的难度：如两个人只能有三条腿落地，逐步到无论多少人，抬起的腿都不能够有任何一条落地。

（3）逐步减少结伴造型的反应时：从活动开始前就告知结伴人数，逐步到 B 段最后一小节才给出结伴数量信息。

（4）淘汰的标准逐步变得严苛：从能够保持造型就行，逐步到只要小狐狸回头看直到音乐结束前，石头有任何一点点动，哪怕动一下眼睫毛，都算失败而被发现，而且被发现者要立刻退出游戏。音乐反复播放，游戏反复进行，最后一个留下来的人才是最终的胜利者。

原创设计：南京市杨静老师

（二）范例 2：中班律动“饼干和酸奶炮”

【乐曲】

惊　愕

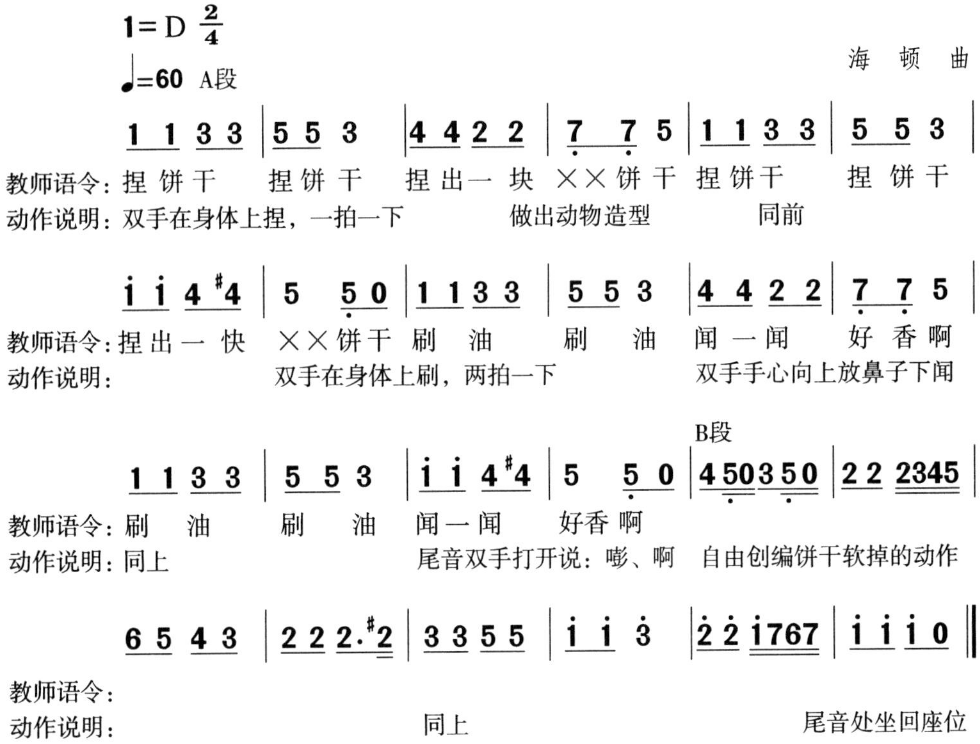

游戏玩法：

1. 在单圈上玩，所有幼儿面向圆心。

2. 第一声炮响，所有幼儿做饼干软掉的动作造型，但不能够倒在地上。

3. 第二声炮响，开炮人（教师或幼儿）用炮筒（用手做成炮的样子）对准一块饼干（一名幼儿）发射，该幼儿要慢慢地软倒到地上去。在这名幼儿真正倒地的一瞬间，就发出赛跑的指令，该幼儿左右两侧的两名幼儿开始反向赛跑。

【使能目标阶梯】

挑战4 累加“反向赛跑”体育游戏	创造性应用	迁移体育游戏“反向赛跑”的经验，玩“看谁先归位”游戏，锻炼幼儿快速追逃能力
挑战3 引导幼儿特别关注最终游戏的严格的规则细节	应用	仔细观察、理解最终游戏信号的特殊细节
挑战2 引导幼儿探索向不同方向软倒的即兴运动方式	应用	在教师引导下，探索向不同方向软倒的即兴运动方式
挑战1 引导幼儿特别关注游戏信号	应用	仔细观察、理解信号的特征和意义
音乐 带领幼儿随乐做动作	模仿	感知动作要素、顺序及重复规律，理解故事、音乐与动作间的关系
动作 引导幼儿创编捏和刷的动作	创编	在教师的引导下提供相关动作的建议
故事 简单讲述饼干王国里发生的故事	理解	情境了解，产生兴趣，明确任务

【教育活动设计】

活动目标

1. 初步熟悉音乐的旋律，了解音乐的结构。特别是 AB 两段的结束音，尽量在结束音上做出相关的游戏反应动作。

2. 创编各种饼干的造型动作，即兴用动作表现饼干逐渐变软的有趣过程。

3. 锻炼心理和生理两方面的自我克制能力。

（1）信号饼干必须尽可能慢地倒地。

（2）信号饼干身体碰到地面时，两侧的人才可以起跑。

活动准备

1. 物质准备：录音音乐。（可以事先在录音中加入炮声）

2. 经验准备。

（1）建议活动前最好阅读过“饼干警长妙趣酷拼插系列绘本”。

（2）吃过泡牛奶（或酸奶）饼干。

（3）最好玩过“切西瓜”或“开锁”等类型的“圆圈上反向赛跑”游戏。

3. 空间准备：围坐成一个大的圆形。

活动过程

1. 了解故事,参与创编制作饼干的动作。

(1) 回忆故事。

师:前几天,我们讲了关于饼干警长的故事,大家还记得饼干王国里那个女王叫什么名字吗?

幼众:娇滴滴女王。

师:今天娇滴滴女王想邀请我们一起去饼干王国做客,你们愿意去吗?

幼众:愿意。

(2) 创编动作。

师:可是,饼干王国里都是饼干,所以我们必须把自己做成一块饼干才可以去哦!现在,我想把自己做成一块硬饼干,做饼干的时候,要先把软软的面团捏成饼干。怎么捏?谁会做?

幼众:(尝试做捏的动作)

师:我看见××小朋友用双手在自己的大腿上捏,我们来向他学一学。"捏饼干,捏饼干",捏成一块什么样的饼干呢?

幼:兔子。(任何建议都可考虑接纳)

师:好,就做兔子饼干。兔子饼干是什么样子的呢?

幼:(用上肢做出造型)

师:就这个样子吧!(重复做这个局部动作)"捏饼干,捏饼干,捏成一块兔子饼干。"(捏两次,用上肢做一个兔子造型。)然后,我们要刷油,不刷油饼干不好吃的。怎么在腿上刷呢?

幼:(给出用上肢做动作的建议)

幼众:尝试在腿上做刷油的动作。

师:刷好了,闻一闻,香不香?

幼众:香!

2. 故事、动作与音乐相匹配。

(1) 随乐模仿教师动作,关注第一个重要信号"嘭"。

师:现在我们跟着音乐来做一次兔子饼干吧!但是,音乐里会有一个奇怪的声音，请大家注意听！奇怪的声音响了以后，看看老师这块饼干上发生了什么事情。

教师念儿歌，带领幼儿随A段音乐做制作饼干的动作，第二遍结尾处，最后两拍大叫一声“嘭、啊”；然后随B段音乐即兴表现饼干逐渐变软的样子，音乐结束时是什么姿态就在什么姿态上造型。[**第一遍随乐练习**]

师：你们听见奇怪的声音了吗？

幼：开炮，嘭！

幼：你叫“啊”！

师：我这块饼干叫了“啊”以后，是变硬了还是变软了呢？

（注意：教师如果不引导，大多数情况下，幼儿不会理解教师表演的含义）

幼：变软了。

（2）自由探索饼干变软的动作。

师：原来是娇滴滴女王为了欢迎我们，向天上放了一次酸奶炮。那些好看又好吃的酸奶撒到我身上了，于是，我这块硬饼干就慢慢变成软饼干了。如果你们身上也被撒上了酸奶，你们这些小饼干会怎样慢慢变软呢？我们一起来试试看吧！

教师再次演唱旋律，引导幼儿随B段音乐表现饼干变软。

（注意：在这里教师可以自由展示上下左右前后摇摆身躯干和双臂，幼儿也可以随意扭动，最后结束在任意姿态上，需要稍稍停顿以保持最后的姿态）

（3）创编不同的动物饼干造型。

师：我们再去一次饼干王国吧！这次你们想变成什么动物硬饼干呢？

幼：老虎饼干。

师：老虎饼干是什么样子的呢？

幼：（摆出老虎造型）

师：真像一只威风的小老虎呀，我跟他学一学！“捏饼干，捏饼干，捏出一块老虎饼干。”（边念边带领幼儿做）这次我们跟着音乐来做老虎饼干吧！[**第二遍随乐练习**]

（4）重复步骤“（3）”，换捏和刷的身体部位（如头、脸、肩、肚子），以及饼干的动物造型（只要是动物就行），由幼儿提出建议，教师接纳。[**第三遍随乐练习**]

师：刚才我喊了一声“啊”对吧，我为什么要喊呢？因为酸奶炮声音太大了，我被吓到了。

幼:一大跳!

师:对,我被吓了一大跳!然后酸奶撒到我身上,我就变软了。我们大家一起来试试被吓了一大跳的样子。(带领幼儿练习这个动作,需要加喊“预备”,然后再接着喊“啊”,多练几次)

师:我们这次再换个地方做饼干,而且要做块不一样的动物饼干,还要把“啊”也加进去。[**第四遍随乐练习**]

(5) 站立练习。[**第五遍随乐练习**]

(注意:站立在椅子前练习,不赘述。但一定要在音乐的最后一小节坐下。坐下,能够使幼儿的情绪保持稳定。以后,凡是站姿活动,都必须返回坐姿)

3. 面对游戏挑战。

(1) 关注体态信号。

① 全体探索。

师:娇滴滴女王现在要放第二次酸奶炮啦!我们小饼干第一次被撒了酸奶,就有点变软,再被撒一次就会变得更软,软呀软,就站不住了。谁会表演这个?软到最后就倒下去了,我们一起来试试看吧!

幼:(探索……)[**第六遍随乐练习**]

(注意:幼儿自由探索后,一定很兴奋,因此要求幼儿全部上位坐好,平定情绪后再继续)

② 个别展示分享,相互学习。

教师请几名幼儿到中间轮流展示,引导幼儿相互评价和学习。

(注意:重点评价变软的运动模式和倒地的不同姿态。在以后各次活动中,教师还可以展示两侧手臂或身体交替运动或旋转的运动模式,帮助幼儿积累经验)

师:我们再来玩一次,这次我们都要变软然后倒地。[**第七遍随乐练习**]

(注意:自此以后,每次活动开始之前,都须先邀请幼儿更换做饼干的身体部位和动物饼干造型,然后再开始。最后可能需要教师提醒幼儿慢慢变软和倒地)

(2) 明确跑的人员和跑的方向。

师:现在我变成了娇滴滴女王,想对准一块小饼干发射酸奶炮,我想对准××

×,如果我发射了酸奶炮,谁应该倒地?

幼众:×××。

师:其他人能不能倒地?

幼众:不能!

师:好,我们再玩一次,看看大家能不能记住这个新规则。[**第八遍随乐练习**]

(3)明确输赢标准和随后的分工责任。

(注意:以下流程非常细致,这对于年龄小、经验有限的幼儿来说非常必要!一个问题弄不清楚,就会造成困扰和混乱!只有教师教得细致、从容,幼儿才能学得流畅、舒适、愉快)

① 明确新信号和赛跑的人选。

师:刚才是×××一个人倒地,其他人都没有倒地,大家都表现得很棒!先给自己拍拍手吧!

幼众:(鼓掌)

(注意:凡是需要用此方法肯定、鼓励幼儿时,教师都必须表现出真诚和热情,而且一定要激发幼儿的热情。否则会养成"敷衍"了事的坏习惯)

师:×××,请举起你的手,请举高。大家看到了吧,这是刚才倒地的小饼干。×××,请把手放下。那么,坐在他旁边的是谁呢?请举手,请举高!大家说对不对?

(注意:不举手,幼儿往往弄不清楚人选和方位)

幼众:对!

师:现在请这两块小饼干站起来,站到圆圈外面去,面向圆心。待会儿,他们两个人需要通过赛跑来竞争下一次发射酸奶炮的机会。我们玩过"切西瓜"的游戏,他们两个人各自应该往哪个方向跑呢?

(注意:每一个步骤都要说得从容、清晰)

幼众:(七嘴八舌)

师:(分别对两人)你(信号发出者右侧幼儿A)往哪里跑?

幼A:(用手指出,逆时针方向为正确)

师:你(信号发出者左侧幼儿B)往哪里跑?

幼B:(用手指出。顺时针方向为正确)

（注意：这些都是幼儿经常会犯“糊涂”的地方）

师：（用手拉住两名幼儿，说）预备——跑！（等待，关注先到的幼儿，提示他回原位，阻止他跑第二圈！拉起先回到原位的幼儿的手）胜利！

（注意：这些都是幼儿经常会犯“错误”的地方，如抢跑、跑错方向或跑很多圈而不知道要回原位）

师：你们再比赛一次，这一次我不喊“预备——跑”，你们看我的手，我的手挥下来你们就跑！（再比赛一次，其他同上环节）

师：这次，不是我发信号。你们看×××小饼干，他软呀软，只要看见他的身体碰到地上，你们就跑。（再比赛一次，其他同上环节）

（注意：教师需要引导全体幼儿关注扮演“信号饼干”幼儿的身体是否真正“碰到”地面）

② 逐步加强幼儿对新规则的熟悉程度。

尝试重复上一环节，至少换2—3组幼儿尝试，其他人认真观察，评判尝试小组反应行为的对错。

③ 完整随乐游戏。

师：现在我给三名参赛者发奖，发信号棒棒奖，红色奖牌；赛跑第一名，黄色奖牌；赛跑第二名，绿色奖牌。

（注意：这里没有惩罚，人人都有奖励。中班的幼儿，需要以鼓励为主）

④ 交代输赢之后的奖励。

师：得到红色奖牌的人，表示他已经完成发信号，棒棒哒！得到黄色奖牌的人，下一次游戏可以发射酸奶炮，选择新的发信号的小饼干；得到绿色奖牌的人，可以建议新的做饼干的身体部位和做什么动物饼干。

师：现在就来兑现我们的奖励！你是第一名，你想对谁发射酸奶炮？你怎样让大家都知道，你对谁发射了酸奶炮？

（注意：教师要帮助大家明确，发射的目标要清晰，发射动作的方向要准确）

师：你是第二名，你打算带领大家在哪里做饼干？做什么动物饼干？这次不用先告诉大家，到时候直接做动作就行，大家看他的动作并立刻跟他学就行。

（注意：已经转换成领袖模仿游戏啦）

师：请你注意，为公平公正，胸前贴了红色奖牌的小饼干，就不要再对他发射酸奶炮啦。再撒酸奶，他就会变稀巴烂，再也变不成干干的、硬硬的漂亮小饼干啦！

师：好！现在我们用新的规则来玩这个游戏吧！重复2—3次。[**第九到第十一遍随乐练习，完整游戏**]

特别提示

1. 考虑到游戏的可循环性，建议赛跑的赢家（先回到原位的幼儿）担任下次游戏的“酸奶炮兵”，输家（后回到原位的幼儿），担任下次游戏时创编新饼干造型的“教练官”。

2. 这也是一种多重规则综合游戏：第一种为圆圈上的“反向赛跑”游戏，传统游戏中的经典是“切西瓜”和“开锁”。这种游戏与“丢手绢”不同，“丢手绢”是圆圈上的“同向追逐跑”游戏。第二种为领袖模仿游戏，传统游戏中的经典是“请你像我这样做”。

原创设计：南京市陈静奋老师

（三）范例3：大班律动“大魔法师”

【乐曲】

大魔法师

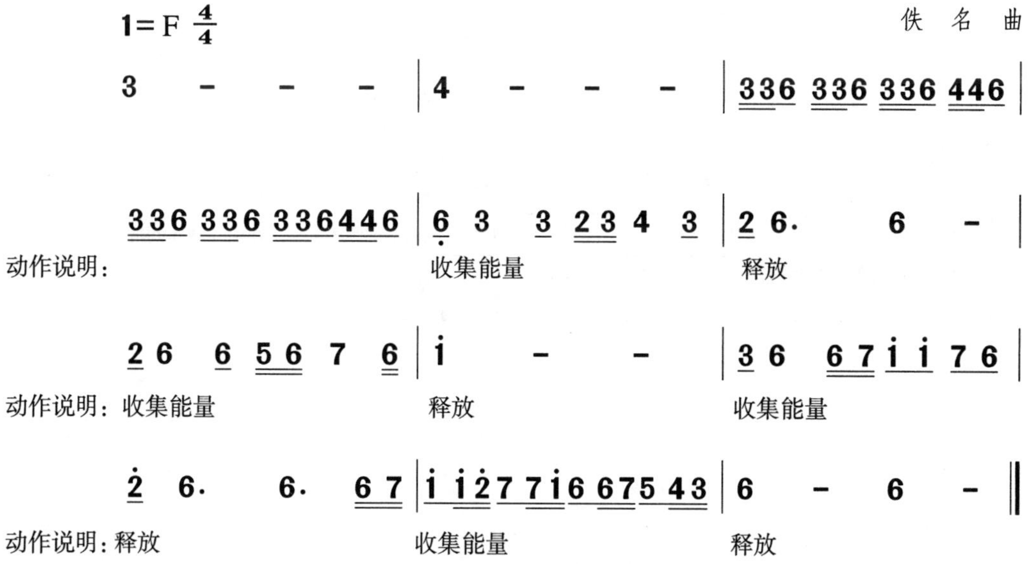

游戏玩法：

1. 两人结伴。

2. 做收集能量和释放能量的动作。

3. 一人做一个乐句动作，而且要使用“对话”的体态和表情。

说明与拓展：这是一种对话式的表达游戏，类似“斗舞”。可以从“模仿游戏”的一人一句开始。其实歌唱活动也可以进行类似互动游戏。

（1）你唱（或做）一句，我模仿一句，称为“回声游戏”；

（2）你唱（或做）一句，我简单回应一下（你说“今天天气真正好”，我回应说“对”或“真正好”。做动作也是一样的思路），称为“回应游戏”。（领唱：解放区……齐唱：嚯嗨……也属于此类）

（3）你唱（或做）一句（或一段），我回应相同的句子（或段落），称为“对唱”（“逗舞”或“斗舞”）。

幼儿园的此类结伴即兴互动表演，应从前两种比较简单的形式开始。

【使能目标阶梯】

挑战5 加入对即兴改变手部的释放姿态的指导	创造性应用	在教师的引导下，使用更多思路来改变手部的释放姿态
挑战4 加入对即兴改变上、下肢动作模式的指导	创造性应用	在教师引导下，使用更多思路来改变上下肢的运动模式
挑战3 加入对两人交替互动模式的指导	拓展应用	学习按照乐句两人交替互动
挑战2 加入对下肢动作及空间移位的指导	拓展应用	在教师的引导下，探究上下肢动作的配合与下肢如何移位
挑战1 带领幼儿随乐练习基础动作模式	模仿	进一步感知、理解故事、音乐与动作间的关系。记忆动作的基础模式
音乐＋动作 随乐示范上肢基础动作模式	观察	感知、理解故事、音乐与动作间的关系
故事 简述大魔法师施魔法的流程：收集和释放能量	了解理解	情境理解，产生兴趣，明确任务

【教育活动设计】

活动目标

1. 跟随音乐表现"收集"和"释放"的魔法动作,按照乐句交替与同伴互动。

2. 在教师的引导下获得更多改变动作模式的思路,并应用各种思路进行即兴动作表演。

3. 在"救灾"的情境中体验责任感,在互动和表演中投入和表现情感。

活动准备

1. 物质准备。

(1) 录音音乐。

(2) 森林火灾、水灾、地震、虫灾图片和恢复正常状态的相应图片。

(3) 各种救灾的专用工具或各种超人英雄形象图片。

(4) 漫天礼花、遍地鲜花的视频(应配有音乐和音响)。

2. 经验准备:与以上灾害、救灾工具、超人有关的间接经验。

3. 空间准备:围坐成大的半圆形。

活动过程

1. 欢迎来到魔法学校。

(1) 新生第一课:上肢锻炼。

① 教师导入情境,讲解示范上肢"收—放"基础动作模式;

② 带领幼儿模仿练习;

③ 引导幼儿拓展练习上肢不同的空间运行路线。大约三次。

(2) 新生第二课:下肢锻炼。

① 教师示范下肢"马步站姿"与上肢基础动作模式的匹配方式;

② 带领幼儿模仿练习;

③ 引导幼儿拓展练习下肢"进、退、横移、绕"等不同的空间移动路线。大约三次。

(3) 新生第三课:双人对练。

① T1-T2 示范。

② T1S1-T2S2 示范。

③ T1-S1 和 T2-S2 示范。

④ S1-S2 示范。[**大约观察示范七遍**]

⑤ 全体两两结伴尝试体验三次。[**大约参与练习七遍**]

(注意:教师每次都要根据实际情况讲解相关的概念和规则。范例中有高级榜样出现,教师要引导全体幼儿关注;高级榜样没有出现,教师要自己提供。教师不但自己要描述、讲解,而且也要鼓励引导幼儿描述、讲解。感性的实践体验和理性的分析相互结合。大班幼儿可以做到,教师培训也可以做到)

2. 紧急救援申请。[**再次练习四遍,共十一遍**]

(1) 火灾救援。

(2) 水灾救援。

(3) 地震救援。

(4) 虫灾救援。

(注意:四个灾害情境教学流程均如后——全体面对大屏幕的灾害现场,教师做上句,幼儿做下句。两遍后交换。意思是"用魔法呼唤相应工具",如救灾直升机、救灾飞船、超人英雄等。内容幼儿可根据自身经验进行想象,幼儿有困难时,教师再提供自己的预设内容。灾害被战胜后,场景恢复正常,全体欢庆。具体方式"现场生成")

3. 欢庆胜利。[**总共练习十三遍**]

(1) 漫天礼花。

(2) 遍地鲜花。

(注意:所有灾害被战胜后总的欢庆活动教学流程均如后——全体幼儿两两相对,一人做上句,一人做下句,一遍后交换。教师在这期间引导幼儿拓展思路——"收"时同时收五指或依次收五指;"放"时用手指"点"和"弹";根据手掌的各种变化,丰富语汇,突出个性表达)

特别提示

1. 这是一种完全即兴的律动教学范例。无论是上肢、下肢、两人对舞的学习内容,还是幼儿在开始进行模仿学习的"榜样模式",仅仅是"举一反三"的那个"一"!这一点,我们在绝大多数的案例中都是这样展示的。这也是奥尔夫教学模式的重要

“精髓”之一！

2. 在这个活动中，“收集”是一种向内收缩的有韧性的力量模式，而“释放”是一种向外喷射的爆发性的力量模式。

3. 在最初设计的版本中，使用魔法是为了满足个人的物质追求，如玩具、衣饰、食品等。这样的价值导向目前在教育界相当普遍，且教师都认为“应当如此”。所以重新设计魔法使用取向，是刻意的觉醒与追求。

4. 不同的灾害场面和救灾成就场面的设计，借鉴了电脑游戏“立即反馈”的特点，能够有效重新激发幼儿的学习兴趣。

5. 不停加入新的即兴创意思路也是现代教育心理学的“变式练习—近迁移”重要方法的体现，也能够有效重新激发幼儿的学习兴趣。

原创设计：南京市周宁娜老师

三、奏乐导入的范例

（一）范例1：小班奏乐“大象和小蚊子”

游戏玩法：

1. 配班教师扮演大象，用沉重的步伐慢慢走出。同时主班教师慢慢地一下一下敲击大鼓，表示大象慢慢走进树林。

2. 大象停下，做睡觉状。

3. 幼儿扮演小蚊子，先飞翔，同时快速震动手腕上的串铃，表示小蚊子飞向大象。

4. 小蚊子远远地用手假装“刺”进大象身体（不能真的碰到大象），然后咂嘴假装吸血。

5. 大象感到痒，开始甩动尾巴。同时主班教师用乐器敲棒来回“刮奏”洗衣板。（也可以是类似音色的乐器）

（注意：建议刮奏洗衣板，是因为除了可以拓展奏乐的思路以外，刮奏出来的声音会比较响）

6. 小蚊子抖动着翅膀飞回家（座位）。

（注意：以上流程重复多次）

7. 大象跺脚表示生气，同时主班教师重重地敲击一下大鼓。

8. 所有小蚊子就地躺倒,表示被震昏了。

(注意:如果班级的幼儿自控能力和表演能力都不太强,环节“8”可改为教师先组织幼儿快速“飞”回座位,再指导幼儿在座位上假装昏倒。这样比较从容的流程,可以避免幼儿过度兴奋。这样的流程既避免发生碰撞,又可以让幼儿先好好体验“假装害怕”,再体验“假装昏倒”)

动作建议:

1. 飞翔的动作——打开双臂(不必伸太直,向身体两侧自然打开即可),上下自然摇动手腕。

(注意:使用“腕串铃”,即可以直接戴在幼儿手腕上的。选择此种乐器就不必担心影响幼儿“摇动”手臂、手腕的动作,也不必担心幼儿抓不住乐器,使乐器掉在地上)

2. 刺的动作可用单手食指,或双手食指合并向前伸直。

3. 逃跑的时候和昏倒之前可以边飞边“转圈”,表示头晕。

乐谱说明:这是即兴奏乐表现情境的案例,所以只有情境,无须乐谱。

【使能目标阶梯】

挑战4 指导个别幼儿扮演大象和尝试演奏大鼓、“刮奏”洗衣板	创造性应用	尝试独立、完整地跟随故事演奏和表演
挑战3 指导幼儿加入飞出飞回的移动表演和假装昏倒的表演	拓展应用	在教师指导下,加入飞出飞回的移动表演和假装昏倒的表演
挑战2 指导幼儿戴上腕串铃,完整表演故事	迁移应用	在教师指导下,幼儿戴着腕串铃完整表演故事
挑战1 指导幼儿探索如何自戴腕串铃。同时鼓励幼儿互相帮助	探索	在教师鼓励和指导下,探索自己戴上腕串铃的方法。同时也尝试互相帮忙戴腕串铃
动作2 从头开始讲故事,加入配班教师扮演的大象与幼儿互动	模仿	与配班教师扮演的大象互动,理解、记忆故事(前部、中部)与动作的关系
动作1 边讲故事边带领幼儿徒手表演小蚊子飞出去吸血的一段故事情境——动作和语音总谱	模仿	感知动作要素、顺序及重复规律,理解、记忆故事(中部)与动作的关系
故事 简述大象和小蚊子的故事	理解	情境理解,产生兴趣,明确任务

【教育活动设计】

活动目标

1. 在即兴表演情境的过程中进一步体验“腕串铃”的美好音色，进一步了解大鼓的表现力。

2. 在教师的引导和支持下尝试敲奏大鼓和刮奏洗衣板。

3. 在活动中锻炼根据情境进行演奏的“自我克制”能力。

活动准备

1. 物质准备。

(1) 腕串铃若干对(数量与参与幼儿人数相等)。

(2) 大鼓一面(配有鼓架和鼓槌)。

(3) 洗衣板一块(有木制的乐器敲棒)。

2. 经验准备。

(1) 大部分幼儿基本能够自己戴上腕串铃。

(2) 对大鼓的演奏和音色有一定的了解。

3. 空间准备:全体围坐成大的半圆形。

活动过程

1. 听故事,进入情境。

师:一头大象慢慢走进树林。咚咚咚,它一步一步慢慢走。天气真好,不冷也不热,大象走着走着就困了。它停下来,一会儿就睡着了。呼——呼——呼——

大象睡得真香啊！一群小蚊子看见了,他们高兴地飞呀飞呀,飞呀飞呀,飞到了大象身上,哧——小蚊子们把尖尖的嘴巴刺进了大象的身体,真好吃。

大象觉得身上很痒很痒,它在睡梦中甩起了大尾巴,甩来甩去,小蚊子们只好快快飞回家。

(注意:重复表演时,可以重复这一段)

大象被小蚊子们叮得实在太痒了,它非常生气地使劲跺了一下脚——咚！这个声音太大啦！嗡——小蚊子们一下子都被震昏过去了！

（注意：在以后的环节中，除非教师刻意要结束表演，让幼儿上位坐好，否则不要讲最后一段）

2. 跟随故事徒手编演故事——创编"动作和语音总谱"。

（1）教师讲故事，带领幼儿专门徒手表演小蚊子们飞翔和吸血的一段故事。（重复几次）

（2）主班教师从头开始讲述故事，配班教师扮演大象，跟随故事与幼儿互动表演。

3. 跟随故事，以实际操作腕串铃表演故事。

（1）主、配班教师指导幼儿戴腕串铃。（小蚊子的秘密武器）

（2）主班教师从头开始讲述故事，配班教师扮演大象，跟随故事与幼儿互动表演。（连续重复2—3遍后，加故事结尾）

（3）主班教师从头开始讲述故事，同时用大鼓和洗衣板给配班教师扮演的大象伴奏，幼儿跟随故事与配班教师互动表演。（连续重复2—3遍后，加故事结尾）

4. 加入站姿和移动表演故事。

（1）小蚊子的表演，加入：起立—用飞翔动作靠近大象—吸血—回家。（连续重复2—3遍后，加故事结尾：小蚊子就地昏倒，或者回家后昏倒）

（2）配班教师带领两名幼儿扮演大象；主班教师指导两名幼儿，一名尝试敲奏大鼓，一名尝试刮奏洗衣板。

（连续重复2—3遍后，加故事结尾：小蚊子就地昏倒，或者回家后昏倒）

特别提示

1. 这是一种没有音乐背景框架的范例。前面的理论说过，幼小儿童没有背景框架支持就非常容易陷入混乱。这个理论没有错，这个范例也没有错。关键的机制在于：这个范例以使用的故事情节作为背景框架。

2. 在奥尔夫教师提供的范例中，也有大量类似例子。

（1）"喷火龙丹丹"，既有故事，又有音乐，两者相互匹配成一个整体的背景框架。

（2）"雾""彩色的小蛇"是教师用别人创作的现成诗歌和故事情境变换创造的整体背景框架。

(3)“秋叶”“雨”是用教师即兴指挥动作和口语语言提示情境以及情境变换创造的整体背景框架。

(4)“海里的鱼”“航归”是教师提供主题,在引导学员从创编相关节奏语词开始,逐步共同创编出律动表演背景框架的基础上,累加乐器表演。

(5)在本书提供的国内案例中,“大象和小蚊子”是绘本提供的故事背景框架,“吹气球”是教师提供的主题背景框架,“苗鼓”是教师提供的苗族鼓乐音响背景框架。

(注意:背景框架,意为不需要演奏者感知、表现背景音乐的各种具体要素。与“鼓圈”的操作原则类似,在整体背景中即兴演奏,不会破坏整体效果即可。在“苗鼓”里,教师还采取了更巧妙的措施,即所有幼儿所持“鼓棒”均为纸卷的,不会发出刺耳噪音,但可以随便击打任何物体,且不会对物品造成损伤。这大大地拓展了幼儿自由探索和表达的空间)

(二)范例2:中班奏乐“老鼠娶亲”

[乐曲]

瑞典狂想曲(片段)

[瑞典]雨果·阿尔芬 曲
罗 敏 词

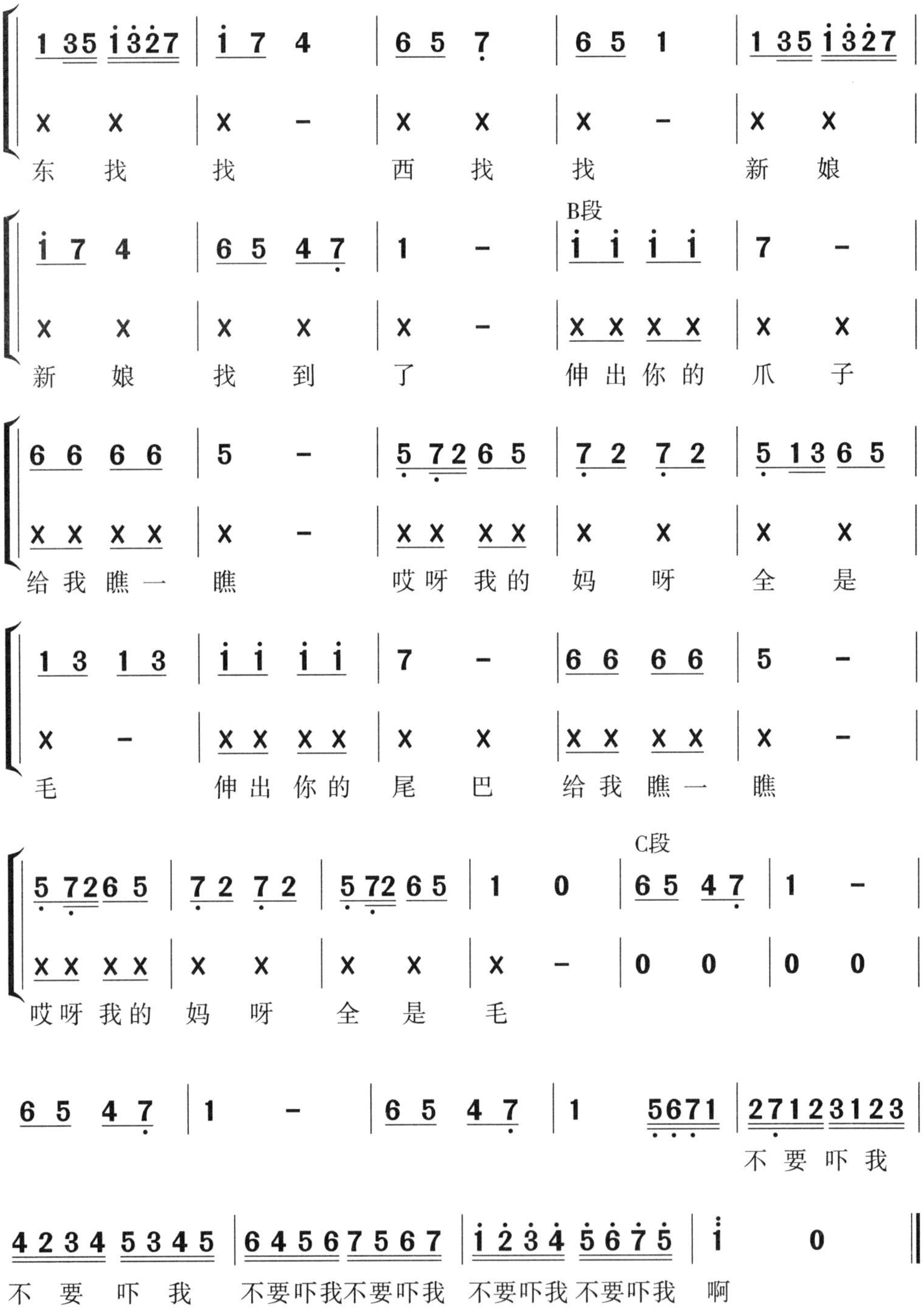

游戏玩法：

1. 全体幼儿边念儿歌，边演奏，边行进（前往新娘家迎亲）；演奏中途（到了目的地），全体停下，原地不动，边念“伸出你的爪子/尾巴”，边演奏，边与新娘互动。演奏结束前，教师用“点兵点将”游戏从幼儿中选出新郎。

2. 新郎独自去轿子处，移去号码挡板和红色纱巾，根据实际看到的玩具做出表演反应。（老鼠：新郎抱回家，所有猫“逃跑”上位；大笑佛：全体大笑一会儿）

（注意：另外一种玩法是，由幼儿扮演新娘，新娘若是猫，猫大叫一声开始追捉老鼠，其他幼儿立即跑回座位）

动作建议：

1. 可以在前一次集体活动由教师组织、引导幼儿创编。

2. 创编时，如同歌表演一样，一句一句根据儿歌词义进行创编即可。

【使能目标阶梯】

挑战4 出示教具，加入“快速反应”游戏	创造性应用	面对“快速反应”游戏的挑战：发现不同的新娘，快速做不同的反应
挑战3 提议加入空间位移	应用	按照坐—站—移动的空间流程，完整游戏
挑战2 提供乐器，引导幼儿加入乐器并按照节奏边演奏边说儿歌	迁移应用	完整自选乐器，在教师组织引导下跟随音乐完整操作“动作和语音总谱”
挑战1 用“点兵点将”游戏决定谁当去“揭秘”的新郎	迁移应用	“点名点将”游戏，明确在乐曲最后“啊”的时候，教师的手停在谁的头上，谁就是幸运的新郎
音乐 带领幼儿随乐练习基础身体动作模式——“动作和语音总谱”	模仿	巩固学习“动作和语音总谱”
动作 引导幼儿创编相关律动动作——“动作和语音总谱”	创编	感知动作要素、顺序及重复规律，理解故事、音乐与动作间的关系
故事 简述老鼠娶新娘的故事	理解	了解情境，产生兴趣，明确任务

【教育活动设计】

活动目标

1. 初步感受音乐旋律，学习边随乐行进，边用断顿和连续两种动作及声效为乐曲伴奏。

2. 在老鼠娶亲的游戏情境累加过程中，迁移情境及儿歌经验，用声音、生活中的物品进行演奏。

3. 在找新娘、娶亲掀盖头的游戏中，体验寻找新娘及结果的不确定性带来的期待和惊喜。

活动准备

1. 物质准备。

（1）录音音乐《瑞典幻想曲》（片段）。

（2）生活化的打击乐器：薯片筒、鹅卵石、积木、小木棍、搓衣板若干。

（3）三个篮子（或纸箱），竖起来固定在小椅子上，每一个篮子里放一个盖着红纱巾的毛绒玩具，第一个是老鼠，第二个是猫，第三个是大笑佛；每个篮子外分别用一张标有1、2、3号码的板子遮挡住。

（4）建议教师将念白部分文字绘成图谱，便于幼儿理解念白内容

2. 经验准备：第一课时已经初步熟悉故事、儿歌及表演动作。

（注意：最好如此安排，即前面三个步骤已经在上一次集体教育活动中基本完成）

3. 空间准备：幼儿围坐成大的半圆形。

活动过程

1. 听教师讲述故事，了解"老鼠结婚，新娘不知道是谁"的情节。

师：老鼠要结婚了，可是却不知道新娘是谁，他看看看，找找找，究竟找到了没有呢？我们一起去看一看。

2. 师幼共同创编—随乐练习"动作和语音总谱"。

3. 师幼共同创编A段动作，并随乐完整进行表演。

（注意：此环节重点在于帮助幼儿建立新的动作模型）

（1）幼儿扮演老鼠新娘。

师：新郎高兴时会用什么动作来表现？

幼1：跺脚的动作。

（2）创编A段动作，提取其中一个动作。

（3）师幼共同随乐边念儿歌，边完整做动作。

（4）师幼边复习儿歌，边做B段和尾声的动作，进一步感知B段音乐的旋律、结构及动作的顺序。

（注意：此环节可以作为备选，B段动作变化多，如果幼儿对动作不是很熟悉，需

要单独练习)

师:老鼠找新娘的时候做了哪些动作?谁来做做看?还做了哪些动作?

幼2:伸出爪子抖动的动作,看一看的动作。

幼3:害怕的动作。

幼4:挥手的动作,拍手的动作。

师:老鼠请新娘先伸出什么摸一摸,后伸出什么摸一摸?

幼众:爪子。

幼众:尾巴。

师:老鼠请新娘先伸出爪子摸一摸,后伸出尾巴摸一摸。

4. 玩“点名点将”游戏,明确谁来揭开红纱巾。

(1) 观察道具,感受游戏情境。

师:这里有三座房子,分别是几号房?房子里会有盖着盖头的新娘吗?

(2) 了解游戏规则,明确在乐曲结束说到喊“啊”的时候,手停在谁的头上,谁就去揭开红纱巾。

师:我说到哪个字的时候手停下来的?停在谁的头上?谁来揭开红纱巾?

(注意:“点名点将”游戏,对幼儿自我控制能力挑战较大,要分清谁是那位幸运的新郎,及知道接下来还要做什么事情)

幼5:在说到“啊”的时候手停下来的。

幼6:停在×××头上的。

幼7:×××来揭红纱巾。

(3) 师幼共同听音乐进行表演,依次揭开红纱巾。

5. 出示乐器,探索乐器断顿、连续两种不同演奏声响的演奏方式。

(1) 教师出示乐器,引入情境。

师:我们要敲敲打打接新娘了,敲敲打打需要什么?

幼8:喇叭。

幼9:鼓。

幼10:锣。

(2) 认识生活中的乐器。

(3) 自选一种乐器，拿相同乐器的同伴坐在一起进行探索。

师：可以试试这些乐器怎样才能发出一下一下断顿的声音和连续的声音。

(4) 教师小结：一下一下敲击或一下一下刮能发出断顿的声音，摩擦和刮能发出连续响的声音。

6. 带上乐器，加入空间位移进行演奏。

(1) 师幼共同解决什么时候走，什么时候停的问题。

师：仔细听，仔细看哦，我们在说到哪句儿歌后停下来看看看、找找找的哦。

（注意：循序渐进地做好空间变换，先坐再行进，并明确什么时候走，什么时候停。遵循了先静后动的原则，有助于教师有序组织活动，防止幼儿兴奋过度）

幼众：在说到看看看的时候停下来的。

(2) 师幼共同边随乐演奏乐器，边按逆时针方向向前行走。

7. 加入"快速反应"游戏，看见新娘是谁后，能快速地进行判断。

（注意：该环节通过迁移经验，知道老鼠看到狼、老虎要躲，提高幼儿的快速反应能力。因此，开展此活动前，教师应让幼儿熟练掌握哪些动物怕什么动作这样的常识内容）

(1) 在尾声处用"点兵点将"游戏请一名幼儿将 1 号房里新娘的盖头（红纱巾）揭开，看看新娘是谁。

师：盖头里是谁呢？揭盖头的人要注意哦，如果不是新娘，而是我们害怕的人，我们要怎么做？

幼 11：如果是猫，我们要赶紧跑回家躲起来。

幼 12：如果是大熊，我们就装死。

(2) 第一次完整游戏，请幸运新郎掀开 1 号房里新娘的盖头，其余幼儿快速带着乐器跑回自己的座位。

师：盖头里是谁呀？他是我们的好朋友吗？所以看到他我们要赶紧做什么？

幼众：猫来了，我们赶紧跑回家。

(3) 第二次游戏同前，新郎掀开 2 号房里新娘的盖头。

幼：……

师：这里面是一个哈哈大笑的大笑佛，我们一起和他大笑一下吧！（大家大笑）

(4) 第三次游戏同前，引导幼儿猜测3号房里的新娘是谁。

师:3号房的新娘是谁？是我们的新娘吗？

幼:是!

师:那我们把新娘接回家吧!（边随乐演奏，边带着乐器离开教室。返回教室后收拾场地和乐器）

特别提示

1. 教学变式:当幼儿对这个游戏的规则已经基本掌握了，而且能做出快速反应时，可以增加游戏的难度，如加入加法或者减法的算式，根据算式结果找出匹配的幸运新郎。在游戏中场景的设置，可以增加一些意想不到的小动物，如小猫、猫头鹰等，增加所有幼儿参与快速反应的机会。

2. 家园共育:家长与幼儿在家中可以借助"老鼠娶亲"的音乐游戏卡，带着幼儿再一起玩一玩、说一说这个活动。

3. 活动延伸:在幼儿已经熟悉乐曲的基础上，"点名点将"游戏的执行人可以由教师改为幼儿，把这个选择权下放给幼儿。

4. 如果活动移到大班，或在教师培训中使用，可以将新娘转换成由人来扮演。所有新娘头戴盖头，新娘只有"猫"和"老鼠"两种，在盖头被新郎揭开的一刻，看新娘是说"吱吱"，还是说"喵"。这样游戏的气氛会更加紧张有趣。

执笔人:南京市丁倩老师

(三) 范例3:大班奏乐"苗鼓"

(注意:此处无法提供乐谱。使用此案例的读者应自行寻找、选择鼓乐作品的音响并提供给幼儿作为即兴演奏的背景音乐使用)

(注意:此处亦无法提供动作建议。使用此案例的读者请自行寻找鼓乐演奏视频，自己先从视频中提取一些幼儿可能感兴趣并有能力模仿的动作，也可以直接提供视频供幼儿自行选择动作。本书律动"小鸡舞"、奏乐"神勇小镖师"等案例中，使用了类似设计技巧)

【使能目标阶梯】

挑战4 提供高级榜样和拓展思路	观察拓展	在教师的榜样和思路启发下，为未来的表演提出新的设想
挑战3 组织幼儿再次自由探索和表现	创造性应用	在教师鼓励下，再次自由探索和表现
挑战2 组织全体幼儿用纸卷的鼓棒探索，并在观察后反馈成效与问题	探索反思	迁移前面积累的经验，探索舞蹈和演奏的方法，在教师引导下反思学习成效与问题
挑战1 邀请个别幼儿展示在鼓上的操作（实操）	交流模仿	个别幼儿实操，其他幼儿观摩
动作 组织幼儿相互交流学习“喜欢的”动作（徒手）	交流模仿	选择自己“喜欢的”动作相互交流和学习
动作+音乐 随乐示范基础演奏动作（实操）	观察	感知动作要素、音乐与动作间的关系
故事 简述人类向猴子学习苗鼓的故事	理解	理解情境，产生兴趣，明确任务

【教育活动设计】

活动目标

1. 通过更大程度的自主选择学习，尝试自由地使用纸卷的鼓棒随乐演奏和舞蹈。

2. 在教师示范的启示、鼓乐音响的支持和学习场地中各种“可能被敲击”的事物的激发下，自由地即兴演奏和舞蹈。

3. 自由地展现自己的心情，亲切热情地相互交流。在空间自由移动时注意不影响他人的操作，也不让他人影响自己的操作。

活动准备

1. 物质准备。

（1）鼓乐的录音音频。

（2）一面大鼓（含鼓架和鼓槌）。

（3）若干对纸卷鼓棒。（最好是用比较有韧性的杂志封面纸卷成）

（注意：A4 纸大小，一张即可。最好由教师指导大班幼儿自己制作。这样的鼓棒软硬适中，既不会敲击出太大的声音，也不会损坏被敲击的物体）

2. 空间准备。

(1) 全体围坐成大的半圆形。

(2) 椅子下面由幼儿摆放自己制作的纸卷鼓棒。

(3) 围成半圆形的座椅前面需要有比较大的活动空间。

(4) 场地四周有各种日常教具即可,最好能有两个以上的黑板。

活动过程

1. 教师简单介绍大鼓和关于人类向猴子学习苗鼓的故事。

(注意:本章中某处已经提供相关民间传说,读者可以把相关故事找出来)

2. 教师随乐展示自己的基础技能,或提供高手视频片段供幼儿欣赏。

(注意:可根据幼儿需要重复几次)

3. 鼓励幼儿从中选择自己喜欢的动作。

4. 邀请有意愿的幼儿在集体中展示、模仿自己"喜欢的动作"。

5. 请幼儿提出自己愿意学习但又不能一下子学会的动作。

6. 教师选择大家意见比较一致的动作带领幼儿学习。

(注意:以上3—6个步骤全部徒手操作)

7. 教师邀请一名志愿者使用鼓槌在鼓面上展示自己"喜欢的动作"。

(注意:每次都要鼓励幼儿做不同的动作并反馈哪些地方不同。每次一名幼儿,多重复几次)

8. 全体幼儿各自拿出自己的纸卷鼓棒,在场地中寻找可以敲击的物体,尝试随乐演奏和舞蹈,教师观察。

9. 教师反馈幼儿的演奏和舞蹈情况。选出值得大家欣赏、学习的范例,邀请幼儿轮流或一起随乐表演。

10. 教师提供高级榜样和拓展幼儿的思路。

(注意:教师再次随乐展演,主要展演模仿生活和生产劳动的传统民间苗族舞蹈动作,如梳头、照镜子、绣花、锄地、割稻谷等,鼓励幼儿将自己的相关经验编织到自己未来的表演中)

(注意:动作结构可以是将模仿动作和敲击动作作为一个整体看待;可以是先做一个模仿动作再做敲击动作;可以是敲击鼓面或鼓身—敲击物体的不同部位—发出

不同的声音；还可以是两人或多人合作，同时或错时敲击和舞蹈等）

（注意：不要求一次活动都做到，需要持续慢慢地锻炼、探索和积累）

特别提示

1. 特别注意：这是一个类似“鼓圈”的即兴奏乐游戏，没有用前述的典型奏乐流程，而用了另外一种模式，即观察—积累—即兴表演。

2. “鼓圈”是一种同时具有社交、娱乐、疗愈性质的音乐教学活动模式。通常在专业的社会教育机构进行。参与者的音乐学习背景与音乐操作水平各不相同。活动场地会为参与者准备大量各种样式、形制、音色的鼓和其他乐器。因为使用的主要乐器是鼓，参与者围成圆圈进行演奏活动，所以被称为“鼓圈”。活动中主导者即兴指挥全体参与人员进行合作演奏。

3. 笔者认为，对于生手、新手，特别是幼小儿童来说，最为重要的是，由于指导者和熟手共同为演奏制造了一个稳定的“音响框架”（可称“音响背景”），即物理环境，当然还有亲切温馨的被人接纳的氛围，即心理环境，所以在参与演奏的时候，一般不会产生不必要的身心困扰和压力，能够相对自然舒适地“渐入佳境”。

4. 在这种活动中，教师的态度非常重要。既要随时用自己的热情去感染调动幼儿的情绪，又要随时用自己的冷静去安抚、调控幼儿的情绪。特别注意：不能用要求、命令、奖励、惩罚等手段来控制幼儿的行为。

原创设计：长沙市吕亦老师

第二节 教师培训方案中的“替换”案例

一、歌唱导入的范例

(一)范例1-1:大班歌唱“请饭歌”

【乐曲】

请饭歌

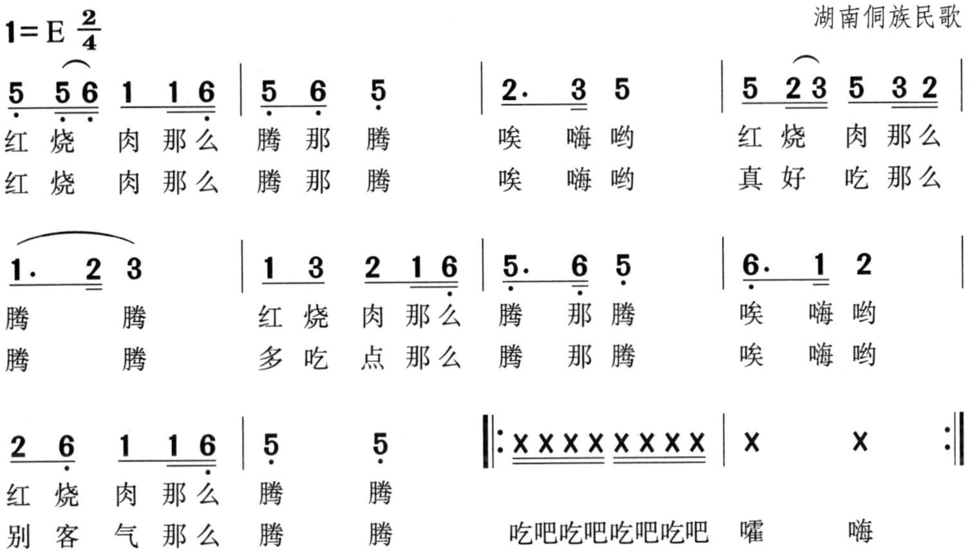

(注意:此歌通常作为迎客宴席上主人向客人表达欢迎以及活跃气氛的歌曲。都是主持人或志愿者自发演唱的。客人也可以自发回应。没有固定歌词。)

原歌词大意:

远道来的客人呀,辛苦啦,欢迎大家来做客!

茶饭简单心意浓,别客气,一起先干迎客酒!

许久不见很想念,真高兴,祝福大家都康健!

……

【使能目标阶梯】

挑战4 加入呼喊、移动、舞蹈动作，完整地边唱边表演	创造性应用	在教师指导下，加入呼喊、移动、舞蹈动作，完整地边唱边表演
挑战3 引导幼儿完善新歌演唱	模仿创造	在教师引导下，反思、评价、提高新歌演唱水平
挑战2 鼓励幼儿继续提供美食、味道、客气话等三字歌词素材，逐步丰富歌曲内容，逐步邀请幼儿跟唱	模仿创造	继续提供关于前一美食味道的三字描述，增加三字“客气话”素材，逐步丰富歌曲内容，逐步跟唱新歌
挑战1 鼓励幼儿继续提供美食、味道、客气话等三字歌词素材，逐步丰富歌曲内容	创造观察	继续倾听教师范唱新歌，依次继续提供更多三字美食歌词，增加关于前一美食味道的三字描述
歌曲2 鼓励幼儿继续提供更多三字美食歌词素材，继续范唱新歌	创造观察	继续倾听教师范唱新歌，依次继续提供更多三字美食歌词素材供教师范唱
歌曲1 请幼儿提供一种三字美食歌词，随乐示范新歌	创造观察	感知歌曲的曲调以及歌词的结构（重复变换规律），思考、提供已有经验中的一种三字美食名称
故事 提供图片、视频，简介“百家宴”传统习俗	理解	理解情境，产生兴趣，明确任务

【教育活动设计】

活动目标

1. 初步学会演唱这首侗族民歌，理解歌词的重复变化结构规律；了解、积累衬词并体验使用衬词的趣味。

2. 学习使用一一对应的策略填词，并即兴歌唱。

3. 学习在假想聚餐场合即兴填唱歌曲表达情感，享受与朋友亲切聚会的乐趣。

活动准备

1. 物质准备。

（1）关于“百家宴”吃饭、歌舞的图片或视频。

（2）各种美食的聚合图片。

2. 经验准备。

（1）幼儿有请客、做客的就餐经验。

（2）成人在网络上收集相关信息。

3. 空间准备：围坐成大的半圆形

活动过程

1. 提供情境进入活动。

2. 征求一种三字美食名称导入范唱。[**第一遍范唱**]

3. 继续征求三字美食名称并范唱。

征求第二至第五种三字美食名称并继续范唱。[**第二至第六遍范唱**]

4. 征求其他内容的三字歌词。

(1) 征求描述味道的三字歌词(如真好吃、甜又香等)。第五种美食名称演唱两次,“真好吃”演唱两次,如松鼠鱼,松鼠鱼,真好吃,真好吃。[**第七遍范唱**]

(2) 征求“客气话”三字歌词(如多吃点、别客气等)。第五种美食名称演唱两次,“真好吃”“多吃点”各演唱一次。此时已经可以引导幼儿慢慢进入跟唱环节。[**第八遍范唱**]

(3) 再次征求一种“客气话”歌词。第五种美食名、“真好吃”“多吃点”“别客气”各演唱一次。[**第九遍范唱**]

5. 不断完善歌曲的演唱。

6. 在教师指导下,加入呼喊、移动、舞蹈动作,完整地边唱边表演。

特别提示

1. 各方面基础发展正常的大班幼儿,对三字歌词的提供,一般没有任何问题。

2. 最后的呼喊可以是其他两字词语。原歌词为:“饮那饮那饮那饮那嚯——嗨!”应该是古语“劝酒”的呼喊声。

3. 习俗:无论是圆桌还是长桌,跳舞时大家起立按顺时针或逆时针方向边舞边移动两大乐句,再反方向移回自己的位置。(真实的宴席上,应从自己使用过的餐具出发,再回到自己所用餐具的位置)

4. 呼喊时通常会面对同伴,激发快乐情绪,引起共鸣。

5. “依次提供歌词”,即教师按顺时针或逆时针方向,一个挨着一个地征求学习者对于新歌词的建议。

（二）范例1－2：大班歌唱“请饭歌”

【乐曲】

小白兔

1＝E $\frac{2}{4}$

新疆维吾尔族民歌

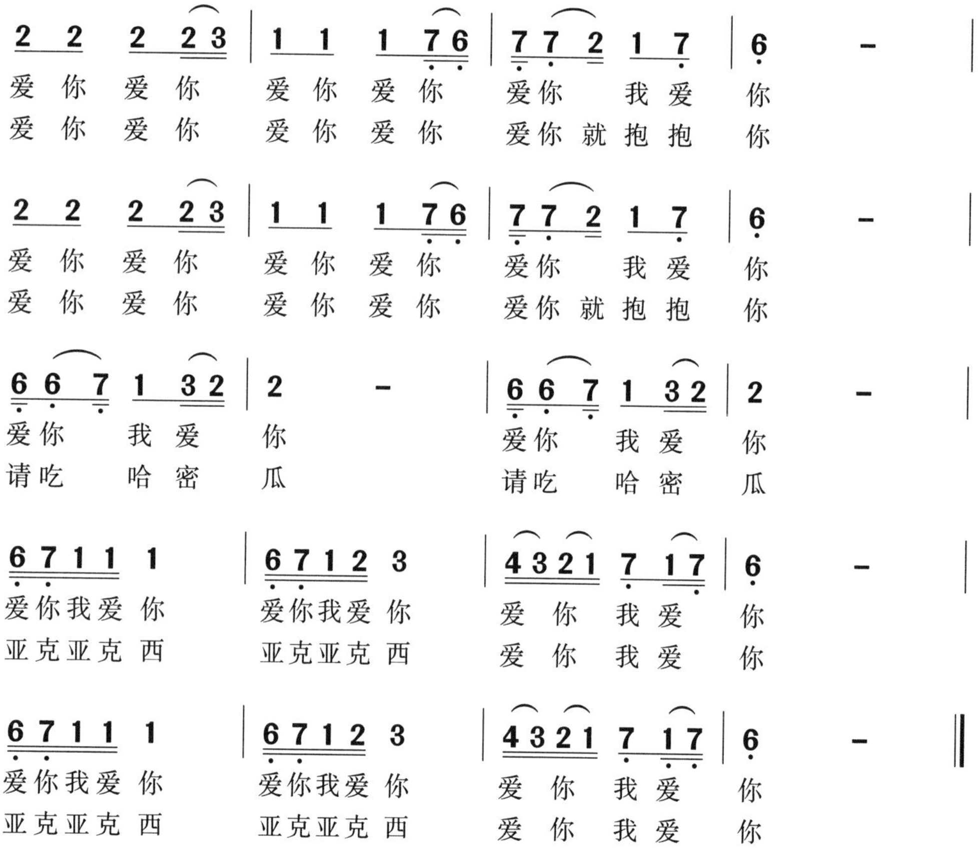

原歌词大意：

小白兔，小白兔，在草原上玩耍，真是可爱。

我的新娘长长的辫子，黑黑的眉毛，真是漂亮。

【使能目标阶梯】

挑战4 播放视频，学习和创编新疆舞动作，完整地边唱边跳	创造性应用	观看新疆维吾尔族婚礼歌舞视频，学习和选择新疆舞动作，完整边唱边跳
挑战3 引导幼儿添加美食以外歌词	模仿	在教师引导下，逐步填入第一、第二、第五、第六句歌词
挑战2 加入“快速反应”游戏，继续增加新歌词	创造 模仿	继续提供新的美食歌词，逐步进入跟唱阶段，先“听歌词做动作”，后过渡到“看动作即兴演唱歌词”
挑战1 引导幼儿创编美食新歌词及表演动作	创造 观察	给教师提供三字美食名称，同时提供相应享用美食的特定动作，由教师填入第三、第四句重复曲调并演唱。随乐模仿享用美食的动作
歌曲 随乐范唱所有句子都为“爱你”“我爱你”歌词版本的歌曲	创造	感知歌曲的曲调和重复的结构
故事2 引导幼儿借助图片交流和了解新疆美食及名称	观察 了解	在教师引导下，分享已有经验和图片中的各种新疆三字美食名称
故事1 简述维吾尔族婚礼情境，简述“爱”与“婚礼”的联系	理解	理解情境，产生兴趣，明确任务

【教育活动设计】

活动目标

1. 初步学会演唱这首民歌，理解歌词的重复结构、规律，了解、积累衬词并体验使用衬词的趣味。

2. 学习使用一一对应的策略填词，并即兴歌唱。

3. 学习在假想聚餐场合即兴填唱歌曲表达情感，享受与朋友亲切聚会的乐趣。

活动准备

1. 物质准备。

(1) 维吾尔族婚礼上的歌舞图片或视频。

(2) 新疆美食图片。

(3) 新疆维吾尔族婚礼歌舞视频。

2. 经验准备。

(1) 学过一些简单的新疆舞动作，如“手腕转动”、垫步、进退步。

（2）通过大课程，已经积累一些关于新疆的经验。

3. 空间准备：围坐成大的半圆形。

活动过程

1. 进入情境，丰富相关经验。

（1）教师组织幼儿观看维吾尔族婚礼图片。

（2）组织幼儿简单交流“爱”的含义。（注意：不仅仅是新娘新郎之间的爱）

（3）教师组织幼儿观看新疆美食图片。

（4）组织、引导幼儿分享相关经验，必要时也可随时纠正或补充相关经验。（普遍被大家了解的哈密瓜、葡萄干、大盘鸡、羊肉串、手抓饭等。三个字的名称比较好唱）

2. 感知与创编。

（1）教师用全部都是“爱你”“我爱你”歌词的版本范唱两遍。[**第一和第二遍范唱**]

（2）教师请幼儿提供一种水果名称，如哈密瓜（婚宴上先请大家一起吃水果），同时提供吃该种水果时的动作（不需要由一名幼儿提出，可以引导幼儿讨论）

（3）教师将新歌词填入第三、第四句，边唱边带幼儿做动作。[**第三遍范唱**]

（4）重复“2—（2）”“2—（3）”两环节，创编第二种水果（如葡萄干）的名称和吃法动作。[**第四遍范唱**]

3. 模仿与创编。

（1）重复“2—（2）”“2—（3）”两环节，这次创编美食歌词（如羊肉串），并开始邀请幼儿跟唱。

（2）重复“2—（2）”“2—（3）”两环节，这次创编美食歌词（如手抓饭），继续邀请幼儿跟唱。[**第一和第二遍练唱**]

4. 加入“快速反应”游戏。

（1）教师做什么动作，幼儿就唱吃什么东西。重复演唱两次，每遍唱同一种食物，两遍唱两种不同的食物。[**第三和第四遍练唱**]

（2）挑战：唱一遍歌曲时含两种不同食物，内容教师即兴创编即可。重复一遍。[**第五和第六遍练唱**]

5. 加入“亚克西”。

（1）介绍“亚克西”（好得很），了解发音和含义。

（2）引导幼儿创编动作，并加入歌曲，支持幼儿试唱和表演，继续玩“快速反应”游戏。重复一遍。**[第七和第八遍练唱]**

6. 即兴歌舞。

（1）观看维吾尔族婚礼歌舞视频。

（2）简单交流各自喜欢的舞蹈动作以及人际互动方式。

（3）教师演唱最终版本为幼儿伴唱，并带领幼儿随乐即兴舞蹈。

特别提示

1. 这是一首新疆维吾尔族人民群众生活地区非常流行的传统婚礼歌曲，名为《小白兔》。歌词大意是赞美新娘的性格和容貌。

2. 教师从第一遍范唱的时候开始，就可以做一些带有新疆舞蹈风格的小动作。如将右手放在“心口”低头行礼，每句做一次，或保持姿势随乐轻轻摇动身体等。

（三）范例 2：大班歌唱“祝福歌”

[乐曲]

祝 福 歌

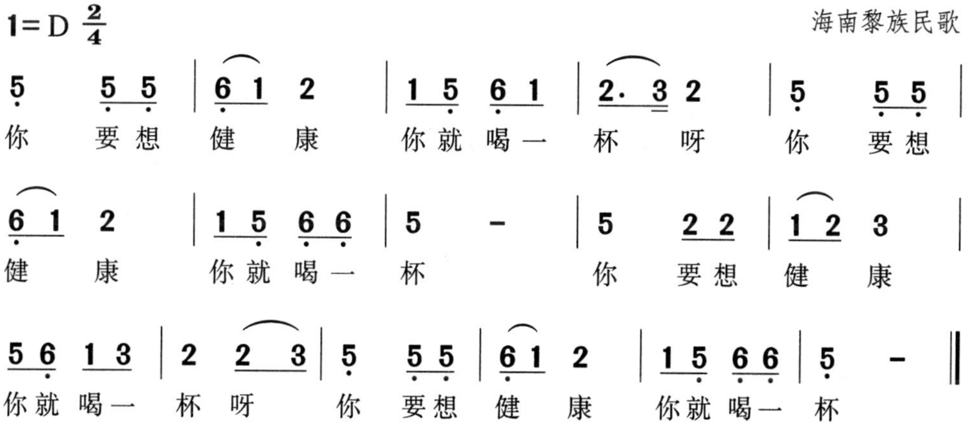

原歌词一：

你要想健康你就喝一杯呀，你要想快乐你就喝两杯。

你要想平安你就喝三杯呀，你要想幸福你就喝四杯。

原歌词二：

客人他来了你就端张凳呀，客人他来了你就倒杯茶。

客人他来了你就问声好呀，客人他来了你就唱首歌。

原歌词三：

你要是爱我你就回回头呀，你要是爱我你就挥挥手。

你要是爱我你就留下来呀，你要是爱我你就跟我走。

【使能目标阶梯】

挑战4 拓展其他自选主题新歌	创造性应用	自选其他主题，分组重新创编歌曲，然后展示、分享、评价（成人学习者）
挑战3 导入《告别歌》的歌词	应用	以《告别歌》为主题，分组重新创编歌曲，然后展示、分享、评价（成人学习者）
挑战2 导入《礼貌歌》的歌词并创编	应用	以《礼貌歌》为主题，分组重新创编歌曲，然后展示、分享、评价（成人学习者）
挑战1 带领幼儿玩“看信号快速反应”唱歌游戏	应用	教师作为领袖，做出某祝福语的动作造型，幼儿迅速反应唱出该祝福语。依次挑战AAAA、AABB、ABCC、ABCD结构，难度逐步提高，或由幼儿选择难度（成人学习者轮流担任领袖）
创编 引导幼儿反复创编新歌词，逐步学会歌曲	模仿	不断向教师提供两字祝福以及对应的动作造型，反复倾听范唱，逐步学会用AAAA结构演唱新歌
歌曲 随乐示范四句相同歌词版本的歌曲	观察	初步感知歌曲的曲调及结构
背景 创设诸如“庆祝生日”之类的学习情境	理解	理解情境，产生兴趣，明确任务

【教育活动设计】

活动目标

1. 继续用“从‘一A到底’开始”的方法学习新歌。

2. 创编新词的同时学习为新词创编动作表征。

3. 学习实事求是地选择自己能够胜任的“快速反应”类游戏难度。

活动准备

经验准备:除了幼儿需要有一定的祝福语相关词汇积累以外,成人无须特别准备。

活动过程

1. 进入“庆祝生日”情境。

(1) 进入庆祝生日情境,理解:幼儿需要用水、牛奶、果汁等来“干杯”。

(2) 简单交流与祝福语言相关的原有经验,为教师提出的祝福语“健康”创编动作表征符号。

(3) 倾听教师用“健康”版歌词范唱的歌曲,同时出示动作表征符号。[**第一遍范唱**]

2. 反复倾听范唱。

(1) 给教师提供新的祝福语,同时创编该祝福语的动作表征符号。

(2) 反复倾听教师用新版歌词和动作进行演唱。重复六到七遍。[**第二至第八遍范唱**]

3. 尝试跟唱。

(1) 其实教师从第六遍范唱开始,就可以接纳甚至鼓励幼儿跟唱。

(2) 专门带领幼儿跟唱两次。[**大约试唱四遍**]

4. 玩“看信号快速反应”唱歌游戏。

(1) 挑战层级一,看教师提前一拍出示的动作符号,即兴演唱四句歌词相同的歌曲。两至三次。[**第五至第七遍练唱**]

(2) 挑战层级二,看教师提前一拍出示的动作符号,即兴演唱两句歌词相同的歌曲。[**第八至第九遍练唱**]

(3) 挑战层级三,看教师提前一拍出示的动作符号,即兴演唱三句或者四句歌词不同的歌曲。[**第十遍练唱**]

(以下可作为教师培训内容,或幼儿在另外的时间慢慢逐步学习)

5. 进入“家中来客”情境，继续创编《礼貌歌》。

6. 衔接“家中来客”情境，继续创编《告别歌》。

7. 自选情境，继续创编其他内容的新歌曲。

特别提示

1. 大班幼儿学习活动止于“挑战层级一”。

2. 大班幼儿应该已经拥有一定量的高频“祝福语”的积累。

3. 大班幼儿应该已经可以学习、积累一定量的低频“祝福语”。

4. 除了可以引导幼儿学说：幸福、快乐、健康、平安等祝福词语以外，还应该引导幼儿认识勇敢、善良、强壮、诚实、勤劳这些优秀品质，这些也是可以作为祝福语来使用的。

5. 注意不要引导、鼓励幼儿说发财、有钱等词语。

二、律动导入的范例

（一）范例1：爱的浪漫曲（教师培训专用）

【乐曲】

爱的浪漫曲

【使能目标阶梯】

挑战4 指导学员两两结伴替换新情境，匹配新动作	创造性应用	结伴创编—排练—交流
挑战3 指导学员分小组替换新情境，匹配新动作（上下肢联合）	应用	分组创编—排练—交流
挑战2 提供两人合作的情境表演范例	观察理解	理解两人如何合作，重点是理解身体配合的方式：重叠、缠绕
挑战1 指导学员分小组替换新情境，匹配新动作（上下肢联合）	应用	分组创编—排练—交流
动作2 带领学员使用上肢动作模式感知音乐	模仿	感知、理解故事、音乐与动作间的关系
动作1 引导学员为故事情境创编动作模式	创编	为故事情境创编动作模式
故事 简述一个故事案例作为导引	理解	理解范例，引发动机，明确任务

【教育活动设计】

活动目标

1. 熟悉音乐，感受、表现慢速度三拍子音乐的力量特点以及旋律上升、下降的力量特点。

2. 使用两人结伴相互配合的方式创编表演情境，重点学习新的身体配合方式：重叠和缠绕。

3. 重点体验相互间的交流、学习、尊重、欣赏。

活动准备

1. 物质准备。

（1）录音音乐。

（2）手机。（随时寻找新的绘本故事情境）

2. 空间准备：需要比较大的活动空间。

活动过程

1. 通过范例了解、理解工作流程。

教师用语言提供范例：月亮与云彩在天空，或小鱼与海草在海洋……

2. 通过倾听音乐,想象分别表现两个事物的相关动作。

(1) 教师示范用手臂随乐表现旋律的上升和下降。提醒学员关注。

(2) 全体学员一起即兴随乐表演一个事物,如云彩。

(3) 教师反馈学员中的高级榜样和普遍存在的问题。

(4) 全体学员再次随乐表演。

3. 分组自选主题创编—排练—交流,教师反馈。

4. 教师提供两人合作的表演范例。

(注意:有条件的情境,可以请学员中有基础者提供)

(1) 提供两两合作的范例。

(2) 引导学员关注和理解身体配合的方式:重叠和缠绕。

(3) 全体学员统一主题,分组创编—排练—交流,教师反馈。

5. 全体学员两两结伴自选主题。

(1) 创编—排练—交流。

(2) 教师反馈学员中的高级榜样和普遍存在的问题。

(3) 再次创编—排练,各自优化。

特别提示

1. 这个练习中有两个学习重点:(1) 上升与下降;(2) 重叠与缠绕。前者是音乐学习的重点,后者是律动学习的重点。

2. 迁移练习时,之所以总是“小组尝试”在先,是为了锻炼团队共建的态度和能力;“个人或结伴尝试”在后,是为了锻炼独立思考能力和同伴合作能力。

3. 该活动若在大班幼儿中进行,需要教师掌握好难度水平和指导的细致程度。

(二) 范例 2:大班律动“猫和老鼠”

【乐曲】

香草咪咪

$1=C\ \frac{4}{4}$

许雅涵　词曲

前奏

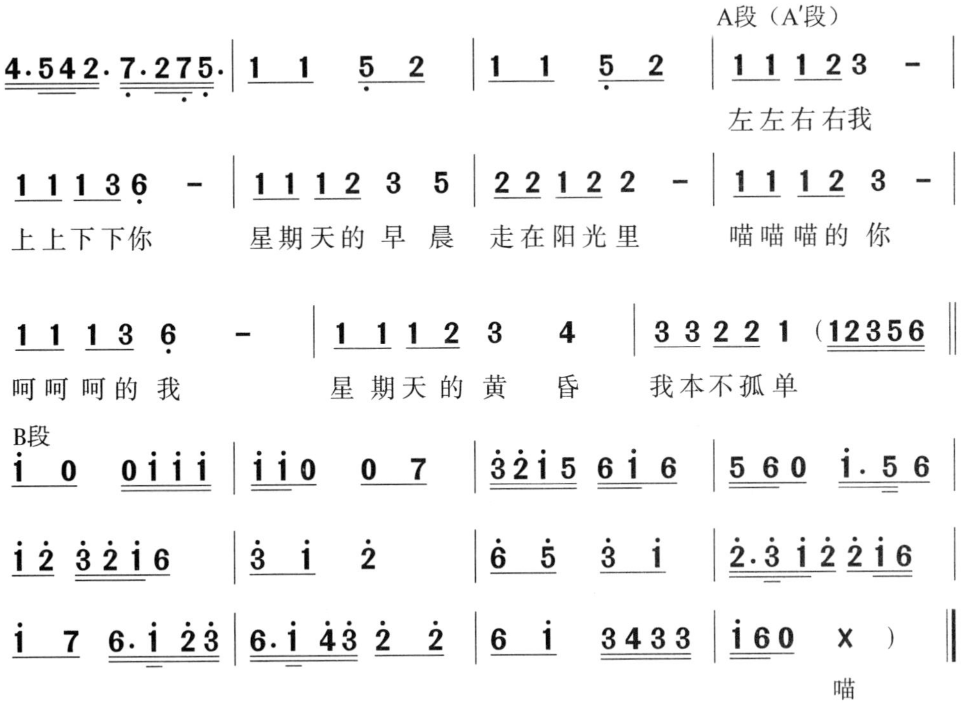

游戏玩法：

角色设计，大部分幼儿扮演小老鼠，一名幼儿扮演“爱臭美，喜欢跳舞的猫”。

A 段，小老鼠们随乐跟着“爱臭美，喜欢跳舞的猫”出门散步，猫走一段，小老鼠们跟一段。

B 段，猫戏小老鼠（猫用爪子去挠小老鼠，小老鼠保持造型不动）。

尾声，猫大叫一声，小老鼠们迅速跑回家。

动作建议：

前奏，自由创编“爱臭美，喜欢跳舞的猫”早晨起床、化妆等动作。

A 段，第一和第二小节，猫自由创编一个有趣的走路姿势，每小节走两步，共走四步。（例如，双手举过头顶，双脚踮起，轮流向前和向后迈步；双手置于身体两侧做“螃蟹”状，分别向身体左、右侧横向走；双手做“猫爪”状，原地转圈跳；趴在地上，爬着前进等）小老鼠们伪装成猫定住不动！

第三和第四小节，小老鼠们模仿第一和第二小节中猫的走路动作。（动作相同、节奏相同、路线相同）猫原地定住不动。

（第五和第六小节同第一和第二小节；第七和第八小节同第三和第四小节）

A′段同 A 段。

B 段(自由变奏),所有小老鼠原地保持安静,定住不动!猫随机去挠小老鼠,挠到哪个部位,哪个部位就往回缩一下。

结尾处的猫叫声,猫大叫一声,全体小老鼠快速往家跑。

【使能目标阶梯】

挑战4 组织、引导幼儿欣赏教师扮演的“急性子猫”	创造性应用	欣赏教师扮演的“急性子猫”，为日后的游戏积累更加丰富、高级的表现手段
挑战3 教师扮演猫－幼儿扮演猫，完整游戏。鼓励创编不同性格猫的走路动作，替换练习	应用	从教师扮演猫逐渐过渡到由幼儿轮流尝试扮演猫，在教师鼓励下不断创编新动作来替换原始动作
挑战2 引导幼儿讨论“猫试小老鼠”的“变异木头人”互动模式，并带领幼儿练习	应用	站散点队形，在“尾奏”音乐处玩“变异木头人”游戏
挑战1 引导幼儿讨论“小老鼠戏猫”的特殊模仿动作，并带领幼儿用“木头人”游戏方法练习	应用	站在椅子前，累加“木头人”游戏，继续熟悉动作和音乐
音乐 带领幼儿随乐练习上肢基础动作模式	模仿	感知动作要素、顺序及重复规律，理解故事、音乐与动作间的关系
动作 引导幼儿创编四种“臭美猫”走路的姿态	观察	在教师引导下创编，思路可以从以下方面考虑：方向（前进、后退、左右横移）、空间高度（高、中、低、更低）、独特性格、独特情境（做什么事情）等
故事 教师简述小老鼠逗弄“臭美猫”的故事	理解	理解范例，引发动机，明确任务

【教育活动设计】

活动目标

1. 感受乐曲诙谐、欢快、跳跃的风格,理解和表现其所表达的故事情节:一群小老鼠跟着一只“爱臭美,喜欢跳舞的猫”出门散步。

2. 通过手部游戏、动作创编、故事情节累加,进一步感受音乐的节奏和变化。

3. 体验音乐带来的想象和猫、小老鼠互动游戏的快乐。

活动准备

1. 物质准备:录音音乐(A 段重复一次+B 段+猫叫尾声,A 段中,大猫走路的乐句音量升高,小老鼠走路的乐句音量降低)。

2. 经验准备:有“木头人”游戏的经验。

3. 空间准备。

(1) 围坐成大的半圆形。

(2) 有比较充裕的活动空间可进行集体散点移动。

活动过程

1. 了解故事的情境。

师:在小老鼠家的隔壁,住着一个可怕的家伙!是谁啊?原来是一只爱臭美、喜欢跳舞的猫。猫有个习惯,每个星期天的早晨都会出门去散步。隔壁的小老鼠们想跟它开开玩笑,就伪装成猫的样子偷偷地跟在后面学它走路。

2. 倾听乐曲,区分乐句。

师:猫和小老鼠是怎么走的呢?我们一起来听听在这段音乐里,哪一句是猫在走?哪一句是小老鼠在跟?

3. 用动作整体感知音乐。

教师扮演猫,幼儿扮演小老鼠,让小手在身体各个部位“行走”,分角色体验不同乐句。

师:那现在我做猫,你们做什么?

幼:我们做小老鼠。

师:猫散步的时候,经过了小桥,走过了山坡,我们跟着音乐来试一试!

(注意:教师随乐用手指表现猫在身体的各个部位“散步”,一个乐句走,一个乐句停。幼儿用手指扮演小老鼠,模仿猫走路的节奏和散步路线)

4. 创编猫走路的动作并随乐练习。

师:这是一只爱跳舞的猫,走路的姿势千奇百怪!它可能会怎么走呢?谁来试一试?

(注意:此环节在引导幼儿创编猫走路的动作时,教师需用准确、精练的语言描述出幼儿的动作特点,如行进的方向、位置的高低、肢体的动作变化等,让个体的经验在集体中共享,也为其他幼儿提供创编动作的线索和素材,拓宽创编的思路)

5. 椅子前站立，累加“木头人”游戏。

（1）师：我们选了四个不一样的动作，现在我们和着音乐来试试看。轻轻起立，站在家门口，猫先走哦！猫回头看时，谁也不能动。（主班教师扮演猫，带领幼儿练习，回头看时督促、检查）

（2）“小老鼠戏猫”，玩“木头人”游戏。

师：如果小老鼠模仿猫的时候，是讥笑猫臭美的样子，小老鼠应该是什么表情呢？（配班教师扮演猫，带领幼儿练习，主班教师检查、反馈表情生动的榜样）

6. “猫试小老鼠”：共同讨论B段中的动作并随乐练习。

师：尽管小老鼠的动作很轻，猫还是怀疑身后有人；尽管你们都装扮成了猫的样子，可是猫还是想用爪子去挠一挠。怎样才能不被猫发现呢？

（1）教师扮演猫，单独示范“猫试小老鼠”的方法。

（2）完整随乐游戏。

7. 完整随乐游戏。

（1）教师做猫，幼儿做小老鼠，随乐游戏。

师：这一次啊，隔壁的猫真的要出门喽，你们准备好出门了吗？注意哦！千万不能走到猫的前面哦！

（注意：此环节中，幼儿很容易由于控制不了自己而跑到猫的前面。所以要提前提醒他们）

（2）替换新的动作。

师：哎！一只小老鼠也没抓着。看来要多锻炼了。对了，下次我换几个新的动作，看看你们能不能跟得上！

（注意：此环节中教师在替换新的动作时，可以将四个动作设计为高、中、低、更低，以体现空间上的高低变化。这是教师第二次提供范例，可以拓展幼儿动作创编的思路）

（3）个别幼儿扮演猫，带领大家随乐游戏。（可以重复两到三次）

师：这次啊，我要派一只小猫出门。谁愿意啊？

（注意：教师此时可以进一步用语言帮助幼儿尝试新的思路。一只很酷帅的男猫会怎样走路？此时不必强调一定要四个不同的动作，随便几个都行，哪怕一个也行）

8. 拓展游戏情节——观看配班教师扮演的“急性子猫”，猜测其动作含义，并和

"急性子猫"共同游戏。

师:在我们猫家族,有一只很特别的猫,性子特别急,你们知道什么是"急性子"吗?

师:我们话还没说完呢,看,"急性子猫"已经来啦!

(注意:"急性子猫"快速地化妆,走路飞快,还摔了一跤,只好一瘸一拐地往前走。这只"急性子猫"是教师预设的,动作节奏加快了一倍,同时每个动作还表现了游戏情节的变化。这样的榜样不仅具有让人容易辨别的喜剧夸张的特质、较高的权威性以及吸引人的特点,还能给幼儿再次拓展自己未来的表演提供启示与借鉴思路)

特别提示

1. 在前面的范例中,我们曾经特别提到过"领袖模仿"游戏的特例:变异模仿。现在又是一个新的例子。小老鼠在模仿猫的时候,是带有一种特别的"心情"的,或是嘲笑,或是崇拜,或是不屑,或是"有点怕怕"……大班幼儿已经能够理解这其中的"幽默",教师可以作出榜样,加以解释,也可以用相关词语(英俊潇洒,严肃认真,战战兢兢,威武雄壮,自以为是,弱不禁风,没头没脑,凶神恶煞等)给有意愿和能力的幼儿提供榜样。

2. "变异木头人"游戏,是从传统"木头人"游戏拓展出来的:传统的"木头人"游戏,仅仅是监督人看,木头人造型坚持不动。后来有了各种情境和角色,如"熊和小孩";在传统"木头人"游戏中,增加了监督人挠痒痒,吹眼睛等"企图让木头人"自我暴露的策略,对"木头人"自我坚持能力提出了挑战。创新的"变异木头人"游戏又增加了新挑战:指定塑形,即叫你用哪里反应,你就要用哪里反应。如有个设计叫作"啃苹果",A 扮演苹果,保持造型不动,B 作为嘴巴,每啃一次,A 被"啃"身体部位就"缩"进去一点,但仍须保持造型不动,直到音乐结束时被"啃成苹果核"——A 在地上缩成尽可能小的一团;还有的设计叫作"捏面人""小铁匠",只要手艺人塑造了哪个身体部位,相应的身体部位就要变化,直到音乐结束时被制造成手艺人想要的样子。这些都是一样的设计思路。

3. 前面我们已经多次提到"变异领袖模仿"游戏:改变模仿的速度、力度、风格、力量特质、表情等,变成既相同又不同的模仿,如"猴子学样";或者加点别的游戏规则,如"寻找带头人",就变成包含"领袖模仿"的多重游戏。

（注意：小小的一点微调，都可能会出现“创新”的结果）

原创设计：南京市费颖老师

（三）范例3：大班律动“小鸡舞”

【乐曲】

小鸡小鸡

（局部主旋律谱） 王 蓉 曲

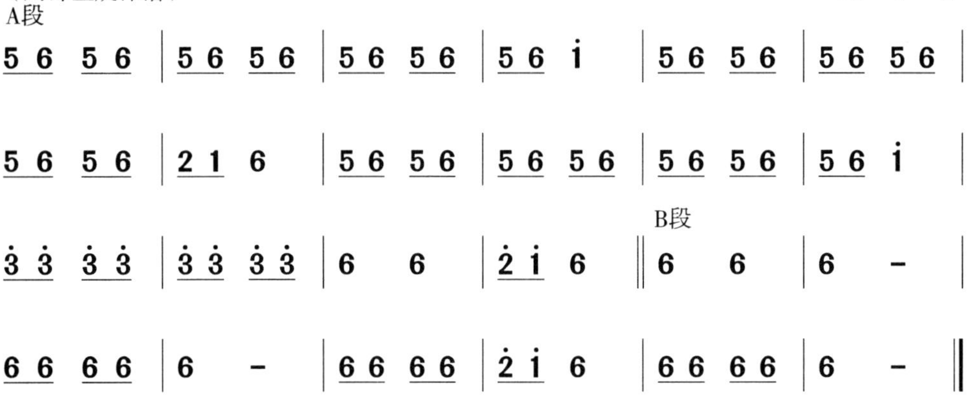

【使能目标阶梯】

挑战4 示范“斗舞”的新玩法：教师一个人与多名幼儿“互动斗舞”	创造性应用	在教师组织引导下迁移前面所学内容，进一步体验“一对多”的自由“斗舞”
挑战3 鼓励圈内幼儿用相互模仿的方式互动	拓展应用	幼儿互动时，教师重点引导幼儿的互动动作从前后、左右、高中低等方面变换；从“回声式”逐渐到“对话式”
挑战2 鼓励、引导幼儿领袖累加和拓展下肢动作	拓展应用	在教师的引导鼓励下，累加和拓展下肢的动作
挑战1 围站成圆圈，选择幼儿轮流进圈玩“领袖模仿”游戏	自由应用	站单圈队形，教师按照八拍一个单位邀请幼儿担任领袖—休息—更换领袖的模式玩“领袖模仿”游戏
音乐 组织幼儿练习他们选择的几个上肢基础动作，带领幼儿随乐练习	模仿练习	按照先坐、再站、后中央的空间流程，巩固动作要领
动作 组织幼儿交流分享各自选择的动作，并帮助幼儿分析各动作的趣味和要点	交流分享	在教师的引导下，向集体提供各自喜爱的动作
故事＋动作＋音乐 提供视频资料供幼儿自行观看、理解并选择自己喜欢的动作	观察理解	理解情境，引发兴趣，明确任务

【教育活动设计】

活动目标

1. 观看视频，提取上肢舞蹈动作并随乐舞蹈。

2. 创编新的上肢舞蹈动作，并尝试上下肢一起做舞蹈动作。

3. 敢于大胆面对挑战，合作时与同伴有眼神交流，"斗舞"时互相展示、学习，互相促进，体验和享受即兴跳舞的乐趣。

活动准备

1. 物质准备。

（1）街舞视频。

（2）录音音乐《小鸡小鸡》。

2. 空间准备：全体幼儿围坐成大半圆形。

活动过程

1. 观看视频。

师：我最近在学习街舞，找到了一个世界冠军的师傅来教我，你们和我一起来学习吧！

幼众：好！

师：待会儿世界冠军会在视频中跳一段舞，请你们仔细观察上肢的动作，每个人至少学会一个上肢动作，如果记得更多的动作就更厉害啦！

幼儿学习舞蹈动作。

师：你们学会了吗？我们来看一看。

幼儿展示学习到的上肢动作，教师提炼、整理并让幼儿集体练习。

（注意：这一环节是让幼儿通过观看视频，选择视频中印象最深刻的上肢动作进行模仿，给每个幼儿分享动作的机会，这是幼儿进行自我展示的机会，同时也是一个向他人学习的机会）

2. 分享、展示和创编舞蹈动作 。

师：接下来我们围成圆圈，跟着音乐一起分享，我来做第一个分享的人，当我做动作的时候你们要跟着我一起做，当我找到一个新的分享者时我们交换位置，新的分享者在圆圈中心带着我们一起做新动作，圆圈上的小朋友一起来学习哦。（教师边讲解，边示范，边练习）

幼众：好！

（随乐游戏）

（注意：八拍一个单位玩“领袖模仿”游戏，然后休息、换领袖，避免由于疲劳或过度兴奋造成幼儿情绪、行为失控）

（注意：将观看视频所习得的短时记忆的动作，通过教师的提炼、同伴的分享、自己的练习逐步向长时记忆的转换。在教学过程中教师先主导进行单一上肢动作分享；在领袖模仿游戏中，教师逐步退出，由幼儿做领袖并分享。从最简单的单一上肢动作开始，降低学习难度，使幼儿可以从他原有的知识经验出发，循序渐进地提高学习的难度）

3. 上下肢一起的舞蹈动作 。

师：刚才我们学习了上肢动作，这一次我们来加入下肢动作。（迁移幼儿已有的下肢动作经验，若幼儿不会，教师可提取体育活动中的下肢动作并集体练习）

师：这次我要提出新的挑战了，如果上下肢一起做动作，你们可以吗？

幼：可以。

师：我们一起来试一试噢。

（注意：在幼儿已经熟练掌握上肢动作并且通过“领袖模仿”游戏从他人的动作分享中学习到更多的上肢动作后，教师开始加入下肢动作。从幼儿动作水平发展的规律上来看，单一上肢动作最简单，单一下肢动作难于单一上肢动作，上下肢一起的动作是最难的，因此在加入下肢动作时我们可以回顾、练习体育活动中的下肢动作，如弓箭步、蹲、小碎步、跳等，熟练后再叠加脚的方向移动，逐渐增加难度，让幼儿通过自己的努力向更高的目标迈进）

4. 两人合作。（同动作不同方向）

师：这次我要提出新的挑战了，我想请一个跳舞厉害的老师和我合作跳舞，请你们注意看，我们的动作一样吗？方向有没有变化？（教师进行高级榜样示范，T-T）

幼：方向相反。

师：现在我请一个小朋友和我合作。（T-S1）

师：谁愿意来挑战他？（S1-S2）

（注意：这里我们加入合作的环节，在合作环节依旧是先由主班教师与配班教师合作，通过教师的示范让幼儿发现合作的规则是同动作方向相反，再是教师与一个幼儿合作游戏最后是幼儿之间两两合作，教师逐步退位。幼儿在新的规则中学会支持他人，与他人共同合作并完成更高要求的挑战）

5. 两两“斗舞”。

师：这一次更难咯，两个人可以做不同的动作，在不同的方向进行“斗舞”，一起来比一比吧！

（注意：在幼儿熟练掌握合作游戏后，加入两人“斗舞”，所谓“斗舞”，就是两人先后进行动作的分享与比拼，既然有了竞争，就需要幼儿进行动作创编，而在先后展示的过程中，幼儿既可以从自己的原有经验中提取动作，重新组合，也可以从他人的动作当中汲取经验，进行动作的拆分与重组）

6. 多人对一人。

师：这一次你们所有人来和我一个人“斗舞”哟，我们一起来“斗舞”吧！

（注意：在最后我们适时地增加娱乐的气氛，缓解部分幼儿对于两两“斗舞”这种需要本身具备一定技能技巧而紧张的心理，让更多的人参与进来，这时我们就不需要强调幼儿进行动作的创新，而更多的是体验一种大家一起参与的愉悦感。同时教师可以作为高级榜样，在这一过程中让幼儿发觉还有更高的技能技巧可以学习，激发幼儿后续进行更高挑战的欲望）

特殊提示

1. 这里有一种新的学习模式：欣赏—抽取—模仿练习—自由应用—拓展应用。

2. 这样的活动，更加偏重动作的学习，对音乐学习，幼儿能够按照节奏做动作即可。乐句乐段的感知主要靠教师内控。

原创设计：南京市耿涛老师

三、奏乐导人的范例

（一）范例1-1：大班律动—奏乐“赛马”

（注意：以下是第一课时律动的教学方案）

动作建议：

前奏，等待；A 段，扬鞭催马；B 段，看风景；C 段，欢乐的草原生活；D 段，休息；E 段，立马扬鞭。

【使能目标阶梯】

挑战4 即兴指挥幼儿完整随乐表演。基本完成“动作和语音总谱”的建构	创造性应用	在教师的即兴指挥下，完整随乐进行表演游戏，基本完成“动作和语音总谱”的建构
挑战3 带领幼儿练习扬鞭催马和立马扬鞭部分的表演	观察练习	在教师演唱A段和E段音乐的伴随下，跟随教师练习催马和立马
挑战2 引导幼儿分享如何休息并尝试完整随乐即兴表演	即兴创编表演	为D段场景准备相关即兴表演内容并尝试随乐即兴表演
挑战1 引导幼儿分享如何看风景并尝试完整随乐即兴表演	即兴创编表演	为B段场景准备相关即兴表演的内容并尝试随乐即兴表演
音乐 带领幼儿随乐练习C段“动作和语音总谱”	练习	教师支持幼儿领袖带领全体随乐（如歌行板）练习创编出的三套动作
动作 引导幼儿创编C段“如歌行板”部分“欢乐草原生活”的动作（AABB或ABAB结构）	引导创编	为C段“如歌行板”分三个不同劳动场景各创编两个表演动作
故事 简述情境表演的流程	理解	情境导入，激发兴趣，明确活动表现的情境

【教育活动设计】

活动目标

1. 学习跟随音乐，表现骑马、看风景、劳动娱乐、休息和回家等系列场景。

2. 借助教师的提示，创编各种劳动、娱乐表演动作，即兴表演看风景和休息的情境。

3. 借助教师的指挥，合作随乐完整表演，体验热烈音乐和激情表演所带来的乐趣。

活动准备

1. 物质准备：蒙古族人们在草原上生活的相关场景图片。

2. 经验准备：幼儿有蒙古族人民在草原上生活的其他相关主题活动经验。

3. 空间准备：围成一个大半圆形。

活动过程

1. 欣赏教师提供的图片，谈论、分享相关的经验。

师：我们今天有幸来到了美丽的内蒙古大草原。我们可以骑着马去看看风景，看看那里的人们都在做什么事情。热情的蒙古族叔叔阿姨还为我们准备了丰盛的食物和快乐的游戏，最后我们还可以体验骑的马儿站立起来欢呼时那种非常激动的感觉！

2. 教师引导幼儿为C段音乐创编三个不同劳动场景的表演动作。

(1) 教师提供草原生活场景的图片。

师：现在请看蒙古族人民的幸福生活。（骑马、挤奶、剪羊毛、射箭、摔跤、喝酒、跳舞、拉马头琴等）

师：这些情景我们可以用怎样的动作来表现呢？

（注意：相关经验幼儿比较缺乏，即便有一点经验，也是既不清晰又不稳定的，非常难于提取，更难于表征。所以教师必须给他们提供图片或视频，帮助有经验的幼儿回忆，帮助无相关经验的幼儿了解）

(2) 幼儿用动作和语言表达他们的想法，教师将事先准备好的图片安放在磁性黑板上。

师：我们可以选择六张图片，并把它们分成三组，谁愿意上来选择第一组的两张图片？

师：（面对第一名志愿者）你能告诉大家怎样用动作来表现这两张图片上的事情吗？

师：哦，你想先骑马，然后再剪羊毛对吗？好，现在我唱歌给你伴奏，你来给大家表演一下。（同样的流程重复三次）

(3) 集体练习C段三种场景的动作表演。

[注意：此环节的重点在于，三名志愿者轮流担任领袖并带领全体幼儿随乐练习创编出来的动作。教师必须随时根据领袖幼儿的情况给予帮助。每遍音乐四个乐句，必须一个乐句或两个乐句换一次动作（AABB或ABAB结构），以便帮助幼儿形成乐句的感觉]

（注意：提出任务一般不适合用语言间接表述的方法，而应该直接用图示展示的

方法。奥尔夫教师在师资培训中经常使用节奏卡片、结构卡片和语词卡片，如《渔夫》，配器图谱都是使用此种技术的很好范例）

图 10－6（ABAB 结构）

图 10－7（AABB 结构）

图 10－8（ABAB 结构）

图 10－9[A(ab)A(ab)B(cd)B(cd)结构]

① 三名幼儿领袖一至三报数，按照顺序带领全体幼儿连贯练习三个场景的表演动作。

② 教师随机用动作邀请幼儿领袖。（幼儿领袖需要快速反应，随时准备开始自己的动作带领工作）

3. 教师引导幼儿即兴创编看风景动作并尝试随乐即兴表演。

（1）教师提供图片，补充幼儿的相关经验。

师：现在，我们来看看，图片上都有哪些美丽的风景？你们又怎样来表示看风景呢？

（注意：这里引导幼儿表现看风景的动作有两种思路：一是用怎样的姿态来看或和谁一起看。比如站、蹲、跪、坐、卧、躺；和他人一起看。二是看见了什么，如云、山、水、草、花、鱼、鸟等）

（2）幼儿自由用动作表现，教师反馈总结。

（3）教师哼唱 B 段乐谱，为幼儿的表演伴奏。

4. 教师引导幼儿即兴创编休息场景并尝试随乐即兴表演。

（流程转为 D 段音乐的休息场景，即兴表演重复一次。内容可以是餐饮、游戏、闭目养神、说悄悄话等）

5. 教师带领幼儿练习 A 段、E 段音乐的催马和立马动作表演和嗓音表演。

练习喊“驾”和学习模仿马嘶声。

（A 段音乐：每个乐句的第一拍在做挥鞭动作的同时喊“驾”。E 段音乐相同，最后结束的长音模仿马嘶声并做立马姿态，然后在做挥鞭动作的同时喊最后一声“驾”！）

6. 幼儿跟随音乐，听教师发出的动作和嗓音信号，完整地随乐表演游戏。

（注意：该环节主要的问题不在幼儿，当教师能高度熟练地用动作指挥幼儿进行表演的内容转化时，幼儿便能够享受活动的自由和流畅性）

特别提示

1. 教学变式：当幼儿对此游戏熟练后，教师还可以增加打击乐器的演奏。部分幼儿奏乐，部分幼儿舞蹈。

2. 活动延伸：此活动甚至可以作为家长开放日或节日的演出节目。

（二）范例1－2:大班律动—奏乐“赛马”

（注意:以下是第二课时奏乐的教学方案）

【乐曲】

赛马(片段)

1=F $\frac{2}{4}$

黄海怀　曲

奔放、热烈地

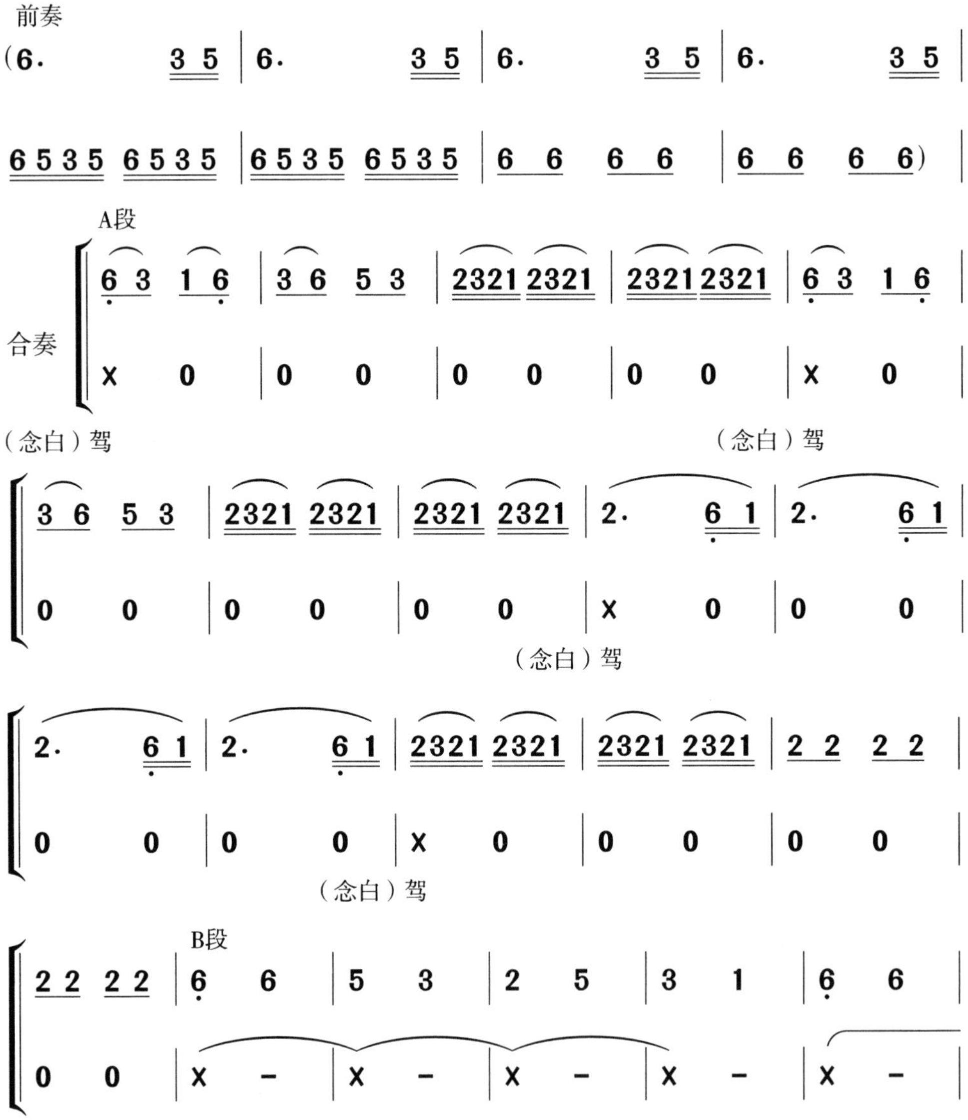

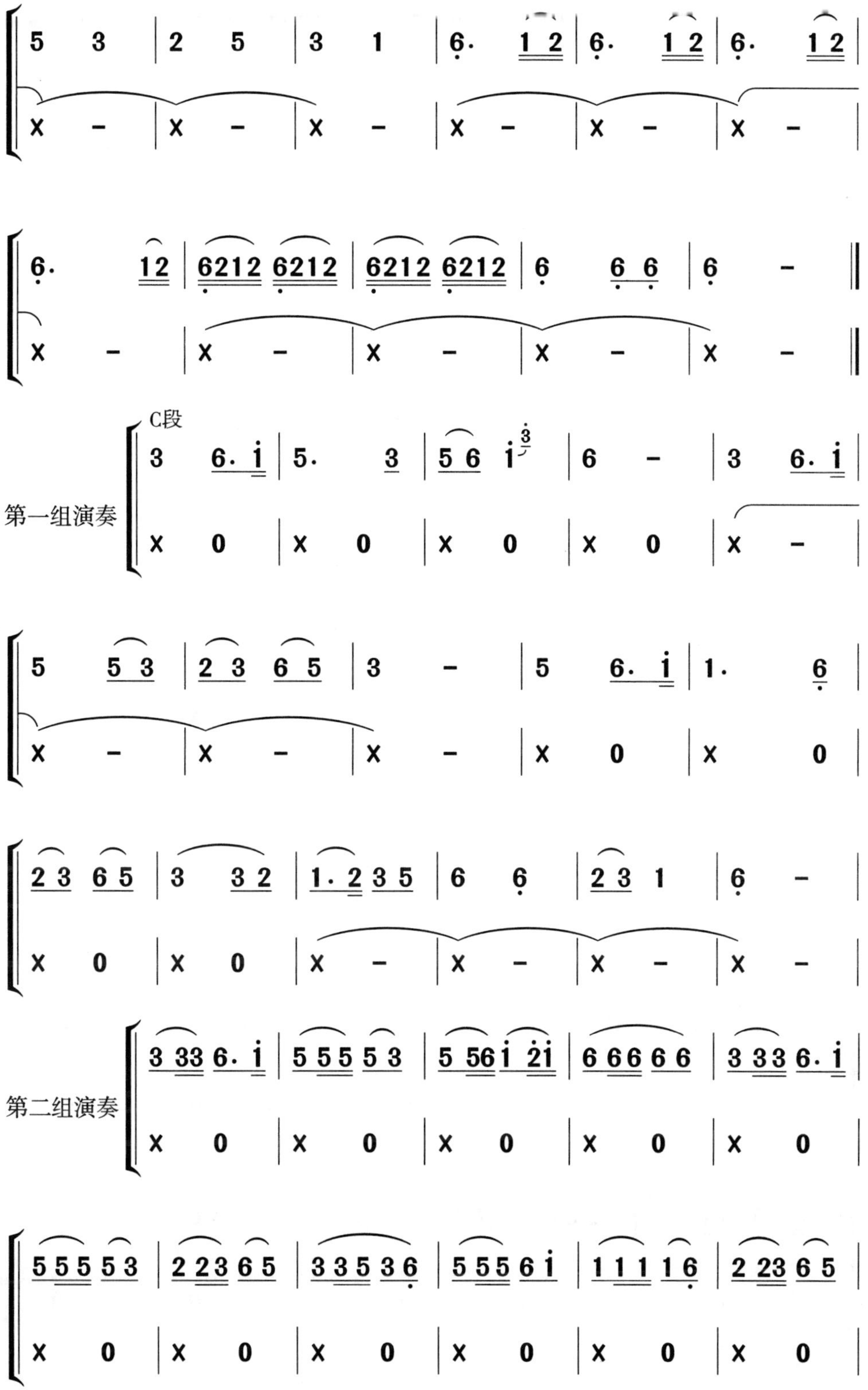
C段
第一组演奏
第二组演奏

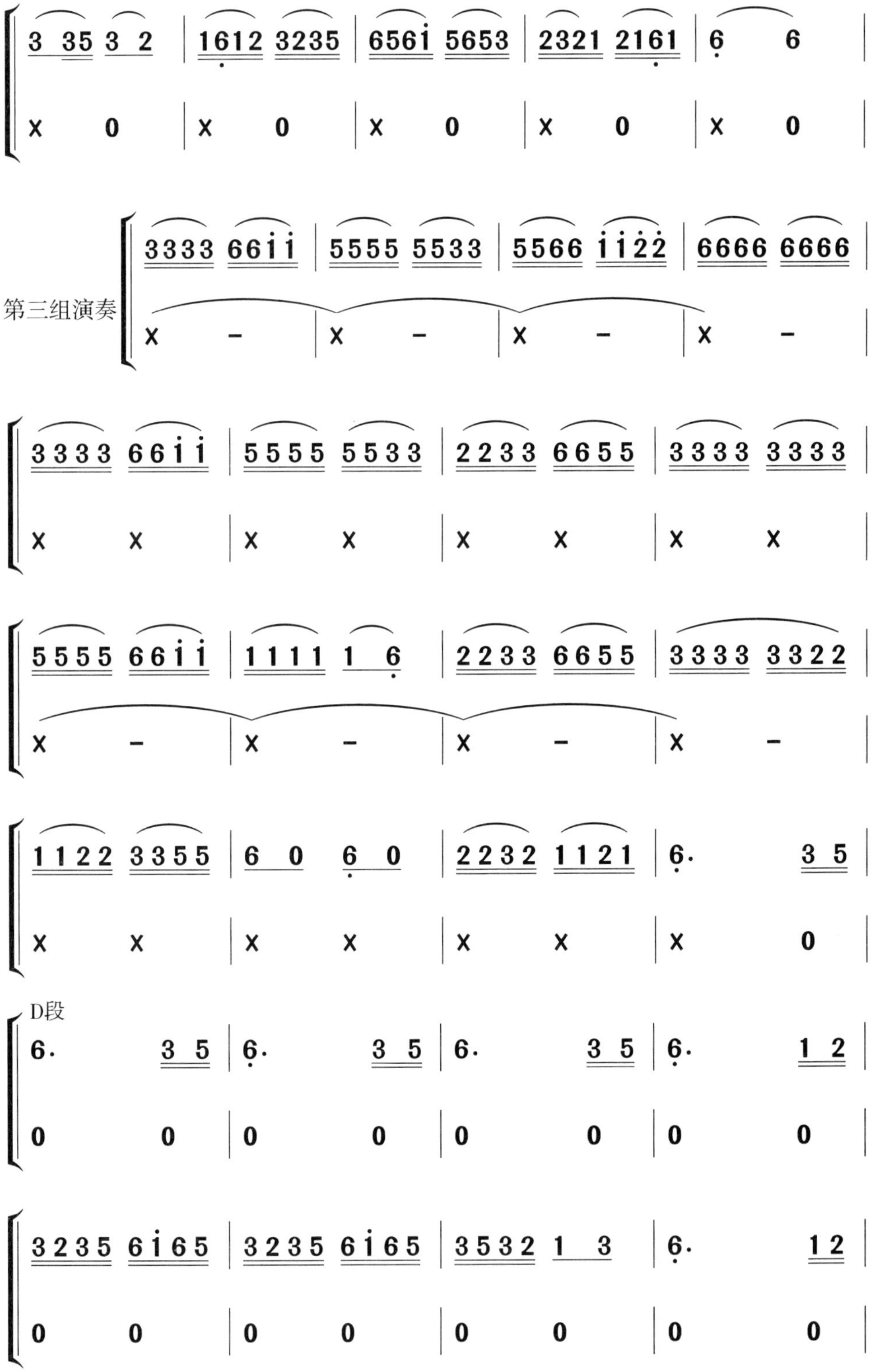
第三组演奏
D段

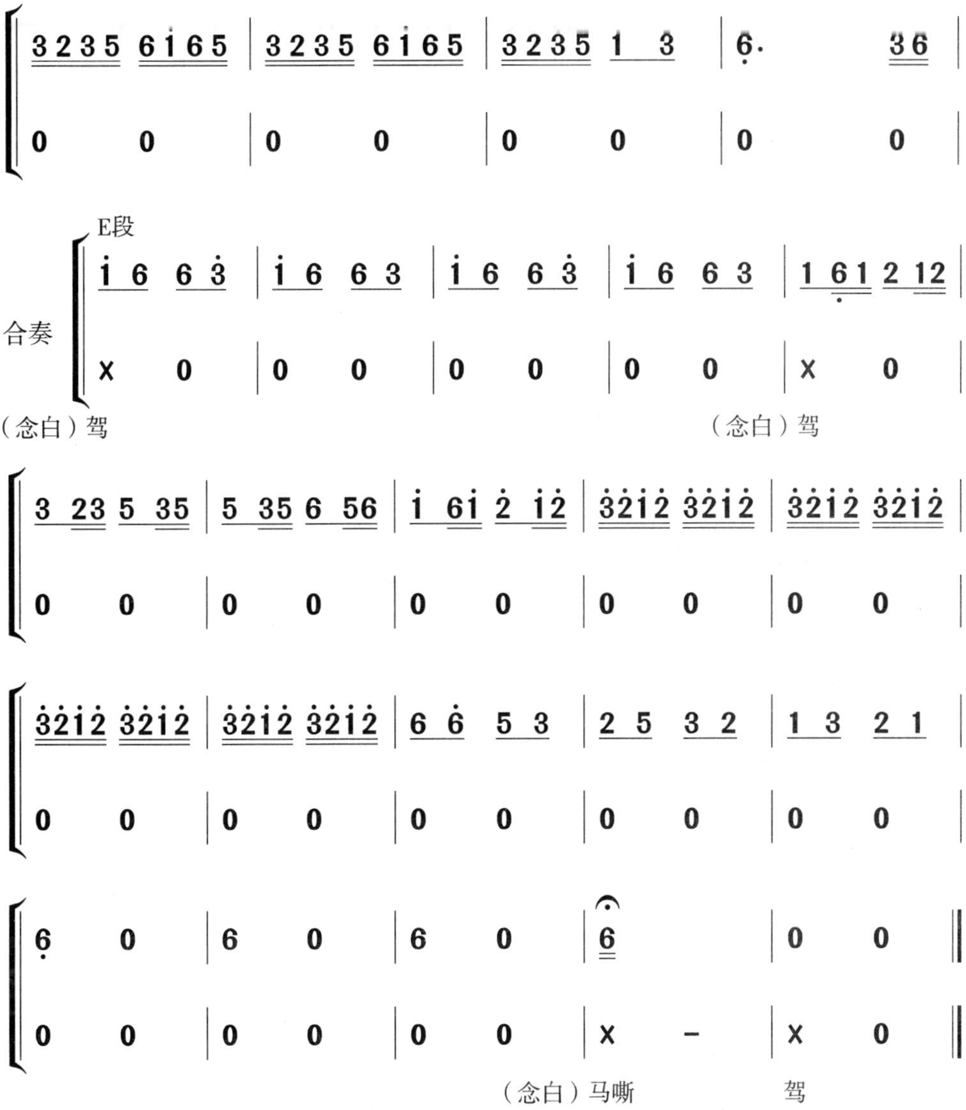

配器建议：

1. A段音乐，所有乐器演奏者在说“驾”的同时齐奏一次。

2. B段音乐，所有能够奏出散响效果的乐器持续演奏。

（注意：乐句之间需要停下呼吸）

3. C段音乐，（相当于“如歌行板”重复三次），分成三组，每组负责演奏一遍。

（注意：可以提供常规乐器，如碰铃、响板、铃鼓，也可以提供其他乐器。节奏可以按照乐曲提示，也可以另设其他）

4. D段音乐，全体休止。

5. E 段音乐，所有乐器演奏者在说“驾”的同时齐奏一次。

另外，教师可以自己双手戴腕串铃，同时持双响筒在 A、E 两段持续演奏八分音符，象征骏马奔驰。

【使能目标阶梯】

挑战5 组织少数幼儿志愿者在乐器伴奏下随乐表演舞蹈	创造性应用	少数幼儿志愿者在大家演奏乐器的伴奏下随乐表演舞蹈
挑战4 组织幼儿创编扬鞭骑马的基本动作	拓展应用	在教师组织引导下，创编扬鞭骑马的基本动作。全体练习将此动作融入完整律动
挑战3 指挥幼儿用乐器随乐完整演奏	应用	在教师指挥下，用乐器随乐完整演奏
挑战2 组织大组交流，反馈、决定最终的演奏方案	创造	在教师组织、指导下，大组交流，协商决定最终的演奏方案
挑战1 组织、指导幼儿分组协调乐器分配，探索乐器演奏方法	探索	在教师组织、指导下，分组协调乐器分配，探索乐器演奏方法
音乐+动作 带领幼儿复习“动作和语音总谱”，即上一课时的律动表演最终完整模式	练习	在教师带领下，复习“动作和语音总谱”
故事 引导幼儿回顾主要表现情节	理解	理解情境，产生兴趣，明确任务

【教育活动设计】

活动目标

1. 重点尝试如何将律动表演转换成奏乐表演。

2. 在教师辅导下为 C 段音乐配器，并将乐器图标填入图谱。

3. 重点学习如何在小组内协商配器方案。

活动准备

1. 物质准备。

(1) 录音音乐《赛马》(片段)。

(2) 配器图谱框架示意图(见图 10－10、图 10－11、图 10－12、图 10－13)。

(3) 各种乐器，(数量应超过幼儿的总人数)充足的乐器图标(见图 10－14、图 10－15、图 10－16)。

① 每个小组一张图。

(注意:序号表示第几乐句,颜色表示重复或变化。幼儿设计时只需要将乐器图标粘贴在相应的矩形中即可)

② 一共四张图,由幼儿小组自己选择。

图 10－10 表示:四个乐句音色节奏相同。

图 10－11、图 10－12 分别表示:第一、第三乐句相同,第二、第四乐句相同。

图 10－13 表示:第一、第二乐句相同,第三、第四乐句相同。

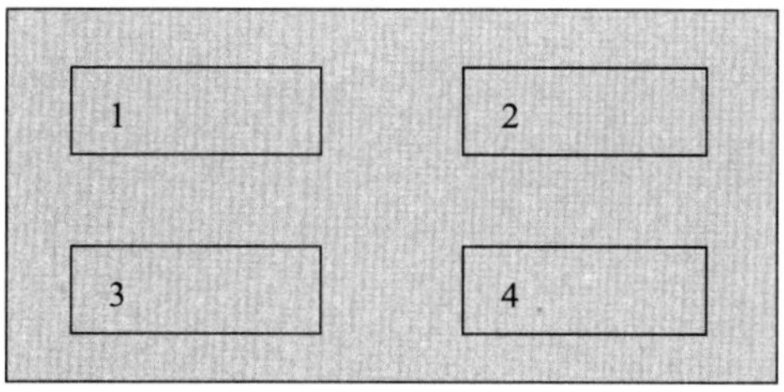

图 10－10

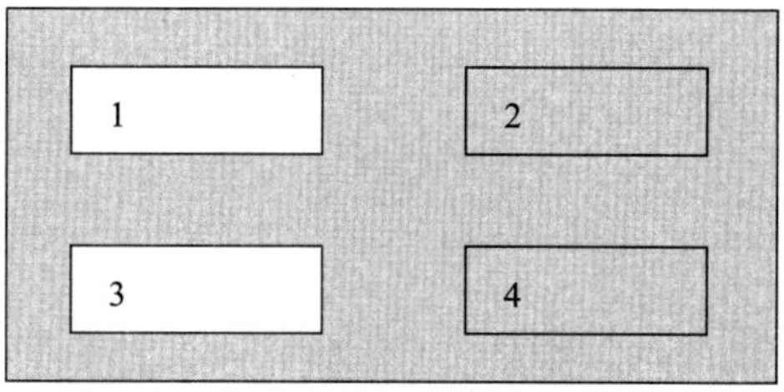

图 10－11

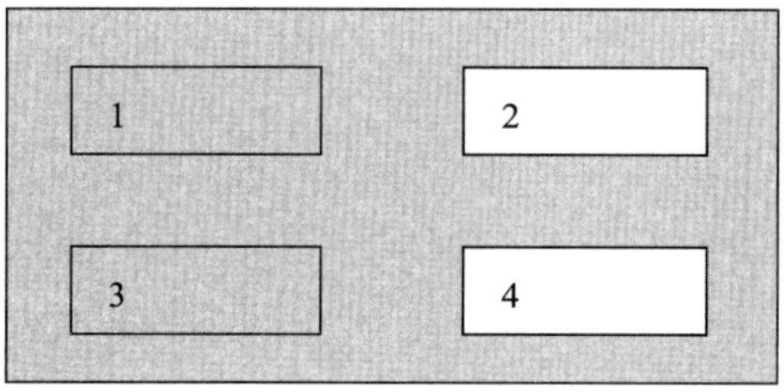

图 10－12

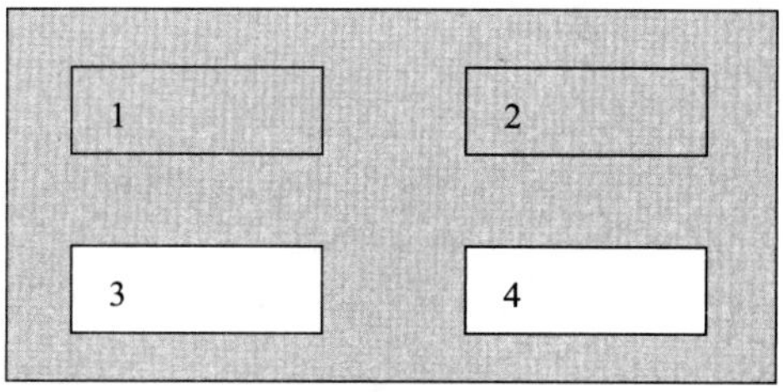

图 10－13

③ 同一个矩形中如果放一种乐器的图标(见图 10－14),表示一种乐器演奏。

④ 同一个矩形中如果放多种乐器的图标(见图 10－15、图 10－16),表示多种乐器演奏一起演奏。

图 10－14

图 10－15

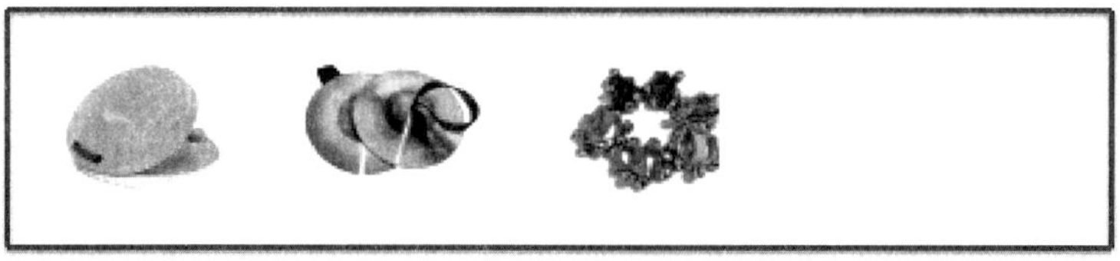

图 10－16

2. 经验准备。

(1) 熟练掌握第一课时的律动表演游戏。

(2) 有分小组自主协商合作学习的经验。

(3) 有在教师组织、引导下参与建构配器方案的经验。

3. 空间准备。

(1) 围坐成大的半圆形。

(2) 将座椅分成三组并摆成“品”字形。

活动过程

1. 复习“动作和语音总谱”。

2. 分组,选择乐器和配器图谱框架示意图。

3. 教师轮组辅导幼儿协商配器方案。

4. 教师轮组辅导幼儿练习演奏方案。

5. 三个小组轮流展示,大组内讨论、完善。

6. 再次分组修改、练习、完善。

7. 教师指挥幼儿完整随乐演奏。

8. 再次复习律动表演。

9. 组织幼儿重新将椅子摆放成“品”字形。

10. 集体随乐演奏乐器,少数志愿者表演律动,合作表演。

(注意:这其中最为困难的部分在第二、第三、第四三个环节。一般可能需要主、配班教师和参与观摩的某名内行教师共同辅导,但又不是代替幼儿思考和做决定)

特别提示

1. 这是应用了大量“休止”的配器案例。(后面将在“送你一朵玫瑰花”的案例中,再次应用这一配器技巧)

2. 理论:并不是说奏乐的配器方案与所用音乐作品完全一致就是好的配器方

案。在奥尔夫教师提供的配器原则中，与主旋律节奏完全一致的配器编排，反而是不允许的。

（1）“相辅相成”的方案，使用明确的强调原有节奏特点的“补充—丰富”思路。

（2）“相反相成”方案，使用“你紧我松”的反向配合思路。

（3）“留白”的方案，适当地使用“休止”，突出需要强调部分的特别效果。

3. 在这个案例中，原创教师所做的特别设计为：请各个小组的幼儿选择自己想要演奏的乐器；自己在小组内部协商配器方案，在教师提供的配器图谱框架中填入最终确定的配器方案的图标；自己练习达到熟练；最后再将自己的演奏并接到整体演奏当中去。这是一种高度自主的教学方案，但若幼儿没有长期锻炼获得的自主学习能力，教师没有高超的现场教学把握能力，是无法完成的。

（三）范例 2：大班律动—奏乐“大中国”

【乐曲】

大 中 国

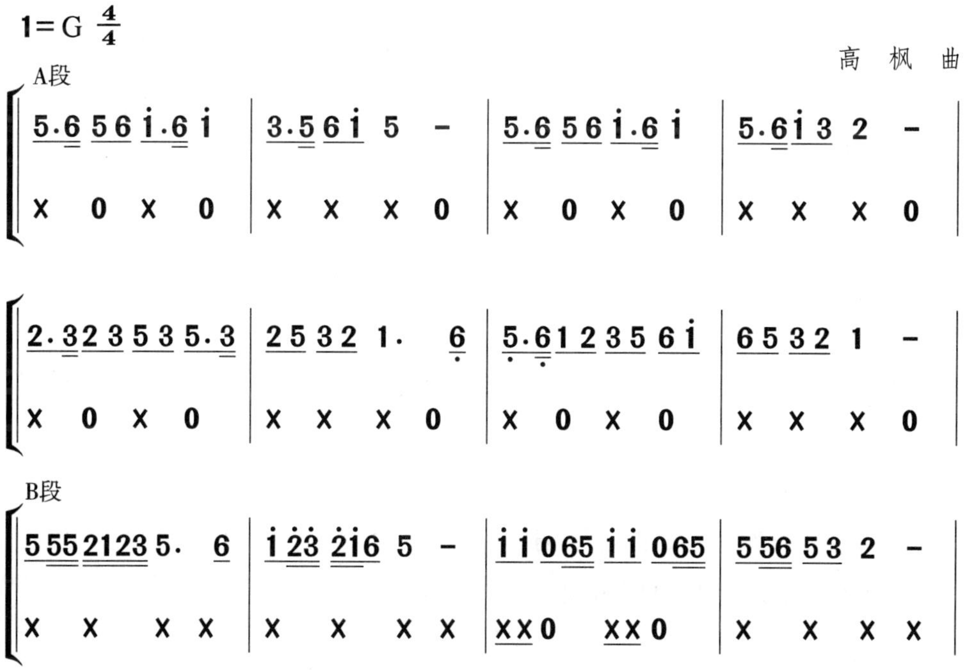

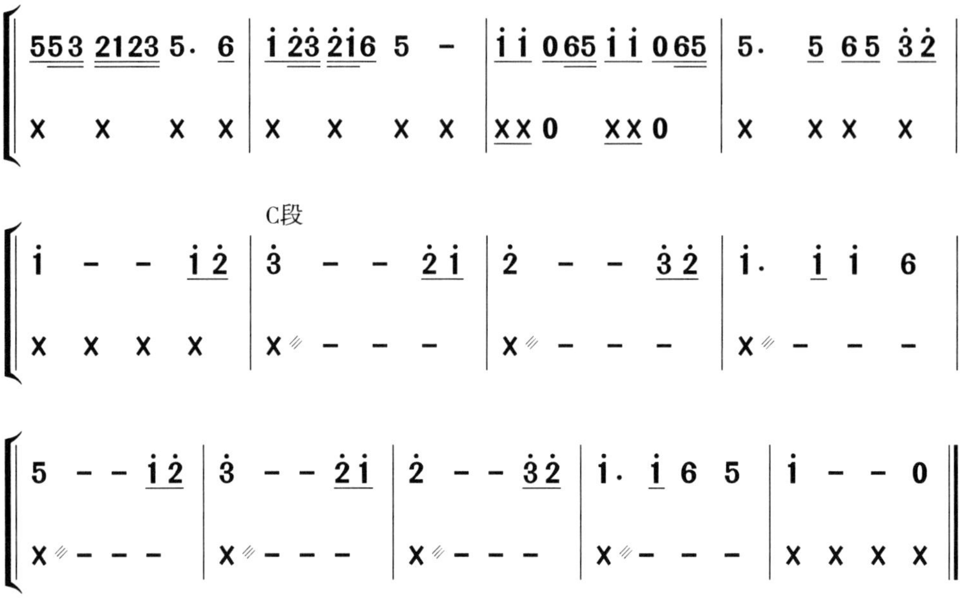

动作建议：

1. 在A段音乐处做“领袖模仿游戏”，领袖即兴做表现中国美丽风光的造型动作。（每个乐句做一次）

2. 在B段音乐处做“加油”动作。

3. 在C段音乐处做“传递游戏”，传递导游旗帜，得旗帜者为新领袖。

4. 特别注意表现“祖国美丽风光”的动作。

（1）根据歌词内容创编动作。

（2）集体共同反复建构出“动作语汇库”。

（3）领袖在即兴表现时可以自由取用库中动作语汇。

歌词：（高枫　词）

A段

我们都有一个家，名字叫中国。

兄弟姐妹都很多，景色也不错。

家里盘着两条龙是长江与黄河呀，

还有珠穆朗玛峰儿是最高山坡。

我们都有一个家，名字叫中国。

兄弟姐妹都很多，景色也不错。

看那一条长城万里在云中穿梭呀，

看那青藏高原比那天空还辽阔。

B 段

我们的大中国呀，好大的一个家。

经过那个多少那个风吹和雨打。

我们的大中国呀，好大的一个家。

永远那个永远，那个我要伴随她。

C 段

中国，祝福你！你永远在我心里！

中国，祝福你！不用千言和万语！

游戏玩法：

1. 这不是一个典型的情境表演游戏，却一直有一个任务情境贯穿始终，那就是帮助海外的中国小朋友创编一套介绍中国美丽风光的演说词。教师需要很认真地使这一逻辑“天衣无缝”地一以贯之。

2. 这是一个包含了“传递游戏”和“领袖模仿游戏”的规则在内的游戏。每个领袖需要独立选择刚刚建构出的“动作语汇库”中的动作元素，即兴带领大家做游戏，非常具有挑战性。

3. “变异抢椅子”游戏在这个活动中特指：教师在一张椅子后面插了一面小助手使用的旗帜，谁在音乐结束后正好走到该椅子并坐下，谁便是下一次活动的小助手。

4. 与“赛马”相类似，这也是一个要从律动模型迁移到奏乐模型的、至少需要两个课时来完成的案例。

【使能目标阶梯】

挑战4 幼儿作为领袖即兴示范两个动作（AABB或ABAB结构）的动作组合，提取使用库存语汇	创造性应用	为了面对即兴随A段音乐做两个（AABB或ABAB结构）动作组合的挑战，在现场提取使用库存语汇
挑战3 辅导幼儿整体随乐表演的同时加入“变异抢椅子”游戏和“领袖模仿游戏”	拓展应用	完整跟随音乐，玩“变异抢椅子”游戏加“领袖模仿游戏”
挑战2 辅导幼儿带头人独立在A段音乐即兴做一个示范动作	迁移应用	迁移原有游戏经验，现场抽取新建“动作语汇库”中的动作语汇，结合新音乐练习“领袖模仿游戏”玩法
挑战1 累加“变异抢椅子”游戏，选择“领袖模仿游戏”的领头人	迁移应用	迁移原有经验，结合新音乐练习“变异抢椅子”游戏玩法
动作+音乐 反复引导幼儿为具体的美丽风光创编动作，然后用“加入－替换”的方式帮助幼儿进行“现场建库”	模仿创编	不断创编关于美丽风光的动作，相互学习，现场建构“动作语汇库”
动作+音乐 引导幼儿创编加油动作，然后加入整体随乐练习，同时进一步感知歌曲中关于美丽风光的歌词	感知理解	进一步感知歌曲，创编加油动作，重点了解关于美丽风光的歌词内容，准备“现场建库”
故事 引导幼儿用随乐踏步的方式初步了解歌曲的歌词大意	感知理解	情境引入，引发兴趣，明确任务，感知歌词大意，准备“现场建库”

【教育活动设计】

活动目标

1. 感知音乐的 ABC 结构，尝试跟随音乐进行表演、游戏。

2. 借助图片提示，为 A 段创编 AB 结构的动作组合。根据“合乐”“上下肢联合动作”“别人能否看懂”三个标准，尝试自评、互评，进行自我完善。

3. 愿意尝试独立在集体面前当领头人，带领大家表演。

活动准备

1. 物质准备。

（1）与歌词内容相对应的图片，如长江、黄河、长城、青藏高原等图片。

（2）结构总谱（见图 10－17）。

图 10－17

（3）录音音乐《大中国》。

2. 空间准备：椅子摆放成圆形。

活动过程

1. 教师讲故事，引起幼儿对歌曲的兴趣。

师：茜茜从加拿大打来电话，她要用一首歌《大中国》向她的加拿大小伙伴介绍我们中国。她准备先介绍中国的风景名胜，再为中国加油，最后学解放军走路，展示中国人民解放军的英姿。为中国加油可以做什么动作呢？

2. 幼儿完整倾听音乐，跟随教师做“加油”和“解放军走路”的动作，感知音乐结构。

（1）运用幼儿创编的“加油”动作，完整欣赏歌曲一遍。

师：我们一起来听一听这首《大中国》，歌里介绍了中国的哪些风景名胜？一起为中国加油。（末尾处齐声说“中国，我爱你”）

（2）再创编一个“加油”的动作，进一步熟悉歌曲。

师：歌里介绍了中国的哪些风景名胜？

师：在歌曲的最后我说了一句什么话？（集体练习）等一下再听听，我在什么时候说的这句话？（之后集体练习两遍）

师：还可以做什么动作为中国加油？

3. 鼓励幼儿倾听 A 段音乐歌词,为 A 段创编表演动作。

(1) 倾听歌词,A 段创编的两个表演动作。

师:这首歌还介绍了中国的哪些风景名胜? 刚刚你们说了这么多风景名胜,可是外国人听不懂中文,怎么办呢? (用动作告诉外国人)(幼儿说出一个,教师出示一个图片,并介绍该风景的著名之处)

(2) 教师用"啦……"哼唱旋律,练习两遍创编的动作。

(3) 听音乐完整表演刚刚创编的两个动作。

(4) 再次听音乐,听出其他歌词,并创编两个动作。集体跟随音乐表演。

师:还听到了什么风景名胜? 用什么动作来介绍这处风景名胜呢?

(5) 鼓励幼儿创编下肢动作。

师:刚刚都用手臂做动作,你的脚会走什么舞步呢?

幼儿站起来练习,师:请站在"家门口"做动作!

(6) 再次创编上下肢联合动作,完整游戏。

(7) 邀请小助手(领头人)带领大家一起表演。

师:谁愿意当小助手? 刚刚我们创编了那么多动作,你可以从刚刚创编的动作里挑选两套动作,也可以自己再创编两套动作向外国人介绍中国,你准备做哪两套动作?

师:你需要我们和你一起先练习吗? (如幼儿说不需要练习,教师清唱并说:那你做一遍给我们看看)

(注意:这些提醒非常重要)

教师引导幼儿反思评价:你觉得他创编的动作怎么样? 合乐吗? 能看出来他介绍的是哪两处风景名胜吗? 手上和脚上都有动作吗?

(注意:这些提问非常重要)

4. 通过玩"变异抢椅子"游戏,找出下一名小助手,鼓励幼儿大胆地创编 A 段的动作。

(1) 介绍游戏玩法,在音乐 C 段处沿着椅子外围学解放军踏步走,在说"1、2、3、4"处抢椅子,坐到插有旗帜椅子的幼儿成为下一轮游戏的小助手,带领大家继续游戏。

(2) 教师清唱 C 段,帮助幼儿明确游戏玩法。引导幼儿围着椅子学解放军走路和抢椅子,找出下一轮游戏的小助手。

师:我们来试一试,先站在椅背前,逆时针学解放军走路。起步——走,看看谁的椅背上有旗帜?

师:你准备做哪个动作?想一想手上做什么动作,脚上做什么动作,你需要先练习一下吗?

(3) 评价小助手的动作。

师:你觉得他这个小助手做得怎么样?

(4) 重复2—3次。

5. 回归故事主题,代表茜茜小朋友表扬幼儿对她的帮助。(略)

特别提示

1.《指南》艺术领域里提出,“5—6岁的幼儿能用律动或简单的舞蹈动作表现自己的情绪或自然界的情景”,因此本活动设计了一节根据歌词创编动作的律动—奏乐活动,并鼓励幼儿在集体中将自己创编的动作进行表演。

(1) 我们通过集体讨论、共同创编,现场建立“动作语汇库”,让幼儿积累大量创编动作的经验。

(2) 之后,幼儿运用“动作语汇库”创编动作,并在集体中表现。这样能降低创编的难度,提高幼儿独自表演时的自信。同时,在创编过程中,幼儿自评、互评,不断完善创编的动作。

2. 这是一个在基础律动结构框架上层层累加的教学流程模式范例。

(1) 完整随乐模仿解放军走路,初步感知整体结构和气质。(模糊)

(2) 随乐加入创编的“加油”动作,澄清A段中关于“祖国美丽风光”的歌词内容。

(3) 反复创编不同的表现“祖国美丽风光”的动作,建立“动作语汇库”;同时反复替换A段动作,反复随乐进一步练习。

(4) 迁移“传递游戏”经验,并加入C段音乐,整体练习。

(5) 迁移“领袖模仿游戏”经验,并加入A段音乐,整体练习。

(注意:领袖仅需要重复使用一个动作语汇)

(6) 挑战领袖:反复使用“两个动作语汇的交替”。

3.“现场建库”在这里是一个新的非常重要的概念:特指在集体教学过程中,教师根据具体学习任务,指导幼儿现场收集、创编、练习、积累各种表现语汇(语词、动作、结构、概念等)，为当场或在日后能从库中调取使用而储备的教学模式。

4. 请注意，“现场建库”的教学技巧来自对“为幼儿的创造性表达补充、拓展必要语汇和策略”的思考。与“从模仿到创造”的奥尔夫教学理念是完全匹配的。前面的活动“赛马”中使用了大量内蒙古人们生活场景和配器图谱框架示意图，这是一种“现场建库”；活动案例“小鸡舞”中观看视频，相互交流心得，模仿动作，也是一种“现场建库”的典型操作。

5. 特别任务：请读者衔接、迁移已经初步与大班幼儿共建出的基础动作模式——“动作总谱”，设计一个第二课时的打击乐器演奏教学方案！

(1) 先设计一个演奏配器方案。

① 在音乐结构的哪些部分设计？(A 段、B 段、C 段)；

② 使用什么样的变化规律？

③ 使用哪些乐器的音色？

④ 使用什么样的节奏型？

(2) 将配器方案转换成：动作总谱、语音总谱、图形总谱。(可以是一种、两种结合或三种结合)

(3) 规划、填写一份“使能目标阶梯”。(左栏教师行为，右栏幼儿行为)

(4) 将“使能目标阶梯”拓展、细化成含活动目标、活动准备、活动过程和特别提示(或说明)的完整教学方案文本。

原创设计：南京市方芳老师

(四) 范例 3：大班奏乐“神勇小镖师”

【乐曲】

天王盖地虎(片段)

马　博　曲
汪　茜　词

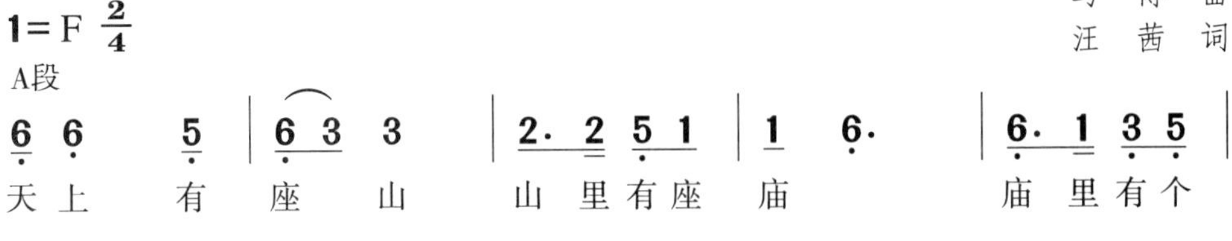

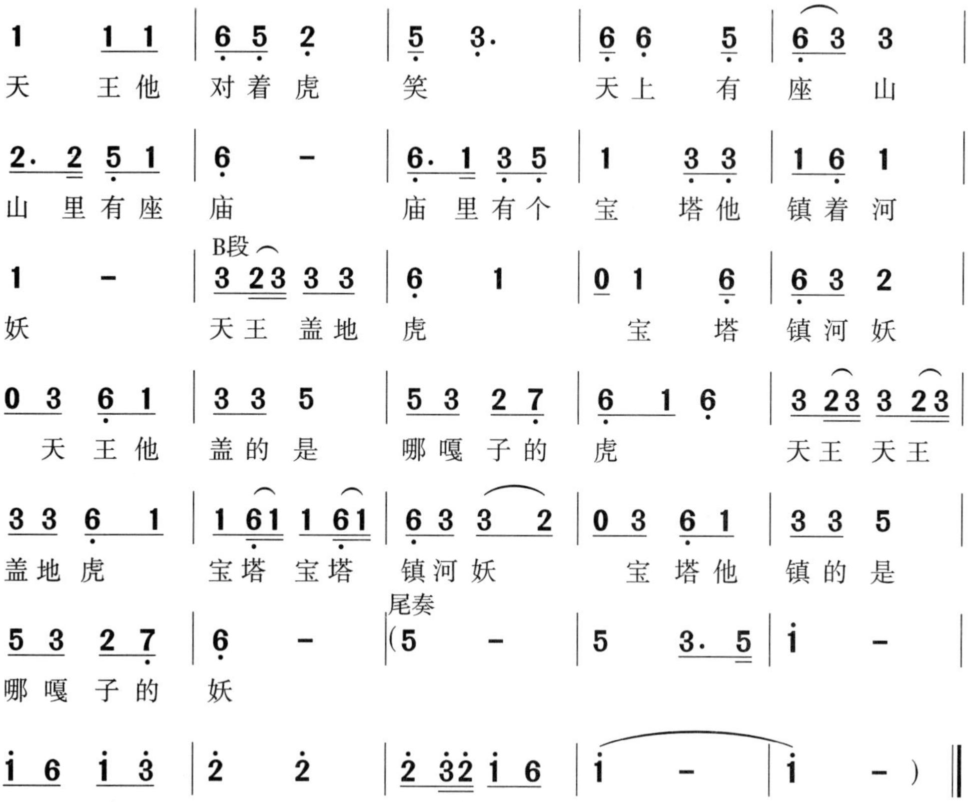

【使能目标阶梯】

挑战4 提供专业筷子舞视频中的高级榜样，帮助幼儿积累动作语汇和拓展思路：手臂加舞蹈移动，下肢加旋转，跪姿敲击，敲击地面、“空气”等	创造性应用	观看视频，拓展思路，充盈“动作语汇库”
挑战3 组织幼儿两两结伴“斗舞”比输赢	应用	两两结伴随乐“斗舞”
挑战2 使用教师开始的“渐进示范流程”，累加“斗舞”游戏	观察模仿	多次观看从教师到同伴先行者的示范，学习“斗舞”
挑战1 累加“循环比大游戏”（专门澄清、熟练游戏玩法）	学习	迁移原有相关经验，学习新的“循环比大游戏”：“老虎、棒子、鸡”
动作+音乐2 在反复完整随乐练习中鼓励幼儿不断替换拍击身体的部位	拓展理解	进一步感知音乐与动作间的关系，获得抽象模式——拍击身体，可以是不同身体部位
动作+音乐1 教师随乐示范基础动作——拍击手臂	观察	感知音乐与动作间的关系，获得范例动作——拍击手臂
故事 利用图片带领幼儿理解镖师和押镖的情境含义	理解	理解情境，产生兴趣，明确任务

【教育活动设计】

活动目标

1. 熟悉音乐，体验歌曲的幽默感，按节奏型拍击身体的不同部位。

2. 根据图谱练习节奏型并累加创编新动作。

3. 敢于大胆面对挑战，努力学习不同的节奏型，“斗舞”时互相展示，互相学习，体验游戏和创编的乐趣。

活动准备

1. 物质准备：相关图片（见图 10－18、图 10－19、图 10－20、图 10－21）。

图 10－18

图 10－19

图 10－20

图 10－21

2. 空间准备：全体幼儿坐成一横排。

活动过程

1. 情境导入。

师：请你们看一看，这是谁？（教师出示武装押运员图片）

幼众：警察。

师:他们不是警察,是银行的武装押运员,负责保护和运输银行里的钱。在古代也有负责保护和运输货物的人,他们叫镖师。

幼众:镖师。

师:镖师都会武功,特别厉害,还很聪明。你们想做厉害又聪明的小镖师吗?

幼众:想!

师:我来考考你们,聪明的镖师学会了强盗的暗语,这个暗语是"天王盖地虎,宝塔镇河妖"。

幼众:天王盖地虎,宝塔镇河妖。

师:不错,接下来我就要教你们厉害的功夫了。

教师随乐示范按节奏拍打手臂,幼儿模仿学习并集体练习。

(注意:教师通过图片导入,让幼儿理解镖师练武的情境。在教师示范的环节,只有一个随乐按节奏拍打手臂的动作,从重复单一动作进入活动,幼儿容易参与同时也敢于参与,乐于参与)

2. 练习拍击不同身体部位(累加乐器)。

师:刚才我们拍打手臂练习得很好了,你们觉得还可以拍打身体的什么部位?

幼:肩膀,肚子,头……(教师选取幼儿选择的一个身体部位,带幼儿集体练习)

师:现在我们跟着武功秘籍一起来练习吧,我还给你们准备了一个武器(教师出示乐器并展示如何使用乐器来拍打身体发出声音),你们和我一起试一试吧!

(注意:在幼儿掌握拍打手臂这一单一动作并能随乐练习后,教师通过提问让幼儿说出自己认为还可以拍击的身体部位,并让幼儿展示,把动作创编的机会交给幼儿。在随乐拍击的过程中,幼儿的动作可以从单手拍击身体部位到双手拍击,再到轮流、交替拍击等,逐步提高能力。在这一环节,教师先观察是否有幼儿能够做出更好的拍击方式,如果没有,教师可以介入教给幼儿更高的技能技巧,并让幼儿通过练习逐渐掌握。在把动作练习熟悉后累加乐器,让幼儿练习随乐演奏)

3. 一起比一比。

师:这次我有新的挑战了,怎么才能知道谁更厉害呢?(在结束时教师说"老虎、棒子、鸡",同时做老虎的动作)

练习结束时幼儿说"老虎、棒子、鸡",并做老虎的动作。

师：现在我们来比一比。（教师在结束时说“老虎、棒子、鸡”的同时做棒子的动作，告知幼儿规则：棒子比老虎厉害）

师：谁愿意来挑战我（T-S1）？（教师在结束时说“老虎、棒子、鸡”的同时做鸡的动作，告知幼儿规则：鸡比棒子厉害，鸡会啄断棒子）

（注意：加入游戏“老虎、棒子、鸡”，这一游戏实际上就是我们都会玩的“石头、剪刀、布”的一个升级版，但是因为加入了新的名称和动作，教师在与幼儿游戏时一定要边讲解边示范边游戏，这一类型的输赢竞争游戏，最容易出现的破坏规则的行为就是动作慢出或者出了再变，教师需要特别注意，如果教师与幼儿或者幼儿与幼儿游戏时出现违反规则的行为，教师要及时介入并让幼儿学会遵守游戏规则）

4. 两两“斗舞”，看谁厉害。

师：这一次我要请两个小镖师来比一比，看谁拍击身体的部位更多，除了身体可以拍击外，还有什么地方可以拍击呢？筷子和筷子可以拍击吗？（S1-S2）

（注意：在两两“斗舞”环节，教师通过疑问表述来吸引幼儿探索拍击除了身体部位之外的其他地方，如板凳、地面，看看拍击这些地方是否可以发出声音并拍击出节奏；探索筷子与筷子之间的拍击能否发出声音并拍击出节奏。这里并不是教师主导的教，而是教师引导幼儿探索。在探索后进行两两“斗舞”时，中间“斗舞”的幼儿之间可以相互学习，旁边看的幼儿也会进行探索与借鉴）

5. 高级榜样激发创新。

（1）师：我还为你们请来了一位大师，待会儿你们看一看大师的视频，看看大师还用了什么新的招式。（教师在幼儿观看视频后，提取视频中的筷子敲击+抖肩、筷子敲击+抖肩+转圈动作，激发幼儿向高级榜样学习的兴趣）

（2）幼儿随乐练习。（幼儿自己创编）

（3）加入根据游戏结果和创编结果进行的反馈评价。

（注意：通过视频里的高级榜样，让幼儿学会新的技能，并在游戏中练习和运用相关的技能。在游戏结果的“倒”的动作上，幼儿可以自己根据原有的经验创编各种倒下的方法，如果幼儿缺乏相关经验，教师可以结合动漫、电影中的情节激发幼儿的相关经验）

（特别注意：除前面的案例“大中国”，这又是一个突出自主学习的范例。主要的概念说三遍：利用高级榜样，引导幼儿学会主动建设和取用自己的“语汇和思路库存”）

最后我们再来实践和分析下面这个有趣的案例。

原创设计：南京市耿涛老师

四、综合的自由拆拼案例“我的家”

【乐曲】

我 的 家

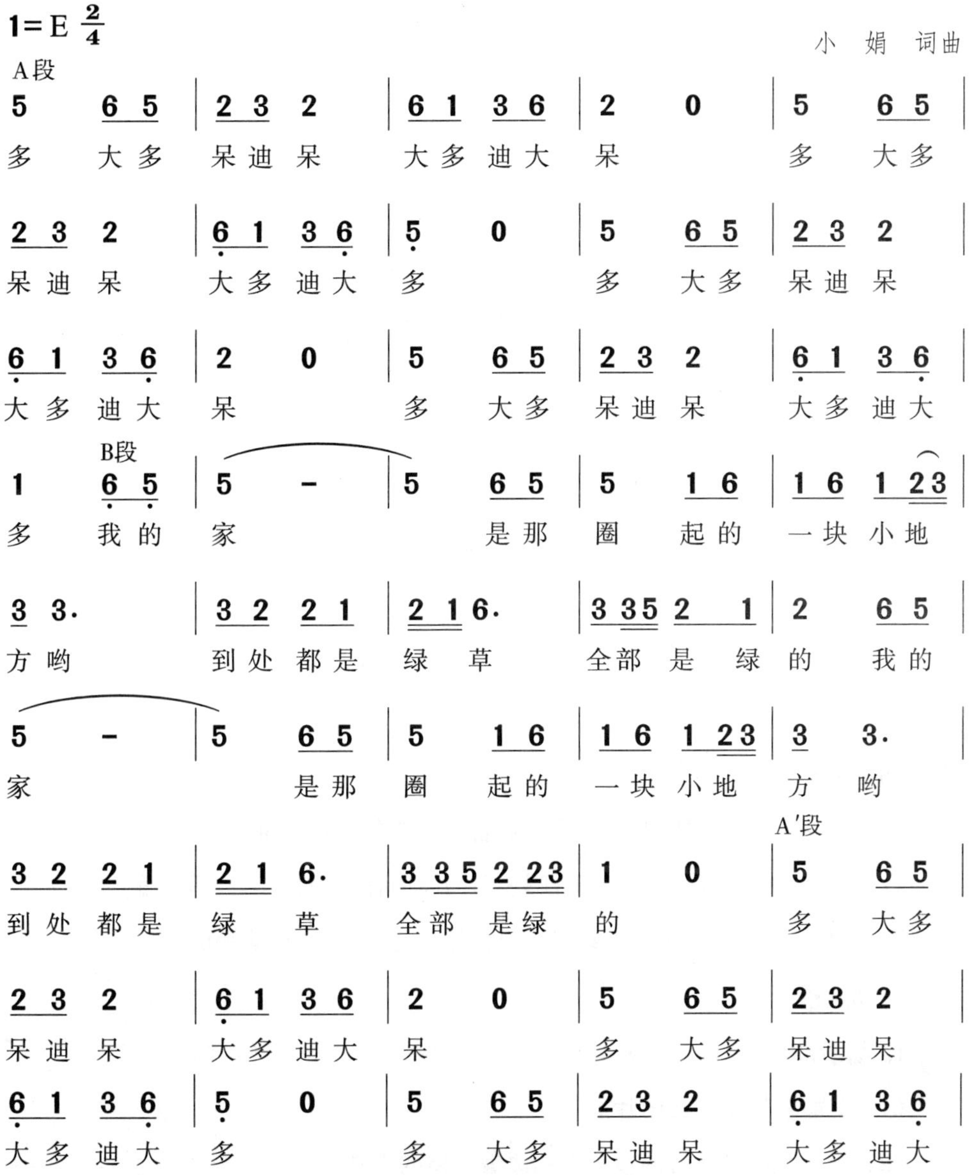

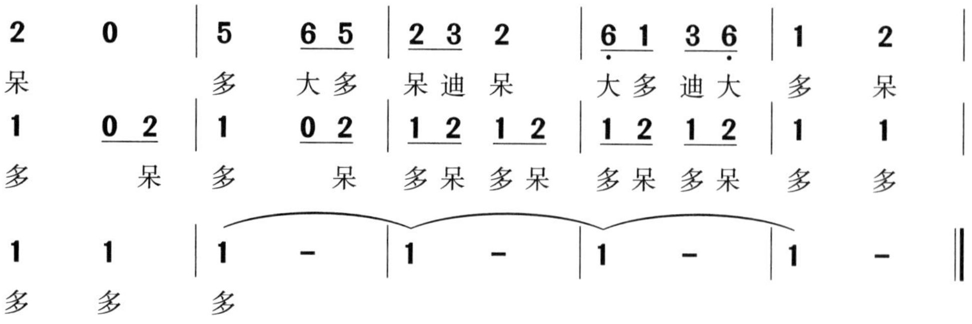

【使能目标阶梯】

挑战4 组织幼儿观摩、评价、提炼教师组的“作品”	交流拓展	在教师组织引导下，观摩、评价、提炼教师组创编的“高级榜样”合唱作品中的更多策略
挑战3 组织幼儿展示、交流、相互学习	交流拓展	在教师的引导下，展示、分享、相互评价、相互学习
挑战2 主、配班教师分成两组，辅导幼儿将原歌曲改编成合唱歌曲	创造性应用	在教师协助、辅导下，分组将原歌曲改编成合唱歌曲并排练
挑战1 提供各种合唱改编的创作思路视频，引导幼儿观察、讨论、提炼	理解	在教师的引导下，从提供的视频中提炼出相应的改编策略
歌曲 组织、辅导幼儿学会并能熟练演唱新歌	模仿	在教师的组织辅导下，学会并能熟练演唱新歌
信息 提供各种歌词改编的创作思路，利用幼儿建议反复范唱新歌	了解创造	反复感知歌曲，同时在教师引导下提供新歌词
故事 热情介绍自己“美好”的家园景色	理解	情境理解，产生兴趣，明确任务

【教育活动设计】

活动目标

1. 学会熟练地演唱新歌。学习用唱名演唱歌曲 A 段的曲调。

2. 学习将熟悉的歌曲改编成合唱表演的简单思路,并参与合唱改编实践。

3. 积极和谐地与同伴合作共建小组作品,体验各种合作演唱的乐趣。

活动准备

1. 物质准备。

（1）美丽乡村视频或图片。

（2）给幼儿提供学习的包含合唱改编思路的视频。

（3）给师资培训提供专用的合唱改编思路版本。

2. 经验准备：参训教师都会唱音高的唱名，都熟悉拼音字母的读音体系。

3. 空间准备：围坐成大的半圆形。

活动过程

1. 进入家乡美景情境。

（1）教师以家乡美景分享为题播放美丽乡村视频或图片。

（2）导入范唱。[**第一次范唱**]

（3）回顾歌词内容，解释两个奇怪的 A 段模仿奏乐的声音。

（4）再次范唱。[**第二次范唱**]

（5）专门学习演唱 A 段的奇怪歌词。[**教师用"回声法"教唱，然后是用"接龙法练唱"。大致唱熟为止**]

（6）专门谈论 B 段的歌词，专门范唱 B 段，澄清歌词内容。

2. 创编新歌词和熟悉歌曲的曲调和结构。

（1）不断学习创编新的歌词（换地点：山上、山下、山里、河边、海边等），专门倾听 B 段。[**倾听四遍左右**]

（2）不断学习创编新的歌词（换颜色：都是红的、都是黄的、五彩缤纷、五颜六色等），专门学习演唱 B 段。[**练唱四遍左右**]

3. 不断完善新歌演唱。

（不再赘述）

4. 学习改编合唱。

（1）教师提供三个视频，包括：领唱齐唱；按乐句，一个声部一个声部地递增或递减；加声势动作。

（2）教师组织、引导幼儿观看和交流，从中获得改编合唱的三种具体思路，再集体讨论转换成书写符号。

5. 改编实践与排练。

（1）幼儿分成两大组，主、配班教师各负责一组，当天参加教研的教师组成一组。

（2）三组同时开始改编和排练。幼儿组各有一名教师参与协调和支持改编活动。

6. 分享交流。

(1) 幼儿分组展示。

(2) 在教师引导下,幼儿以小组为单位,相互评价,相互学习。

7. 高级榜样分析、提炼。

(1) 教师组展示。

(2) 教师引导幼儿提炼出教师组独特的新思路。

(注意:原创教师上课当天,教师组除了应用前述三种思路以外,增加了乐器伴奏、队形变化,还特别在A段句末增加了羊高声和牛低声的间隔叫声,全曲结束处增加了马的嘶鸣声,很好地展示了美丽的农村“有声有色”的景致)

特别提示

1. 幼儿园的真正教学至少需要两课时。不考虑课时的情况下,至少达到熟练演唱歌曲后,才可以做后面的合唱改编活动。

2. 这首歌曲的A部分和再现A部分的歌词,实际上是曲调唱名的发音去掉声母后统一改换成声母为“d”的发音。在教师培训中以及幼儿日后复习中,可以尝试替换任何拼音的声母,作为一种有趣的创意游戏来玩。

3. 拆拼唱名音阶游戏(园本教师培训个人游戏)。

(1) 熟练演唱上行下行音阶的唱名:

Do-re-mi-fa-so-la-si-do-si-la-so-fa-mi-re-do

(2) 将音阶唱名的声母去掉,仅唱韵母:

o-e-i-a-o-a-e-o-i-a-o-a-i-e-o

(3) 个人随便抽取拼音的声母,使用统一的某一声母拼唱上一行中上行下行音阶的韵母,如d:

do-de-di-da-do-da-de-do-di-da-do-da-di-de-do

(4) 个人随便抽取拼音的声母,使用统一的某一声母拼唱《我的家》歌曲中A段和再现A段乐谱中的唱名。

4. 其他各种编配参考思路(园本教师培训小组合作游戏)。

(1) 使用传统锣鼓和胡琴的拟声发音演唱《我的家》歌曲中A段和再现A段的旋律。

（2）在歌曲合适的部位插入各种动物叫声的模仿声音或者喊声。

（3）在歌曲合适的部位插入声势动作。

（4）在歌曲合适的部位插入乐器演奏。

（5）加入适合的道具或装扮。

5. 请读者参考使用下面各种思路变换歌曲的表演方式。

丰富合唱表演编配的相关要素和思路：

（1）独唱。

（2）对唱。

（3）齐唱。

（4）领唱齐唱。

（5）声部递增递减。

（6）加伴奏。

动作（歌表演动作，声势动作，集体舞动作，奏乐模仿动作，早操韵律操动作）、无音高嗓音（有意义或无意义）、乐器或替代乐器声音、有音高嗓音（唱唱名；改声母；锣鼓经；其他）。

（7）创编新歌词：改地点、风景、色彩、主语……

（8）创编新的无意义音节。

（9）合唱。

轮唱（唱或念）、支声（唱或念；有意义或无意义）、同声（二声部可唱可念另外一个固定音节，旋律与一声部相同）、和声、持续低音（唱或念；有意义或无意义）、固定音型。（唱或念；有意义或无意义）

另外还可以加队形、服装、道具、舞台背景（幻灯片画面）等。

原创设计：南京市建邺区奥体幼儿园

第三节　重要策略提示及本章结语

一、建库与取用的理论与实践

（一）概念解析

“博学慎思，明辨笃行”，（笃行是为学的最后阶段，既然学有所成，就要努力践行所学，使所学最终有所作为，做到知行合一）这是中华传统智慧留下的金玉良言。其中的含义不言自明，不再赘述。

（二）长期建库与取用

许多大学的校训包含“敏学笃行”的语句。可见一个人要想最终有所作为，持续敏感而且热情地“学而不倦”，并努力利用一切可能的机会将所学应用于新的学习，或更有甚者，能够将所学应用于实践改造（创新）。

（三）现场建库与取用

这里我们要提请读者注意的是，在每次集体教学活动中，教师也要努力使用这一教学思路。不但要引导幼儿将原有知识、经验（包含具体的语汇、思路、框架、操作技能等）应用于新的学习和表达中，而且也要在现场一边从老师、同学那里吸收新的知识技能，一边将这些新学的内容应用到创意表达的活动中去。

在本章提供的范例中，存在大量这种思路和技巧的应用，请读者看到此提示之后，再返回到前面的范例中细细品味。

二、教学评价的角度与层级

教学评价是一种“以自我完善为目的”的活动，与前面反复强调过的“反馈、反思”“自我觉错、自我纠错”拥有同样的心理学机制，也与学习的自我管理、团队及个人的“知识增值”效率之间，存在非常密切的联系。这里主要介绍教师可以用来进行自我评价和同行互评的两种工具。

（一）蛛网评价模型

以下是2017年幼儿园音乐教学高级人才培训课程导师班学员，广州军区政治部幼儿园李玲老师的工作坊作业。我们团队立即将此信息纳入了团队的专业知识体系库存。反复重新建构后，开始在团队的评价工作中推广使用。

1. 最初版本来源于大培导师班广州军区政治部幼儿园李玲老师的作业。

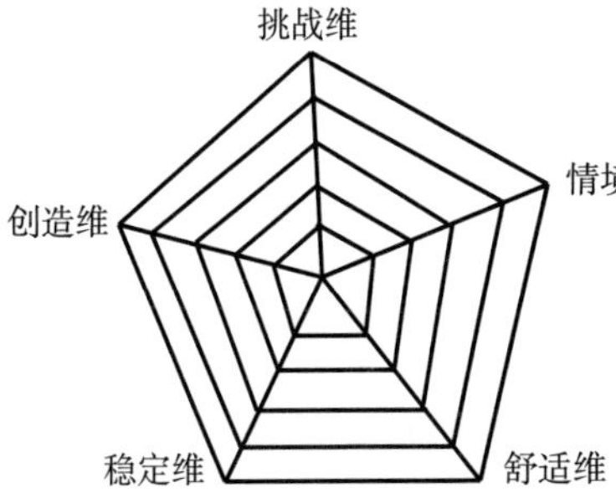

图 10－22

（注意：雷达图，又可称为戴布拉图、蜘蛛网图，是日本企业界对综合实力进行评估而采用的一种财务状况综合评价方法，即将公司的各项财务分析所得重要项目的数据比较集中地画在一个圆形的图表上，使观者能一目了然地了解公司各项财务指标，如对收益性、生产性、流动性、安全性和成长性的评价。上述指标分布组合在一起非常像雷达的形状，因而得名雷达图。这应该说属于一种系统评价的模型，追求被评价对象各个重要维度状态的全面性）

2. “大王叫我来巡山”之许老师版。

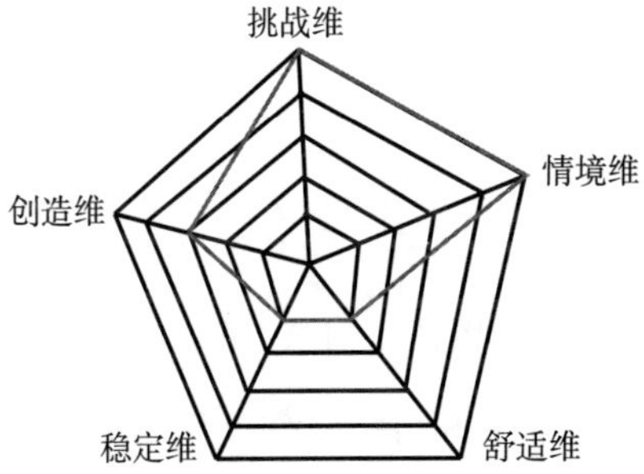

图 10－23

（注意：此活动的挑战维和情境维赋值很高，几乎到顶，但创造维赋值不算高，稳定维和舒适维赋值相当低。因此不是一个理想的教学过程）

3. “大王叫我来巡山”之李老师版。

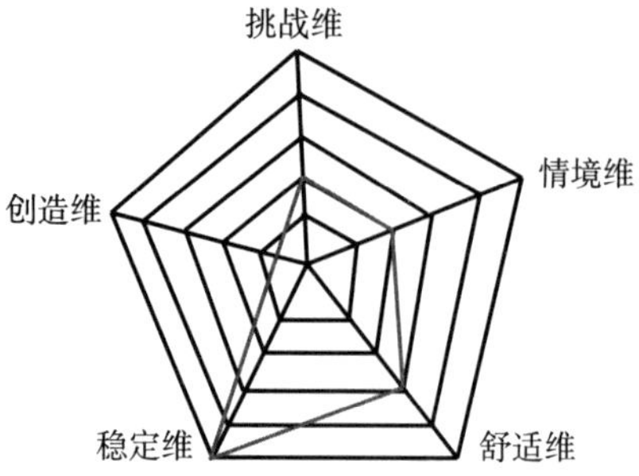

图 10－24

（注意：此活动经调整后，挑战维、情境维、创造维赋值降到很低，特别是创造维几乎触底，而稳定维赋值高到触顶，舒适维赋值不算高。因此这个教学过程一定是平淡而且无趣的）

4. “大王叫我来巡山”之男老师版。

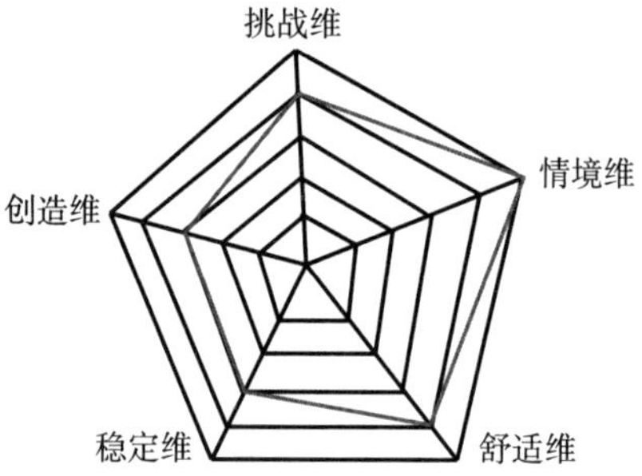

图 10－25

（注意：此活动中所有维度的赋值都在一个比较适宜的高位。所以这一定是一个比较理想的教学过程）

（二）金字塔评价模型

由于李玲提供的信息缺乏一些必要细节，团队推广中实际使用的老师在操作时遇到了困难，于是团队进一步攻关和持续建构。最终产生了下面这些可供赋值参考的由低到高的评价模型。这应该属于一种为评价赋值提供参考的补充性模型。使用者可以参照由低到高的排序来考虑此维度的实际状态。

1. 挑战维。

图 10－26

2. 创造维。

图 10－27

（注意:现在将挑战维中的创意及难度特意剥离出来,既为了突出其重要性,又便于教师自检自纠）

3. 情境维。

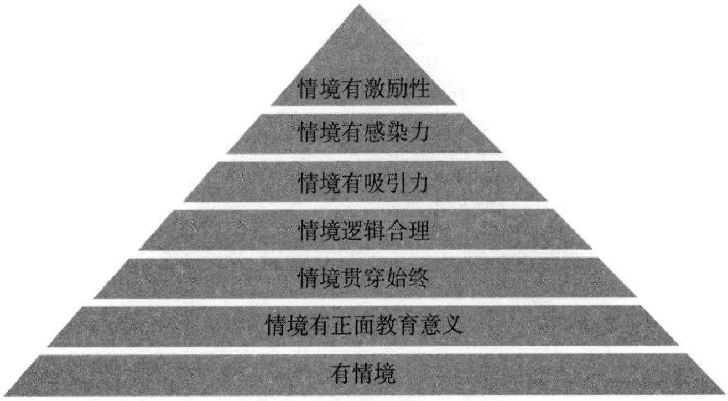

图 10－28

（注意：将挑战维中对情境表演游戏的理解、享用、表现的难度水平从游戏的认知、理解和执行难度中剥离出来，仅将游戏规则认知、理解和操作的难度保留在挑战维中）

（注意：下面两个图表示的赋值，向内为“低”，向外为“高”，虽然稍微模糊一些，但也提醒教师注意这些维度可能产生的问题）

4. 稳定维。

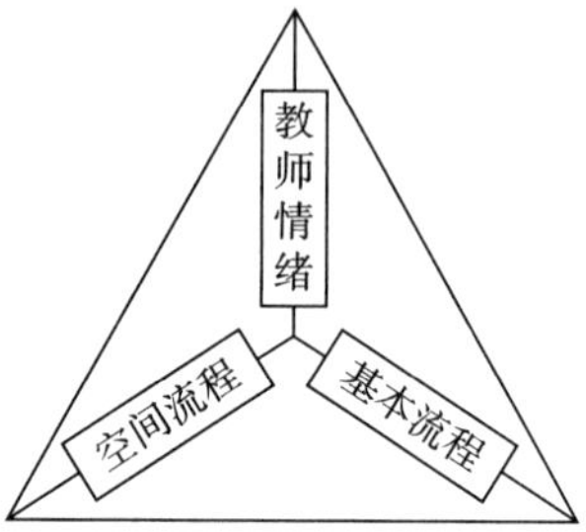

图 10－29

5. 舒适维。

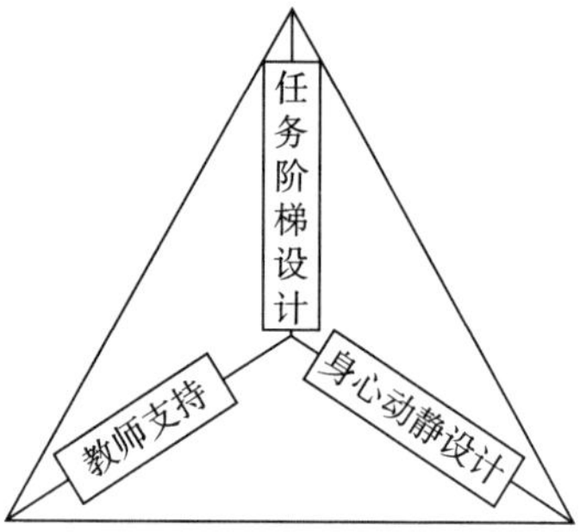

图 10－30

6. 律动评价标准（律动评价——南京市北京东路小学附属幼儿园）

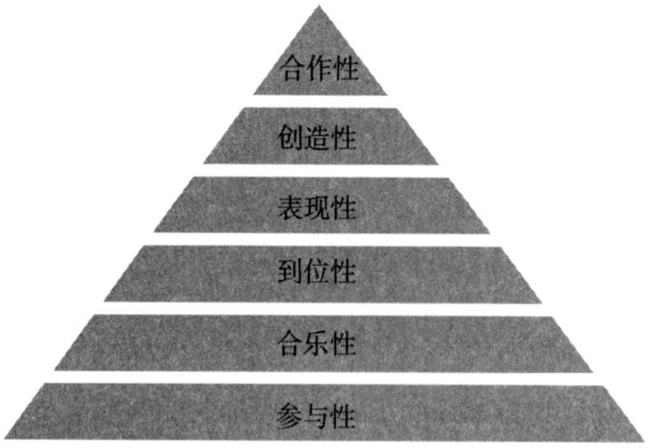

图 10－31

（注意：上图是由南京市北京东路小学附属幼儿园提出的律动教学效果的评价模型。各维度自下而上表示越是往上，对幼儿来说难度越高。其实教师培训中对成人的要求也是一样的）

7. 教师评价激励能提高幼儿的效率。（有效评价——南京市石杨路幼儿园）

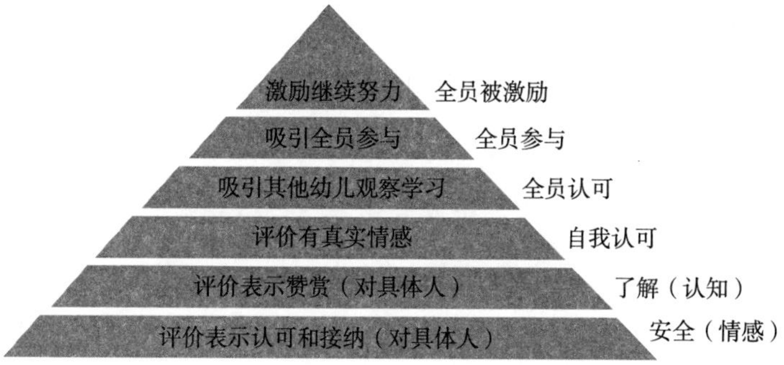

图 10－32

（注意：上图是由南京市石杨路幼儿园提出的教师评价对激励幼儿的实际效果的评价模型。各维度自下而上表示越是往上，教师评价产生的实际效果越好。其实教师培训中对成人也是一样的）

三、本章结语

（一）给团队研训的进阶计划建议

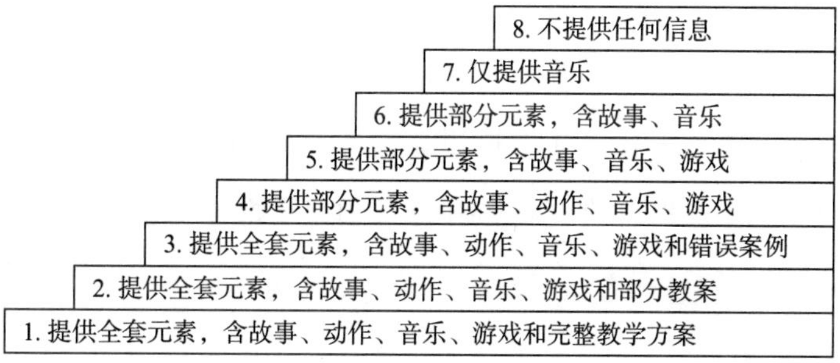

图 10－33

此排序主要也是按照由易到难、由简到繁的难度层级来设计的。

层级一：呈现全部信息的目的是让老师从这些经典案例中能够克隆、归纳和总结出其中蕴含的集体音乐教学的“WE-E”模型规律。

（备注：2012 年我们团队提出了这个模型，后被广泛戏称为“傻瓜流程”，再后来又因为需要避免误解而正式改称为“基础流程”，该流程为：故事—动作—音乐—其他。在此从自学教案设计材料提供的角度转换为：故事、动作、音乐、游戏、教案）

（注意：本教材还另外提供了设计意图解析，以及模仿实践中的困境“解脱策论”等自学者可能需要的重要信息）

层级二：提供故事、动作、音乐、游戏和局部教案，教案的其他部分则由学习者自己填充，因为“其他”的内涵是非常丰富的，不同的学习者在这里会选择不同的内容。

层级三：提供故事、动作、音乐、游戏和错误案例让学习者修改。

（注意：只有在拥有资深业内人士或专业课程合格导师的培训课程或团队教研中，才能够获得所谓“错误案例”修正的机会）

层级四：完全拿掉教案，只提供故事、动作、音乐、游戏，供学习者设计教学方案时参考。

层级五：只提供故事、音乐、游戏，供学习者设计教学方案时参考。

层级六：只提供故事、音乐，供学习者用这些去设计教学方案。即使是同一首音乐，不同的学习者却可以为其匹配不同的动作和游戏。

层级七：只提供音乐。供学习者用这首音乐去设计教学方案。即使是同一首音乐，不同的学习者也可以为其匹配不同的故事、动作、游戏等，呈现出来的效果完全不一样。

层级八：学习者完全自创一节课，故事、动作、音乐、游戏等完全由学习者自己寻找和设计。

从整个层级和流程来看教材文本，我们给予教师的支架越来越少，而教师自己独创的东西越来越多。但总的说来，新手教师刚一开始通常还是应该从“严格克隆”开始，最后逐步发展到自创。

（二）给自学者的建议

1. 学习者对本教材提供的学习内容应保持一个积极开放的态度。既不要盲目跟从，也不要盲目反对，更不要虚假认同，而应该经过自己的亲身体验和实践之后才可对之下结论。

2. 学习者需要掌握必要的学习策略和认知策略，比如学会对自己的知识进行管理，其策略主要有“笔记记录、反思日记撰写、图式和图谱记录、数字化编码”等，这些策略的运用都是为了能够对新的文本知识进行精加工和系统化，便于长时记忆。同时要善于运用元认知策略，对自己的学习过程进行计划、监控与调节。

3. 对文本有一定的了解和熟悉之后，学习者一定要亲自反复在实践中运用教材给大家提供的步骤和"策论"，这样才会理解得更加深入和透彻。当然，别人的实践也会给教师一些启示，并起一定的作用，但最重要的还是要亲自实践。

4. 一定要常反思和善于反思。实践之后，要反思自己此次实践哪里有进步，哪里有失误，为什么会失误，下一次应该如何调整和避免等。反思是为了下一次更好的实践。就这样，实践—反思—再实践—再反思……螺旋式上升，直至最后真正掌握。

5. 学习者要善于和主动运用自己所处团队的资源，不清楚的问题要主动咨询培训人员、专家，或与身边的同行和同事探讨。

— 第十一章 —

幼儿园教研的组织与领导

教师团队的成长有效性，直接说明幼儿园教研组织领导工作的实效性。通过教研活动的科学设计、组织和教研策略的有效积累、应用，可以有效增强教师团队的凝聚力，提高教师的工作兴趣和热情，增强教师的职业幸福感。

需要特别提前说明的是，幼儿园教研活动实际上应该包含研究和培训两个方面。因为，幼儿园在职教师队伍除了要承担不断探究教育教学中暂时不为人知的新规律的责任以外，还要承担不断激励自己学习前人已经提供的教育教学规律，促进自身成长的责任。所以下文中经常会混用教研或研训两个词语。教研是大家已经熟知认可的词，研训是正在逐渐被认可的教研活动的实际含义。

十多年来，南京师范大学幼儿园领导班子一直坚持将目光聚焦在幼儿园的音乐教研活动研究上，努力尝试通过以音乐教研为抓手，提高教师团队的教研质量，提高教师在组织、领导、应用教学活动中了解、理解、支持幼儿发展的能力。

为此，我园特别根据自身教师团队的现状，结合在音乐活动中遇到的问题，不断制订、调整既符合当下教师经验又切实可行的音乐教研年计划，再分解成学期计划，最后细化到每次教研中。计划中包含的内容、组织形式、流程、策略与细节都会征求教研核心团队成员的意见；教研主持中需要提前预知的相关知识技能、需要关注的重点内容等也会提前与将要承担主持工作的教师反复沟通调整，以便每次的教研效益真正落实到教师身上，使教研真正做到持续促进教师的音乐教学实践专业经验的积累、提升，持续增强教师的职业自我效能感。

下面将要分享的经验，主要来自南京师范大学幼儿园及其所属的南京幼儿园音乐教学研究团队。

第一节　教研计划与内容的确定

一、根据本园教师团队的现状和需求确定教研的目标和内容

不同的幼儿园,教师团队的情况不尽相同。在不同的园所中进行有效的音乐教研,需要在分析教师团队的基础上,寻找到适宜的音乐活动教研目标。

有的园所,工作十年以上的成熟教师居多,教师团队的整体经验、师幼互动经验丰富。对于这样的园所,可以在教研年计划中,确定比较宽泛的研究内容,如歌唱、律动、奏乐等不同类型活动内容可以同步开展,并同步进行教学方法、流程再完善的研究;也可以迁移音乐集体活动的经验,进行音乐区域游戏的研究,或进行集体活动与区域游戏相互联系相互促进的研究。

有的幼儿园教师团队整体年轻,教研内容可以根据教师近期在音乐活动中经常出现的困难,聚焦研究的重点内容。如先确定歌唱活动为研究重点,再进一步确定研究如何做好歌唱活动中的师幼互动,然后计划如何提高教师团队的歌唱能力或范唱的科学规范性,当然也可能针对歌唱活动中情境创设的有效性进行探索研究。

有的园所同时面对新入职教师多,而拥有一定经验的教师又偏少两种困境。为了同时满足拥有这两种不同经验教师的发展需求,可以确定用以下的一种方案:(1) 仅聚焦在歌唱活动方面;(2) 仅模仿经典歌唱案例;(3) 新老结伴分组;(4) 老教师先行尝试;(5) 新老教师互帮互学的教研组织方式,重点研究如何掌握最基本的歌唱活动指导流程与方法。这种从一种类型的模仿课入手的研训方式,对于新手教师较多的园所来说尤为重要和有效。

下面是根据南京师范大学幼儿园教师团队当时的情况确定的 2018—2019 年度音乐教研目标和内容。

表 11－1　2018—2019 年度音乐教研目标和内容

教研目标	教研内容
1. 年轻教师通过克隆和微调设计等方式，理解并初步尝试学习运用游戏化流程进行歌唱教学活动，同步修炼、提高歌唱能力和日常教学能力 2. 有一定经验的教师，通过练习、迁移、反思等方法，理解游戏化音乐活动的分流程，尝试进行游戏化奏乐活动的原创设计 3. 整个教研组团队进行师幼互动有效性的研讨，重点放在教师的空间站位、教师语言的准确与有效上	年轻教师主要进行歌唱活动的克隆与微调研究；有一定经验的教师主要进行奏乐活动的尝试与研究

当确定了适宜的教研目标和内容后，所有教研活动都尽可能在这个框架范围内围绕目标及内容展开，力保在每个阶段内都分步骤解决几个不同的具体问题或感到困惑的问题，进而逐步帮助组内教师完善教育观念，提高教学技能。

二、细化使能目标以保障有效达成学年研训总目标

在制订了年度研训总目标后，还需要分解成预成的各阶段使能目标。每一阶段的使能目标就如同一个个循序渐进的通向总目标的台阶。因为使能目标小而具体，更便于在每一次具体的研训活动中落实。

可以从教师团队现实基础顺推到年度总目标，也可以从年度总目标倒推到教师团队现实基础。每一步目标台阶上要解决什么问题需要非常具体明确。对此有信息、资源缺乏问题的团队应该查阅南京师范大学出版社出版的《打击乐器演奏活动》《欣赏活动》《歌唱活动》《韵律活动》，里面有丰富的资源和对系统知识的详细解析。

即便有了预成的具体可行的使能目标小阶梯，最终落实到每次研训的学习过程中，仍旧会因大家经验的不同，理解的不同，思考角度、深度的不同，技能掌握熟练程度的不同，而经常产生新问题和新困惑。这是很正常的现象。正如我们常说的那样，问题和困惑甚至错误、失败，都是可贵的支持发展的资源！因此，作为教研的组织者不要焦虑、丧气，而要沉着冷静地带领大家一起将新问题和新困惑进行分类，区分哪些问题是当下急需解决的，并通过一定的教研活动而能解决的，哪些可能需要暂缓。将需要当下解决的问题纳入教研规划中，形成生成性的新使能目标小阶梯。

下面以 2018—2019 年度音乐教研目标第一条“修炼、提高歌唱能力”为例，看从“预成的使能目标”到教研现场新问题的产生，再到“生成的使能目标”的教研过程。

表 11－2　从预成的使能目标到生成的使能目标

年度教研目标之一	预成的使能目标	教研现场的新问题	生成的使能目标
修炼、提高歌唱能力	在歌唱过关练习中，理解范唱标准，做到精准范唱	1. 教师范唱的速度、力度、音准的把握差异性较大 2. 对不同风格、节奏的歌曲范唱要点不清楚	1. 全体教师人人过关，清唱指定歌曲。要求：轻声、慢速、有感情 2. 通过小中大班不同难度歌曲的练习及分享，唱出三拍子歌曲和二拍子、四拍子歌曲的不同风格和力度
	在范唱中引导幼儿跟随歌词做相应动作的关键策略	1. 教师为歌曲匹配动作时，出现比较随意的情况 2. 教师在歌唱时动作的准确性、到位性不够	1. 教师范唱时，在清唱基础上，初步掌握边歌唱边做动作的方法。要求：按照乐句做上肢动作，符合幼儿的记忆特点 2. 年轻教师和有困难教师，重点练习边歌唱边做动作的体态控制和合乐性
	当幼儿开始跟唱时，教师应该如何有效退出，并支持幼儿尝试独立歌唱	1. 在幼儿跟唱时，教师保持一直唱歌的状态，幼儿的唱歌声音很轻 2. 在幼儿跟唱时，教师只作为一名旁观者，幼儿跟唱困难	1. 了解人际合作流程，并通过案例实践明确流程标准和操作要点 2. 了解动作累加流程，并通过案例实践明确流程标准和操作要点 3. 了解空间流程，并通过案例实践明确流程标准和操作要点 4. 了解难点前置流程，并通过案例实践明确流程标准和操作要点

第二节 教研前的准备工作

教研准备的质量是教研活动质量的保障。教研活动进行之前,必须做好各项相关准备工作。因为教研活动的实际效益,很大程度上来自教研团队中所有教师是否在教研活动前都做好了相关的准备。

教研前需要做的具体准备工作如图 11－1:

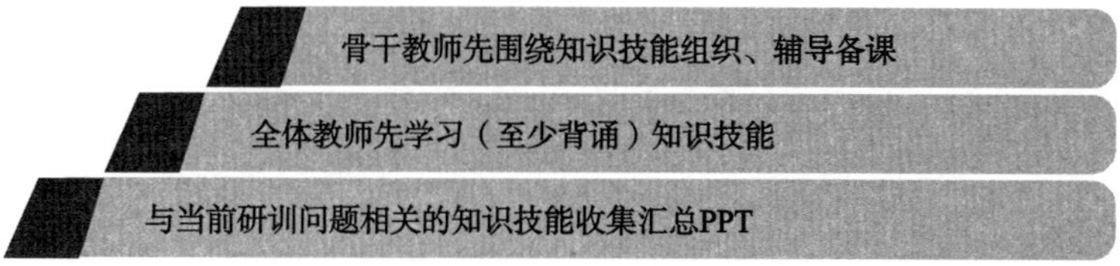

图 11－1

围绕这张图,可以清晰地看见,团队中的每个人在教研前都应最大限度地做好相关准备,以便有效投入到研训活动中。

一、开课教师

提供公开教研课例的教师即为开课教师,教研之前,要充分备课。备课时要习惯独立思考,同时也要养成乐于向他人请教的习惯。

团队帮助与自我成长之间是相互促进的一种关系。作为开课教师一定要有自主、自立的意识。首先要通过反复思考,初步形成自己的执教设想;再要努力去发现、了解自己的困难和困惑;然后要主动向教研团队中的同伴请教,或与他们探讨,直到能够形成相对清晰的思路和流畅的操作,在相关的操作练习达到高度熟练后进行试讲、试教,实现从思考到实操的转化;最后才是在教研活动中公开教学。

开课教师一定要发挥主观能动性和具备实事求是的态度。遇到问题和困惑要自主思考,了解自己的已有经验及困难,并思考和判断是否需要求助他人,在经过自己充分努力而仍存疑惑时,再主动求教或与他人研讨。

二、骨干教师

教研前,骨干教师需要帮助开课教师进行备课、试讲与试教。每次教研活动前,教研团队的骨干教师都有责任主动帮助开课教师备课。但教研团队对此也需要制订各种责任到人的组织制度。

骨干教师需要与开课教师一起从故事情境、音乐、动作、乐器、游戏等多方面进行分析,寻找问题并给出建议。这一过程可以让开课教师和骨干教师在相互帮助中共同进步:骨干教师可以发现开课教师的困难,并让自己想出策略帮助他人;也可能发现开课教师的新思路和新经验,并从他人的启发或补充中获得新的成长。

骨干教师为开课教师提供帮助时,需要特别关注其感到困惑的地方和调整之后的成功经验。因为这些有益的经验还可以在团队研训活动时,分享给组内的其他教师,使这些新经验的价值得以扩展和提高。

三、教研主持人

教研之前,教研主持人要为主持好研训活动不断学习,提高自己的相关能力。

作为教研主持人,需要沟通、协调与研训活动有关的所有事物,所以要提早做好各种相关准备工作。具体工作细目如下。

1. 设计教研的重点和教研经验内化与分享的方式。

2. 熟记教研流程和细节,并提早与相关人员沟通。这里的提早沟通,是要了解参与教研分享教师的准备工作,了解参与教研教师的当下经验及困惑,了解此次进行分享活动的具体内容,对其中可能产生的疑问做到心中有数。

3. 梳理自己的已有经验。对自己当下能解决的问题和可以寻找到的资源做到心中有数,对自己在主持中可能遇到的困难心中有数,并思考应对方式。

4. 同时,作为教研主持人还应该保持一颗不断学习的心。在日常生活中养成读书、思考的习惯;不断深入理解幼儿,理解同行教师的经验;改善应用与人互动策略的经验;提高对本领域和相关领域知识的了解、理解水平;提高对不同领域工作经验相互联系的认识水平。教研主持人要通过不断学习来提升自己的教研组织领导工作水平。

四、所有参与者

教研前,所有参与者必须了解教研的任务、流程,并记熟近期研训要求掌握的知识，练熟近期研训要求掌握的技能。

每次教研活动中，组内的各项任务都要由相关教师具体承担。在开学前，教研组长要将每次教研活动中各人需要承担的工作任务告知大家，让所有教师提前做好思想、物质和行动准备。这些任务中，有事务性任务，如拍照、摄像等，有开课任务，有技能训练“汇报”任务，还有“唤醒游戏”组织（轻松有趣的，使参与者身心能够适度唤醒的，与研训的知识技能有关的，特别设计的游戏）任务。

所有这些任务，教研组长都要提早规划，提早告知。既给自己留充裕的时间做准备和调整，也让大家在参与教研时已充分做好各方面的准备。正如“不打无准备之仗”的老话所说，只有做了充分战前准备的战斗，才能保证赢得最终胜利。

通过下表，可以非常明确地看出教研活动时，教师需要承担的任务。

表 11－3　2019 年秋季上学期教研分工计划 1

周次	开课老师	主持人	记录（前电脑，后文字）	摄像	拍照、微信	唤醒游戏及律动研训主持	场务
第一周	分享计划，相互交流课题、开课方案						
第二周	丁倩 陈珂	张玭	陈梦婷 邱敏	张倩	汲克荣	中班组 甘文慧、李皓然	张玭
第四周	张玭 汲克荣	丁倩	李皓然 陈雪	汤苏红	甘文慧	大班组 张倩、吴天易	丁倩
第六周	邱敏 甘文慧	陈雪	丁倩 吴天易	陈梦婷	陈珂	小班组 汲克荣、李皓然	陈雪
第八周	汤苏红 张倩	陈珂	乔丹 张玭	李皓然	邱敏	中班组 耿泰荟、陈梦婷	陈珂
第十周	陈雪 蒋倩	汤苏红	甘文慧 徐文珺	吴天易	张倩	大班组 刁丽媛、赵晓楠	汤苏红
第十二周	吴天易 李皓然	邱敏	汲克荣 张倩	张玭	蒋倩	小班组 陈梦婷、赵晓楠	邱敏
第十四周	陈梦婷 （待定）	张玭	蒋倩 赵晓楠	丁倩	汤苏红	中班组 张倩、耿泰荟	张玭
第十六周	（待定） （待定）	丁倩	汤苏红 张倩	陈雪	乔丹	（待定）	张玭

表 11－4　2019 年秋季上学期教研分工计划 2

周次	开课教师	唤醒游戏及奏乐研训考核内容	唤醒游戏及律动研训内容	备注
第二周	丁倩(原创) 陈珂（原创）	中班组 “海滨之歌”	大班律动 “甩葱舞”	根据教研现场大家的开课情况、唤醒游戏组织情况,可能有些内容需要再次调整与修改 再次练习的相关内容放在“待定”
第四周	张玭(原创) 汲克荣(克隆)	大班组 “铃儿响叮当”	大班律动 “江南”	
第六周	邱敏(原创) 甘文慧(原创)	小班组 “切分的时钟”	大班律动 “逗牛”	
第八周	汤苏红(原创) 张倩(克隆)	中班组 “阿拉木罕”	大班律动 “后羿射日”	
第十周	陈雪(原创) 蒋倩(原创)	大班组 “金蛇狂舞”	大班律动 “熊出没”	
第十二周	吴天易(克隆) 李皓然(克隆)	小班组 “金蛇狂舞”	大班律动 “狡猾的狐狸在哪里”	
第十四周	陈梦婷(克隆) （待定）	中班组 “金蛇狂舞”	大班律动 “顽皮的小绅士”	
第十六周	（待定）	（待定）	（待定）	

〔注意:(1) 奏乐研训考核一栏中,注明的年级组为被考核的年级组。主要训练指挥以及演奏技能,达标练习是由年级组自行另找时间完成。考核过程同时也是旧技能完善和新技能学习的过程。(2) 律动研训一栏中所有内容皆为“克隆模仿”经典律动教学案例的活动。重点在体验、分析、练习和掌握律动教学的流程、方法和细节指导策略。(3) 唤醒游戏由担任该环节主持的人员自选或自创,原则是与当天研训的重点内容密切相关。因此,具体内容不在预先规划的表格中〕

正是在这样共同做事、共同承担责任的过程中,所有参与的教师才能够真正从思想到行为,全面深刻地认识、体验到自己是团队的一员,有义务和责任为团队付出,并在付出中获得回报,收获成长。

第三节　教研的组织要点

教研最重要的目标是提升教师团队的教育教学能力。但教师的成长需要一定的时间、需要持续的经验积累。只有通过持续的经验积累，才能真正提高反思、改进的意识与水平，提高迁移运用策略的能力，提高理解、支持幼儿学习的能力，提高音乐教学的综合素养。因此教研组织工作的流程要规范，要围绕重点展开，要鼓励大家积极表达，形成良好的沟通氛围。

一、稳定的教研工作流程

相对稳定的教研工作流程可以帮助教研团队获得稳定的心理预期。通过相对固定的工作流程与相对固定话题的引领，可以有效避免主持人和参与者出现“下面会是什么”的茫然与焦虑情况，增加学习的安全感和舒适感，提高知识技能积累的稳健性、系统性。

教研主持人应该用更多的精力关注教研现场，关注教师发现的问题、遇到的困惑或总结出的有益经验。除了突发状况的应急处理外，一般不进行流程变动。让所有参与者在一个时间段内，拥有从容内化所学知识、技能的时间，以便将学到的知识、技能逐渐沉淀下来，并在反复实践、反思、验证中优化这些知识、技能，形成“宝典”，最终可以自动化地落实在师幼互动的实践中。

教研工作流程一般主要可分为以下几个块面（见图 11－2）：

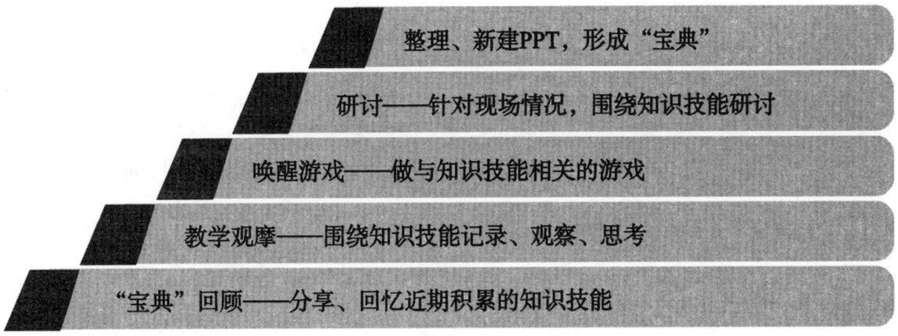

图 11－2

二、稳定的阶段性“核心话题”

（一）明确“核心话题”，一段时间内，话题相对固定

围绕教学活动进行“漫谈”是低效教研常见的弊病。因为产生的信息往往都是碎片化的，无法组织成系统的知识，不易记忆，不易传播，也不易应用。

如果围绕比较宽泛的“核心话题”研讨，如游戏化的音乐教学、创造性的音乐教学等，通常可以持续三到四个学期。如果围绕比较狭窄的“核心话题”研讨，如语令的进入和退出、指挥体态和手势、范唱流程的规范、奏乐活动的情境化等，可能会持续两个学期，也可能仅持续一个学期。

这样做的原因可以从以下几个方面思考：

1. 团队中的教师年轻，经验不足，选择固定的“核心话题”，在一定时间内反复交流，年轻教师可以从容地吸收、积累；

2. 一定时间内保持“核心话题”不变，便于大家在多次验证与交流中反复验证、实践、澄清“宝典”，并给大家提供练习迁移、使用的时间；

3. 便于深入研讨“核心话题”的各种下位问题和相关问题，有利于建构以“核心话题”为中心的知识技能体系，并获得以此为核心的越来越丰富的可用经验。

围绕“核心话题”教研并不妨碍对周边相关问题的探讨和对“新的增长点”问题的探讨。但是，如何避免“走题”和如何把握重要新机会，对教研团队和教研主持人来说仍旧是重大挑战。

（二）根据“核心话题”确定开课内容

我园年轻教师多，当明确了相对固定的“核心话题”后，需要根据“核心话题”和教师现有经验，对教研开课内容做整体规划。规划的原则是：可以有效建构以“核心话题”为中心系统的知识技能“宝典”。（通过教研获得的改善后的经验，下同）

根据“核心话题”和教师团队的具体情况所确定的开课类型（游戏化的歌唱、律动、奏乐活动的所有类型或其中之一；情境化地使用电教设备辅助歌唱教学；使用整个乐器的创造性奏乐教学）规划，必须与“核心话题”一致，并持续一个比较长的时间。无论是统一为一种类型，还是逐步放开为多种类型，都必须考虑教师经验的系统积累。

例如，南京师范大学幼儿园从2014年到2016年，所有教师全部进行游戏化歌

唱教学的尝试,不同的是,年轻教师克隆成熟歌唱活动课例,有经验的教师尝试设计、实践新的歌唱活动。

表 11－5　从 2017 年至今,教研组内教师开课分成三种类型

教师类型	开课要求	备注
0—2 年的年轻教师	克隆成熟的歌唱活动	可根据教师在教研中的发展情况,做提前或延迟处理
2—5 年的教师	尝试设计、实践歌唱活动	
5 年以上的教师	设计、实践奏乐活动	

相对固定的开课内容,对年轻教研团队的成长,有很大益处。统一类型的课例研讨,便于大家发现共性问题,并提高研讨效率,从实践、反思旧的活动中提取有益经验,再运用到新的活动中。

逐步开放开课类型,旨在提出更高挑战,帮助教师不断向前发展,同时兼顾年轻教师的成长,让年轻教师通过克隆歌唱活动的经典课例,在相对成熟的课例中不断积累、应用、提升经验。

(三)"核心话题"与唤醒游戏

教研流程中,运用唤醒游戏,不仅能帮助参与教师缓解在前段观摩活动中所产生的紧张与疲劳,休养、娱乐身心,振奋精神,集中注意力,承前启后地将"核心话题"中重要的思路和概念延续、衔接到随后的技能训练和研讨环节中,而且为参与教师提供了更多独立设计、领导游戏活动的锻炼机会。

教研流程设计的重要原则之一是:尽量让所有的人参与,让更多的教师在活动中承担"实操领导"的责任。因为只有通过亲身实践、反复练习,不断发现问题、解决问题,才能够提炼、整理、凝聚"宝典",并不断通过实践、反思,再实践、再反思的螺旋式上升过程,将电脑中的"宝典"印刻进每个人的头脑,进一步融化到大家工作的行为习惯当中。学习心理学把这个过程称作:将陈述性知识转化成程序性知识,即技能掌握的最高境界——自动化水平。技能达到了自动化水平,即达到了习惯成自然的境界,技能就成了教师的能力或素养。

根据这个原则,我们将教研中教师实操练习环节的第一部分定名为唤醒游戏。在唤醒游戏阶段,将设计、组织、领导的任务分派给不同的参与人员,大大增加了参与主持工作教师的数量,参与教研的教师首先能经常在实践、思考中积累师师互动的有效策略，再逐渐将这些经验迁移到师幼互动的过程中去。当然，拥有不同工作经验的教师，参与什么类型的主持实操练习，用什么形式进行实操练习？教研总负责人和教研的核心负责小组都应提前进行仔细的思考和规划，并与实际主持人一起进行认真的准备。

由于各幼儿园人力资源的状况千差万别，所以各园领导班子成员需要认真彻底地清查本园的"家底"，创造性地将本园现有资源的价值发挥到最大值。

例如，某家在城乡接合部新建小区新建的公立幼儿园，除领导班子成员外，教师基本上都是近年来新入职的师范院校毕业生，为了能将练琴、练歌等技能训练与熟悉歌唱教学基本环节、积累幼儿园歌唱作品曲库等知识训练相结合，将自学、共学、练习、考核结合在一起，音乐教研组设计了如下组织制度：两位新教师自愿结伴，在指定曲目中自选歌曲、自行备课、自行分工（教唱和伴奏），然后在每次唤醒游戏环节领导全体教师学唱一首新歌。

再如，马来西亚的几所由华侨开办的中文幼儿园，严重缺乏拥有各类学科特长的教师，他们就联合起来，充分利用家长、亲戚、朋友，以及周边社区的潜在资源，谁有资源能提升教师的知识技能，谁的资源就在所有联合体内幼儿园共享。虽然他们的教研设计中并没有唤醒游戏这样的环节，但师资培训的思路是一样的。

（四）"核心话题"与技能练习、考核

南京师范大学幼儿园鉴于年轻教师音乐和教学两方面素养都需要迅速提升的迫切需要，在唤醒游戏之后，现场公开课研讨之前，另外安排了一个专门的技能实操训练环节。已经进行过的是奏乐和律动方面的。

1. 奏乐集训的内容和方法。

以年级组为单位进行的"传统奏乐活动指挥动作"练习。

对此练习的设计思考：

（1）年级组内大家工作经验不同，相互指导传统奏乐动作的要点并练习，经验互补；

（2）传统奏乐活动的指挥动作分成身体动作、乐器动作和指挥动作三种类型。熟悉这三种指挥动作，帮助教师积累指挥的多种方法，让教师积累较为丰富的奏乐活动经验；

(3) 传统奏乐活动,大家基本坐成马蹄形。要求执教教师在变换指挥动作时,做好身体、眼神的预令,以提醒即将演奏的声部,作好准备,集中注意力。如果在传统奏乐活动中的预令可以做到准确、及时,奏乐、律动活动中的预令练习则会事半功倍。

(4) 传统奏乐活动中的指挥动作练习,能帮助大家内化传统指挥动作的准确性、合乐性及是否到位,并形成稳定的身体自我调控能力,具备良好的音乐能力。

(5) 除了执教年级组的教师,其余教师都坐成马蹄形,成为"幼儿",扮演指挥与被指挥的角色。在参与演奏过程中给指挥者建议。通过练习,所有获得的指挥动作经验,逐步形成相关"宝典"。

2. 律动集训的内容和方法。

两名年轻教师结伴负责的成熟律动课例的练习。

对此练习的设计思考:

(1) 两名年轻教师练习执教同一个律动教学方案,可以锻炼其独立思考的能力;可以在遇到问题时相互启发、帮助;可以相互督促鼓励,相互作为对方的增补反馈源——支持各自的固有反馈,提高反思评价——自我觉错、自我纠错、自我完善的效率;还可以形成良性竞争氛围,激发反复练习的内在动力。

(2) 通过以教师为教学对象"克隆模仿"成熟的经典律动课例,能够有效帮助年轻教师拓展相关的教学思路和积累相关的教学策略,快速提高年轻教师的律动教学能力。

(3) 面向教师的完整"克隆模仿"活动,也便于假装"幼儿"的年轻教师通过自身的真实感受,发现幼儿可能遇到的问题。再通过随后的交流、研讨、实践、调整,既帮助了执教者不断完善自己的执教实践,又通过"即讲、即做、即反馈、即再练习"的流程,帮助所有参与者提高教学能力。

上述两种集训是按照教研流程,在唤醒游戏后安排的技能练习和考核环节。

还有一些练习课目,是在教研过程中发现了教师的困难后生成的短时"技能"练习。

如南京师范大学幼儿园曾在"歌唱活动有效开展"教研活动中发现教师对于"歌词难度把握"有困难,于是做了一段时间的歌词修改练习。

刚开始时，该练习安排在唤醒游戏前后，需要修改的歌词是两周之前提供的，由年级组或教师自由结伴，根据自己所教年龄段需求，事先进行修改，并做成幻灯片，届时提供给大组分享交流。

一段时间后，改为安排在教研公开课开始之前进行。由主持人提供一首歌曲，注明年龄段，所有参与教研的教师根据自己的经验和想法修改歌词并分享，然后集体讨论和调整。

经过一段时间的共同练习，大家对不同年龄段幼儿初次学唱歌曲时歌词难度的适宜性有了比较明确的认知，不但明晰了相对容易和难的歌词标准是什么，而且总结出了相关的“宝典”，共建了知识库存，以供日后进入教研团队的教师学习与应用。

（五）“核心话题”与研讨组织建设

在教研中，从“小组”到“集体”的分享、讨论形式的安排，是为了更好地引导每个成员表达更多不同的观点。

在最后一个环节，即教研的研讨环节，我们思考的重点是如何让大家都能表达，都愿意表达，在表达与分享中促进自己、他人，以及集体思考。

我们建议的研讨形式是先小组研讨，后集体分享交流。在小组研讨中，参与人员比较少，氛围相对宽松，让每名参与者充分表达自己的观点。

然后，各小组经过集体准备，将结果委托给一名推选代表，推选代表在大组中面对全体人员进行发言。选择推选代表的原则：机会均等，一个学期之内，尽量每次都由不同的教师担任。

通过这样的形式，既可以有效缓解发言者的焦虑，又可以有效提高发言者的自信，还可以让每名参与者都有同等的锻炼机会。原因如下：

首先，推选代表说出的观点，并不只是代表个人，而是代表团队；其次，推选代表说出的观点，是在小组分享中已经说过的内容，组织语言的难度降低；最后，所有的观点都已经在小组研讨中交流过，如果遇到新问题，小组其他同伴还可以及时修正或补充。

（六）“核心话题”与研讨发言模板的提供

在教研中，“3 赞 3 建议”的发言模板有利于营造温馨、和谐的教研氛围。

在教研研讨中，什么样的表达立场与表达方式，既可以让参与者充分提出自己的观点、想法,引发教师团队更多的思考,又可以帮助执教教师不断自我完善呢?南京师范大学幼儿园借鉴使用的是一种“3赞3建议”的发言模式。

“3赞3建议”的发言模式,就是发言教师首先要说明执教教师在教学过程中的3个优点,然后再提供3个可供调整优化的建议。这样的发言模式的关键点在于:

首先,学习他人的优点。每名开课教师都有自身的优势,都有值得大家学习之处。看见、分享他人优点的过程,就是学习的过程,同时也传递着团队文化——研讨从学习开始。

其次,给执教教师提供的是建议,而不是意见。从意见到建议的转换,让大家站在共建的立场思考问题。明确他人的问题或困难,提出自己的想法或建议,让大家都可以做更好的自己。执教教师因为他人的建议而变得更好,提供想法的教师因为帮助了别人而变得更好。

最后,对于发现了问题,但还暂时未想到解决方法的教师,可以用“我们有这样一个困惑……希望大家能一起商量解决”的语言表述。对于发现了问题,但尚不明确自己的建议是否有效的教师,可以用“我们有这样一个方法来解决……问题,但是没有尝试,不知道是否有效,也请大家提供宝贵建议”。用这样的语言与执教教师共情,与参与教研的教师共情。

通过这样的发言模式,逐步营造团队温馨、和谐、不断共建的教研氛围,使每个参与者都在不断练习“如何认真思考?如何善意表达?”中,收获自己的成长。

(七)“核心话题”与“即讲、即做、即反馈、即再练习”的研讨流程

当大家给执教教师提供多个调整教学活动的建议后,哪些建议是可行的,哪些建议还需要再优化?是否还能探索出更多的策略?如何验证这些建议的可行性?针对这些建议的再思考、再判断的主体,应该是教研组团队。

而怎样进行再思考、再判断,则是通过“即讲、即做、即反馈、即再练习”的补充流程继续卷入所有参与者,让大家在实操过程中验证建议的可行性、有效性,并探索出更多的策略。同时,通过不断的操练,让所有教师在练习中完善相关的教学行为。

第四节　教研的执行细节

在教研开展过程中，还要关注一些小细节、小策略，以便更好地促进团队成长和发展。但是这些小细节与小策略都是各园根据不同情况进行思考而提出的。

由于体制问题，南京师范大学幼儿园教师团队流动性大，新手教师多，各种工作必备经验相对缺乏，需要通过教研活动，更好、更快地提高他们的教育教学能力，以保证全园的保教服务质量。因此，除了在教研活动中扩大团队实践操作能力锻炼的覆盖面，以使新手教师快速成长外，还有一些小细节和小策略要关注。

一、多人轮流主持教研的制度

教研主持工作，从组长一人承担，转变为由教研组内经验相对丰富的核心教师团队共同承担。教研组内核心团队成员轮流承担主持工作，让每个人都得到锻炼的机会。这是一种重要的组织管理策略。因为有了教研团队中的相互商量与讨论，大家对问题的思考更全面，对细节的关注更到位。同时通过共同研讨、相互学习，每个主持人都在观摩他人主持和对比自己支持的过程中，借鉴他人有益的主持经验，积极主动地成长起来。不用等待组长的更替，任何核心团队成员都可以熟练主持教研活动。共同担责、相互支持的教研团队主持文化也逐渐形成。

通过游戏的方式，用轻松、自然、投入的状态开启教研活动，也可以创造较为适宜的“唤醒状态”，有助于大家在后续观摩公开课的活动中头脑清醒、精神愉悦地参与。

二、对“核心话题”以外问题的应对策略

在教研中，除了围绕“核心话题”进行研讨，教研中经常会有教师询问其他的问题。这些问题可能不在“核心话题”之内，但也是教师在观摩、参与教研中发现的真问题。教研时间有限，如何应对这些问题呢？这非常考验教研主持策略。经过教研实践，发现可以从以下几方面进行考虑。

首先，判断问题的难易程度，问题在当下的短时研讨中，是否可以立即厘清并解决。

其次,问题解决的迫切程度:与教师一日工作规范开展的紧密程度;与幼儿安全工作、家长工作等原则性问题的紧密程度。

最后,是否为共性问题。

如果对出现的问题,进行了前面三个方面的判断后,得出的结论都是“是”。那么这个问题应该成为即刻研讨的问题之一。

三、完善主持人的行为与激发团队活力

(一) 保有倾听、认同的态度,同时鼓励独立思考

在教研中,作为主持人,要乐见每个参与者的思考、表达,并认同大家的积极分享。主持人的认同,对每个参与者来说是积极的鼓励与暗示,能激励发言者积极地发言。

在教研中,大家在各自原有的经验基础上,站在各自看待问题的角度上,分享、表达的内容各不相同。有的可能与主持人意见一致,有的可能与主持人意见不一致。对于这些意见不一致的发言者,主持人尤其要珍视、保护大家发言的积极性,肯定他的积极性。同时,面对大家的发言,主持人自己也需要拥有独立思考和判断的能力。

(二) 怀着实事求是的平常心

作为教研主持人,一定要有一颗平常心。理解自己和团队,承认在教研中可能会出现暂时解决不了的问题。有了这个认知后,才能实事求是地看待问题,承认存在某些困难。

教研中出现的问题,难易度不同。有些问题的难度可能超越了当下参与教研教师的能力。作为主持人,应有能力判断这个问题是当下能解决的,还是须在活动后求助书籍或专家,或者是留待下次教研讨论。然后请大家注意自己的判断和建议,以达成一致意见。只有随时保持平常心,以实事求是的态度,才能让教研的路走得稳当与扎实,不求教研进展快,而求进展扎实。

(三) 平等交流的氛围与参与者分享表达的意愿

1. 在从“小组到集体”的发言讨论中,关注全体并支持年轻教师表达。

目前,南京师范大学幼儿园采用从“小组到集体”的发言方式,同时鼓励教师随

时补充，或提出自己的新想法。

作为主持人，在代表小组发言的教师说完之后，必说一句：这组的教师，还有要补充的吗？确保还想要表达的教师有机会表达自己的观点。

在代表小组发言的教师出现表述困难时，主持人必说一句：有教师需要和她一起说说吗？以免年轻教师在代表小组发言时，由于紧张等因素而表述不完整。同伴的支持与鼓励，也让年轻教师获得安全感，从而愿意积极参与研讨。

教研场，不是一个人的表达场，而是大家的共建场。所以，作为主持人，要有意识地多询问、多激发，让大家养成乐于表达的习惯。

2. 不同想法与“缓一缓、试一试”。

在研讨中，教师的想法不一致，教研主持人的观点和小组想法不一致，出现这种情况很正常。作为教研主持人，可以使用“缓一缓、试一试”的策略。

出现不同想法时，如何选择？选择权不应在教研主持人手上，而应该在所有参与教研的教师手上。大家只有对不同的想法有了充分了解，才能作出选择。作为教研主持人，面对不同想法时，可使用“缓一缓、试一试”的策略。这样做，既可以避免自己的急躁使大家的焦虑，又可以进一步鼓励所有参与者有机会分别尝试、实践不同的想法，通过试验、验证、分析、判断等实事求是的探索过程，最终作出相对适宜的选择。

教研主持人是教研团队活动的引导者，也是每个参与人员成长的支持者。因此，在教研过程中，需要随时认真扮演另一个重要角色——观察者。当观察到教师的成长和进步时，要及时鼓励与赞扬；当观察到教师有困难时，要及时引导大家关注并提供帮助；当观察到教师有不同想法时，要鼓励大家通过实践尝试；当认识到有的问题可能暂时解决不了时，要提醒大家保持平和心态，不焦虑，不马虎，努力在日后寻找各种资源、思路，继续尝试寻找问题的解决途径。

第五节　教研“宝典”建设

一、形式多样且快乐的“宝典”回顾方式

每次教研活动之初，在集体研训的检查环节，帮助教师养成记忆“宝典”的习惯，以及形成不断反省自己掌握程度的习惯，以便随后不断对照教研活动中的案例、实操活动等，理解“宝典”知识并可以随时有意识地迁移运用。

“宝典”的背诵要求旨在帮助团队所有教师熟记用“相对抽象”的方式概括出的有益经验和内容。经过多次对相对稳定的“核心话题”的教研之后，可以将“宝典”中的经验进一步内化（理解、整理成体系），再外化——迁移运用到实践过程中去。

在教研初始的“宝典”回顾环节，如何激发教师的参与积极性，让大家愿意记忆、表达与分享？在这个环节，主持人最好通过不同形式的游戏，如摸号抢答、小组 PK、点兵点将、同伴支招等来回顾；对有一定难度的问题，在邀请年轻教师回答时，可以请有经验的教师支招、帮忙，让“宝典”回顾过程氛围更轻松。已有研究表明，反复练习熟记是未来进一步理解和应用的前提。

每次教研活动结束之后，都需要及时总结新、旧经验，持续建构属于本园团队共有的教研知识“宝典”。

二、团队作战、分工合作，立即整理、立即转化

教研结束后，针对教研过程中对旧有经验的修正、拓展、深化和对新问题的发现、思考等，教研主持人与组内骨干团队成员，要立即进行整理，并通过归纳、提炼形成文字、图表。成文后，先交给具体人员负责“定型”，再由团队在实践中不断验证完善，必要时还会要求外援专家给予指点。

我们将最后形成的文字、图表称为“宝典”。“宝典”并不是固定不变的“教条”，而是不断完善的基础文本。我们持续的研究和建设，也可以说是为了使“宝典”在持续的动态建构中，更具适宜性、可操作性、科学性和完备性。

“宝典”将教研的实践经验，抽象、精炼成文字和图表后，更便于团队理解、记忆与内化。同时，“宝典”也会有助于后期入组的新手教师直接学习、继承前人积累的

有益经验。让新手教师通过参与教研活动初始的“宝典”回顾环节,快速记忆“宝典”中关于“核心话题”的陈述性知识,再通过后续流程的真实情境,对照、实操、理解其中的含义,以达到快速掌握,快速跟上教研组前进步伐的目的。

各园都拥有自己独特的教研文化,也拥有各自的环境资源、物质资源、人力资源。因此,开展教研工作的侧重点也各不相同。无论是根据哪些问题开展教研活动,最终都是为了提升教师团队的凝聚力和提高教育教学工作能力,履行好保障幼儿健康成长的社会职责。

因此,教师工作能力的提高和教研文化的建设同样重要。教研中应该给所有参与者传递相互帮助、实事求是、积极面对困难、关注规范与细节、追求精益求精等园所精神文化内涵,激发每个人向精、向善、向美、向和谐的精神追求。

愿每位教师在参与园所教研活动的过程中努力追求做更好的自己。

本章执笔人:南京师范大学幼儿园　周　洁

—— 第十二章 ——

第三到第八级课程考核作业指南

第一节　巩固班考核作业及参考范例

一、巩固班考核作业

1. 在教材提供的30个案例视频(见本教材配套的U盘)中自选一个进行模仿,并尝试对方案进行局部微调和替换,然后对不同幼儿群体上课不少于5次。最终提供一个微调课的教学视频。

2. 独立撰写微调课的实录评析1篇,不少于3000字。

(书面作业版式见本书第七章)

二、参考范例

(一)参考范例:中班奏乐“海洋行动”

【乐曲】

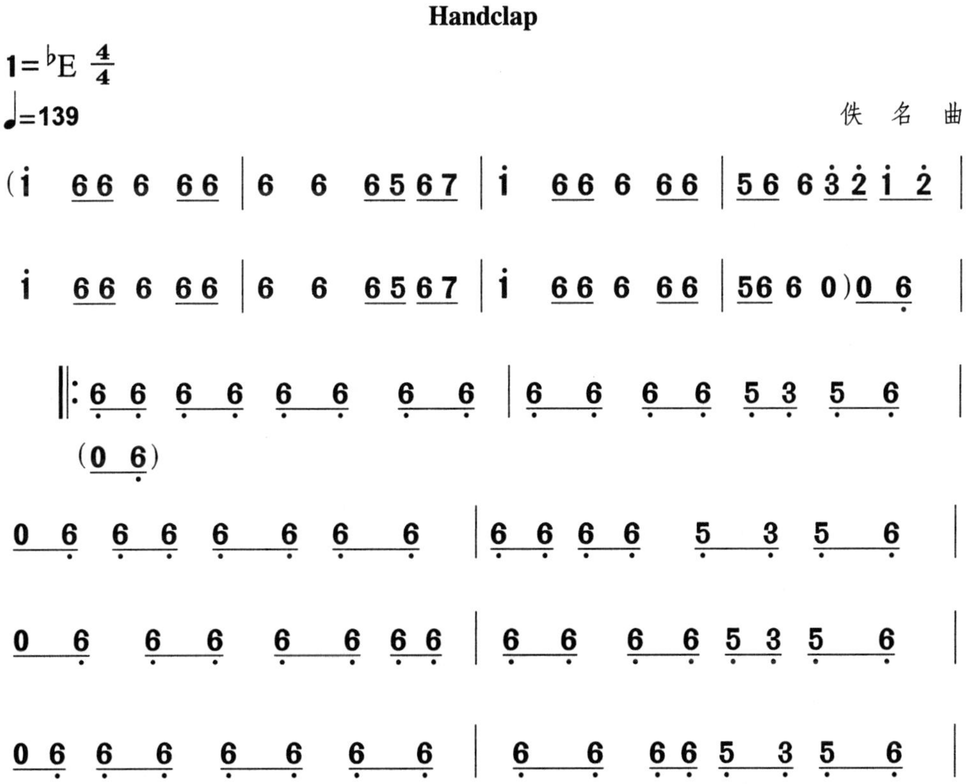

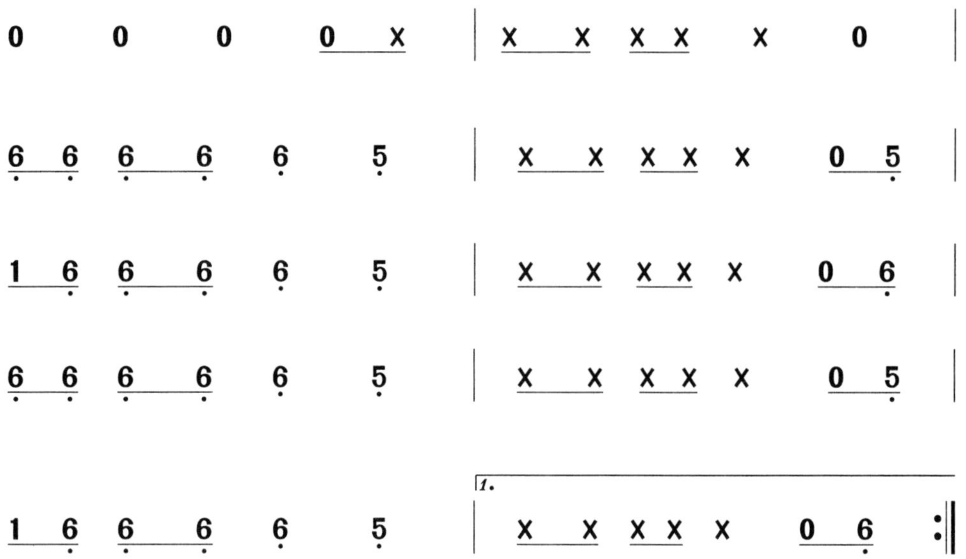

动作建议：

［1］小节，前奏，空（没有动作）。

［2］小节，前奏，教师预令“小小勇士，准备出发”。

［3］—［4］小节，走，走，走，走（双手拍腿）。共8次。

［5］—［8］小节，握紧方向盘（双手伸直握拳），加速（上下晃动做加速动作）。共4次。

间　奏，教师预令“注意前方”。

［9］—［12］小节，看！（双手上举靠额头，手心向下做“查看”的动作），发现垃圾，拉响警报（双手握拳，上下摆动），共4次。

间　奏：教师预令“大家一起”。

［13］—［16］小节，瞄准！（双手握拳伸直），清理（上下晃动做加速动作），共4次。

尾　声，清除完毕，耶！（双手高举做剪刀手表示胜利）

【使能目标阶梯】

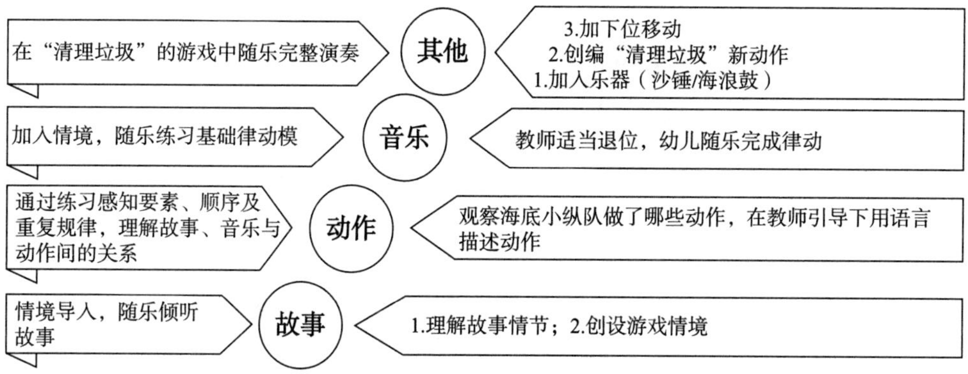

【教育活动设计】

活动目标

1. 在熟悉音乐基础上能随乐完成走、开船、侦查、发出警报、瞄准、清理等动作，用海浪鼓拍击和摇晃表现音乐的情境。

2. 根据音乐情境和教师语令，随乐用乐器进行断顿、连续的演奏。

3. 体验清理垃圾、保护海洋的责任感，坚持努力不放弃。在游戏情境下学习垃圾分类，萌发保护环境的意识。

活动准备

1. 经验准备：了解并会进行垃圾分类。

2. 物质准备：课件（内容见图 12－1、图 12－2、图 12－3），音乐，沙锤或手腕铃（有条件的可准备海浪鼓）。

3. 空间准备：摆成半圆形空间队形，保留下位自由移动的空间。

图 12-1(巴克队长需要帮助清理海底垃圾)

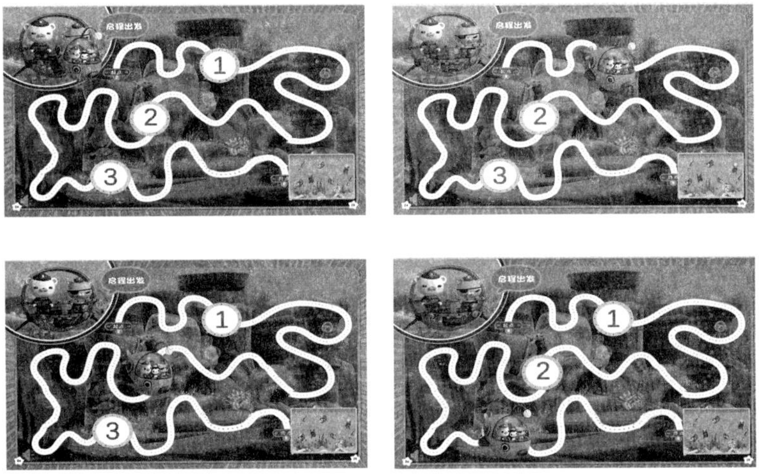

图 12-2(巴克队长的潜艇不断向海底前进)

图 12-3(将清理掉的垃圾分类)

活动过程

1. 故事。

(1) 创设情境，产生兴趣。

(2) 故事导入。

师：今天收到了巴克队长的一封信，我们一起来看看说了些什么吧！

（调整增加：巴克队长课件。调整思路：通过课件，幼儿可以直接感知熟悉的动漫人物巴克队长，并进入教师设计的教学情境中，无须过多地假想情境）

2. 动作。

教师讲述情境，并做动作。

[**教师第一遍示范**]

（调整增加：情境导入时，教师边说边做动作。调整思路：有助于幼儿通过动作来感知故事情境，熟悉动作模型）

3. 音乐。

教师随乐示范动作，帮助幼儿梳理动作。

(1) 教师提出问题，随乐示范动作。[**一遍**]

师：巴克队长准备出发啦，请你们仔细看，巴克队长做的第一个动作是什么？他还做了哪些动作呢？

[**教师第二遍示范**]

（调整增加：课件——潜艇行进路线图。调整思路：给予幼儿有效的反馈，即幼儿每次与教师一起随乐做动作后，潜艇会前进一下，让幼儿自己感觉到他的动作对课件产生的作用）

(2) 教师帮助幼儿完整梳理动作。

（调整增加：从第一个动作开始，按照故事情境中的动作顺序来提问。调整思路：通过按动作出现顺序来提问能帮助幼儿记忆动作、反思动作，并有助于幼儿理解动作之间的顺序关系）

4. 其他。

累加乐器动作。

(1) 配乐使用,寻找方法。

师:巴克队长又给我们送来了一个包裹,让我们来看看是什么。

师:原来是海浪鼓,垃圾实在是太多了,光靠我们的力量根本就不够。海浪鼓能让我们更快地瞄准和清理垃圾。想要得到这件宝物你们需要仔细看看它是如何使用的,我在做什么动作的时候它才发出声音,做什么动作的时候它不发出声音。

师:刚才走的时候海浪鼓是发出一下一下的声音吗?开船的时候有声音吗?加速的时候是一下一下还是连续的声音?观察的时候有声音吗?拉警报的时候是一下一下的声音吗?[**一遍**]

[**师幼第一次拿乐器随乐演奏**]

(调整增加:教师通过情境来让幼儿明白乐器在什么时候应该发出声音,什么时候不应该发出声音。调整思路:这是对乐器使用常规的培养,同时了解每一个动作在累加了乐器后该如何做)

(2) 尝试使用乐器演奏。

师:在使用乐器的时候,有什么困难?

师:现在我们掌握了方法,再来练习一次吧。[**一遍**]

[**师幼第二次拿乐器随乐演奏**]

(调整增加:在幼儿尝试累加乐器进行操作后,教师通过询问是否有困难,帮助幼儿反思操作乐器过程中的问题。调整思路:教师并不是直接指出问题,而是引导幼儿自己发现问题并寻找解决问题的方法,最后学会验证问题是否解决)

(3) 游戏情境,保卫海洋。

师:我们已经找到污染源了,准备把垃圾全部清理干净吧!(与课件互动)[**四遍**]

师:保护环境是我们每个人的责任,我们要爱护环境。不乱丢乱扔垃圾,从我做起。相信通过我们的努力,美人鱼会继续回到我们身边。让我们航海回家。

[**幼儿独立拿乐器随乐演奏四次**]

(调整增加:垃圾分类与环境保护的知识。调整思路:教学活动的意义在于育人,这个活动中包含了垃圾分类、保护环境等知识,教师最后要注意引导幼儿关注、学会垃圾分类,学习保护环境,把学到的内容运用到日常生活中)

【设计意图解析】

1. 音乐:这是一首游戏音乐,节奏动感,曲风欢快,幼儿十分喜爱。

2. 故事:结合课件引入故事情境,海洋中出现了很多垃圾,巴克队长需要我们一起帮助他清理垃圾。

3. 动作:活动中的动作模型也是匹配音乐的,因而较为工整,有规律可循。简单、重复的动作,上下肢相结合,难易度较适宜。

4. 游戏:充分利用现代化教学设备和人机互动游戏的有效反馈与趣味性,幼儿每一次随乐练习,潜艇就会向着海洋深处前进一下,幼儿每一次演奏乐器,垃圾就会被消灭一些。

【特别提示】

1. 在活动中教师更应引导幼儿了解如何使用乐器,知道在开始前、结束后如何控制好乐器不发出声音,在活动中如何按照教师或小队长的指令使用乐器演奏。

2. 在多次反复练习的过程中,教师利用课件与幼儿“人机互动”:幼儿每努力练习一次,课件上的潜艇就会“前进”,在消灭垃圾时,每一次演奏都会让幼儿明确体会到是自己努力的结果! 这是电脑游戏设计的经典技巧。

3. 教师提示语逐步退出是支持幼儿体验“自己逐步独立”的另外一项重要技巧。

(1)教师提示语(包含预令)。

(小小勇士,准备出发)

走,走,走,走,登上舰艇,准备开船!

握紧方向,加速。

(注意前方)

发现垃圾,拉响警报!

(大家一起)

瞄准,清理!

清除完毕，耶！

（2）图 12－4 是该技巧的抽象阶梯图示：教师退位（语言+动作+体态与表情）梯级。

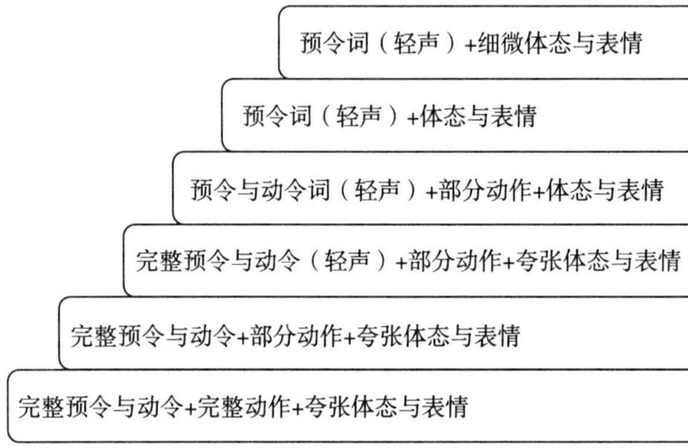

图 12－4

原创设计：常州市天宁区青龙中心幼儿园紫云分园　陆丽君

修改调整：南京军区政治部机关幼儿园　耿　涛

（二）参考范例：大班奏乐“谁是舞王”

乐曲参见本书第五章同名活动案例。

音乐结构：两段式 AB 结构。

动作建议：参见乐曲。

配器建议：参见本书第五章同名活动案例。

【使能目标阶梯】

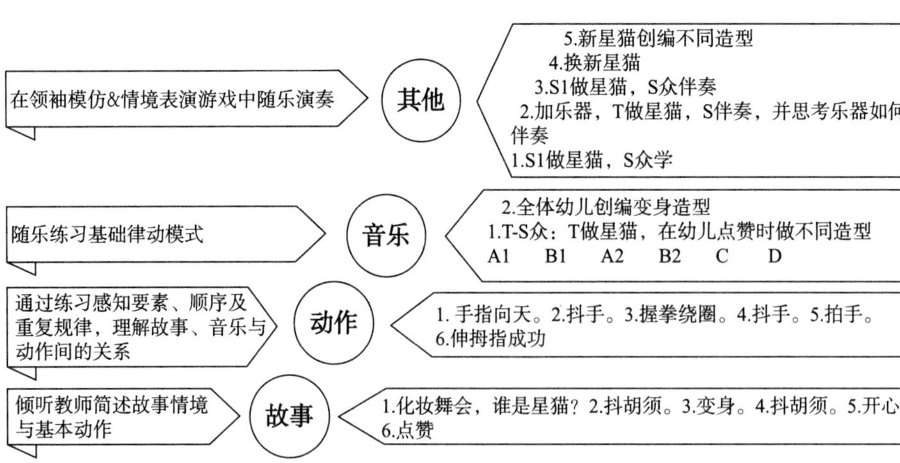

【教育活动设计】

活动目标

1. 感知和表现乐曲的弱起节奏及 AB 两段的结构。从容合拍地做动作、玩交换领袖游戏和演奏沙锤。

2. 迁移已有动作经验，尝试即兴创编各种星猫动作造型，尝试用两个沙锤匹配游戏动作进行乐器演奏。

3. 努力在 A 段第四乐句迅速完成领袖交换任务；交换领袖时，迅速用体态和眼神找到交换对象；变换造型时，控制好动作的力度、速度和幅度，尽量不让沙锤掉落；收乐器时，迅速安静，并将沙锤轻轻摆放整齐。

活动准备

1. 物质准备。

（1）录音音乐《快乐星猫》。

（2）乐器：沙锤。（中号，大小约 16×6.3 厘米，塑料质地）

2. 经验准备。

（1）幼儿有造型表演经验。

（2）幼儿有玩“领袖模仿游戏”和交换领袖的经验。

3. 空间准备。

（1）围坐成大的半圆形。

（2）站起来围成半圆队形后，领袖站在半圆形对面。

活动过程

1. 故事。

故事导入，引出活动。

师：森林里举办了一场化装舞会，我们都是参加舞会的小猫，小猫的动作是什么样子的呢？你们知道这个动作“喵”是在做什么吗？我现在教你们的这个动作叫抖胡须。（教师五指张开，手心向自己做抖胡须动作）

师：我们小猫去参加舞会，要选出一只跳舞跳得最好的小猫，它叫星猫，所以你们会问谁是星猫呢？（教师食指伸出，先放在胸口，再指向天空）小猫将手指向天表示我要参加舞会，这时星猫变身从天而降。小猫们看见星猫的舞蹈动作很漂亮，纷纷给星猫拍手鼓掌，伸出大拇指点赞。接下来，你们来看一看我是怎么跟着音乐跳舞的。

[幼儿第一遍观察和徒手模仿]

[调整增加：教师在讲故事的同时将故事中谁是星猫（手指向天）、我是小猫（抖胡须）、星猫变身（握拳绕圈）、开心（拍手）、点赞（伸大拇指）的动作表现出来。调整思路：通过教师的语言描述和动作，幼儿便会理解动作与故事之间的对应关系，理解动作的表征含义。提示：因为手指向天的动作中有一个伸出去的动作，当幼儿在半圆队形中做这个动作时，有可能会碰到其他幼儿，所以教师在做示范的时候手不能向旁边伸出去，而是应该向斜前方，这样幼儿之间就不会因为这个动作而发生互相碰到的情况]

2. 动作。

（1）教师示范星猫动作，引导幼儿了解新的游戏规则。

师：舞会中，大家决定谁的舞跳得最好，谁就是舞王。星猫立即报了名，摆出最好看的造型，其他人还要跟它学。

师：现在我就是星猫，看一看，你们做哪个动作的时候我变造型了？变了几次？

[教师示范一遍]

（2）教师和幼儿一起随音乐做动作，教师变换动作，引导幼儿发现动作变化之处。

师：刚才星猫做了什么动作，在什么地方做的这个动作，做了几次？

[教师与幼儿第一遍合乐练习]

3. 音乐。

（1）幼儿做星猫，创编动作。

师：哪只小星猫愿意上来挑战？你准备做什么动作？

师：现在小星猫要和大家一起表演了哦！

师：刚才她创编了什么动作？

[教师与幼儿第二到四遍合乐练习]

(调整增加:在幼儿进行动作创编前,教师给幼儿提供思路。调整思路:教师给幼儿提供动作造型的思路,这个思路必须来源于幼儿的生活经验,也就是我们所说的迁移已有经验进行动作创编。这样可以降低幼儿造型创编的难度,如对第一个上来挑战的幼儿,教师可以问他最喜欢什么动物或喜欢动画片里的什么人物,女生可能会喜欢做小猫、小兔子的造型,男生可能会偏爱奥特曼、铠甲勇士这样的动漫人物造型。在做这些幼儿熟悉的造型时,幼儿会比较自如地展现。同时,每一个领袖幼儿展现自己喜欢的造型时,也是为其他幼儿提供了新的创编思路。刚开始时四个造型动作可以是同一个动作重复四次,后面在完整随乐游戏的过程中教师可逐步进行有层级地挑战:如四个动作由两个不同的动作各重复一次,然后才是挑战四个完全不相同的动作)

4. 其他。

(1) 探索加入乐器玩游戏的方法,随乐完整演奏。

师:小乐器也想来参加我们的舞会,我们一起请他们出来。

师:我做星猫,小朋友用小乐器给我加油好不好?等会儿告诉我你是怎么给我伴奏、加油的。

师:我做手指天空动作时,你们做什么动作?我做抖胡须动作时,你们是怎么演奏的?(你用什么乐器演示的)拍手呢?

[幼儿第一遍拿乐器随乐演奏]

(调整增加:教师布置完任务后,将乐器依次发给幼儿。开始分发时教师需要特别关注第一个幼儿能否控制好乐器不发出声音,如果第一个幼儿可以做到,教师一定要向全班幼儿表扬第一个幼儿,以他作为高级榜样,让其他幼儿拿到乐器后控制乐器不发出声音。演奏结束后教师小结幼儿的演奏方法:抖胡须的地方连续摇,拍手的地方一下一下地敲。调整思路:教师明确拿到乐器后不能随意发出声音是对乐器使用规则的强调,这有助于幼儿学习如何使用乐器。对于第一个拿到乐器并遵守规则的幼儿,教师的特别表扬是给全体幼儿树立高级榜样,让幼儿向高级榜样学习。结束后再次梳理乐器演奏方法是让幼儿再次明确如何使用乐器进行演奏,并自我检查是否按照要求操作乐器)

(2) 请一名幼儿做星猫，尝试演奏乐器。

师：现在谁想做星猫？这个星猫做得怎么样？

[幼儿第二遍拿乐器随乐演奏]

(3) 引导幼儿换朋友，随乐完整循环游戏。

① 教师与幼儿讨论换朋友的方法。

师：星猫说一个人玩没意思，要请更多的小伙伴儿一起玩。这只星猫很喜欢动脑筋。怎么玩呢？你觉得可以怎么换朋友？（和朋友交换位置）

师：在做哪个动作的时候可以换朋友呢？（手臂绕圈）

教师与一名幼儿演示交换位置的方法。

师：交换之后，如果要再找其他的小伙伴，怎么办？

教师清唱歌曲，尝试与一名幼儿交换位置。

[幼儿第一遍拿乐器随乐演奏并加入位移变化]

（调整增加：换朋友是这里的难点，教师需要先示范，即一边清唱歌曲一边做动作，让幼儿观察教师在唱到"一起来舞蹈"时，在原来的手臂绕圈动作上增加了下位移动找到一个新的好朋友，并和他交换位置。接下来教师还需要先带领一名幼儿练习交换朋友，最后过渡到让幼儿单独交换朋友。调整思路：让幼儿通过多次观察和练习，达到克服难点的目的）

② 幼儿随乐尝试玩交换朋友的游戏。

师：请一名小朋友当小星猫并到前面来，我们大家一起来玩交换朋友的游戏。

师：我们跟着音乐试一试。

[幼儿第二遍拿乐器随乐演奏并加入位移变化]

(4) 教师引导幼儿讨论交换朋友时出现的困难，完整游戏。

师：刚才我们交换朋友的时候遇到了什么问题？（交换的时候很慢）可以怎么解决呢？（手臂绕圈开始就要去找朋友，速度要快些）

师：我们再跟着音乐来一次，看一看有没有解决刚才遇到的问题。

(5) 引导幼儿创编不同造型，再次完整游戏。

师：其实星猫很了不起，能变出很多造型，你们愿意试一试吗？

[幼儿完整随乐游戏两到三遍]

(6) 尾声:收乐器。

师:最后还有一项比赛哦,就是收乐器,看谁能在送乐器和放乐器的时候不发出一点声音,我们来比一比吧。

(调整增加:收乐器比赛环节,教师先做一次示范,手握乐器、送乐器及放乐器时均不发出声音,只要在过程中有声音就要重新来。引导、鼓励幼儿通过监督教师的达标情况来了解比赛规则。比赛开始后,教师邀请幼儿一个一个地来放乐器,并请其他幼儿做裁判监督。每一个幼儿在送、放乐器时是比赛的选手,放完乐器回到座位上便是裁判,参与监督其他幼儿送、放乐器。当然,教师还可以采用分组 PK 的方法,计时看那一组幼儿放乐器的时间最短,而且没有声音。调整思路:通过比赛、PK 等有趣的方式来进行收乐器环节,让幼儿知道自己的事情自己做,送、放乐器时不能发出声音的要求则是再次巩固幼儿的乐器使用常规)

【设计意图解析】

参见本书第五章同名教案。

原创设计:南京市游府西街幼儿园　付海霞

修改调整:南京军区政治部机关幼儿园　耿　涛

第二节　提高班考核作业及参考范例

一、提高班考核作业

1. 进行原创课练习，尝试对不同幼儿群体上课不少于5次。最终提供一个原创课教学视频。

2. 按照教材提供的版式，参考教材提供的范例，独立撰写1篇原创课详案解析，不少于3000字。

（书面作业版式和范例见第三、第四、第五章）

二、参考范例：小班奏乐“大战牙细菌”

【乐曲】

瑞典狂想曲

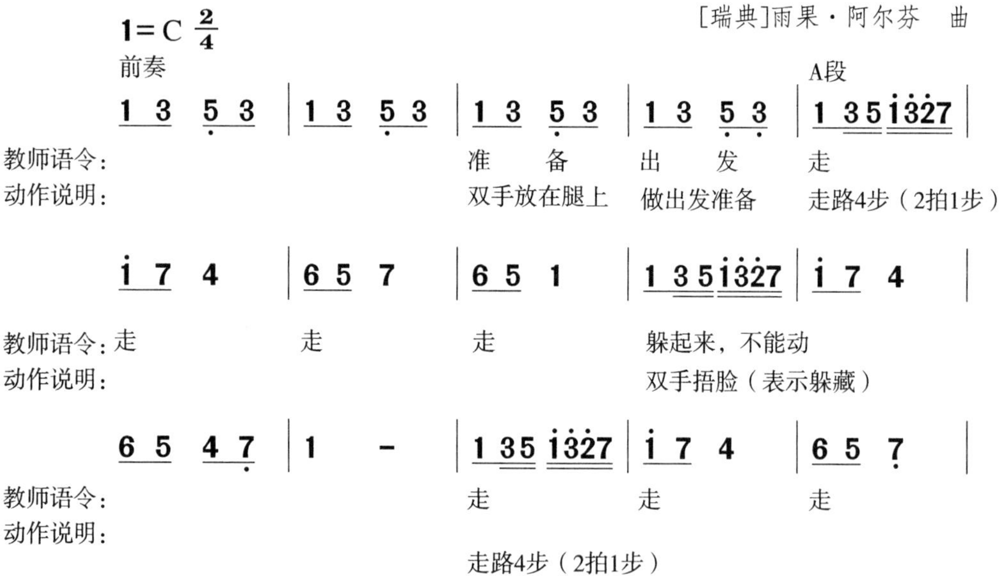

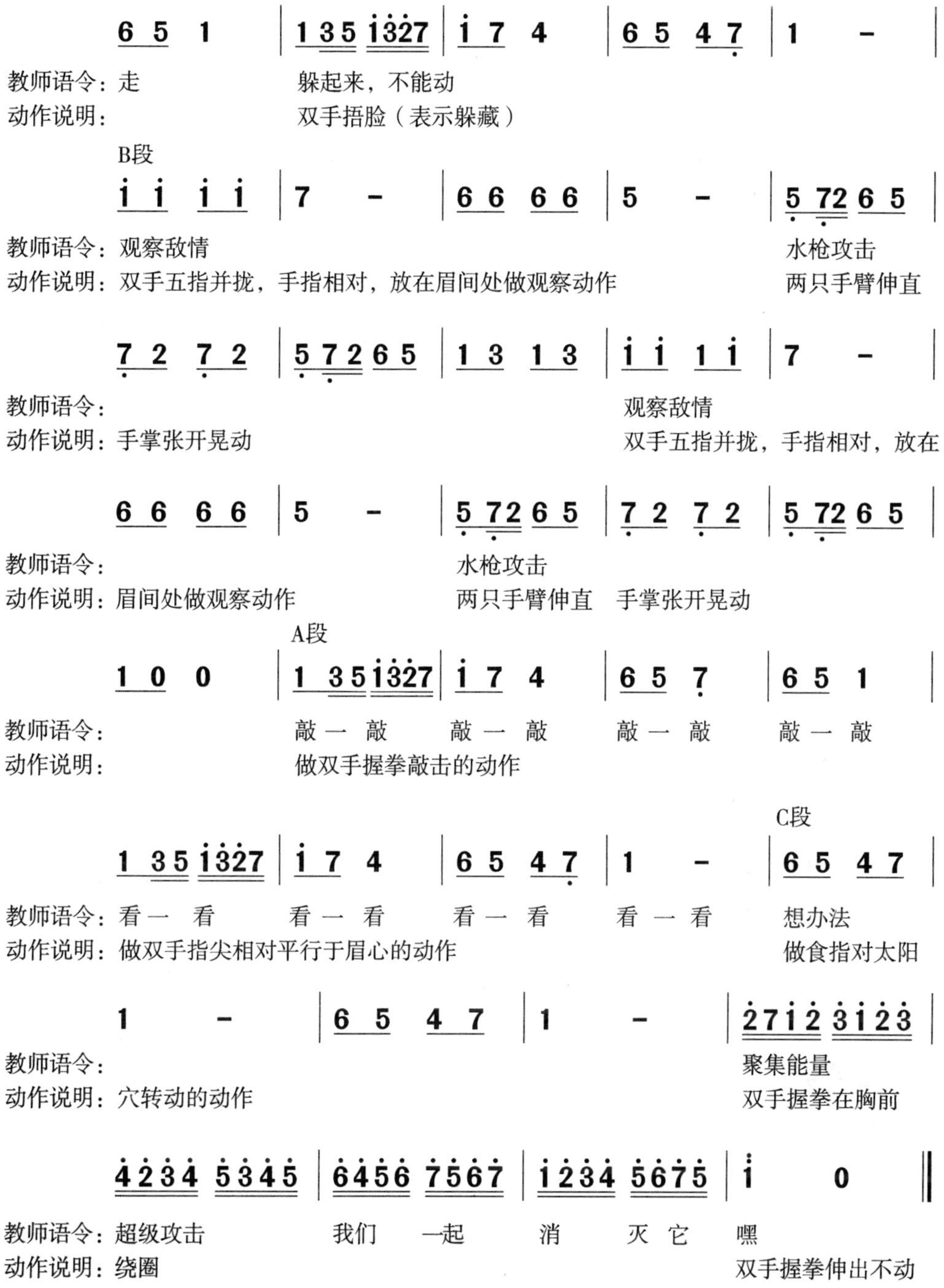

音乐结构：ABAC 结构。

动作建议：参见乐曲。

【使能目标阶梯】

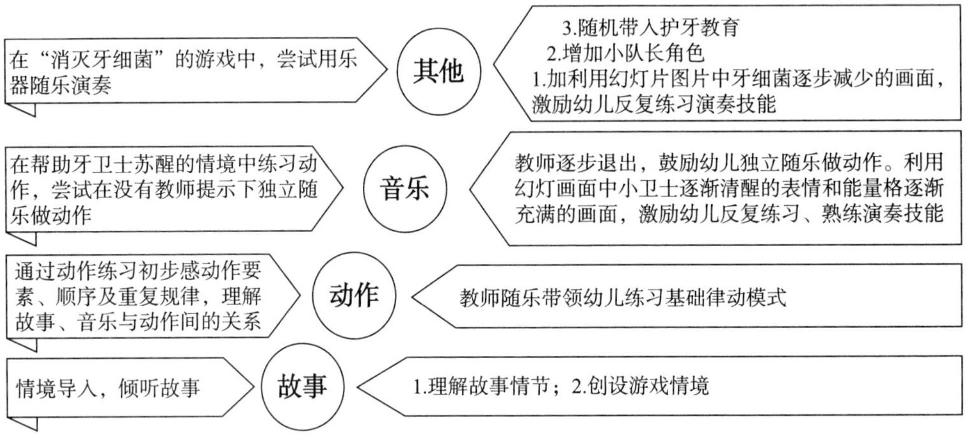

【教育活动设计】

活动目标

1. 感知和表现乐曲的ABAC结构，从容合拍地做律动动作、玩“消灭牙细菌”游戏和使用沙锤合乐演奏。

2. 根据歌曲的旋律和结构，迁移已有动作经验，尝试用两个沙锤匹配游戏演奏出断奏、连奏和休止的音响效果。

3. 认真参与演奏，在需要小队长领袖时愿意大胆尝试，了解到消灭牙细菌不容易，应该养成保护牙齿健康的好习惯。

活动准备

1. 物质准备。

(1) 乐器：沙锤。

(2) 牙细菌开始很多，后逐渐减少的系列幻灯片图片（见图12－5、图12－6、图12－7）。

2. 经验准备：拥有一定的护牙知识。

3. 空间准备：全体幼儿坐成一排。

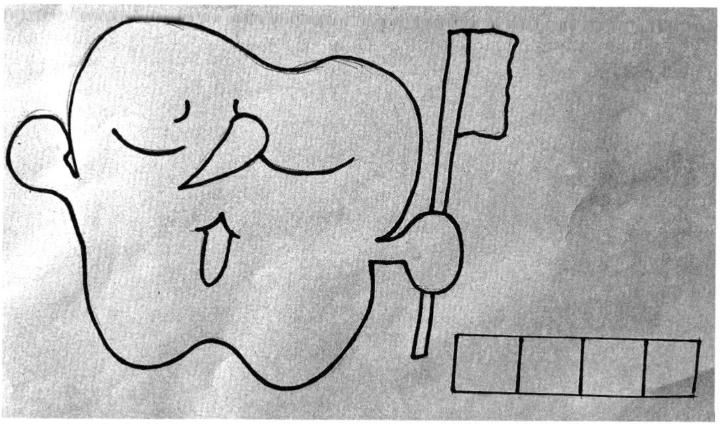

图 12－5（牙齿小卫士在睡觉，缺乏能量）

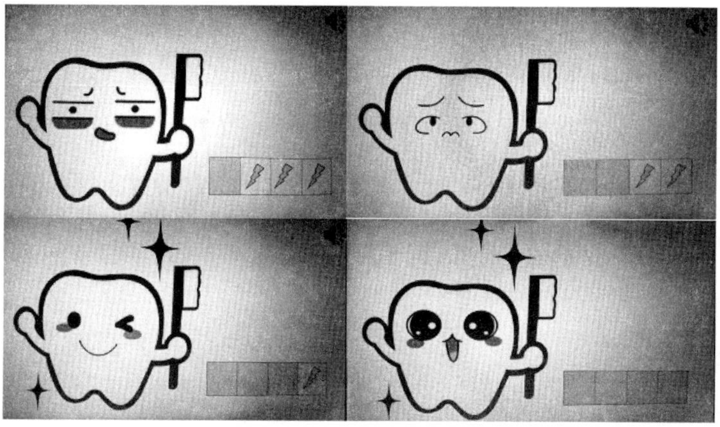

图 12－6（牙齿小卫士在练习本领，不断补充能量）

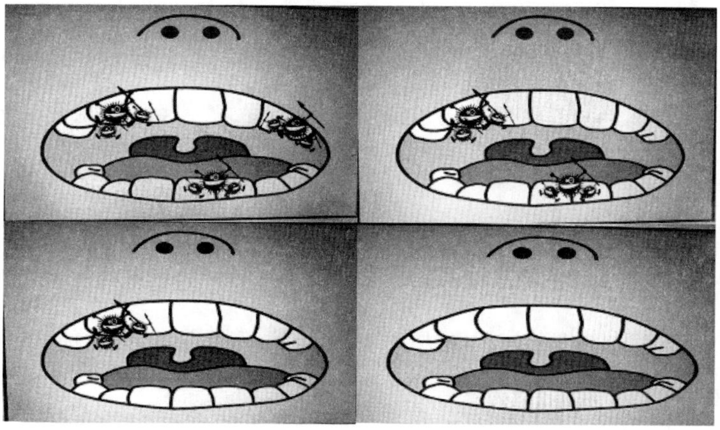

图 12－7（牙齿小卫士不断努力战斗，终于消灭了所有牙细菌）

活动过程

1. 故事。

故事导入，感知动作。

师：（出示许多牙细菌正在伤害牙齿的图片）看！牙细菌正在伤害牙齿，我们作为牙齿小卫士必须去消灭牙细菌，保护牙齿。小卫士们，快来跟我学本领，以便保护牙齿。

幼：好！

师：我们要走，走，走，走，靠近牙细菌（教师用手做走路的动作），牙细菌好像在看我们，不能被牙细菌发现，快躲避（教师做双手遮面动作），靠近细菌啦；要仔细观察，看一看，看一看（教师做双手指尖相对平行于眉心的动作），开始清洗（教师做双手伸直抖手腕动作）；太远了，够不着，我们再走近一点，走，走，走，走，靠近牙细菌（教师用手做走路的动作），牙细菌在看我们，快躲避（教师做双手遮面动作），靠近牙细菌啦！用什么武器呢？想一想，水枪攻击（教师做食指对太阳穴转动的动作），“聚集能量，超级攻击，我们一起消灭它，嘿！”（教师做双手握拳绕圈的动作，在最后的“嘿”的时候双手握拳向前伸出不动）

[教师示范一遍]

（思考尝试：教师一边讲故事给幼儿听，让幼儿在听故事的时候进入教师创编的牙齿小卫士要保护牙齿、大战牙细菌的情境。教师在讲故事的同时做动作，带领幼儿通过动作初步感知故事情境，让幼儿多一次熟悉和感知动作的机会。反思完善：一边做动作一边讲故事，幼儿会主动跟随教师做动作，幼儿做动作后容易兴奋。后来增加了情境导入：一定要悄悄地不能被牙细菌发现。这时幼儿完全进入到情境中，跟随着情境做出相应的动作）

2. 动作。

幼儿练习动作“牙齿小卫士苏醒”。

师：牙齿小卫士被细菌施了魔法睡着了，让我们把它唤醒，让能量槽充满电，一起去消灭牙细菌，好不好？

幼：好！

[教师与幼儿练习一次]

（思考尝试：教师带幼儿随乐做动作，每一次动作结束后，幻灯片图片中牙齿小卫士的能量槽就会增加能量，直至充满。反思完善：幼儿看到幻灯片图片中的能量在做完动作后立刻增加，会特别兴奋，并且认为能量的增加就是因为他们做了动作。在充能量的过程中，幼儿很兴奋，对动作顺序的记忆并不深刻，所以又增加了教师引导幼儿记忆动作顺序，并且特别注意重复动作的部分。教师从每一句都要说动作提示语逐步退位，让幼儿自主记忆动作并用动作感知音乐）

3. 音乐。

师：听说要跟着音乐才能消灭牙细菌，我们一起来试一试吧！

幼：好。

[教师与幼儿随乐练习一到两次]

4. 其他。

（1）游戏“消灭牙细菌”。

师：哎呀，牙齿里到处都是牙细菌，牙齿小卫士一个人是打败不了牙细菌的，让我们一起帮帮他。

幼：好！

师：牙齿小卫士给我们准备了武器，让我们从椅子下面拿出武器，这个武器在不用的时候不能发出响声，不然威力就不够消灭那么多牙细菌了。

[教师与幼儿第一次拿乐器随乐练习]

（思考尝试：通过情境性语言让幼儿管控乐器不随便发出声音。反思完善：因幼儿年纪小，拿到乐器后喜欢探索并让乐器发出声音，教师通过武器发出声音威力就不够消灭牙细菌的情境，引导幼儿让乐器在不演奏的时候不发出声音，有了情境后幼儿会努力控制好自己的乐器。后来又对情境做了调整：武器的弹药有限，发出声音弹药就会减少，弹药少了就不能消灭牙细菌了。这样幼儿会更理解情境，并努力控制自己。这也是巩固幼儿对乐器使用规则的了解）

（2）加入小队长角色。

师：这一次我们要选一个小队长来带领我们牙齿小卫士一起消灭牙细菌，谁来当小队长？小队长自己一定要使用好武器，给大家做榜样噢！

[教师与幼儿第二次拿乐器随乐练习]

(思考尝试:教师逐步退位,幼儿尝试独立完成演奏。反思完善:用情境激励幼儿做小队长,小队长要带着大家一起消灭牙细菌。幼儿都对当小队长很感兴趣,争先恐后地当小队长。接着在活动过程中又加入了攻击造型的创编,增大了游戏的难度,也激发了幼儿的创编造型的创造力)

师:我现在没有能量了,需要休息,可是牙细菌还没有消灭完,你们可以自己去消灭牙细菌吗?

幼:可以!

师:那就靠你们啦!

[幼儿独立拿乐器随乐练习]

(思考尝试:融入数学知识。反思完善:最开始在消灭细菌的幻灯片中,设计了5个牙细菌,幼儿演奏一次消灭一个牙细菌,幼儿通过点数的方式数一数消灭了几个牙细菌。后来发现对小班幼儿来说,单个的点数有点复杂,所以调整为3个牙细菌群,每演奏一次消灭一个牙细菌群,降低了幼儿点数的难度)

(3) 加入保护牙齿教育。

师:你们真棒,牙细菌都被你们消灭啦,祝贺你们。但是牙细菌虽然被消灭了,可是如果我们吃很多糖,还不刷牙,它就又会跑出来的,那我们应该怎么办呢?

幼:少吃糖,勤刷牙。

师:一定要记住哦!

(思考尝试:融入保护牙齿的健康知识教育。反思完善:最开始只是强调要保护牙齿,后来增加了询问幼儿保护牙齿应该怎么做的内容,让幼儿自己说出要少吃糖、勤刷牙等,教师在幼儿说出的护牙知识的基础上补充,让幼儿知道更多保护牙齿的方法)

[设计意图解析]

1. 音乐:这是一首结构工整、节奏清晰、曲风活泼可爱的ABAC结构乐曲,适合小班幼儿感知。

2. 故事:结合幻灯片图片引入故事情境,看!牙细菌正在伤害牙齿,我们作为牙齿小卫士必须去消灭牙细菌，保护牙齿。小卫士们，快来跟我学本领，以便保护牙齿。

3. 动作：活动中的动作模型也是匹配乐曲的，因而较为工整，有规律可循。简单、重复的动作，上下肢相结合，难易度较适宜。

4. 游戏：充分利用现代化教学设备和人机互动游戏的有效反馈与趣味性，幼儿每努力练习一次或两次，幻灯片图片就会“进步”，这让幼儿明确体会到自己努力的效果！

【特别提示】

1. 在活动中教师更应引导幼儿了解如何使用乐器，知道在开始前、结束后如何控制乐器不发出声音，在活动中如何跟着教师或小队长的指令来使用乐器演奏。

2. 教师可以在后续集体活动或区域活动中，用图片讨论的方式启发幼儿创编清洗、敲击的动作，同时尝试用新的乐器来进行替换。

3. 在多次反复练习的过程中，教师利用了幻灯片与幼儿“人际互动”：幼儿每努力练习一次或两次，幻灯片图片就会“进步”，这让幼儿明确体会到自己努力的效果！这是电脑游戏设计的经典技巧。

4. 教师提示语逐步退出是支持幼儿体验“自己逐步独立”的另外一项重要技巧。图 12－8 是该技巧的抽象阶梯图示：教师退位（语言+动作+体态与表情）梯级。

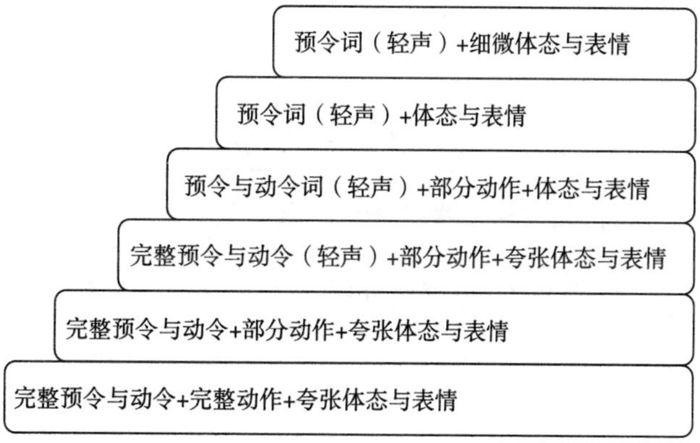

图 12－8

原创设计：南京军区政治部机关幼儿园　耿　涛

第三节　超越班考核作业及参考范例

一、超越班考核作业

1. 进行园本教研活动组织练习，一年内不少于2次。最终提供一个教研活动组织过程视频。

2. 独立撰写主题教研活动方案1个。不少于2000字。

二、参考范例

（一）参考范例1

1. 大班歌唱活动“盖房子”总流程分析。

表12－1　大班歌唱活动“盖房子”总流程分析

歌唱活动总流程	大班歌唱活动“盖房子”总流程分析
故事导入	猪老三用刷子干活的故事情境，互动问答式导入
倾听歌曲	在5遍左右的歌曲倾听中，借助观察动作示范和歌词图谱，循序渐进地澄清歌词内容、顺序、难点字词句
练习+“味精”	在帮助小猪三兄弟盖房子的游戏情境中，借助动作和反复歌唱，逐渐过渡到自主歌唱表演
反思+“味精”	在将房子盖得更牢固的情境任务驱动下，尝试在歌表演结束后创编表现单人、双人合作的房子造型，从造型创编和歌唱情况两个维度引导幼儿反思评价
放松+“味精”	老狼出场，全体合作创编最坚固的房子，赶跑老狼

（注意：此处“味精”指向幼儿提供趣味刺激的策略。后同）

2. 大班歌唱活动“盖房子”分流程分析。

空间	合作	动作	图谱	示范	情境	教学流程与任务梯级	
单圈站立	多人	多人合作表现房子造型	图谱退出	示范退出	赶跑老狼	集体拉圈合作造型	放松＋“味精”
散点站立	双人	双人合作表现房子造型			让房子更牢固	双人合作造型与歌唱反思	反思＋“味精”
原地站立	单人	自主表现单人房子造型		示范渐撤：先退动作，后退范唱	帮猪老大、猪老二盖不同造型的房子	自主单人造型与造型反思	
坐姿半圆形		根据图片探索单人房子造型	唱完歌后出示不同造型的房子图片			反思歌唱困难。初步探索表现单人房子造型	练习＋“味精”
		模仿再现	更换墙面色彩	范唱＋动作	帮猪老三盖房子	完整跟唱与动作表现	
		观察理解	在“刷墙”乐句加入墙面色彩图片	范唱＋动作＋图谱操作	向猪老三学习盖房子的本领	更换墙面颜色，保持倾听动机	倾听歌曲（5遍）
			随范唱逐句出示房子各部分			解决难点字词句	
				范唱＋动作		澄清歌词顺序	
				范唱		澄清歌词内容	
					猪老三要用刷子来盖房子	故事	

教学任务与流程渐进

图 12－9

3. 基础班学员优质课模仿培训计划：大班歌唱活动“盖房子”。

（1）培训目标。

① 通过对该活动教学流程分析、解读，巩固、内化对歌唱活动总流程和分流程的认识、理解。

② 通过课例模拟和课堂教学，提高故事讲述、范唱、图谱操作、提问、动作示范等教学策略的应用水平。

③ 熟悉本活动教学设计，较高程度地模仿、还原课例，以幼儿为对象组织集体教学。

（2）培训内容与计划安排。

表 12－2　培训内容与计划交排

目标	内容	形式
1. 完整感知、体验该课例的教学流程 2. 在教学总流程分析讨论中巩固、内化对歌唱活动教学流程的认识 3. 范唱和动作示范准确，富有美感	学：课例感知体验 训：歌唱与动作示范 研：教学总流程分析讨论	课例模拟 分组参与式讨论 集体练习
1. 进一步熟悉本活动教学流程 2. 理解范唱递进与教学任务之间的内在联系 3. 掌握范唱+动作+操作图谱的示范技能	学：分流程解析——范唱递进 训：范唱+动作+操作图谱 研：模拟教学中教师示范的问题诊断	小组合作课例模拟 分组参与式讨论 集体练习
1. 明确教学提问的基本要求 2. 以此为依据讨论、调整并熟练掌握课例中的提问	学：教学提问的准确性与指向性 训：分组按教学环节进行提问的情景实操练习 研：模拟教学中提问存在的问题与调整	抽签课例模拟 分组参与式讨论 集体练习
以幼儿为对象组织现场教学，理解、掌握本活动教学总流程和分流程的设计思路和方法	学：教学总流程和分流程解析 训：根据现场活动确立内容 研：现场教学组织亮点与问题诊断	现场抽签组织教学活动 分组参与式讨论 集体练习

执笔人：2019 年导师二班学员　王舒娜

（二）参考范例2

1. 大班韵律活动“狡猾的狐狸在哪里”总流程分析。

挑战4 站圈外随乐完整游戏	跟随音乐，完整玩“狡猾的狐狸在哪里”的游戏
挑战3 累加“追逐跑”游戏	迁移体育游戏“追逐跑”的经验，玩“老虎追狐狸”的游戏，训练幼儿快速反应及追逃能力
挑战2 明确老虎和狐狸的任务	流程，巩固学习动作要领
挑战1 累加老虎角色	明确狐狸与老虎间的互动
音乐 随乐用上肢做狐狸的动作	感知动作要素、顺序及重复规律，理解故事、音乐与动作间的关系
动作 狐狸走路的动作	探索狐狸走路的上肢动作
故事 狐狸与老虎的故事	情境引入，引发兴趣，明确故事情节

图12－10

2. 大班韵律活动“狡猾的狐狸在哪里”分流程分析。

表12－3 大班韵律活动“狡猾的狐狸在哪里”分流程分析

<table>
<tr><th>流程</th><th>情境的推进</th><th>问题的推进</th><th>空间的变化</th><th>角色的累加</th><th>教师支持</th></tr>
<tr><td>挑战4</td><td>站圈外随乐完整游戏</td><td>老虎追狐狸</td><td rowspan="2">站在圆圈外，面向圆圈上行进游戏</td><td rowspan="3">一名幼儿当老虎，一名幼儿当真正的狐狸，其余幼儿都是镜子里的狐狸</td><td>将动作转换的预令改成行进、停下位移的预令</td></tr>
<tr><td>挑战3</td><td>累加“追逐跑”游戏</td><td>狐狸说完什么话的时候，老虎追狐狸</td><td>迁移“追逐跑”游戏的经验，引导老虎追狐狸</td></tr>
<tr><td>挑战2</td><td>明确老虎和狐狸的任务</td><td>老虎和真正的狐狸说了什么</td><td>站在圆圈外，面向圆心游戏</td><td>教师站到当老虎的幼儿身边给予鼓励，边提示狐狸的动作</td></tr>
<tr><td>挑战1</td><td>累加老虎角色</td><td>老虎是在狐狸做什么动作时醒来的</td><td>坐在椅子上（围成圆圈），老虎在圆心</td><td>教师当老虎，选一名幼儿当真正的狐狸，其余幼儿都是镜子里的狐狸</td><td>选一名幼儿（高级榜样）当真正的狐狸，教师当老虎。教师边游戏，边进行狐狸动作转换的预令提示</td></tr>
<tr><td>音乐</td><td>随乐用上肢做狐狸的动作</td><td>得意扬扬的眼神</td><td rowspan="3">围成圆圈坐在椅子上</td><td rowspan="3">师幼都是狐狸</td><td>在乐句转换前，用预令及身体的幅度提示动作转换</td></tr>
<tr><td>动作</td><td>狐狸走路的动作</td><td>提升：摇摇摆摆、大摇大摆等</td><td>边说语令边带着幼儿做狐狸动作</td></tr>
<tr><td>故事</td><td>狐狸与老虎的故事</td><td>老虎和狐狸会发生什么事</td><td>讲述故事，引起幼儿兴趣，明确故事情节</td></tr>
</table>

3. 基础班学员的培训计划:大班韵律活动“狡猾的狐狸在哪里”。

(1) 培训目标。

① 引导学员了解活动的流程,明确各环节的任务,体验团队的力量。

② 引导学员内化音乐活动的含义,在虚心学习的基础上勇于承担开课任务,并取得进步。

③ 发挥基础班学员的优势:思维活跃,想法新颖,愿意大胆说出自己对活动的想法。

(2) 培训计划。

提高基础班学员的音乐素养。尝试研训一体,共同学习。音乐的听、唱、表演以及对音乐作品的理解、分析、处理等方面的能力,是在音乐实践活动中提高的。

① 课例分析、答疑解惑。

根据对教案及流程的分析,明确活动设计,对活动不明确的地方先让学员回答,再由讲师进一步讲解。

② 集体练习。

针对音乐风格设计的故事和动作的适宜性和匹配度,在练习过程中积极讨论,及时总结。

③ 分小组选择模仿环节。

将韵律活动“狡猾的狐狸在哪里”分为三个环节,以学员在园所带班的年级组为单位分组,有任务的教师带着大家一起操练技能,同时内化技能。

环节一:故事、动作、音乐;

环节二:挑战 1、挑战 2;

环节三:挑战 3、挑战 4。

④ 讨论活动情况。

现场研讨:在进行教学活动的研讨时,积极提出优化意见。

进一步关注律动分享时教学流程的适宜性和语言策略使用的有效性。

⑤ 抽签模仿课。

各组推选一名学员或抽学号,尝试进行完整的模仿课开课。

⑥ 分组讨论,集体反馈。

律动活动后，请老师根据本小组老师的情况进行反馈和提出疑问，由开课的老师在活动结束时提出自己的困惑（可以是在准备过程中的，也可以是在现场临时反思的；可针对环节、策略等方面提），这样不但能激发和提高学员的主动性、合作性，同时研讨活动也更有时效性。

执笔人：2019 年导师二班学员　陈雪

第四节　导师一班考核作业及参考范例

一、导师一班考核作业

1. 进行园本教研活动组织练习，一年内不少于3次。最终提供一个教研活动组织过程视频。

2. 按照教材提供的版式，参考教材提供的案例，独立撰写一学期主题教研活动方案1个、教研论文1篇。

二、参考范例

（一）参考范例1

三八保育院音乐教研组"克隆课"成长纪实

——教研组长的成长自诉

2012年9月开始，我正式接手园部音乐组工作，当时原组内的"老"成员全部退组，留下3个新老师（年龄和我相仿）与我一起组成了新音乐组班子。

1. 第一阶段（2012年9月至2014年6月）："毫无组织"状态。

刚接组时我自己还处于"角色转换"的适应期，对于组内的老师，我是以"经验总结—延续"的方式进行教研组织的。我认为韵律活动是我当时比较擅长的领域，于是，将念书时克隆过的韵律活动全部共享给大家，确定以"韵律活动的克隆"为教研组的工作主线。

组内老师在我提供的活动中自主选择克隆内容，自行观摩和整理，在教研活动时，自己做活动所需的所有准备，当时处于"个体承包"状态。虽然我自己在组织活动的时候也觉得"八面玲珑"很吃力甚至很委屈：要自己布置场地、要自己带孩子和送孩子、要"三头六臂"地放音乐和课件等，但碍于某种不知名的面子，我始终未提，大家也没人说起过。

在教研组成立初期，重点是通过克隆活动帮助组内成员形成对游戏化韵律活动"流程"组织与实施的初步了解和理解。随着时间的推进，教研实录逐渐从我的"一言堂”到大家可以单就“流程”进行讨论。

2. 第二阶段(2014 年 9 月至 2016 年 6 月):“初有组织”状态。

“个体承包”的状态持续了两个学年,我逐渐适应了自己的角色。组内阵容也从 4 人增至 7 人,我开始有了“团队组织”的意识:“不管谁上课,其他人要帮忙。”教研活动逐渐形成了良性循环,那种上教研课前的“心累”和“委屈”全没有了!

关于克隆活动的选择我也进行了反思,前一阶段的克隆活动基本都是大班的,老师在克隆中需要关注的点和解决的问题较多。因而在这一阶段,我重新选择活动,增加了小班韵律活动,同时,增加了“歌唱活动的克隆”。

此外,要上教研课的老师需提前和我沟通、交流,我来指定克隆课的内容,在教研前要进行说课和试教。

因在说课和试教时已解决了部分问题,此阶段的教研效率和质量要优于前一阶段。对新老师的成长来说,因为是我根据个人教研情况而指定的克隆内容,所以,新老师的成长是“有控制”的。因活动时长缩短,组内有更多时间进行研讨。因有歌唱活动的加入,老师逐渐对歌唱活动流程的组织有了新的认识。

3. 第三阶段(2016 年 9 月至 2018 年 6 月):“有组织拉手”状态。

此阶段组内人数达到了 13 人,考虑到我自己没有足够的精力和时间来保证每个组员的专业成长,又考虑到组内的部分老师已经“成熟”起来,我进行了“责任转移”,根据年级组和工龄进行了“老”带“新”的“拉郎配”,对资历还较浅的“老”教师,我让两“老”对一“新”组合起来,这些组合一学期换一次。而我则给了自己新的目标,从自己设计原创活动到主要鼓励和关注“老”教师设计原创活动。

“责任转移”后,我第一次感受到带团队其实也可以很“轻松”!每名“老”教师不仅拥有了自己的原创活动,同时也在“师带徒”的过程中体验到了我曾经做她们师傅时那种“复杂”的心情:在徒弟上课前想要倾尽自己所有的经验来帮助她规避所有可能出现的问题;徒弟上课时比自己上课还要紧张,心随时都可能吊到嗓子眼;在徒弟上完课后的研讨中倾诉“老母亲”般的激动……

“新”老师克隆的活动有统一的特点,那就是都是她们师傅上过的活动,因为设定了“包产到户”的规则,“新”老师呈现的活动基本都非常完整,一些曾经在教研中反复研讨的“老问题”不会在新教研中“老生常谈”,新教研活动更多的是发现新问题和讨论新对策。

4. 第四阶段(2018 年 9 月至今):“自组织拉手”状态。

经历上述阶段后,目前我组人数 15 人,结对的方式是老师根据经验和偏好自行寻找,我仍是老师原创活动的师傅,而“新”老师的师傅则有意思地出现了集中在某几个人的倾向。我猜测她们被“新”老师青睐的主要原因可能是:她们的指导更有效,而且她们也更愿意为“新”老师付出吧!

成果:经历了 7 个学年,我组共有 25 个原创活动(我个人原创活动 8 个),其中 15 个原创活动已公开出版,5 个新原创活动即将出版。

在第八届(2012 年)到第十一届“全国幼儿园音乐教育观摩研讨会”和 2013—2019 年“春季大培训”这两个全国较有影响力的学术交流会上,都有我组老师进行活动与工作坊分享,且获得到好评。

执笔人:东部战区总医院第一幼儿园　　陈静奋

(二)参考范例 2

“石鼓路”幼儿园音乐语言组共同成长纪实教研

——让教研创意在游戏中飞扬

我们幼儿园是 1953 年建的一所老幼儿园。长期以来,沉淀的园所文化是朴素温馨;注重教师、幼儿、家长之间情感上的相互支持;注重语言领域的教学和研究;在专业学习上心态开放,注重“学以致用”。

2010 年,从语言长项出发并引进音乐领域的新鲜经验,开始从事以“创造性戏剧活动”为核心线索的课程建构研究,至今已经 10 年了。在这 10 年里,教师团队在语言表达与音乐舞蹈表演方面积累了比较丰富的教育教学经验,以音乐、语言领域为重点的教学研究,也是我园教师团队的研究长项。

因此,我园正常的园内研究、培训活动,也一直重点围绕语言、音乐两个领域进行,这两个领域的研究时而交错进行、时而同时进行。

由于幼儿园采用的是两个领域内容相互融合的顶层教研模式,在教研时间分配、教研人员分布、教研内容审议等方面进行设计的时候,便力求让两个不同教研组的教师,都能够充分发挥自己的领域长项,在合作教研的过程中,相互学习、相互支持、共同收获成长。同时,在每一次的教研活动中,教研准备、教研实施、反思总结几个阶段都需要认真考虑两个领域之间如何达到最佳融合的问题。

自南京大团队开始“游戏化音乐教学”研究以来,我园也汲取了大团队姊妹园的许多教研做法和思路,开展了“游戏化教研”的研究和实践探索,即让教师的“工作学习—教研活动”也像游戏一样充满趣味和活力。

下面仅以一次教研过程为例来展现我们的思考和实践。

1. 教研准备。

(1) 选择核心话题。

① 语言与音乐相互融合的核心话题,可以从以下四个方面来考虑:

第一,儿歌、诗歌可以直接与歌词学习与创编相互融合。

第二,各种文学作品的情境、内容、情绪可以为创造性音乐表演的情境、内容、情绪提供理解、想象、体验和启示。

第三,各种音乐作品的速度、力度、音色、情趣、风格,可以为文学作品的感知、理解、体验和创造性表现提供支持和启发。

第四,当然,韵律化的文学作品还可以直接与歌唱、律动、奏乐活动相互拼接或相互叠加,建构出全新的艺术作品样式。

② 本次教研有两个核心话题。

第一个,在面对幼儿的集体音乐教学活动观摩研讨环节,延续了最近持续关注的“教学活动游戏化”的研究主题。

第二个,在游戏化的教师研训环节,想尝试探究、体验“文学与音乐叠加”的“创造性多声部歌唱”。

(2) 确定教研目标。

① 叙述性歌唱教学中,如何设计与歌词相匹配的游戏情境?

② 直接通过实践体验“诗歌念诵+配乐”的“创造性迁移”学习方式,为后续迁移到面对幼儿的教学活动做一次先行探索。

(3) 教研分工。

主持人——主持教师与所在的年级组团队,共同负责设计本次游戏化教研活动流程,并准备教研活动需要的所有物质。

教师培训团队——语言教研组团队。准备对全体教师执教大班歌唱活动“咏鹅”。(南京市石杨路幼儿园原创)

幼儿教学团队——音乐教研组团队。设计两个叙事性歌曲的游戏化教学活动并备课。幼儿园教研核心团队已看过两名教师的试教,并共同进行了初步探讨与优化。

2. 教研实施:教研实录与分析。

(1) 教研经验回顾。

主持人向大家介绍本次活动的主要流程,并邀请所有参与者回忆、总结上一次教研活动中教师组织的大班韵律活动“泰国之旅”中游戏化的情境创设,以及在教学步骤的层级划分(也是一个长期坚持的核心话题)中,相关理论和技术运用的经验。

“座右铭”温故而知新:“所有学习的起点都应该是原有经验的再现,所有新的学习都是在新旧经验之间建桥,成人孩子都是如此!”

(2) 教师培训。

① “玩转歌唱”游戏。

主持人:区音乐教研组的老师最近观摩了石杨路幼儿园设计的大班两声部歌唱活动“咏鹅”,在教学形式的设计上非常有创意,我们一起来看一看。[观摩大班歌唱活动“咏鹅”教学片段]

主持人:请大家说说这个设计对自己的启发。

教师:我觉得这个设计非常有新意,将儿歌的念诵和音乐的节律结合起来,用两种艺术形式的共性——节律相整合,获得一种新的审美效果。

教师:这个活动关注了选材上的内在联系,将绕口令“鹅”和音乐《咏鹅》相结合,幼儿念诵和演唱同步,形成一种特殊的多声部音响效果。

教师:这个创意让我们体会到语言领域和音乐领域的结合,传统文化和现代说唱艺术的结合,其实我们幼儿园的研究课题“创造性戏剧活动”也是将音乐、语言、动作表演等相结合,这个活动为我们开展戏剧活动提供了很有价值的启发,我们也可以把这种方式引入戏剧表演活动中,还可以在区域活动中开展这样的“说唱超市”,提供语言、音乐让幼儿自由创作……

主持人:看来这个活动对大家的启发很大,仅仅观察还不够,语言教研组今天准备了歌曲《春晓》和儿歌《春大到》，请音乐教研组老师负责演唱歌词，语言教研组老师负责念诵儿歌，尝试随乐合作表演。（两组教师尝试合作表演）

主持人：刚才我们将其他幼儿园的经验进行了“打散重组”的合作表演，请两个教研组的老师谈谈创造过程中的体会。

语言教研组教师：在接到培训任务后，我们仔细观看并分析了石杨路幼儿园的活动，然后开始寻找素材，因为《春晓》这首歌曲很好听，我们就选它作为音乐材料，而后觉得相同题材的配合在一起才会协调，于是我们另外选择了一首关于春天的儿歌。

语言教研组教师：我们对《春晓》这首歌的歌词进行了分析，歌词内容就是《春晓》这首五言古诗，因此我们在选择儿歌时也注意字数统一，韵律清晰。

音乐教研组教师：我们分析《春晓》这首歌曲，中间有一段“啦啦啦……”比较长，考虑到和语言组的配合，我们把这一段去掉了。

音乐教研组教师：在两个组合作的时候，我觉得大家都要控制声音，声音过大就会对对方声部产生影响，在刚开始合作的时候，两个组的距离可以大一点，这样能避免相互干扰。

语言教研组教师：刚才在合作的时候，我们发现歌曲最后一句后有个尾奏，比较长，而且放慢了速度，所以我们将最后两句重复，再将最后三个字放慢速度念，这样就更加协调了。

主持人：要总结归纳一下，儿歌念诵配歌曲演唱这种方式要关注儿歌与歌曲内容上的联系，要把握节律，要自我控制声音。必要的时候，要对歌曲或者儿歌进行改编，使它们之间更加和谐。

幼儿园经常进行教师外出观摩活动的分享，分享中要求教师带着自己的理解和分析与大家分享经验。分享时每位教师都要这样思考：这个内容真的好吗？我认为好在哪里？（价值判断）我如果拿来用需要调整吗？（情境、资源分析）我会用这个活动举一反三吗？（实践智慧）本次研训活动的材料和思路，就是在区开放教研时发现的。大家一致觉得石杨路幼儿园的这个活动形式非常好，可以拿来做游戏化教师培训的材料。

后来通过尝试，教师发现这种活动方式也完全可以放在班级日常活动、区域活动中,选材上可以从幼儿熟悉的短小儿歌开始。

姊妹园教师的一个好“点子”,不仅拓宽了我园教师研训活动的组织思路,也为教师让日常面对幼儿的教育教学工作“学有所用”提供了好的资源。

② 头脑风暴。

主持人:今天我们观摩了两个歌唱活动。中班歌唱活动“老鼠画猫”和大班歌唱活动“刻舟求剑”。下面请结合今天的话题“游戏化歌唱教学策略在歌唱活动中的应用”,对“刻舟求剑”这个活动展开讨论。(语言和音乐两教研组先分组研讨,再集中交流)

教师:这是一首叙事性歌曲,幼儿在学习记忆中有两个困难,歌词不工整造成的记忆困难,对科学道理的理解困难。不用游戏化的手段幼儿在学习中可能无法正确掌握歌词,很快会失去演唱兴趣。

主持人:刚才说的是教材上的困难,请大家针对今天的话题,说说老师用了哪些游戏化的手段让幼儿愉快地学唱歌曲。

教师:今天比较明显的就是老师在活动中应用寻找宝剑的游戏,老师用“演唱得好才能获得找宝剑的机会”这一游戏情境,不断增加挑战难度,让幼儿愉快地学习。

主持人:找宝剑游戏增加了歌曲学习的挑战难度,激励幼儿将歌曲演唱得更好,这种挑战比较符合大班幼儿的年龄特点。

教师:老师使用的图片也起到了营造氛围,帮助幼儿理解歌词的作用,比如,幼儿对秀才可能难以理解,但看着图片就知道秀才指古代的读书人,对“船家”的理解也是如此。

教师:多种形式的欣赏也是游戏化教学的一种方式。老师范唱、观看动画片理解、倾听其他幼儿的范唱音频,从无意识听到有目的的倾听,帮助幼儿辨别歌词,演唱歌曲。

教师:除了上面说的,还有他们班开展的成语主题教育活动(这是一种大课程的理念),也能帮助幼儿理解成语故事,为幼儿学唱积累经验。

教师:最后,老师的提问“秀才的方法能找到自己的剑吗?”帮助幼儿理解“刻舟求剑”的含义,知道“船行剑沉”的道理。

主持人:今天我们积累了关于叙事性歌曲如何游戏化演唱的策略,前期对故事的倾听理解有助于幼儿理解歌词内容；图片的加入将抽象的歌词具体化；挑战性游戏激励幼儿更好地演唱歌曲；多种形式的倾听有助于幼儿精准掌握歌词。

3. 教研活动反思。

一次教研绝不仅仅是现场的一次性活动。在长期的教研中，我们往往会把教研活动作为一个“大课程中的小主题”来做。

本次活动再次强化了我们对教研工作的基本认识：

（1）明确分工，人人担责任。

园内两个教研组的领域研究经验都比较丰富，但是也存在对本教研组的研究有兴趣，对其他教研组的研究不感兴趣的问题。因此音乐教研组开展主场观摩时，让语言教研组成员承担模仿学习以及培训任务，要求语言教研组教师必须钻研、体验即将观摩的活动，这样语言教研组教师到了教学现场就会有备而来，避免出现“外行看热闹”的现象。

（2）不断延续，教研显长效。

我们鼓励教师在教研中学习，在实践中创造。大班教师随后便将教研中获得的经验转变为大班毕业典礼中的“毕业歌新唱”：念唱结合的方式，深受参加表演的幼儿和在现场欣赏幼儿的欢迎。同时，教师也运用在“刻舟求剑”中获得的经验开发出了“拔苗助长”“都夸小白兔有礼貌”等活动。全园教师已逐渐养成了学习、理解、创造性迁移应用的工作—学习习惯。

（3）总结实践，经验变法宝。

每次教研活动现场，教师们都会汲取大量有用信息，有来自不同教师的实践性经验，有源自姊妹园的信息交流经验，有源自专家的理论性经验，有时还有来园参加教研的其他园教师的意见和建议。

对于这些宝贵信息，我们采用以下方式进行收集、整理、应用：小组讨论的内容用图文记录，交流后留下图文资料；下一次教研活动由主持人进行回顾；将专家发言进行录音或者录像，会后由教科室进行实录整理，再共享学习；对整体教研中形成的全套资料，由负责研训的团队进行分类收集，形成研训记载册，作为幼儿园教学资源库的内容，供教师阅读学习。

总之，教研活动的质量取决于幼儿园的顶层设计、教师的全体参与、问题情境的准确切入、教研团队和教师队伍经验梯度的精准定位、专家引领、团队互助等要素的和谐整合。另外，游戏体验在前、反思提升在后的操作流程，也使得教研创意能够在研究性游戏中飞扬，使得教师能够在游戏性研究中成长。

附录

《咏鹅》歌词：鹅鹅鹅，曲项向天歌。白毛浮绿水，红掌拨清波。

节奏音型：东边一群　鹅，西边一群　鹅，鹅飞　鹅跑　鹅下　河。

《春晓》歌词：春眠不觉晓，处处闻啼鸟。夜来风雨声，花落知多少。

新配儿歌《春天到》：春天 到 ，春天 到，花儿 朵朵 开口 笑，草儿 绿，鸟儿 叫，蜜蜂 蝴蝶 齐　舞蹈。

执笔：南京市石鼓路小学附属幼儿园语言、音乐教研组

第五节　导师二班考核作业及参考范例

一、导师二班考核作业

1. 进行主题工作坊练习，一年内不少于 2 次。最终提供一个主题工作坊视频。

2. 按照教材提供的版式，参考教材提供的案例，独立撰写主题工作坊方案 1 个，不少于 3000 字。

二、参考范例

有意注意导入促进幼儿有效倾听

——游戏化歌唱活动中的有意注意引导策略

1. 关键词聚焦。

（1）有意注意。

有意注意指自觉的、有预定目的的注意。有意注意往往需要一定的努力，要积极主动地去观察某种事物或完成某种任务。有意注意是在无意注意的基础上发展起来的，是人所特有的一种心理现象。

由此可见，有意注意对于学习和工作来说，都会产生较高的效率。在幼儿园歌唱活动中，辅以一些策略的运用，可以充分发挥有意注意的作用，吸引幼儿有意识地感受旋律，理解歌词，从而提高教学效率。

（2）有效倾听。

有效倾听指在对话中，把感观、感情和智力的输入综合起来，寻求其含义和理解的智力和感情过程。换成通俗的讲法，“听着”的不仅是耳朵，还应有眼睛、脑和心。

在幼儿园歌唱活动中，有效倾听指听得清歌词和听得懂旋律。其中，听得清歌词指的是帮助幼儿建构歌词模型，理解歌词含义；听得懂旋律指的是帮助幼儿掌握歌曲旋律、音准、节奏等。

▶互动(提问与 PPT 结合)

游戏化“傻瓜”流程回顾。

提问:游戏化歌唱活动的“傻瓜”流程是什么?(邀请 1—2 名教师回答,教师边讲边出示相应环节的 PPT)

反思与小结:梳理游戏化歌唱活动“傻瓜”流程,故事;倾听范唱(音乐)是一个观察模仿的过程,建构歌词模型、理解歌曲,感受旋律;练习(“味精”);反思(“味精”);放松(“味精”)。这里,我们重点讨论歌唱活动的倾听环节如何做到有效倾听。

2. 游戏化歌唱活动中有意注意导入应遵循的原则。

(1) 设计适宜的故事情境。

游戏化歌唱活动由故事导入,为什么要讲故事?是为了激发幼儿倾听的兴趣和主动性,并愿意参与到歌唱活动中。故事情境如何创设?可以从两个方面来考虑。

一方面,基于歌曲本身的歌词情境设计故事。

执教教师演唱《小熊过桥》一遍。这首歌的歌词本身就是一个很完整的故事,可以直接迁移歌词内容讲故事:“小竹桥,摇摇摇,有只小熊要过桥,立不稳,站不牢,后来发生了什么事情呢?我们一起来听一听!”

另一方面,根据歌曲风格设计故事。

执教教师演唱《晚安宝贝》一遍。这首歌曲风格温馨,表达的是晚上哄小宝宝睡觉的事情,基于歌曲风格可以创设一个关于妈妈和宝宝的温馨故事:“天黑了,月亮婆婆出来了,谁睡觉了呢?我们一起来听一听!”

(2) 讲故事关注“三精”:精确、精练、“惊艳”。

首先,故事内容时常会指向歌词,因此,讲述的时候尽量做到用词精确。其次,故事情境是为了吸引幼儿的兴趣,激发幼儿倾听的兴趣,但故事不宜讲述过长,否则,喧宾夺主,分散幼儿的注意力,因此,讲述故事时,语句要精练。最后,教师讲述故事时可以使用抑扬顿挫的语音语调配合神态动作,营造“惊艳”氛围。

▶互动

以《柳树姑娘》为例讲故事,感受与体验“三精”语言。

提问:哪位教师来试试讲《柳树姑娘》的故事?(邀请一到两位教师尝试讲 讲这首歌曲的故事)

反思与小结:围绕"三精"(精确、精练、"惊艳"),说说两位教师讲的故事有哪些值得学习的地方。

① 肯定参与教师讲述的故事与歌词的匹配性。

② 肯定参与教师在讲述故事的过程中语言的精确性和感染力。

③ 肯定参与教师在设计故事时的技巧,如留白、设疑等。

(3) 适宜的范唱。

① 范唱的速度。

在新授歌唱活动中,虽然所授幼儿年龄不同,但原则是一致的,即慢速范唱,这便于幼儿听清歌词和听懂旋律,有利于幼儿在倾听的过程中保持从容、稳定的状态。有些教师问:大班幼儿的能力不是比较强吗?为什么也要慢速呢?虽然大班幼儿的能力强,但大班幼儿所需掌握的歌曲也是有一定难度的,难度有的来源于歌词,有的来源于旋律,还有的来源于节奏。因此,大班的歌曲在范唱时依然要慢速。

▶互动

以《拍手唱歌笑呵呵》为例,感受范唱速度的适宜性。

执教教师慢速范唱一遍。

提问:请教师围绕范唱速度说说自己的感受。

反思与小结:肯定教师对范唱速度的关注。同时引导教师认识到慢唱也是符合幼儿身心发展需求的。

② 范唱的遍数。

一般来说,倾听环节的范唱遍数控制在四到五遍为宜,便于幼儿在倾听过程中了解歌词,初步建构歌词模型,熟悉旋律,理解歌曲。

③ 范唱时的清唱与配琴。

▶互动

以《柳树姑娘》为例,感受范唱过程中的钢琴伴奏。

提问1:我们先来听听范唱的第一遍,钢琴都弹奏了什么?

反思与小结：歌曲新授的第一遍范唱，我们建议教师清唱，钢琴只配前奏，这样幼儿能清晰地听清歌曲本身，教师范唱也能保证音准；

提问2：请仔细听第二遍和第三遍范唱，大家听听钢琴伴奏有什么变化？

反思与小结：第二遍和第三遍，我们建议只加右手轻伴奏，帮助幼儿初步感受旋律；

提问3：第四遍和第五遍的范唱，钢琴伴奏又会有什么样的变化呢？

反思与小结：第四遍和第五遍，幼儿对歌曲已经有了初步的感知，可以加上轻声的左右手配合的伴奏。这里为什么强调轻声？轻声伴奏，有利于幼儿养成听琴声的习惯，有助于幼儿把握音准，也是潜移默化地让幼儿感受音量的控制。

④ 相对稳定的范唱状态。

慢速范唱，是一种稳定的状态。在空间考虑上，需让幼儿在一种相对稳定的空间队形中倾听教师范唱，坐姿是日常中使用较多的倾听姿态，即使有动作，也以上肢简单动作为主，尽量在倾听时减少位置移动或是强烈刺激的游戏，避免给幼儿带来干扰。

▶互动（游戏式）

以《懒惰虫》为例，感受游戏化倾听中幼儿的稳定状态。

游戏：工作坊教师边演唱歌曲边与教师（扮作“幼儿”）通过“点兵点将”游戏互动。在歌曲的最后一个字“点”到谁，谁就要回答问题“你愿意做懒惰虫吗？”（唱玩两遍）

反思与小结：虽然是游戏化歌唱活动，但是在倾听环节，教师需要关注游戏化倾听中幼儿的稳定性需求。在刚才的游戏中，一直在位移的是教师，幼儿更多的是坐在椅子上期待与教师互动。互动是在歌曲结束后。通过这样的方式，幼儿既感受了游戏的乐趣，又在相对稳定的状态中倾听歌曲。

⑤ 建议使用钢琴伴奏，不建议播放音乐文件。

倾听环节使用钢琴伴奏，一方面教师能调控音量，另一方面教师可以根据幼儿的情况，实时的调整范唱速度，或是在演唱重点词句时通过语音语调的变化突出重点等。

▶互动

以《小老头儿》为例，体验范唱时音量、速度的对比。

播放《小老头儿》的音频四遍，大家回忆歌词。

执教教师现场范唱歌曲两遍，大家回忆歌词。

提问：执教教师请大家说说对两者的不同直观感受。

反思与小结：肯定教师对范唱时音量、速度及重难点方面的关注。同时引导大家发现这些关键策略与听清歌词之间的关系。

3. 游戏化歌唱活动中有意注意导入的设计思路。

在使用有意注意导入策略时，更加关注通过这种方法，帮助幼儿有意识地感受旋律，理解歌词。比较常用的策略有三种：图片策略、提问策略和动作策略。

（1）图片策略。

图片具有直观的特点，幼儿能直接看到，也可以直接进行操作，因此是幼儿园常用的教学策略之一。歌唱活动中的图片，更多的是以歌词结构、图示的形式出现，如果能够善用图片，可以大大提高幼儿在倾听环节的有效性。在使用图片策略时，需要注意以下关键点。

① 图片简单直观，无干扰。

教师在选择图片、设计图片时，要抓住歌曲歌词中最关键最重点的部分，尽量简单，突出重点。画面要干净清爽，不要有太多的装饰或者避免与歌词无关的内容出现。

② 图片与歌词相匹配。

有意注意导入中，图片策略的意义，就是帮助幼儿厘清歌词，理解歌词。图片的内容一定要和歌词内容相匹配。简单地说，要让幼儿一看到这幅图片，就能在倾听的基础上知道图片所对应的是哪一句歌词。

▶互动

以《晚安宝贝》为例，感受图片与歌词的关系。

执教教师演唱歌曲，并根据歌词出示两幅图片，教师猜测哪幅图片是匹配这首歌曲的。（另一幅图片星星在后，音符在前）

提问：请教师分享选择图片的理由。

反思与小结:图片简单直观的作用和含义。

首先,肯定教师对图片画面的分析,并关注图片与歌词的匹配性。

其次,肯定教师对画面的观察,选择无干扰元素的图片。

最后,肯定教师对歌词与画面相应细节的关注与思考。

图 2－11 《晚安宝贝》

③ 图片格式工整。

每一首歌,都有其既定的句式和结构,但这是比较抽象的,而借助结构工整的图片,就可以有效地帮助幼儿边听边直观地理解歌词。一般来说,小班的歌曲比较简单,一句歌词匹配一张图片(工作坊执教教师边唱歌曲《春天》,边匹配图片),而中、大班歌曲难度较小班大一些,歌词的内涵也稍多一些,一句歌词可能需要匹配两张图片。相同歌词的图片要保持一致,整首歌曲中每句歌词匹配的图片数量也要保持一致。

图 12－12 《春天》

▶互动

以《美丽的小花》为例,体验图片大小与乐句长短的关系。

执教教师边唱《美丽的小花》边摆放图片,引导大家仔细观察图片的设计规律。

反思与小结:重点帮助教师分析最后两句歌词匹配的图片,根据乐句的长度设计图片大小,这样保证了图片的长度与乐句长度的一致。

图 12－13 《美丽的小花》

④ 图片出现方式多样化。

图片的出现方式也可以丰富多样一些,激发幼儿倾听歌曲的兴趣。比如,可以边唱歌边出图片；也可以一开始就出示完整图片，或出示局部图片，空白的地方留给幼儿来填。

▶互动

以《爱干净的浣熊》为例，体验图片出现方式的多样化。

执教教师边出图片边唱歌，请参与教师完成对应歌词的图片填充，然后抽取任意图片，参与教师尝试完整演唱歌曲。

图 12－14

图 12－15

提问：教师留给幼儿填空的是哪几张图片？为什么这样设计？

反思与小结：留白给幼儿填空的图片，可以是重复歌词的部分。幼儿在填图片时可以根据现有图片，通过回忆歌词，在空格内匹配对应图片，这其实也是给幼儿预留的一个填图片线索；在图片的设计中，使用了底图（格子图），让幼儿明确一个格子填一张图片，并且每一句都是匹配三张图片，让幼儿直观地知道，三张图片对应一整句歌词的歌曲结构；大班幼儿可以尝试自己绘画部分图片。

（2）提问策略。

在有意注意促进幼儿有效倾听的过程中，适宜的提问也是很关键的策略。教师有层次的提问，让幼儿带着问题倾听，在观察、反馈中倾听，带着一份期待倾听，从而充分调动有意注意。

提问策略中，我们需要关注以下关键点。

① 问题的设置：源于故事，立足歌词。

一方面，在活动最开始，需要给歌曲、给整个歌唱活动创设一个情境，设计一个故事，而这个故事是和歌曲本身相关的，提出的问题源于故事，整个情境线索才会完整流畅。另一方面，提出的问题要针对歌词内容，目的是帮助幼儿理解和记忆歌词，因此，提问要立足歌词。

② 提问的顺序：歌词先后顺序、歌词难易程度。

问题怎么提？按照什么顺序来提？针对哪些内容来提呢？

一方面，可以按照歌词出现的先后顺序来提问。因为歌曲本身是存在逻辑性的，创设的情境也是有一个逻辑线索的，而这所有的逻辑，都是围绕歌曲本身的，所以，依照歌词出现的顺序提问，更有利于帮助幼儿在倾听中形成清晰的认识，建构记忆的线索。

另一方面，可以根据歌词的难易程度来提问，通过提问让幼儿逐步理解歌词的含义。面对一首歌曲，教师首先要做任务分析，基于不同年龄段的幼儿，分析歌曲中哪句、哪段是幼儿可能比较难掌握的，哪些重点词句是幼儿很难理解的……这些都是设计问题时需要考虑到的。

▶互动

以《小跳蛙》为例，看如何设计倾听环节的提问。

执教教师演唱歌曲（歌词：呱呱呱、呱呱呱，湖边一群小青蛙；跳得远，跳得高；捉害虫呀保庄稼）。

提问：如果是你来设计这个活动，在倾听五遍的环节，可以提什么问题？

大家说完自己的想法后，执教教师出示事先准备好的提问梯级（见图 12 - 16）。

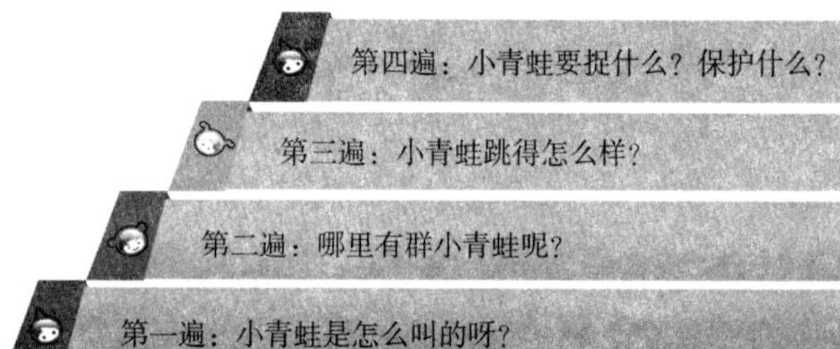

图 12 - 16

分析提问策略：考虑难点词语“庄稼”的提问时机，考虑整个歌曲的提问重点等。

反思与小结：肯定参与教师对歌词顺序的关注和他们能按照歌词顺序设计问题；肯定参与教师对难点词语的针对性提问，帮助幼儿解决问题；肯定参与教师在设计问题时对幼儿年龄段特点和生活经验的考虑。

（3）动作策略。

和图片一样，动作也较为直观，而且在有意注意的过程中，适宜的动作可以帮助幼儿科学地进行动静交替，从而达到更好的倾听效果。在倾听环节中的动作设计，需要关注的问题如下。

① 动作设计匹配歌词。

动作策略和图片策略有异曲同工之处,都是把抽象的歌词转化成具象的画面。使用动作策略时,需要注意动作的指向性,即与歌词内容的匹配性。执教教师边唱《礼貌歌》边做动作,唱完后,介绍动作。

② 动作设计相对简单,可重复使用,避免干扰幼儿的注意力。

动作的作用是帮助幼儿在倾听过程中理解、记忆歌曲,动作和教师的范唱应当是相辅相成的,所以动作尽量简单,不要给幼儿带来新的记忆负担。

▶互动

以《摘草莓》为例,体会动作设计的技巧。

执教教师边唱边做动作一遍(如果幼儿反馈有困难,可以再做一遍)。

提问:刚才的动作里有哪些是重复的?

反思与小结:倾听的环节当然以倾听为主,动作只是辅助。每个乐句只做了一个动作,都是和歌词内容匹配的动作。歌曲中有许多歌词会重复,对于重复部分的歌词,为了帮助幼儿进行记忆,一般也会选择相同的动作,在《摘草莓》中有两处重复:一颗颗的红草莓,好像那个玛瑙坠;装满小竹篮,风中飘香味。教师在设计时就运用了相同歌词用相同动作的策略。歌词重复,动作也重复,减轻了幼儿的记忆负担。

③ 动作设计的稳定性。

节奏的稳定性。动作除了有指向歌词的功能外,还有带领幼儿感受歌曲节奏的功能。因此,动作设计时,节奏须统一与稳定。一般来说,两拍一下的动作比较适宜,有些三拍子的歌曲,动作须落在重拍上。[执教教师边歌唱边做"都睡着了"的动作一遍,提问:"为了帮助幼儿卡准重拍,老师刚刚做了什么动作?"(如果大家有困难,执教教师可以再做一遍)并邀请大家共同边歌唱边做动作一遍]

空间的稳定性。和图片策略有所不同,动作策略虽然很容易激发幼儿参与的主动性,但也容易使幼儿的情绪高涨。在倾听环节,一个相对稳定的倾听状态是有利于幼儿集中注意力的,也是让幼儿有效倾听的重要保证。因此,尽量以上肢动作为主,减少位置移动和下肢动作,确保空间的稳定性。

▶互动

执教教师唱大班歌曲《买菜》，在 PPT 中同步呈现歌词。请参与教师尝试根据歌词设计动作。

过程：执教教师唱四遍，参与教师完成动作编排，之后一一分享给大家。执教教师逐一分享参与教师动作中的亮点。最后执教教师分享自己的动作设计。

反馈的注意点：

肯定参与教师设计动作时考虑到了与歌词的匹配性，如相同歌词匹配相同动作。

肯定参与教师设计动作时考虑到动作的合拍性和频率转换的稳定性。如都是两拍一下的动作，都是一个乐句换一个动作等。

肯定参与教师考虑到空间的稳定性。如尽量用上肢动作表现，每个动作都有落点等。

小结：在游戏化歌唱活动中，教师使用多种有效倾听的策略，目的如下。

让幼儿精确听清、听懂歌词，养成良好的倾听习惯。

让幼儿喜欢歌唱，觉得歌唱是一件有意思的事情。

让幼儿发展一定的音乐能力，为从容开口唱歌做好准备。

原创设计：南京师范大学幼儿园音乐组团队　执笔人：丁倩　张玭

第六节　导师三班考核作业及参考范例

一、导师三班考核作业

1. 进行微小集体音乐教学问题研究的练习，一年内完成。

2. 最终提供科研论文1篇（含选题缘由、文献综述、研究方案、研究资料收集、整理和分析、研究结果讨论）

二、参考范例

（一）参考范例1

领导者的评课话语研究
——以一名优秀幼儿园业务园长为例

1. 选题缘由。

评课活动是幼儿园教学研究的主要形式，是教师专业成长的重要平台，构建出“温暖·激励·有效”的评课活动形态不论是对幼儿发展还是对幼儿园建设都有重大意义。然而，从对评课活动研究方向的确立到业务园长话语研究的锚定，这一过程是漫长而艰辛的。

由衷感激这段宝贵的经历（1次教研主持、4次公开执教、11次教科研工作指导），它使得研究者对“温暖”与“激励”的了解实现了一个跨越式的自我突破：原来，“温暖”与“激励”不在于系统，不必要夸大。有时，它可以是某人不经意间的一句话；有时，它可以是化解尴尬的一个玩笑，甚至有时就是无声缄默……

通过文献梳理，“领导理论”和“语用学”的共同启发令研究者开始相信，作为参与评课活动的领导者，其言语行为对活动进程及组织发展的影响尤为显著。而对Z园长进行话语分析研究，又饱含着研究者的震惊、钦佩、疑惑与迫切。

关键词：评课活动；业务园长；话语分析。

2. 相关文献综述。

（1）领导理论。

领导理论主要以西方的研究为代表，至此大致经历了特质论、行为论和权变论三个阶段。而作为领导学分支学科的学校领导研究，则更为滞后，大约从20世纪80年代才开始，其中美、英、澳等国在学校领导的研究领域中做出了重大贡献。

当前，西方学校领导理论的研究主要有以下几个范式，共同呈现出当前研究成果的发展样貌。

第一是变革型领导理论。它的概念最早由唐顿提出，他试图将领导者与追随者的角色相互联系起来，划分了两种领导力类型：交易型领导和变革型领导，提倡学校领导应十分敏感于追随者的需求和动向。

第二是道德领导理论。它由美国当代教育管理学家托马斯·J·萨乔万尼于1992年提出。“道德领导”以“价值为本”作为理论出发点，认为需要通过学校的道德权威来激发员工的内部动机，促进共同体成员的自我管理，使学校达到“不治而治”的境界。他还特别提出了学校学习共同体的愿景，对当今教育管理学界产生了重大影响。

第三是教学领导，这种派别的研究者常常把校长称作“学习领导者”“首席学习者”“以学习为中心的领导者”等，但由于他过分地将校长作为学校变革的主角，便直接促成了分布式领导思想的产生。

第四，也就是分布式领导理论，这一理论在2000年以后逐渐备受瞩目。它的大体思想是：一个知识密集型的组织急需在组织成员中分布领导职能。领导并非是高高在上的孤独个体和职能，而是在一种共同文化之下、在合作性工作之中发生的集体行为。

第五是知识社会领导理论，它以卡德威尔为代表人物，“变革之轨”与“聪敏学校”是这个理论当中的两个亮点。该理论认为，组织学习应以问题为本，校长本身也是一个学习者，并不拥有先于他人或优于他人的答案。他只不过是一个善于引领教职工共同学习、共同探究问题解决、共同建筑“聪敏学校”的“首席学习者”而已。

可以说，西方学校领导理论的不同流派共同推进了它的发展进程。我国目前的学校领导研究还存有一些努力的空间。因此，研究者认为：我们一方面应该对当前先进的研究成果保持敏感,另一方面更应注重能反映实际状况、解决实际问题的实证研究。

那么或许,对幼儿园领导者在评课活动中如何说话的研究便可以体现出一定价值。

(2) 话语分析方法。

话语分析正式被提出来是在1952年。这期间,语言学的研究对象逐渐从静态的字、词、句,转向了以动态交流为特征的语境中的互动话语。特别在20世纪70年代以后,话语分析逐渐将重点投向了诸如法庭、医患、课堂等职业话语范畴,形成了"对互动的会话本身的研究"和"对交流中的职业话语研究"两种研究方向,更加关注职业语境中话轮及话语权的分配与其他功能之间的关系。

本研究按类型来看应该类属于"对交流中的职业话语研究"。这种类型的研究中开展较多的是对课堂言语行为所做的研究,其中弗兰德斯的互动分析系统有着强烈的结构化、定量化研究的特点,给予了本研究众多启发。他运用了现场研究的方法,对不同年级和不同学科的课堂进行了大量的观察,以教师、学生为维度划分为10种类型,又通过矩阵图得出各种语言行为占总语言行为量的百分比,并比较其中的差异。这种课堂语言行为互动分析系统在教学语言研究中得到了广泛应用。

3. 主要相关概念界定。(略)

(1) 业务园长在评课活动中使用的四种话语类型。

阐释性语言,指令性语言,表态性语言,相告性语言。

(2) 幼儿园评课活动中的角色类别。

业务园长,教研组长,执教教师,教研组其他教师,专家教师,外援团队教师。

4. 研究设计。

(1) 研究思路、方法。

研究者采取了量化与质化相结合的方法,形成了以下研究步骤。

第一步:对N幼儿园音乐教研组教研活动进行为期一学期的介入,并进行观察与随机访谈;

第二步:数据的收集(确定要分析的评课活动视频、进行一期访谈);

第三步:语料的转录;

第四步:确定并命名教研活动中的话题以及Z园长话语的发出对象;

第五步:逐句分析Z园长话语的言外目的,确定意序(一级编码,开放式登录);

第六步:关联式编码,确定四种话语类型以及其下属项目;

第七步:对话语类型出现的频率特征进行统计并描述;

第八步:基于统计结果进一步做“质”的分析(不限于解释语言学角度的语用运用特征,更偏重于挖掘出言语行为背后的话语策略、话语角色等);

第九步:就必要问题进行二期访谈;

第十步:撰写论文。

(2)编码说明(略)。

5. 研究资料的整理分析。

6. 研究结果的讨论。

Z园长话语成因的简单探讨。

(此前略去……)也就是说,Z园长的话语会对其他教师话语产生影响,也会受到来自其他人的反作用,更受她们共同形成的话语文化的影响。这原理如同温勒的“场论”说,认为个体并非孤立个别属性的机械相加,而是在一定空间里包容诸个个体的“格式塔”。如此,她们共同营造着整个评课活动的语言特征以及其背后的研讨氛围与组织文化。所以说,Z园长的语言更多的是整个话语生态的产物,离不开她的话语伙伴们对她的启迪与感动。她们之间相互温暖、相互激励。话,只是由心而生罢了。

结论到此处,研究者与Z园长探讨了组织文化,研究者试图用“学习型组织”“学习共同体”这样的概念去描绘它,但Z园长说,她觉得这个幼儿园的组织精神可能也就是她们的课程核心,即“全纳”。“全纳”是幼儿园长期坚持的园本课程,它为各领域教研组的教科研活动形成了基本的理论框架,但它的精神、理念却似乎成为幼儿园的组织文化,关怀和接纳着每一个个体的特点与需要,没有歧视、排斥和分类,强调合作,强调集体……它更像一剂强有力的黏合剂,对组织中的物质、制度、行为、精神都发挥着作用。

且不说其他,该音乐组评课活动时的座位安排就不同于有的幼儿园,不论是专家、领导还是普通教师,大家都坐在一样的小凳子上围成一个大圆圈,面对面地、平等地交流与互动。当研究者就这个问题与Z园长讨论时,Z园长还告诉研究者,她一般会有意识地选择坐在执教教师与教研组长的中间,这样可以给她们心理上的安全感和行为上的及时支持……这就是“全纳”。也正因为“全纳”,整个评课活动有着一个关怀又尊重个体的多元、民主、平等、安全的开放式学习环境,成员们珍惜并感恩着他人的建议与帮助,时刻思考着“我能给别人什么帮助?”以及“我能从别人那获得什么启示”。再反过来看课程,当一个幼儿园能把其园本课程变为一种组织信仰与团队精神,或许这才是她们对课程核心价值的透彻诠释与践行吧!

对幼儿园领导者提高自身评课话语艺术的几点建议:

(1)“我说得不好吗?”——看看大家的反应,听听真实的声音。

对于当前幼儿园领导者评课话语的问题,最应当提起反省的便是:我们是否重视过这个问题?我们是否客观地审视过自己的话语?

不同的评课活动由不同的成员构成,确实难以说Z园长的话语艺术是衡量他人话语是否有效的标准,但也未必就能说话语是否有效没有标准,研究者确定的这个选题不正是源于作为一名话语卷入者的真实体验吗?所以,这个标准很简单,也可见,如果领导者有心去在意他人听了后的反应,有心去揣摩他人的话语应答,那么便可见一斑:

你的发言是否总是会终结某个话题?

是否经常有人敢提出不同于你的观点?

每一次共识的达成是否都是大家喜而为之的?

在你离开后,评课的氛围是否反而会热烈起来?

你的批评是否总是打压了对方继续努力的激情?

你的话语姿态是否总是高高在上?

你是否觉得你的观点才是对的?

……

这些标准也仅仅只是参照,还会有各式各样的形态和可能。而不论谁在对他人的话语下判断,最为关键的是,说话者自己是否有所意识?

(2)“我明明也说了”——“我究竟说了什么”?

还有一种情况,有些领导者确实也在意说话问题,但效果可能还囿于自身对“温暖”和“激励”的理解。在分析完Z园长的话语特征之后，研究者认为以下情况也是应该引起重视的。

有时候领导者可能觉得：我已经说了你“爱听”的话，但你却不以为然！就像我对专家夸赞“您说得真好”。那么我需要反思，我是否了解你的需要？你“在意”什么？是对你专业能力的肯定，还是你共同参与知识的共建？

有时候领导者可能觉得：我已经说了你“爱听”的话，你便得意忘形！就像我时刻用话语维护着你，不让你遭受到批评。那么，我需要反思，我是否了解你的需要？你应该获取什么，是为你排忧解难，还是激发你对客观真理的追求？

有时候领导者可能觉得：我已经说了你“爱听”的话，你却不会对别人说“爱听”的话！在团队中，如果你永远意识不到别人对“温暖”的需要，只一味地想得到“温暖”，那我需要反思，你可能更需要重新对团队建设有新的感悟。

“温暖”其实很简单，需要什么和不需要什么是一个不确定的命题，说话的对象和说话目的的不同，足够使得“温暖”的内涵愈发复杂，而技巧又实则很简单：成为一个有心人，悉心斟酌和权衡他人与团队的需要，有心去积累，一定要坚持。

同样，对于“激励”，有时候领导者可能觉得：我已经激励了你，你却感受不到！那是因为你已经做到了“八分”，我却对你提出了“六分”的期望。

有时候领导者可能觉得：我明明激励了你，你反而愈加颓废！那是因为你目前只能做到“八分”，我却要求你一定要做到“十分”！

有时候领导者可能觉得：我这样激励了你，你却只前进这一步！那是因为我希望你做的，并不是你愿意去做的。或许，我们应该帮助对方成为自我激励与自我超越的主人。

可见，激励不在于领导者要他人做什么，而是要提起他人对自己需要的意识，帮助他获得自己满足需要的能力，让他在激昂的动力和开朗的思路下追寻自我实现的快乐。

（3）最艰难的攻关——如何逃脱“权威”的窠臼？

其实，哪一种话语角色不用在意自己的话语艺术呢？研究者认为，与他人相较，更需要领导者攻坚的、同时也是最容易面临的问题是，如何逃脱“权威”的窠臼？对于参与评课活动的领导者来说，“权威”被特殊的行政职权所赋予，又由丰富的教学经验支撑，一定程度上都强化了其话语的力度和信度，而对"权威"的捍卫似乎从人本心理学的角度也可在需要层次理论中得到情有可原的解释。但需要提起重视的是，"权威"所赋之人，同时也是组织成长的重要责任人，她必须认识到：一个过分利用"权威"的领导者，极有可能"高高在上"地审视他人，而丧失对客观真理的虚心诚意；一个过分在意"权威"的领导者，极有可能包容不了异议，而压抑他人真实的想法和声音；一个过分迷信"权威"的领导者，极有可能沉溺于他人表面上的虚假认同之中，而丧失客观公正的判断力；一个过分捍卫"权威"的领导者，极有可能怯怯地隐藏自己的迷思或不解，而丧失自我认识与超越的勇气和能力……这又让研究者想起了研究之初与Z园长的交谈，她说："我从来没觉得自己说得有多好呀，我们都是平等的学习者罢了。"

原创设计：南京师范大学教育科学学院2013届硕士研究生　林媛媛

（二）参考范例2

（实践+反思）/团队支持

——一个教学模型推广的研究

1. 选题缘由。

研究者每周两次跟随导师去幼儿园观看音乐教研课，而在观看大量的音乐教学活动之后，研究者了解到：一节高质量的音乐教学活动往往都是经过执教教师和整个教研团队的智慧不断磨炼出来的。即便如此，相对来说，老教师的课一般上得较顺利，而年轻教师的课则一般容易磕磕绊绊，问题频出。

这让研究者开始思考，保障音乐教学活动有效性的关键条件是什么？这些经典的音乐教学活动设计、执教究竟有没有什么规律？如果有，如何才能让教师更快更好地掌握这些规律？

当时，研究者所在团队共同研发出来的一种新的幼儿园集体音乐教学活动游戏化的"WEE"教学模型在一些学有专攻的音乐教学特色园已经获得了良好的提升教学质量的效果。应该可以尝试通过推广此模型来达到帮助有困难教师快速掌握设计、执教音乐教学活动规律的目的。

但是，推广的过程中会遇到什么问题？在职教师的学习规律又是怎样的？这是研究者感兴趣的问题,也最终成为本研究所要解决的主要问题。

本研究希望通过探索不同幼儿园团队教师在学习和运用此教学模型过程中遇到的问题、问题的症结、解决问题的规律,最终能够为园本教师培训提出一些可供参考的理论和工作思路,进而为大面积在职师资培训和职前准教师培训的质量提升提供一些可用的参考信息。

2. 相关文献综述。

本论文理论梳理主要如图 12 - 17:

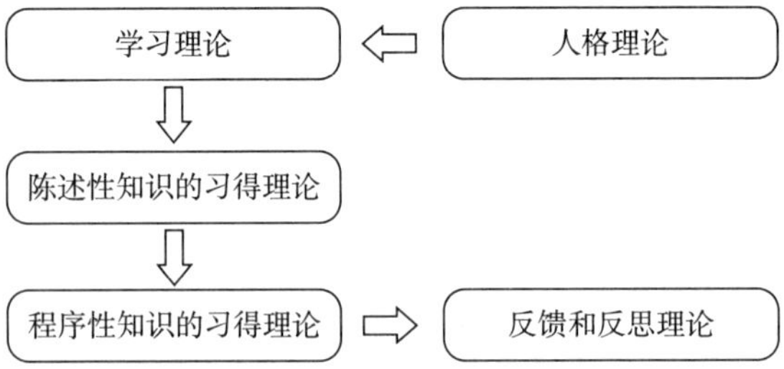

图 12 - 17

(1) 人格理论。

“五因素模型”(five-factor model,简称 FFM)或称“大五”模型(big five model)涵盖了人类的主要心理方面,因此具有代表性和广泛性,看下表。

表 12 - 4 “大五”人格因素

因素	特征
神经质性(neurotism)	烦恼对平静、不安全感对安全感、自怜对自我满意
外向性 (extraversion)	好交际对不好交际、爱娱乐对严肃、感情丰富对含蓄
求新性(openness to experience)	富于想象对务实、寻求变化对遵守惯例、自主对顺从
亲和性(agreeableness)	热心对无情、信赖对怀疑、乐于助人对不合作
尽责性(conscientiousness)	有序对无序、谨慎细心对粗心大意、自律对意志薄弱

综上来看,“大五”模型的求新性或开放性和卡特尔的根源特质之一——激进性或实验性有着很大的相似性,这一方面说明了两个理论是可以相互佐证的,另一方面也说明了此人格特质的确是客观存在的。它给我们的启示是,每一个人因为其先天的特质(此处指激进性和求新性)会有所不同,所以他们在接受新事物时的态度和反应也会不一样。有的人会全盘接受,有的人会全盘否定,有的人会持怀疑或谨慎

的态度,还有的人则会持淡漠的态度。

（2）学习理论。

（前有省略）“陈述性知识”的习得过程和信息加工理论给我们带来的一些启示是：

预期或动机的重要性。学习者只有对学习有一定的预期或心向,才会把自己的注意力集中指向所要学习的新知识。

认知策略的重要性。由于信息在短时记忆的时间很短,必须通过复述来维持,而要让信息贮存在长时记忆中,则必须进行相应的编码,如精加工、系统化和组织策略等。

学习策略的重要性。麦卡尔等人认为学习策略包括认知策略、元认知策略和资源管理策略三部分。而除了上面所说的认知策略的重要性之外,元认知策略（主要有计划、监视、调节策略）和资源管理策略（时间监管、学习环境管理、努力管理、其他人的支持）对于知识的学习也是非常重要的。后两种策略一般都和认知策略结合一起使用。

复习的重要性。经过编码后而贮存在长时记忆中的知识不被遗忘的一个重要方法则是必要的复习。可以采用及时复习、分散复习、过渡复习和多样性复习等方法,复习是对知识地再组织、精加工和系统化,而不是简单重复。

“程序性知识”的学习往往是从接受对程序性知识的陈述性描述开始的。因此程序性知识可以分为两个阶段：

第一阶段是陈述性阶段,也就是一种陈述性知识的学习。

第二阶段是程序化阶段,即从陈述性知识转化为可以表现于实际操作中的技能。

而第二阶段,即程序化阶段又主要包括两步。

第一步是模式识别学习,“也就是学会按一定的规则（或步骤）去辨别或识别某种对象或情境,看它是否与该产生式的条件模式相匹配”,主要任务是学会把握产生式的条件项,一般通过概括化和分化来完成。概括化即通常所说的“提供概念的若干正例（变式）以促进概念学习的心理基础……变式越充分,越典型,学习者通过概括化得到的概念本质特征越准确……正例能够有效地促进概括化的进行,避免将‘是’判定为'不是'"。而分化则与概括化相反,一般是通过反例来帮助实现的,"反例的出现有利于提高模式识别中辨别和区分的准确度,避免将'不是'判断为'是'"。

第二步是操作序列学习,"实际是对做事、运算和活动的规则和顺序的现实运用能力",也就是要通过大量的练习和反馈才能有效地掌握此技能并能对之灵活运用。

通过对程序性知识学习过程的剖析,第一阶段是陈述性规则的学习,所以陈述性知识学习的一般条件也适合于陈述性规则的学习。

所以程序性知识(主要指第二阶段)给我们带来的一些启示是:

例证的呈现。大量的正例和反例的呈现有利于概括化和分化的进行。在学习程序性知识的时候,如果没有大量的正反例来作为说明,就很难进行模式识别,即不知道应该如何在实践中来实施它。

必要的练习和反馈。但如果缺乏大量的练习,程序性知识只能以命题及命题网络贮存于头脑中,而无法达到自动化的熟练运用。所以学习者必须通过自身的实践,在实践中不断地探索和发现,直到能够非常熟练地运用它。"提供反馈是保证程序性知识准确性的有力手段,反馈的一般原则是及时、准确。反馈的信息应该侧重对操作过程细节的解剖和分析,而不能仅仅回答一个'对'或'不对'"。所以,反馈在学习者学习程序性知识的过程中也是至关重要的,因为如果没有反馈,学习者便不知道自己的练习是正确的还是错误的,反馈起到了一个评价和筛选的作用,有利于学习者接下来的学习。

(3)反馈和反思理论。

反馈主要指"回赠""反送""反哺"。原来主要是控制论的一个重要概念,其本质是指"系统的输出反送回输入端,并由此对系统状态产生具有制约作用的影响"。控制论的创始人维纳曾说:"一个有效行为必须通过某种反馈效果来取得信息,从而了解目的是否已经达到。"后来反馈逐渐被推广于工程、生物、心理等其他学科领域,再后来就逐渐被推广应用于教育领域。

如吴中江在其《试论教学反馈的概念及其分类》一文中指出,在教学信息传递过程中,"主信息流向是教师→媒介→学生,反馈信息的流向是学生→教师",而对于教师来说,除了学生是其反馈的主要来源之一,其自身的反馈也是一个非常重要的因素。最后,他从四个不同的角度对反馈进行了分类,主要有正反馈和负反馈;语言反馈、非语言反馈和操作反馈,教学大系统的反馈和教学子系统的反馈;前馈和后馈。

反馈无论是在教学领域还是在运动领域都是一个非常重要的因素,因为它可以起到调节及改正的作用,套用系统论的话来说,则是反馈可以使系统效率提高并且达到最优化。但是并不是所有的反馈都是有效的,所以要努力做到反馈的有效性,并把反馈和反思结合起来运用。多用增补性反馈中的“过程性知识”的反馈,因为一个较为具体及过程性的反馈往往比一个结果性的单纯反馈更方便被反馈者后面的操作和改进。

受欧美教育思潮的影响,反思性教学或者做一个反思性教师和研究型教师已经得到教育界的普遍共识。反思在教师的教育教学实践中被认为是取得实际教学效果并使教师的教学参与更为主动、专业发展更为积极的一种手段和工具。可以说,早期对反思和反思性实践作出重要贡献的人当首推杜威,他关于反思性教学的思想主要反应在《我们怎样思维》这本书中。在此书中,他主要对人的常规行为和反思性行为做了区分,认为虚心、负责任和全心全意是反思性教师的关键特征。

英国学者波斯纳曾提出过一个教师成长的简要公式:经验+反思=成长。中国学者叶澜认为:“一个教师写一辈子教案不一定成为名师,如果一个教师写三年的反思有可能成为名师。”林崇德指出:“优秀教师=教学过程+反思。教学反思会使教师形成自我反思意识和自我监控能力,而教师监控能力是教师素质的核心。”熊川武的《反思性教学》一书从反思性教学的文化背景、模型、主体合理性、目的合理性、工具合理性和实践的过程等维度进行探讨,使反思性教学构成了一个逻辑严密的体系,对于理论和实践的意义较大。

[注意:我们团队的表述,即此文和下文中的表述是一个数学公式的比喻。分子是实践+反思,分母是团队支持,如(实践+反思)/团队支持]

综上所述,无论是国外的还是国内的学者,都认为反思在教育教学中和教师的专业成长中所发挥的作用是巨大的。可以说,如果没有反思,教师的教学便得不到改善和提高,而教育教学得不到改善,教师的专业成长更无从谈起。

3. 主要概念界定。

“WEE”模型。

“模式”一词是英文“model”的汉译名词。“model”还译为“模型”“范式”“典型”等。将模式一词最先引入到教学领域，并加以系统研究的人，当推美国的乔伊斯和韦尔。在《教学模式》一书中，他们认为：“教学模式是构成课程和作业、选择教材、提示教师活动的一种范式或计划。”而刘显国认为：“教学模式就是为完成教学目标、任务、实施教学内容而采取的一定教学方法和形式。”他们都认为，虽然教学模式具有重大的作用，但并不是万能的，有其特定的适用范围和条件，教师应该灵活地运用。

而“WEE”模型作为从幼儿园音乐教学实践中提炼出来的一套共同的规律和方法，其对教学实践的指导作用是巨大的。“WEE”模型（名称含义：W——warmth，E——encouragement，E——efficiency）主要是指在一种温暖而富有激励性的环境中共同学习，就能获得更有效的学习成果。而此教学模型的名称是从马斯洛“需要层次理论”得出来的，下面四个层次的需要主要是对温暖的需要，上面三个是对激励的需要，同时满足了两类需要则会导致高效率的学习。这是一种从游戏化教学研究过程中总结出来的教学模型。基本教学总流程为：故事—动作—音乐—其他适宜的挑战。此模型不仅对幼儿的学习适用，对教师的学习也同样适用。

（其他概念界定，略）

4. 研究方法。（集体内容略）

（1）理论梳理。

（2）选择、确定研究对象。

（3）实施研究和收集资料。

（4）分析资料和讨论结果。

5. 研究资料整理分析。（集体内容略）

6. 研究结果讨论。

（1）研究发现的问题。

根据研究者对一个学期所收集到的视频资料进行的整理分析，同时对四所参研幼儿园中的老、中、青三个年龄段（各两人）二十四名教师进行的访谈，得到的基本信息如下。

教师普遍认为主要有四个原因造成她们在实践中“犯错”或者说运用得不够好。

一是对文本不够熟练。四所幼儿园中只有一所园的教师对“WEE”模型中的部分陈述性知识可以达到熟练背诵程度。大多数教师都表示：因为园长没有要求，所以没有认真记忆。

二是缺乏例证的呈现和讲解。四所幼儿园的教师都反映:不能理解那些流程是什么意思,需要专人讲解,也需要用更多的实例来说明。

三是练习或实践不够多。四所幼儿园的教师都反映工作的头绪太多,园长也没有专门给出任务和练习的时间。只有两周一次的集体教研活动中会讲一点,做一点,一学期过去了,还是有点懵。

四是固有反馈和增补反馈都严重不足。因为不知道怎样帮助别人解惑。

(2) 问题讨论。

访谈中,研究者发现:开始进行模型使用培训时,就只是把模型文本直接发放到各幼儿园,让各个幼儿园自己尝试和运用,而没有进行案例的分析和解读,以至于园长没有真实地意识到这次学习对团队建设的意义和价值,因此不是特别重视。(缺乏动机)

研究者还发现:有不少教师不知道这些流程之间的关系是什么,不知道哪个流程大(上位的),哪个小(下位的),不知道如何把这些流程综合运用起来,更不知道应该如何应用。这又恰恰表明研究者在培训时违反了学习者的学习规律:陈述性知识中规则的学习必须要结合大量具体案例进行解读,甚至还需要大量的正反例来进行模式识别才更为有效。(缺乏理解)

另外,四所幼儿园中,尚有一所幼儿园并不是两周一次音乐教研活动,因此是四所园中练习和实践最少的,所以到资料收集工作结束时,该幼儿园的整个团队对"WEE"模型掌握和运用得最不好。(缺乏练习)

在对园长们的访谈中,研究者进一步了解到:各园教学骨干教师对这个新模型都几乎不知所云,又没有真正了解的外援团队帮助园所进行增补反馈。所以,教师在实践中非常盲目:根本不知道什么叫作对,什么叫作不对,不知道应该怎样提高自己,没有成就感,更谈不上认真研究和尝试的积极性。(缺乏反馈和反思)

这是一次充满失败教训的行动研究。但是其中的失误和弯路也给了研究者反思的角度和路径,让研究者对"WEE"模型在日后的推广培训中如何操作的许多具体细节,从理论到实践都有了一个更清醒的认识。

原创设计:南京师范大学教育科学学院2012届硕士研究生　严为凤

（三）参考范例3

（实践+反思）/团队支持

——新手教师成长的个案研究

1. 选题缘由。

在教师终身专业发展的视野下，学习是获得教学实践知识的基础和自身专业发展的必由之路，贯穿在职前教师教育和职后教师专业发展的活动中。教师专业发展不仅仅是可观察到的现象变化，而且是教师内在的某种“质”的变化。教师在事业征途上从一个阶段到另一个阶段的前行，是积累经验和建构职业知识、技能及行为态度等的过程。国内外大批学者通过不同的视角，就教师专业发展提出的各阶段相关理论，大都是关于从新手教师向专家教师发展的征程的。

研究者认为，观察—模仿学习是促进新手教师专业发展的一个重要途径。在幼儿园教学实践的现场，教师一般也将观察—模仿学习称为“克隆课”“移植课”等。幼儿教师以通过观察—模仿学习进行教学作为促进教师专业发展的一种方式，正在不同地域、不同园所以不同切入点和形式进行着。

但与此同时，研究者听到了这样的一种声音，有某些学者认为观察—模仿学习是“台下作假、台上作秀，投机取巧的行为”，并建言要坚决杜绝相关课例和活动的开展与进行。就上述言论，研究者有不同的看法。在人类发展的历史进程中，人类的个体在生活中就有通过互相观察、模仿从而获得新的行为技能和思想方式的现象。虽然某些学者所说的现象的确存在于某些幼儿园中，但不能因为个别现象而全权否定了观察—模仿学习对教师专业发展的作用和意义。研究者坚信：在实践教学中，观察—模仿学习是促进教师，尤其是新手教师成长的一种重要途径。

关键词：观察—模仿学习；新手教师；实践；反思；团队支持。

2. 相关文献综述。

（1）专家教师和新手教师研究。（略）

（2）学习心理学研究。（略）

（3）个人知识管理研究。（略）

3. 主要概念界定。

（1）新手教师。

新手教师一般指职业年龄在三年以下的教师。本论文中将新手教师界定为在幼儿园音乐教学领域中处于新手阶段的教师。

（2）观察—模仿学习。

本论文中将观察—模仿学习界定为学习者通过观察榜样的行为进行学习的过程。

（3）团队支持。

本论文中的团队支持指各幼儿园音乐教研组中一个或若干个优秀教师在观看研究者的实践教学后给予研究者增补反馈等支持。

4. 研究方法。（略）

（1）文献法。

（2）访谈法。

（3）叙事研究法。

5. 研究资料收集、整理、分析。

资料收集的实践自2010年3月至2012年1月，收集的资料主要包括以下内容。

四十节幼儿园音乐教学活动的现场记录和大约四十五节不同现场的教师培训活动分享。这些课包括“前期直接观察学习”的教学、“中期抽象性观察学习”的教学和后期“创造性观察学习”的教学内容。课堂记录主要包括“课前准备与反思”“教学过程与反思”（视频和文本资料）和“教学结束后的反思”（教学日记）。

教学团队的研讨。每一次活动研究者都会邀请所在园的教师作为支持团队。活动后，研究者都会坐下来和教师一起交谈，分享教师对研究者活动的看法和建议。

（下略）

6. 研究结果讨论。

新手教师自我培训的第一阶段——直接观察—模仿学习阶段，以优秀课例为基准。通过专家和骨干教师的推荐，选择具体课例。通过观察到自我练习的模仿学习，新手教师在实践教学中验证备课的效果，从而反思准备和教学中的不足。在团队支持的增补反馈中，新手教师只需结合自己的反思将问题聚焦在某一问题上，根据这一问题，新手教师在团队的支持下得出调整的策略或方法，在下一次的教学实践中去发现策略的有效性和更多有待解决的问题，在反复的直接观察—模仿学习和反馈的循环中，新手教师不断地改善和积累教学的相关经验和知识，从对原课例的复制转向对原课例的思考。（如图 12－18）

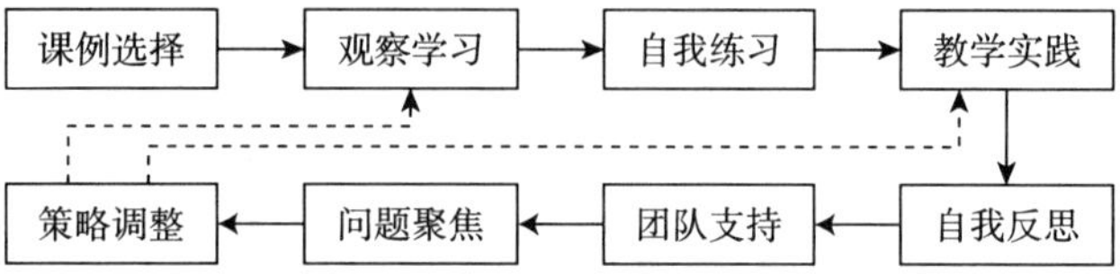

图 12－18　新手教师直接观察—模仿学习阶段的学习途径

当新手教师内在不满足于通过直接观察学习完整“复制”教学活动抑或是周遭情境因素要求新手教师作出调整时，新手教师面对的是一个新的教学“求变”阶段——抽象性观察—模仿学习阶段。此阶段中教师追求的不再是单纯地对课例“演绎”，但已有知识和经验尚不足以进行原创活动。此阶段的新手教师更多地会结合自身已有的知识储备，通过抽象性的观察学习，关注于对具体课例的调整、整合与优化。对具体课例的选择当然也是有一定要求的，这些课例可以是优秀课例也可以是较为完整的普通课例，是在新手教师能力范围内有待改善的活动。当然，在抽象性观察—模仿学习阶段，新手教师利用新知识、新技能等对某活动进行调整的同时，直接观察学习并非停滞，而是仍在进行。这是为抽象性观察学习积累和提供更多的有效教学技能、策略、知识……（如图 12－19）

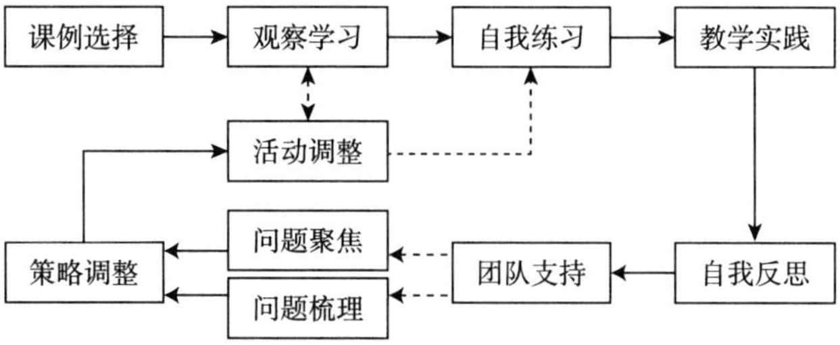

图 12－19　新手教师抽象性观察—模仿学习阶段的学习途径

当新手教师在直接观察和抽象性观察的基础上，有某个关于教学的新思想、新技能、新想法时，若愿意在学习者的基础上同时尝试承担知识生产者的角色，这时的新手教师就进入了“求新”的创造阶段——创造性观察—模仿学习阶段。这个阶段的教师不再满足于对活动的简单调整，而是希望能通过对不同课例的创造性观察而“提取其精华”，在总结优秀课例的共同点和规则的同时融入自己的观点和想法，将它们重新组合、包装，改头换面，整合出一个“全新”的活动。但“全新”的活动绝不会完美无瑕，还需要依靠团队的智慧，不断地在实践中反思，在反思中发现，在发现中调整，在调整中再实践……（如图 12－20）

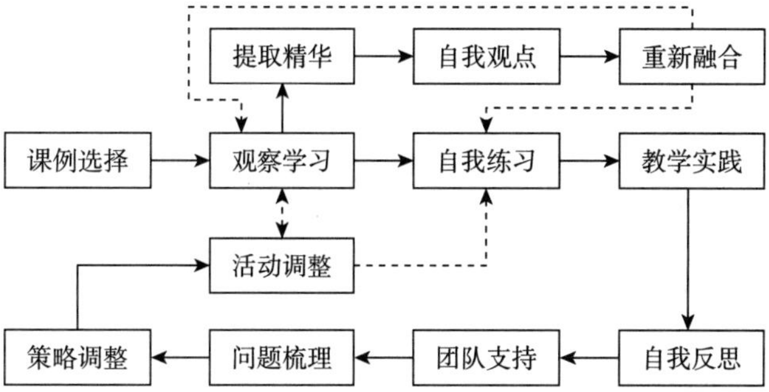

图 12－20　新手教师创造性观察—模仿学习阶段的学习途径

新手教师的自我培训阶段并非固定不变，每一个不同的阶段都需要积累和强化。如同观察—模仿学习的三个阶段并非相互独立一样，新手教师的自我培训也是可循环的。新手教师需要不断地通过直接观察—模仿学习为后期的“求新”“求变”提供新信息和新思想，而“求新”是因前期需求未满足，也是为后期创造做好积淀。团队支持在全过程中起到重要的支持、引领作用，不仅有助于新手教师对课例、活动的调整，同时也有助于新手教师在一次又一次的教学实践中得到真正的专业发展。在新手教师自我培训的过程中，研究者整合了各阶段的学习途径的节点（如图 12－21），希望此总结和归纳能给与研究者有相同动机、愿景的同行新手教师提供借鉴和应用价值。

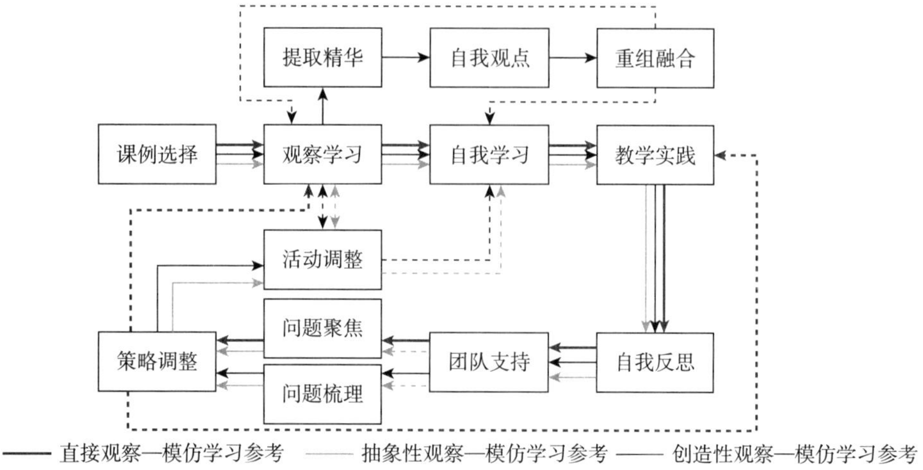

图 12－21　新手教师观察—模仿学习的途径

研究者从研究的结果和自身的成长推断出:观察—模仿学习是促进新手教师快速向专家教师成长的一种途径。在这个过程中,团队支持是不可或缺的一种外部力量!

表 12－5　观察—模仿学习在幼儿园一线实践的记录

序号	日期	活动名称和次数	班级人数	学习类型
1	2011 年 3 月 24 日	“米格爷爷鞋匠铺”第一次	中班 18 人	直接观察—模仿学习
2	2011 年 3 月 28 日	“喜羊羊和灰太狼”第一次	中班 18 人	直接观察—模仿学习
3	2011 年 4 月 14 日	“喜羊羊和灰太狼”第二次	中班 18 人	直接观察—模仿学习
4	2011 年 4 月 14 日	“米格爷爷鞋匠铺”第二次	中班 18 人	直接观察—模仿学习
5	2011 年 4 月 19 日	“米格爷爷鞋匠铺”第三次	中班 18 人	直接观察—模仿学习
6	2011 年 4 月 21 日	“牛仔很忙”第一次	中班 18 人	直接观察—模仿学习
7	2011 年 4 月 21 日	“小精灵魔法汤”第一次	中班 20 人	直接观察—模仿学习
8	2011 年 5 月 5 日	“魔法师的学徒”第一次	大班 18 人	直接观察—模仿学习
9	2011 年 5 月 10 日	“魔法师的学徒”第二次	大班全班	直接观察—模仿学习
10	2011 年 5 月 12 日	“魔法师的学徒”第三次	大班 20 人	直接观察—模仿学习
11	2011 年 5 月 12 日	“米格爷爷鞋匠铺”第四次	中班全班	直接观察—模仿学习
12	2011 年 5 月 18 日	“森林狂想曲”第一次	大班 20 人	直接观察—模仿学习
13	2011 年 5 月 19 日	“魔法师的学徒”第四次	大班 18 人	直接观察—模仿学习
14	2011 年 5 月 20 日	“魔法师的学徒”第五次	大班 20 人	直接观察—模仿学习

续表

序号	日期	活动名称和次数	班级人数	学习类型
15	2011年6月17日	“我要亲亲你”第一次	小班全班	直接观察—模仿学习
16	2011年6月24日	“我要亲亲你”第二次	小班全班	直接观察—模仿学习
17	2011年6月27日	“小精灵魔法汤”第二次	中班20人	直接观察—模仿学习
18	2011年9月20日	“天鹅嬉戏”第一次	大班20人	抽象性观察—模仿学习
19	2011年9月21日	“天鹅嬉戏”第二次	大班20人	抽象性观察—模仿学习
20	2011年9月23日	“狗熊吃面包”第一次	中班全班	直接观察—模仿学习
21	2011年9月26日	“米格爷爷鞋匠铺”第五次	中班20人	直接观察—模仿学习
22	2011年9月26日	“狗熊吃面包”第二次	中班20人	直接观察—模仿学习
23	2011年9月27日	“天鹅嬉戏”第三次	大班全班	抽象性观察—模仿学习
24	2011年9月28日	“天鹅嬉戏”第四次	大班20人	抽象性观察—模仿学习
25	2011年10月12日	“狗熊吃面包”第三次	中班20人	直接观察—模仿学习
26	2011年10月17日	“狗熊吃面包”第四次	中班全班	直接观察—模仿学习
27	2011年10月17日	“天鹅嬉戏”第五次	大班全班	抽象性观察—模仿学习
28	2011年10月31日	“狗熊吃面包”第五次	中班全班	直接观察—模仿学习
29	2011年11月9日	“小猴子坐沙发”第一次	大班20人	抽象性观察—模仿学习
30	2011年11月3日	“小精灵魔法汤”第三次	中班20人	直接观察—模仿学习
31	2011年11月11日	“森林狂想曲”第二次	大班20人	直接观察—模仿学习
32	2011年11月28日	“小猴子坐沙发”第二次	大班全班	抽象性观察—模仿学习
33	2011年11月29日	“小猴子坐沙发”第三次	大班20人	抽象性观察—模仿学习
34	2011年12月12日	“小狗照魔镜”第一次	大班20人	抽象性观察—模仿学习
35	2011年12月19日	“小狗照魔镜”第二次	大班20人	抽象性观察—模仿学习
36	2011年12月20日	“饼干和酸奶枪”第一次	大班20人	创造性观察—模仿学习
37	2011年12月21日	“饼干和酸奶枪”第二次	大班20人	创造性观察—模仿学习
38	2011年12月22日	“饼干和酸奶枪”第一次	中班20人	创造性观察—模仿学习
39	2011年12月28日	“饼干和酸奶枪”第三次	大班20人	创造性观察—模仿学习
40	2012年1月9日	“饼干和酸奶枪”第二次	中班20人	创造性观察—模仿学习

原创设计：南京师范大学教育科学学院2012届硕士研究生　陈静奋

后 记

本书教材起因于在2018年第六届春季“幼儿园音乐教学骨干教师分级培训”的课程进行过程中，导师班优秀学员——海南师范大学副教授郭敏老师提交了一篇名为《幼儿园教师音乐教学能力提升“ADRE研训模式实践”》的作业。郭老师在这篇作业中提出：新手教师培训应该按照“模仿—替换—重组—创造”四个循序渐进的阶段进行。郭老师把这个培训模式称为“ADRE”，并对这个培训模式进行了非常清晰的理论论证和实例分析。

这个培训模式不但与当今世界教育教学心理学的教学理论模式相吻合，而且与我们团队早在2012年提出的“从严格模仿到自由重组”的教师培训模式及师培教材编写的基本思路相吻合，于是，团队立刻决定按照郭老师提出的基本思路为我们的培训课程编写一本专用教材，以圆了团队历经8年之久的“自我专有定制”教材之梦。

2020年团队成员齐心协力奋战了半年，终于在炎热的暑假结束之前将稿件完成了。在这里，我要衷心感谢海南师范大学郭敏老师提供的第一章内容，感谢东部战区总医院第一幼儿园陈静奋老师提供的第二章内容，感谢南京师范大学幼儿园周洁老师提供的第十一章内容。这些偏重基本理论分析和基本原则、规则、工作流程描述的内容，对于新手教师来说是非常重要的“what”和“why”的抓手。感谢27名提供教学视频和原创教案的老师及他们背后的幼儿园团队。这些具体翔实的内容，不但给了新手教师直接模仿的榜样，而且给了他们关于细节问题的观察、理解、思考等方面非常重要的提示。

我还要感谢以下老师和团队，他们通过亲自对27个活动案例中某些个案的实录、模仿、反思，为原创教案的作者提供了丰富的宝贵经验。他们是珠海何平、周艳丽老师，威海薛超飞老师，海南郭敏老师团队，成都叶娇老师团队，南京市第一幼儿园、南京市第二幼儿园、南京市江北新区津浦幼儿园、南京市江北新区浦园路幼儿园、南京市石杨路幼儿园、南京市石鼓路小学附属幼儿园、南京军区政治部机关幼儿园、东部战区空军小百灵幼儿园、南京市北京东路小学附属幼儿园、南京师范大学幼儿园、东部战区总医院第一幼儿园、南京市游府西街幼儿园、南京秦淮晨光幼儿园、南京仙林晨光幼儿园团队。这些幕后老师和团队一共为27个原创教案提供了56篇实录评析，总文字量超过24万字。虽然这些幕后老师和团队的文字没有能够全部直接出现在本教材中，但他们的智慧最终还是都融化在了第三、第四、第五章的歌唱、律动、奏乐原创教案中，衷心地感谢他们的默默付出！

最后，我还要感谢江苏省第二师范学院的谈亦文副教授。她利用自己几十年在职前培训“准教师”和在继续教育课程中培训在职新、老教师获得的丰富实践经验，在建立原创教案模板过程中，为编写团队提供了重要的思路和支持；感谢南京军区政治部机关幼儿园的耿涛老师，他为本教材中的各种重要图表做了特别的设计；感谢东部战区总医院第一幼儿园的陈静奋老师在乐谱整理和整体组织协调方面给予的帮助；感谢郭敏、陈静奋、周洁、谈亦文、耿涛老师在炎热的七月花费大量休息时间对第三、第四、第五章的基础文稿进行检查和完善。

这是一次真正的非常尽责的团队作战，希望读者能够感受到全体参与人员的心愿、努力和热情。

许卓娅

2020年8月31日　于南京